El Gran Capitán

RBA ENSAYO

JOSÉ ENRIQUE RUIZ-DOMÈNEC

EL GRAN CAPITÁN

El héroe militar de los Reyes Católicos

RBA

Avda. Diagonal, 189 - 08018 Barcelona.
rbalibros.com

Primera edición en RBA: mayo de 2015.

REF.: ONFI781
ISBN: 978-84-9056-523-0
DEPÓSITO LEGAL: B. 8.186-2015

A ANUNCIADA FERNÁNDEZ DE CÓRDOVA,
QUE CRECIÓ OYENDO HABLAR DEL GRAN CAPITÁN.

CONTENIDO

No temáis, que pues la tierra nos abraça, bien nos quiere.

GONZALO FERNÁNDEZ DE CÓRDOBA

A lo largo de la historia humana, el desperdicio de inteligencia ha sido abrumador.

HENRY ADAMS

INTRODUCCIÓN

Para Gonzalo todo comenzó en un instante. Un grito anónimo se elevó en medio de la multitud: ¡Gran Capitán! Instintivamente, comprendió que esa expresión respondía a la idea que tenía de sí mismo como individuo. Una idea que fue el resultado de su decidido empeño por distinguirse de generaciones de suntuosos nobles andaluces provistos de un rasgo atávico, consistente en el gusto arbitrario, y a menudo deplorable, por las expediciones de saqueo en la frontera con el reino musulmán de Granada. Tenía sus acciones clavadas en la memoria. Hazañas que se remontaban hasta la época de las grandes conquistas de Fernando III y Alfonso X el Sabio, en las que sus antepasados alcanzaron renombre.

La consigna de su vida fue: construir y renovar. Un objetivo compartido por algunos importantes miembros del clan de los Enríquez, entre los que destacaban por su ingenio, la reina Juana de Nápoles y el rey Fernando de Aragón. Dos príncipes al mando de potentes aparatos administrativos, que buscaban la forma de renovar el Estado o se abrían paso, mediante complejas intrigas diplomáticas, a través del laberinto de intereses creado por la nobleza de sus reinos, impecables gracias a su fe ciega en los valores de la modernidad; y también hombres y mujeres de una o dos generaciones ulteriores a la suya, interesados en ese impulso que aspiraba al perfeccionamiento en la formación de la personalidad y que el historiador suizo Jacob Burckhardt creyó el resultado de una naturaleza realmente poderosa y al mismo tiempo dotada en múltiples aspectos, propia del *uomo universale*, tipo humano, decía, que pertenece exclusivamente a Italia; humanistas orgullosos a la hora de mostrar sus conocimientos enciclopédicos a Carlos V, y en cuya elegante distinción aparece una mueca de desagrado sobre el humo de paja imperante en España.

Gonzalo aprendió en los libros el arte de la seducción, el galanteo con las mujeres. En la juventud nunca supo el modo de tratarlas; pero, nada más desembarcar en Sicilia, con cuarenta años cumplidos, puso en práctica lo que había leído, gracias a la ayuda de una gran señora, que le mostró todo lo que un cortesano debía conocer, y quizás algo más, adelantándose así a los consejos de Baldasar Castiglione a los refinados nobles italianos como Guidobaldo da Montefeltro. Aunque él fuese inaccesible a las emociones del orgullo napolitano y apenas se preocupase de sus intrigas, no pudo dejar de sentir un cierto apego por sus formas de vida que poco a poco fueron conquistando su vanidad artística.

Nada más morir, muchos italianos y españoles que le habían conocido, o que sencillamente habían oído hablar de él, escribieron sobre su vida y sobre sus hazañas: comenzó así la elaboración del mito. Fue un ritual literario que cada tiempo histórico interpretó a su manera, de acuerdo con el sistema de valores vigente en la sociedad, pero siempre se hizo con interés. Se proyectó así un halo de luz sobre detalles concretos de la actuación de Gonzalo en la Guerra de Granada o en las campañas de Italia.

El mito apareció en medio de esos relatos, con una aguda intencionalidad política. No se recordaba nada parecido desde que Homero se interesó por los guerreros de Troya, y Virgilio siguió al desterrado Eneas hasta Roma. La pasión moderna por construir un mundo se sobrepuso al asfixiante destino de la tragedia clásica; después se perfiló hasta fundirse con los intereses del Imperio español de la casa de Habsburgo. Se recurrió al mito de Gonzalo con la esperanza de encontrar en él una explicación al camino elegido por Carlos V y sus sucesores a la hora de construir una cultura europea distinta a la propuesta por Götz von Berlichingen, el campeón de la causa protestante.

Tras la crisis provocada por el asesinato del rey Enrique IV de Francia, los escritores españoles del Siglo de Oro, Cervantes, Lope, Góngora, Quevedo o Gracián, insistieron en el mito del Gran Capitán convencidos de su absoluta necesidad. Luego se produjo un silencio, mientras España entraba en un eclipse. No se escribía nada dentro de sus fronteras, salvo quizás algunas obras menores, sin relieve. El mito se desplazó a otro territorio, con otras intenciones. Habló otra lengua, francés, porque desde mediados del siglo XVII era la única lengua culta europea que podía competir con la irrupción de la literatura isabelina de la mano de Jonson, Spenser y Shakespeare.

Unos cuantos gestos de mujer literaria y el Gran Capitán se convirtió en el testigo de un suceso dramático, la ruina de Oriente, es decir, de la civilización musulmana de Granada. ¿Cómo pudo ocurrir una cosa así? Deberé afanarme para entenderlo. Los viajeros ilustrados y románticos mostraron sus emociones personales ante la singular belleza de la Alhambra. Un paisaje de ensueño rodeó entonces la identidad de todo «lo granadino».

¿En nombre de quién se hizo aquella terrible destrucción? Granada no ardió como Troya, ni sus muros vieron caer a un Héctor por la terrible cólera de un Aquiles. Pero algo ocurrió en el año de la toma de 1492 (o en los inmediatamente posteriores) que ha suscitado la inquietud de los intérpretes de todos los tiempos. Un suceso poco advertido condujo al desgraciado final de Boabdil, el Rey Chico, exiliado para siempre de su tierra natal. La leyenda dice que lloró al ver por última vez su ciudad. Quizás le dominó el pánico. De pronto, supo que nunca volvería a ver ese paisaje de montañas grises sobre fondo nevado, esas colinas rojas a la izquierda, en dirección norte, donde señorean aún hoy las Torres Bermejas y más allá, los alcázares del Palacio Real de los nazaríes, esos olivos que caen sobre viñedos huyendo de los tajos verticales que dan al río

Darro, ese denso aire circundante que no existe en ningún otro lugar de la tierra.

Boabdil se volvió hacia su hijo, que había permanecido como rehén en casa de Gonzalo durante varios años, y alzó la vista hacia un pasado convertido en nada. Los ojos del rey no lloraron (la leyenda es apócrifa), sólo parpadearon. Un resplandor amarillo cubrió el mundo, y después un lento descenso hacia la costa por El Padul, Orjiva y Albuñol. Ninguna mente sensible es capaz de soportar esa sensación. El vacío lo llenó por completo. Ni siquiera Eneas al volver a mirar Troya en llamas tuvo una sensación semejante. Parecía el fin del mundo, y de hecho lo era: era el fin de un mundo, del mundo de Boabdil y de las ilusiones adolescentes de Gonzalo.

El suceso no dejó nada detrás de sí, salvo esa aura melancólica, que los ilustrados franceses y después los románticos de todos los países, incluido el norteamericano de origen escocés Washington Irving, describieron en sus obras. ¡Qué terrible suceso! Así fue. Después de eso, Gonzalo comenzó en Nápoles un largo camino hasta convertirse en el Gran Capitán, mientras que el Rey Chico quedó sepultado por el silencio del desierto. Tales son las vueltas de la fortuna.

La misión encomendada a Gonzalo en Sicilia en 1494 fue la peor salida a su difícil solución y no obstante resultó ser la gran oportunidad de su vida, el golpe de suerte que le lanzaría a la inmortalidad. Le habían encomendado una simple tarea de vigilancia en la frontera con el *Regno* de Nápoles, amenazado por Carlos VIII de Francia, y cuando se escapó de las garras de Fernando, ya era un hombre famoso. El capitán más célebre de su país. La noticia de sus éxitos militares en Atella causó conmoción en Europa, y a partir de entonces se convirtió en un personaje mimado por todo el mundo. No era sólo un gran militar, era un héroe, un ser excepcional por su arrojo e intrepidez, y además de ganar las batallas, le amaban las mujeres y le rendían homenaje los hombres. Si el Papa Alejandro VI reclamaba su presencia, el joven rey Federico de Nápoles le entregaba feudos y honores sin límites. ¿Cómo entender semejante historia? Le habían concedido el mando de un pequeño cuerpo expedicionario y unos años más tarde era el favorito de todo el mundo. Italia entera estaba a sus pies y, con un hombre como César Borja, el hijo del Papa, siguiendo sus pasos, en la confianza de que pronto le podría sustituir en el corazón de las mujeres y en la mirada de los hombres.

Los Reyes Católicos se resistieron a aceptar el triunfo y le obligaron a regresar a casa, con honores, eso sí, pero sin mando de tropas. Supongo que se debieron de asustar por el alcance de sus acciones militares, atentos al equilibrio internacional. El Mediterráneo era un lugar demasiado conflictivo para ese tipo de política, y tras firmar la paz con Francia el enemigo volvía a ser el Imperio turco. Gonzalo conseguiría en Cefalonia, una especie de Batalla de Lepanto antes de tiempo, el total reconocimiento de la diplomacia veneciana, la más refinada en los años que jalonan el 1500. Nunca más estaría solo en el mundo, y mientras mantuviera la calma en la corte, nada podría ocurrirle. Pensó en recobrar el tiempo perdido, cuando fue enviado de nuevo a Nápoles para enfrentarse con las rutilantes estrellas del duque de Nemours, César Borja y el duque de Calabria. Cuando al fin pudo encontrarse con ellos en el campo de batalla, y vencerles, revivió la emoción que unos años antes había tenido al ser llamado por los soldados Gran Capitán, y, desde ese momento, no dejó de preguntarse si la vida era algo más que ese camino de gloria. En Nápoles, esperó en vano una respuesta.

Gonzalo siempre fue un hombre demasiado ocupado en las tareas de gobierno, y en otras cosas de orden personal, como para atender a las intrigas que se tejieron a su alrededor. Los días, los meses de 1507 estuvieron cargados de emoción, preparando la llegada del rey Fernando que venía a quitarle el mando, al considerar que su trabajo como virrey había sido un ejemplo de corrupción política. Las acusaciones nunca se probaron, y quizás sólo fueran una invención de sus enemigos; pero bastaron para enviarle de nuevo a casa. Sufrió por ello, pero se repuso pronto pese al insignificante cargo que le dieron, alcaide de Loja.

No se derrumbó, como algún tópico romántico nos había hecho creer; simplemente se adaptó lo mejor que pudo a las nuevas circunstancias interesándose por la política de la reina Juana, a la que algunos calificaban de loca y de su hijo, el jovencísimo Carlos de Gante, que tenía en el cardenal Cisneros un importante apoyo. Sus objetivos se concentraron en la boda de su hija Elvira, primero con Bernardino de Velasco, condestable de Castilla, y antiguo yerno de Fernando el Católico; luego con Fabrizio Colonna, hijo de su viejo amigo Próspero. Hora tras hora, día tras día, en Loja organizaba las cosas, escribía cartas, soñaba con una nueva misión que a punto estuvo de producirse tras el terrible suceso de Rávena donde el ejército español al mando de Ramón de Cardona sufrió una humillante derrota.

Cada instante contaba para él. Ese fue el principio rector de su vida, el objetivo de sus desvelos y la razón de sus desmesurados gastos. En ese pueblo de casas blancas recreó, en la medida de sus posibilidades, el espectáculo de la gran sociedad italiana, una especie de corte renacentista, más brillante sin duda que la de su vecino en Granada, el conde de Tendilla, un Mendoza, sobrino del que había sido el cardenal de España, y que no cesaba de maquinar embustes contra él, corroído por la envidia. Así transcurrieron los últimos años de vida de este hombre singular, quizás no único, pero que dio una lección de moral a su rey, para lo cual tuvo que traicionar a los tres mejores hombres que se cruzaron en su vida: Boabdil, César Borja y el duque de Calabria. Veamos paso a paso los detalles de la audaz vida de este andaluz en el gran escenario de la historia de Europa a comienzos de la Edad Moderna.

PRIMERA PARTE

EL HIDALGO ANDALUZ

Para reconstruir los primeros cuarenta años de la vida de Gonzalo he tenido que recurrir a un elevado número de documentos indirectos a él, referentes en su mayor parte a la historia de su familia, al mundo de la corte, a la política de los reyes, a los procedimientos educativos y a la guerra de frontera, con el fin de encontrar el sentido de la historia allí donde mis predecesores no lo consiguieron, a veces por falta de información y otras por una errónea interpretación de las fuentes. Después de esa lectura he colocado las bases para una revisitación de aquel tiempo lejano, cuyos valores hoy apenas si entendemos, mediante una explicación interpretativa de las fuentes donde he necesitado considerar los acontecimientos como sistemas significativos, vincularlos entre sí, revelando las redes de conexión sociales, ideológicas o personales tejidas en su entorno y expresadas en conceptos, acciones, imágenes o costumbres. Como resultado de ello he aislado la vida de un individuo al tiempo que he esbozado la crónica del imaginario de la sociedad española en la segundad mitad del siglo XV.

Me he centrado en el círculo de amigos que rodearon a Fernando el Católico, pues Gonzalo formó parte de él, y de manera activa. La aguda mirada de ese rey se percibe por encima de los restos documentales, lo cual es para mi una señal inequívoca de que él tomó la dirección de las cosas. Todo el mundo aprendió del rey. Incluso los más adustos nobles de Andalucía, inesperadamente dóciles cuando se sintieron partícipes de las empresas militares del Estado. El pasado murió en esos años con certeros golpes y de nada sirvieron voces nostálgicas, como las del poeta Jorge Manrique que, con ocasión de la muerte de su padre, se preguntó si acaso las glorias de antaño, aquellos paramentos, borduras y cimeras, no eran sino devaneos, verduras de las eras. Gonzalo se mantuvo firme en su convicción de que la oportunidad de la Corona de Castilla (y desde luego la suya) estaba en el futuro y no en el pasado. Y al futuro se dirigió con firmeza. Acompañó esa convicción con los gestos de un buen cortesano, de un hombre de su tiempo, educado en la cultura borgoñona y que soñaba con el mundo renacentista procedente de Italia. Estaba demasiado ensimismado en la construcción política de la España de los Reyes Católicos para pensar en algo fuera de ese proyecto. Las mujeres eran las que mejor recordaban, porque son las que siempre están atentas a los cambios acelerados de la historia. Las veces que recurrió a ellas fue para situarse mejor en el mundo. A falta de su madre, a quien perdió muy pronto, encontró apoyo en su abuela materna y en su segunda esposa.

Estos son aspectos de la primera parte de la vida de un hidalgo andaluz del siglo XV que, buscó afanosamente la manera de salir de esa condición social y ser algo más de lo que por nacimiento estaba destinado. Su mérito fue conseguirlo. De no haberlo hecho quizás ni siquiera ahora estaríamos intentado revisitar su mundo vital. Veamos a continuación cuál ha sido el procedimiento para ordenar la información obtenida y de ese modo escribir la historia de la primera parte de la vida de Gonzalo.

1

EL ESPÍRITU DE LA LLANURA (1453-1465)

Me pareció una buena idea viajar a un lugar llamado Montilla, donde el 1 de septiembre de 1453 nació un niño que fue bautizado después en los principios del catolicismo de casta vieja con el nombre de Gonzalo Fernández de Córdova, o Hernández de Córdova, o simplemente Gonzalo Fernández (o Ferrandes), que en esto hay alguna diferencia entre los eruditos que han escrito con relación a él; aunque si nos atenemos al rigor genealógico propio de aquella época deberíamos llamarle Gonzalo de Aguilar y Fernández de Córdoba, por lo demás, un asunto quizás menor en el conjunto de problemas que debo afrontar en esta historia.

Buscaba la casa natal de ese hidalgo andaluz del siglo XV, cuya personalidad ha sido objeto de numerosos estudios desde que el abad de Rute se interesara por las aficiones y gustos de su familia en una obra cuyo trazado erudito aún llama la atención de los investigadores.[1] No encontré la casa; pero pude intuirla por un salto de la imaginación y por las descripciones que tenemos de ese tipo de viviendas señoriales gracias a los modernos trabajos de arqueología. Al desarrollarse el interés por la vida privada del pasado, las campañas arqueológicas se han hecho cada vez más intensas y mejor concebidas.

El castillo de los Aguilar en Montilla lo mandó derruir Fer-

1. Francisco Fernández de Córdoba, Abad de Rute, *Historia de la casa de Córdova y origen de la fundación y Antigüedad desta Ciudad*, Biblioteca Nacional, Ms. 11596, publicado en el *Boletín de la Academia de Córdoba*, XXV, 1954.

nando el Católico en 1508, y de él sólo quedan unos restos, en proceso de restauración en medio de un pueblo moderno, activo, luminoso, dedicado a las tareas agrícolas, volcado sobre la vida diaria, célebre por su vino, un pueblo cada vez más preocupado por su insigne compatriota, al que han dedicado una «cátedra Gran Capitán» (acuerdo del Ayuntamiento de agosto de 1998), gracias a la tenacidad del bibliófilo Manuel Ruiz Luque.[2] Había llevado conmigo numerosos libros de geografía con el fin de precisar el mundo vital de la subbética cordobesa; en la convicción que tengo desde hace años de que la geografía es una manifestación del espíritu humano.

Con esos materiales afronté el reto de reconstruir el espacio familiar que una vez configuró el yo de un hombre llamado a la gloria. Me dirigí lentamente hacia la colina, bajo un cielo de un rojo increíble que, en la lejanía, permitía comprender la reacción del inca Garcilaso cuando vio por primera vez la ciudad. Quería saber cómo era esta tierra hace quinientos años. Hubiera podido pasarme allí meses, pensé, intentando desvelar por qué me sentía atraído por el ambiente. Permanecí inmóvil durante horas. Los recuerdos se agolpaban en mí y sobre mí. La contemplación de un paisaje propio conduce irreversiblemente a la memoria.[3] Estaba como en una especie de trance. Recorrí la línea del horizonte buscando la manera de tomar distancia de mi vivencia. No había ido allí a rememorar mi pasado, sino a hacer historia. Examiné una vez más el lugar, alejando de mí la inclinación a calificar lo que veía con algún adjetivo músico, peregrino y significativo. Me aproximé con tiento, prudentemente.

2. Véase Rafael Arce Jiménez y Lourdes Belmonte Sánchez, *El Gran Capitán, Repertorio Bibliográfico,* Montilla, Ayuntamiento de Montilla, 2000.

3. Simon Schama, *Landscape and Memory*, Nueva York, Alfred A. Knopf, 1995.

UN LUGAR PARA EL RECUERDO

Montilla era tierra de frontera a mediados del siglo XV. Esa podría ser la razón de la agonía existencial que, desde los tiempos de Fernando III, no había dejado de ordenar las formas de vida de sus habitantes: el paisaje convertido en la hechura de la existencia. ¿No fue acaso dentro de esa manera de ver la naturaleza donde los teólogos basaron su división de la sociedad en castas, es decir, en linajes?[4] El espíritu de la frontera legitima la actitud de una clase social preocupada por el control de los pastos y las cañadas. Era un largo proceso que se perdía en multitud de anécdotas, poco relevantes en sí mismas pero decisivas en la configuración de un grupo familiar. La fantasía de unos anónimos escritores que halagaban a los terratenientes locales con relatos de un pasado daría lugar a los romances fronterizos.[5] Algunos miembros de esa nobleza murieron defendiendo una charca en un día de crudo verano. Los hombres comentaban esos sucesos, sin malevolencia en sus palabras, aunque con acritud hacia los adversarios que aspiraban como ellos a tener esa poca agua para sus rebaños. Durante doscientos años tanto los señores de Aguilar como sus parientes los condes de Cabra (todos ellos Fernández de Córdoba) vivieron pendientes de sucesos así. Gonzalo heredó esa manera de ver el mundo, donde las costumbres importaban más que las leyes y los convencionalismos más que las costumbres.

FORMAS DE VIDA

La jerarquía era lo más importante: un rasgo característico de las sociedades agroganaderas. Al desarrollar esa actitud ante

4. Américo Castro, *La Realidad Histórica de España,* México, Porrúa, 1966, p. 31.

5. W. L. Entwistle, *European Balladry,* Oxford, 1939.

el mundo, la nobleza andaluza consolidó el significado de la *honnêteté* de los conquistadores frente al resto de la población, las comunidades islámicas pero también los campesinos, los burgueses de las ciudades y los judíos. Andrés Bernáldez, el Cura de los Palacios, y otros cronistas de la época insistieron a menudo en ese sentido de la superioridad.[6] Inútilmente cualquier individuo de aquel tiempo podía haberle exigido a Gonzalo o a sus parientes, amigos o vecinos un comportamiento alejado de esos principios. Dificultad por tanto de cambiar una visión del mundo basada en la hidalguía.

El hidalgo ordena la vida para mostrar la superioridad de su linaje. Se escandaliza de que algunos hombres de las ciudades, sobre todo si son extranjeros (los genoveses y los florentinos abundaban en Córdoba por aquellos años) aprecien a las personas por lo que valen a la hora de hacer negocios, y no por el apellido o por la gloria de sus antepasados. Los más altivos valoran esa actitud como la típica insolencia del extranjero. No la soportan: ellos son caballeros y no comuneros.

El autor de los hechos del condestable Miguel Lucas de Iranzo nos ha dejado algunas de las mejores narraciones sobre las formas de vida de los hidalgos andaluces del siglo XV y sus peculiares relaciones con los musulmanes del reino de Granada.[7] Embelleciendo versiones orales, escribió en relación a la conducta de un hombre servicial a su rey, un robusto alguacil que defendió la fe cristiana del ataque de los infieles. El ingenioso hidalgo Iranzo, amigo de Enrique IV, compitió con los señores de Aguilar y los condes de Cabra en ser el hacendado más rumboso de la región, organizando cos-

6. «Historia de los Reyes Católicos Don Fernando y Doña Isabel, escrita por el bachiller Andrés Bernáldez, cura que fue de la villa de los Palacios y capellán de Don Diego de Deza, arzobispo de Sevilla», en *Crónicas de los Reyes de Castilla,* ed. C. Rosell, Madrid, Atlas, 1953, pp. 567-773.

7. *Hechos del Condestable Don Miguel Lucas de Iranzo,* ed. Juan de Mata Carriazo, Madrid, Espasa Calpe, 1940.

tosas fiestas de ambiente morisco y suntuosos banquetes. El hermano mayor de Gonzalo Alonso de Aguilar, asistió en enero de 1461 a la boda de su prima Teresa de Torres (era hija de Guiomar Carrillo) con el condestable. Las relaciones entre ambos linajes pasaron desde ese momento por diversas etapas, unas veces de fuerte amistad, otras de cierto alejamiento, debido a sus diferentes opciones políticas. Las constantes escaramuzas de Iranzo en la frontera se convirtieron en el hecho más comentado en aquellas tierras hasta el comienzo de la gran guerra contra el reino de Granada.

Dejaré a Iranzo para otra ocasión. Incluso sin él, la crónica de sus hechos contiene un material inestimable para comprender el modo de vida de la nobleza andaluza del siglo XV. Las descripciones acerca de su *privacy* relatan episodios de orgullo y violencia, de generosidad y cobardía. Es casi imposible dejarlos de lado en mi proyecto de reconstruir el escenario de la niñez de Gonzalo porque plantean temas sobre la administración de las tierras de cultivo, la desmedida ambición sobre los derechos de pastoreo, los peligros de la frontera o el origen de la violencia entre clanes diferentes. Temas todos ellos que no son ajenos a Montilla, pese a ocurrir unas cuantas leguas al noreste, en Andújar y Jaén.

EL ESCENARIO SEÑORIAL

Los Aguilar eran una familia de hacendados rurales, cuyas propiedades se extendían por la parte más suroriental de la depresión del Guadalquivir, en la frontera con el reino de Granada.[8] Una explotación cerealística, donde los olivos eran abundantes, y los pastos ganaban terreno gracias a los elevados beneficios obtenidos por la venta de lana en los mercados

8. C. Quintanilla, *Nobleza y señorío en Córdoba. La casa de Aguilar,* Córdoba, 1982.

flamencos, y de caballos para la guerra. El señor de la casa grande intervenía a menudo en la vida local de los pueblos, acudía a sus fiestas, especialmente romerías y casamientos, y se mostraba generoso el día del nacimiento de alguno de sus hijos. Las fiestas servían, al menos, para establecer unas relaciones más humanas, menos rígidas, entre los campesinos y la gente del castillo. También se utilizaban para conocer a los jornaleros recién llegados a la región, atraídos por un salario, no muy alto, pero lo suficiente para compensar su precaria economía familiar. Allí reinaba la alegría, a veces real, otra fingida, mezclada con cierto recelo ante la presencia de los hacendados de ilustre apellido, aunque de maneras tan toscas como los aldeanos del entorno. Más de una vez, cuando la ocasión era propicia, acudía también la señora del castillo, entre murmullos, mostrando lujosos vestidos y costosas joyas, objetos ambos imposibles de obtener para cualquier mujer de la región que no fuera ella. Le gustaba representar su papel, y lo hacía del mejor modo posible, a través del lujo, la gran pasión de las mujeres nobles del siglo XV.[9] Animaba la reunión con su presencia, nunca excesivamente larga. Se fatigaba con facilidad. Era un gesto de clase como también lo eran el sofoco ante el calor, o el acuse del frío.

Las fiestas a menudo eran pesadas, pero casi siempre resultaban convenientes. Era la forma de conocer la situación exacta de la propiedad. Doscientos años antes, gestos como esos garantizaban el apoyo de los campesinos acomodados a las expediciones de sus señores contra el Islam. La caballería villana de las aldeas y de los concejos controlados por los nobles desempeñó un decisivo papel en las campañas militares de los «viejos tiempos».[10]

Qué podría esperar el recién nacido de un mundo como

9. Vid. M.-C. Gerbet, *Les noblesses espagnoles au Moyen Age.*, París, 1994.
10. James F. Powers, *A Society Organized for War. The Iberian Municipal Militias in the Central Middle Ages 1000-1284*, Berkeley, Los Angeles, 1988.

ese, tan reglamentado, tan estricto, donde cada uno desempeñaba su papel, y las tensiones sociales de los tiempos de crisis eran un mal recuerdo que campesinos y señores trataban de olvidar: unos por el miedo a la represión, otros por la vergüenza que sentían hacia el exceso de celo mostrado por sus antepasados a la hora de ahorcar a los levantiscos. Las revueltas eran un mal negocio. Además justificaban la ingerencia de los agentes del rey, a quienes ninguna de las dos partes quería. Los rumores sobre bellacos corregidores eran proverbiales en los pueblos cordobeses. Luego se convirtieron en un mito literario, y en un lugar de la memoria popular. Los efectos de la batalla semiótica elevaron a dimensiones trágicas el conflicto social entre los nobles y los campesinos de esa tierra.[11]

El fundamento de la queja estaba en la raíz misma de la noción de hacienda agrícola que durante siglos fue al mismo tiempo comunidad y sociedad. La economía doméstica se entendía como la doctrina del señor de la casa, su gobierno debía ser perfecto, es decir, sin tensiones según los diversos comentarios recogidos en las *Partidas* de Alfonso X el Sabio en el siglo XIII, regularon las relaciones sociales en ese entorno productivo. El engaño ideológico de la revuelta consistía en creer que patrón y campesino eran dos personas y no una,[12] y su existencia ponía de manifiesto una estrategia de poder entre los partidarios de la economía familiar y los partidarios de la economía del Estado.

La historia rural andaluza, a mediados del siglo XV, se resume en esto: durante un largo período la nobleza regentó el derecho sobre las tierras, y sus beneficios económicos, exagerando a veces las coerciones sobre los campesinos que las trabajaban. ¿Se olvidó que el sistema señorial fue creado para abolir la esclavitud rural? En cierto modo, la hidalguía fue res-

11. Emilio Cabrera y Andres Morós, *Fuenteovejuna. La violencia señorial en el siglo XV*, Barcelona, Crítica, 1991.

12. «Porque el Señor e los vasallos son como una cosa» (*Partidas*, II, 19, 2).

ponsable de una actitud despótica hacia los hombres de la hacienda; luego apareció la soberbia del noble, o los exagerados privilegios de los portadores de armas. El señor de la casa perdió legitimidad al denunciarse la injusticia de la subordinación en razón del nacimiento. La revuelta contra el régimen señorial fue una premonición del futuro: es la creación de una ideología supuestamente liberadora que empujó a los campesinos a los brazos del Estado o de la Iglesia, instituciones que apoyaban la desaparición de los derechos jurisdiccionales de los grandes señores. A partir de ese momento, el régimen señorial entró en crisis, cuyo primer paso fue la amputación del doble significado de la hacienda agrícola: ser al mismo tiempo comunidad y sociedad.

En septiembre 1453, con ocasión del nacimiento de Gonzalo, los señores de Aguilar sacaron una vez más todo el aparato litúrgico de la vida señorial. El principal gesto lo realizó doña Elvira de Herrera, mostrando a la gente de la hacienda al nuevo vástago, al que bautizarían con el nombre de Gonzalo, como su tatarabuelo paterno, aquel hombre casado con María García Carrillo, muerto en 1384, poco después de la instalación de la nueva dinastía Trastámara, que él mismo había apoyado desde Montiel.[13]

La memoria de ese gesto quizás se borró con el paso del tiempo, y quizás ninguno de los campesinos allí presentes contó a sus descendientes los detalles, por lo que nadie supo responder cien años después a las preguntas de los cronistas una vez que aquel niño se había convertido en un héroe. De hecho, la única cuestión comentada aquel día fue que el niño nunca heredaría la hacienda de los Aguilar, pues las leyes del mayorazgo, imperantes en Andalucía por entonces, impedían que un segundón se hiciera con la herencia paterna. Gonzalo estaba destinado a vivir a la sombra del jefe del clan fuera su

13. Francisco Fernández de Betencourt, *Historia genealógica y heráldica de la Monarquía Española*, Madrid, 1905. t. VI, pp. 11 y ss.

padre o su hermano mayor, el *primogenitus*, oficialmente el «primer nacido», el heredero del señorío.

Esos son motivos suficientes, me parece, para buscar la memoria perdida de ese lugar llamado Montilla. Me resisto a pensar que el suceso ocurrido el 1 de septiembre de 1453 fuera una de esas historias de la que es mejor no querer acordarse.

MIRANDO LAS ESTRELLAS

Mi interés por conocer el día y la hora del nacimiento de Gonzalo no es simple curiosidad. Una de las cuestiones fundamentales en el género biográfico radica en las relaciones existentes entre la vida de un individuo y el mundo circundante. La conciencia de un noble andaluz del siglo XV en relación a su propio nacimiento se rastrea con dificultad en los archivos; sabemos más de ella gracias al testimonio de los escritores de la época, que buscaban la manera de establecer los nexos de unión entre los avatares personales y el ritmo del cosmos. De ese impulso surgen las biografías de los reyes, o de algunos caballeros, como Pero Niño, conde de Buelna.[14] Esas apologías de una vida llena de éxitos mundanos marcaron intensamente la memoria social de la nobleza andaluza. Los Aguilar no fueron ajenos a los valores de su tiempo; al contrario, asumieron la idea de la fama como una de sus principales preocupaciones. A nadie extrañó, en tales circunstancias, que la familia prestara suma atención a los comentarios acerca de su nuevo vástago.

Los comentarios procedían de la pasión por las artes adivinatorias tan extendida en la sociedad de entonces, como prueba el interés por *El Libro de astrología* de Enrique de Ville-

14. *El Victorial: Crónica de Don Pero Niño, conde de Buelna, por su alférez Gutierre Díez de Games*, ed. Juan de Mata Carriazo, Madrid, Espasa Calpe, 1940.

na. Los reyes Enrique III y Juan II se entusiasmaron con su lectura hasta el punto que el obispo Lope Barrientos lo mandó a la hoguera por peligroso, junto a otros cincuenta volúmenes, grandes y pequeños, pertenecientes a la biblioteca de tan insigne personaje.

Estudiado con detalle, el libro de Villena sugiere la idea de que los astros determinan el destino de la persona humana. Puede que la astrología fuese una materia peligrosa, pero la observación de los astros permitió reconocer la divinidad del niño Jesús por tres Reyes Magos de indudable carisma entre los cristianos. En definitiva, el conocimiento procedente de las estrellas preparaba a los hombres para afrontar, con garantías de éxito, la realidad de un tiempo de turbación. La idea entusiasmó a Juan II, un rey convencido de tener un destino en la vida, desde el momento que el refinado poeta Juan de Mena lo situó en el centro del *Laberinto de Fortuna*: un extenso poema de corte alegórico sobre la Monarquía castellana basado en un modelo celeste donde las siete esferas del sol, la luna y los planetas muestran el orden político perfecto.[15]

De hecho, Juan II había entregado el poder a don Álvaro de Luna, al que se le dedicaron los elogios más encendidos: prudente como Catón, magnánimo como Escipión, buen guerrero como Masinisa, el héroe destinado a iluminar una época, el valor de una tierra, el sentido de una historia. Unos elogios que no le gustaron nada al Príncipe de Asturias, el futuro Enrique IV, que exigió el cese del valido. Conflicto en la corte. Oposición entre dos grupos nobiliarios en el reino de Castilla: los partidarios y los opositores del rey, que en parte reflejaban dos concepciones diferentes hacia la frontera con el Islam. Una primera, de inspiración eclesiástica, partidaria de la guerra para acabar con el reino nazarí; una segunda, más

15. Juan de Mena, *Laberinto de Fortuna*, ed. J. M. Blecua, Madrid, 1943.

flexible pero no menos interesada, que busca la manera de mantener las relaciones económicas con Granada.[16]

En Abril de 1453, unos meses antes del nacimiento de Gonzalo, la situación política dio un giro inesperado. El rey ordenó a Álvaro de Zúñiga que metiera en prisión a su valido y, una vez allí, lo decapitara. Un gesto con el que buscaba congraciarse con la nobleza. No sirvió de nada. La guerra civil era inevitable. La actitud del obispo de Cuenca Lope de Barrientos, lo dejó bien claro al silenciar los ecos de la política de Álvaro de Luna en favor de una reconciliación entre los dos partidos nobiliarios.

LA PRECARIEDAD DE LAS COSAS

El verano de 1453 fue propicio a las intrigas políticas. Enrique IV contrajo matrimonio con Juana de Portugal. El rey Alfonso V se la había dado con la esperanza de atraerlo a su causa: dársela es una manera de hablar pues Enrique depositó cien mil doblas de oro en casa de un banquero de Medina del Campo como garantía de la «consumación», lo que no estaba claro por los constante rumores sobre la impotencia del rey. El enlace sellaba una orientación política diferente a la del depuesto valido. Durante unos pocos meses, justamente los últimos del embarazo de la señora de Aguilar, el porvenir de ese rancio linaje cordobés se jugó lejos de su tierra, en la corte.

El distanciamiento con Aragón era evidente, pese a los esfuerzos desplegados por Alfonso el Magnánimo en favor de una política unitaria en la Península Ibérica. Agosto llegó cargado de tensión en la frontera. Las milicias concejiles aprovecharon la situación política de Granada, dividida entre el

16. *Crónica de Don Alvaro de Luna, Condestable de Castilla, maestre de Santiago* (ed. Juan de Mata Carriazo), Madrid, Espasa Calpe, 1940.

sultán Sa'ad y su hijo Abû-l-Hasan 'Alî, para realizar algunas incursiones en la vega del Genil. Con los ojos puestos en su vientre, la señora de Aguilar se preocupó más por el destino de su vástago que por los avatares de un sordo conflicto fronterizo que duraba ya demasiado tiempo.

Ese tipo de existencia nunca le había gustado a doña Elvira de Herrera, así que buscó otros horizontes para su hijo pequeño, toda vez que era consciente que nunca heredaría el señorío familiar. No tenía prisa en mostrar sus planes. El padre de Gonzalo marchó a la corte, formando parte del círculo de amigos del Príncipe de Asturias. A la muerte de Juan II, el señor de Aguilar recibió un importante cargo del nuevo rey Enrique IV: Adelantado Mayor de Andalucía. El nombramiento fue recibido con alborozo en la hacienda. Su esposa vio en él un indicio de buena fortuna para el bebé.

Doña Elvira, al igual que otras muchas damas de la alta sociedad del siglo XV, nunca pensó en la precariedad de las cosas y que la vida muchas veces es sólo una ruina. Pese a estar cerca de la cultura islámica, no fue sensible a esa llamada a la cautela que encontramos en los relatos de la princesa Scherezade, cuyas fábulas no solo entretenían el insomnio de un rey perverso, sino que mostraban el camino para entender los misterios de la vida. Pero, y he aquí la ironía de esta historia, mil y una noches después del nacimiento de su hijo Gonzalo, moría su marido, mientras realizaba una visita rutinaria por tierras de Toledo.

El epitafio lo decía todo en relación a él, y sobre la conciencia de linaje de su familia: don Pedro Fernández, VIII señor de la Casa de Córdoba, VII, señor de Cañete de la Frontera, de Priego, Montilla, La Puente, Castill-Anzur y Monturque, ricohombre de Castilla, alcalde Mayor y Alguacil de Córdoba. No tengo claro los motivos de la muerte: algunos hablan de una escaramuza y de que falleció a consecuencia de las heridas, otros, más prosaicos, sugieren que atrapó un fuerte resfriado que no pudo soportar su débil pulmón.

Pedro Fernández de Córdoba era un caballero aguerrido, un noble afable y orgulloso, algo taciturno, muy andaluz, con esa forma de ser que luego veremos en su hijo Alonso, receloso de la Monarquía, al tiempo que no dudaba en acercarse a ella para mejorar su situación. La suerte nunca le sonrió, pese a su buen matrimonio y a la amistad con Enrique IV. Tuvo dos períodos en su vida: en el primero fue un altivo aristócrata andaluz al servicio del Príncipe de Asturias en los años de dominio de Álvaro de Luna al que detestaba; en el segundo período fue un hombre importante en la vida política gracias al apoyo del nuevo rey, pero ese éxito fue momentáneo: apenas duró un par de años.

La vida de Gonzalo sin embargo siempre estuvo marcada por la sombra de su padre, aunque fueran tan diferentes. Cada vez que afrontaba un suceso importante, recordaba a don Pedro precipitándose sobre sus ilusiones, con el peculiar recuerdo que sólo concede el comentario de alguien que le conoció de cerca, fuera su hermana Leonor, alguno de los criados, o incluso el propio rey. Los característicos gestos de los Fernández de Córdoba surgen en sus habituales indecisiones. La verdadera herencia familiar: afrontar con decisión el reto de la vida.

Fue en el entierro de don Pedro, si los datos son correctos, donde su madre, por entonces una viuda desconsolada, comprendió que el destino de su pequeño Gonzalo dependería de su hijo mayor Alonso. Ese gran momento en la vida de la aristocracia del siglo XV ante el cuerpo yacente del cabeza del linaje se relaciona con una promesa del hijo a la madre; pero no puedo precisar el detalle, ni siquiera puedo describir el féretro. Sólo quedan algunos fragmentos de la memoria familiar, pero de tiempos posteriores, cuando Gonzalo, ya célebre, buscaba la manera de situar ese momento tan crucial en su vida cuando él apenas había cumplido dos años, como el punto de partida de una toma de conciencia personal ante el mundo. Cosa que es bastante improbable. No tengo garantías suficientes para aceptar la imagen de un Gonzalo prematuramente consciente de su destino.

Poco después, perdía a su madre. Elvira de Herrera había sido una mujer inquieta, altiva como la mayoría de los Enríquez, orgullosa de ser una descendiente de doña Leonor de Guzmán, a quien veneraba, y en cuyo espejo muchas veces se miró. No me ha resultado fácil analizar el día de su muerte. Gonzalo, de cuatro años, mediocremente atendido por una niñera malcarada, su hermano Alonso con la cara consternada por la responsabilidad. El tiempo corría contra los Fernández mientras que el peligro musulmán era cada vez más intenso. He encontrado tan solo una leve mención en el *Memorial* de Diego de Valera que cita a Alonso junto al rey en la expedición que Enrique IV realizó a la frontera de Granada.

Todo eso ocurría en Montilla, el lugar de la llanura cordobesa recordado por el viejo erudito de Rute como la patria de Gonzalo. Por supuesto, no debatiré aquí esa memoria. Todo el mundo parece aceptarla como buena,[17] y quizás eso sea mejor que promover el olvido sobre el nacimiento y los primeros pasos de un hidalgo andaluz de sangre y oficio de hacendado, para quien la guerra de frontera se convertirá en una dichosa actividad que le ayudaría a sentir que la vida era digna de vivirse. Ese sentido agónico de la existencia, además de mostrar la superioridad ante las otras castas, era una forma de vitalidad viril, y como tal un juego con el que se afrontaba el riesgo de una naturaleza hostil, peligrosa.

INFANCIA

Los doce primeros años de vida de Gonzalo (1453-1465) estuvieron marcados por una actitud recelosa ante los valores de su familia. Quizás los estudió a fondo, observando el error de

17. *El Gran Capitán y Montilla*, Ayuntamiento de Montilla, 1953.

mantener la *honnêteté* nobiliaria como fundamento de la existencia. Ese sería un tema de reflexión en los relatos que años más tarde recrearon sus *enfances*, en una línea tal vez en exceso deudora de la literatura pedagógica que durante la Edad Media explicó el itinerario educativo de un niño de casa bien.[18]

Domenico Guirlandaio lo expresó de la mejor manera posible en un célebre cuadro donde el cruce de las miradas fundamenta la memoria: el niño recordará siempre a ese anciano enfermo que le guarda con sus ojos como si fuese el olor de una manzana asada o de una ciruela claudia.

Domenico Guirlandaio, *Viejo y Niño*,
París, Museo del Louvre.

18. Doris Desclais Berkvam, *Enfance et maternité dans la littérature française des XIIe e XIIIe siècles*, París, Champion, 1981.

La sociedad europea del siglo XV se interesó por los niños renovando la *paideia*: se hacían dibujos y retratos que se mandaban a sus padres ausentes, ocupados en la guerra o la política, se insistía en la higiene de su cuerpo y de su alma, se seleccionaba con cuidado a las nodrizas y a las amas de cría, se le buscaban amigos para sus juegos en los salones del castillo.[19] Gonzalo vivirá los primeros años de su vida en esa atmósfera educativa, que en su caso adquiriría una dimensión especial a medida que se iban descubriendo sus habilidades. ¿Acaso no creerán sus biógrafos ulteriores que estaba marcado por una señal distintiva?

La infancia de Gonzalo era igual a la que encontramos en todos los rincones de Europa en esos años. Los Aguilar aceptaron la moda, aunque no he logrado conocer el procedimiento empleado a la hora de configurar el carácter de su nuevo vástago, tal como en la actualidad lo entienden los psicólogos. Por ese motivo me ha resultado imposible saber qué reacciones tuvo ante los valores inculcados por sus nodrizas, sus preceptores o por su hermano. Tampoco he logrado saber si era despierto en la lectura o la escritura, si tenía interés por los textos, o si dibujaba sus sueños de madrugada. Del mismo modo, no he obtenido información veraz sobre su universo de juegos, ni de los objetos empleados para formar su imaginario. A menudo, un rasgo adulto podría darnos la pista, como una reacción a una situación vivida en la niñez, pero es muy arriesgado moverse en ese territorio.[20]

Hasta donde he podido saber, Gonzalo no estuvo a gusto en el seno de su familia. Pero no manifestó una animadversión cainita hacia su hermano, casi al contrario, le respetaba como un modelo social que intuía vinculado no obstante a un

19. Shulamith Shahar, *Chilhood in the Middle Ages*, Londres & Nueva York, Routledge, 1990.

20. Philippe Ariés, *L'Enfant et la vie familiale sous l'ancien régime*, París, 1960.

pasado condenado a desaparecer. ¿Cómo debemos entender esa actitud que dio lugar a extensas digresiones en relación a la infancia de Gonzalo entre sus biógrafos? ¿Idean esos autores un mundo interior en su infancia porque, no obstante sus escasos años, el carácter del futuro Gran Capitán es paralelo al de sus años adultos? ¿Evocaban su disgusto ante el estilo de vida del noble cordobés como un rasgo de personalidad? ¿Qué le distinguía de todos los Fernández, acaso el nulo placer por las expediciones militares en la frontera con el reino de Granada?

RUIDOS DEL EXTERIOR

Antes de responder a esos interrogantes, creo que deberíamos conocer el incidente que afectó gravemente a la familia de los Fernández en marzo de 1458, al que Gonzalo apenas prestó atención debido a su edad (aún no había cumplido cinco años) pero que su hermano Alonso le relató en más de una ocasión. El incidente al que me refiero fue la investidura de Miguel Lucas de Iranzo como condestable por parte de Enrique IV. ¿Cómo era posible que el corregidor de Baeza, el hijo del guipuzcoano Alonso Álvarez, alcanzara esa alta dignidad y se rumoreara que incluso podría recibir el maestrazgo de Santiago? ¿Tan fácil era ascender formando parte de la casa del rey?[21]

El escándalo provocó que Alonso de Aguilar se acercara al influyente escritor Diego de Valera. Los dos hombres coincidían en la crítica a Enrique IV. El escritor había pertenecido durante mucho tiempo (cuando reinaba Juan II) a lo que entonces se llamaba el círculo cortesano; había tomado parte activa en los acuerdos entre la nobleza y la monarquía. En su correspondencia de finales de los cincuenta, Valera evoca, de manera locuaz, las órdenes, contraórdenes y desórdenes que

21. *Hechos del Condestable,* cit. p. 253.

acabaron en la guerra civil, un desastre que Gonzalo, mucho más joven que él, sólo recordaba por las palabras de su hermano mayor. Podría pensarse que era inútil enfrentarse a unos hechos ocurridos cuando él era un niño, sino fuera porque veía en ellos el demonio de la repetición. ¿Cuántas guerras civiles serían necesarias para poner fin a las discordias de los nobles con la monarquía? Recordando esos sucesos, acabó por darse cuenta de cuál era el ritmo de la historia.

He leído algunos testimonios eruditos acerca de la familia Aguilar que tratan de la crisis en el tórrido verano del 63; todos son más o menos tendenciosos, cualquiera que fuesen sus motivos políticos, y tan pronto se esfuerzan por borrar la actitud de Alonso en contra de Enrique IV como, por el contrario, exageran sus consecuencias en el desarrollo de la fortuna familiar. Las informaciones obtenidas en los documentos son muy vagas; apenas un comentario sobre la evolución de la renta. Me limitaré en consecuencia a reconstruir lo que, para Gonzalo, era un vivo recuerdo, parcialmente erróneo, pero que nunca dejó de emocionar al hombre de oposición que siempre fue.

En ese momento, Gonzalo aún no había cumplido ocho años, y su hermano había tomado partido por el infante Alfonso sin hacer muchas indagaciones sobre un asunto que le parecía sin embargo una historia sucia. ¿Qué historia era esa? El ascenso de Beltrán de la Cueva a valido del rey. Todos los Fernández se opusieron a esa decisión, que consolidaba el poder de los Mendoza, aunque sus opiniones en relación a la manera de llevar a cabo la revuelta no coincidían forzosamente entre sí. El día más importante fue cuando Valera decidió apoyar al grupo opositor. Un buen número de nobles de las comarcas vecinas se unieron a él, aunque los realistas mantenían firmemente sus posiciones. La cuestión se dirimió en el plano ideológico. Aquí las cartas de Valera fueron decisivas.[22] Gonza-

22. *Epístolas de Diego de Valera*, ed. J. Balenchana, Madrid, Sociedad de Bibliófilos Españoles, 1878.

lo acudió a ellas, y las leyó buscando los motivos del choque de su hermano con el rey. Una decisión que terminó por afectarle personalmente. Es un error frecuente creer que Gonzalo estuvo por encima de sus circunstancias. Más bien sería verdad lo contrario. A los ocho años algo ocurrió en su vida, ajeno por completo a su voluntad, que sin embargo marcaría el ritmo de su existencia.

Valera acusó a Enrique IV de desidia ante los graves problemas por los que pasaban las haciendas nobles en Andalucía. ¿Eran realmente tan graves como él decía? La historia agraria de la región estuvo ligada estrechamente durante siglos a la historia de la repoblación de tierras conquistadas a los musulmanes, un fenómeno que trasciende el ámbito estricto de la historia económica. De ahí resultó una actitud equívoca frente a la política económica de la Monarquía, suavizada tan sólo por los elevados beneficios obtenidos por la venta de los productos ganaderos en los mercados del norte de Europa, gracias en parte al apoyo diplomático de la Corona. Los hábitos de la nobleza eran tendentes a la monotonía, sus variaciones son mínimas respecto a las grandes transformaciones ocurridas a mediados del siglo XV, cuando los ingleses tuvieron que abandonar los territorios continentales que habían ocupado desde tiempos de Enrique II Plantagenet, un rey de Inglaterra que fue conde de Anjou, duque de Normandía y duque de Aquitania.

Las rutinas, basadas en actos que miraban al pasado, se inscribían en la pervivencia de la hidalguía. Por eso, la reacción ante la grave situación económica fue mirar una vez más a la frontera con el mundo musulmán, siguiendo el ejemplo de sus abuelos y bisabuelos. Las armas se afilaron pensando que la solución pasaba por la conquista militar del reino de Granada. La situación internacional sin embargo no era propicia a una acción semejante. Además Enrique IV tenía sus propias ideas al respecto.

La nobleza andaluza comenzó a quejarse en voz alta. El rey

y su valido eran responsables de una política monetarista de corte autoritario, refrendada en las Cortes de Madrid de 1462, donde se fijó la tasa de valoración del oro y la plata amonedados.[23]

Cuando llegó la época de las protestas, los nobles recurrieron una vez más, como habían hecho tantas veces, a los alborotos callejeros. En Sevilla, el asistente real Pedro Manrique escapó de milagro a la agresión de unos jóvenes, en realidad, unos sicarios del duque de Medina Sidonia. El principal señuelo de los nobles para atraerse a esas pandillas juveniles era la victimización del pueblo por las medidas económicas adoptadas por el rey. La violencia era un poderoso factor de desestabilización del país. La taimería de la nobleza ante las medidas de saneamiento económico ofrecía un carácter confuso a la vida andaluza. Sevilla y Córdoba eran ciudades dominadas por intrigas tendentes a impedir la implantación de medidas de control económico ajenas a los intereses nobiliarios. La única posibilidad de Enrique IV fue estimular la división entre los clanes aristocráticos. Los jóvenes de la nobleza, nacidos hacia 1450, la generación de Isabel de Castilla y Fernando de Aragón, no encontraron el modo de salir de la situación creada por sus mayores, a los que veían totalmente equivocados. Ellos se sintieron siempre «hijos de la guerra civil».

Gonzalo intuyó que la oposición a la política de un rey no debía desembocar en una rebelión armada, y menos aún en una revuelta social (el concepto y la idea de una revolución ni siquiera la contempló). Algo en su interior le decía que su hermano cometía un grave error político, pese a no ser capaz de argumentarlo con principios políticos. Un error que él sufriría en su propia carne pocos meses después. No hay mayor escuela de aprendizaje que una mala experiencia.

23. M. A. Ladero, «Moneda y tasa de precios en 1462. Un episodio ignorado en la política económica de Enrique IV de Castilla», en *Moneda y Crédito*, 1974.

CAMINO A LA GUERRA CIVIL

En la primavera de 1464, cuando Gonzalo aún no había cumplido once años, dos hechos cambiaron el curso de la historia de la familia Fernández de Córdoba. El primero fue la tentativa golpista del marqués de Villena, en el mes abril, que sirvió de cortina de humo para ocultar los verdaderos objetivos de la Liga nobiliaria consistentes en organizar una amplia coalición contra el valido y el propio rey, apoyándose en el infante Alfonso, al que creían amenazado de muerte. El segundo hecho fue la llegada de Enrique IV a Córdoba al frente de un ejército con el pretexto de comenzar una campaña contra los nazaríes. La situación creada por ambos hechos se parecía bastante, guardando las debidas distancias, a la que se había visto unos años antes, cuando el entonces príncipe heredero se apoyó en Diego Fernández de Córdoba para ir contra su padre, y se parecerá bastante a la que tendrá lugar años después con Fernando e Isabel. La repetición me lleva a pensar en las dificultades de la Monarquía a la hora de introducir ideas nuevas en un mundo dominado por los valores de la hidalguía, tan estrechos de miras entonces como ciento cincuenta años después cuando Cervantes decidió denunciarlos.

El 17 de junio de 1465, Alonso de Aguilar alzó los pendones en favor del infante Alfonso, lo que era tanto como decir contra el rey Enrique IV y el odiado valido. La suerte estaba echada. Estos Fernández de Córdoba entraron en la guerra civil en el bando de los rebeldes; los otros, los condes de Cabra se mantuvieron al lado del rey. Se puede dudar que el joven Gonzalo, con doce años, fuese consciente de lo que significaba la decisión de su hermano, pero es seguro que la vinculación con el partido rebelde sería clave en su futuro. Mucho más cuando se le anunció que muy pronto dejaría las tierras de Montilla para entrar al servicio del infante Alfonso. Con ello comenzaría un sueño que iba a durar muchos años y que le condujo lejos de su lugar de nacimiento. Gonzalo marchaba feliz a la corte y sus pensamientos estaban dominados más que por la imagen de una dama por un sueño que le empujaba a viajar sin miedo lejos de su hogar: un sueño muy varonil, por cierto.

2

TRAIDORAS MUDANZAS (1465-1468)

En el verano de 1465, Gonzalo era un muchacho a punto de cumplir doce años. Ya había adquirido la experiencia necesaria para abandonar su tierra natal y la suficiente entereza de ánimo para aspirar a paje del infante Alfonso. No cabía la posibilidad de ir a la corte del rey, debido a la implicación de su hermano Alonso en el conflicto que enfrentaba a gran parte de la nobleza andaluza con Enrique IV. La primera salida de su tierra afirmó la personalidad del muchacho, al alejarle de todo lo que le era conocido hasta ese momento y mostrarle el mundo de los adultos. El viaje a Arévalo, donde se encontraba el infante, se convirtió así en un auténtico ritual de paso. Allí tendría ocasión de conocer a Gómez Manrique, un reputado autor teatral y a su sobrino Jorge Manrique, el poeta de la nostalgia, un brillante caballero atento al verdadero significado de los paramentos, borduras y cimeras presentes en las justas y los torneos de su tiempo.

¿Por qué, entre los muchachos de Montilla, Gonzalo era el único destinado a realizar el viaje? Esta pregunta, bastante parecida a la que Dante le hizo al alma de Pedro Damián, acompañó a Gonzalo durante toda su vida, y la respuesta pudo ser muy bien la misma que el santo dio al poeta: «lo que deseas saber penetra tan profundamente en el abismo del secreto eterno, que está muy apartado de toda vista creada».[1]

La vida ofrece en ese momento al adolescente Fernández una oportunidad verdaderamente única: proseguir en su viaje como peregrino en busca de una idea de sí mismo, una ac-

1. Dante, *Divina Comedia* (Paraíso, XXI, 94-98).

ción presente ya en la novela de Tommaso de Saluzzo y que era el argumento del *Sueño de Polifilo*, un libro de iniciación elaborado por esos años en Italia, donde el porvenir de un individuo se vincula con su disposición personal frente a las novedades. Quizás por ese motivo, los escritores italianos harían hincapié en el primer viaje de Gonzalo, convencidos de que los rasgos de su personalidad se fijaron de forma indeleble en ese preciso momento.

PRIMERA SALIDA DE SU TIERRA

En una culta biografía, Paolo Giovio ofreció su impresión sobre el viaje: «Gonzalo Hernández, mozo sin barbas, ayudado de la liberalidad de don Alonso de Aguilar su hermano, le trajeron al servicio del mozuelo Rey don Alonso, acompañado de Diego de Cárcamo, sabio y honrado caballero. Este, haciendo el oficio de ayo y maestro, adiestraba á este mozo enseñándole costumbres muy excelentes. El cual con ánimo encendido y con la disposición de un fortísimo cuerpo, aspiraba á hacerse valeroso y esforzado. Fue encomendado al Rey don Alonso por algunos amigos de su padre, hombres de suma dignidad y grandeza, los cuales fueron don Alonso Carrillo, arzobispo de Toledo y don Juan Pacheco, Maestre de Santiago. A pocos días que asentó en su servicio murió de enfermedad el rey don Alonso».[2]

Un detalle llama la atención tras la lectura del párrafo anterior: ¿por qué un historiador de la talla de Giovio redujo los tres años de aprendizaje de la primera salida de Gonzalo a

2. P. Giovio, «La vita di Gonsalvo Ferrando di Córdova», en *Le vite di diecenove huomini illustri*, Venecia, 1561, pp. 258-318 (Citaré por la traducción española: «La vida y Chronica de Gonzalo Hernández de Córdoba llamado por el sobrenombre El Gran Capitán», en *Crónicas del Gran Capitán*, ed. Antonio Rodríguez Villa, Madrid, NBAE, 1903, p. 476.

unos pocos días? La respuesta me parece obvia. Giovio sabe que esos tres años contenían hechos nada agradables, incluso penosos. La elipsis de ese trienio malo en su vida es un homenaje a la inmortalidad del personaje, a su dimensión de héroe ejemplar, sin mácula. El fracaso no forma parte de su memoria. Por eso Giovio no describe al adolescente Gonzalo con la metódica precisión que habría tenido de haber sido un personaje de ficción. Bajo la elipsis se oculta además una fuerte crítica a los procedimientos educativos de los caballeros medievales presentes en las biografías noveladas desde Guillermo el Mariscal en el siglo XIII hasta Boucicaut en el siglo XV.

La elipsis de esos tres años permite fijar un rasgo importante de la personalidad de Gonzalo. Cuando, después de toda una vida presenciando los sufrimientos y las amarguras de su país, puede al fin manifestar algo de sus años de adolescencia, deja a un lado con serenidad todos los debates sobre la guerra civil y hace una modesta proposición: su vida realmente comenzó mucho más tarde. Ningún biógrafo se opuso a esa descarada parábola sobre su vida pasada, un tema del que nadie quiso hablar nunca.

Pero, ¿podemos llegar a saber lo que pensó realmente el día de su marcha? Como la mayoría de los jóvenes de su generación, Gonzalo tenía alguna información al respecto extraída de su propia experiencia de lector. El recurso a la literatura no debiera extrañarnos. Durante siglos, la novela describió el viaje de un muchacho desde su casa a la corte del rey como un proceso de iniciación en la vida adulta que culminaba en la investidura. Así, en uno de los relatos más famosos, el *Parzival* de Wolfran von Eschenbach, la salida del hijo de Herzeloyde de su hogar refleja la inquietud por la educación cortesana. De ahí el quebranto que entrelaza los actos del muchacho con la ruptura del corazón de su madre, fundamento ritual de todo proceso de realización: el niño se va, la madre se desmaya. De ese gesto nace el sentimiento de culpa, desencadenante a veces de la ambición masculina, que culminaba con la llegada a la corte del rey, en Camelot, la residencia del rey Arturo y sus nobles caballeros de la Tabla Redonda. ¿Puede un acto de huida del vínculo materno ser un acto de realización personal? Al salir de casa, los muchachos se alejaban de la promiscuidad de las relaciones domésticas, cortando dos vínculos poderosos: con la madre que les protegía más allá de sus necesidades; con las criadas de la casa, que les introducían en una sexualidad morbosa, insana, en opinión de san Bernardo de Claraval. El alejamiento de la casa era necesario si se quería alcanzar la plena realización personal. La corte fue durante toda la Edad Media un espacio educativo de la personalidad: el *super-yo* que sosegaba un *yo* ambicioso y turbulento.[3]

A mediados del siglo XV, un muchacho lector de novelas como Gonzalo tenía múltiples motivos para reclamar un oficio en la corte: necesidad de alejarse de la vida provinciana de Montilla, obligación de mostrarse a sí mismo la superación de los miedos infantiles, deseo de madurar y, en sus más secretos pensamientos, ambición por labrarse un porvenir por encima de su condición social. Esa actitud es corroborada por la metáfora del combate contra la Esfinge que los escritores medievales heredaron de la cultura clásica para describir la encrucijada vital de los jóvenes a punto de marcharse de su hogar nativo. Cabría sin duda implorar la protección de algún santo patrón, o de la virgen María. La devoción religiosa contiene el remedio para vencer los últimos obstáculos. Gonzalo había leído con atención algunos relatos piadosos y, en los recuerdos sobre ese momento de su vida, añade dignidad a la metáfora. La victoria sobre la Esfinge quedará así como la imagen primera y más gráfica de su temperamento.

Al hablar del primer viaje a la corte para ser paje del infante Alfonso, las crónicas de su vida fueron bastante desenfada-

3. Stephen Jaeger, *The Origins of Courtliness*, Filadelfia, University of Pennsylvania Press, 1985.

das. Gonzalo cruzó el vestíbulo de la casa, no la abandonó por el corral, a escondidas, eso lo hubiera igualado a un famoso hidalgo de novela. Él se marchó con el beneplácito del *pater familias*, su hermano, el señor de Aguilar. Se introdujo en el patio, donde esperaban los carruajes. No puedo saber (y creo que me resultará imposible en el futuro) si las criadas le hicieron alguna señal de despedida. Esos detalles no forman parte de la información a la que tenemos acceso; pero los gestos debieron existir. Son normales en toda marcha. Los carruajes salieron del portalón y del puente, dejando a su espalda el castillo de Montilla. Tenía ante sí un largo viaje hacia la corte del príncipe heredero. ¿Qué pensó Gonzalo en ese preciso momento?

Los relatos de la Edad Media tratan sobre el despertar de un joven enfrentado ante un reto que es a un tiempo atractivo y peligroso. El mundo exterior es lo contrario a la casa familiar. Freud utilizó la palabra *Unheimliche* para designar esa realidad: lo extraño es al mismo tiempo lo maravilloso. Las largas digresiones cronísticas sobre la personalidad juvenil de Gonzalo analizan sin embargo ese tipo de cuestiones. ¿Cómo afrontó esa vivencia perturbadora para un hombre que hasta ese momento había vivido una existencia primordialmente basada en las costumbres de su tierra natal? Para responder, voy a cambiar el punto de observación con el fin de aproximarme al mundo interior de Gonzalo a través de la descripción del paisaje que recorrerá desde su casa a la corte.

MODOS DE VIAJAR ENTONCES

Abramos una ventana que nos permita contemplar cómo era la submeseta entre Sierra Morena y el Tajo a mediados del siglo XV.[4] Gonzalo tenía ante sí, al dejar su casa de Montilla,

4. Emilio Cabrera, «Del Tajo a Sierra Morena», en *Organización social del espacio en la España medieval*, Barcelona, Ariel, 1985, pp. 123-161.

una inmensa llanura, a veces ondulada, con pequeños pero altivos montes en la lejanía: el mayor de todos, la Sierra de Guadalupe con apenas 1.600 metros sobre el nivel del mar. Una tierra caliza, perfectamente adaptada al cultivo de la vid, de la que se tenía noticias desde épocas muy lejanas. No faltaban las alquerías y las aldeas: precisamente a occidente se encontraba una aldea que con el tiempo se haría célebre por su decidida oposición al comendador real: Fuenteovejuna. Una tierra perfecta para los pastos, donde la ganadería era la principal fuente de riqueza. El pastoreo constituía una forma de vida. No faltaba el dinero, pero la pobreza a veces asaltaba a las familias más humildes, si los beneficios de la lana no llegaban a tiempo. En Córdoba, contempló los bellos jardines de tradición árabe y las huertas llenas de árboles frutales. Un oasis en medio de la llanura. Ese sueño meridional que convierte al agua en un deseo pocas veces satisfecho.

Gonzalo podía elegir entre tres caminos para adentrarse en el Campo de Calatrava en dirección a Segovia o Valladolid, ciudades donde se solía reunir la corte. El Camino de la Plata, que comunicaba Sevilla con Salamanca a través de Mérida, estaba escorado a occidente; el segundo camino por Castulo y Consuegra se encontraba muy al oriente para sus intenciones. Por ese motivo eligió el tercer camino, el que comunicaba Córdoba con Toledo, el más importante en aquel tiempo y lo seguiría siendo incluso en 1546 cuando Pedro Juan Villuga redacta su *Repertorio de todos los caminos de España.*[5]

A lo largo de la Edad Media, los cronistas cristianos elaboraron a impulso de los obispos un sesgado relato de la historia de esa región. Los ataques de los almorávides en tiempos de Alfonso VII fueron tan destructivos como lo habían sido las expediciones de pillaje de Sancho el Fuerte o Alfonso VI en los años anteriores a la conquista de Toledo (1085). Las mili-

5. F. Hernández Jiménez, «El camino de Córdoba a Toledo», en *Al-Andalus*, XXIV, 1959. M. Corchado Soriano, *El camino de Toledo a Córdoba*, Jaén, 1969.

cias concejiles quizás mataron más gente, pero las cicatrices volvieron a abrirse tras el desgraciado incidente de Alarcos cuando los almohades derrotaron al caballeresco Alfonso VIII. En 1212, henchidos del espíritu de cruzada desplegado por Rodrigo Ximénez de Rada, los cristianos se enfrentaron al Islam en la Batalla de las Navas de Tolosa y comenzaron el proceso de colonización del valle del Guadalquivir. Más adelante, la conquista de Córdoba y Sevilla convirtió al rey Fernando III en una auténtica leyenda.[6] La *General Storia* de Alfonso X el Sabio valoró los altiplanos de Alcalá la Real, Priego o Lucena tanto como el autor de la *Albeldense* había valorado el valle del Duero.

Gonzalo desandaba el camino que la historia había hecho dos siglos antes de un modo implacable. Nadie pensaba entonces en la posibilidad de que el Islam reconquistara el territorio que durante siglos había sido suyo, aunque en honor a la verdad los musulmanes también lo obtuvieron tras una ocupación militar de sus anteriores dueños, los godos.

La ciudad en torno a la cual giraba en aquellos años toda la vida económica, social y cultural de la región era la cosmopolita Toledo.[7] El Tajo definía el paisaje de esa ciudad, mientras que su antigua tradición marcaba la silueta de su gente. Gonzalo pudo comprobar que el reino de Castilla, al que él pertenecía por derecho de nacimiento, era una realidad más compleja de lo percibido desde Montilla. El converso Fernán Díaz mostraba el duelo de la sociedad por los sucesos ocurridos en Toledo cuando unos indeseables sembraron el pánico contra la judería.

La Instrucción del relator presentaba un oportuno y poderoso argumento a favor de la tolerancia religiosa, que era al mismo tiempo un alegato contra la falacia integrista en términos

6. Manuel González Jiménez (ed.), *Sevilla 1248*, Madrid, Editorial Centro de Estudios Ramón Areces, 2000.

7. Eloy Benito Ruano, *Toledo en el siglo XV*, Madrid, 1961.

casi proféticos. La réplica de Cartagena a Díaz mostró a todo el mundo que la situación era más peligrosa de lo que muchos estaban dispuestos a creer. La situación se complicó aún más cuando Toledo entró en el litigio político castellano. El conde Cifuentes y el mariscal Payo de Ribera ocuparon la ciudad en nombre del infante Alfonso.

Gonzalo pudo comprobar por sí mismo la riqueza desplegada en las calles toledanas por una sociedad deseosa de representación: nuevos ricos y viejos aristócratas competían a la hora de mostrar sus costosos vestidos y sus lujosas joyas. El desenfreno era la nota característica, según los moralistas del momento. Entre el rumor callejero se percibía una sociedad tensa por el cambio. Ese era el trasfondo social reflejado en *La Celestina*.[8]

Gonzalo se impacienta. Como todos los jóvenes de su generación, creyó que la guerra civil iba a durar como mucho dos o tres meses. Y he aquí, viajando por el camino que desde Toledo le llevará a Ávila, donde se encontraba el infante esperando su proclamación como rey Alfonso XII.[9] Nada más llegar pudo comprobar la excitación de los ánimos, pues los miembros más relevantes de la Liga nobiliaria, los Carrillo, los Zúñiga, los condes de Plasencia y los condes de Benavente mostraban la grosería de la que eran capaces al colocar un muñeco con la esfinge del rey en la plaza pública y patearlo en medio del delirio de la multitud.

SERVICIO

En los textos de aquel tiempo se distinguen tres tipos de servidores en la corte, de *curiales*, como se les solía llamar: los de-

8. José Antonio Maravall, *El mundo social de la «La Celestina»*, Madrid, Gredos, 1964 (1981).

9. Dolores Carmen Morales Muñiz, *Alfonso XII rey de Castilla*, Madrid, 1985.

dicados a la Administración y el Tesoro Público; los agentes de la política internacional, secretarios de Estado y embajadores; y, finalmente, los que ven en la carrera de las armas un medio de promoción social. Gonzalo se inclinó por esa última categoría por creer que tenía más futuro, y porque además la asociaba a la forma de vida nobiliaria en la frontera sur. Siempre elegante, no abandonó el contacto con las demás. Esas tres categorías de servicio a la corte se convertirán en los pilares del Estado moderno.

El recuerdo de su padre empezó a hacer mella en él. La imagen de aquella pequeña corte donde los jerónimos y los franciscanos de Arévalo rivalizaban entre sí para hacerse con el favor de los dos infantes, Isabel y Alfonso, emergió delante de él como una señal del destino: no podía hacer nada, de momento, aunque estaba claro que ese no era su sitio. Gonzalo no tenía nada que ver con ellos. Era diferente. Y aún no sabía por qué.

ESTAMPAS DE LA VIDA DE UN PAJE

Siguiendo los pasos del adolescente Gonzalo, es posible fijar la naturaleza de su oficio de paje del infante Alfonso. Por esos mismos años, Konrad von Megenberg, un alumno aventajado de Egidio Colonna, se preguntaba en su influyente libro *Oeconomica* si el servicio en la corte es la auténtica misión educativa del muchacho noble.[10] De hecho, no todos los hijos de la buena sociedad eran pajes. La imagen, por consiguiente, no puede extenderse como norma, salvo que la selección de los muchachos formara parte ya de la misma educación. Donde las normas no hablan, reina la costumbre, que equivale a acuerdos tácitos entre hombres adultos, unos acuerdos ajenos por completo a la voluntad de los adolescentes.

10. Konrad von Megenberg, *Oeconomica*, ed. Sabine Krüger, MGH, Staatschriften des Späteren Mittelalters, 3:5 Stuttgart, 1977, pp. 190 y ss.

Urbanitas, digamos comportamiento cortés: esa palabra latina, que debemos a Cicerón, fijaba en aquel tiempo el rasgo fundamental y necesario en el hombre educado. Un rasgo que no se obtenía por nacimiento como la condición de noble, no es por tanto un derivado del *status* social, sino que, al contrario, es una virtud que se alcanza por el esfuerzo y por el sacrificio personal. La corte enseñaba la manera de adquirir los hábitos necesarios de un buen caballero. Una exigencia inefable se apodera de los muchachos nobles nada más cumplir los doce años y estar en condiciones de ser nombrados pajes.

Anónimo, *La magnanimidad de Alejandro*, segunda mitad del siglo xv. San Petersburgo, Museo del Hermitage.

No tengo una imagen de Gonzalo de esos años. Los retratos de adolescentes son excepcionales, y casi siempre se refieren a los hijos de los reyes. Nadie podía prever que un muchacho de doce años, apoyado en los muros del castillo de Segovia, se convertiría con el paso del tiempo en un héroe nacional. La verdad es que en esos años pasó bastante desapercibido. No así su empleo. Ser paje de un príncipe heredero era algo importante, y por eso mismo los artistas en ocasiones los representaron.

Detengámonos en el retrato. Ante todo destacan unos ojos tristes que enmarcan un gesto disciplinado, como se esperaba de todo paje; igualmente resalta el vestido y el modo de asir la lanza y, en un segundo plano, detalles sobre su aprendizaje en el manejo de las armas, como la maza caída a un lado. Vemos por tanto a un muchacho de mediados del siglo XV, que muy bien pudiera haber sido el propio Gonzalo (no lo es, desde luego) atento a un destino que ignora. Todavía no ha alcanzado la edad de las decisiones. Permanece obediente a las normas sociales, algo taciturno con todo, y en esa actitud le atrapa el pintor, en una pausa de sus juegos ante el muro de un castillo.

Al contemplar el retrato de ese paje me vienen a la memoria las palabras de La Bruyère: «La vida de la corte es un juego grave y melancólico que se juega del modo siguiente: es necesario ordenar las piezas y las baterías, tener un objetivo, inutilizar el del adversario, a veces, arriesgarse y tentar la suerte. Y después de todas estas cavilaciones y medidas uno se encuentra con un jaque que a veces es mate».[11]

Gonzalo tomó nota. Cuando años después su más poético biógrafo, Hernán Pérez del Pulgar, afrontó esos tres años de su vida le pareció oportuno dejar de lado la función para la que había sido llamado a la corte. Tampoco dice nada del ambiente que se respiraba en el entorno del infante Alfonso. Se deja cautivar por los hechos ulteriores como si en realidad

11. La Bruyère, citado por Norbert Elias, *El proceso de civilizacion*, México, 1987, pp. 482-483.

esos tres duros años de servicio en medio de una atroz guerra nunca hubieran tenido lugar.[12] Pulgar tenía sobrados motivos para olvidarlos. Fueron unos años malos, donde el odio y la violencia se unían a veces con la injusticia, y donde nadie encontró una solución a tanta violencia, pese a la protesta de los predicadores y de los poetas.

Gonzalo se formó en ese ambiente de miseria moral, de ambición, de ostentación vanidosa, de superstición y de pobreza espiritual: el prototipo de la sociedad cortesana denunciada años después por fray Antonio de Guevara. Quizás los autores exageraban a la hora de elogiar un modo de vivir dentro de las posibilidades, en el jardín interior, despreciando todo lo que venía de fuera. En cuanto a convertirse en un hombre de confianza del infante Alfonso e introducirse así en su política, ni siquiera se le pasó por la cabeza. Algo había en la corte que le obligó a ser receloso. Hay que acercarse a esa corte para tratar de comprenderle.

LA CORTE DEL INFANTE ALFONSO

Gonzalo había llegado a una corte educada por borgoñones, descrita por alemanes, pintada por un inglés, con unos ideales forjados en la literatura francesa, y donde las intrigas estaban a la orden del día. Durante mucho tiempo, la sociedad cortesana de Castilla había estado bajo el influjo de una personalidad excepcional, un viejo aristócrata, que además era un excelente escritor: Íñigo López de Mendoza, marqués de Santillana. En 1455, unos años antes de su muerte, aceptó posar para el gran pintor Jorge Inglés en un retablo conservado por sus descendientes, los duques del Infantado, como lo que

12. Hernán Pérez del Pulgar, «Breve parte de las Hazañas del excelente nombrado Gran Capitán», en *Crónicas del Gran Capitán*, ed. Antonio Rodriguez Villa, Madrid, NBAE, 1903, pp. 555-589.

realmente es: una obra maestra del gótico tardío. El estilo es claramente flamenco y en él se percibe la influencia de Jan Van Eyck y de Roger van der Weyden.

El gesto del marqués de Santillana está detenido por la devoción a la virgen, cuya imagen contempla completamente absorto. Si nos fijamos en él quizás podamos comprender el efecto cultural recibido por Gonzalo nada más llegar ante la

Jorge Inglés, *Don Íñigo López de Mendoza, primer marqués de Santillana.* Madrid, Museo del Prado.

presencia de ese grupo de altivos aristócratas, semejantes, por no decir, iguales que el retratado por Inglés, que dominaban la vida política de aquellos años.

En Castilla había clases sociales, como en el resto de Europa. Nadie tenía el más mínimo interés en ocultarlo. Al contrario, los nobles se sentían atraídos por la representación de sus privilegios. En el pasado, no habían necesitado demostrar nada, simplemente les bastó su poder militar a la hora de apoderarse de un territorio o de masacrar a una población enemiga. Pero, en aquel momento, las cosas eran algo diferentes.

La cultura del gótico tardío de inspiración flamenca promovía la representación social. El marqués de Santillana fue quizás el noble castellano más activo a la hora de adoptar esa moda. Volvamos a su retrato. Íñigo no se ríe, como si no tuviera sentido del humor. Él era un viejo aristócrata de pies a cabeza, de mentón duro y manos pequeñas. Su sosegado ánimo ante la imagen de la virgen es su único gesto de debilidad. Todo lo demás es dureza, incluso en sus escritos, pues este adusto marqués es además un excelente poeta que con sus *Serranillas* había revolucionado las letras castellanas. En cuanto se comprende el poder que emana de ese retrato, es fácil mirar hacia el otro lado, donde aparece su esposa doña Catalina Suárez de Figueroa.

José Ortega y Gasset echó un vistazo a esta mujer con el fin de mostrar los rasgos propios de la española en los años juveniles de Isabel la Católica. ¿Tenemos idea hoy de la importancia que mujeres como doña Catalina tuvieron en el orden político de Castilla?

Detrás de esos gestos altivos, de la devoción hacia la virgen, de los silencios, encontramos una experiencia fundamental que el viejo Íñigo y el joven Gonzalo poseen en común y que señala su vida en esos años: la *prodigalidad* de la corte. Mientras la necesidad acuciaba al pueblo llano, hombres como Íñigo y Gonzalo buscaban la manera de adaptarse al tono de vida de la cultura gótica. Ambos compartían con su época la convicción de que los cambios radicales eran inútiles, y las ideas procedentes de Italia, eso que ahora llamamos Renacimiento, no eran más que una calentura de verano. Sus miradas se fijaron en el inmenso colorido de la corte y quedaron cautivados por él. Pero, mientras Íñigo era de una generación convencida de habitar ya un mundo vacío, y cuyo único sentido en la vida era el recogimiento casi místico con el que el Inglés le retrató, Gonzalo por el contrario formaba parte de una generación que avanzaba en medio de dudas hacia una nueva época.

Jorge Inglés, *Doña Catalina Suárez de Figueroa, primera marquesa de Santillana.* Madrid, Museo del Prado.

Una vez desnudada la realidad del gótico tardío, de inspiración flamenca, Gonzalo pudo afrontar con la gente de su generación el cambio político requerido por su país. Así pues, el único reconocimiento posible a la egregia figura de Íñigo era alejarse de su arrogancia. Pero, ¿cómo hacerlo si el propio infante Alfonso, un hombre de su generación vivía fascinado por esos modelos culturales?

Con el tiempo todo se aclaró, pero entre 1465 y 1468, los tres años que Gonzalo fue paje del infante Alfonso, la historia de Castilla soportó la difícil prueba de un conflicto social emanado del pesimismo con el que la aristocracia contemplaba el mundo. La gente se sentía frustrada por la imagen estática, no dinámica, de la sociedad. En Castilla había pocas oportunidades para el ascenso social. Los grandes nobles acaparaban las tierras, las rentas, los derechos aduaneros, los peajes, la exportación de la lana. El mayorazgo certificaba ese principio. Se vivía sometido al poder de unos pocos, y eso parecía que nunca cambiaría. Por alguna razón misteriosa, y desde luego desconocida, el descontento social afectó a algunos Trastámaras, una familia que se había hecho con la Corona tras una guerra civil, ochenta años atrás. Íñigo los había despreciado pese a que estaba convencido que eran necesarios para el gobierno, y mantenía hacia ellos una actitud ambigua. Poco a poco, sin embargo, el descontento fue subiendo de tono, y antes de que los grandes se percataran de ello, los más renovadores entre los Trastámaras empezaron a moverse en dirección contraria.

CASTILLOS QUE SON VENTAS

Una espesa bruma nos impide ver con claridad los motivos del enfrentamiento entre el rey Enrique IV y su hermano el infante Alfonso.[13] ¿Donde radica la dificultad? Muchos lectores de historia de Castilla del siglo XV han sentido vértigo a la hora de seguir la sucesión de acontecimientos desde la entrega del maestrazgo de Santiago a Beltrán de la Cueva, el 23 de mayo de 1464, hasta la muerte del infante Alfonso a comienzos de julio de 1468. El enredo es monumental y no remite a medida que aumentan las investigaciones; tal vez todo lo contrario. La dificultad reside en las fuentes utilizadas, en su mayor parte cronísticas, y en la personalidad de sus autores, Diego de Valera, Diego Enríquez del Castillo y Alonso Palencia.[14]

La rabia descargada por la Liga nobiliaria contra Enrique IV prosigue en las acciones militares que sus hombres de armas llevaban a cabo en cualquier lugar de la geografía del reino de Castilla: desde Santander a Cádiz. Sostenidos por un celo incomprensible, insisten en convencer a todos sus amigos de la veracidad de sus actuaciones. También los jóvenes servidores de la corte sentían ese celo en las largas conversaciones sobre la utilidad de la guerra en la vida nobiliaria. Y justamente ahí es donde se forjaría un rasgo del carácter de Gonzalo, que los biógrafos trataron de ocultar, sin duda preocupados por la dimensión moral de aquel tiempo: tiempo de turbación, sin futuro.

ESCISIÓN

En las habituales biografías sobre Gonzalo, se presenta una imagen ridículamente falsa de los tres años que sirvió como paje al infante Alfonso. Una cosa es no tener demasiada in-

13. Luis Suárez Fernández, *Los Trastámaras de Castilla y Aragón en el siglo XV (1407-1474)*, en *Historia de España*, dirigida por Ramón Menéndez Pidal, vol. XV, Madrid, 1970, pp. 1-318.

14. Diego de Valera, *Memorial de diversas hazañas*, ed. Juan de Mata Carriazo, Madrid, 1941. Diego Enríquez del Castillo, *Crónica de Enrique IV*, Madrid, BAE, t. LXX, 1953. Alonso de Palencia, *Crónica de Enrique IV*, ed. Paz y Meliá, Madrid, 1904.

formación y otra ocultar el hecho clave que entre los doce y los quince años, Gonzalo fue un joven que maduró en medio de una guerra civil. Y si semejante hecho ha sido dejado de lado, buscando lo que le ocurrirá años más tarde, obedece a un desconocimiento profundo de la incidencia de ese tipo de acciones en una mente en formación.

Gonzalo es un joven que vivió la guerra civil. Nadie lo quiso comentar. Ni sus biógrafos antiguos, ni los modernos. Apretaba los labios siempre que alguien le hablaba de esos tres terribles años y lanzaba una especie de suspiro como si quisiera olvidarlos, como quien rechaza una pesadilla de una mala noche. Pero él conservaba un vivo recuerdo. Se le nota en muchos actos, y en su predisposición permanente a tomar en serio la vida política: los acuerdos diplomáticos eran la mejor forma de dirimir un conflicto, y en caso de fallar, había que recurrir a la guerra, pero no a esas reyertas sanguinarias y sin sentido, sino a la guerra como una obra de arte. Desde luego, Gonzalo miraba hacia la modernidad, frente a eso, la guerra civil entre Enrique IV y Alfonso apresó a Castilla en lo que se suele calificar de «feudalismo bastardo».[15]

Al menos dos acontecimientos de esa guerra quedaron inscritos en la memoria de Gonzalo. Dos sucesos que marcarán su vida ulterior y que se situaron como el punto de partida de una toma de conciencia personal sobre su situación en el mundo. En primer lugar, Gonzalo no tuvo suerte en la elección del bando. Parecía que el infante Alfonso tenía todas las de ganar en la guerra: le apoyaban los aristócratas más poderosos, los ejércitos mejor formados, y tenía la ventaja de su juventud. Pero el rey Enrique IV escondía sus cartas con astucia. Y eso fue al final lo más decisivo. El segundo hecho ocurrió el 17 de junio de 1465, en plena campaña de Andalucía, cuan-

15. El término lo propuso K. B. M. McFarlane, «Bastard feudalism», en *Bulletin of the Institute of Historical Research*, 20, 1943-1945, pp. 161-162.

do supo que su hermano mayor Alonso de Aguilar levantó los pendones en favor del infante como casi todos los aristócratas de la zona, con la excepción de Martín Alfonso de Montemayor y de Miguel Lucas de Iranzo.

Esos dos hechos aparentemente insignificantes son decisivos en la vida personal de Gonzalo y, por una extraña coincidencia, en la historia de España. El fracaso del infante Alfonso fue el fracaso de Gonzalo. Por ese motivo, las crónicas no gustan insistir demasiado en ello. La vida se construye a través del acierto en los momentos decisivos, aunque no siempre es así. También se aprende de los fracasos. La primera salida de casa de Gonzalo terminó mal.

Me detengo en la llanura entre Medina del Campo y Olmedo, un poco después de la Virgen de Agosto de 1467. El joven marqués de Santillana recela de la situación; en el otro bando el marqués de Villena se contentó con ser nombrado maestre de Santiago. De Cuéllar llega la noticia de la reconciliación del rey con los Mendoza. Hermosos estandartes al viento salieron de Olmedo para detener a las tropas reales. A una excitación mostrada sin tapujos se unían las relucientes armaduras milanesas que mostraban el poder y la riqueza de los nobles. Grupos de pajes preparando los arneses de guerra, entre ellos Gonzalo al servicio del infante. Ninguno pensaba en el fracaso. Son más y los mejores. Se lo están pasando tan bien que cuesta pensar que pueda estar en juego el futuro político del país. La llamada Segunda Batalla de Olmedo no fue en realidad tal cosa: fue una refriega como otras muchas, donde la caballería pesada pisoteó, descuartizó, aplastó a la oponente. Mucha sangre, pocos resultados.

¿Qué pensó Gonzalo de esta jornada? Es difícil saber con precisión cómo afectó esa manera de hacer la guerra en su ánimo. Desde luego no parecía nada serio, mas bien un juego donde la intriga política y los ejercicios caballerescos se mezclaban con demasiada facilidad. Los meses siguientes fueron aún más confusos, con enormes tensiones entre ambos ban-

Décadas de Tito Livio, traducidas por Rodrigo Alonso de Pimentel, conde de Benavente. Madrid, Biblioteca Nacional.

dos y el convencimiento de que todo eso no tenía solución. Reuniones y más reuniones, para nada. Las posturas parecían inamovibles. La guerra continuaba sin que nadie viera una salida. Pero un hecho casual alteró el orden de las cosas. Alfonso murió el 30 de junio de 1468 en una refriega que tuvo lugar en la localidad abulense de Cardeñosa.

El infante fue enterrado con todo los honores en la cartuja de Miraflores, en Burgos. Algunos años más tarde se le construyó un monumento funerario en piedra donde se le ve arrodillado delante de un libro de oraciones, en postura devota, dentro de un marco de gótico florido, habitual en Castilla en el último tercio del siglo xv. Vemos allí a un joven, con los ojos cerrados y semblante sereno, absorto en la oración, insensible sin duda a las voces de los muertos en los campos por causa de su pretensión al trono de su hermano mayor. Su pelo largo hace visible el rostro de los Trastámara, esa marca de nacimiento que vemos en cada uno de ellos, un atractivo especial que seducía fácilmente. Ese fue el infante, el rey Alfonso XII al que Gonzalo sirvió como paje durante tres años. Veámoslo por última vez, antes de que la historia le olvide para dar paso a otra época, a otro mundo.

Gil de Siloee, Sepulcro de Alfonso XII,
Burgos, Cartuja de Miraflores.

PERPLEJO ORGULLO

A la muerte del infante Alfonso a comienzos de julio de 1468, Gonzalo dejó la corte debido a ese punto justo de desilusión que a veces surge cuando uno se percata de una equivocación importante, o de un amor fallido. En el transcurso de su vida de paje, no tardó en darse cuenta de algo extraño en la forma de ser de quien estaba llamado a ser rey de Castilla. Había observado demasiada indecisión, falta de criterio, y escasa sensibilidad a los valores de su generación. Alfonso era un hombre viejo pese a su escasa edad. Vivía en el pasado, y ese tiempo cada vez tenía menos sentido en su país y en toda Europa. Nunca acertó en sus respuestas. Las decisiones tomadas se desvanecían en contacto con la realidad. La Liga de los nobles, a la que pertenecía el señor de Aguilar, impuso sus planes. Alzando la cabeza con perplejo orgullo, se tomó un respiro. Necesitaba tiempo, y pensar mucho.

Era el momento de regresar a casa. ¿Tendría una segunda oportunidad en la vida? Pues bien, sí. Pero él no lo sabía, en realidad eso es algo que nadie sabe nunca. Si los años de paje le habían enseñado algo era que necesitaba unir sus esfuerzos a una causa justa, o al menos a los ideales de su generación.

3

DÍAS DE OSCURIDAD (1468-1476)

En julio de 1468, Gonzalo regresó a Montilla malhumorado. Se impuso en él esa manifestación del egoísmo juvenil conocida como paradoja, donde cualquier observador externo hubiera visto simplemente uno de los habituales avatares de la vida. La predilección por lo paradójico, decía Kant, es la obstinación lógica de no querer ser un imitador de los demás, sino de aparecer como un hombre extraordinario.[1] Por debajo de la decisión de su familia, sobre la que nada podía hacer, se le abría el territorio de las propias representaciones. ¿Qué le disgustó de la decisión de su hermano de conducirle de nuevo a casa? ¿Quizás el temor a convertirse en un hidalgo provinciano, cuya única distracción en la vida fuera la lectura de libros de caballerías?

El darse cuenta de esas cosas no era todavía una toma de conciencia de su talento personal, le faltaba desembarazarse del narcisismo propio de los adolescentes, interesados sólo en contar experiencias interiores dejando de lado las experiencias exteriores, las únicas sin embargo que permiten acceder al mundo adulto. El retorno a su casa no constituyó ningún desastre concreto, pero, en sus recuerdos, aparecerá como una perífrasis de lo desconcertante de la vida, de lo imprevisto.

No se han conservado testimonios que nos digan cómo o por qué sintió esa zozobra vital. Pero podemos intuirla, por los efectos en su conducta ulterior, pues el retorno al hogar familiar estuvo contrapesado por un impulso de reafirmación del pluralismo de su carácter. Se encontró entonces frente al

1. Immanuel Kant, *Antropología*, Madrid, Alianza, 1991, p. 18.

señor de Aguilar. El conflicto con la familia se agudizó debido a la necesidad de distanciarse de su herencia familiar. En julio de 1468, en su vieja habitación del segundo piso, en el castillo de Montilla, Gonzalo se convirtió en un rebelde con causa.

PREVENCIONES

La visita de Enrique IV a Córdoba le ofreció el escenario apropiado para olvidar su infortunio. La actividad es una manera de mitigar los trastornos del yo suscitados por la falta de expectativas. El retiro al monasterio cordobés de los jerónimos hubiera sido una decisión egoísta.[2] Poco después, tras el matrimonio de Isabel de Castilla con Fernando de Aragón, tendría la satisfacción de pensar que por fin se enderezaba el destino de su país, y el suyo propio. Pero, antes de que los cambios políticos en Castilla afectaran a su vida en Andalucía, pasó unos años enfrentado con su hermano Alonso, en parte debido a su esfuerzo por hacer posible sus propias representaciones.

Mientras Gonzalo elaboraba esa especie de mapa de sus sentimientos, Enrique IV se presentó en Córdoba con un poderoso ejército de 2.500 caballeros y 5.000 peones, al mando de Pacheco de Osuna. Alonso de Aguilar, el duque de Medina Sidonia, el adelantado Pedro Manrique y el conde de Cabra se presentaron en su real con un fingido gesto de humildad. Enrique IV los creyó. También Alonso de Palencia, que narró el encuentro. Pacheco no se contentó con esos míseros oropeles, exigiendo, con malos modos, la destrucción de algunas fortalezas de Córdoba y el final de las reyertas entre los señores de Aguilar y los condes de Cabra.

2. «La vida del Gran Capitán según una historia de Córdoba, inédita del siglo XVII, del padre jesuíta Alonso García de Morales», ed. M. R. Ortí Belmonte, en *Revista del Centro de Estudios Históricos de Granada y su Reino*, 1916.

Un sentimiento de impotencia invadió a Alonso de Aguilar. Se marchó de la ciudad dando grandes muestras de desagrado. Era su forma de ser, tan diferente a la de su hermano. El rey permaneció en Andalucía un mes más. Pero su causa estaba irremediablemente perdida. Esos ricos hacendados no escarmentaban. Las pendencias volvieron a los campos cordobeses, y con mayor fuerza si cabe. Los cronistas Palencia y Enríquez, sin embargo, se desentendieron de ellas, más interesados en los detalles de la conjura palaciega que condujo al matrimonio de Isabel de Castilla y Fernando de Aragón.

A finales de agosto, Enrique IV envió un lacónico mensaje a los nobles cordobeses, donde les manifestaba su deseo de que cesaran las banderías. Pero, para entonces, los Fernández de Córdoba ya habían comenzado a luchar otra vez por un pedazo de tierra, una charca o una fortaleza. Era su modo de vida, y no lo pensaban cambiar para satisfacer a un rey, al que por lo demás tenían en poca estima. En ese momento, Enrique de Guzmán, duque de Medina Sidonia, el más ambicioso de los nobles andaluces y el que presumía de mejores antepasados,[3] se acercó a Pacheco con el fin de apoyar los movimientos de la infanta Isabel a favor de un pacto con Aragón, en contra de Portugal. Si ese proyecto llegara a realizarse, la guerra civil volvería al reino de Castilla. Las actuaciones de los nobles no eran muy peligrosas, pese a la insensibilidad mostrada hacia las quejas campesinas, pero su ambición, ligada a un incremento del poder político en la corte, les permitiría aspirar al total control de las tierras de Andalucía.

Enrique IV sospechaba una cosa así, aunque nunca se le pasó por la cabeza que su hermana Isabel apoyara a Enrique de Guzmán y los suyos. Inmediatamente se dispuso a neutralizar la revuelta nobiliaria confirmando heredera a su hija Jua-

3. M. A. Ladero Quesada, «Una biografía caballeresca del siglo XV: "La Coronica del yllustre y muy magnifico cauallero don Alonso Perez de Guzman el Bueno"», en *La España Medieval*, 1999, núm. 22, p. 347-283.

na.[4] Palencia nos ha dejado una excelente descripción. Embelleciendo lo que en realidad es un ajuste de cuentas de la nobleza con el rey, relata la legitimación de la infanta como un problema de Estado. Nadie parecía haber aprendido del agravio que formó la sinrazón y cometió la crueldad, para decirlo al modo de Cervantes, responsable de las terribles matanzas de las anteriores guerras civiles. La repetición es aquí, una vez más, un fenómeno híbrido: responde al mismo tiempo a las ambiciones de unos hacendados egoístas y a las exigencias de la política del Estado dinástico, pues cada país reclamaba un sitio en el orden internacional surgido tras el matrimonio de Isabel y Fernando. Los presagios no anunciaron nada bueno, alusión a que las posturas eran cada vez más enconadas y que la violencia estaba a flor de piel.

La coincidencia entre las intrigas de palacio descritas por Palencia y la acumulación de propiedades de los nobles sureños, alude a una red de significados que distraen la atención y nos hacen mirar en una dirección equivocada. La historia parece tejerse en la intriga de Isabel y Fernando contra el rey Enrique IV, mientras en realidad eso era sólo la pantalla de un hecho más serio: la crisis de conciencia en Castilla ante el calamitoso estado de la imaginación moral de una sociedad impasible ante el fraude y la crueldad, donde no parecía importar nada la vida humana ni los derechos del *otro.*

El testigo principal de esa crisis de conciencia fue sin duda Gonzalo Chacón, a quien la infanta Isabel liberó de la prisión, pagando un elevado rescate y nombrándole a continuación Contador Mayor del Reino. Ese sería el primero de los muchos favores que le hizo. Quizás el más espectacular de todos fue el arreglo matrimonial de su hijo Juan con Luisa Fajardo, heredera del Adelantado Mayor de Murcia, conseguido gracias a la donación al novio de una dote de un millón de mara-

4. En una declaración realizada el 16-X-1470 delante de los principales nobles de Castilla. (Archivo de los duquees de Maqueda).

vedíes. Juan sería con el tiempo el marqués de los Vélez, un personaje fundamental en la historia de Granada.

Isabel recurrió a Chacón porque lo necesitaba más incluso que a fray Hernando de Talavera. En momentos de crisis, los reyes siempre han buscado a alguien que les indique la política a seguir. Enrique II Plantagenet contó con Robert Wace, Luis IX de Francia con Jean de Joinville, Eduardo III de Inglaterra con Jean Froissart, Enrique II de Castilla con Pero López de Ayala, e Isabel la Católica contaría a partir de ese momento con Gonzalo Chacón.

La enredada intriga entre los partidarios del rey Enrique y los de la princesa Isabel se ha empleado durante mucho tiempo requerida de un modo natural para describir el escenario político donde se pavoneaban los grandes del reino de Castilla: desde el cardenal Mendoza a Pacheco. Y los términos de ese brumoso período han sido esenciales en el discurso histórico al menos desde los años cincuenta. Dos aspectos han renovado la idea que tenemos de las causas que provocaron la llamada «guerra de sucesión». El primero es que, debido a la presencia del cardenal Rodrigo Borja (el futuro Alejandro VI) se empieza a entender el influjo de la política pontificia en todo este asunto. Y el segundo es el interés por conocer a fondo la imaginación moral de esos años, oculta en la serie de intrigas que tejieron el triunfo de unos y el fracaso de otros.

El vidrioso asunto sobre quién era el padre de la infanta, y si el rey Enrique era de verdad, o no, impotente, expresaba con igual intensidad la inquietante sospecha de que la corte había alcanzado un grado de descomposición moral sin precedentes. La generación de Gonzalo buscó en los textos de Chacón una explicación que fuera más allá de considerar esos acontecimientos producto de unas costumbres decadentes, y lo hacía en la creencia de que el honor femenino debía estar por encima de los chismes de la corte. Un esfuerzo semejante difícilmente desenredó la maraña y disipó las inestabilidades de Castilla, pero sirvió para que Isabel fuera una reina ajena a todas las bromas de mal gusto vertidas contra la esposa de su hermano o contra su sobrina Juana, a la que despectivamente llamaban «la Beltraneja».

ESTREMECIMIENTOS

A medida que disminuían las escaramuzas en la frontera debido a los pactos entre los reyes de Castilla y los sultanes de Granada, aumentaban las reyertas entre los valentones de los Fernández de Córdoba. Esas peleas aparecen descritas en las fuentes de la época mediante el uso de la iconografía literaria de las novelas de caballería. Muchas de las actuaciones de Gonzalo a lo largo de su vida estuvieron influidas por el hecho de que patrulló armado por las calles de su ciudad dentro de la milicia de su hermano mayor, el señor de Aguilar.

Conocemos bien la crucial contribución de Miguel Lucas de Iranzo al conflicto entre los Fernández de Córdoba gracias a su cronista y biógrafo. Pero en la descripción de su marcha a Córdoba aparece proyectada sobre él la responsabilidad máxima en el conflicto familiar. ¿Tenía capacidad para poner fin a él? ¿Debía inmiscuirse en favor de los Aguilar y en contra de los Cabra? Iranzo se convirtió a un tiempo en héroe y villano por haber contestado a estas dos preguntas en sentido afirmativo. En junio de 1468 rechazó la intervención armada, pese a la presión de su mujer y de su suegra. Después de Pegalajar cambió de opinión. Las posteriores dudas sobre su decisión en favor de Alonso de Aguilar no hacen sino intensificar el retrato de una persona atormentada por las disputas familiares de su tiempo.

En la primavera de 1469 todo el mundo estaba plenamente convencido de que Iranzo aparecería en Córdoba para apoyar a Alonso de Aguilar. Unos meses antes había redactado un sutil manifiesto en defensa del orden. Tras afirmar que «siempre miraua y ponía delante el seruiçio del rey nuestro señor», especialmente en esos meses de crisis política, aplicó el esquivo principio de la lealtad feudal a su decisión de ir en apoyo del «dicho don Alonso, su señor». En otras palabras, describió dos realidades en conflicto y afirmó el apoyo de ambas. Estas se complementaban entre sí como elementos de un todo más grande, su interés por mantener el orden público en Andalucía. Por una parte, el servicio al rey es la pieza crucial de su arquitectura política; por otra, el afecto hacia los miembros de la familia de su mujer le daba la ocasión de mostrarse generoso. En este contexto de afirmación monárquica aparece una de las declaraciones políticas más sorprendentes de un miembro del clan Fernández de Córdoba. La carta en cuestión debió crispar a sus amigos de la Liga nobiliaria, incluso más que a Isabel. Después de manifestar su «estrecha, verdadera y perpetua amistad» entre él y el Condestable, Alonso de Aguilar insertó este anómalo párrafo: «guardando todavía & en todas cosas la persona, seruiçio & estado real del rey don Enrique, nuestro verdadero rey e señor».[5] En el corazón de esta proclama en favor del rey Enrique IV se asienta un ominoso oportunismo político; Alonso de Aguilar se negó siempre a cualquier comentario irónico sobre esa carta. Son cosas de la necesidad. Iranzo aceptó su palabra y contribuyó a que el primo de su mujer tuviera «su cibdad en toda paz y sosiego».

Una simpática variación de las reyertas de los Fernández de Córdoba nos llega en la descripción de la justa entre el conde de Cabra y el señor de Aguilar, realizada en la puerta de las Armas de la Alhambra en 1470.[6] Una manera de resolver su vieja

5. *Hechos del Condestable Don Miguel Lucas de Iranzo*, ed. Juan de Mata Carriazo, Madrid, Espasa Calpe, 1940, p. 411.

6. Así se la llama en el acta de desafío (Biblioteca Nacional de Madrid, códice G, 62). Al respecto véase Y V. Leopoldo Egílaz y Yanguas, «Desafío en Granada de Don Diego Fernández de Córdoba y Don Alonso de Aguilar», en *Boletín del Centro Artístico y Literario de Granada*, IV, núm. 74 y 75, 1889. Los documentos se encuentran en *Relaciones de los últimos tiempos del reino de Granada*, prólogo de E. Lafuente Alcántara, Madrid, Sociedad de Bibliófilos Españoles, 1868, pp. 69-152.

rivalidad con el *glamour* propio del Otoño de la Edad Media, pues acudieron allí a la última moda de aquellos años: peto con ristre y espaldar de metal rígido, gorjal, guardabrazo con dobladura, brazales, manoplas y faldaje y almete con visera móvil. Abû l'Hasan Alî ofreció la esplanada de su alcázar granadino para que los dos valentones de los Fernández de Córdoba resolvieran sus diferencias en un duelo a la vieja usanza. No nos extrañe el gesto del sultán: había sido habitual en los últimos años, desde que los caballeros valencianos Lluís Cornell y Nicolau de Próxida eligieron esa ciudad para dirimir sus pleitos;[7] ni veamos en él un deseo por alentar la discordia familiar. No era necesario tal aliento: la discordia formaba parte integrante de esa familia desde siglos atrás. En Córdoba, un noble era primero un montaraz caballero educado en el uso de la violencia como medio de resolver sus problemas, y sólo después un responsable hacendado. Tras el duelo de mayo de 1470 apenas quedó un tenue vínculo entre el señor de Aguilar y el conde de Cabra.

Los enfrentamientos entre los diferentes miembros del linaje de los Fernández de Córdoba no siempre terminaban de manera trágica. El uso de las armas y las normas de los torneos impedían que resultaran heridos de gravedad; sólo un arrebato de cólera, un gesto airado, o un puñetazo mal dado, provocaban un golpe letal. Gonzalo seguía con disgusto a su hermano mayor en esas agotadoras reyertas callejeras, hasta el día que comenzó a sentir náuseas hacia ellas, tomando conciencia del peligro que suponía para el futuro de su país la repetición de esos sucesos lamentables, como los hubiera calificado el Príncipe de Verona imaginado por Shakespeare para poner fin al eterno conflicto entre Montescos y Capuletos.

El esfuerzo por llegar a ser consciente de los errores de su clase social fue, en el caso de Gonzalo, el resultado de una fascinación por la política de Estado, esbozada en esos años por

7. Martín de Riquer, *Vida Caballeresca en la España del siglo XV*, Madrid, Real Academia Española, 1965, pp. 77-83.

Fernando e Isabel. El interés hacia lo nuevo era un incentivo para los jóvenes nobles sin fortuna ni patrimonio; no solo porque se les abrían de pronto perspectivas de ascenso social ligado al servicio del Estado, sino también porque prometía liberarlos de la dependencia económica del *pater familias.*

Gonzalo seguía de cerca la actuación de Isabel en Rioseco, a la sombra de los Enríquez, donde buscaba la manera de cambiar el rumbo de los acontecimientos, molesta por la actitud de Alfonso Carrillo. De vez en cuando su marido Fernando, cuyo afecto hacia ella tanto daría que hablar en el futuro, le pedía cautela. La vida política exigía paciencia en esos años, y esa paciencia era necesaria si se quería aprovechar las tensiones en el círculo de nobles favorables a Enrique IV. No podría decirse que todos ellos estuvieran contentos con la actuación del valido Beltrán de la Cueva: era cuestión de tiempo la aparición de sus desavenencias. Fernando había visto algo parecido en su propio país: la Corona de Aragón. La actitud disipada de la nobleza y la prisa de la princesa no debe hacernos olvidar, sin embargo, que en un rincón de Andalucía, Gonzalo buscaba el modo de familiarizarse con las intrigas políticas y el arte de la guerra.

¿Cómo llegar hasta la corte? La recomendación de su hermano Alonso no parecía la mejor manera. Gonzalo buscó otra vía de acceso. No estaba dispuesto a repetir la situación vivida cuando fue paje del infante Alfonso. Esa decisión fue uno de los momentos más importantes de toda su vida: el paso hacia el entendimiento, es decir, hacia la facultad de observar la realidad exterior con su propia conciencia de las cosas. Como otros muchos nobles hicieron antes que él, desde los tiempos de Fulco IV *Réchin*, conde de Anjou a finales del siglo XI, Gonzalo trazó la estructura de su personalidad a través de una introspección en la memoria de la familia.[8]

8. Para esa práctica veáse J. E. Ruiz-Domènec, *La memoria dei feudali*, Nápoles, Guida, 1992.

El descubrimiento de su facultad de reflexionar por sí mismo sobre sus antepasados fue determinante en su educación ulterior, diferente en todo a la de su hermano y a la de sus primos. Le convirtió en un hombre capaz de pensar por su propia cuenta, siguiendo el modelo de Escipión el Africano, aquel general romano de corte literario y por consiguiente, apto para el servicio del Estado en una de sus tres funciones: un docto cortesano, como Diego de Valera, un aguerrido soldado como Alonso Pérez de Guzmán, o un sutil administrador como Gonzalo Chacón.

MEMORIA FAMILIAR

La aristocracia europea había utilizado la memoria para reflexionar sobre su situación en el interior de un linaje. El conocimiento de las generaciones precedentes era especialmente útil para todo aquel que buscara el modo de saber quién era y qué posibilidades tenía en la vida. No se trataba de vestir los ropajes de los antepasados, ni de imitarles, sino de pensar en ellos, de no olvidarles. La memoria en la Edad Media transita por la genealogía, y a ella se remitió Gonzalo para situarse en el interior de un linaje que se remontaba muchos siglos atrás.

Mirar el mundo desde el yo de Gonzalo, un joven hidalgo andaluz a punto de cumplir quince años, supone intentar penetrar de algún modo en la maraña de recuerdos confesados más tarde a sus amigos (y que fueron recogidos por las crónicas familiares), localizar en ellos la inquietud por los hechos pasados y por el sentimiento que genera en él y, finalmente, disponerlos en un marco social. Un esfuerzo semejante difícilmente sustituye al conocimiento que tenemos por las fuentes directas de la estructura del señorío rural de los Aguilar, simplemente lo complementa, mostrando el modo de vivenciarlo uno de sus miembros, sin duda el más ilustre.

La precisa rememoración de Gonzalo sobre su familia comenzó del modo habitual en el siglo XV, por el padre. Don Pedro, octavo señor de Aguilar, casado en 1441 con doña Elvira de Herrera, tuvo tres hijos; una chica a la que le pusieron por nombre Leonor; y dos chicos, Alonso, el mayor, destinado a ser el nuevo señor de Aguilar, y él, el menor, sin otro beneficio que pertenecer a una familia de rancio abolengo y de influencia política. Esa era una excelente primera impresión de su familia. Gracias a ella fue consciente de algo que ya sospechaba: la ciudad de Córdoba era la manzana de la discordia entre las dos segmentos del linaje de los Fernández de Córdoba, los Aguilar tenían el centro, los Cabra la periferia.

Las peleas entre ellos eran inherentes a la estructura del linaje como tal, formaban su realidad y abarcaban su significado. Por supuesto, la conjunción (a la cual ya he aludido, y a la que Gonzalo, abrumado, no deja de referirse confusamente en sus recuerdos anotados por los cronistas) de una extravagante intensificación de esa conducta, una explosión de violencia entre su hermano mayor y su tío Diego y una no menos extravagante celebración de las hazañas de su primo conocido como el alcaide de Los Donceles, le condujo a una búsqueda más ansiosa. Gonzalo no se veía a sí mismo como a sus parientes, al menos eso creía. Ese pensamiento le convirtió en un niño raro y algo triste. El padre García de Morales destacaría ese rasgo sobre todos los demás en su erudito trabajo sobre los Fernández de Córdoba.

Su sensibilidad estética, extremadamente acentuada en los años siguientes, iba en una dirección opuesta a la de su familia, y su moral en lugar de optar por esos valores, sigue otros caminos, por lo que Gonzalo encontró gran dificultad en saber cuál era su auténtica herencia. ¿Y si su forma de ser no procedía de su padre ni de su abuelo, sino de otros miembros de su amplia familia? ¿Qué sabía de ellos?

El ejercicio de recordar a los antepasados lejanos nunca resulta fácil, y mucho menos para Gonzalo que no encontró en el archivo familiar un relato del pasado, aunque fuese inventado, en donde apoyar sus reflexiones. A cambio de eso, contaba sin embargo con una ventaja frente al estudioso actual, dominado a veces por los prejuicios de los genealogistas del siglo XVII, y es que él sabía perfectamente que un linaje nobiliario era una organización bilateral, donde la línea paterna se complementaba con la línea materna.

El hecho de que el patrimonio agrícola y ganadero se heredara de padres a hijos varones ha confundido a más de un erudito moderno, que ha insistido en sus estudios solamente en esa línea, dejando a las mujeres del clan en un segundo plano, incluso marginándolas. Eso es un error, no sólo porque las mujeres transmitían el contenido de la memoria genealógica, sino porque el linaje no puede explicarse sin su existencia. Además, la herencia no es sólo el patrimonio; herencia son también las deudas de honor, los afectos, los consejos, los libros, las joyas y, por supuesto, los amigos. Una riqueza inmaterial no registrada en los inventarios notariales, pero que constituye el armazón de una sociedad estamental como la andaluza del siglo XV.

Gonzalo se concentró entonces en conocer a fondo la familia de la esposa de su padre, es decir, de su madre. La búsqueda fue claramente satisfactoria. Elvira de Herrera era hija de Pedro Núñez de Herrera, señor de Pedraza, y de Blanca Enríquez, hija de Alfonso Enríquez, descendiente por tanto de doña Leonor de Guzmán que era tanto como decir del rey Alfonso XI. Las mujeres le abrieron otra perspectiva, diferente por no decir opuesta a la que le ofrecía la imagen del padre y del hermano mayor. La abuela materna Blanca le abrió un mundo insospechado, seguramente ella fue la mujer clave en su vida, la que orientó su impetuoso temperamento hacia esa forma de ser tan elogiada por los biógrafos como Giovio, galante y prudente, del hombre que se sabe superior y que sin embargo no lo muestra en público, salvo en los momentos importantes.

La abuela Blanca le enseñó por qué motivo él no se parecía a los Fernández de Córdoba (eso era un halago conociendo el carácter de su hermano Alonso o de su tío Diego), sino a los Enríquez. Esa elegante mujer nunca estuvo en poder de un marido, ya fuese por desdén hacia los toscos hacendados del campo andaluz, o bien porque la reputación de las mujeres de su familia había sido, y sería en adelante, proverbial. Esa altivez la encontramos en las grandes damas de la historia preocupadas por la educación de sus hijos o hermanos (nunca de los esposos): Duoda de Septimania, Anna Comneno o Blanca de Castilla.

Gonzalo descubrió en los recuerdos de la madre de su madre un mundo muy diferente al de Montilla, Aguilar, Priego o Córdoba. Ahora, por fin, comprendía algunos rasgos de su carácter (e imagino que también de su físico). No era enteramente un Fernández, aunque desde luego llevaba la sangre de su padre y de su hermano mayor. De haber sabido ese detalle a los doce años, cuando acudió a la corte del infante Alfonso para ser paje, quizás hubiera tenido más claridad de lo que estaba en juego en aquella triste, y ya lejana, guerra civil entre el rey Enrique IV y la Liga nobiliaria.

La revelación de su linaje es uno de los momentos más importante de la vida de Gonzalo, aunque se ha insistido poco en ello. Desde luego no lo hicieron Pulgar y Giovio y muy poco las crónicas familiares. El dato a retener del relato de los recuerdos de la abuela Blanca, la madre de su madre, convertida para él en su «vínculo poderoso», es que, según parecía, él había heredado el instinto de los Enríquez.

El parentesco era el siguiente. La abuela materna de Gonzalo era hermana del abuelo materno de Fernando el Católico; ambos tenían por tanto un bisabuelo común: Alfonso Enríquez, casado con Juana de Mendoza, conocida como la «rica hembra», por la excepcional dote que llevó al matrimonio. Gonzalo y Fernando eran «primos» según los usos sociales de aquel tiempo. En opinión de la abuela Blanca, los Enríquez le podían ayudar mucho más que los Fernández de Córdoba en su deseo de hacer carrera en la corte.

Como Blanca era además una mujer equilibrada, nada extravagante, buscó la manera de satisfacer el orgullo de los Fernández de Córdoba, y le habló a su nieto de una extraordinaria dama de nombre María García Carrillo que aceptó sin ninguna queja contraer matrimonio con su tatarabuelo por vía paterna, llamado como él: Gonzalo Fernández de Córdoba; un valiente guerrero de la frontera, muerto en 1384; que contribuyó más que nadie a engrandecer los honores de la familia, sobre todo cuando consiguió que su nieta Marina (la hija de su hijo Diego) se casara con Fadrique Enríquez, abuelo de Fernando el Católico. Así de enrevesado era el sistema de parentesco de la nobleza medieval. Por eso no era de extrañar la confusión de algún miembro poco atento a la voz de las abuelas, las únicas que estaban al corriente de los entresijos familiares.

El joven Gonzalo había descubierto por fin la llave que le abriría la puerta de la corte. Ya sabía a quién dirigirse, y de qué modo. Un rey consorte (y a la postre rey él mismo) era una referencia mucho más importante que la herencia cordobesa de su familia paterna. Como muchos otros miembros de su generación, confiaba en las posibilidades de promoción del nuevo Estado autoritario esbozado por los jóvenes monarcas Isabel y Fernando. El patriotismo se convertirá en su máximo ideal. No tenía duda de estar ante una revolución política sin precedentes. Todavía sin embargo debió pasar algunos años de prueba.

VIDA EN SANTAELLA

Gonzalo percibió su vida en Santaella como una ruina y el fin de los sueños construidos sobre los recuerdos de su abuela Blanca Enríquez; sólo que la fortuna no le iba a dejar allí para siempre, pese a que su hermano Alonso ya se había encargado de que así fuera, nombrándole alcalde de la población, al tiempo que acordaba su matrimonio con Isabel de Sotomayor, prima suya, hija del señor de El Carpio, una mujer cuyo único atractivo residía en ser una acomodada terrateniente de la región. Aceptó sin rechistar los planes de su hermano. Sólo se repetía que su tiempo aún no había llegado, que su porvenir era otro bien distinto a ese. Una actitud que por esos mismos años aconsejaba Fernando a su esposa la princesa Isabel.[9] ¿Era un rasgo de los Enríquez esa forma de ser que sabe esperar en medio del infortunio? De otro modo, el siguiente paso en la vida se hubiera malogrado por la desesperación de esos años, el momento crítico donde los muchachos como él buscan un gesto sin salida, altanero o brillante, en alguna escaramuza de la frontera, en algún viaje peligroso o, más habitualmente, acomodándose a la vida de un hidalgo de los de lanza en astillero.

En Córdoba, ser un Aguilar significaba estar enfrentado a los Cabra. Gonzalo se sorprendió a sí mismo en más de una ocasión maldiciendo a la otra rama de la familia. Secretamente, deseaba que todo eso desapareciera para siempre. Resultaba demasiado patético. Mientras perdurasen los viejos hábitos forjados en la guerra de conquista, esas reyertas entre linajes no desaparecerían. En sus ojos no había odio, sino pura necesidad de salir de ese ritmo frenético de enfrentamientos insensatos y absurdos. Los clanes familiares luchando entre sí, mientras que a pocas leguas los musulmanes del reino de Granada sacaban provecho de las desavenencias. Veía en esos conflictos una copia vulgar de las intrigas palaciegas, del enfrentamiento entre bandas de la alta nobleza. ¿No era el mismo motivo? Su sentimiento de crítica hacia esa forma de vida iba en aumento. No podía remediarlo, pese a que su hermano lo desaprobaba. Aspiraba a ser un caballero de la corte no un alcalde de una villa de frontera.

PRISIÓN

El sueño de ser un caballero de la corte quedaba aún muy lejos, en el futuro, en esa región que nadie conoce con claridad, mo-

9. Isabel del Val Valdivieso, *Isabel la Católica Princesa*, Valladolid, 1975.

tivo de tantos quebrantos juveniles. Las pruebas no habían terminado. Gonzalo descendería aún un poco más hacia la sima. En la primavera de 1474, después de una escaramuza en la villa de Santaella, fue hecho prisionero por su primo, el conde de Cabra. ¿Qué hizo en los dos largos años que duró su encierro?

Este es uno de los puntos más oscuros de su biografía, quizás el más inquietante y del que he obtenido menos información. Me intereso sobre todo por la lectura, una costumbre cada vez más extendida entre los jóvenes de la nobleza. ¿Cuál era su biblioteca, si es que tuvo alguna? El yo se sustentaba en ese gesto tan necesario como peligroso, si se elegía mal: baste pensar en el daño que las lecturas hicieron en el hidalgo manchego Alonso Quijano. Pero no sabemos nada de sus libros, ni de sus aficiones. Los biógrafos no se interesaron por esos años, y mucho menos por sus lecturas. Tampoco dicen nada de cómo se le fue la inquietud religiosa que al parecer tuvo en la primera adolescencia, nada más llegar a Córdoba. ¿Dónde aprendió todas las cosas que luego le hicieron célebre? ¿Era puro instinto, o más bien nos encontramos ante un hombre cultivado en los libros desde la juventud? Aquí me encuentro inerme, perdido. Son demasiadas preguntas sin respuesta.

La sima constituye un lugar peligroso. A veces no se sale de ella. Gonzalo lo hizo, pero eso no explica el modo utilizado para hacerlo. Seguimos sin conocer los aspectos concretos de los años que estuvo encerrado, ni puedo imaginar como afectó a su vida afectiva, que más adelante se desplegaría de un modo totalmente diferente a como había sido hasta ese momento. Una investigación sobre la biblioteca de los Fernández de Córdoba tiene como interés añadido el posible acceso a aspectos de la personalidad de Gonzalo, que hoy por hoy sólo podemos descubrir en sus acciones ulteriores. Pero nadie hace nada sin haberlo aprendido antes; y el único modo de aprender ciertas cosas es mediante la lectura. Una vez más, ¿qué leyó? De momento no puedo responder. El historiador siempre encuentra límites a su trabajo. Este es uno de ellos, quizás el peor de todos. Tratar de entender a un personaje sin saber cuáles son sus gustos personales, qué autores le seducen, cuáles no soporta, o si se interesa por la literatura de evasión o por la literatura piadosa, no es un tarea fácil. Demasiadas lagunas, pero no hay más remedio que aceptarlas, y seguir.

Mientras estuvo encerrado en casa de su primo el conde de Cabra, la vida política del reino de Castilla dio un vuelco extraordinario. El debatido rey Enrique IV murió a finales de 1474, y unos días más tarde fue proclamada reina Isabel. En esta decisión, el señor de Aguilar y sus parientes no tuvieron nada que ver, pues los asuntos de la corte no le interesaban por entonces. La suya fue una postura expectante, por no decir temerosa; pero el hecho es que aceptaron la nueva situación, pese a que el rey de Portugal Alfonso V reclamaba los derechos al trono de su sobrina Juana. Este fue el primer indicio de que una nueva guerra civil estaba a punto de estallar en el reino de Castilla, la tercera en menos de quince años.

Los entresijos de la proclamación de la reina son algo confusos: los cronistas no se ponen de acuerdo, y eso significa que las noticias llegadas a Córdoba tendrían diversas versiones. Coinciden todas, sin embargo, en un hecho esencial: Isabel asumió la corona sin estar presente su marido Fernando, que se encontraba en los Pirineos. Se apoyó en un acuerdo adoptado por los cuatro nobles claves en ese momento: el cardenal Pedro González de Mendoza, el condestable Velasco, el conde de Benavente y el almirante Enríquez; acuerdo que, según Luis Suárez, «tiene el valor de un golpe de Estado».[10]

¿Estaba realmente coaccionada Isabel? Quizás sí, y la ausencia de Fernando facilitó la tarea. Todos se sentían inquietos ante la reacción del marido. El almirante Enríquez, que era primo suyo, se adelantó a Turégano para entrevistar-

10. Luis Suárez Fernández, «La España de los Reyes Católicos», en *Historia de España, dirigida por Ramón Menéndez Pidal,* t. XVII, Madrid, Espasa Calpe, 1969, p. 90.

se con él. Esa reunión fue decisiva, me apoyo para decirlo en que Palencia apenas la considera. Es un buen indicio. Los Enríquez conspiraban a su favor. Eso estaba claro desde el primer momento: desde la boda de Juana con el rey Juan II de Aragón. Después de todo, el único pariente importante, el hijo de Alfonso el Magnánimo, Ferrante el Viejo, rey de Nápoles y primo de los dos, tenía bastante relación con los nobles angevinos de su reino.

Los acontecimientos ulteriores impidieron seguir por esa línea. Los portugueses salieron de Arranches en dirección a Alburquerque y Cáceres. La guerra había comenzado. Durante la campaña contra Alfonso V de Portugal, cuando la ocasión se lo permitía, Fernando solía redactar largas cartas a sus parientes, amigos u hombres de confianza, contándoles los pormenores de sus acciones. Por eso conocemos bastante bien las cabalgadas portuguesas. Recuerda en una ocasión el gesto de Gómez Manrique, que le cogió por sorpresa pese a lo generalizado que estaba en aquella época, retando en duelo judicial a algún campeador portugués. Tiempos sin miedo, en que todo parecía posible y permitido, e incluso en cierta manera tiempos corteses. La culminación de la campaña lo pondría de manifiesto, pues la llamada Batalla de Toro fue en realidad un encuentro de escuadrones de caballería pesada, dejando de lado a la infantería (y sin intervención de las bombardas) que recordaba los enfrentamientos descritos en el *Amadís* primitivo. Más adelante, la política deslucía la brillantez del encuentro, pues ambos contendientes afirmaron que la victoria había sido suya.

De lo que sucedió tras la Batalla de Toro, se tienen recuerdos menos hermosos. Palencia, según su costumbre, guardó silencio. Hubo unos incidentes serios entre los partidarios de Juana y los de Isabel. Algunas plazas fuertes se perdieron, aunque luego se recuperarían. Después de todo, se trataba de un pulso político donde a veces se blandían las armas; ¿no es acaso la guerra una continuación de la política por otros medios?

El corregidor Diego de Merlo fue el encargado de llevar a Córdoba las orientaciones políticas de la nueva reina. No se anduvo por las ramas. Exigió que Alonso de Aguilar, alcalde mayor, que dominaba la ciudad, firmara la paz con su primo Diego, conde de Cabra, alguacil mayor, que dominaba el campo. Mientras duraron esas negociaciones, nadie sugirió la liberación de Gonzalo. Sin embargo, pudo verse entonces que alguien pensaba en él desde lejos, quizás la reina como algunos han supuesto, o quizás su primo Fernando, influidos por las abuelas de la familia. El caso fue que se le liberó, aunque tampoco tenemos datos fiables del lugar y el día. Gonzalo podía pasar por alto la cuestión de que su hermano hubiera tardado tanto en sacarle de aquel lugar, como una prueba más de su perplejidad ante la vida, pero nunca olvidaría que si salió de la prisión fue debido a un mandato de la corte. Su vida no podía avanzar ya vinculada a los valores de su familia, ni de su tierra. Segovia estaba al fondo de sus sueños. Necesitaba ir allí, a la corte donde la reina y su marido buscaban la manera de educar a su generación en un sistema de valores completamente nuevo.

Diego de Valera sostuvo en su *Doctrinal de príncipes* (que por cierto dedicó a Fernando) la necesidad de una renovación a fondo de las virtudes rectoras de la vida política y del mundo de la caballería.[11] Gonzalo pensó que debía elevarse a la altura moral allí expuesta, aunque hoy sabemos que el libro es una copia de otro anterior, publicado a toda prisa para manifestar su apoyo a la causa de Fernando e Isabel contra Juana. Estaba claro que desde Córdoba eso nunca sería posible. Necesitaba volver a salir de su tierra. No encontró otro modo que una especie de escapada rápida, incomprensible para muchos, y que por ello ha dado lugar a interpretaciones diversas entre sí, algunas poco serias, por decirlo de un modo suave.

11. Diego de Valera, *Doctrinal de Príncipes,* ed. Silvia Monti, Verona, 1982.

En su afán por satisfacer a todo el mundo, Hernán Pérez del Pulgar registra con imprecisión los recuerdos sobre la segunda salida de Gonzalo de su tierra. Una cosa es servir a la memoria de Isabel y otra involucrar en su exaltación a todos los que la rodearon. Esta fábula contiene una secuencia de hechos que responden fielmente a la imagen construida por los cronistas sobre el reino de Castilla en el último tercio del siglo XV. Veremos aquí una versión menos apologética de la reina y dejaré para más adelante los motivos que tengo de revisar la tradición heurística de la época de los Reyes Católicos.

Escribe Pérez del Pulgar: «una vez muerto el rey (se refiere a Enrique IV) la princesa doña Ysabel, que santa gloria haya, nuestra reyna y señora que fue, envio por él (se refiere a Gonzalo) que tan acompañado fue como la otra vez, y á pocos días que á Segovia llegó, Covarrubias le dijo: la princesa le mandaba assentar larga y complida quitación, que quería saber qué compañia traya. Yo, señor maestresala, dijo él, soy venido aquí no por respeto de interese, mas por esperanza de servir á su alteza, cuyas manos beso».[11]

Estudiada de cerca, la descripción realizada por Pérez del Pulgar de la segunda salida de Gonzalo de su casa responde al modelo clásico de la literatura caballeresca. La aventura vital de un hombre se liga al servicio de la dama de sus sueños: así fue para Guillermo el Mariscal que se encontró a la reina Leonor de Aquitania y obtuvo su apoyo, y así será para otros muchos caballeros andantes, de ficción como Lanzarote del Lago, o reales como Ulrich von Lichstenstein. No existe vida heroica sin ese encuentro especial, ambiguo, del caballero y la dama en presencia del rey. El triángulo de amor creado entre ellos resultaba atractivo, pese a las trágicas consecuencias que

11. Hernán Pérez del Pulgar, *Breve*, cit., p. 560.

trajo consigo en el reino de Camelot. Pérez del Pulgar no duda en utilizar ese modelo para adecuar sus recuerdos a la tradición caballeresca. Además de ese modo servía a la memoria de la reina Isabel, la dama de toda la revolución política que hizo posible el Estado moderno. Otros biógrafos le imitaron. No supieron ver en su interpretación el recurso a la literatura.

La imagen de Gonzalo entrando al servicio de la reina Católica, incluso galanteándola, ha proyectado siempre su sombra sobre cualquier interpretación de la figura del Gran Capitán, pese a constituir una ingeniosa manipulación de la realidad por parte de un escritor de visión épica y profunda devoción caballeresca como fue Pérez del Pulgar, el de las *Hazañas*. Pero si queremos traspasar la pantalla del imaginario creado por la tradición cronística, no tendremos más remedio que situar la decisión de Gonzalo de salir por segunda vez de su tierra en otro plano, en el plano de su formación personal que fusionaba los intereses de una familia noble andaluza de la frontera con el descubrimiento de sí mismo aportado por la memoria de su abuela Blanca.

Los fragmentos de una historia de la memoria genealógica de Gonzalo apuntan hacia el episodio más significativo de su segunda salida de casa que nos adentrará aún más en nuestro tema. El leve boceto ya delineado de los recuerdos de su abuela Blanca le impulsó a marchar a la corte en busca de su primo Fernando, al que recurre en su calidad de ser un Enríquez como él. Lo que mejor sabía Gonzalo es que no debía presentarse allí como el hermano de Alonso de Aguilar: eso ya lo había hecho unos años atrás cuando fue paje del infante Alfonso, con los pésimos resultados ya conocidos. Y esta decisión demuestra también el olfato político de Gonzalo que será resaltado más tarde en proverbios populares, pues él nunca se hubiera entendido con la reina. Pensemos un momento en su retrato en el interior del cuadro *La virgen de los Reyes Católicos*.

La Virgen de los Reyes Católicos (detalle: la reina Isabel).
Madrid, Museo del Prado.

El rostro de esta mujer se parece bastante al descrito por Hernando del Pulgar: blanca, rubia, de ojos azules, menudita, piadosa, serena, con cara de luna llena, y boca pequeña.[12] Un rostro Trastámara con algunas pinceladas portuguesas, que se iría hinchando a medida que pase el tiempo, hasta convertirse en la mujer rechoncha que vemos en sus retratos tardíos.

12. H. del Pulgar, *Crónica*, pp. 256-257. Véase Gabriella Airaldi & Consuelo Varela, *Isabella di Castiglia. Una ferrea vocazione al potere,* Génova, Costa & Nolan, 1992.

El reverso de la piedad es un gesto adusto, contenido, que retiene al visitante. Una bella mujer por la que sin embargo Gonzalo nunca se sintió atraído. Tampoco ella por él, sí hemos de ser justos. La leyenda de sus amores es totalmente apócrifa.

IMPERATIVOS

Las revelaciones sobre el linaje y sobre sí mismo que Gonzalo quería poner delante de Fernando nada más llegar a la corte ayudan a entender la razón de que ambos siempre estuvieran unidos en un mismo objetivo. El imperativo de Fernando era el mismo que el de Gonzalo: la memoria familiar los había unido y la historia los hará indesligables hasta la muerte, pese a la disparidad de criterios sobre política internacional. Y será precisamente en este punto de relación entre ellos, que la auténtica historia de Gonzalo deja claro, en contra del parecer de Hernán Pérez del Pulgar, que las relaciones con la reina nunca fueron otra cosa que el reconocimiento debido a la esposa de su primo. Mejor dicho, respecto a las decisiones que más adelante tomarían los grupos vinculados a una y a otro, se puede decir incluso que la actuación de Gonzalo se inscribe claramente en la política mediterránea de la Corona de Aragón, antifrancesa desde finales del siglo XIII, borrando poco a poco los intereses de su familia paterna que promulgaban en connivencia con los hombres de la reina, una política atlantista, en dirección a los caladeros de pesca de Marruecos, a la colonización de las Canarias y a la ulterior aventura americana. En la concepción vital de Gonzalo, y desde luego en sus acciones ulteriores, muchas de ellas realizadas por su propia voluntad, esos compromisos apenas si tenían importancia, frente a la convicción de que la clave del poder del Estado estaba en el control de Italia. Y en este punto Gonzalo estaba más cerca de lo que la sociedad llegó a ser en 1500, de lo que era en 1476.

La razón del escándalo de la segunda salida de su tierra aparece de inmediato evidente. La nobleza andaluza miraba al pasado con devoción, Gonzalo en cambio sólo tenía ojos para el futuro, y estaba convencido que Fernando e Isabel estaban destinados a hacer realidad ese proceso de discontinuidad que llevara al reino de Castilla desde la confusión a la claridad política. Ese imperativo moral le estimuló a marchar de casa por segunda vez. La educación recibida hasta ese momento en Montilla o Córdoba no guardaba relación con la educación necesaria si quería formar parte del círculo de confianza de los reyes. Los finos modales cortesanos son los que distinguían a las gentes de buen tono de los hacendados de la frontera. Aquí aparecen evocados una vez más sus más arraigados temores. Ninguna forma de ser era más repugnante para él como esa infatigable obsesión de los nobles de su región por rechazar las novedades procedentes de Italia.

La confrontación entre los ideales de vida del noble andaluz representado por su hermano Alonso y el espíritu de la caballería propugnado por mosén Diego de Valera, se vuelve cada vez más áspera, hasta transformarse en el núcleo de una condena del pasado, que era tanto como decir de la hidalguía. Gonzalo avanza en esa dirección convencido de la política de Fernando e Isabel. Busca la educación cortesana para fortalecer su imperativo moral. Una actitud sincera: Lord Shaftsbury tres siglos después hubiera dicho de ella en su influyente libro *Características de los hombres, maneras, opiniones y épocas*, que estaba cargada de sentido común.

4

EDUCACIÓN (1476-1479)

En septiembre de 1476, Gonzalo llegaba por fin a la corte de Isabel y Fernando, en Segovia. Eran los tiempos en que aún se podían ver los efectos destructivos de las campañas de Alfonso V de Portugal. Alguien se interrogaba sobre el significado de la guerra, y en poco tiempo recibía una respuesta juiciosa sobre la línea a seguir en el problema sucesorio de Juana, la sobrina del rey portugués. Desde la primavera, Fernando buscaba el modo de solucionar los problemas de la frontera norte. En agosto tuvo un encuentro con su padre, el rey Juan II de Aragón; luego descansó unos días en Segovia, pero apenas tuvo tiempo de saludar a su primo Gonzalo, que acababa de llegar a la corte, pues se marchó rápidamente sin despedirse de nadie en dirección a Navarra. El 2 de octubre estaba en Tudela poniendo orden en los problemas de Bearn, a iniciativa de su hermana Leonor, viuda desde hacía cuatro años de Gastón de Foix.

La política exige una dedicación absoluta. Fernando tenía edad, talento, ingenio y ganas para hacerlo. Mientras tanto, Gonzalo vivía en la corte al cuidado de un educador, que pronto quedaría impresionado por su capacidad en el manejo de las armas. En poco tiempo se convirtió en un serio aspirante a formar parte de la orden de la caballería, cuya razón de ser era objeto, precisamente en ese año, de un interesante debate.[1]

1. Jesús Rodríguez Velasco, *El debate sobre la caballería en el siglo XV*, Salamanca, 1996.

La prudencia caballeresca era la virtud a tener en cuenta, si se quería hacer carrera en la corte. Alonso de Palencia y Diego de Valera se encargaban de recordarlo a los olvidadizos. Ningún gentilhombre rehusaba un consejo tan útil para la promoción social. Por fortuna, Fernando marcó la pauta a seguir desafiando a Alfonso V de Portugal a un combate singular para dirimir el conflicto entre sus respectivos reinos. Los carteles de batalla lo dejaban bien claro.[2]

Fernando se alineó así en una vieja costumbre social, cuyo antecedente más ilustre se hallaba en la decisión de Pedro el Grande al desafiar a Carlos de Anjou a un duelo judicial en la ciudad de Burdeos para dirimir quién de los dos debía ser rey de Sicilia. Desde entonces, finales del siglo XIII, pocos reyes europeos dejaron de utilizar el duelo para resolver sus problemas políticos. Ricardo II de Inglaterra, el taciturno hijo del Príncipe Negro, desafió a Carlos VI de Francia, del mismo modo que Enrique V lo hizo con el delfín antes de verse en el campo de batalla de Azincourt el día de san Crispín de 1415, donde fue hecho prisionero el mariscal Boucicaut, el mejor caballero del mundo. Felipe el Bueno fue asimismo un ferviente partidario de esa práctica social que empleó para confirmar los derechos de Borgoña sobre las tierras colindantes. La nobleza no fue ajena al duelo judicial, como demuestra el aumento de los carteles de batalla entre caballeros a lo largo del siglo XV.[3]

Para que un sistema de valores semejante fuese aceptado

2. A. Sesma Muñoz, «Carteles de Batalla cruzados entre Alfonso V de Portugal y Fernando V de Castilla», *Revista Portuguesa de Historia*, XVI, 1978.

3. Martín de Riquer, *Vida caballeresca en la España del siglo XV*, Madrid, Real Academia Española, 1965, pp. 75-94.

por la sociedad nobiliaria, debía responder a los principios de jerarquía y orden propios de aquella época. Los campesinos, en cambio, manifestaban su perplejidad al escuchar esas historias galantes, que consideraban disparates de unos ricos ociosos, sin otra cosa qué hacer; algo así como hoy debería valorarse el deporte de alta competición. Los imitadores eran en verdad patéticos, pues el uso de las armas resultaba cada vez más costoso con la masiva difusión de los arneses blancos (llamados milaneses) para las justas y los torneos.

Cuando Gonzalo llegó a Segovia habían pasado ya algunos meses del desafío de Fernando a Alfonso; pero la historia era, para decirlo con palabras de Cervantes, sabida de los niños, no ignorada de los mozos, celebrada, y aún creída de los viejos. Y así, convencido del alto valor caballeresco del gesto de su primo, el rey, le pareció que le venía de molde para el paso en que se hallaba. A efectos de su futuro en la sociedad cortesana, tal como después se vería en Granada o Nápoles, esos tres años de educación se centraron en comprender el alcance político de los ideales caballerescos. Pero, ¿qué sabemos sobre esos tres años de su vida?

APRENDIENDO EN VIEJOS IDEALES

El tratado educativo más comentado en la España de 1476 (el año de la llegada de Gonzalo a la corte) era el *Doctrinal de Príncipes*, acabado de escribir por mosén Diego de Valera siendo ya un hombre entrado en años (tenía sesenta y dos).[4] Toda su vida la había dedicado a escribir guías morales para la nobleza del reino de Castilla; había advertido esa necesidad en los momentos de crisis política, o en la confusión generada por el deseo de los hombres de caballo de ser denominados caballe-

4. Diego de Valera, *Doctrinal de príncipes,* ed. Mario Penna, en *Prosistas castellanos del siglo XV,* Madrid, BAE, t. 116, 1959.

ros. Una sensación de asco empezó a invadirle ante la contaminación del viejo ideal caballeresco. Sabía que los jóvenes, de acuerdo con los sueños de la profesión militar, deseaban alcanzar cuanto antes la dignidad caballeresca. Asimismo sabía que no se conseguiría un Estado fuerte sin un estricto código moral entre los soldados. Pasaron las oportunidades delante de su vida, y sentía que Fernando podía ser el rey que devolviera a su país la grandeza del pasado áureo de la caballería, que era sin duda el pasado romano. Exigía prudencia en todas las acciones, convirtiendo ese gesto en la virtud suprema del cortesano.

En su último libro, *Preheminencias y cargos de los oficiales de armas* (1480), Valera se detiene en un tema en apariencia secundario: corregir las leyes de los oficiales de armas y la aplicación del desafío. ¿Qué interés tienen esos aspectos en la educación de una juventud excitada por la proximidad de la guerra? Valera es consciente de su responsabilidad cuando escribe a los reyes tras las primeras escaramuzas en la frontera de Granada. De cuando en cuando, sus cartas exponen una manera de afrontar el problema de la nueva generación, que es la de Fernando, pero también la de Gonzalo. Como Valera hace una referencia marginal a los hechos concretos de la vida de un noble que aspira a ser caballero, no queda más remedio que ir en busca de aquellas fuentes que narraron experiencias concretas, hechos particulares, que se convirtieron en modelos a seguir.

Las biografías de caballeros andantes mostraban al detalle la sucesión de etapas de una vida ejemplar. En cuanto ese modelo de conducta se adaptó a los gustos castellanos, ya no hubo duda de cuál era el camino a seguir. Pero Niño, conde de Buelna, fue el pionero en Castilla de esa forma de ver la vida en plena analogía con lo que proponían las novelas de la época. No existe distinción entre Pero Niño o Jacques de Lalaing, que son personajes reales, y Tirant lo Blanc que es un personaje literario. La vida imita las novelas, y éstas se nutren de sucesos ocurridos en algún momento y en algún lugar.

Pero Niño es un profesional de la guerra tal como la entendía los ideales caballerescos en el siglo XV, cuyas hazañas fueron descritas por su alférez Gutierre Díez de Games.[5] Se trata de un relato que denota unas circunstancias políticas muy concretas y que, en su afán de crear una representación de Pero Niño, se hace vinculante de esos cambios. Es más: estoy convencido que no hubieran existido motivos suficientes para una biografía sin el cambio político auspiciado por la dinastía Trastámara. Hemos olvidado hasta qué punto fue una idea de esa familia la adopción de los ideales caballerescos procedentes de Francia y Borgoña. El texto de Niño se halla sólo a treinta años escasos de la época en que el joven Juan lloraba con lágrimas de entusiasmo al ver cómo se elevaba al primer rango entre los reyes de la Península Ibérica tras su matrimonio con Leonor de Aragón. Desde entonces, el reino de Castilla asistió a tantos nuevos objetivos que afectaron profundamente la existencia de la aristocracia, y no siempre en el buen sentido del casticismo imperante hasta ese momento, que a comienzos del siglo XV aquellos cambios obligaban a explicar las vicisitudes de un hombre como Niño situado entre dos épocas.

Las biografías caballeresca encuentra así su justificación política: el relato de la génesis de la dinastía Trastámara obliga a tomar distancia con el pasado anterior. El conjunto de aventuras de Pero Niño sirven para mostrar el camino a seguir: la educación debe basarse en los ideales de la caballería. Una idea análoga está presente en la *Crónica de Don Álvaro de Luna.*[6]

Gonzalo Chacón, su autor, inserta en ella una serie de datos autobiográficos que afectan a la educación de un bachiller del siglo XV: «Entre los otros frutos abundosos que la España en otro tiempo de sí solía dar, fallo yo que el más preçioso de

5. *El Victorial, crónica de don Pero Niño, conde de Buelna, por su alférez Gutierre Díez de Games*, ed. Juan de M. Carriazo, Madrid, 1940.

6. *Crónica de Don Álvaro de Luna, condestable de Castillla y Maestre de Santiago*, ed. J. de Mata Carriazo, Madrid, Espasa Calpe, 1940.

aquellos fué criar e nudrir en sí varones muy virtuosos, notables e dispuestos para enseñorear, sabios para regir, duros e fuertes para guerrear. De los quales, unos fueron subidos a la cunbre imperial, otros a la relumbrante cátedra del saber, e muchos otros merescieron por vitoria corona del triunfo resplandesciente».[7]

Pero eso era antaño; ahora las cosas habían cambiado, y para peor. En el rico material de la tópica clásica que considera cualquier tiempo pasado mejor, Chacón extrae una defensa política de los ideales de la caballería como parte necesaria de la sociedad en general y del hombre en particular: «Mas agora en nuestro tiempo, revolviendo los ojos del justo acatamiento por estas cosas, mucho se muestran no solamente las Españas mas todas las otras naciones menguadas e vazías de varones semejantes, que si algunos en algúnd ábito de virtud resplandescen, fallésceles y esles negado mucho de aquello sin lo qual queda desnudo e no bien apuesto el perfecto don de esa misma virtud. E son así como la diversidad de las tierras, que si son unas abundosas de frutos, son livianas de panes; e si abundan en ganados, son altas e enrrocadas e de ásperos asientos, e no graciosos para la morada humanal. Fállanse otras que si tienen fertilidad abundante de las cosas neçesarias, o son muy destenpladas e frías, o del todo enojosas e insoportables por muy demasiado calor».

Una vez y otra, las justificaciones de la recuperación de esos ideales resuenan como una especie de proclama en favor del Estado de los Reyes Católicos. Chacón los ha situado en el centro de todas las aspiraciones de su generación: «Las quales cosas tanto más son menester en los grandes príncipes e escogidos por dignidad, quanto más son puestos en lugar más alto para ser acatados, en tal manera que si vna parte los alumbra e faze claros, otra los ofusca e alonbregueçe: tanta es la dificultad de poder venir en la entera perfección de la virtud».

7. *Crónica de Don Álvaro de Luna*, cit. pp. 3-4

Las palabras «dificultad, perfección, virtud» aderezan su planteamiento. La transvaloración de todos los valores necesita encontrar un lenguaje nuevo y unos gestos sociales adecuados a él. Por eso refuerza el filo cortante de los términos convencionales de la Castilla de su tiempo para subrayar las virtudes exigibles a toda buena educación. Y en cuanto a un personaje que centre su ideales, no hay novedad. Sigue el ejemplo de la literatura caballeresca salvo en algunos detalles poco relevantes. El condestable Alvaro de Luna es la figura elegida: «Assí que en aqueste muy acatado Maestre tantas ymágenes verdaderas de virtud se nos representan, como si las reliquias de la bondad de muchos de los pasados en él y por un solo él fuesen conservadas».[8] El espejo de virtud refuerza la superioridad de la educación caballeresca: «¿Quién cometerá fealdad nin yerro, mirándose en el muy claro espejo de la su muy pura e verdadera lealtad a su Rey? ¿O quál podrá ser rudo ni grosero, a quien la su grand casa aya seído escuela de puliçía e de puroso enseñamiento?».

La principal metáfora con que se expresa este sistema moral y social es la magnanimidad: «Quanto más que yo creo que los sus muy singulares fechos no solamente me prestarán fuerças para decir, mas aún liberalmente me las dan e otorgan». La educación es una respuesta para todo. Chacón siente cierto placer personal en describir la personalidad del condestable don Álvaro, modelo de buen hacer en la corte, como guía de los bachilleres: «Mas porque aquello que en semejantes historias es asentado más se escribe por enxemplo de los advenideros que para dotrina de los vivientes, por no darse en la nuestra edad a publicación; e aun porque así algunos de la nuestra España, como muchos de fuera della, que con letras de cada día no poco me soliçitan e conquieren, demandándome alguna çierta e verdadera doctrina, puesta en orden de escriptura, de su virtuosa vida del nuestro Maestre magnífico,

8. *Crónica de Don Álvaro de Luna,* cit. p. 5.

puedan aquestos por mí lo que saber bien desean e por diversas maneras oyen, en vna muy çierta e clara verdad magnifiestamente conoscer. E juntando a esto porque aquello que aqueste nuestro muy esforçado Maestre en diversos tiempos fasta aquí gloriosamente acabó, en vn breve volumen los lectores lo contemplen, he tentando entrar la presente obra».

Los dos pasajes citados no hacen más que empezar a sugerir la medida en que Chacón recurre al dechado para describir a su héroe y montar sus escenas. La misma actitud la aplica a sí mismo narrando su propia vivencia personal. Las pruebas son tan numerosas que Juan de Mata Carriazo, el editor de su obra, se ve en la obligación de afirmar que «la salida a escena de Chacón, tan lisonjera y minuciosa, tiene un manifiesto sabor autobiográfico».[9] De ese modo, pudo unir en su texto el objetivo edificante de los tratados morales y el interés por un yo concreto de las biografías caballerescas.

Inevitablemente, en un universo ideal como éste, surgen momentos de contacto con la cruda realidad del siglo XV: «Digna cosa es por çierto que en los tales libros se escriban belicosos fechos, por enplearse en cosas, obras e ofiçio de virtud, de los que posponen sus vidas, e fazen algunas señaladas cosas; e que sean por consiguiente nonbrados señalada e espeçificamente».[10] Los candidatos a caballeros deben tener presente la terrible ordalía de sangre y fuego que forma parte de la vida militar. En ese mundo inundado de violencia, traición y muerte destacó «cierto mançebo, del qual ya en alguna Historia he fecho mençión, el qual en aquel tienpo podría ser de edad de veynte e dos o veynte e tres años, e era camarero del buen Maestre, éste avía quedado en el monesterio, o en la cámara del Maestre su señor». Una forma satisfactoria de medir los efectos de la acción militar en la educación de un joven:

9. *Crónica de Don Álvaro de Luna,* cit. p. XXVII.
10. *Crónica de Don Álvaro de Luna,* cit. p. 278.

«sopo aquel dia ganar fama, prez e valor en le fecho de la guerra por su ardimiento e destreza».[11]

Leída en voz alta, como se solía hacer en aquel tiempo, esta frase parece un panfleto en favor de la educación militar de la juventud. En un episodio de especial significado dramático, la visita de Chacón al rey Juan II, después de haber roto con su antiguo señor, el condestable, se describe ese estado social totalmente al servicio de la Monarquía que permite toda clase de promoción, incluido el acceso a la alta nobleza. Chacón concluye tachando su actitud como una prueba de afecto por la casa real: «le dixo tantas e tales palabras, esando solos ende amos a dos, e le fabló por tal vía çerca de aquellos fechos, representándole con un sentible e bien avisado modo de representar las cosas que el Maestre su señor avía dicho, e él avia oydo de su boca, quando ovo sabiduría de cómo Su Alteza lo venía a prender, a que el Rey en las oír non pudo contener las lágrimas, que a la hora le salieron por el rostro».[12]

Siguiendo las huellas de Díez y de Chacón, Diego de Valera situó la *mesura* caballeresca como medio de contención de la violencia nobiliaria, y propuso que todos los hombres del círculo de Fernando asumieran esas normas de conducta. Todos aceptaron con gusto la idea, convencidos que la gran sociedad europea actuaba de ese modo en sus fiestas sociales y en sus encuentros políticos. Era preciso alejar el rahez hispánico que tanto había escandalizado a un observador como Jean Froissart. El principal objetivo de los jóvenes era parecerse cada vez más a los modelos sociales procedentes de Francia, Borgoña o Flandes, cuyos mensajes operan en ellos como un reto personal desafiándoles a actuar en consonancia a los modelos literarios. Y pueden llegar a creer, como prácticamente confesó Chacón de sí mismo, que principios como

11. *Crónica de Don Alvaro de Luna,* cit. p. 280.
12. *Crónica de Don Alvaro de Luna,* cit. p. 411.

esos legitiman al Estado dinástico a conducir la guerra contra sus enemigos.

Todo esos textos, en la medida que eran un medio perfecto para la educación cortesana, le fueron muy útiles a Gonzalo. Su escritura era didáctica. Buscaban convencer y convertir; da la impresión de que tuvieron éxito a tenor de los resultados. Con todo, nunca intentaron crear hombres violentos, agresivos que se dejaran llevar por la pasión de las armas. Sus ideales eran completamente diferentes. A veces incluso creaban el efecto tabú, fascinación y repulsión por la guerra. Pero sin duda forjaron un círculo de competentes capitanes de compañía. Años después, Gonzalo dudaría de esas ideas, y buscaría otras mejores, o al menos más adecuadas a su temperamento creador; pero, de momento, el universo que iba descubriendo en los consejos y en las lecciones de Chacón y Valera se acercaba a los de los caballeros de las novelas francesas, y se sentía complacido con ello.

UNA INTUICIÓN DE FUTURO

Detrás de esos tratados educativos y de esas biografías ejemplares, se vislumbra una especie de moraleja. De haber seguido Gonzalo al pie de la letra los criterios educativos vigentes en la corte castellana, por fidelidad a las normas sociales, habría sido un doliente doncel de los que alcanzaron la inmortalidad muriendo como un héroe en la guerra de Granada; pero él era un observador más astuto que los demás y, quizás, más inteligente. Por el momento, se embriagaba de cultura literaria y de teoría política al lado de Fernando: este buen caballero descubría que era también un buen estudiante. La pluma, en ocasiones, reemplaza a la espada. Gonzalo resulta asimismo un buen amigo. Esta capacidad seductora suya le acerca incluso más al rey, quien le enseñaría en esos años una cosa decisiva para su futuro: la pasión por la escritura al modo de Lorenzo el Magnífico, cuyas cartas constituyen una de las fuentes de información más importantes de la Europa del último tercio del siglo xv.[13]

Escribir cartas: eso fue lo más importante que aprendió en esos tres años de su vida. El deber de un investigador consiste en rastrear su archivo clasificando esos preciosos testimonios. La tarea es ingente, porque muchas veces solamente se ha conservado el ejemplar del receptor. La letra es otra dificultad. Gonzalo escribía endiabladamente. ¿Por qué algunos hombres tienen tanta personalidad en su escritura que resulta casi indescifrable fuera de ellos mismos, y de quienes les quieren de verdad? ¿Qué diría un grafólogo de su letra?

EL SUCESO QUE LE DESPERTÓ

En esa corte llena de intrigas y ambiciones, el azar insistió en aumentar su fortuna al convertirle en involuntario testigo del suceso más relevante de la vida política española del año 1476 que, sin embargo, no aparece reflejado en las páginas de los biógrafos, ni de los cronistas áulicos que se interesaron por él, a pesar de constituir el punto de partida de su despertar al mundo de los adultos.

El suceso es el siguiente. Fernando seguía de cerca las actuaciones de su padre Juan II de Aragón en todo lo referente a su hermana Juana. En 1473, le envió una carta en términos bastante duros, que hizo reaccionar al viejo rey con otra carta donde manifestaba: «Dos letras vuestras, parte en cifra, havemos recebido, contenientes en efecto, la una, que por algunos respectos sobreseyesemos en el matrimonio de la illustre infanta, nuestra muy cara fija, vuestra hermana, con el illustre

13. Lorenzo de Medici, *Lettere*, ed. Riccardo Fubini, Florencia, Giunti-Barbèra, 1977.

infant don Frederic, fijo del illustre rey don Fernando, nuestro primo».[14]

¿Qué motivos tenía contra el napolitano? Federico, hijo de Ferrante el Viejo y de Isabella de Chiaramonte, vivía apegado al gusto artístico y a la política de la familia de su madre, opuesta a cualquier intento de modernizar el *Regno*. Fernando se entendía bien con su homónimo primo, el rey de Nápoles, pues ambos tenían claro que la política a seguir no podía ser otra que la de Alfonso el Magnánimo. Por ese motivo, y quizás por algún otro que desconozco, no podía estar de acuerdo con Juan II en que su hermana Juana se convirtiera en la esposa de Federico, que era tanto como entregarla a los odiados Chiaramonte. Los argumentos y el tono de su carta convencieron al rey, pues el matrimonio nunca se llevó a cabo. Tres años después de ese cruce de cartas, precisamente en el verano de 1476, con Gonzalo de testigo de excepción, el matrimonio de la infanta Juana volvió a ser tema de debate político. Había llegado el momento de la verdad para esa adorable mujer, la pequeña de las tres hijas de Juana Enríquez.

Juan II concertó el matrimonio de su hija con Ferrante el Viejo, rey de Nápoles, padre de su anterior pretendiente. Fernando apoyó la decisión, a pesar de saber que entregaba su hermana a un hombre mucho mayor que ella, cruel y sombrío como lo calificó Jacob Burckhardt: un indeseable perverso, cuyas acciones dieron lugar a verdaderos ríos de tinta desde Pontano en adelante.[15] No le tembló el puso sin embargo a la hora de apoyar a su padre en esa decisión. Al fin y al cabo, era lo que él había propuesto tres años antes.

14. A. Paz y Melià, *El Cronista Alonso de Palencia*, Madrid, 1914, pp. 130-131.

15. Jacob Burckhardt, *Die Kultur der Renaissance in Italien*, en Gesammelte Werke, Basel / Sttutgart, Schwabe & Co. Verlag, 1978, vol. III,

Gonzalo contempló la escena horrorizado. Pero eso era justamente la política, y debía aprenderlo si quería formar parte del selecto círculo de hombres que gobernaban el mundo. El ambiente era gélido. Me he preguntado más de una vez si Fernando sintió dolor ante ese gesto. ¿Cómo es posible tanto aplomo ante el destino de la propia hermana pequeña? Lamento una vez más que el estudio del temperamento del rey no haya sido abordado, y sigamos manteniendo como cierta la imagen dada por el cronista Hernando del Pulgar: un hombre de mediana estatura y muy moreno, parco en comer y beber, moderado en sus gastos, buen justador y excelente cazador de aves.[16]

Nada sobre sus dotes de gobierno, salvo decir que «todas sus rentas gastaba en cosas de guerra», pero eso era justamente lo que Gonzalo veía en ese momento, y lo que luego vieron algunos importantes historiadores italianos. Por ese motivo, mientras le comentaba a su primo el alcance de ese pacto político, sellado como era costumbre de siglos, mediante el matrimonio de su hermana con el rey de Nápoles, el espectro del futuro apareció quizás en algún momento. Fernando, Gonzalo, Juana, Nápoles: demasiadas coincidencias en un sólo suceso.

Gonzalo no estuvo en Tudela el 5 de octubre de 1476, donde se ofició el matrimonio por poderes. El conocimiento de Juana se retrasaría de ese modo algunos años (diecisiete para ser exactos), y eso fue probablemente el hecho más decisivo de su vida; el punto de partida de su despertar.

MÁS POLÍTICA

Las lecciones de política de Fernando fueron vitales para Gonzalo y los demás muchachos que aprendían a ser cortesa-

16. Hernando del Pulgar, *Crónica*, cit. p. 256.

Carlos el Temerario, duque de Borgoña, preside el capítulo de la Orden del Toisón de Oro. Miniatura flamenca de finales del siglo XV. Viena, Biblioteca Nacional.

nos. En sentido estricto, el joven andaluz tenía inteligencia y carácter, dos cosas que pocas veces van juntas. No era un teórico, pero podía analizar una situación como le había enseñado Chacón o Valera. Lo pudo comprobar casi de inmediato en otro gran momento de su aprendizaje de la alta política europea, y eso ocurrió pocos meses después de la boda de su prima Juana con el rey de Nápoles.

Docenas de eminentes estadistas debatieron a fondo la herencia de Carlos el Temerario. Todos querían formar parte de la Orden del Toisón de Oro, el emblema de la casa de Borgoña.

Reunión de la Orden del Toisón de Oro. Miniatura de finales del siglo XV. París, Biblioteca Nacional.

El primero, sin duda, Luis XI de Francia, quien adulaba a Fernando con importantes concesiones territoriales; también estaba el propio Fernando que reclamaba, junto a su primo Ferrante, rey de Nápoles, fascinado con su nuevo matrimonio, los derechos de Alfonso el Magnánimo a presidir tan prestigiosa orden. Pero la figura del momento fue un personaje hasta ese momento poco relevante, Maximiliano de Habsburgo, casado con María de Borgoña, la hija del Temerario.

Maximiliano era un altivo personaje, capaz de construir un sistema cultural en su propio beneficio. Buscaba una alternativa alemana para la cultura caballeresca, como no se había visto en esas tierras desde la época de Federico I Barbarroja.

También como aquel personaje, sentía un especial interés por Italia. Luis XI y Maximiliano, dos monarcas ambiciosos, ambos anhelaban la gloria y el dominio del mundo. Fernando debió esforzarse para salir airoso de la prueba.

Gonzalo en esa ocasión estuvo a su lado, aprendiendo los enredados senderos de la política internacional. Ese objetivo le hizo momentáneamente olvidar que el nacimiento tardío, siendo el menor de un linaje, le había dificultado el acceso a ese mundo, como en cierta ocasión le advirtiera su abuela Blanca, que siempre lo había considerado su ojo derecho. Ya no se acordaba de lo huraño que el rey fue con él en los primeros momentos, ni de que tampoco fue a ver a la vieja Blanca cuando ésta se hallaba en agonía. El interés por la política les había unido para siempre.

Gonzalo sentía admiración por Fernando, pese a conocer la opinión que los Fernández de Córdoba tenían de él. El amor propio de un andaluz, que tendía naturalmente a la inseguridad por razón de su nacimiento, se sintió halagado por la innata capacidad del rey a la hora de educar a la gente de su entorno en los asuntos de Estado. ¿Cómo era ese hombre al que Gonzalo se había acercado para aprender los rudimentos del arte de la política?

De Fernando conservamos algunos retratos y unos pocos dibujos; además de esculturas más o menos historiadas. Era un hombre orgulloso para coleccionar todas esas obras de arte realizadas para mayor gloria suya, y su sentido del humor le impedía tomarse en serio a los artistas. Pero lo cierto es que contamos con un buen número de retratos, relativos a su personalidad o a hechos concretos de su vida: coronación, matrimonio, fundación de una universidad. Las metáforas abigarradas requerían su aprobación. Entre todos esos retratos, he elegido el conservado en Viena y atribuido al Maestro de la Leyenda de la Sangre, pues tiene la ventaja de mostrar el auténtico semblante melancólico de los Enríquez: eso que le hacía más atractivo entre sus amigos que entre las mujeres. Una mirada de quien tiene el sueño pesado, de quien tiene miedo a perder los grandes acontecimientos del día siguiente, el primer despacho con los embajadores, la primera carta de un amigo (o de un enemigo). El sosiego es aparente, como la felicidad. Una sexualidad vuelta hacia su sombra, es decir, hacia el ejercicio del poder. La carnosidad de los labios indica desespero en los momentos de dificultad, mientras que el bello bocio señala la postración nerviosa, la neuralgia, el insomnio, las pesadillas.

Maestro de la Leyenda de la Sangre, *Retrato de Fernando el Católico*, Viena, Kunsthistorisches Museum, Gemaldegalerie.

Gonzalo aprendió de Fernando más que de ninguna otra persona, y eso le ayudó mucho en los siguientes años. La educación se complementaba más viendo actuar a ese hombre que discutiendo con sus amigos las teorías políticas de Valera, Chacón y los demás. Se mostraba receloso de Pulgar, que mostraba una historia excesivamente orientada a despreciar al otro en beneficio del providencialismo de Isabel. No eran las ideas idóneas para tratar una futura España, es decir, la unión dinástica entre Castilla y la Corona de Aragón, más necesaria cada día si se quería contrarrestar las ambiciones de Luis XI y Maximiliano de Habsburgo.

Nada salvo esa curiosa simpatía mutua podría haber puesto en estrecha relación a dos jóvenes tan hostiles como Gonzalo y Fernando, pero la principal diferencia entre ellos no se vería hasta mucho más adelante. En esos años, Gonzalo vivía completamente a la sombra del príncipe.

AJUSTES DE CUENTA

En la primavera de 1478, Fernando se dirigió, junto a Isabel y algunos de sus hombres de confianza, a Andalucía. Gonzalo iba con ellos, expectante por volver a su tierra en compañía del hombre que le había educado en política. Los conflictos entre la nobleza sureña seguían siendo los habituales. La Corona, sin embargo, estaba dispuesta a poner fin a ellos de una vez para siempre. La primera medida fue muy dura: confirmar en el cargo de corregidor a Diego de Merlo.

La llegada del Ejército real a Córdoba convirtió el enfrentamiento en un tema de Estado. Los reyes no estaban dispuestos a olvidar la afrenta a su corregidor, salvo que Alonso aceptara una guarnición real en las villas de Andújar, Marmolejo, La Rambla, Bujalance, Montoro, El Pedroche y Castro del Río: todas ellas pertenecientes desde siempre a la hacienda de los Aguilar. Sin excesivo entusiasmo, Alonso aceptó las condiciones, y recibió a cambio una carta de perdón por las acciones contra el corregidor. No contentos con esa humillación, le obligaron a marcharse de Córdoba, sin ni siquiera la dolorosa gloria del fracaso. Los reyes no se contentaron sólo con la victoria, sino que decididos a llevar a sus últimas consecuencias el sometimiento de esa nobleza, la sometieron a un férreo control.

En esas actuaciones duras, implacables, se veía nacer el Estado autoritario del futuro. Y los viejas rencillas nobiliarias molestaban más de lo que en principio parecía: era una cuestión de orden público, lo que equivale a decir, de imagen del poder real. El noble pendenciero de la frontera, por definición, carecía de disciplina hacia los despachos emanados de la corte. Ahora muchos de ellos fueron testigos de las maneras de ejercer el poder de Fernando e Isabel.

ENTRE ENCINARES Y ROBLEDALES

La iniciación de un caballero novel pasaba por intervenir en una batalla campal, ese ritual festivo, casi sagrado, con el que se aspiraba a poner fin a una contienda. La batalla no es la guerra; más bien es lo contrario: su culminación porque la termina. Así había sido siempre, o al menos desde los tiempos de Bouvines, cuando André le Breton celebraba a su joven rey Felipe Augusto cabalgando en domingo en favor de Francia contra los alemanes de Otón de Brunswick sobrino de Juan sin Tierra, rey de Inglaterra.[17] Una pasión masculina, revisitada una y otra vez a lo largo de los siglos, pues en el recuerdo de todos los jóvenes estaban los nombres de algunas famosas batallas: Crécy, Poitiers, Nájera, Azincourt. Todos soñaban sin duda con emular las hazañas que dieron gloria los grandes héroes del pasado: Chandos, el Príncipe Negro, Boucicaut, el Jouvencel, Pero Niño o Alonso Pérez de Guzmán. Gonzalo no podía ser ajeno a ese ambiente cultural. No tuvo que esperar mucho tiempo para formar parte de la nómina de caballeros que habían intervenido, con éxito, en una batalla en campo abierto.

17. Georges Duby, *Le dimanche de Bouvines*, París, Gallimard, 1973, p. 39.

En el otoño de 1478, Alfonso de Cárdenas, maestre de Santiago, recibió un despacho del rey Fernando, donde se le instaba a organizar una compañía de caballeros y donceles de su casa para seguir de cerca los pasos de los portugueses que parecían de nuevo interesados en invadir el reino de Castilla. Entonces ocurrió que García de Meneses, obispo de Evora, decidió ayudar a Beatriz Pacheco, condesa de Medellín, una dama en peligro. La situación parecía extraída de alguna novela de caballería, pues Pedro de Portocarrero decidió luchar contra su madre, que unos años antes le había encerrado en una lóbrega mazmorra bajo la acusación de estar loco. Hernando del Pulgar era consciente de ello y se dispuso a exagerar las cosas, hablando de gigantes donde sólo había molinos de viento.

La retórica del cronista dio resultado y convirtió una refriega sin importancia en toda una batalla campal, que la historia conoce con el nombre de Batalla de Albuera. Las razones de ese auténtico ejercicio de propaganda arraigan en el pasado. Fernando no puede desaprovechar la ocasión que le brinda el obispo de Evora para mostrar en público a los jóvenes de su casa educados por Valera y Chacón, el significado político del ideal caballeresco. Necesita una acción así. Y el portugués se la había puesto en bandeja. Claro está que la historia también afectó a Gonzalo, pues Albuera fue «el principio de su *militia*» como dijo Paolo Giovio, hinchando el pecho ante el valor de aquel «próspero suceso» en la vida de un héroe.[18]

La batalla se libró entre encinares y robledales, a orillas del río Albuera el 22 de febrero de 1479. Se oyeron las habituales órdenes de carga de la caballería pesada antes de que unos pocos contendientes cayeran de sus montaduras. No muchos, a decir verdad. Todos los cronistas festejaron con orgullo el éxito de aquellos jóvenes recién llegados al mundo de la ca-

18. Giovio, op. cit. p. 477.

ballería. Pérez del Pulgar anota el comentario de Cárdenas sobre la actuación de Gonzalo en ese feliz día de febrero: «Nos habéis parecido oy menos bien en hablar que ayer en el pelear».[19] Es la psicología de un hombre que ha vivido siempre entre armas. Pérez del Pulgar daba así por sentado, de una vez por todas, cuál era el carácter de Gonzalo, además del alcance que tendrían sus ulteriores acciones en el difícil arte de la guerra.

No estoy seguro que Cárdenas llegara a decir esas palabras. Con todo, la jornada de Albuera sacudió la vanidad de Gonzalo y de los demás donceles de la casa de Fernando; y además llegó en el momento oportuno, pues unas semanas antes la muerte del octogenario rey Juan II había convertido a su patrón en el nuevo rey de la Corona de Aragón. La coronación de Fernando era, a los ojos de nueve de cada diez cronistas de la época, el suceso más importante acaecido en España durante decenas de años. A diferencia de los panegiristas castellanos, que estaban atentos a mantener el equilibrio entre el nuevo rey y la reina Isabel, el influyente notario barcelonés Miquel Carbonell no ponía reparos en saludar a Fernando como «senyor Rey y Príncipe de las Spanyas».[20] Apiñados en torno suyo sus hombres de confianza, los caballeros de su casa, sus amigos, y sus primos Enríquez, entre ellos Gonzalo, fijaban ya los objetivos políticos de una monarquía unitaria en Castilla y Aragón.

19. Pérez del Pulgar, *Breve, cit.* p. 560.
20. CODOIN (Colección de Documentos Inéditos del Archivo de la Corona de Aragon), vol. XXVII, pp. 51-52.

5

GRISES ENCRUCIJADAS
(1479-1482)

El 3 de abril de 1479, en una carta de dirigida a Fernando con motivo de la muerte de su padre unos meses antes, Lorenzo el Magnífico habla de su preocupación por la situación europea que, como él y todo el mundo sabía, pasaba por un momento delicado debido al interés mostrado por Maximiliano de Habsburgo en los asuntos italianos.[1] Un observador atento se preguntaría por los motivos del orgulloso Medici para dirigirse a Fernando en esos términos, pues llegaría a la conclusión de que esos motivos no eran otros que conocer su postura en el nuevo orden internacional surgido tras la muerte de Carlos el Temerario y el conflicto entre Luis XI y el austríaco.

No se equivocó el florentino al escribir esa carta en un magnífico latín humanista, y no en italiano como hacía habitualmente. Desde Petrarca, la *consolatio* era un toque de distinción cultural en Italia: marcaba la diferencia entre los cultivados *moderni* y los ignorantes *antiqui*. De no haber entendido la elegante prosa latina de Lorenzo quizás Fernando nunca habría abandonado la política de los Trastámara, siempre a la sombra de Francia, desde que Enrique II se apoyara en la Compañía Blanca de Bertrand du Guesclin para derrocar a su hermano Pedro I en Montiel; y de hecho muchos nobles de Castilla, y algunos hombres ricos de las villas del Cantábrico, buscaban la manera de seguir en esa línea, sin exponerse a los ataques de Luis XI, la araña universal. Aunque esa era una visión ingenua, y probablemente sin futuro, los grandes nobles

1. Lorenzo de Medici, *Lettere*, cit. vol. IV pp. 49-50.

exportadores de lana confiaban en mantener la situación surgida tras el éxito de las tropas francesas contra Inglaterra que puso fin a la llamada Guerra de los Cien Años. Tal vez el temor a un cambio de alianzas, que se cernía sobre el ambiente cortesano, motivó la cautela de Fernando. Había también otros motivos más reales, más propios de su temperamento; destacando sobre los demás, su proverbial recelo. Todos los meses algún noble alarmaba a la corte con actos violentos, incluso en ciudades tradicionalmente favorables a la Monarquía, y aunque los reyes habían mostrado cierta dureza a la hora de reprimir esas acciones, la revuelta era consustancial a todos ellos.

Fernando quería estar presente en Europa, recuperando así los objetivos políticos de su tío paterno Alfonso el Magnánimo. Contaba con el apoyo de su primo Ferrante de Nápoles, y el de su hermana Juana, que poco a poco iba dejando su sello en la vida del *Regno*. Sobre todo era hábil en cuidar a los amigos, y nunca deseó un enfrentamiento con su poderoso vecino francés, al menos hasta que pudiera contar con un ejército moderno bajo el mando de esa generación de caballeros y capitanes educados por Valera y Chacón. Confiaba en hombres como Gonzalo, pero aún era pronto para mandar a esos muchachos de veintitantos años a enfrentarse a un cuerpo de ejército totalmente remodelado en la guerra de asedio contra las plazas inglesas en el continente.[2] Esperó su ocasión, y ordenó a sus hombres de confianza que convirtieran la espera en su virtud principal. Antes de empezar cualquier acción, era necesario crear el Estado dinástico: el sueño que le había llevado a contraer matrimonio diez años antes con Isabel.

2. Philippe Contamine, *Guerre, état et société à la fin du Moyen Âge*, París, Mouton, 1972.

La genealogía del Estado dinástico europeo del siglo XV exige un saber minucioso, paciente, y algo de intuición política. La imagen de la monarquía perteneció durante siglos a una liturgia especial, donde se buscaba equilibrar los dos cuerpos del rey. El canto de los laudes y otras formas religiosas eran los signos de legitimidad expuestos el día de la coronación. El poder descendía directamente de Dios, y por eso era necesario que un obispo en nombre del Papa colocara el óleo santo sobre la cabeza del nuevo soberano, le ungiera, y depositara en él la confianza del Todopoderoso. Así permaneció el mundo hasta que las ideas de las repúblicas mercantiles fomentaron el principio de la federación como única legitimidad. El conflicto alcanzaría contenido religioso cuando Martín Lutero tomó la decisión de llevar esas ideas al terreno doctrinal para enfrentarse con los Papas de Roma.

En 1479, la genealogía del Estado dinástico no consistía sólo en presentar los encendidos elogios de los cronistas áulicos ante un público ansioso de oropeles; asimismo era ocuparse del conflicto entre los dos sistemas rivales que dominó la vida política europea, desde entonces hasta el siglo XVIII: el sistema que deseaba mantener el equilibrio entre el poder y la riqueza, y el sistema donde el poder creaba la riqueza, y que daría paso a la formación de grandes territorios bajo el control de un rey. En la Península Ibérica con Fernando e Isabel; en Francia con Luis XI, creador del hexágono; en Inglaterra con los Tudor, críticos ante las lamentables desavenenecias de York y Láncaster; en Austria, con los Habsburgo representados en ese momento por Maximiliano; en el Imperio Otomano, con su esfuerzo conquistador en los Balcanes y las factorías genovesas y venecianas del Egeo y el Mar Negro; en Rusia con el inmenso trabajo del zar Iván III que, tras su matrimonio con Sofía Paleólogo, trasladó las insignias imperiales de Bizancio a

Moscú, la tercera Roma, que le permitió hacer frente a la presión procedente del duque de Lituania en el oeste y de los tártaros de la Horda de Oro y los turcos otomanos en el sudeste.

La situación en 1479 no es por tanto la creación de una nueva estructura, sino el perfeccionamiento de una anterior sobre la base de una toma de conciencia de sus posibilidades en la economía con la hacienda pública y la racionalización del sistema fiscal, en el orden social con el desarrollo de instrumentos de control de la violencia nobiliaria, en la conducta militar con la organización de un ejército profesional de carácter permanente al mando de auténticos capitanes, en la cultura con un decidido apoyo al arte y a la literatura, en las relaciones internacionales con la consolidación de una red diplomática permanente que se esmeraba en informar a sus cancillerías acerca de lo que pasaba en el mundo; en la religión con la sumisión de los obispos al Estado.

CAMBIO POLÍTICO

En la primavera de 1479 Gonzalo comenzó una nueva etapa de su vida fascinado por los recientes acontecimientos ocurridos en la corte. No era desde luego el único. Muchos jóvenes de su generación, amigos suyos durante años, como Bernardino de Velasco, avanzaron en la misma dirección que él. Aprendió entonces una lección que nunca olvidaría: la política es una obra colectiva, requiere un círculo de amigos, de colaboradores, de fieles servidores a una causa. La política se hace en equipo, aunque siempre detrás de un líder. Para él, ese líder sin discusión debía ser Fernando.

Pero estaba Isabel, atenta siempre a mostrar su personalidad, como ocurrió por entonces en la serie de acontecimientos ocurridos en la ciudad de Alcántara, cuando acudió Beatriz de Portugal, duquesa de Braganza, para negociar la paz con su sobrina, la reina de Castilla.

El contencioso con Portugal había desangrado a los dos países en una guerra fratricida. Y ahora dos mujeres de la misma familia se reunían en privado para encontrar una solución. Las negociaciones fueron muy largas. Pedro Fernández de Velasco, conde de Haro, actuaba como consejero de Isabel, aceptando unas veces sus puntos de vista y otras rectificando la férrea postura de la reina, bajo la atenta mirada del cardenal Mendoza, cuya hermana estaba casada con Pedro. El contraste de las maneras políticas de Fernando y de Isabel, uno siempre sutil, otra franca hasta la irritación, reveló al joven Gonzalo lo difícil que iba a ser el gobierno de ese Estado bicéfalo, aunque por entonces no podía prever el alcance de esa idea.

Las negociaciones de Alcántara constituyeron para él una experiencia inolvidable, y por dos motivos: primero, porque comprendió que en la vida política, las mujeres tenían un papel mucho más decisivo del que había sospechado hasta ese momento; segundo, porque Isabel era una reina a quien disgustaba que le llevaran la contraria. Si hubiera tenido un mínimo de sentido común en ese momento habría huido de allí para siempre. No lo hizo pensando quizás que el tiempo suavizaría las formas de Isabel y las adaptaría a las de Fernando. Equivocó el diagnóstico. La realidad fue todo lo contrario. Fernando terminó atrapado en las maneras políticas de Isabel. Pero nadie es capaz de adivinar el futuro. De ese error retuvo una lección importante el resto de su vida.

En Trujillo, adonde había llegado Fernando, se reanudaron las negociaciones, mostrándose entonces el auténtico fondo de la cuestión, que no era otro que el miedo de Isabel a su sobrina Juana. Un asunto de mujeres interfería en el trascendental proyecto político, consistente en definir la naturaleza del Estado dinástico. En la corte, los jóvenes del círculo de Gonzalo comentaban con inquietud ese trasfondo personal de un problema político, y se apresuraban a buscar en los textos pedagógicos una explicación satisfactoria. Faltó en ese momento el consejo de Diego de Valera, que se encontraba en San

Lucar de Barrameda, atento a cuestiones que él creía más importantes, y de hecho así era, como el futuro se encargaría de demostrar.

Una atmósfera de guerra civil se respiraba en las calles de Trujillo. Isabel se enfrentó con acritud a Beatriz, y detrás de ambas mujeres, se veían los recelos de Alfonso V ante cualquier salida negociada, que no fuera en beneficio de la risueña Juana. La feria de las vanidades, que durante décadas había ensangrentado los reinos de Castilla y Portugal, no parecía ceder terreno. Mil cuatrocientos setenta y nueve tuvo un cálido y largo verano.

Las negociaciones no avanzaban lo más mínimo. Gonzalo, todavía excesivamente ingenuo, no podía entender la actitud de Isabel en contra de su sobrina Juana, pero aún menos podía imaginar el objetivo final de tanta dureza. Una vez más el cruel rostro de la política se hizo visible. Juana estaba condenada irremediablemente: ambas partes lo sabían y sólo buscaban sacar beneficios de su intransigencia, nunca en una alternativa que no fuera el ingreso en un convento de la pobre hija de Enrique IV. Los aduladores de Isabel calificaban a Juana como La Beltraneja. Difundieron el rumor de que era fruto del adulterio de la reina con el valido Beltrán de la Cueva. Hasta entonces nadie se había atrevido a utilizar la calumnia como arma política, el siguiente paso sería aún peor.[3]

Fray Hernando de Talavera deslizó la idea de que la profesión religiosa de Juana era la única salida airosa para poner fin al pleito entre Portugal y Castilla. La joven tenía que dejar la casa de Beatriz, pero no podía pasar a manos de Isabel. La solución intermedia era el convento. La idea fue celebrada por los cronistas, que siempre buscaban crear una pantalla sobre las verdaderas intenciones del debate político. La *ruse* dio resultado. Las dificultades se allanaron, y las dos partes se sen-

3. J. B. Sitges, *Enrique IV y la Excelente Señora llamada vulgarmente doña Juana la Beltraneja*, Madrid, 1912.

taron a firmar la paz. Los tratados de Alcáçovas, cuatro acuerdos distintos firmados en esa localidad el 4 de septiembre, y confirmados por Isabel en Trujillo a finales de mes, constituyen el punto de partida de una paz duradera entre Castilla y Portugal, asentada sin embargo en el sacrificio de la infanta Juana, convertida así en el auténtico chivo expiatorio de la razón de Estado.

La ingenua Juana jamás pensó, sin duda, que aquellas dos mujeres de su familia habían estado meses debatiendo entre ellas por no saber muy bien dónde colocarla. Gonzalo no se molestó en indagar a fondo sobre ese suceso: le pareció suficiente haber acompañado a Fernando en todo momento, sin rechistar. En cuanto a Juana, la historia aún tenía que decir algo de ella.

EL CUERPO DEL SACRIFICIO

La sombra de Juana flota aún en la memoria. No se sabe muy bien el papel que jugó, o que le hicieron jugar, en este momento de la historia. Probablemente su figura siga siendo tema de debate en los próximos años entre los expertos. La realidad, no obstante, es que su sacrificio era uno de los peligros previstos en la genealogía del Estado dinástico español ideada por Isabel a la que prestó todo su apoyo Fernando, pues al callar en ese decisivo momento de la historia, otorgó. De ahí el lema de su reinado: «Tanto Monta».

A comienzos de octubre de 1479, el mundo se despertó con el sacrificio de una inocente doncella. No era la primera vez que ocurría una cosa así, ni sería la última. El Estado dinástico se asentó sobre una víctima, como unos años antes había hecho Francia sobre las cenizas de Juana de Arco, la doncella de Orleans. La fe en el Estado resistía, pero sus procedimientos se oscurecían. Gonzalo tembló, aunque no lo suficiente, porque se mantuvo firme en su puesto, aprendiendo esa forma de actuar que más adelante Maquiavelo situaría como el principal rasgo de la Edad Moderna.

He rastreado la literatura de protesta, esa que a veces se denomina popular, en busca de las quejas de la población ante la suerte de Juana. Sin resultado. No cabe justificar ese silencio pensando que se trataba de cuestiones que sólo afectaban a los hombres (y mujeres) vinculados con el Estado. El problema se agravó al difundirse el procedimiento a todos los sectores sociales. El tenso ambiente anunciaba malos tiempos. Isabel, influida por sus consejeros espirituales, no necesitó mucho tiempo para tomar medidas drásticas sobre los judíos. Fernando le apoyó con firmeza. El Papa Sixto IV les facilitó la tarea al concederles la posibilidad de fundar un tribunal especial para casos de disidencia con la bula *Exigit sincerae devotionis affectus.* No se creó de inmediato. Pero llegaría muy pronto.

PARODIAS DE LA HISTORIA

Fernando supo desde el comienzo que iba a ser un rey cuestionado, hiciera lo que hiciese. Y eso le provocaba unos arrebatos de cólera que tanto nobles como cortesanos descubrieron con terror. Tenía suficientes motivos para cultivar el permanente recelo que sin embargo le condujo a pensar mal de sus mejores colaboradores. El principal motivo estaba, con todo, en que no encontraba a nadie capaz de legitimar las acciones de gobierno emprendidas por él y la reina, pese a las sumas empleadas en mantener a algunos escritores en la corte. Pero, a veces, ocurre que no basta con pagar bien para que una obra histórica sea importante. Se necesitaba alguien de talento que escribiera sobre su política. No lo encontraron, quizás porque en la España de los Reyes Católicos la originalidad no era todavía posible.

Alonso de Palencia nunca fue muy fiable por la falta de

ecuanimidad a la hora de valorar la figura de Enrique IV. Sus *Décadas* son un monumento a la improvisación y a la desmesura, pues la pasión por Isabel, por muy justificada que estuviese, le impidió pensar con claridad los sucesos narrados. Mientras que mosén Diego de Valera y Gonzalo Chacón estaban ya viejos, a pesar de lo cual siguieron siendo hasta su muerte los referentes más buscados. El *Memorial de diversas hazañas* y la *Crónica de los Reyes Católicos* del primero de ellos restablecen los diversos sistemas de sumisión a la nueva Monarquía, en un tipo de argumentación que se acerca a Palencia aunque con reflexiones personales que afectan tanto a los modos de hacer política como al juego caballeresco.

Tres historiadores se creyeron con el deber de mostrar al mundo los objetivos de los reyes. Hernando del Pulgar, Andrés Bernáldez y Lorenzo Galíndez Carvajal. El primero mostraba una oscura pedantería a la hora de aplicar las ideas de Livio y Salustio a los acontecimientos del reinado de Isabel y Fernando.[4] Bernáldez, capellán que fue de Diego de Deza, anotaba los hechos como un callejón sin salida, asfixiando al lector en multitud de comentarios socarrones, descritos en forma de cartas. Del tercero, mejor no hablar.

Fernando tuvo un único objetivo: escapar de esa descripción de los hechos, pero no lo consiguió hasta después de su muerte cuando historiadores de verdad, Maquiavelo, Guicciardini, Giovio, le citaron en sus historias italianas. Es el único rey de esa época que necesita crearse él mismo el papel que otros no supieron concederle. La astucia tantas veces citada como rasgo de su carácter era una manera de envolver una situación que no podía controlar. Zurita, que fue el primer gran erudito que intentó comprender su manera de ser, insiste en la complejidad de su reinado, lleno de complicaciones

4. *Crónica de los señores Reyes Católicos Don Fernando y Doña Isabel de Castilla y Aragón, escrita por su cronista Hernando del Pulgar*, ed. Rosell, Madrid, t. III, de las *Crónicas de los Reyes de Castilla*, p. 249.

imposibles de resolver: Guerra de Granada, conflictos con los nobles, revueltas campesinas, queja de las minorías, agitaciones urbanas, desacuerdo con su yerno, y un sin fin de laberínticos problemas que le entretuvieron en todo menos en pensar una política coherente para el país, que él soñaba e impulsaba a soñar a sus hombres de confianza, Gonzalo entre ellos.

LAS CORTES DE 1480

El cetro dependía de la espada en aquel tiempo, pero eso no impedía olvidar el auténtico problema del reino: la economía. Era necesario contentar a una nobleza acostumbrada durante siglos a limitar la autoridad pública, sin que ello afectase al orden social. Fernando está en medio de dos mundos: el que le viene del pasado, al que él mismo prestaba su memoria personal, y el que emerge en un futuro cada vez más cercano, en su calidad de monarca autoritario. El rey mantiene el equilibrio, buscando la solución heroica sin olvidar la economía. Pero no puede enfrentarse solo ante tantos problemas. Necesita recurrir a las instituciones que habían hecho posible el reino de Castilla. La principal era las Cortes. Podía prescindir de ellas, o por el contrario podía reunirlas para que le auxiliasen en esa gris encrucijada de su vida y de sus países. Fernando quizás dudó, pero al final las convocó.

En las Cortes de Toledo de 1480 el rey se enteró de la situación de las arcas públicas y de la resistencia de las ciudades a contribuir al saneamiento del Estado. El jurista Alfonso Díaz de Montalvo, indignado por la terrible situación de la hacienda real, redactó unas «Ordenanzas Reales», pero tardaría dos años en publicarlas. En el interior de la cámara toledana se produjo un tormentoso debate, muchos comisionados elevaron la voz, la que más se oyó fue la de fray Hernando de Talavera, contable mayor del reino, convencido de que era necesario resolver de una vez por todas el problema de la deuda pública. El acuerdo fue difícil, pero se consiguió. La alta aristocracia era consciente de que perdería mucho dinero en su intento de sanear sus fincas agrícolas.

Después se escuchó la voz del rey: habló de una nueva justicia en sus reinos, de economía, de hacienda, de interés colectivo. La retórica de sus palabras aún hoy llama la atención: «pues por la gracia de Dios los nuestros reynos de Castilla e de León e de Aragón son unidos e tenemos esperanza que por su piedad de aquí adelante estarán en unión e permanescerán en nuestra corona real, que ansí es razón que todos los naturales dellos se traten e comuniquen en sus tratos e fazimientos».[5]

Fernando estaba convencido que se habían alcanzado los objetivos del viejo sueño político de la unión de los reinos de la Península Ibérica que, tres siglos antes, habían pensado Alfonso VII y Ramón Berenguer IV, a través de la mediación de doña Berenguela, esposa del primero y hermana del segundo, y que dio como fruto la conquista de Almería en 1147. ¿Se buscó la unión para lanzar a los reinos a una conquista militar del reino musulmán de Granada? ¿Qué ideología sustentaría el ambicioso proyecto? ¿Recuperarían de nuevo las tesis goticistas de la pérdida de España? A pesar de su fuerte convicción y de su orgulloso carácter (y por supuesto de contar con un grupo de fieles amigos como Gonzalo), Fernando comprendió, quizás con una suerte de desolado estupor pues había esperado de Castilla más de lo que encontró en esos días, que las resistencias a sus planes serían muchas.

No se equivocó. Una furiosa tempestad política se levantó en todo el reino contra la ingerencia de la Corona en asuntos que hasta ese momento eran exclusivamente competencia de la nobleza o de los ricos hombres de las ciudades. Los privilegios no se ceden con facilidad. La actitud ante el empuje de las leyes es la clásica resistencia normativa. Una cosa es legislar

5. Actas de las Cortes de 1480.

y otra muy distinta que las leyes se cumplan en la realidad. Además, en aquella época, muchos estaban convencidos de que nada en la vida es definitivo, y tampoco lo serían las intenciones de la joven pareja real. Posiblemente muchos nobles pensaron ya el modo de frenar la reforma económica y fiscal. Cuando protestaban por la legitimidad de la Corona, pensaban en los tiempos en que nadie les llamaba la atención en sus latifundios. No se daban cuenta sin embargo de que ya había pasado el tiempo de las conspiraciones. Pero, ¿por qué insistían una y otra vez?

Cuando Gómez Manrique evocó la situación política en su tratado *Regimiento de Príncipes*, impreso en 1482, no hacía más que seguir la huella del *Doctrinal de Príncipes* de Diego de Valera y del *Dechado del regimiento de Príncipes* de Íñigo de Mendoza. El trono estaba en peligro, y había que ayudarle. Lo sabemos bien gracias a otros testimonios ya no retóricos, sino directos, puestos de manifiesto brutalmente por las actas de los procesos inquisitoriales. La inquietud reflejada en esos textos muestra los aspectos menos agradables de ese proceso político.

Los Reyes Católicos estaban preocupados por el futuro del Estado dinástico: sus antepasados comunes desde tiempos de Leonor de Aragón y Juan I intentaron algo parecido sin resultados, debido a la debilidad de las instituciones. Enrique III había acentuado el carácter letrado y profesional del Consejo Real en 1408. Isabel siguió su ejemplo en las ordenanzas de 1476. Lo mismo ocurrió con la Audiencia Real, que pronto se conocería como «Real Chancillería» por el hecho de que su presidente guardaba los sellos reales.

Más decisiva fue sin duda la reforma del ejército. A partir de 1480, nadie dudaba sobre el derecho de movilización de los reyes en sus territorios. Castilla y Aragón transformaron los procedimientos de las levas y con ellos la función misma del servicio militar. En 1480 existe ya la idea de que las tropas deberían estar al mando de especialistas: se reconocía así implícitamente la nueva clase de funcionarios dedicados a las armas. Es cierto que aún permanecerán activas las levas de los grandes aristócratas, pero cada vez se alejaban más de sus banderías particulares.

EL PATIO SEVILLANO

En la ciudad de Sevilla, Fernando e Isabel se percataron de las dificultades de su proyecto político. Allí, durante los meses del verano de 1480, los judíos y conversos descubrieron el rumbo que tomaba la religión del nuevo Estado.[6] Se produjeron altercados callejeros y rebeliones armadas. Hasta ese momento la ciudad había permanecido anclada en un prestigioso pasado, pero poco a poco se abría al comercio atlántico. Con el tiempo competiría con Lisboa y Amberes, convirtiéndose en la puerta de entrada de las mercancías procedentes de América. La catedral del siglo XV, aunque mandada construir por Fernando III nada más conquistar la ciudad dos siglos antes, dominaba sobre unos barrios ruidosos, llenos de vida, donde los negocios se confundían con las risas, en medio de un elevado número de esclavos.[7] La ciudad tenía entonces una atmósfera reseca; era medieval, lo que hacía que algunos de sus monumentos llamaran la atención de los viajeros por el intenso cruce de estilos. Incluso la vida literaria oscilaba entre el humanismo promovido por algunas figuras italianizantes, y el gótico que marcaba el estilo de sus poetas más renombrados. Cada vez se parecía menos a Córdoba, y los reyes sentían una especial atracción por ella, quizás debido a su clima, a su actividad comercial o a sus costumbres. Los urbanistas sin embargo estaban desbordados a la hora de afrontar los problemas de salubridad.

6. M. A. Ladero Quesada, *Andalucía a fines de la Edad Media*, Cádiz, 1999.

7. A. Franco Silva, *La esclavitud en Sevilla y su tierra a fines de la Edad Media*, Sevilla, 1979.

En apariencia, la sociedad nunca había sido excesivamente contraria a las minorías. Pero eso cambió de repente, o quizás fue tan solo que ahora se había convertido en un problema político y por eso se registró cuidadosamente en documentos. La llegada de un grupo de padres predicadores anunció un cambio ante la disidencia religiosa. La única posibilidad de buen gusto consistía en ignorar sus actuaciones, otorgándoles el aspecto fortuito de las cosas insignificantes o carentes de contenido. No ocurrió así, y el ambiente se fue encrespando cada vez más. Jóvenes en otro tiempo deliciosos se convirtieron en pérfidos perseguidores del judaizante. Los grupos antimarranos se hicieron los dueños de la situación. El Estado tenía que intervenir, y con urgencia. A comienzos de septiembre se publicó una bula en Sevilla nombrando los dos primeros inquisidores: Miguel de Morillo y Juan de San Martín.

La actuación empezó con dureza, lo que obligó a muchos conversos a huir lejos de la ciudad. Doce años después, cuando se decretó la expulsión de todos ellos, se volvió a ver ese movimiento de gente asustada, con sus pocas pertenencias, buscando un país donde vivir. ¿Qué pasó en España para que eso ocurriera? ¿Qué pensó Gonzalo de un Estado que expulsaba a centenares de compatriotas por el mero hecho de ser de otra religión?

No entraré de momento en ese delicado asunto, tema por lo demás de un complejo debate;[8] me basta con señalar un hecho que sin duda marcó la mentalidad de Gonzalo en el año negro de 1480. El mecanismo de crear un tribunal especial para investigar las creencias religiosas de la gente se inscribe en el mismo mecanismo del sacrifico de la doncella Juana tras los acuerdos de Alcáçobas. Es necesario legitimar las acciones del Estado mediante la permanente búsqueda de un chivo expiatorio: primero fue el impotente Enrique IV que permitió el

8. Ricardo García Cárcel y Doris Moreno Martínez, *Inquisición. Historia crítica*, Madrid, Temas de Hoy, 2000.

adulterio de su esposa con su valido, luego los grupos de judaizantes que bloqueaban la economía y después ¿qué?, sin duda los musulmanes de Granada, los moriscos, los agermanados de Valencia, y así en adelante. Un Estado construido sobre la necesidad de buscar un culpable a sus errores condena irremisiblemente cualquier disidencia. La expulsión fue un elemento más de ese proceso.

La tensión en la política internacional es un corolario sarcástico del hecho de que la persecución del disidente se convirtió en una razón de Estado. Si la verdad sobre los motivos de expulsar a los judíos de España fue de contenido religioso, la pregunta es saber por qué nadie del sector laico, educado en los ideales políticos de la caballería, se opuso a un procedimiento infamante para quien lo realiza y para quien lo acepta sin protestar. Pero, ¿había alguien en condiciones de frenar a los halcones de la corte dirigidos por Talavera, cada vez más cerca del oído de la reina? ¿Por qué ese círculo de hombres educados en las teorías de Valera y Chacón, hombres como Gonzalo, no protestaron ante su mentor Fernando? ¿Qué imagen dieron esos monarcas en el orden internacional ante un gesto que demostraba incapacidad a la hora de gobernar un país plural, con religiones, lenguas y principios morales diferentes?

Ninguna especulación moderna puede borrar esa visión del Estado dinástico español en 1480, pese a que se ha intentado, y de muy diversas maneras.[9] Hay sin embargo una cuestión grave que se ha planteado recientemente: ¿Y si el chivo expiatorio ni siquiera fue real? Quiero decir: si el objeto de la creación del tribunal inquisidor y de la ulterior persecución no se realizara sobre una comunidad judía bien definida sino sobre la obsesión de los jueces? Entonces nos encontraríamos en el territorio de la mera superstición, que haría aún más ver-

9. La última y de gran vigor, ha sido la propuesta de Serafín Fanjul, *Al-Andalus contra España*, Madrid, Siglo XXI, 2001, pp. 1-23.

dadera la idea de un sacrificio ritual para construir el Estado. En analogía con el caso de Juana, que se le inventó un padre distinto al que realmente tuvo, que fue el rey Enrique IV, la sospecha sobre las comunidades de conversos no obedecía a ningún criterio objetivo, sino a un perverso procedimiento judicial. El tribunal no se levantó para evitar la violencia, tan extendida en las ciudades gracias a las banderías nobiliarias: se creó para hacer realidad una sospecha que quizás sólo estaba en la mente de los eclesiásticos cercanos a Isabel. De ser así, cosa que aún se discute, la actitud del círculo de jóvenes caballeros cercano a Fernando es aún más extraña. También aquí, como en otros casos, la cuestión reside en reconocer o no las fuerzas implicadas en la genealogía del Estado.

LA FUNCIÓN DEL JUEGO

Gonzalo mantuvo un prudente silencio sobre este asunto. Quizás hizo mal. Pero, ¿quién era él para juzgar la política de Estado? Con todo sabemos que el ensombrecimiento de la vida social en el verano de 1480 le pareció un serio peligro para sus ilusiones de un mundo nuevo, donde ese tipo de cosas no debían ocurrir. La represión era un mal camino. La corte se llenó entonces de inquisidores, maestros sin talento, ceñudos corregidores, alguaciles de la Santa Hermandad, policastros, y alguna gente de ese tipo.

El círculo juvenil, del que Gonzalo formaba parte, se rebeló contra la situación, rechazando los viejos modelos de la política de los tiempos de la guerra civil, que parecían regresar a Castilla tras Alcáçobas y la Inquisición. El proyecto era arriesgado. En 1481, Segovia, Valladolid o Tordesillas eran unas ciudades temerosas, carentes de ingenio, provincianas. No tenían la altura de miras de París, Florencia o Nápoles. La vida era más simple de lo que esos muchachos educados con Valera y Chacón se podían permitir. Dominada por las milicias concejiles, el arte de la guerra se limitaba a esa actividad que tantos beneficios había producido en los siglos anteriores. Aparte de esa jerarquía, sólo tenían ojos para seguir los pasos de los reyes, esperando conseguir algún privilegio, que ellos denominaban con énfasis libertades urbanas. Los modales de su gente, incluso cuando se reunía allí la corte, estaban lejos de parecerse a lo que decían los tratados pedagógicos o las novelas caballerescas. El propio Fernando luchaba contra el particularismo de esa gente, que se sentían comuneros, y no caballeros. Nunca entendieron del todo el proyecto político, y terminaron alzándose contra el nieto de Fernando, el césar Carlos, cuando llegó a España dispuesto a fomentar los ideales humanistas. Era necesario, y urgente, que el Estado mostrara su imagen. El sistema elegido fue la fiesta caballeresca: una decisión que hubiera apoyado Joanot Martorell, el genial autor del *Tirant lo Blanc.*

Las justas y los torneos habían cambiado sin duda desde los tiempos del espectacular festival del Passaje Peligroso de la Fuente Venturos, que tuvo lugar en Valladolid en 1428 y del Passo Honroso que Suero de Quiñones defendió en Puente Orbigo en 1434; y en todo caso la difusión de los principios expuestos en el libro de los torneos de René de Anjou le quitaron a esos ejercicios el valor práctico que habían tenido en siglos anteriores. Se podría decir que ese *pas d'armes* tenía muy poco que ver con la guerra. Se trataba de un espectáculo sofisticado y galante. El empleo de unas lujosísimas armaduras era quizás lo que más asombraba a la gente, perpleja ante el elevado precio de esas piezas de armamento dedicadas sólo a la diversión. No se reconocía ninguna otra posibilidad aparte del juego. Lo que menos importaba era el contacto con la realidad. Los jóvenes de la casa de Fernando se sentían presos de un mundo de ilusión, fascinante, como quien recrea una novela de aventuras.

Las ciudades competían a la hora de organizar esas fiestas, como ocurre en la actualidad con las finales de un campeonato de fútbol o con las Olimpiadas. En Barcelona se organizaron justas y torneos en el Borne para festejar el final de la guerra civil;[10] y en Valencia el tratadista Pons de Menaguerra apoyó esas iniciativas como la mejor prueba del porvenir de la sociedad.[11] Todos los reinos de España fueron, en pocos meses, objeto de esas fiestas que, según sabemos, provenían de Flandes y Borgoña. En cada ciudad que los reyes visitaban eran «recibidos muy alegremente con grandes e muy suntuosas fiestas, ansi de gastos generales de la cibdad, como particulares de muchos caballeros que ficieron justas é torneos en todas las plazas é calles principales con grandes arreros; en las quales fiestas los de aquella cibdad mostraran tener muchas riquezas, é animo para gastarlas».[12]

Antes de que el Estado dinástico llegara a otra gris encrucijada, con la Guerra de Granada, las fiestas caballerescas habían alcanzado su máxima expresión. Las sofisticadas reglas de René de Anjou presidían las fiestas en Segovia o Valladolid. Por supuesto, el círculo de cortesanos de Fernando estaba convencido que esa era la única vida digna de ser vivida, lo demás sólo sucedáneos. Según Hernán Pérez del Pulgar, Gonzalo alcanzó la gloria «tanto por su hablar como por su pelear». El juego caballeresco duró un par de años, luego la cruda realidad de la guerra se impondría sobre esas quimeras.

NUEVOS TIEMPOS

Los tres años (1479-1482) pasados por Gonzalo en la corte de fueron cruciales para la formación de su carácter y de su concepción de la política. En esos años se le abrieron los ojos gracias a las posibilidades de promoción de los nuevos tiempos.

10. CODOIN, vol. XLVI, 1976, p. 176

11. Pons de Menaguerra, «Lo cavaller», en *Tractas de cavalleria,* ed. P. Bohigas, Barcelona, 1947, pp. 177-195.

12. Pulgar, *Crónica,* cit. p. 362.

No pensemos solamente en los cambios políticos, que fueron importantes. Debemos tener en cuenta también la profunda transformación en la economía mercantil y el aumento de la población que siguió a la consolidación del marco señorial, cuyas estructuras productivas se hicieron más rentables debido a la presión de la Hacienda Pública.

La carrera de Gonzalo, cuyos motivos y origen intento describir aquí, surgió en el umbral de un impetuoso progreso general auspiciado por los Reyes Católicos y sus regidores en las ciudades del reino de Castilla. Esa carrera fue el objetivo de una clase de hidalgos que, gracias a cumplir la función militar en el nuevo Estado, fueron los artífices de sus éxitos y los principales beneficiarios de las conquistas territoriales. Fue una clase social forjada especialmente para combatir al Islam en la frontera con el reino de Granada, en el norte de África y en el Mediterráneo oriental. El momento decisivo de ese proceso debe siuarse entre 1479 y 1482. ¿Por qué precisamente en esos años? ¿Por qué todas las energías acumuladas por una sociedad forjada en la guerra desde mediados del siglo XIV se ajustó con tanta precisión en ese momento?

La respuesta a esos interrogantes deben buscarse en el territorio de la personalidad de los Reyes Católicos. Ellos dictaron las normas, impusieron el carácter de la política y forjaron un nuevo estilo en las relaciones sociales. La carrera de Gonzalo es por tanto el producto de un suceso casual, aunque largamente esperado: el ataque de un grupo de musulmanes a una fortaleza de la frontera sur del reino de Castilla. El círculo de caballeros y capitanes que rodeaban a los reyes no podrían haber encontrado nada mejor para sus objetivos. Entre las posibilidades de promoción, la guerra era la más importante. Siempre lo había sido, y ahora no tenía por qué ser diferente a siglos precedentes. Las dudas de los últimos meses que habían ensombrecido su perspectiva de la vida cayeron de repente, de forma espontánea, sin que se pararan a pensar si aquel ataque había sido provocado por parte de algún agente del rey. Entre el nerviosismo por la preparación de las tropas y la agitación por sentir de nuevo la llamada de la guerra, un aliento vital irrumpió en todos ellos.

Gonzalo participaba de ese nerviosismo. Los caballeros habían encontrado una aventura real donde probar su destreza. Tintos de pasión por el sonido de las armas no dudaron en cambiar los arneses de justas por los de guerra. Cerca de diez años pasarían antes de alcanzar los objetivos que ahora se presentaban ante sus ojos. Muchos de ellos murieron en el empeño. Una muerte gloriosa, como la de los héroes literarios.

Gonzalo no logró imaginarse entonces a lo que iba a ocurrir en su vida a partir del momento que pusiera pie en la vega del Genil, aunque insistía en su deseo de ir allí cuanto antes como capitán de una compañía de ciento veinte hombres a caballo. Cuando Fernando se aventuró, quizás temerariamente, sobre los muros de algunas fortalezas granadinas, él le siguió como un fiel servidor; sin embargo, los efectos de aquella larga campaña serían diferentes para ambos: a Fernando le dio un país, a Gonzalo le dio una patria. Granada será el destino de ambos, y como tal destino, sería la ciudad elegida por ellos para ser enterrados. Sus cuerpos reposarían allí para la eternidad. Por eso mismo, el camino que ahora se abría ante el rey y su capitán era el final de un período de grises encrucijadas.

6

TIEMPO DE GUERRA (1482-1485)

A mediados de abril de 1482, vestido con todas sus armas y nervioso, Fernando dividía la atención entre las tropas dispuestas a marchar en defensa de la guarnición de Alhama de Granada y una carta que días atrás le había enviado Diego de Valera para orientarle en la campaña: «Según mi opinión—decía en ella—Granada se ha de ganar fasciendo la guerra como la fizieron los que grandes provincias conquistaron, los cuales syenpre començaron por un cabo la conquista, de manera que no les quedase cosa de los enemigos en las espaldas; que fasiéndose por la mitad del reyno es muy difícil y trabajoso e costoso de sostener lo que se ganó».[1]

En favor de su tesis, Valera, que acababa de cumplir setenta años, cita la herencia romana, el valor caballeresco y el deseo de conquista de un territorio cercano en el espacio pero lejano en cultura. Era un modo de reflexionar sobre la estrategia militar adecuada al largo conflicto que se avecinaba con el reino nazarí. La guerra se percibía como una empresa costosa que buscaba sin embargo el nombre y el recuerdo de las hazañas de los últimos dos siglos en la frontera.[2]

1. *Epístolas de Diego de Valera,* ed. J. Balenchana, Madrid, Sociedad de Bibliófilos Españoles, 1878, XVI, pp. 220-221

2. M. A. Ladero, Quesada, *Castilla y la conquista del reino de Granada,* Granada, 1993. ID. *La guerra de Granada (1482-1491),* Granada, 2001.

La opción estaba clara, aunque siempre hay resistentes en momentos como esos. De modo que todavía se pensaba en la posibilidad de ceñirse a los modelos clásicos de las talas de las alquerías musulmanas de la vega del Genil. La idea inicial del rey era a la postre opuesta a la prevista por Valera: «Yo el Rey tengo acordado, con la ayuda de Dios, çercar este verano algunos logares del Reyno de Granada que están a dispusiçion de se poder tomar».[3]

El plan de Valera (empezar por los puertos) era uno de esos principios de estrategia militar que manifiestan un profundo desconocimiento de la política internacional de esos años. Sólo un hombre convencido de la necesidad de la guerra total llevaría sus argumentos hasta el fondo de un conflicto diplomático con la República de Génova. Fernando no estaba convencido del todo. La expedición a Loja es un buen ejemplo de ello, pues allí su ejército sufrió una sangrienta derrota, a pesar del heroísmo del alcaide de Los Donceles y Rodrigo Téllez, maestre de Calatrava, hijo del influyente Pedro Girón. Valera insistió con nuevos argumentos: «Lo primero que cumple para esto conseguir, es que queráis de cada uno ser servido del oficio que sabe: de los letrados, en la ciencia e justicia, de los religiosos e clérigos, en las cosas de conciencia; de los cavalleros esperimentados, en lo que toca a la guerra, no menospreciando el consejo de los adalides ni de los que algo conoscen de la tierra, costunbres y estado de vuestros enemigos. Que si Vuestra Alteza creyera a quien le consejó señalar a Loxa e yr sobre Málaga, oy fuérades della señor, según la dispusición en que estava».[4]

3. *El Tumbo de los Reyes Católicos al Consejo de Sevilla,* ed. Ramón Carande y Juan de Mata Carriazo, Sevilla, 1929-1971, doc. 532.

4. *Epístolas* XIX, pp. 24a-25b.

Estos consejos cumplieron la misión de orientar a Fernando en el arte de la guerra adecuada a un Estado moderno.[5] Escapar de la mentira de ser verdad el pasado es una manera de construir el futuro, sin alterar el orden social, que insiste en un argumento expuesto unos años antes por el historiador Fernán Pérez de Guzmán en su libro *Generaciones y semblanzas*: «los caballeros deberían exerçitarse en lealtad de sus reyes, en defensión de la patria y buena amistad de sus amigos».[6]

Morir por la patria: eso es justamente lo que estaba en el ambiente en la primavera de 1482. En el reino de Castilla se despertó entonces una nueva conciencia donde se mezclaban sentimientos contradictorios: anhelo por servir a una causa justa, compasión por los amigos en peligro, sensualidad ante el brillo de las armas, búsqueda de la gloria, exigencia de una promoción social. Pese a que ese estado de ánimo estaba cada vez más extendido, Valera necesitó dejar las cosas claras.

La encrucijada era la siguiente: existían dos modos de conducir la Guerra de Granada: mantener el saqueo de las alquerías, la tala de la vega del Genil y otras acciones semejantes; o, por el contrario, ocupar las ciudades, las plazas fuertes y los castillos. El saqueo exigía que el adversario mantuviera su economía en buen estado, mientras que la ocupación obligaba a que los musulmanes se rindieran para dar paso a un nuevo orden político y social en aquel territorio. Dos estrategias, por tanto: ambas tienen sus partidarios y sus detractores. No era fácil la elección en la primavera de 1482.

Gonzalo, a punto de cumplir treinta años, entró en la vida de servidor de la Corona en la Guerra de Granada al igual que, de haberse elegido la otra opción, hubiera formado parte

5. César Real de la Riva, «Un mentor del siglo XV. Diego de Velara y sus epístolas», en *Revista de Literatura*, XX, 1961, pp. 279-305.

6. Fernán Pérez de Guzmán, *Generaciones y semblanzas*, ed. R. B. Tate, Londres, 1965, p. 7.

de alguna expedición de saqueo, y con la misma buena disposición. La diferencia entre ambas opciones era grande. Un simple cambio de política transformó su vida para siempre.

UN GOLPE DE FORTUNA

Desde el ataque a Zahara el 27 de diciembre de 1481, había reinado el desconcierto en la corte, pero también el impulso individual de las banderías nobiliarias de la frontera. Fernando lamentó la ruptura de la tregua firmada en junio de 1478 con el emir nazarí Abû-'l-Hasan 'Alî.[7] Deseaba el reino de Granada, pero de otro modo, a través de acuerdos diplomáticos, presión económica y alguna escaramuza. La guerra de ocupación no entraba en sus cálculos, al menos de momento. El conflicto con Portugal había mermado la capacidad económica del reino. Las levas eran costosas, así que urgía buscar un pacto, tan bueno al menos como el que se acababa de romper por el ataque nazarí al descuidado mariscal Gonzalo de Saavedra. ¿Eran sinceros esos deseos de paz?

No es sencillo penetrar en el pensamiento de un rey del siglo XV: aquellos hombres de letras que le rodeaban no se tomaron el trabajo de sospechar de sus intenciones, lo que hubiera facilitado mi tarea. Pero Fernando no engañaba a nadie: él era un político. Realizaba su tarea lo mejor que sabía, y justamente ahí es donde debemos buscar pruebas de la sinceridad, o no, de sus planes sobre Granada.

En esos días la palabra *guerra* se repetirá más de una vez, y eso servía para recordar que existía un problema a resolver en la frontera sur. La gente de Andalucía mantenía constantes refriegas con los granadinos, y sus banderas penetraban a menudo en la vega del Genil para llevar a cabo las acostumbra-

7. Juan de Mata Carriazo, «Las treguas de Granada de 1475 y 1478», en *Al-Andalus*, XIX, 2, 1954, pp. 317-364.

das talas.[8] El debate doctrinal se encendía con facilidad cuando se hablaba de esos temas. El Estado era frágil, vivía rodeado de poderosos enemigos. Un golpe de fortuna sin embargo le echó una mano a Fernando.

El belicoso sultán Abû-'l-Hasan 'Alî estaba decidido a una guerra total hasta la destrucción de sus enemigos. Eso (sabemos hoy con certeza) era propaganda de los aristócratas andaluces deseosos de involucrar a la Corona en los asuntos de la frontera. En las Cortes se hablaba de guerra, mientras se ultimaban los detalles sobre los juros. Una lectura de los textos que apoyaron las decisiones nos permite entender las conexiones lógicas entre un asunto y otro: la apertura de un frente militar en la frontera con Granada es un proyecto sumamente costoso, pero quizás era la mejor manera de suavizar la resistencia nobiliaria a las medidas fiscales; el porcentaje de los beneficios procedentes del saqueo de las alquerías granadinas ingresarían en sus arcas. Llevaban siglos viviendo de eso. El saqueo era una forma de vida. Ahí es donde el rey se muestra astuto. Desliza la idea de que apoya la apertura del frente sur, pero mientras tanto se dispone a negociar con los nazaríes. La política sirve para eso, y Fernando era muy diestro en esa tarea.

El inesperado ataque a Zahara había puesto fin a la tregua y permitía emprender una campaña de castigo sin afectar el honor de la Corona. La noticia se extendió con celeridad, y el rey pasó de la sorpresa a la indignación. No le quedaba más remedio que apoyar la reacción de los nobles de la frontera, organizando su propio ejército, aunque eso le obligara a sentarse con Talavera para discutir la forma de pagarlo. Durante los primeros meses no insistió demasiado, pues la guerra no parecía un buen negocio. Ordenó sin embargo una campaña de propaganda en las ciudades y concejos para recordar que él no había empezado ni buscado el conflicto. La campaña se

8. Manuel González Jiménez, *La guerra en su vertiente andaluza: participación de las ciudades, villas y señoríos andaluces*, Sevilla, 1978.

incrementará a medida que la guerra granadina se vaya complicando. Isabel se mantuvo a una prudente distancia, esperando resultados: quería esa guerra más que nada en el mundo, y ahora su marido se la ofrecía en bandeja. Un excelente regalo. El matrimonio se consolidó con ese gesto. El Estado dinástico ya no miraba hacia atrás: tenía un nuevo horizonte de expectativas.

Gonzalo quedó sorprendido por la actuación de Fernando durante esos meses. No le gustó y, desde ese instante, comprendió que la vida no era exactamente como la dibujaban los tratados de ética caballeresca de Chacón y Valera. Se le había educado en el respeto al adversario y sin saber muy bien el motivo se convirtió en el involuntario testigo de una serie de actos innobles, como la matanza perpetrada por los ballesteros de Diego de Merlo y Rodrigo Ponce de León, marqués de Cádiz en la ciudad de Alhama, a comienzos de la primavera.

Poco después, Fernando abandonaba Medina del Campo en dirección a la frontera convencido de arreglar la situación sin necesidad de una larga intervención militar. Génova se mantenía neutral, molesta aún por el asalto a su barrio unos años antes.[9] La guerra planteaba serios problemas logísticos y económicos, en especial por el deseo de introducir la artillería en el asedio de las plazas fuertes. Tras unas cuantas escaramuzas en las cercanías de Loja y después en Ronda y sus alrededores, todas ellas favorables a los granadinos, se vio claro que el reino nazarí resistiría cualquier ataque militar castellano. Era mejor agudizar los conflictos en el seno de la familia real granadina. De todos era sabido que el gobierno de Abû-'l-Hasan 'Alî no provocaba unanimidades: una parte de la sociedad granadina estaba a su favor, y la otra apoyaba a su hijo Abû 'Abd Allâh Muhammad, más conocido con el nombre de Boabdil, el Rey Chico.

9. Gabriella Airaldi, *Genova e Spagna nel secolo XV. Il Liber Damnificatorum in Regno Granate (1452)*, Génova, 1966.

Los granadinos estaban cansados del continuo trasiego de embajadores, diplomáticos y comerciantes que llegaban a la Alhambra, como también de las interminables discusiones de los alfaquíes sobre la voluntad de Alá, de sus vaticinios que anunciaban el ataque de algún noble andaluz a una plaza fronteriza. Fernando hizo una oferta de diálogo a Boabdil, a lo que Abû-'l-Hasan 'Alî respondió incitando a la población a resucitar los gloriosos días de Muhammad IX, en el convencimiento de que el apoyo de las tribus nómadas impediría el fin del reino de Granada.[10]

UNA «UMMA»

A finales del siglo XV, el reino de Granada era una comunidad islámica en el sentido propio del término, una *umma*, donde la tradición musulmana se compensaba por la creciente influencia de la cultura beréber. Por ejemplo, no es posible seguir considerando los núcleos urbanos, incluida la misma Granada, diferentes al medio rural, pues ambos estaban construidos sobre las mismas estructuras sociales de base tribal. El campo circundante a la *Medina* daba lugar a una fértil vega sobre las riberas del Genil, un río que recorría su territorio de este a oeste, dejando en su margen izquierdo el impresionante macizo montañoso conocido como Sierra Nevada, y en su margen derecho los altiplanos y torres de defensa construidas por el reino de Castilla, de Lorca a Cádiz.

El sistema económico granadino consistió en la coexistencia de dos modelos de creación de riqueza que funcionaban al unísono y tendían a nutrirse el uno del otro.[11] Re-

10. Emilio de Santiago Simón, «Los nazaríes de Granada. Historia de un ocaso largamente anunciado», en M. Barrios y B. Vicent (ed.), *Granada 1492-1992. Del Reino de Granada al futuro del Mundo Mediterráneo*, Granada, Diputación Provincial, 1995, pp. 33-42.

11. M. A. Ladero Quesada, *Granada, historia de un país islámico (1232-1571)*, Madrid, Gredos, 1989.

cientes estudios insisten sobre las estrechas relaciones entre las alquerías rurales y el mundo urbano. Los rasgos más característicos se perciben en el poder y en la idea que de él se hicieron sus dirigentes, que de un modo u otro afectaba a los procesos productivos y a las maneras de controlar el excedente de producción. La misma ciudad de Granada fue en un principio una creación tribal de los almorávides cuando en 1090 destronaron al último rey Zîrî 'Abd Allâh, cuyas memorias constituyen un testimonio de primera magnitud sobre las formas de valoración del poder político en tiempos de crisis.[12]

A partir de ese momento, cada fase de la historia granadina comenzó con el pillaje de la ciudad por parte de algún jefe local ambicioso, cuyo ardor político sólo era comparable a su ardor religioso. La utilización de beduinos y beréberes en esas acciones estableció un jerárquico sistema social. En la cumbre, el rey; luego, visires y altos funcionarios que reunían, bajo su mandato, a un poderoso grupo de administradores y alguaciles. Pero, a lo largo del siglo XIV, con Yusuf IV y Muhammad V, ocurrieron dos importantes fenómenos. Primero, el desarrollo de una cultura más compleja que dio paso a una sólida organización estatal, a un comercio lucrativo de larga distancia, en el que los genoveses tuvieron un papel destacado; y, segundo, un arte sofisticado que hizo posible el palacio real de la Alhambra.

LA CRISIS POLÍTICA DE LOS NAZARÍES

Los sucesos ocurridos en julio de 1482 en el interior de la Alhambra, leídos a la manera de los historiadores antiguos, nos

12. *El Siglo XI en Primera Persona. Las «Memorias» de 'Abd Allâh, último Rey Ziri de Granada destronado por los Almorávides (1090)*, ed. E. Levi-Provençal y E. García Gómez, Madrid, Alianza, 1980.

ponen delante de una crisis profunda.[13] La historia visible habla de un complot urdido por las dos mujeres del emir Abû-'l-Hasan 'Alî: su esposa Fâtima, hija de Muhammad IX y viuda de Muhammad XI; y su favorita Isabel de Solís, que se había convertido al Islam con el nombre de Thurayya, Zoraya en el romancero.[14] El escándalo provocado por la vida privada del emir, como ocurre con ese tipo de cosas, nos permite conocer algo el trasfondo de un complejo conflicto social en el interior de la sociedad granadina, entre los partidarios de un acercamiento a Fernando y los tradicionalistas que creían posible mantener el equilibrio gracias al apoyo de la República de Génova. El complot de esas dos mujeres atrapó a la imaginación de novelistas, viajeros y poetas, y por eso se ha comentado infinidad de veces en los últimos doscientos años. Mi acercamiento a este problema pretende bucear dentro de esa brumosa historia de traiciones femeninas, de gestos altivos, y de engaños familiares, con el fin de encontrar los motivos que tejieron el mito de Gonzalo.

Al considerar el complot granadino de julio de 1482 quiero centrar la atención en el significado de las acciones, imágenes, expresiones y costumbres puestas en juego en ese preciso momento, en la medida que la memoria del complot femenino es fundamental a la hora de valorar la formación social granadina ante el definitivo reto de su historia.

¿Qué estaba detrás de lo que sucedió en Granada aquel año de 1482? El apoyo de la familia de los Abencerrajes a la causa de Boabdil, aprovechando la ausencia de Granada de Abû-'l-Hasan 'Alî, aseguraba el mantenimiento de un orden familiar, sin menoscabo del necesario acercamiento al reino de Castilla. Designando rey a Boabdil, los Abencerrajes que-

13. Miguel García Atienza, *Las Capitulaciones para la entrega de Granada,* Granada, 1910 (Edición Archivum V Centenario), Granada, 1992. M. Gaspar Remiro, *Ultimos pactos y correspondencia íntima entre los Reyes Católicos y Boabdil sobre la entrega de Granada,* Granada, 1910.

14. M. Lafuente y Alcántara, *Historia de Granada,* Granada, 1843-1846. t. III.

rían poner fin al equilibrio económico y político basado en los beneficios de la actividad mercantil de los genoveses. La sultana madre Fâtima logró que se escuchara entonces la voz de ese grupo familiar que fomentaba un acercamiento a lo divino básicamente iluminista, un tipo de gnosticismo propio de los grandes momentos del Islam, insertando las paredes de la Alhambra con sus especulaciones místicas y poéticas. Un gesto que dejaría su rastro arquitectónico, uno de los cuatro cuartos que rodean el Patio de los Leones de la Alhambra.

La sala de los Abencerrajes, con su puerta de lazo restaurada a mediados del siglo XIX y su cúpula de mocárabes conserva aún su encanto del estilo nazarí, pese a que las paredes y el zócalo de azulejos fueron rehechos en el siglo XVI por Antonio Tenorio.[15] Un pila de mármol dodecagonal ocupa el centro de la sala. La mancha de óxido de hierro que cubre buena parte de la pila es objeto de atención de los visitantes y de imaginación de los poetas.

La leyenda, recogida por Hernando de Baeza, cuenta que allí fueron degollados los Abencerrajes por el emir Abû-'l-Hasan 'Alî, el muley Hazan de los romances.[16] Una opinión refrendada por Luis del Mármol Carvajal, y que sirvió de punto de partida para los futuros intérpretes del reino de Granada.[17]

15. Antonio Gallego Burín, *La Alhambra*, Granada, Patronato de la Alhambra, 1963, pp. 137-139.

16. Hernando de Baeza, *Historia de las cosas que pasaron entre los Reyes moros de Granada hasta el tiempo que los Reyes Católicos la ganaron compilada por...* Ms. (letra del siglo XVI) Biblioteca del Escorial, VIII, 6, Madrid, Sociedad de Bibliófilos Españoles, 1868.

17. Luis del Mármol Carvajal, *Primera parte de la descripción general de África, con todos los sucessos de guerras que a avido entre los infieles, y el pueblo Christiano, y entre ellos mesmos desde que Mahoma inveto su secta, hasta el año del Señor mil quinientos y setenta y uno*, Granada, René Rabut Impressor, 1573. Al respecto véase Luis Seco de Lucena, *Los Abencerrajes. Leyenda e Historia*, Granada, Universidad de Granada, 1960.

La lucha entre padre e hijo ofrecía una dimensión épica al problema. El apoyo prestado por los Abencerrajes a Boabdil fue motivo suficiente para que el viejo emir tramara su venganza. Y así, el mismo día que recuperó el control de la ciudadela granadina mandó degollar a todos ellos en la citada sala, manchando con la sangre de aquellos bravos muchachos el blanco mármol de la pila central. Hernando de Baeza aprovecha la ocasión para arrojar contra Abû-'l-Hasan 'Alî graves acusaciones sobre su licenciosa vida. Apoyado en sus convicciones políticas, redactó una sombría semblanza del emir y un juicio de la época que Ginés Pérez de Hita convertiría en el centro de su argumentación en el influyente libro *Guerras civiles de Granada*, convertido en el referente obligado durante años en todo lo relacionado con el mundo vital de la Alhambra.[18] Hita sostuvo con firmeza que la mancha rojiza de la pila era el testigo mudo de la crueldad de Abû-'l-Hasan 'Alî. Pero eso no era suficiente para los gustos de la España de Felipe III como tendremos ocasión de ver más adelante, y por eso mismo elaboró una historia de amor entre un caballero Abencerraje y la propia sultana. Un acto innoble, quizás, pero que despertó un inusitado interés por los temas moriscos.

Durante el decisivo 1482, el destino del reino de Granada se jugó en diversos frentes. Las leyendas de los vicios del emir, de la dama cautiva, de las quejas de la sultana, y del degüello de los Abencerrajes razonan a su modo el proceso político vivido entonces.[19] La tensión cortesana expresa el esfuerzo por adaptar un sistema de creencias tan elaborado y rígido como el Islam a una realidad en transformación constante, donde la percepción local es diferente a los modelos clásicos. Al mismo tiempo, la identidad islámica entraba en colisión con el deseo

18. Ginés Pérez de Hita, *Guerras civiles de Granada*, I. Madrid, 1598, II, Alcalá, 1604.

19. Camilo Alvarez de Morales, *Muley Hacén, El Zagal y Boabdil*, Granada, Comares, 2000.

de alcanzar un pacto político que asegurara la autonomía del reino de Granada bajo protectorado castellano. La tensión entre esas dos necesidades y la creciente conciencia granadina de estar en una etapa decisiva de su historia (lo que al final resultó ser cierto) se presentó al principio de forma gradual y después de manera explosiva, según la opción política que gobernaba la Alhambra.

FATUIDAD

A finales de julio de 1482, Fernando decidió que sus bien pertrechadas tropas, a quienes unos pequeños éxitos le habían levantado la moral, podían afrontar con éxito la campaña de verano. Los hechos de armas no tienen razón esencial para no ser relatados. El propio rey lo hizo en una carta dirigida al infante Enrique, lugarteniente de Cataluña, que por fortuna se nos ha conservado.

Sin presión de ningún tipo, recurriendo al estilo de los historiadores de su corte, uno de los cuales por cierto le acompañaba, llevó a cabo una construcción gradual de la memoria de esa campaña. Cada una de sus impresiones encierra una esencia psíquica, que la historia ulterior ha interpretado de diversas maneras; pero nunca con la intención que le dio su protagonista. Eso es precisamente lo que quisiera hacer a continuación, restituir a la campaña del verano de 1482 esos raros momentos de conciencia de Fernando sobre sus propios actos, en la absoluta convicción de que Gonzalo fue testigo y actor de ellos, al formar parte del cuerpo expedicionario que corrió en auxilio de Alhama. La confesión de su correría por tierras granadinas a un hombre querido, entrañable, deja abierta una leve rendija sobre la intimidad del rey, un rasgo de su carácter tan difícil de conocer, y al mismo tan buscado.

Fernando fue a Alhama, donde una guarnición más áspera

y más necesitada que nunca le ofreció hospitalidad durante unos días, organizada como ya estaba para cualquier asalto arriba de los profundos tajos que definen esa localidad. Unos días después, dejando la plaza en manos de Luis de Osorio, obispo de Jaén, avanzó hacia Granada «porque tuvimos gana de pasear toda la Vega» y «correr cuantas torres, casas y alquerías hallamos»; lo hizo con gran cuidado, debido a la presencia de un grupo armado de quinientos jinetes nazaríes. Con objeto de evitar el choque con ellos, galoparon en dirección al río, con la intención de vadearlo. El rey se detuvo en Pinos Genil, donde bastaron dos o tres insinuaciones para aceptar el enfrentamiento entre una compañía de cincuenta jinetes con los granadinos que seguían sus pasos. Ante el coraje de sus caballeros, el grupo de granadinos «los más desperdiciados del mundo», según el calificativo dado por el rey, se dieron a la fuga. Fernando se dio cuenta en ese momento que la moral de sus hombres era mucho más elevada que la de sus enemigos, y que por consiguiente la conquista del reino de Granada podía ser una realidad, si se mantenía ese estado de euforia. Convencido de ello, trasmitió al infante Enrique el deseo de que «en la primavera que viene, placiendo a Nuestro Señor, entendemos volver allá a entender en la conquista de aquel reino».

La actitud de Fernando cautivó al hombre que se quedó como contador de Alhama: el historiador Hernando del Pulgar. Un incorregible curioso que tiñó de imaginación los sucesos acaecidos a partir de ese momento en la vega del Genil. El hecho de convertirse en historiador giraba sobre todo en torno a una circunstancia concreta, al ejemplo dado por el rey en su carta al infante Enrique. Ese impulso sentimental por recrear las campañas de Fernando (y de Isabel) se convierte en una obsesión por recordar anécdotas como señales de una familiaridad con los hechos de armas por él vividos. Su ansiada presa, la Guerra de Granada, escapa a su memoria, porque tenía puesta toda su atención en algunas menudencias que sin embargo creía importantes, cuando no decisivas. Tampoco supo elegir bien su modelo historiográfico. Pulgar prefirió a Salustio y Tito Livio, en lugar de Polibio, Plutarco o Tácito. Entonces su descripción de los hechos de armas se junta con el halago político a unos reyes que cree predestinados para el nacimiento de una nación.[20]

El 18 de septiembre de 1482 Fernando nombra al maestre de Santiago Alonso de Cárdenas, capitán general de la frontera, con plenos poderes para defender aquel territorio de los ataques nazaríes.[21] Las refriegas se incrementaron entre combatientes de ambos lados, también las anécdotas, cada vez con menos rigor, algunas totalmente inverosímiles que sin embargo atraparon la mentalidad popular aficionada a los romances. No hay nada en esos relatos de frontera capaz de suscitar el interés de un observador moderno. En cada detalle percibimos la sordidez de una vida ociosa, en busca de un buen saqueo. Los actores principales son personajes de pocas palabras y escasos recursos humanos, y las que se filtran en algunos comentarios cronísticos no mejoran la impresión de lo que allí ocurría. Pero el historiador ha querido llegar más lejos que el cronista del pasado, o el autor de semblanzas morales, tipo Fernández de Oviedo. Con la fuerza de su investigación ha querido conocer los motivos de la creciente animadversión entre los habitantes del norte y del sur. En los meses de invierno de 1482-1483, Cárdenas y probablemente también Gonzalo, en su calidad de vigilantes de la frontera, se vieron obligados a seguir las acciones de algunos pequeños propietarios. Esa era la misión encomendada por el rey: una misión nada brillante, pero necesaria para un Estado moderno.

20. Hernando del Pulgar, «Crónica de los señores Reyes Católicos Don Fernando y Doña Isabel de Castilla y Aragón», en *Crónicas de los Reyes de Castilla*, ed. Cayetano Rosell, Madrid, 1953. 21. *Tumbo*, cit., doc. 572.

El invierno de 1483 se hizo largo. Las compañías de jinetes de la frontera tan pronto ganaban como perdían en su enfrentamiento con los granadinos. Estaban acostumbrados a esos cambios de la suerte. Se empeñaban en mantener sus posiciones, esperando la llegada del rey. No se dieron cuenta que las cosas habían empezado a cambiar. Estaban quizás demasiado nerviosos. Antes de la primavera, a mediados de marzo, cuando los caminos comenzaron a secarse, Cárdenas preparó una expedición, sin esperar a Fernando. Alonso de Aguilar avanzó con su gente hacia Antequera, en donde se encontraban las tropas de la frontera sur. Parecía una expedición como muchas otras. Esa tarea, escribe Pulgar con su peculiar prosa, era a la vez una manera de ejercitar los músculos y de ganar un poco de dinero. No tenían nada que temer, sólo que en esa ocasión el Zagal, bien pertrechado, les estaba esperando.

El 21 de marzo, la avanzadilla al mando de Rodrigo Ponce de León, marqués de Cádiz, fue sorprendida en la Ajarquía de Ronda, y muchos de sus hombres dejaron allí la vida. Sobre la conciencia del maestre de Santiago y del señor de Aguilar quedaría esa expedición tan mal planteada. La derrota de la Ajarquía hizo daño en la corte. Los muertos eran gente importante, y lo que era peor había afectado a la moral del ejército. Fernando tomó la iniciativa. Por guardar las apariencias, exageró la situación. Boabdil cayó en la trampa, y avanzó sus tropas hacia Lucena, que creía desprotegida. La defensa fue heroica, y allí los Fernández de Córdoba, tanto el conde de Cabra como el señor de Aguilar, viejos enemigos, encontraron un motivo de concordia, al ver que el más joven, el más intrépido, era su primo Diego, alcaide de Los Donceles, que iba a realizar un hazaña que llenaría de orgullo a la familia.

La noticia fue comentada por todo el mundo. Existen tantas versiones como puntos de vista. Es natural, pues la derrota de Boabdil ante Lucena se convertirá en el punto de partida de una campaña que terminará con el asedio a la propia ciudad de Granada. El momento es el adecuado para los historiadores, y lo hacen con su habitual prosa panegirista, resaltando las virtudes heroicas del muchacho de los Fernández de Córdoba. Pero, en medio de esos comentarios, destaca una vez más la voz de Fernando. Siguiendo su costumbre escribe una carta a su hermana Juana, reina de Nápoles, contándole detalles de la campaña.

La carta, fechada en Córdoba el 26 de agosto, es una auténtica lección de política.[22] En ella comenta «la victoria avida por el conde de Cabra y el Alcayde de los Donzeles sobre el rey de Granada moço», y de su ulterior prisión, pues le llevaron a su presencia; luego, describe la llegada a la corte de «algunos ambaxadores moros, por parte de su madre y de los lugares de su parcialidad, para platicar del rescate de dicho rey»; pasando a la parte doctrinal: «havemos concluydo, concordado y capitulado con aquél que, por poner en división y perdición aquel Reyno de Granada, havemos deliberado soltarle».

Fernando pensó en Boabdil como un aliado. La cuestión no era si podía fiarse de él, sino más bien si valía la pena ese gesto político. En cuanto aceptó todos los puntos del acuerdo, sin rechistar, comprendió que su decisión era acertada, y por eso se apresuró a escribírselo a su hermana, quizás con la secreta intención de que ella lo comentara en el refinado ambiente napolitano. ¿Dónde hubiera podido encontrar un aliado más afectuoso que ella para que difundiese sus ideas políticas? Como ante los grandes momentos previos a su coronación como rey de Aragón, se percibe en esta carta, más allá de la simple narración puntual de un hecho de armas, que por lo demás afecta a una familia de la nobleza cordobesa emparentada con él, un no sé qué de alta política.

22. Antonio de la Torre, *Los Reyes Católicos y Granada,* Madrid, Instituto Jerónimo Zurita, 1946, p. 156.

Fernando utilizó la victoria de Lucena para hacerse propaganda de él mismo. Juana aceptó sin vacilación el relato de los hechos y además guardaría en su interior un breve apunte que acompaña a una nota final más decisiva de lo que un simple dato pudiera tener. Se refiere al momento que el rey afirma: «Por seguridad de la qual nos da en rehenes a su fijo y hermano, en 10 fijos de 10 hombres los más principales de aquel reyno, las quales reenes speramos en día en día». Cualquier otro seguro le parecía un indecente subterfugio. Y, en efecto, el hijo de Boabdil, Ahmad, permanecerá como rehén del rey hasta la toma de Granada.

OPORTUNA AMISTAD

Tras los hechos, aparecen los rostros de sus protagonistas. ¿Quiénes estaban al corriente del plan de Fernando de convertir Granada en un protectorado? El rey confiaba en muy pocos, y con sobrados motivos. En ese momento, el interés de los hechos históricos reside en su variedad, aunque eso mismo haya creado (y de hecho siga creando) una compleja red de sombras que dificultan el estudio. Propongo como vía de acceso a la situación de Granada tras la conquista de Lucena, el relato de dos breves historias, leyendas de hecho, aunque contengan personajes históricos: el primer relato se refiere a las gestas de Gonzalo en esas tierras, al que la tradición considera una pieza fundamental en el proyecto político que buscaba convertir Granada en un protectorado; el segundo relato afecta al rey de Granada, Boabdil, una figura histórica mucho más documentada que Gonzalo (un hecho que, en todo caso, no ha impedido que la leyenda se apoderase de él). Ambos hombres son personajes históricos sin discusión, pero también son dos metáforas políticas. Las relaciones que ambos mantuvieron durante esos años como personas reales han quedado atrapadas en una imagen de lo que las leyendas granadinas de uno y otro lado pensaron de ellos. Y como tales figuras de leyenda, Gonzalo y Boabdil, son la expresión de decenas de figuras similares que debieron existir, y que sólo la falta de documentación nos impide conocer. Pero, de haber elegido otros ejemplos, el contraste que deseo subrayar quizás no sería tan intenso: entre una cultura que sale vencedora del encuentro y otra cuya grandeza moral radica en la aceptación del fracaso de su civilización.

El suceso que los unió para la historia y para la leyenda fue la llamada Batalla de Lucena, la más importante de las expediciones granadinas contra la fortaleza cristiana, que tuvo lugar el 20 de abril de 1483, tradicionalmente considerada como el hecho que cambió para siempre el sentido de las relaciones entre cristianos y musulmanes, pues, en cierto modo, se puso de manifiesto la imposibilidad de ambas partes de ganar la guerra recurriendo a la fuerza. Como personaje histórico, Boabdil, al igual que sus antepasados, se eclipsa en el momento en el que se plantean cuestiones concretas sobre su papel en esa batalla, sus relaciones con los miembros del clan de los Fernández de Córdoba (el vencedor fue Diego, conocido ya por entonces como el Alcaide de Los Donceles) y sus contactos con el rey Fernando. Pero, como héroe ejemplar, Boabdil se convierte en el verdadero intérprete de una lectura política de la situación granadina tendente al pacto con el invasor, al firmar en Córdoba, el 29 de abril de 1483, una capitulación que daría paso a la cédula de Fernando del 5 de julio de ese mismo año, donde se expresa con toda nitidez la decisión del monarca de convertir el reino de Granada en un protectorado. Entre otros considerandos, dice el rey:[23]

> Sepades que por algunas causas y Razones que á ello me mueuen, cumplideras á mi servicio y al bien y procomún de mys Reinos, mi merced es de dar y por la presente do mi seguro é tomo é Recibo so

23. García Atienza, *Las Capitulaciones*, cit. pp. 160-161. Doc. II.

mi guarda é amparo y defendimiento Real, á todas las cibdades, é villas, é logares, y valles, y castillos é fortalezas del Reyno de Granada, que fasta aquí están por el onrrado é alabado entre los moros muley Baadilli, Rey de Granada, á su obediencia.

Esta decisión le convirtió en una figura debatida, como siempre lo son todos los innovadores culturales que rompen con la tradición y buscan a través del diálogo (y el pacto) conducir a su pueblo hacia una nueva fase política. Los historiadores antiguos afirman que Boabdil fue un hombre débil, el menos capaz de los reyes nazaríes, con lo que se convierte en veraz la queja legendaria que según cuentan le dijo su madre «Llora como mujer lo que no has sabido defender como hombre».[24] La historia tal vez sea otra bien distinta y el enredo que precedió a la Batalla de Lucena quizás nos ofrezca alguna clave.

El padre de Boabdil, el viejo rey Abû'l-Hasan 'Alî mandó al genovés Federico Centurión y el sevillano Juan de Pineda para que negociaran con Fernando un tratado de paz diferente al que le proponía su hijo. Las repúblicas mercantiles italianas luchaban con todos los medios a su alcance para mantener el sistema económico del Mediterráneo lejos del control de los Estados dinásticos de Francia o España. Sus objetivos coincidían con la necesidad de que el reino de Granada estuviera bajo un control «colonial» de los mercaderes italianos. Los nazaríes habían sido capaces de desarrollar un *hinterland* agrícola en razón de ese comercio: seda, caña de azúcar, frutos secos, convirtiendo Málaga en el principal puerto de intercambio.[25] Así, el centro de gravedad económico se

24. R. Arié, *Boabdil, sultan nasride de Grenade: les personnage historique et la figure littéraire,* en *Aspectos de l'Espagne musulmane. Historie et culture,* París, De Boccard, 1997, pp. 83-106.

25. Federico Melis, «Málaga sul sentiero economico del XIV e XV secolo», en *Economia e Storia,* 1956; y Jacques Heers, «Le royaume de Grenade et la politique marchande de Gênes en Occident XVème siècle», en *Le Moyen Âge,* 1955, pp. 87-12.

desplazó a la costa, manteniendo constantes relaciones con los estados portuarios del norte de África.

La situación alcanzó su máxima tensión en 1483 cuando Abû'l-Hasan 'Alî y su hijo Boabdil representaron dos opciones diferentes: uno en favor de mantener las relaciones con las repúblicas mercantiles italianas y con los estados portuarios del norte de África; otro en favor de un protectorado del reino de Castilla. Cualquiera que fueran los hechos, Boabdil buscó un puente que le conectaría con sus enemigos del otro lado de la frontera. Para los granadinos, él fue (o mejor, se le acusó de ser) un traidor a la tradición. El diálogo con Fernando era la señal de su traición. Por eso, los alfaquíes se levantaron contra él.[26]

Boabdil mantuvo una actitud prudente durante los nueve años siguientes, mientras la sociedad granadina se debatía en sus contradicciones. Las quejas crecieron a su alrededor, llegaron malos momentos y dificultades inesperadas. La única solución parecía una capitulación honorable. Su rendición, si así puede llamarse (de lo que tengo serias dudas) fue un estado producido internamente, una disposición de ánimo consciente de la imposibilidad de mantener el otro modelo ligado al control colonial de Génova. El único apoyo para sus ideas lo tuvo al parecer en Gonzalo, por quien sentía una auténtica amistad.

La imagen de Gonzalo en este complejo proceso político está mucho menos documentada que la de Boabdil. Era al parecer un hombre de confianza de Fernando, pese a que la leyenda popular le convirtió en un personaje vinculado a la reina Isabel. Ya hemos visto su insignificante relieve en la vida política hasta ese momento, y su escaso papel en el seno de su clan familiar, donde sobresalían su hermano Alonso de Aguilar y su primo Diego, alcaide de Los Donceles. Un clan familiar empeñado en demostrar que el rebelde Gonzalo había

26. F. de la Granja Santamaría, «Condena de Boabdil por los alfaquíes de Granada», en *Al-Andalus*, XXXVI, 1971, pp. 145-176.

vuelto al redil. Sólo fue por unos días pero el aparato de fijar imágenes conservó de él ese movimiento hacia los Fernández de Córdoba, y así fue recogido por los eruditos del siglo XVII encargados de escribir la historia de la casa de los Córdova. ¿Por qué se verían ambos hermanos expuestos a esa situación confusa en medio de la Batalla de Lucena? ¿Acaso Alonso sentía ya envidia hacia Gonzalo porque no era el niño obediente que él había deseado que fuese? ¿O bien no le perdona su acercamiento al rey? Al parecer, en los muros de Lucena se tejió una de las historias más confusas de este clan, pero también de toda la Guerra de Granada. Giovio y algún biógrafo más llega incluso a preguntarse si Gonzalo estuvo presente en aquel hechos de armas. Trataré de encontrar una explicación a todo esto, que tal vez nos ayude a entender mejor la personalidad de Gonzalo y, por añadidura, lo que él significó en el proceso político del reino de Granada en los siguientes nueve años.

El encuentro entre Gonzalo y Boabdil, tras la Batalla de Lucena, se deduce de las relaciones ulteriores más que de la información documental. Está claro que en algún lugar debió conocer al rey granadino, y la leyenda siempre deseó que fuera justamente en ese importante hecho de armas. En todo caso, el encuentro fue decisivo. Ambos hombres eran conscientes de vivir unos años en los que sus respectivos países estaban desplazándose hacia una nueva época de manera vacilante y esencialmente problemática. Sin embargo, mientras Gonzalo buscaba la forma de interiorizar aquel movimiento, creando un mundo propio en el que pudiera comprender el modelo italiano, Boabdil intentaba dirigirlo luchando contra la política italiana, al exponer sus dudas de la eficacia de mantener una relación colonial con Génova.

La actitud de Gonzalo es esencialmente estética, retrata su ideal de vida que tarde o temprano emergerá como fundamento de su identidad. La de Boabdil es esencialmente moral, retrata a un hombre sumido en el razonable temor de contemplar la desaparición de la brillante civilización de sus antepasados. Imperceptibles fisuras separan a estos dos hombres emotivamente tan cercanos. Las leyendas aseguran que el Rey Chico, al conocer a Gonzalo, ha encontrado a alguien digno de confianza en el otro lado, pues Fernando, siempre adusto, mantuvo la distancia hacia él. ¿Rumores como esos influirían en el Gran Capitán del futuro? No lo sé y me pregunto incluso si Gonzalo poseía la conciencia de lo que le brindaría la vida. Todo lo relacionado con sus ambiciones pertenece al campo del azar. Pero unos matices más sutiles diferencian a estos dos hombres, ahora y para siempre, amigos. Boabdil, cuya familia vive en permanente litigio político, ha buscado la solución a sus problemas en los ambientes legitimistas del Islam, que sin embargo le dieron la espalda por su total falta de flexibilidad ante los asuntos políticos; Gonzalo en cambio mantiene una profunda reserva hacia el casticismo de su clase social, y se interesa sobre todo por las noticias que le llegan sobre la refinada cultura italiana. Ahí radica su distinta manera de afrontar el reto de los siguientes años: su rutinaria vida en medio de un paisaje de leyenda.

7

RUTINAS Y LEYENDAS
(1486-1489)

Cuarenta años después, al contemplar la rutinaria existencia de Gonzalo como alcaide de Illora en busca de una explicación a ese momento de su vida, Hernán Pérez del Pulgar retrató el mundo de la frontera: un mundo misterioso cuando se aborda como un cuento de hadas, horrible cuando se analizan los motivos de la violencia, y fascinante cuando se describen las hazañas de los hombres.[1] ¿Veía el biógrafo en el interés por Gonzalo una manera de afrontar la historia social de la caballería en la vega del Genil? Es casi seguro. Esa descripción sin disfraz fue la que cautivó al emperador Carlos V cuando escuchó los recuerdos del anciano cronista en las noches de los jardines de Granada. Bien es cierto que, hasta que llegó ese momento, Pérez del Pulgar se había dicho casi en broma que era una pena que muy pocos conocieran la verdadera historia del asedio a Granada, y que con gusto la hubiera descrito si no fuera por el escaso interés de la reina Isabel por conocerla. Pero las cosas imposibles en un momento de la vida, se vuelven reales en otro; solamente basta saber esperar la oportunidad. Ante el honor, que tan poco abundó en aquellos días, el sentimiento que predomina en él es de respeto. El respeto a Gonzalo y Boabdil, dos amigos enfrentados por una absurda contienda.

Trataré de evocar a continuación la vida de Gonzalo entre mayo de 1486 y febrero de 1489, uniendo entre sí unos cuantos testimonios que se transmitieron en esos meses (o mucho más tarde) cuando la guerra era ya un recuerdo del pasado.

1. Pérez del Pulgar, *Breve*, cit. pp. 562-577.

Mi fuente principal es el mismo Pérez del Pulgar que hasta su muerte nunca dejó de hablar de ese tiempo y de las hazañas de Gonzalo y Boabdil, pero que ignoraba muchos pequeños hechos que les concernían y que registraron los documentos oficiales de la campaña, incluidas las cartas del rey Fernando, siempre tan precisas en todo lo concerniente a los asuntos de su gobierno. Otros relatos discretos y a veces evasivos me han servido de un excelente complemento. Algunos hechos provienen directamente de las leyendas orales surgidas en la vega del Genil, y que fueron recogidas en el *Romancero* años después. Probablemente y como ya he hecho en anteriores capítulos, rellenaré un claro o subrayaré un hecho con ayuda de las modernas investigaciones sobre la Guerra de Granada.[2]

MOMENTOS DE CONFUSIÓN

El círculo de caballeros y capitanes de Fernando estaba a punto de hacerse un daño irreversible, al no comprender del todo las constantes oscilaciones de la política. Los reyes habían declarado una vez más la guerra a los nazaríes, suscitando unos momentos de confusión en hombres como Gonzalo, que tenían la completa convicción de que ese no era el camino correcto. En Córdoba se vivía una agitación febril. Todo el mundo andaba con prisa de un lado para otro. Los capitanes organizaban las compañías. Llegaron los carros con la artillería. A comienzos de mayo de 1486, Fernando tenía dispuestos a todos los hombres. Veinte días después se encaminó hacia la frontera. La nueva campaña militar había comenzado.

Boabdil no lo podía creer. Pidió ayuda a su tío Muhammad al-Zagal, sin el menor éxito. Tenía malos presentimientos que se fueron agudizando a medida que se incrementa-

2. M. A. Ladero Quesada, *Castilla y la conquista del reino de Granada*, Granada, 1993.

ban las quejas de los alfaquíes y demás líderes religiosos, que lanzaron una *fatwa* contra él,[3] y a medida que fue conociendo la actitud de sus oponentes. Necesitaba un golpe de suerte. No le llegó. Ya tenía claro su destino en ese momento. Rindió Loja.

Fernando aprovechó la ocasión para mandar una serie de cartas a las ciudades, de las que se han conservado las enviadas a Burgos y a Sevilla, donde se dejó llevar por el nuevo ambiente ideológico:[4]

Continuando nuestra sancta enpresa contra los moros deste reyno de Granada, enemigos de nuestra sancta fee católica, acordé de venir sobresta cibdad de Loxa, con muy grand exérçito e artellería; donde supe estaua dentro el Rey de Granada moço, que mi vasallo se fizo conmigo se conçertó, e con la gente suya e con la que de Granada levó del otro Rey, e con los naturales della, serian 500 lanças e 3,000 peones, con yntinción de la defender, mirando poco a lo que conmigo tenía asentado e sin me dar razón alguna. Y llegando aquí, asenté mi real, sábado 21 del presente; e luego, el lunes siguiente, mandé dar conbate a los arrabales de la dicha çibdad, los quales con el ayuda de Nuestro Señor se tomaron, adonde murieron más de 200 moros de los más principales dellos.

Y puestas mis estançias dentro de los dichos arrabales, mandé asentar mi artillería, la qual ayer domingo, a ora de misas, començó a tirar. Y tiró de tal manera que la dicha çibdad y los que dentro estauan reçibieron muy gran daño, y esperaauan reçebir mucho mayor; sino quel dicho día, a la noche, me enbió suplicar el dicho Rey que dentro estaua reçibiese a él e a la dicha çibdad a partido. E yo, visto la çibdad ser tan fuerte y de las más principales de todo el reyno, puerto y guarda y llaue de aquél, que otra tan principal nos les queda, salvo la misma çibdad de Granada, e dde donde muy grand daño los cristianos auían reçeuido e reçebian continuamente, e porque por conbate no se podia tomar sin grand daño e perdi-

3. Fernando de la Granja Santamaría, «Condena de Boabdil por los alfaquíes de Granada», en *Al-Andalus*, XXXVI, 1971, págs 145-176.

4. *Tumbo*, cit. doc. 917 .

miento de personas, oy lunes 29 del presente, con el ayuda de Nuestro Señor, se me entregó la çibdad, libre e desenbargadamente.

Auía dentro en la dicha çibdad muchos cristianos catiuos, e aunque otra cosa non se fiziera sino redemirlos e sacarlos de poder de tan ynfiel gente, es obra de que Nuestro Señor mucho seruicio reçibe, e nuestra sancta fee católica se avumenta. E porque es justa cosa que esa çibdad, entre las otras, por vuestro plazer, seáys sabidores, vos fago la presente, rogándovos que faziendo graçias a Nuestro Señor e a la bendita Madre suya, fagás fazer proçesiones por lo presente y suplicando a Su ynmenso poderío por lo hazedero. Lo qual más largamente vos dirá Cristoual de Vitoria, escriuano de mi Consejo.

El rey que había escrito esas palabras no era el mismo rey que buscaba la manera de pactar con Boabdil. Esa actitud desconcertaba a Gonzalo. ¿Cuál de las dos caras de Fernando era la verdadera? La cara del hombre imbuido de religión, para quien la guerra era una cruzada; o la cara del político astuto que buscaba una salida negociada al conflicto granadino. Mientras sosegaba los ánimos de los sectores intransigentes que esperaban cartas como esa, Fernando tejió una estrategia en favor de una paz honorable para el vencido. ¿Dónde estaba el tercer hombre necesario en ese tipo de actuaciones? ¿Quién llevaría el mensaje a Boabdil? Existen dos versiones al respecto.

Primera versión: Hernando del Pulgar, cronista oficial, amigo personal de Isabel, hacia quien sentía auténtica devoción, anota que el rey mandó a Rodrigo Ponce de León, marqués de Cádiz, y a Alonso Fernández, señor de Aguilar, para que negociaran la rendición en su nombre, evocando en ese momento el orgullo de la nobleza andaluza frente a la doblez de los embajadores nazaríes.[5]

Segunda versión: Hernán Pérez del Pulgar, testigo de la escena y en parte protagonista, sostuvo que el responsable de la

5. Hernando del Pulgar, *Crónica*, cit. p. 437.

negociación fue Gonzalo, el único a quien el rey de Granada aceptaría.[6] A Isabel, como a todas las mujeres de la alta aristocracia del reino, que solían acompañarla, Isabel de Alba, Elvira de Sotomayor, María de Stúñiga o Mencía de Mendoza, no le gustaba esa interpretación, aunque mantenían una cautelosa reserva hacia ella. Esperaban tranquilamente encontrar una razón que la invalidase.

¿A cuál de los dos escritores debemos creer? Ambas versiones se contradicen en más de un sentido. Y esa contradicción es la única vía de acceso para descubrir la verdad. De todos modos, contamos con el preciado botín del testimonio de Boabdil, cosa que uno de ellos no hubiera sospechado al mentir, pues es obvio que una de las dos versiones es falsa.

Durante la anterior derrota y prisión del rey de Granada se produjo un encuentro fortuito, pero decisivo: Boabdil simpatizó con Gonzalo. Confió en él. Esa actitud contrastaba con el recelo que sentía por la rústica violencia de los nobles de la frontera, entre los que se encontraban muchos del clan de los Fernández de Córdoba y por supuesto el belicoso Ponce de León. No es verosímil que en ese momento tan delicado Boabdil confiara en hombres sobre los que no tenía una buena opinión. Mientras que en el caso de Gonzalo era diferente, como además se probó en el futuro. Hernando del Pulgar falseó el dato porque recelaba de Gonzalo, en quien veía un agente de Fernando, y porque además, en 1492, cuando él muere, dejando incompleto su texto, aún era un personaje sin relevancia política.

El tercer hombre de la negociación de Loja fue Gonzalo: los otros dos, Fernando y Boabdil, habían encontrado al fin un intermediario para sus planes. Se redactó una capitulación honorable, que preveía la liberación inmediata del nazarí y su vuelta a Granada.[7]

6. Pérez del Pulgar, *Breve*, cit. p. 561.
7. García Atienza, *Las Capitulaciones*, cit. p. 56 y pp. 165-166. Doc. IV.

Con el tratado de mayo de 1486 entre Fernando y Boabdil aparece una nueva dimensión política en la Guerra de Granada, que el propio Fernando se encargó de difundir en una carta a la ciudad de Úbeda, donde expresa la necesidad de convertir el reino nazarí en un protectorado de Castilla.[8] Pero no todos estaban de acuerdo con esta decisión. Las grandes frases sobre la «pérdida de España» y la necesidad de «poner fin a la Reconquista comenzada ocho siglos antes en los valles cántabros por Pelayo» fueron esgrimidas por los miembros más adustos de la corte, dirigidos por Pedro González de Mendoza, arzobispo de Toledo, quienes convencieron a Isabel para que acudiera personalmente al frente. Su decisión era un auténtico jaque al rey. ¿Qué haría Fernando en tales circunstancias? Mientras eso ocurría «se entregaron algunas aldeas entre Loja y Alhama, como El Salar, Zagra, y Baños», como anotó Palencia en su *Crónica* a mayor gloria de la reina, y confirmó con orgullo Hernán Pérez del Pulgar, en una de las escasas referencias autobiográficas de su texto, pues gracias a esa acción él se convirtió en alcaide de El Salar.[9]

Les faltó sin embargo generosidad a la hora de tratar el honor de Boabdil, o el sentido político de un rey atrapado entre dos fuerzas integristas. La concepción de los cronistas sobre el futuro de esa contienda había cambiado por completo, debido a la decisión de Isabel de acudir al frente. A partir de ese momento, consideraron necesario rastrear la legitimidad de una conquista militar del territorio granadino. El punto de partida fue el asedio a Illora, una plaza que pertenecía a la otra facción granadina, a un hombre fiel a Muhammad al-Zagal.

8. García Atienza, *Las Capitulaciones*, cit. pp. 167-168. Doc. V.

9. Francisco Martínez de la Rosa, *Hernán Pérez del Pulgar, el de las Hazañas*, Madrid, 1834 (Madrid, 1943: Colección Cisneros).

Escribir sobre ese suceso, o bien ofrecer una explicación al gusto de los hombres de la reina, suponía penetrar de algún modo en esa maraña de explicaciones simbólicas dominante en las crónicas desde tiempos de Alfonso VI, e incluso antes, fijar de nuevo la ideología goticista y disponerla en el nuevo marco social surgido de la reforma del Estado dinástico. Un esfuerzo semejante difícilmente desenreda la maraña de los acontecimientos que tuvieron lugar ante las murallas de Illora; quizás todo lo contrario. La unanimidad de los cronistas en la descripción de la campaña se interrumpe justo en ese momento, discrepando entre sí sobre quiénes fueron los responsables del ataque y sobre cuáles fueron los medios empleados, en particular el uso de la artillería.[10]

Hernando del Pulgar anotó la táctica seguida en el asedio de Illora con bastante esmero, pero en cambio se mostró descuidado con detalles de cierta importancia, por ejemplo, el día y la hora de la llegada de Isabel.[11] ¿Cómo pudo olvidar una cosa así con lo que estaba en juego precisamente en ese momento? Las leyendas ulteriores insisten en que la reina fue testigo por primera vez de una acción de armas de Gonzalo. Si es así, tuvo que llegar antes de que las operaciones militares hubieran acabado. No piensa así Bernáldez que insiste en el carácter festivo de la llegada de Isabel, una vez la plaza se había rendido. ¿Qué línea informativa creer? La verdad es que en este asunto, como en otros muchos, los hechos son confusos porque no afectan sólo a cuestiones puramente fácticas, sino a las metáforas con las que los cronistas estaban construyendo la imagen del Estado de los Reyes Católicos.

La descripción de la llegada de Isabel aquella mañana de glorioso triunfo que siguió a las duras jornadas de asedio a la

10. Para Bernáldez fue el duque del Infantado y el conde de Cabra; para Valera el maestre de Santiago; para el anónimo autor de la *Historia del marqués de Cádiz* es precisamente ese marqués.

11. Hernando del Pulgar, *Crónica*, cit. pp. 436-437.

plaza de Illora fue, en su mayor parte, un pastiche de Bernáldez; un trozo de prosa fantasiosa a la que era tan aficionado el cura de los Palacios.[12] Empieza situando la iconografía de los hechos de la llegada de Isabel (la mula, la silla de plata, los lujosos vestidos, la comitiva compuesta por su amiga del alma, la mujer del conde de Tendilla, su hija Juana, de quince años, y Diego Hurtado de Mendoza, arzobispo de Sevilla, Gutierre de Cárdenas, comendador mayor de León y Gonzalo Chacón, contador mayor) en el trasfondo de la iconografía literaria de la llegada de una reina a un campo de batalla: hombres valientes sudorosos, caballos heridos, bombardas llameantes, maderas quemadas, empalizadas rotas, gritos de alegría en medio de los llantos por el dolor y la muerte. La llegada de Isabel a Illora se convierte así en una estructura simbólica, como ocurrirá después con la toma de Granada, aunque de un tono indudablemente menor, suscitando reflexiones de carácter personal más que universal. Lo que estaba en juego en Illora era el destino de Gonzalo, no de la patria.

La presencia de Isabel en el escenario bélico estimuló la ambición de los capitanes de las compañías que habían intervenido en el asedio. Todos deseaban ser elegidos «alcaide de Illora», esa es al menos la opinión de Bernáldez. De hecho, en ese momento no se había tomado aún una decisión. Gonzalo intentó imaginar su destino, mientras peleaba junto a su primo el conde de Cabra ante los muros de la fortaleza. El rey seguía de cerca la situación, mientras vigilaba las operaciones de asalto, bastante serias como él mismo se encargó de relatar en una carta al Concejo de Sevilla:[13]

Por mi carta voz fize saber la tomada de la cibdad de Loxa, e cómo estaua de propósito de venir a poner çerco sobresta villa de Yllora; lo qual así se fizo, e puesto el çerco mandé asentar mi artellería. La

12. Bernáldez, *Historia de los Reyes Católicos*, cit. p. 623.
13. *Tumbo*, cit. doc. 920 .

qual el miércoles de mañana, que heran siete de junio, comencó a tirar, e fizo en todo el día tal estrageo en la çerca e torres de la villa (que) aunque dentro estauan pasados de seysçientos onbres de pelea, con los de la villa e con los que de Granada auía embiado el Rey para la defender, e sin dubda eran muy buena gente, pero puso el artellería tal terror e miedo en ellos que esa misma noche me enbiaron a suplicar me pluguiese tomallos a partido. E como quier que continuando el tirar el artelleria les fiziera tales portillos que se pudiera bien conbatir e entrar, mas porque non se pudiera fazer sin perdimento de gente, acordé de los tomar a misericordia, para que se fuesen donde quisiesen. E asy oy, viernes, se son ydos e me han dexado la villa. E porque razón que de todo como subçede seáys sabidores, vos mandé fazer ésta, porque seáys partiçipantes en mi plazer, e déys gracias a Nuetro Señor por ello, pues asy le plaze que en nuestros días se faga tan liuianamente lo que en tantos tienpos, con mucha fatiga, no se pudo fazer.

Gonzalo aprendió en esa jornada mucho más de lo que había hecho en varios años. El artillero mayor, un tal maestre Ramiro, fue su máximo héroe, y así lo consideró Fernando quien le regaló dos mil arrobas de vino, pagadas de su propio bolsillo.[14] Junio es un buen mes para aquella región, y junio fue el momento de la ocupación de Illora. ¿Quién sería su alcaide? La decisión era importante y en más de un sentido.

UN REGALO ENVENENADO

La función de alcaide era fundamentalmente la defensa de la fortaleza y la organización agraria del territorio circundante. Fernando había ofrecido esos puestos de responsabilidad a sus hombres de confianza, y fueron ellos los que le sacaron de más de un apuro en las sucesivas campañas. Durante los últimos cuatro años, a excepción de la pausa invernal de 1485, el

14. *Tumbo,* cit. doc. 921.

rey no cesó de promocionar a sus capitanes a esos cargos, con alguna discreta sugerencia por parte de Isabel. Hizo entrar en la sociedad nobiliaria a algunos segundones a través de ese procedimiento entre administrativo y militar. A sus ojos, el Estado dinástico exigía la promoción de tales individuos. El caso de Illora era especial, por la importancia de la plaza y por el significado futuro. Así que, con su habitual cautela, se lo pensó mucho a la hora de elegir al alcaide. Y en esas dudas estaba toda su inteligencia política.

Isabel se le adelantó en esa ocasión. ¿Por qué la reina hizo una cosa así? El gesto es importante porque el elegido por la reina para ocupar el cargo de alcaide de Illora fue justamente Gonzalo. Como era de esperar, Pérez del Pulgar recordaba bien el momento: «A segundo día la reyna que allí vino, envióle á decir (a Gonzalo) que otro día el rey y ella querian oyr missa en la fortaleza y comer con él. Al sobir entre las dos puertas que allí estan, dijo la reyna: Gonzalo Fernández encargaos de la tenencia desta villa y fortaleza, y ved lo que se da de tenencia con el mas principal de la frontera, que al tanto y más vos mandaremos pagar con esta. E quanto á artilleria y gente de pie y de cavallo quedará tal y tanta bien pagada quanto con el ayuda de Dios podays hacer guerra á Granada. E pues que en el mas peligro está el menos daño, por mi servicio tomadla, y para lavor quedarán tales maestros y aparejos que ansi lo derribado con el artillería como lo más necesario se bien reparará porque de otra manera más vos quedaba huessa que defensa».[15]

Ante el estupor de Fernando, Gonzalo aceptó el cargo afirmando, recuerda Pérez del Pulgar, «pues vuestra alteza ha dicho más de lo que yo podía pedir, aquello suplico mande cumplir». Habían pasado diez años desde su primera entrevista en Segovia con el rey, pero aún era profundamente ignorante en lo que a política se refiere. ¿Qué había hecho mal se pregun-

15. Pérez del Pulgar, *Breve*, cit. p. 561.

taría el resto de su vida? ¿Acaso un regalo semejante se podía rechazar?

En junio de 1486, Gonzalo era aún el ingenuo andaluz de sus primeros pasos en la corte. Digámoslo de una vez por todas, y pongamos fin a leyendas sin fundamento que fueron alentadas por la imprecisión de Pérez del Pulgar a la hora de presentar el hecho. El gesto de Isabel de nombrar alcaide de Illora a Gonzalo era un *Gift-gift*, un regalo envenenado, un objeto de su odio privado, una cruel venganza sobre uno de los hombres más queridos de su marido.

El gobierno de esa plaza obligó a Gonzalo a permanecer allí quieto, lejos de Fernando, prisionero de su provinciana ambición, y de su torpeza. Ser alcaide de Illora era un cargo administrativo, pero nada más, y, en pocos meses se daría cuenta que, al aceptarlo, había caído bajo el control del conde de Tendilla y los suyos. Dándole Illora la reina le devolvía a su lugar de nacimiento, un segundón de un clan por el que sentía poca simpatía: el héroe de los Fernández de Córdoba era el alcaide de Los Donceles, el primo Diego.

Detrás de la resaca del asedio de Illora, detrás de la estrategia desplegada por Isabel para nombrar a Gonzalo, se encuentra también una advertencia al propio Fernando y a su tesis de un acuerdo pacífico con Boabdil. El sector duro salió triunfante de esa decisión. El cardenal Pedro González de Mendoza y sus amigos creyeron que había llegado el momento de la verdad. Pero, en su exaltación, infravaloraron al rey. Y eso, con Fernando, podía ser peligroso.

El patriotismo era el responsable de la actitud de Gonzalo, tan torpe, tan inútil para la causa del rey. Tres años de lectura de Guzmán y Chacón eran demasiados para ser olvidados por una causa superior, cuya naturaleza no conocía. Pero Fernando no le iba a dejar en su desgracia. Le apoyó en silencio, buscando la manera de darle la vuelta a la decisión de Isabel. No podía hacerle renunciar al cargo, pero en cambio podía utilizarlo en sus planes de acercamiento a Boabdil.

La historia nunca está escrita. 1492 aún estaba lejos y quizás había otros caminos para llegar a ese año, que no fueran los que pretendía el cardenal Mendoza, Talavera y los demás amigos de la reina. Aquel verano de 1486 se estaba jugando algo más que el simple honor personal de un hombre: se estaba jugando el destino de la historia de España. La afirmación puede parecer enfática, pero tal idea desaparece cuando recordamos la sucesión de acontecimientos de los siguientes cinco años, que afectaron tanto a la historia local, como a la historia universal: conquista de Granada, fomento de la Inquisición, expulsión de los judíos, colonización de las Islas Canarias, viaje a las Antillas y algunos hechos más.

HONOR POR UNA MUERTE HEROICA

De la madeja de acontecimientos ocurridos en la vega del Genil durante el verano de 1486, la memoria social eligió uno en particular y quiso separarlo de los demás: la muerte de una víctima sacrificatoria. El suceso fue banal a fuerza de ser repetido. Un grupo de granadinos soltaron el agua del río para que corriese por la acequia gorda con el fin de aislar a un grupo de caballeros. Entre ellos se encontraba el comendador Martín Vázquez de Arce. Al término de un duro y poco claro combate, el cuerpo sin vida del comendador quedaba en el suelo. La atención se concentra en la víctima: ella muestra a todo el mundo la realidad de la guerra, porque una muerte gloriosa reclama la atención de todo el mundo. La ocasión es perfecta para ser elevada a la categoría de lugar de la memoria del Estado dinástico. El arte funerario era entonces, y siguió siéndolo durante siglos, el mejor medio de representación de una muerte gloriosa. La del comendador lo fue, pero lo fue aún más el recuerdo perdurable de su tumba.

Sepulcro de don Martín Vázquez de Arce.
Sigüenza, Catedral. (Detalle.)

Esa tumba es «el sepulcro del Doncel de Sigüenza», una obra de arte extraordinaria donde habla la voz de la víctima para siempre.

El «doncel» está vestido con sus armas, recostado y leyendo. Su mirada permanece atenta a un libro que no sabemos cual es, con un gesto melancólico, que recuerda de lejos al del príncipe de Dinamarca cuando aparece ante Ofelia con un libro en las manos. Aquí Ofelia es la muerte, la muerte gloriosa en la vega de Granada, en medio del agua de la acequia gorda y el bosque de álamos al fondo.

En una sociedad educada en los ideales de la caballería, como la Castilla de fines del siglo XV, entre sus héroes henchidos de gloria, ávidos de encontrar una justificación a su vida y de fundar una moral al servicio del Estado, tenía que aparecer una tumba como la del «Doncel»: la melancolía es la razón de la vida y de la muerte. No antes ni en otro lugar se habría podido representar, con esa extraordinaria calidad artística, con ese sabor «otoñal», un gesto que implica la total absorción de la realidad que se buscaba imponer ante los muros de Granada.

ENCUENTRO CON LA TIERRA

En cuanto a Gonzalo, recién nombrado alcaide de Illora, se sumergió enseguida en la densa atmósfera de la administración de una fortaleza de frontera. Su pasado caballeresco se esfumaba. El cargo le alejó de Fernando y de los amigos de la corte. A lo sumo, se apoyó en alguno de ellos que le siguió en esa nueva vida. Contaba treinta y tres años: con esa edad Alejandro había conquistado medio mundo, y él en cambio se encontraba atrapado en una fortaleza al pie de la sierra de Parapanda, alejado de la corte y de sus cronistas, Palencia, Bernáldez, Hernando del Pulgar, que apenas si le tuvieron en cuenta en sus relatos de la guerra. Sólo le cabía esperar otra ocasión, y mientras tanto buscar una manera digna de divertirse: una manera conforme al espíritu de la caballería.

Esto ya era mucho decir, pues los sucesos ocurridos en el verano de 1486 sobresalen entre todos los recuerdos anotados por Pérez del Pulgar. No existen, en verdad, muchas cosas comparables en la vida al deleite de ayudar a un amigo. Y si imagino la cara de Fernando al comprobar cómo su primo le había dado la vuelta al regalo de Isabel, el deleite puede ser mayor. El escenario era el más adecuado a ese tipo de actuaciones, tan alejadas de los objetivos promovidos por los integristas de uno y otro bando.

La situación en Granada no era fácil, aunque nadie creía que se tratase de una guerra civil; el aire olía a conflicto fratricida y los partidarios de uno y otro sultán afilaban sus armas: por un lado Boabdil y los suyos mantenían firme su convicción de que era preciso encontrar la manera de pactar con

Fernando; de otra, su tío Muhammad al-Zagal y sus seguidores jaleados por los alfaquíes insistían en la solución contraria.

Más que las acciones de las compañías en la vega del Genil, ejemplo vivo de una renovable ordalía de sangre y pasión por la muerte del contrario, es la vivencia de esa guerra en Gonzalo el aspecto que más me interesa destacar en este momento. Los hechos de armas de aquel año le transformaron para siempre: la adopción del alma de Granada fue un hecho que nunca le abandonaría. El verano de 1486, Gonzalo encontró en Boabdil el amigo del alma.

¿Cómo nacieron esas *liaisons* peligrosas entre Gonzalo y Boabdil? ¿Acaso fueron el fruto del aburrimiento de uno en su guarnición de Illora, y del terror del otro ante el avance de las tropas reales? Había también otro personaje en esta historia, que no debemos olvidar: Martín de Alarcón, alcaide de Moclín (cuyo criado Hernando de Baeza será un testigo importante de la historia granadina), un hombre hecho adrede para ese tipo de vida. Entre los adversarios, destacaba Muhamad al-Zagal que aparecerá con rasgos complejos en todos los relatos junto a Abû l-Qâsim Bannigâs, el miembro más astuto de una familia astuta.[16]

La vida de esos años se había convertido en una caja de estrategias. El juego caballeresco en la vega del Genil daba lugar a una oleada de trucos, faroles, disfraces, conspiraciones, incluso fraudes y charadas. Tres contra dos: Boabdil, Gonzalo y Martín contra Muhammad al-Zagal y el Bannigas. Unas partidas largas, osadas, en virtud de la repetición, usando unos las reglas de la caballería y otros esgrimiendo las Sagradas Escrituras. Una vida claramente antiromántica que forjó los recuerdos de Pérez del Pulgar y Hernando de Baeza.

Aparece aquí con una luz intensa lo que en esos tres años fue la guerra en la vega del Genil: nada más que uno de los

16. L. P. Harvey, «Yuse Banegas, un moro noble de Granada bajos los Reyes Católicos», en *Al-Andalus*, vol. XXI, 1956, pp. 297-302.

tiempos desagradables dentro de las interminables conspiraciones lúdicas. Tampoco esa parte desagradable, tensa, destructiva, asesina era demasiado larga. Interrumpida sin cesar por duelos singulares, bravatas, cabalgadas hacia los rincones más inaccesibles del reino, se buscaba el modo de evitar la muerte. A veces la hubo, como en el caso ya señalado del comendador Martín Vázquez de Arce. Pero eso no impidió la sensación de estar en medio de un juego en busca de la identidad.

Aire de fiesta. De Illora a Granada y retorno. Una forma de vida sin futuro, aunque ellos no se daban cuenta o quizás mejor, no querían darse. Acariciaban la posibilidad de que la guerra santa se detuviera en algún momento. No parecía fácil que eso ocurriera. Los miserables asesinos, que desangraban cruelmente el territorio, eran los principales interesados en concebir la destrucción del otro como la única salida al conflicto. A intervalos cada vez más próximos, esa violencia desgarraba el ambiente, y a Boabdil, Gonzalo y Martín les llegaban las noticias de actos deleznables, que nadie dudaría en calificar de delitos si la víctima no fuera un musulmán de la vega. Detrás de esos asesinos de la frontera estaba el poder, que los sustentaba con razones a menudo de carácter religioso. Y es justamente la fusión de esas dos figuras lo que debilita el temperamento caballeresco de Gonzalo y sus amigos, tan duramente aprendido en los textos cortesanos unos años atrás. El polvo de la llanura parece cegar de nuevo a esa generación de hombres preparada para la destrucción de la cultura islámica granadina. Esa actuación venenosa, horrible en su forma y espantosa en su contenido, ese rechazo a Oriente que se realiza explotando todas las debilidades de los nazaríes, todas las escaramuzas y agresiones a la pobre gente de las alquerías, es una furiosa respuesta de unos hombres que estaban a punto de perder su sentido de la moral caballeresca. El Estado dinástico había decidido eliminar a los nazaríes.

La realización práctica de ese objetivo sin embargo no fue lineal, como a veces se supone. Sus protagonistas hacen que no pueda ser así. En ese caso, no todos están de acuerdo con los planes. Las resistencias son cada vez más visibles. Gonzalo es el campeón de esos jóvenes capitanes engañados por una política que buscaba el fin de Granada, mientras entretenía a sus dirigentes hablando de paz. Y a ese motivo se debió el curioso cambio de rumbo de la guerra durante el verano de 1486.

Gonzalo no quería aceptar cómo eran las cosas. Se mantenía en una situación de ambigüedad hacia sus vecinos del otro lado de la frontera. Seguía sus pasos y a veces les atacaba. Era la búsqueda de un sentido a la vida. Como observó Pérez del Pulgar:[17]

Fue en la Almorava, que es un campo allí cerca, tan recia la escaramuza de ambos reyes y capitanes que en el angostura de fuerzas y ahilamiento de hambre la noche con sed les apartó, y no fue apartado muchas veces deste peligro a Fernandalvarez. Maravillados los moros de lo que en la pelea los capitanes con su gente hicieron, y quanto daño los de la cibdad recibieron, les dijo el rey abrazandolos: «¡O alcaydes señores, cómo los peligros á que os aveis oy puesto nos han sacado dellos ansi en el campo como en los adarves y puertas y calles!». Contino avia recias contiendas, y iva de bien en mejor á los del Albaycin y con aquel favor del dia pasado en a Almorava salieron los del Albayzin con espingarderos y vallesteros christianos; y enredada el escaramuza cerca de Bibalmazan, y aquella cebándose de gente de todas partes, Gonzalo Fernandez visto salir de la cibdad mucha gente, esforzando á su parte dió una espolonada recia diciendo: «Venid señores, que tan abiertas nos seran hoy las puertas entrando matando como á los que van huyendo: ca si con vitoria oy salen nuestros enemigos, ó la par, será en peligro todo lo de nuestra parte». Con esto dando espanto á los unos, tomavan esfuerzo los suyos.

Este episodio ha pasado algo desapercibido. Una vez más la información de un cronista se ha entendido en un sentido li-

17. Pérez del Pulgar, *Breve*, cit. p. 563.

teral, cuando en realidad debe leerse como una metáfora. No me interesa lo que dice, sino por qué lo dice y cómo lo dice. Hay que traducir ese episodio, liberando al lector de la moral del mundo moderno: una moral que sin duda comparto casi en su totalidad, pero que de asumirla como método de análisis me impediría entender lo que el texto quiere decirnos.

La destrucción del jardín mágico del Oriente fantástico, representado por Granada y su Alhambra en la mentalidad del hombre moderno forjado en los sueños románticos, constituye una dificultad a la hora de entender el episodio en cuestión, por lo que tiene de significativo en el paso de una época a otra, de un espacio cultural a otro. Gonzalo vive esa tensión, pero lo hace como un individuo del siglo XV, y no como un postromántico del siglo XX, que ni siquiera ha leído los libros de Edward W. Said, que nos alertan ante el sentimiento de culpabilidad amagado en el europeo que dio origen al orientalismo literario.[18]

El episodio se podría generalizar; pero no lo haré ahora. Tiempo tendré de fijar su ideología cuando analice el mito del Gran Capitán en los últimos cinco siglos. Contentémonos de momento con ver la reacción ante una señal del destino de un hombre confundido llamado Gonzalo, un capitán de compañía, un alcaide de la frontera, sin más luces que su propia intuición y las ideas que bullen en su cabeza de los años de aprendizaje en la corte.

Si retornamos al texto de Pérez del Pulgar, así como a la clase de vida que refleja de algún modo, el contenido metafórico de su descripción de la escaramuza en el campo de la Almorava nos lleva a un punto de enorme importancia. En ese campo tuvo lugar la primera hazaña importante de Gonzalo: he aquí el motivo del recuerdo del cronista y su carácter retórico, pues conecta con la literatura épica donde la primera lid define el temperamento del héroe. ¿De qué se trata?

18. Edward W. Said, *Orientalismo*, Madrid, 1990.

¿Intuyó Gonzalo el espacio simbólico donde tuvo lugar su primera proeza? Si no fue así ¿por qué Pérez del Pulgar lo retuvo en su memoria? Un campo en las afueras de Granada, una huerta frondosa que siete años después fue cedida por los reyes para la fundación del monasterio de san Jerónimo, lugar elegido por Gonzalo para construir su sepulcro, y el lugar donde todavía hoy reposa su cuerpo.

Hortus conclusus. Todo lo que allí ocurrió forma parte de una concepción circular de la existencia. El eterno retorno de las cosas importantes. Nada desaparece del todo. El encuentro con la tierra de su destino le convierte en un hombre elegido para la inmortalidad. Literalmente, el encanto de la Almorava consiste en que huele de un modo especial: huele a tierra virgen, a jardín de las delicias, a campo santo. En el verano del 1486, Gonzalo se topó con su futuro sin ser consciente de ello.

VIVIR SOBRE EL DARRO

Cuando Boabdil firmó la segunda capitulación con Fernando dejó bien claro la diferencia entre el Arrabal del Albaicín y la ciudad de Granada. Durante el otoño de 1486 el conflicto político nazarí tuvo una dimensión topográfica: en un lado estaban los habitantes del Albaicín apoyando a Boabdil, que probablemente viviría en la casa que su madre Fâtima se había hecho construir y que hoy conocemos con el nombre de Dar al-Horra (Casa de la Señora); frente a ellos, al otro lado del río Darro, estaban los habitantes de la *Medina* que apoyaban a Muhammad al-Zagal, que ocupaba la alcazaba roja de la Alhambra. Fue en el interior de ese conflicto entre el tío y el sobrino donde, a partir de algún momento preciso, con treinta y tres años, Gonzalo descendió de su relativo aislamiento en su fortaleza de Illora para llegar a ser, en el ámbito de la leyenda al menos (la que más tarde difundiría Hernán Pérez del Pulgar) primero el aventurero caballero que no duda en acudir en ayuda de su amigo Boabdil, después el astuto defensor del diálogo entre cristianos y musulmanes y, finalmente, un héroe en las calles de Granada.

Durante los meses que duró la contienda, Gonzalo estuvo a la altura de las circunstancias, participando activamente en todos cuantos alborotos tuvieron lugar. Nunca parecía estar cansado, nunca (contrariamente a Martín de Alarcón, alcaide de Moclín que también acudió a esa cita y que también tuvo su biógrafo en la figura de su criado Hernando de Baeza) evitaba un encuentro. No había acudido junto a Boabdil para permanecer quieto en algún palacio del Albaicín: fue allí porque, como todos los caballeros andantes, él era un aventurero.

En la sucesión de acontecimientos de Gonzalo en esos años son señalados dos incidentes de relevancia, al menos en la tradición popular, como definitorios del carácter de ese individuo, y por tanto de su heroísmo en general. El primero es la excelente cabalgada en la que llegó hasta la puerta conocida como de bâb al-Masda (del Corrillo), situada en la actual encrucijada entre la calle Mesones y la plaza de la Trinidad, y que provocó el pánico entre la población de la Medina y las quejas de los alfaquíes. El segundo es su confirmación como un mito de la tolerancia caballeresca, cuando logró detener a su amigo Boabdil que quería decapitar a un grupo de oponentes a su política, por el mero hecho de serlo.

Al repasar las acciones de Gonzalo, mucho después de que todos sus protagonistas hubieran muerto, Pérez del Pulgar trataría de ver dónde comenzó su carrera como el gran hombre llamado a ser. En el esfuerzo por mantenerse a la altura de su amigo del alma Boabdil, perdió amigos entre la nobleza de la frontera, pero no podía evitar ser como era. Tenía que seguir inevitablemente su intuición; estaba seguro de que su cometido era la fidelidad a Fernando y Boabdil, la disciplina castrense y la espera de otra ocasión en la vida. Quedó atónito al ver que el conflicto familiar en Granada le ofreció una oportunidad que no se vuelve a repetir en la vida.

Pero se equivocó en eso, y de qué manera. Más de una oportunidad de ese tipo recibiría Gonzalo en el curso de una larga vida que transcurriría en su mayor parte entre la política y los hombres de Estado, y de todas ellas consiguió extraer lecciones positivas que afectaron a su identidad personal hasta el extremo de transformarle en un hombre nuevo, distinto al que había sido en su juventud. Pero la vida no tiene nada que ver con la biografía. Se hace paso a paso con la sospecha que una oportunidad es irrepetible, como a veces también se piensa que el último amor es el último, cosa que nunca ocurre en la realidad. La oportunidad que se le presentó en la Batalla del Albaicín abrió un antes y un después en su vida. Tras aquel suceso de armas estaba convencido de que él era un hombre elegido para la gloria.

En su fuero interno nunca admitió que el regalo de Isabel nombrándole alcaide de Illora había sido un regalo envenenado, y quizás por eso pocos se dieron cuenta del cambio de actitud cuando se mostró como un héroe de novela en el Albaicín. Pérez del Pulgar habría de tratar con toda suerte de detalles ese incidente, minúsculo en la historia general, pero decisivo en la historia personal de Gonzalo.

La oscura conspiración contra Boabdil parecía comprometer el destino de la civilización granadina al llenar de odio al pueblo contra su rey. Los historiadores nazaríes refieren poco más y no ofrecen ninguna explicación sobre la actitud de los rebeldes—ni siquiera Hernando de Baeza tan atento a todo lo que ocurría en el entorno inmediato de la familia real granadina, gracias a las privilegiadas relaciones entre su señor Martín de Alarcón con Boabdil—, queda solamente la opinión de Pérez del Pulgar, favorable a la intervención de su biografiado en ese confuso asunto.

Gonzalo actuó en favor de Boabdil con toda su capacidad militar e ingenio caballeresco. Le aconsejó prudencia y clemencia frente a los alborotadores, y, en el cenit de su actuación, lanzó una arenga al pueblo de Granada, que el biógrafo anota con sumo cuidado. Es la primera vez que se escucha en público la voz de Gonzalo, aunque sea a través de un personaje interpuesto, como es el cronista. Por eso, me ha parecido oportuna la transcripción completa de esa arenga a un pueblo despistado, que no sabe bien quién es el enemigo ni el peligro que le acecha:[19]

No sé yo por cierto, señores, qué mayor guerra publica os hacen vuestros contrarios que la que de secreto os hacen vuestros vecinos, andando sembrando en vuestros ánimos zizañas, para que perdays vuestras haciendas y en aventura tengays las vidas; turbiandoos la paz colmada de que gozays, que por muchas razones se prueva el gran provecho que della se os recrece; la qual toda ora mas nos manda el rey y la reyna conservar y guardar con toda diligencia, y assi se hace, de que son testigos los de la ciudad, viéndose cada día captivos como enemigos y vosotros libres como leales, y por tales entrays en Castilla, y traeys lo que quereys sin vos catar y bien tratar, y en lugar deste beneficio murmurays contra vuestro rey y señor, de quien os mana esta buena obra que recebis. Aved, señores, memoria que el señor rey es vuestro natural y hijo de la casa de Granada, que con título derecho le pertenece este reyno que su tío con poca conciencia y mucha injusticia le ocupa tiranicamente: lo qual como buenos vasallos y leales criados no en pequeña mengua devriades de sentir, y cessen estos conventillos y malas hablas entre vosotros, y trocad vuestra ira en amor, y cambiad vuestro rencor en paz y sosiego, y ser suficientes á conoscer la verdad desechando espanto y miedo, el qual quanto su señoria contiende por vos quitar junto con la paga de los derechos á que soys obligados, no menos porfiays unos á otros dañificar con vuestros veninos enconados; y lo peor es que seguis á hombres malos, viles y de escuros ingenios, cometedores de criminosas hazañas, á los quales days galardon en lugar de pena, y á los buenos penas por galardon. Por Dios, amigos, no codicieys novedades, ni seays causa de que por dejar de castigar su señoría á los

19. Pérez del Pulgar, *Breve*, cit. pp. 565-566.

poco empozoñados, perezcays los muchos y sanos: ca si en discordia estamos es por no castigar sus atraveimientos passados. Por ende, hermanos enmendaos, sino al tardar de vuestro castigo con la grandeza de vuestra pena se recompensará. Ca sabed que los vasallos no obedientes mas son subjetos litijosos que amigos de lealtad; de los quales su porfia no cause que perdays vosotros la vida que con vuestras artes mereceys tener á la servidumbre sometida. O amigos y señores, como si lo que deveys haceys quanto de su señorio hareis con suplicaciones humildes y con con armas rigurosas, pues le veys inclinada la voluntad á otorgada piedad. Ca con el mayor con esto todo ruego se acaba. E por gratificar á los amadores de la paz assolverá á los condiciosos de la contienda. Y pues es visto que vos han venido y vienen males de oir á los malos que ni quieren callar ni saben sosegar, no los escucheys. Ca piensan de enriquecer, con novedad de ver el pueblo y reino turbado; antes contra ellos mostrad vuestra saña furiosa, pues su comunicación vos es sospecha dañosa: ca para los malos reprimir aqui somos mas llamados de vuestra fortuna que de voluntad el señor alcayde de Martin de Alarcon y yo, que delante hallareys para vuestro amparo: y debeys tomar ejemplo en los de la cibdad, que temen mas la rigurosa crueldad del Rey que siguen, de quien son apremiados con imposiciones y añadiduras de pechos, que á las armas de vosotros, que si castigados fuessedes obedeceriades, y con ser perdonados soberviays, como jace la muchedumbre quando le dan soltura. Ca mas por maravilla de virtud que por razon de justicia en su señoria aveys hallado perdon de vuestros escessos; porque es tanta la grandeza del beneficio que de su alteza aveys recebido, quanto la multitud de vuestros crimenes y escessos los manifestan: el miedo de los quales os hacen perseverar en errores, y criar osadía, y poner sospecha en vuestra seguridad. Ansí que, señores y honrados varones, concebid, concebid para vuestro castigo amonestamiento blando y no fuerza sangrienta. Ca por averse echado amanizquierda vuestra pena, no por esso cometays culpas, las quales son tantas que recio serian essecutadas en vuestras personas y casas, si el rey reynasse crueldad con mora misericordia, que vos está cierta de su excelencia, pues aveys muy clara esperiencia en su magnanimidad que es tanta, que las grandes penas que por vuestros malificios mereceys, absolucion dellas por beneficios recebireys. Por ende, caballeros, si haveys oydo de mí cosa que no vos plega, enmedaos á lo hacer mejor y no vos lo diré peor de quanto los subditos rencillosos de su natural son tan flacos, quanto al rey hace fuerte el no obedecelle. E creedme no pongays á su Señoría en tal estrecho, que buscando en qué modo mejor vengándose perezcays: pues vuestra lealtad es en quanto paresce mas no en quanto verdad. Una cosa querría, señores, de vosotros, que mireys la culpa que teneys, y vereys que no ay palabras por mi dichas que no sean peores las obras por vosotros hechas; y pues su señoría es contento con solo vuestro arrepentimiento, aquel continuad que basta para su olvido y ved bien que todo lo dicho es en vuestro favor, y agradesced que os amonesto vuestra salud, y no vos engañeys á ser osados por la blandura que se vos da. Ca sabed que ansi como teneys rey para lo bueno remunerar, assi es recio para vos castigar: de tal manera que vos sea no durable la libertad y provecho que aqui y en Castilla teneys, pues vosotros no quereys usar dél como debeys, antes vos debe ser poco largo; pues con tanto cuidado reteneys vuestro propio daño; y no vos escandalizeys en aver oydo cosas no á vuestra voluntad: porque mas ha sido mi gana de vos aprovechar con obras que no contentar de palabras, pues las dichas no son tan asperas quanto la enfermedad de vuestras cosas.

Tal fue el resultado del primer intento serio de intervención de Gonzalo en la vida política de Granada, que acabó el otoño de 1487; eso fue todo lo que se podía hacer, y Boabdil reconoció al propio Fernando en una carta de la que tenemos noticias, sin que haya llegado hasta nosotros.

VANIDADES

La figura de Boabdil, a partir del momento que es consciente de ser el amigo del alma de Gonzalo, nos sume en una molesta incomodidad, no sólo porque su manera de abordar el papel en el melodrama que está a punto de producirse es distinta a las vidas paralelas de Plutarco, sino porque en determinados momentos nos vemos obligados a reconocer que su leyenda y su excesiva notoriedad entre los poetas fronterizos le convirtió en la viva encarnación de un engaño implacable. El motivo es la guerra, la voluntad de los Reyes Católicos de conquistar Granada por las armas. La idea se instaló en la sociedad. El sector duro imponía sus tesis a medida que aumentaban los éxitos militares. Gonzalo es el otro polo: desde su posición en Illora había entendido que la única vía posible era el entendimiento con los nazaríes, al precio de que ellos les cediera el control del comercio de la seda, los higos y el azúcar, en manos genovesas. Se dedicaba a ello en cuerpo y alma: asistiendo a Boabdil y poniendo en fuga a sus enemigos. Pequeñas refriegas en El Padul, Orgiva o Alhendín, en las que se reconocía la resistencia a emplear la solución militar propugnada por Iñigo López de Mendoza, conde de Tendilla, futuro marqués de Mondéjar, que en último término no era otra que la de su hermano mayor, el cardenal Mendoza.

Hernando del Pulgar, convencido de ser mordaz, escribió: «absolvían plenariamente á todos por virtud de la Santa Cruzada».[20] Esa manía de conducir los hechos a la causa de la «guerra santa» aproximó sin embargo Fernando a Isabel. En cuanto a Gonzalo, que ni siquiera intervenía en la campaña, sin que por ello sintiera ninguna pena, seguía en su línea de actuación, pensando que el rey aún deseaba el pacto con Boabdil. Esa vocación de negociador entre dos partes en conflicto se convirtió en su mayor virtud, más incluso que su capacidad para leer una batalla.

La pompa militar cambió la circunstancia. Boabdil, consciente de ello, necesitaba un golpe de efecto. Eligió a uno de sus mensajeros y le envió con una carta escrita en árabe, en papel colorado, escrita por él mismo el 14 de dulhicha del 894 (8 de noviembre de 1488).[21] Fernando pidió al correo

20. Hernando del Pulgar, *Crónica*, p. 632.
21. García Atienza, *Las Capitulaciones*, cit., pp. 173-174. Doc. IX.

que la abriera en su presencia y la leyera, traduciéndola. Confiaba en que Boabdil hubiera aprendido la manera de tratar a la reina, una mujer en extremo vanidosa. Y así fue pues el granadino decía de ella: «Magestad, la princesa, la sultana, la excelsa, la magnífica, la excelente, la liberal, la famosa, la ilustre, la grande, la noble, la virtuosa, la benéfica, la honorable, la princesa de reyes y la más grande y noble de ellos, la reina doña Isabel». Pero había también un largo informe sobre la proposición que le habían hecho los reyes por medio del caballero Guzmán, y la aceptación de un pacto por medio del cual Boabdil reconocía que estaban con él «príncipes y reyes que cuidan de nuestros asuntos y miran por nuestra situación y en justa correspondencia, nosotros prestos estamos a vuestro servicio». La lectura de estas frases sumió a Isabel en un estado de inconcebible violencia. Se enfureció con la retórica empleada por el granadino y traducida por su mensajero. ¿Quiénes eran esos príncipes y reyes que cuidaban de él? ¿Estaba entre ellos Gonzalo? Quizás sólo fuera un modo de expresarse, pero a veces las palabras decapitan a las personas.

Resonaban aún los ecos de la carta de Boabdil de noviembre de 1488 por los pasillos de la corte, el día que Isabel tomó la firme decisión de atacar las defensas del reino de Granada con todas sus fuerzas. La campaña tendría lugar en la primavera-verano del año siguiente. Había que organizarla con cuidado, ajustando todos los detalles. Ese era el precio de la vanidad de una reina convencida de su papel en la historia, una vanidad que costó muy cara.

MATRIMONIO

El día que Gonzalo cumplió treinta y cinco años quizás comprendió que su vida *en régle* no le llevaba a ninguna parte y sintió de nuevo la censura que unos años antes su hermano le había hecho sobre su excesivo gasto en el vestir. ¿Estaba dejando pasar la oportunidad de conseguir algo importante? Las distracciones habían sido divertidas, pero comenzaba a entender que ser alcaide de Illora era un regalo envenenado de Isabel. Nunca saldría de su condición de ser un pequeño hidalgo que envejecería recordando los años de juventud junto a la chimenea, rodeado de otros hombres tan desgraciados como él. Necesitaba un golpe de suerte y ese no podía venir de la guerra, pues tomara el rumbo que tomara nunca le sería favorable. No era tampoco riqueza lo que necesitaba: el pillaje, el control de las rutas comerciales, las rentas que iba acumulando le daban lo suficiente. Necesitaba una esposa.

Gonzalo ya había estado casado antes, con una mujer elegida por su hermano, una pariente de los Fernández de Córdoba con fortuna personal, la niña del señor del Carpio, Isabel de Sotomayor, una provinciana robusta que sin embargo no le dio hijos (o al menos que llegaran a la edad adulta). Nadie sabe si murió, o si se separaron mediante dispensa eclesiástica (eran primos) que se conseguía entonces poniendo dinero sobre la mesa. En esa ocasión no se dirigió a los Fernández de Córdoba para que le buscasen otra esposa: se dirigió al rey.

Fernando esperaba una cosa así. Llevaba tres años buscando el modo de compensarle por la humillación que había sufrido al ser nombrado alcaide de Illora. Ahora tenía la oportunidad de favorecerle y, al mismo tiempo, de desquitarse de la maniobra urdida contra él por el círculo de la reina. Estuvo un tiempo pensando la jugada. Siempre hacía lo mismo. Era su estilo de concebir la política. Al final optó por una mujer de la cámara de la reina, María Manrique de Lara, una auténtica señora. El matrimonio tuvo lugar en la iglesia de la Asunción de Palma del Río el 14 de febrero de 1489.

¿Qué sabemos de esas mujeres encerradas en las fortalezas de la frontera a la espera de que su marido alcanzase un cargo en la corte? En Castilla, las damas mantenían la dignidad con entereza. Una antepasada del propio Gonzalo, doña Leonor López de Córdoba, había dejado un testimonio en manos de un notario cordobés sobre su postura ante la guerra civil que enfrentó a Pedro I y a su hermano Enrique II. Era, en consecuencia, necesario buscar un lugar adecuado en la sociedad para esas grandes señoras.

Fernando eligió bien. El brillante capitán no podía convertirse en un noble sureño como todos los Fernández de Córdoba, preocupado por la hacienda, la caza, los pastos y las charcas de agua en el verano. Incluso como ejemplo de lo que debía evitarse, el interés hacia Gonzalo tenía un valor ejemplar. El esfuerzo educativo para convertir a esos muchachos en auténticos caballeros no se podía perder de la noche a la mañana con torpes actos de renuncia. Muchos se dieron cuenta de la reacción del rey. Así, de un plumazo, se difuminó la intriga tejida por Isabel.

Gracias a su matrimonio, Gonzalo volvió a ser el hombre de 1479, el sutil cortesano; sobre todo, porque ella le ofreció la dignidad social que le quisieron sustraer. Había pocos casos como el suyo, por eso se comentó en más de una hacienda de Andalucía, y mientras eso ocurría la señora de Illora creó un centro de cultura en esa desolada región. Invitó a mucha gente, se rodeó de un lujo acorde con su categoría social. Adornó la fortaleza con tapices, vistió la mesa con un ajuar importante, fue generosa con la gente, compró todo tipo de objetos y ropa a los mercaderes que acudían al mercado de Granada, mantuvo relaciones con hombres y mujeres de la sofisticada ciudad vecina. Arabizó su casa y sus costumbres. Era una manera de apoyar a su marido. Ella le ayudó en ese momento. Pérez del Pulgar da vueltas sobre el gesto de doña María Manrique, y no lo entiende. Quizás quien escuchaba su relato, el emperador Carlos sí lo hizo, descubrió en la vieja señora la verdadera grandeza de un alma generosa en medio de un mundo en guerra.

María Manrique había crecido, instruida por su madre, en las normas sociales, según las cuales una dama como es debido atiende a su casa y a su marido de la mejor manera que sabe. Si por azar alguna circunstancia extraordinaria le obliga a improvisar, cuenta con una serie de consejos surgidos de años de educación, que nunca fallan en los momentos más comprometidos. Probablemente Gonzalo no había visto jamás una actitud semejante (su madre murió cuando él era apenas un niño), y su sorpresa alcanza límites insospechados cuando ve a su esposa mostrando toda la simpatía de la que era capaz hacia las mujeres no cristianas de sus amigos granadinos. Quizás en aquellos gestos cotidianos aprendió una lección impagable para su ulterior futuro como hombre del gran mundo.

María Manrique, no obstante, no es ajena a la vida política, tanto es así que a ella le confió Gonzalo, con todos los detalles, su opinión sobre el futuro de Boabdil, en medio de una fuerte crítica hacia todos aquellos que deseaban la destrucción del reino de Granada. Una opinión que a ella le pareció peligrosa, dada la actitud de Isabel hacia esos temas.

ANSIEDAD

Existieron realmente dos estrategias políticas en el conflicto que enfrentaba al reino de Castilla y el reino de Granada: la separación hasta 1489 de los asuntos religiosos de los pactos, y el intento de buscar personajes bien considerados en ambas partes, entre los que destacó Gonzalo, manifiestan la persistencia de un espíritu de concordia entre las diferentes culturas presentes en la vega del Genil. Esa actitud en cierto modo tolerante afectó el comportamiento cotidiano de los cristianos y de los musulmanes que contemplan su experiencia vital en términos prácticos, de supervivencia, y donde la perspectiva religiosa quedaba reducida a un sector minoritario, ruidoso, pero minoritario. Así es como en medio de los grandes cambios de la historia persisten grandes posibilidades de diálogo entre grupos humanos deseosos de entenderse. Los constantes encuentros entre Gonzalo y Boabdil, que los convirtieron en grandes amigos, muestran la ansiosa necesidad de entenderse entre ellos, y de ese modo trasladarla a las sociedades que ambos personifican.

No puedes culpar a los demás por engañarte si no adoptas una actitud clara en los momentos claves de la vida. Gonzalo no supo, o no quiso hacerlo. Se mantuvo entre dos aguas: pues quiso ser igualmente fiel a Fernando y a Boabdil; y eso sólo fue posible durante tres años, o poco más. A comienzos de 1489, la situación se enrareció. Nadie decía nada, pero todo el mundo estaba convencido de que la siguiente campaña sería dañina, o algo peor aún.

8

ASEDIO FINAL
(1489-1491)

En la primavera de 1489, apenas unas semanas después de la boda de Gonzalo con María Manrique, la corte anunció una nueva campaña militar. Las tropas se prepararon en silencio. El equilibrio político en Granada se había roto. Como el ingenioso Pérez del Pulgar afirmó sentenciosamente cuatro décadas más tarde: «Cada hora en esa ciudad los hombres codiciosos de guerra y nuevos levantamientos tenían entre sí discordia qual sería el peor, los males de los cuales assi como son aborrecibles de escrebir son increybles de oyr. Ca todo momento yvan en crecimiento: porque avia siempre debates entre los pacíficos y los procuradores de los escándalos. Ca estos por mengua de hacienda y sobra de crimenes, hacían escuras conjuraciones para fatigar los pacíficos, dándole contiendas escandalosas».[1]

La política de Boabdil había durado poco tiempo; las voces de los alfaquíes aumentaron de tono durante los primeros meses del año. «La guerra, escribe Ladero, se reanudó para satisfacer los anhelos de un pueblo que rehusaba perder su independencia y barruntaba que la desaparición de ésta acarrearía antes o después la de sus propias formas de vida».[2] En abril de 1489 comenzó el asedio.

Los alcaides de Illora y de Moclín fueron conminados a mantenerse en alerta, mientras el rey se dirigía con un poderoso ejército hacia Baza. La guerra extendería su sombra durante los próximos meses. La posibilidad de conseguir una so-

1. Pérez del Pulgar, *Breve, cit.* p. 567.
2. Ladero, *Granada,* cit. p. 148.

lución negociada con los nazaríes, como senda histórica, que no fuera simplemente la rendición del reino, se perdió en abril de 1489, dejando a un número indeterminado de caballeros perplejos ante lo que parecía el fin de la fascinante civilización árabe de Granada. Gonzalo y Martín hicieron pocas preguntas, pero aunque las hubieran hecho no habrían obtenido respuesta. La muerte de Diego de Valera supuso una pérdida irreparable para ellos. Nadie poseía la suficiente autoridad moral para oponerse a los planes de Mendoza y Talavera. Así que aprestaron a sus soldados sin decir una palabra. No podían protestar. Aunque semejante actitud fuera una traición a las reglas del juego pactadas con Boabdil. Una vez más se daban cuenta del peso que significaba tener un cargo público, y ahora se les conminaba a actuar como a otros muchos alcaides, capitanes y caballeros.

OLOR DE PÓLVORA

En el análisis histórico de la campaña militar comenzada en la primavera de 1489, se han pronunciado infinidad de argumentos acusatorios y algunos pocos elogios. Para no cansar al lector con la prolija enumeración de hechos de armas, asaltos, combates, matanzas y traiciones, citaré sólo los momentos decisivos y los comentarios de Fernando realizados, según su costumbre, en unas cartas enviadas a su primo Ferrante de Nápoles, al rey de Bohemia, al marqués de Montferrato, al duque de Ferrara, a la reina de Hungría, a la duquesa de Baviera y a otros personajes de la política internacional.

Fernando se dirigió a Baza por Sotogordo con un ejército casi moderno, salvo que aún no era permanente sino producto de las habituales levas, y plantó su real en la hoya, uno de los paisajes más hermosos de la tierra, asentamiento de pobladores de tiempos muy antiguos. Fernando tenía claro lo que debía hacer. Así se lo explicó a su primo Ferrante: «conociendo quanto la ciudad de Baça era prouechosa para conseguir el fin d'esta santa conquista del rreyno de Granada, deliberé, con ayuda de Nuestro Señor, de la çercar e poner sitio sobrella».[3]

Una tarea realmente difícil. Pronto le llegó el olor a pólvora de la «mucha artelleria que tenían». Eso le despertó definitivamente, por lo que el rey decidió reunir allí «más artelleria que en ninguno de los años passados». ¿Qué otra cosa podía hacer?, se preguntó Fernando mientras insistía en desplegar a sus artilleros alrededor de la guarnecida Baza. Su manera de atacar los muros, haciendo saltar las defensas con constantes disparos de sus bombardas, dio resultado. Yahyâ al-Nayyar, nieto de Yusuf IV y Abûl-Qâsim ibn Ridwân Bannigâs se rindieron, aunque no estaban del todo seguros, porque su rabia tenía un fondo integrista. El Bannigâs estaba indignado con todo, y con todos. Tal vez se debiese a que sabía que, tras la rendición, no había futuro para su señor Muhammad al-Zagal.

Fernando continuó hacia Almería por Tabernas y Serón, en los bordes del desierto. Una vez rendida la ciudad, dio media vuelta y situó su real delante de Guadix dos días antes del final del año de 1489. Fue una de esas campañas que dan la sensación de que el rey tenía claro el objetivo final: el asedio a Granada. La carta a Ferrante transmite seguridad y gozo, nunca duda y menos aún arrepentimiento.

LO IMPREVISIBLE

Los éxitos militares de 1489 produjeron sin embargo un efecto contrario al deseado. El elevado coste de la campaña en hombres y en dinero hizo pensar a Fernando que quizás había ido demasiado lejos.[4] Decidió actuar deprisa. Con tal fin orga-

3. A.C.A, Cancillería, Registro 3.565, fols. 239v-240r. Editada por Antonio de la Torre, *Los Reyes Católicos y Granada*, cit. pp. 117-119.

4. M. A. Ladero Quesada, *Milicia y economía en la guerra de Granada: el cerco de Baza*, Valladolid, 1964.

nizó con sus hombres de confianza un nuevo plan, ésta vez en secreto, para estar en posición ventajosa en el momento del inevitable debate en la corte.

El plan de Fernando aparece nítido en una carta del 22 de enero de 1490, que Boabdil mandó escribir en árabe, para apuntalar su prestigio personal y a la vez para responder a la iniciativa castellana.[5] La lectura de ese texto complica la cronología de los hechos ocurridos en la Navidad de 1489, que no fueron lineales como a veces se sugiere. La primera impresión, en efecto, es que Boabdil aprovechó el momento para ensalzar la gloria de Fernando e Isabel y, al mismo tiempo, responder a la sugerencia que se le había hecho «con vuestra carta honrada y excelente para nosotros». Prueba clara de que justamente debió de existir una carta anterior del aragonés al granadino, aunque de momento no se haya encontrado.

La acción determinada por la carta de Boabdil tiene unos protagonistas claros: los alcaides de Illora y de Moclín que llevaron a la corte nazarita la propuesta de pacto. Boabdil confía en Fernando, y por eso faculta a su *servidor* Abu-l-Qasim al Mulin para que «hable categóricamente» con él. Boabdil además añade que Fernando deberá confiar en lo que diga «vuestro alcaide Gonzalo y el alcaide Martín».

El dato me parece importante: es la primera vez que Gonzalo aparece en un documento público. Todo lo que sabemos de él con anterioridad procede de relatos escritos tras su muerte, o de deducciones retrospectivas de los eruditos, cuya mirada siempre está dirigida desde el presente al pasado. Por eso, los acontecimientos de esos años, caóticos para un observador neutral, salen organizados de las manos del historiador. La realidad sin embargo es múltiple, abierta a cualquier posibilidad, ajena a toda pretensión mística y destinacional de la vida.

5. Garrido Atienza, op. cit. pp. 200-201. Doc. 22. La comenta De La Torre, cit. p. 209.

El hecho de que Gonzalo aparezca en la carta de Boabdil indica que él había mantenido una estrecha relación con el Rey Chico. La confianza es el reconocimiento a una vieja amistad. Cada momento de la carta tiene sentido en sí mismo y nos invita a considerar ese documento como uno de los más relevantes de esos años. El cambio de actitud de Fernando es la desvalorización de la guerra de conquista como un objetivo político, abriéndose de nuevo la posibilidad de una solución negociada.

Era conveniente mostrar a los prelados y nobles los motivos para alcanzar la paz, insistiendo en la dificultad de un asalto a la ciudad de Granada y a su impresionante Alcazaba. Esa es la intención de la correspondencia: celebrar el aspecto pacificador de Fernando y de sus hombres de confianza, los alcaides Gonzalo y Martín. Y eso por tres motivos.

Primero: la paz significa la posibilidad de atraer a la causa a hombres de Granada, como en efecto ocurrió cuando «el Venegas» acudió junto a Fernando al Real de la Vega para ayudarle a mantener el asedio».[6] Pero también porque, segundo, uno de sus alcaides, precisamente Gonzalo, estaba en condiciones de negociar con Boabdil una honrosa capitulación, siguiendo las indicaciones de su rey, aunque esa actitud le distanciase de los intereses de su familia y de su clase. Por último, tercero, porque en nombre de la paz, Fernando ofrecía una salida al laberinto en el que se hallaba Boabdil, apoyando una solución negociada e impidiendo una sangrienta campaña de asedio a la ciudad.

Pocos granadinos estaban de acuerdo con esos planes. El carácter indómito de la población dificultaba el pacto. Pérez del Pulgar no tiene dudas al respecto: «En Granada continuavanse mas las tiranyas con enredamientos unos con otros, y los inocentes padecían males de la gente suelta que ni aceptaban razon ni querían justicia con gana que todos tenien de hacer

6. Garrido Atienza, p. 202. Doc. 23.

mudanza por cobdicia de ganar, y con esto crecia osadía en las cosas llanas rota y turbadamente, porque todos desatinados no sosegavan con estar llenos de division. E como fuessen mas los malos, excedian en poderío á los pacíficos...».[7] El infernal círculo vicioso de los momentos de crisis política: los intransigentes apelan al honor patrio mientras amasan fortunas con el sufrimiento de la gente sencilla que no entiende de resistencia, ni de rendición incondicional.

Los dos años de negociación pusieron de manifiesto las dificultades de llegar a un acuerdo satisfactorio para ambas partes. A veces se tenía la impresión que la iniciativa la tomarían los halcones de uno y otro bando, los eclesiásticos castellanos y los alfaquíes musulmanes, aunque eso pudiera traer consigo una masacre entre la población civil. La imagen de un Boabdil débil, afeminado, transmitida por la leyenda, manifiesta el desacuerdo popular ante la negociación.

Fernando le exigió a Boabdil la entrega como rehén de su hijo Alhadramyn. El granadino puso una condición, que le fue aceptada de inmediato. El joven estaría bajo la tutela de Gonzalo. La amistad entre ambos era la mejor garantía. Desde esa óptica, las negociaciones de paz se presentan como una sucesión de cartas entre ambos reyes, de proposiciones de unos y otros para la capitulación. Pero esencialmente exponen una extensa teoría política sobre las relaciones internacionales.

MUNDANEO EN LA VEGA DEL GENIL

Las negociaciones de paz que siguieron a la toma de Baza, Almería y Guadix sirvieron para que un desconocido autor decidiese continuar la crónica de Hernando del Pulgar.[8] Una ca-

7. Pérez del Pulgar, *Breve*, cit. pp. 568-569.

8. «Continuación de la Crónica de Pulgar, por un anónimo», en *Crónicas de los Reyes de Castilla*, ed. C. Rosell, Madrid, 1953, pp. 513-531.

sualidad más en este enrevesado asunto. El anónimo continuador soñaba con escribir sobre el asedio a Granada un gran libro de historia. Claro que no tiene el talento de su predecesor, ni la cautela ante el laberinto de la política. Se deja llevar por sus fuentes de inspiración, en especial los insignes escritores de la Roma clásica Livio y Salustio. Los imita, pero mal. La teoría de una providencia emerge entonces. Cautivó a la reina Isabel. Describir y clasificar distintos tipos de actos como modo de ser del hombre.

Los artificios de la composición retórica y las exageraciones propias de las crónicas áulicas hacen que la información sobre una acción de Gonzalo aparezca como un proceso dividido en cuatro momentos:[9]

1. Gonzalo aparece por primera vez junto a su hermano Alonso, Luis Portocarrero, señor de Palma del Río, y un tal Micergilio organizando un ardid, consistente en que los reyes aparentasen volver al real para que ellos pudieran preparar una emboscada.

2. En la refriega que siguió a esa emboscada los granadinos hirieron el caballo de Gonzalo, y éste cayó de bruces al suelo quedando inconsciente. Las palabras usadas para describir ese suceso por el cronista están aquí reconstruidas, manipuladas, pues el autor afirma que Gonzalo era el Gran Capitán: en ese párrafo comienza a descubrirse la necesidad de mistificar al personaje, que se produjo años más tarde.

3. Un escudero de nombre Valenzuela acudió en ayuda de Gonzalo, y le cedió su caballo. Mientras Gonzalo cabalgaba hacia el real «con gran trabajo», pudo ver como el escudero era alcanzado y muerto por los moros.

4. Luego el relato nos habla de la generosidad de Gonzalo. Se describe la preocupación por aquel gesto heroico, y de cómo «crió y casó a los hijos e hijas deste escudero».

El episodio tenía posibilidades. Por ello Pérez del Pulgar se

9. *Continuación*, cit. p. 515.

precipitó sobre él con el fin de resaltar la figura de su héroe. Su punto de vista es diferente al del «anónimo continuador» de Hernando del Pulgar: es más intencionado, más político.[10] Lo cuenta de un modo sencillo, ameno, convencido que el tiempo se encargaría de esclarecer los significados de esa acción donde Gonzalo *mundaneó*; es decir, convirtió el juego en símbolo de su existencia.

En los llanos de Armilla entre Alhendín y la Malahá vagaba Gonzalo con los suyos. Para la mayor parte de la gente que le rodeaba, incluidos los granadinos, él seguía siendo el único caballero digno de ese nombre, como evidenciaban sus hazañas en la vega del Genil. Aquel día se encontró por casualidad en medio de un combate entre sitiadores y sitiados mientras regresaba de una visita a Padul. Cerca de una tapia había unos cuantos musulmanes a caballo que resistían el empuje esperando refuerzos que galopaban hacia allí desde el vecino valle de Lecrín. Gonzalo tomó la iniciativa en el paso de una acequia, cuyo caudal de agua había crecido artificialmente. Mientras sostenía la posición para que sus amigos pasaran, Gonzalo desvió bruscamente la mirada hacia Granada y dijo (según Pérez del Pulgar, que recordaba sus palabras): «Gocemos oy, señores, del error de los enemigos que tan descauillados vienen y seamos capitaneados de vergÿuenza y no de temor, que si comunicamos el ardid, no participemos el huir, y nuestra huida bolvamosla en ira y demos buelta».

Todos se apresuraron a huir de allí hacia el oeste por el viejo camino de Gabia, que discurría entre limoneros y viñedos. El olor dulzón de los limoneros resaltaba desconcertante en medio de una refriega tan inusualmente violenta. Un extraño temor se apoderó de Gonzalo cuando vio herido a su caballo. Pero entonces, un hombre de Baeza llamado Íñigo de Mendoza, se apeó del suyo y se lo ofreció diciendo: «Tomad señor, este, ca de pie no vos podreys salvar lo que yo sí». Mientras

10. Pérez del Pulgar, *Breve,* cit. pp. 575-576.

se alejaba de allí a todo galope, vio como los musulmanes mataban a aquel buen hombre sobre la acequia. No tenía ni idea entonces de por qué había hecho una cosa así. Tampoco Pérez del Pulgar se lo explica, aunque anota que Gonzalo cuidó de la mujer y de los hijos de aquel abnegado hombre durante toda la vida. Una compañía salió al paso en ayuda de los huidos. Fue entonces cuando Gonzalo contempló las obras que estaban realizando en lo que sería la ciudad de Santa Fe. Se desvió de su ruta hacia Illora y enfiló el camino que llevaba directamente a aquel campamento de piedra. Nunca había visto nada igual. Había oído decir que Juan Rejón hizo una cosa parecida en el real de Las Palmas unos años antes. Gonzalo se apeó del caballo del pobre Íñigo. Se paseó por el borde de la ciudad, echando un vistazo a través de sus puertas hacia el interior. ¿Cómo era esa ciudadela?

EL DILEMA DE SANTA FE

Santa Fe es un real construido por los Reyes Católicos a escasos kilómetros de Granada, al pie de Sierra Elvira, en los marjales de la vega regados por el Genil, un territorio lleno de ricas y frondosas alquerías. Ese campamento militar es un magnífico ejemplo de la forma de hacer la guerra del siglo XV, basada en largos asedios. Las tropas atacantes se asentaban en las cercanías de una ciudad y permanecían allí meses, incluso años, mientras se negociaba una rendición o un acuerdo. Esas gentes no estaban dispuestas a morir escalando las murallas, ni tenían medios técnicos para derribarlas. La función de los estrategas militares consistía, pues, en buscar la manera de mantener el asedio, de asfixiar a la ciudad.

El panorama de Granada desde Santa Fe es como el espejismo de una ciudad de ensueño inexistente, retumbando de angustias y fervores. A finales del siglo XV, una de las colinas que señoreaban Granada, la de la Alcazaba, mantenía intacto el palacio de los reyes nazaríes llamado La Alhambra. Un trozo de cielo caído sobre un cerro rojo a cuyo fondo se percibe la inmensa mole de la sierra blanca durante los meses de invierno, gris acero el resto del año. Esa sensación ante el paisaje la encuentro a mediados del siglo XIV en el geógrafo Al-Umari: «el Genil recorre la vega de Granada en el espacio de cuarenta millas entre jardines, cortijos y aldeas pobladas de viviendas, casas de recreo, palomares y otras construcciones. El Darro llegaba a Granada después de discurrir entre jardines, campos y viñedos. Atravesaban la ciudad dos colinas, con abundantes y bellas casas y quioscos abiertos hacia las afueras, desde los que la vista era magnífica sobre las tierras de labor y los arroyos y acequias que las cruzaban y único el espectáculo, imposible de imaginar». Una imagen ratificada por el viajero egipcio Abd al-Bâsit, que visitó Granada en 1466, quien se maravillaba de los huertos y jardines de su entorno, del color y del olor de las calles, y creía estar en uno de los lugares más hermosos, sino el más hermoso de la tierra. La guerra parecía poner en peligro todo aquello, aunque quizás no lo hizo, pues en el primer cuarto del siglo XVI, Pedro Mártir de Anglería escribió en una de sus famosas cartas: «¿Qué comarca hay como ésta con tan bellos paseos para solaz y deleite del ánimo cansado de cuidados y fatigas».[11]

La campiña era fértil y la corte festejaba las victorias con entusiasmo. A cada instante en medio de ese hermoso verdor provocado por las aguas del Genil moría algún hombre, cristiano o musulmán, eso era indiferente. Las leyendas se multiplicaron con enorme facilidad. También los rumores de recién llegados a la tienda de los reyes. ¿Quién era aquel personaje taciturno que había llegado en compañía del *escríbano de ración* Luis de Santángel? Se trataba de Cristóbal Colón, un individuo convencido de poder llegar a Catay navegando por el

11. Pedro Mártir de Anglería, *Epistolario*, ed. José López de Toro, Documentos Inéditos para la Historia de España, Madrid, 1953.

Atlántico. ¿Qué hace en un campamento militar? Hernando de Talavera se había opuesto a sus planes unos años antes. ¿Qué había cambiado para que regresara confiando en que ahora sí iba a convencer a los reyes? Puede que se trate de una vulgar estratagema para conseguir una pequeña flota de dos carabelas y una nao con la que acudir a los bancos de pesca del Atlántico. Porque el interés por ese océano está creciendo, después de que los mercaderes de Cádiz se interesaran por la conquista de las Islas Canarias.

Santa Fe era el reino de las intrigantes, de los aventureros, de los arrivistas. El ruido de los álamos invitaba al reposo. Gonzalo quizás llegó a ver en algún momento a Colón. Es posible, aunque no tengo ninguna prueba. Pero el espacio era demasiado pequeño para que no se encontraran el ambicioso navegante y el inquieto alcaide de Illora. Eso era Santa Fe, eso era la corte durante el largo y cálido verano de 1491.

FUEGO EN EL REAL

Esta no es la historia de la aventura oceánica de Cristóbal Colón, sino de la aventura personal de Gonzalo en el sitio de Granada. Durante esos meses, a excepción de unos días que pasó en Illora, no cesó de buscar la manera de entrar en la alta política, con alguna sugerencia a Fernando y un poco de oportuna discreción en los momentos decisivos. La buena suerte llamó a su puerta una vez más de forma fortuita gracias a un incidente ocurrido a comienzos del verano de 1491 (Zurita lo fecha el 10 de julio y Bernáldez el 14 del mismo mes): el incendio en el real. Los autores no se ponen de acuerdo en algunos detalles importantes, aunque todos confirman la impresión recogida por Pedro Mártir de Anglería en su carta a Ascanio Maria Sforza sobre la confusión creada en el campamento.[12]

12. Mártir de Anglería, *Epistolario,* cit. t. I, p. 166.

Pedro Mártir compartía con el cronista Bernáldez la percepción de que aquel fortuito incendio en la tienda de Isabel tenía un significado difícil de entender a primera vista. Para él, el fuego sólo podía servir de reflexión sobre los acontecimientos que estaban a punto de producirse. Contemplando a los reyes arrobados por el peligro de aquella noche donde ninguno de los dos sabía si el otro estaba a salvo, reconocía en ellos la imagen de un afecto que estaba más allá de las antiguas discrepancias políticas. El fuego reavivó el sentimiento de 1469 (el año de la boda de los reyes) hasta el punto que cuando al fin se encontraron en medio del tumulto «se consolaron mutuamente».

Pérez del Pulgar, con su implacable deseo de originalidad, describe novelescamente la escena: «estando la reyna rezando junto á la cama do estava el rey durmiendo, el ayre que por una ventana entrava en la cámara meneava unas cortinas de seda que davan en la vela del candelero, y aquellas quemadas, dio en las ramadas de una en otra; se quemó gran parte del real y toda la tapicería del rey y de la reyna con mucha parte de la cámara».[13] El fuego zumba en la memoria del cronista. De repente, recuerda un detalle singular, decisivo. Se anima a verlo como el comienzo de la fortuna de Gonzalo. Está tan excitado que incluso ha olvidado dejar una prueba al respecto. Nadie se lo reprochó en su momento, además entre sus interlocutores estaba precisamente la protagonista de esa escena, que muy bien hubiera podido desmentirle, y no lo hizo. Quizás la escena fuera cierta, quién sabe.

Escribe Pérez del Pulgar: «Doña María Manrique, que lo supo de improviso (se refiere al fuego en el real), de Yllora embió á la reyna muchas y buenas camas y rica tapicería, suplicándole se sirviesse dello, con más camisas y cosas de lienzo labrado que á las infantas y damas dio, que de todo el fuego les hizo falta». El gesto de la esposa de Gonzalo no tiene nada

13. Pérez del Pulgar, *Breve*, cit. p. 575.

que ver ya con un intercambio de obligaciones feudales, al contrario, se asienta en el juego de los favores de la corte, reavivados en esa ocasión hasta un tácito reconocimiento de la jerarquía de Gonzalo, en lo que respecto a gusto, delicadeza y estilo de vida. Isabel lo confiesa sin reparos: «La reyna de su mano le escrivió, y en la carta y de palabra mucho agradecimiento le dio. E á la noche venido Gonzalo Fernández de la guarda del campo, donde estuvo donde luego que el fuego dio rebato en el real, la reyna le dixo: "Gonzalo Fernández, sabed que alcanzó el fuego de mi cámara en vuestra casa, que vuestra muger mas y mejor me embió que se me quemó"». En cada una de estas palabras (citadas de memoria por Pérez del Pulgar pero ante el nieto de la reina que probablemente conocía la anécdota por su madre que también se encontraba allí aquella noche), se advierte ya otro actitud de Isabel hacia Gonzalo. El primo de su marido, el hombre que tanto había hecho por sostener su política de alianzas se revela en el momento crítico del fuego del real como la única garantía de conservación de una forma de vida digna para los reyes.

La gran historia está a punto de cambiar para siempre; también la pequeña historia de Gonzalo. El fuego ha despertado el interés de Isabel hacia ese hombre. Ya no lo ve como el enemigo a batir, lo ve como un posible aliado. Como le ocurrió tantas veces en su vida, quizás esa iluminación le llegó demasiado tarde. ¿Se podía hacer algo? Aquel verano de 1491 fue decisivo, y en más de un sentido. El fuego del real se convierte así en una metáfora del reinado de los Reyes Católicos. Para un historiador atento, y educado en los textos de Julio César (lo que nunca fue Bernáldez y menos aún el continuador de Pulgar, seguidor de Tito Livio) se puede decir que para Gonzalo aquella noche la suerte estaba echada.

Oculta en la enredada maraña de acontecimientos ocurridos en la vega del Genil durante el verano de 1491, aparece una de las decisiones más importantes y sin duda una de las más difíciles de entender: el nombramiento de los negociadores para elaborar «Las Capitulaciones para la entrega de la ciudad y su territorio». La responsabilidad recayó en el secretario Fernando de Zafra, hombre de confianza de la reina, y en Gonzalo, que contaba con el apoyo de Fernando y con la simpatía de Boabdil. La osada superposición de esos dos hombres tan opuestos entre sí para llevar a cabo las negociaciones no tardaría en ser percibida por muchos testigos.

Lucio Marineo Sículo, que lo entendía casi todo y hacía lo posible para que lo supieran todos sus amigos italianos, escribió unas pocas líneas al respecto, en su obra *Regibus catholicis*, donde daría entrada a uno de los más atractivos perfiles de Gonzalo: «El rey Boabdil—escribe Sículo—que ya estaba resuelto á rendir la ciudad poniéndose de acuerdo con algunos de los principales ciudadanos de Granada, que ya habían ofrecido en secreto su entrega á los Reyes Católicos para granjear su favor envió con recato mensajeros á los reales cristianos, suplicando al rey y a la reyna que le enviase algún comisionado, para concertar con él las condiciones de la paz y del entrego. Oyeron de buen grado este mensaje el rey y la reyna, y con los mismos comisionados de Boabdil enviaron á Gonzalo Fernández de Aguilar, muy conocido de los moros de Granada y que hablaba su lengua, y a Fernando de Zafra, su secretario, á fin de que se enterasen y pusiesen después en conocimiento de los reyes las condiciones que para la paz y la entrega de Boabdil les ofrecía. Y habiendo conferenciado con él, volvieron con dos de sus consejeros á las estancias de los Reyes Católicos; les refirieron quales eran las proposiciones y la mente de Boabdil, y tornaron otra vez á Granada para tratar con él. Yendo así y viniendo varias veces á la ciudad y á los reales, aun quando permanecían oculto para todos lo que traían con aquellos mensages y recados, el buen éxito tan cumplido y tan deseado satisfizo plenamente nuestros votos y los de todos los christianos».[14]

Este es un comentario agudo, intencionado, como no podía ser menos dada la categoría personal del humanista Sículo. En realidad existe una extraordinaria diferencia entre Gonzalo y Zafra, dos almas opuestas. Uno es un caballero educado en Chacón y Valera, un hombre de mundo, que se abre al otro y aprende su lengua; el otro un secretario encaramado muy por encima de su condición social gracias a la política, un burócrata, siempre con los libros a cuestas.

¿Cómo fue posible que Isabel aceptara a Gonzalo? Francisco Bermúdez de Pedraza, perplejo ante esta decisión que no cuadraba con la personalidad de su adorada reina católica, deslizó un comentario de mal gusto en su historia eclesiástica de Granada: «Y porque las capitulaciones se habían de hacer en Granada y arrabales della, nombraron los Reyes Católicos á Gonzalo Fernández de Córdoba, que después fue Gran Capitán, para que asistiese a Fernando de Zafra, su más confidente criado y el más antiguo en la casa real de Castilla [...]. Duró la conferencia y tratos hasta el 25 de noviembre día de Santa Catalina mártir, que se firmaron las capitulaciones en el real de Santa Fe por los Reyes Católicos»; «después de firmadas las capitulaciones fue Fernando de Zafra á Granada, acompañado de Gonzalo Fernández de Córdoba, su valentón, á firmarlas del rey Boabdil, y con no pequeño peligro de su vida por la inconstancia y poca fe desta gente».[15] Bermúdez no tiene más

14. Lucio Marineo Sículo, *Regibus catholicis*, fol. 118 (edición de Paz, op. cit., p. 590).

15. Francisco Bermúdez de Pedraza, *Historia eclesiástica, Principios y progreso de la Ciudad y religión católica de Granada, corona de su poderoso Reyno y excelencias de su corona*, Granada, 1638, tercera parte, cap. XLV, cit. Rosell, cit. p. 590. H. Pérez del Pulgar, *Breve*, cit. p. 567.

remedio que aceptar la identidad de los dos negociadores, pero lo hace a disgusto, por eso añade un comentario personal, lleno de maldad, calificando a Gonzalo como el valentón de Zafra; una idea que puede ser atribuida con toda seguridad al círculo de la reina Isabel. Gonzalo convertido en un simple capitán de compañía, aunque famoso. La imagen se extendería con rapidez. Pero es falsa.

Zafra era el hombre más meticuloso e insoportable de todos con los que había tratado en el pasado. A Gonzalo nunca se le pasó por la cabeza que aquellos documentos que él decía conservar en un «gran libro» fueran importantes para el futuro, y sin embargo los conservó en sus archivos personales, a los que en el pasado algunos eruditos tuvieron acceso.

SONATA DE OTOÑO

En el otoño de 1491, Boabdil estaba contra las cuerdas debido a las numerosas presiones recibidas por parte de los sectores integristas de su reino. Recelaba de todos, menos de su viejo amigo Gonzalo, al que utilizaba más de una vez para enviar noticias de la situación al joven príncipe nazarí al que se nombra en el apartado cuarenta y cinco de las *Capitulaciones*: «Item es asentado y concordado que sus Altezas manden entregar á su hijo Alhadramyn que está en poder de Gonzalo Fernández».[16] En cierta ocasión, Zafra acudió solo a Granada para una reunión negociadora. No sabemos el motivo de esa arriesgada decisión. Pasaron los días y en el campamento nadie sabía nada del secretario. La reina se inquietó y mandó que Gonzalo acudiera para conocer si el secretario había sido hecho prisionero, o estaba muerto. Pérez del Pulgar insinúa

16. Garrido Atienza, op. cit. p. 284.

que en esa actuación Boabdil sintió sus últimos momentos de alegría.[17]

Cuando llegó al fin el momento de la redacción, Zafra consiguió imponer sus criterios sobre todos los demás miembros de la negociación, incluido Gonzalo. Pero eso es historia y se puede seguir fácilmente en los textos conservados.[18] El destino de Granada nunca se entenderá sin una lectura de esas capitulaciones para la entrega de la ciudad. Toda Europa estaba esperando que ocurriera una cosa así. Tan seguro era el fin de la civilización nazarí que nadie se molestaba en preguntarse si había otra posibilidad que no fuera esa. No existe una forma eficaz ni sensata de poner fin a un largo litigio. Gonzalo lo intentó (todos los mediadores a lo largo de la historia lo han intentado) y al final sólo consiguió un brillante papel que una de las partes no estaba dispuesta a cumplir. La amistad con Boabdil terminaría en un desengaño, y para Gonzalo sólo había una cuestión importante: ¿qué podía hacer un hombre que descubre contra su voluntad, que no era posible un pacto equitativo y justo para ambas partes?

Todos aquellos que se creían con derecho a inscribir su nombre en la memoria escrita de la conquista de Granada se apresuraron a firmar el acta de las capitulaciones. En los grandes momentos de la historia, los personajes mejor situados se precipitan sobre los mecanismos de propaganda política y hacen de ellos una ocasión para su exaltación personal. Así ocurrió en la lista de hombres preparada por Zafra: infantes, infantas, duques, condes, condestables. Lo más nutrido de la clase política aristocrática; pero también algunos caballeros de fortuna.

Después de este último gesto las armas guardaron silencio. Se siguió oyendo el ruido de algunas compañías que tomaban posiciones cerca de la ciudad esperando el momento de

17. Pérez del Pulgar, *Breve*, cit. p. 576.
18. Garrido Atienza, cit. pp. 256-295. Docs. 59 y 60.

la rendición definitiva. Las mandaba Gutierre de Cárdenas. Fueron lentamente hasta la puerta de la ciudad que estaba abierta, y llegaron a la Torre de Comares donde Boabdil le entregó a Cárdenas las llaves de La Alhambra. La reina no se movió del real aquel día. La interpretación historicista de Padilla no se atiene a la realidad de los hechos: es una leyenda más sobre todo este asunto. ¿Dónde estaba Gonzalo? Tampoco es segura su participación entre las tropas de ocupación. No aparece en la descripción de Cifuentes, considerada hoy como la más fidedigna sobre los acontecimientos de esa jornada.[19]

El pendón en la Torre de la Vela, el 2 de enero de 1492. Nadie hizo ningún comentario. Pero todos estaban convencidos que con ese gesto se ponía fin a una época histórica. Ahora el alcaide de Illora perdía su privilegiada situación para dedicarse a lo que Pérez del Pulgar denomina con ironía «tomar enmienda del trabajo passado».[20] De la noche a la mañana era un hacendado más haciéndose de oro con la compra de las alquerías de los vencidos a un precio escandalosamente bajo. Ahora su imagen era diferente. Más vulgar. Casi mezquina. Mientras Talavera se hacía con el arzobispado y el conde Tendilla con el control militar de la ciudad, Gonzalo se miraba a un espejo que no le gustaba. Había llegado el momento de estudiar la situación. Allí no había nada que hacer, salvo quizás engordar a costa de los pobres musulmanes que muy pronto descubrirían que las capitulaciones eran auténtico papel mojado. En efecto: no había nada que hacer.

Gonzalo se alejó de la barahúnda propia de las conquistas militares. Se refugió en Illora. ¿Qué pensaba de todo eso? Una descripción de aquella época lo muestra sumido

19. Carmen Pescador del Hoyo, «Cómo fue de verdad la toma de Granada, a la luz de un documento inédito», en *Al-Andalus*, XX, 1950, pp. 285-187. 20. Pérez del Pulgar, *Breve*, cit. p. 578.

en la duda sobre su destino. Pronto cumpliría cuarenta años, y no había hecho nada que justificara los dolores de su madre al traerle al mundo. El desagrado por todo lo que ve ha modificado su rostro. Es un vencedor, pero nadie lo diría.

9

EL ESPEJO ITALIANO
(1492-1494)

Durante los años 1492-1494, Gonzalo sufrió una profunda decepción. No sólo era la manera cómo había terminado la Guerra de Granada lo que le asqueaba, pues era de esperar teniendo en cuenta el ambiente de Santa Fe en las últimas semanas; sino el injusto regocijo ante la desgracia de los vencidos. Nada bueno podía salir de la chanza sobre el destino de la casa real nazarí. Cada día se contaban anécdotas degradantes sobre el Rey Chico. De ellas nació una nueva elaboración del romancero, con frases cargadas de doble sentido, en apariencia favorables a los moriscos, pero en el fondo mostrando un profundo desprecio por sus formas de vida.[1]

El caso Boabdil puso de manifiesto la clase de hombres que eran el alcaide de La Alhambra Íñigo López de Mendoza, el obispo fray Hernando de Talavera y el secretario Fernando de Zafra, los tres máximos responsables de la nueva organización administrativa del país.[2] A finales de mayo, los Reyes Católicos se marcharon a Barcelona, dejando en manos de sus delegados la resolución de las quejas de los granadinos por el incumplimiento de las capitulaciones. Las respuestas del secretario a esas quejas fueron descorteses por su indiferencia, e insolentes por el desprecio a la verdad. Cualquiera que hubiera sido el motivo de ocupar la ciudad, ningún adversario político merecía el trato que estaba recibiendo el pueblo musulmán de Granada.

La leyenda de Yûsuf Bannigâs parte de ahí. Sus palabras

1. Manuel Alvar, *Granada y el romancero*, Granada, 1956.
2. Ladero, *Granada*, cit. p. 156.

constituyen la visión del vencido, dramática como todas ellas, pero cierta por venir de alguien cuyo único interés en ese asunto es que se conociera la verdad.[3] «¿Si el rey de la conquista no guarda fidelidad, qué guardamos de sus sucesores?» se pregunta Yûsuf ante un joven mudéjar de Arévalo que le escuchaba atentamente junto a un arrollo. Pero Alî Sarmiento, que era el nombre del muchacho, y quién anotará su testimonio, no encuentra respuesta. Yûsuf insiste: «No dudes mi dicho por ser yo uno de ellos y ser testigo de vista, que vi por mis ojos escarnecidas todas las nobles damas, así viudas como casadas, y vi vender en pública almoneda más de trescientas doncellas. Yo perdí tres hijos varones y dos hijas y mi mujer, y esta solo hija que tengo quedó para mi consuelo que era de siete meses. Yo no lloro lo pasado, pues a ello no hay retorno, pero lloro lo que tú verás si has vida y atiendes en esta tierra pues, si ahora, en tan breve espacio, parece que ya nos sutentamos de acarreo, ¿qué hará cuando vengan las postreras otoñadas?».

Las acciones descritas por Bannigâs no se justifican por la época, pues en la Europa del siglo XV era costumbre respetar al adversario vencido. Así lo exigían las normas de la caballería; y así se había hecho más de una vez. ¿Por qué no ocurrió en esa ocasión? ¿Quiénes fueron los responsables? Lo mismo sucede con el protagonista principal de esa triste historia, Boabdil. ¿Por qué un hombre honesto y elegante como él se convirtió en un enemigo cuya imagen era necesario destruir para complacer a los repobladores? ¿Se le trataba así porque era «moro»?

Sobre su marcha se contaba una anécdota (falsa, ya lo sabemos) que ha llegado hasta nuestros días a través de la memo-

3. Biblioteca Nacional de Madrid. Vitrina reserva 245, fol. 87-88. Leonard Patrik Harvey, «Yûse Banegas: un moro noble en Granada bajo los Reyes Católicos», en *Al-Andalus*, 21, 1956, pp 297-302, Ladero, *Granada*, cit. pp. 163 y ss.

ria popular.[4] Me interesa citarla porque muestra con nitidez la insoportable levedad existente en Granada tras la toma. Se contaba que Boabdil abandonó llorando la ciudad y que se detuvo un momento en un repecho de la cuesta que conduce de Armilla al Padul para echar una última mirada a la ciudad, y entonces suspiró. Ese lugar se conoce hoy con el nombre de El Suspiro del Moro. En realidad, no se fue de esa manera, ni quizás por ese camino. ¿Qué oculta la leyenda?

Boabdil soportó bien la derrota, e incluso la pérdida de su hermosa ciudad, mientras que sin embargo no superó la suerte de muchos de sus amigos desterrados o muriendo a las órdenes de algún ofuscado alguacil en las montañas de la Alpujarra, o en las playas de Almería, adonde acudían con la intención de pasar al Magreb. Boabdil lo sobrellevó con dignidad hasta la llegada del verano, pero tras conocer el destino de sus mejores amigos ya no pudo más y, tras volver a confiar en Fernando, que le mandó un nuevo acuerdo desde Barcelona, anunció a los suyos la intención de marcharse de Granada para siempre.[5] A su madre Fátima pareció afectarle menos la noticia que la circunstancia de que su hijo no le hubiera consultado, como había hecho en otras ocasiones, pese a lo cual contribuyó al viaje con la venta de la alquería de Zojaira al alcaide Luis de Valdivia por la suma de dos mil quinientos reales.[6] También los hijos recibieron la noticia con calma. Sin duda era lo normal habida cuenta de la situación creada. En aquellos días ya debían haber vuelto de su estancia como rehenes en Moclín e Illora. Boabdil se sinceró sobre esas cuestiones más de una vez con Hernando de Baeza.[7]

La despedida también es recuerdo, evocación de un tiempo que nunca más volvería. Los gobernantes de Granada eran

4. Camilo Álvarez de Morales, *Muley Hacén, El Zagal y Boabdil*, Comares, Granada, 2000. 5. CODOIN, VIII, pp. 457-458

6. Luis Seco de Lucena, «La sultana madre de Boabdil», en *Al-Andalus*, XII, 1947, pp 359-390. 7. Hernando de Baeza, *Relaciones*, cit.

unos pedantes parapetados en sus ideales religiosos. Su único antagonista era Gonzalo, que había pensado en otro final para esa historia, y para su amigo Boabdil. Hay algo de la vieja costumbre del amor de los reyes en su fidelidad hacia el Rey Chico y sus hijos, que escapa a la necesaria cautela de esos duros años. Siempre ocurre lo mismo cuando una gran civilización se derrumba: un hombre mantiene la dignidad ante *gone with the wind.*

LO QUE EL VIENTO SE LLEVÓ

En efecto, la despedida de Boabdil y Gonzalo destapa ante nuestros ojos todo lo que el viento se llevó en Granada. El *mundaneo* convertido en una caja de estrategias de tres contra dos (Boabdil, Gonzalo y Martín contra al-Zagal y Bannigâs) pertenecía a la memoria personal de esos cinco individuos, y a la cultura de Hernando de Baeza, criado de Martín, que decidió acompañar al Rey Chico en su exilio. No quedará nada de la vieja civilización nazarí, salvo algunos monumentos que sirvieron para que la imaginación tejiera miles de leyendas con las que se intentó comprender lo que nadie en 1492 era capaz de vislumbrar, ni siquiera Gonzalo, tan refinado, tan galante, tan discreto.

El legendario desgarramiento de Boabdil es la contradicción entre la armonía de la naturaleza y la mezquindad de los actos humanos. Pero, al mismo tiempo, es la expresión de una conciencia dañada por la traición del amigo. Nos acercamos a una cuestión fundamental en la vida de Gonzalo: el conflicto entre su espíritu generoso y su ambición personal. Esa contradicción afecta a la armonía natural. Lo sabía, y no hizo nada para evitarlo. Ni siquiera censuró a Fernando de Zafra. Era preso del mismo complejo de otros alcaides y aceptó la tragedia granadina con pasividad, pensando que la guerra tenía esas cosas y desde luego no era la primera vez, ni sería la última, que los vencedores se vengaban de los vencidos. ¿Acaso recordaba las tristes palabras de su antepasada Leonor López de Córdoba quejándose de los horrores de la guerra civil entre el rey Pedro y su hermano Enrique? Una cosa parece segura: de su actitud es fácil deducir que no iba a hacer nada por su viejo amigo. La excusa era que él ocupaba una posición subalterna en el aparato del Estado, lo que era rigurosamente cierto. Desde su punto de vista no podía ayudar a Boabdil; desde el punto de vista del rey nazarí, él no respetó las reglas de una amistad por la fidelidad a los Reyes Católicos.

El sobrenombre de *al-Zuguybi* (el malhadado) nos indica la presión del sol negro en su vida: el Rey Chico, como otros desdichados de la historia, sucumbió a la melancolía tras verse abandonado por el amigo del alma. ¿Nos puede extrañar que en esas circunstancias lanzara el famoso suspiro, o el llanto, por la pérdida de su ciudad y de su amigo? Las leyendas siempre tienen un fondo de verdad, que es necesario buscar. El eco de aquel suspiro, de aquel llanto, ha llegado hasta hoy vinculado a un paisaje de ensueño, el que se ve a la altura de Alhendín, cuando la cuesta comienza a descender en dirección a Lanjarón, Orjiva y Las Alpujarras, último refugio granadino de Boabdil, un refugio entre montañas. La caza, la diversión, la nostalgia. Todo eso tan humano no hace olvidar el ruido del agua de Dâr al-Horra, aquella casa de Fâtima, donde cimentó la amistad con Gonzalo, cuyas huertas pasaron a ser propiedad de Zafra hasta que la reina decidió construir en ellas el convento de santa Isabel la Real, cuya primera abadesa fue doña Luisa de Torres, viuda de Miguel Lucas de Iranzo, que había tomado el velo como clarisa.

ENCRUCIJADA

En septiembre de 1492, a los treinta y nueve años, Gonzalo pasó unas días en Montilla, su ciudad natal. Los aprovechó lo mejor que supo. Se dirigió al escribano público Alfonso Pérez, por «merced del señor de Aguilar», para que redactara un documento de poderes en favor de Gonzalo de Herrera. Al parecer, ese cordobés felizmente casado y algo mayor que él, era de su entera confianza. En este documento Gonzalo habla por primera vez de sí mismo y de sus preocupaciones cotidianas, en este caso el cobro de las alcabalas de Córdoba que él tenía «por juro de heredad» y que ascendían a la bonita cifra de cincuenta mil maravedíes.[8]

«Sepan quantos esta carta de poder bieren como yo, Gonçalo Ferrandes de Córdova fijo de Don Pedro de Aguilar, que santa gloria aya...» con esta presentación de sí mismo, comienza el documento, el único que conozco donde Gonzalo habla de su padre. Eligió como testigos de ese documento a Hernando de Baeza (el historiador) y su hijo Diego, que probablemente daba ya señales de su extraordinario talento; también a dos criados de su hermano Alonso. Y poca cosa más. Este tipo de documentos son así, pero sin embargo en esta ocasión nos ha mostrado algo importante. Gonzalo nunca descuidaba los asuntos económicos; al contrario, mantenía el control sobre ellos. Para él, la vida de un héroe no colisionaba con el sentido práctico. Una forma de ser que llamó poderosamente la atención de Fernando el Católico, que en esos años buscaba alguien capaz de ordenar el confuso asunto de las rentas de Sicilia, para el que había pensando ya en Pedro de Frías, pero el enredo siciliano quizás requería algo más que un eficiente administrador. ¿Sería Gonzalo? ¿Era capaz de llevar bien las cuentas de un reino y al mismo tiempo dialogar con las partes en conflicto? A mi juicio, un comentario hecho por él mismo cinco años más tarde es la mejor respuesta: «y pidió a mi Gonzalo Ferrández con grande aquexamiento que cumpliese la palabra que le avia dado de moderar aquel asyento de Iofrate quando las cosas estouiesen en alguna mane-

8. L. de Torre, «Cartas y documentos relativos al Gran Capitán», en *RABM*, vol. XXXIV, 1916, p. 304.

ra de quietud, y asy no pudiéndome escusar de aquesto porque la evidencia del fecho me repugnaba, vine en esto con acuerdo e contento del Mestre Racional que asy mesmo le pareçió ser justo».[9]

Esta declaración de intenciones constituye una prueba casi definitiva contra ese estallido de emoción del siglo XIX conocido como Romanticismo que vio en Gonzalo a un hombre por encima de las circunstancias, un elegante descuidado de los asuntos de la economía. Durante más de dos siglos, cualquier persona ha reconocido el *locus classicus* que habla de las «cuentas del Gran Capitán». Una leyenda sin fundamento, sobre la que volveré más adelante. Ahora debemos seguir los pasos de Gonzalo en el tormentoso otoño de 1492.

ENEMIGOS Y AMIGOS

Toda Granada se encontraba fuera de sí en un punto concreto; se había conquistado un reino y se habían repartido sus riquezas entre los conquistadores. La justificación era inútil; sólo podía esperarse que el ejemplo no cundiera, y se agotara en ese momento. Bella ilusión. El afán de beneficios fáciles favoreció la brutalidad de la gente y la falta de consideración hacia los vencidos. La aventura atlántica daría nuevas pruebas de esa actitud: en las Islas Canarias y en las Antillas. Gonzalo trató de ponerse al abrigo de esa actitud de sus contemporáneos manteniéndose a distancia de la política, aunque no dudó a la hora de hacerse con un espléndido patrimonio de tierras en Santa Fe y en Orgiva, comprando a bajo precio las alquerías que sus propietarios abandonaban para marcharse a Marruecos. En ese preciso momento, Gonzalo y otros alcaides, Mar-

9. A. Paz, «Colección de cartas originales y autógrafas del Gran Capitán que se guardan en la Biblioteca Nacional», en *RABM*, vol. V, 1902, pp. 180-181.

tín entre ellos, necesitaron el alivio de buscar un nuevo estilo de vida, lejos de todo eso que estaban viviendo, pues si su existencia era sólo eso, ¿qué sentido tenía el esfuerzo realizado para aprender en su juventud los ideales de la caballería?

Un razón similar llevó a Boabdil a abandonar Andarax, en Las Alpujarras, para buscar una nueva vida lejos de su tierra natal. La mejor prueba de ello es el nerviosismo mostrado en la primavera de 1493 por su viaje a Marruecos, y del que se hace eco Zafra en algunas cartas a los reyes.[10] Entre todos los rostros musulmanes insípidos o incitantes de los que el insidioso secretario no apartó la mirada, no había visto a nadie con el sentido de la historia del Rey Chico. En cuanto a Gonzalo, los sentidos y el alma sufrieron un duro revés al ver partir a su viejo amigo. ¿Cómo fue el viaje? Tímidamente, el testimonio de Zafra ofrece nuevos datos sobre el destino final del último rey nazarí de Granada.

El largo memorial, escrito por él, quizás con el ánimo de justificar sus actos, se conserva incompleto. Zafra escribió lo siguiente:[11]

> Entendí con toda la astucia é diligencia que pude, el pasaje del Rey moro allende, y lo tengo tanbien por seruicio señalado, en que gasté por traerlo á efeto buena cantidad de dinero é mulas que dí al Rey moro é otras cosas; Y del dinero que sus altezas otorgaron tuve tan buena horden, que quedaron dello para sus altezas, al píe de cinco quentos, con que se pagó Artieta é los otros navíos que la primera vez fueron con Gonçalo Fernándes.

El texto es importante, y por muchos motivos. Zafra certifica que fue Gonzalo quien mandó las naves que, en octubre de 1493, trasladaron a Marruecos al rey Boabdil. ¿Veía en la mención de ese hecho, ausente en las historias oficiales del reino

10. CODOIN, XI, pp. 481-571.
11. Garrido Atienza, op. cit. pp. 326-328. Doc. LXXII

de Castilla, una manera de mostrar su superioridad sobre los escritores áulicos al servicio de los Reyes Católicos? Parece bastante seguro. Zafra intenta ser imprescindible, en tanto lo requiera la situación política de Granada. Bien es cierto que, desde hace algún tiempo, ante la agitación de los moriscos, él se había dicho casi como un reproche que era una pena que los aristócratas nazaríes estuvieran exiliados en Fez. Pero las cosas imposibles no tienen demasiada influencia en la vida, tanto más cuando las constantes represalias en Las Alpujarras y en el valle de Lecrín habían provocado una vez más la aparición del terror en la historia de Granada. Luego, la fatalidad arrastrará a todos hacia ese matadero, y al decir a todos, me refiero que también Gonzalo intervendrá en la represión contra los moriscos.

Zafra anota satisfecho todo cuanto se refiere a la ejecución de la cruzada contra el turco, donde él jugó un importante papel: «Después desto se ofreció lo de la armada, que fue Gonçalo Fernándes en que trabajé el todo de quanto en ella se hizo, syendo la mayor armada que nunca salió destos Reynos». Encuentro entre los dos responsables de «Las Capitulaciones» en ese momento trágico. Nadie se salva de la ignominia, pese a que Gonzalo llevaba algún tiempo buscando una misión para mitigar la lacerante melancolía por haber dejado en Fez a su amigo Boabdil y a sus hijos, uno de los cuales quería como si fuese realmente suyo. ¿Cómo no desear vivir allí con él cuando han estado guerreando tanto tiempo juntos?

Boabdil vivió en la ciudad de Fez desde su llegada, en octubre de 1493, hasta su muerte ocurrida a mediados de 1533. ¿En qué ocupó su tiempo? Algunos testimonios informan que rehizo su vida y actuó de forma gloriosa en la Guerra de los Xerifes, en apoyo del sultán de Fez.[12] Pero, en ver-

12. Diego de Torres, *Relación del origen y suceso de los xarifes y del estado de los reinos de Marruecos, Fez y Tarudante*, ed. Mercedes García-Arenal, Madrid, 1980.

dad, poco se sabe de su vida, ni de la vida de sus hijos Yûsuf y Ahmad, aquellos niños que habían estado tanto tiempo como rehenes en Moclín e Illora. La oscuridad de su vida en Fez contrasta fuertemente con la brillantez de la vida de Gonzalo en Nápoles. Vidas paralelas cuya ruptura dio lugar a una gran paradoja: mientras Boabdil, el granadino de toda la vida, moriría lejos de su tierra y sería enterrado cerca de Bab al-Sari'a; Gonzalo, el hombre nacido en Montilla, moriría en Granada siendo enterrado en ella. Sus vidas paralelas parecen tejidas así. ¿Lo supieron ellos? Parece dudoso. De todos modos, Boabdil sospechó que, en su viaje de vuelta a la Península, Gonzalo por fin comprendería que la amistad entre ellos era una historia acabada para siempre. No fue necesario comentárselo. El Rey Chico sabía bien que no trataba con un vulgar secretario, sino con todo un caballero. Cuando Gonzalo pisó tierra en el puerto de Málaga, bruscamente se sumió en un hondo silencio. Hasta ese momento no había comprendido el alcance de la despedida de Fez. Después de todo, Boabdil era su amigo.

EVASIÓN

La historia de Gonzalo desde octubre de 1493 a noviembre de 1494, total poco más de un año, es la historia de una evasión. Tras su regreso de Fez, se refugió en sus alquerías y comenzó a lamentarse sobre aquellos males que no había querido provocar, sobre aquellos crímenes que horrorizaban su sentido caballeresco de la vida, pero que de haber sido más hábil, tal vez hubiera logrado evitar, al menos en parte. Su presunción en esos años le hizo absolutamente incapaz de ver que los pactos firmados entre los Reyes Católicos y Boabdil nunca entrarían en vigor, y que el gesto dominante entre los vencedores era la vanidad y entre los vencidos el recelo. Al final entendía la actitud de Íñigo López de Mendoza, e incluso la de su hermano Alonso de Aguilar. ¿Qué hacer en tales circunstancias?

Trataré de evocar los dos años que Gonzalo pasó en Granada uniendo entre sí las escasas referencias cronísticas con algunos apuntes referentes a su actuación como hacendado agrícola. Mis fuentes principales siguen siendo Pérez del Pulgar y Giovio, que se preocuparon por discernir el cambio de actitud detectado en Gonzalo en esos dos años, y que ambos ligan tanto a su desilusión por el modo de finalizar la guerra como por el descubrimiento de la cultura italiana del Renacimiento. Rellenaré algún claro o subrayaré un trazo mal definido con ayuda de precisiones extraídas del testimonio de otras personas que tienen contacto con él, de forma especial con la correspondencia del conde de Tendilla.[13]

¿Qué usó Gonzalo para conocer la cultura del Renacimiento? Naturalmente, la lectura de libros y folletos. El historiador se enfrenta aquí al difícil territorio de la biblioteca personal de un individuo de finales del siglo XV, y debe deducir de su actuación ulterior el contenido de sus lecturas. Los humanistas insistieron en la necesidad de que los hidalgos españoles leyeran como un principio de distinción social, sin pensar en los riesgos que esa actividad traía consigo. Los libros enseñan, siempre y cuando se consigan comprender; en caso contrario, pueden hacer perder la razón, como le pasó al hidalgo manchego Alonso Quijano, el Bueno.

LECTURAS

Creo conveniente vagar a través de la supuesta biblioteca de Gonzalo, convencido de que todo lo que llegó a saber de la cultura del Renacimiento procedía de unos escritores que, en

13. *Correspondencia del conde de Tendilla*, ed. Emilio Meneses García, Madrid, RAH, 1972.

Italia, habían alcanzado una definición de los sentimientos humanos diferente a la existente en España: unos escritores que maduraron su trabajo en el ambiente creado en su país tras la Paz de Todi (1454). Vistos desde Granada, y con los ojos de Gonzalo, los esfuerzos de Marsilio Ficino por traducir los diálogos de Platón para Cósimo de Médici (1389-1464) aparecían como un extraño camino educativo.

Ficino trabajó día y noche para que la imagen de *pater patriae* constituyera el fundamento de la República. Si él decidió pensar la política a través de las metáforas platónicas fue con el propósito de encontrar una legitimación al dinero, es decir, a la actividad capitalista de su patrón que, además de padre de la patria, era un influyente banquero. Cósimo nunca perdió la compostura a lo largo de su vida, convencido de que la prudencia era la mayor virtud del hombre noble de espíritu. No es difícil conocer los motivos de tanto halago, su mecenazgo alcanzaba todos los aspectos de la cultura: creó una gran biblioteca (la *Biblioteca Lorenziana*), terminó la catedral, ayudó en su carrera a Donatello y cobijó a multitud de sabios griegos exiliados en Florencia tras la toma de Bizancio por los otomanos. Con falsa modestia, que alternaba con su natural elegancia, no quería gobernar por él mismo, sino que utilizaba a hombres de su confianza, aunque no encontró a nadie que estuviese a su altura, pues su círculo estaba compuesto de humanistas, *gens de lettres* y pintores, más que de buenos políticos. Se le atribuye casi todo lo nuevo que ocurrió en la segunda mitad del siglo XV, elogiando su capacidad de crear un sólido tejido social en el que reposó las acciones culturales. Sentía una especial preocupación por el poder de los reyes y mantenía una prudente distancia con la Roma de los Papas, rota por su hijo Pietro al promover el matrimonio de Lorenzo con Clarissa Orsini. Cósimo murió en 1464, y su hijo Pietro lo hizo sólo cinco años después, de modo que Lorenzo, el nieto, con el tiempo calificado como el Magnífico, alcanzó la jefatura familiar con solo veintidós años, dedicando la mayor parte de su tiempo a convertirse en un *uomo universale*, según el ideal de vida vigente por entonces.

Destacaré dos novelas escritas en el ambiente áulico de la Italia central donde se analiza el papel de los hombres de armas, siguiendo la tradición literaria, inaugurada por *Guerino il Meschino*. Se trata de dos novelas que hablan de la naturaleza del poder, esa realidad oculta en las brumas del imaginario político. Son dos novelas educativas: el *Morgante Maggiore* y el *Orlando Innamorato*.

La primera de ellas fue escrita por Luigi Pulci por encargo de la madre de Lorenzo el Magnífico, Lucrezia Tornabuoni, una gran dama interesada en tener un texto que pudiera leerse en su elegante *salon* del palacio de la Vía Larga donde acudían personajes como Marsilio Ficino, Angelo Poliziano, Giovanni Pico de la Mirándola, Cristoforo Landino o Miguel Angel Buonarrotti.[14] Pulci recreó la figura de Orlando, el paladín de Carlomagno, un gran caballero, el único capaz de limitar el poder del soberano, pero que fue traicionado vilmente en Roncesvalles.

El espíritu renacentista, que tanto interesó a Burckhardt y a Pater, nació cuando los ojos de Ucello supieron ver la traición como el único monstruo, ese nuevo dragón de la perfidia humana que surge dentro del caos político del momento. Es una mirada llena de intencionalidad hacia el falso *mundaneo* provocado a veces por el juego caballeresco; una mirada crítica hacia el uso desmedido de las palabras como vehículo del engaño. Palabras, sólo palabras, dirá más tarde Shakespeare, mostrando así su conformidad con la observación de Pulci de que es preciso pasar a la acción en lugar de mantenerse enredado en esa trampa mortal del buen paso, el regalo y el reposo de la retórica cortesana.

Hay en Pulci algo que le impedía presentir las consecuencias de sus observaciones sobre la alta sociedad. Afirmaba que

14. Luigi Pulci, *Morgante*, ed. De Robertis.

la metamorfosis sería posible siempre y cuando hubiera una voluntad artística a la hora de afrontar los grandes problemas de su tiempo: la mentira y la traición. Ilusión que iba a durar algunos años. El *Morgante* se comentó mucho y sus razones terminaron siendo el vehículo por donde el humanismo integró el ideal caballeresco en la política italiana.

Il Orlando Inamorato fue escrito unos años más tarde por Matteo Maria Boiardo con ánimo deliberado para la corte de Ferrara.[15] La gente que escuchaba (y leía) su relato era elegante; en su mayoría diplomáticos, hombres de Estado, príncipes, duques, ricos hacendados, famosos *condottieri*, banqueros y comerciantes de artículos de lujo; todos ellos sabían escribir y eran conscientes del valor de una buena novela; las mujeres, desde luego, eran las mejor vestidas y poseían el orgullo que les daba su inmensa fortuna. La refinada corte de Ferrara se sintió el centro del mundo durante el gobierno de Ercole d'Este (1471-1505), a lo que contribuyeron decididamente sus dos elegantes hijas, Beatrice e Isabella, ésta última casada con Francesco Gonzaga, marqués de Mantua. Tiempo sin miedo, en que parecía inofensiva la presión eclesiástica y la actitud de los herejes. El público por cortesía consintió seguir uno a uno los razonamientos poéticos de Boiardo acerca de la gentilidad:[16]

> Signori e cavalier che ve adunati
> per odir cose diletose e nove
> stati attenti e quïeti, et ascoltati
> la bella istoria che 'l mio canto muove;
> et vedereti i gesti smisurati,
> l'alta fatica e le mirabili prove
> che fece il franco Orlando per amore,
> nel tempo del re Carlo imperatore.

15. Matteo Maria Boiardo, *Orlando innamorato*, ed. Francesco Foffano Bolonia, 1906. 16. ed. cit. vol. I, p. 3.

Ese era el principal ritual de paso en una sociedad donde se debatía sobre platonismo, mística neoplatónica, hermetismo y mitos paganos con la misma naturalidad que se hablaba del coste de un viaje de negocios o el precio de un objeto de lujo. El debate literario era la diversión social de esos hombres que gobernaban el mundo a través de sus ejércitos, sus bancos o sus compañías de navegación. Nadie, fuera de ellos, podía entender las sutiles metáforas de Boiardo. En cualquier velada organizada por la duquesa de Ferrara, tras la inevitable lectura de una novela de caballería, se vigilaban los comentarios acerca de lo leído. Un simple error podía significar el fin de una brillante carrera diplomática, militar o comercial. Era necesario estar informado, leer, o escuchar la lectura en voz alta de aquellas noches de fiesta, donde el texto de Boiardo hablaba de un mundo de fantasía que al mismo tiempo era una metáfora de lo que se esperaba de ellos en la vida.

Veamos un pequeño ejemplo de su verso:[17]

> Convienni alciare al mio canto la voce
> e versi più superbi ritrovare;
> convien ch'io meni l'arco più veloce
> sobra alla lira, perch'io vo' contare
> de un giovane tanto aspro e si feroce,
> che quasi prese il mondo a disertare:
> Rodamonte fu questo, lo arrogante,
> di cui parlato ve ho più volte avante.

El mundo moderno reclamaba un lugar en la historia, y Ferrara no podía darle la espalda, si quería sobrevivir al empuje de los tiempos. Eran días felices aquellos años ochenta en Italia. Todo parecía un juego, y de hecho lo era. A la sombra de la Paz de Todi, y de mecenas como Lorenzo el Magnífico o Ercole d'Este la cultura creció sin parar.

17. ed. cit. vol. II, pp. 99.

Ni Lorenzo el Magnífico ni Ercole d'Este eran sin embargo el espejo donde buscaron mirarse los caballeros del Renacimiento. Ese honor recaía aún en Federico da Montefeltro, duque de Urbino (1442-1482) y en su hijo Guidobaldo, en quien Castiglione se fijó para elaborar su manual del perfecto *cortegiano.* Recordemos el retrato que de Federico hizo Piero della Francesca en el interior de *La Virgen y el Niño,* actualmente en la Pinacoteca Brera de Milán.

Piero de la Francesca, *La Virgen y el Niño,*
(detalle: retrato de Federico da Montefeltro).
Milán, Pinacoteca Brera.

El gesto piadoso busca compensar el inmenso halo de gentilidad representado por la armadura blanca (o milanesa), su celada y su espada. El silencio enmarca su mirada. Todos los capitanes y caballeros del Renacimiento quisieron ser representados como Piero hizo con Federico. Era como un reclamo en el interior del inmenso campo de construcción de la inmortalidad que traía consigo el éxito en una campaña militar, un gesto de fortuna que ponía fin a la tragedia de sus miserables vidas. Sobre el duque de Urbino se puede decir lo mismo que don Quijote dijo de Grisóstomo: «que fue único en el ingenio, solo en la cortesía, extremo en la gentileza, fénix en la amistad, magnífico, sin tasa, grave sin presunción, alegre sin bajeza, y, finalmente, primero en todo lo que es ser bueno, y sin segundo en todo lo que fue ser desdichado».[18]

Esta imagen despierta en mí un interrogante: ¿cambió el carácter del poder el desarrollo del retrato a lo largo del siglo xv? Es difícil saberlo. El *uomo universale* del Renacimiento aspiraba a ser inmortal, y los grandes pintores de la época se precipitaron sobre esa ilusión fijando la pose más adecuada para ello.[19] Cuando Gonzalo (sin intuir que un día llegaría a ser más importante que Ercole, Federico y Guidobaldo) vio esos rostros altaneros, comprendió enseguida que la cultura del Renacimiento estaba dominada por una *virtù* especial, difícilmente conjugable con el destino de la gente sencilla. La revuelta se gestaba por todos lados y con la revuelta las calamidades (ambas forman una pareja indesligable, dirían más tarde Maquiavelo y Guicciardini) y Gonzalo no podía tomarse a la ligera un reto de esa naturaleza.

La muerte de Lorenzo el Magnífico en 1492 precipitó las cosas. El *popolo minuto* acabó embistiendo inesperadamente, como siempre había hecho, pero con más furia que en otras

18. *Don Quijote*, cit. p. 134.

19. Vid. Harry Berger, jr., *Fictions of the Pose*, Stanford, Stanford University Press, 2000.

ocasiones, contra el orden político. En Florencia, Savonarola y sus «llorones» se hicieron con la plaza pública. En otras ciudades, fueron las luchas de clanes patricios las desencadenantes de los desórdenes públicos. ¿Por qué esa pasión por la violencia callejera que a veces alcanzaba tintes dramáticos?

RECATO ANTE TODO

Gonzalo se esforzaba en extraer una moraleja política a sus lecturas, evocando vagamente las maquinaciones de los tiranos, la pintoresca actuación de los *condottieri* o la riqueza de los mercaderes que en esos años ostentaban la supremacía en el mundo de los negocios. Los que conocían un poco mejor el sur, en especial Nápoles, hablaban del renovado interés de los franceses por el *Regno*, que devolvía a la ciudad al centro de la política internacional, antes de convertirse en la periferia del Imperio español. Esa agitación fue vivida por Gonzalo como un alivio. ¿Le ayudaría el arrogante rey de Francia en su deseo de salir de Granada en busca de una aventura que aliviara su creciente soledad, que le había asaltado en la mitad de la carrera de su vida?

No tuvo prisa. A otros muchos les perdió la impaciencia y el arrojado deseo de actuar en el gran escenario de la historia. No cultivaron su alma con el necesario recato para triunfar en un mundo tan complejo. Eso es lo que le ocurrió, por ejemplo, al caballero y poeta Marullus, un *condottiere* originario de Ragusa, que supo moverse entre los nobles italianos con gran soltura, incluso sirviendo fielmente a Antonello Sanseverino, príncipe de Salerno, pero que perdió su rumbo cuando los franceses invadieron Italia. El retrato que hizo de él Boticelli muestra a un hombre ambicioso, pero perdido. El desbordamiento de emociones provocado por la llegada a Milán de Carlos VIII se deshace en el pasivo absurdo de Marullus y los señores feudales a los que servía, incluido el príncipe de Salerno, y su fracaso es como un eco de lo que nunca debía hacerse.[20] Si Gonzalo no hubiera conocido ese caso, y otros semejantes a él, es bastante posible que se hubiera dejado seducir por una *condotta*; pero no lo hizo. Supo esperar su momento, como si se dijera una y otra que vez que debía guardarse de las prisas. El riesgo era permanecer inactivo, sin tropas a las que mandar ni órdenes que cumplir. Pero eso no ocurrió. La historia le echó una mano, cuando Carlos VIII dirigió sus tropas hacia el sur: estaba claro que Francia quería conquistar el *Regno*. ¿Por qué motivo?

EL HEXÁGONO Y LO QUE LE SIGUIÓ

El interés de Francia por Italia, en concreto por Nápoles, es una realidad compleja. La imagen de un pasado áureo, los tiempos del buen rey René de Anjou, que hizo reinar a su alrededor el lujo y la ostentación de la vida caballeresca, como queda reflejado en su libro de torneos, se mantenía vivo en el recuerdo de numerosos nobles meridionales. Muchos sabían que, al lado de los partidarios de la casa de Aragón, aglutinados en torno a la reina Juana, hermana de Fernando el Católico, subsistía una rancia nobleza angevina, con numerosos partidarios entre el patriciado de la ciudad y los oficiales reales, cuyos nombres también eran conocidos. ¿Cómo afectó a Gonzalo el interés de Carlos VIII por el *Regno*?

Para comprender ese asunto, es preciso que abandone Granada, donde Gonzalo se satura de lectura de libros italianos, para pasar al reino de Francia donde, por los mismos años que Pulci y Boiardo escribían sus novelas, y se llevaba a cabo una reorganización del Estado, coincidiendo con el final de la Guerra de los Cien Años.

20. Carol Kidwell, *Marullus. Soldier Poet of the Renaissance*, Duckworth, Londres, 1989.

Hacía tiempo que se escribía sobre el papel de Francia en Europa. Carlos VII, consciente de ello, decidió afrontar la misión, creando el hexágono, la figura perfecta del orden territorial.[21] En París, se vivía por entonces una situación análoga, salvando las obligadas distancias, a la vivida en tiempos de Felipe Augusto o Felipe el Hermoso: a los que el nuevo rey miraba con admiración. El tercer intento de modernización del Estado fue el definitivo. Y se llevó a cabo gracias a la conjunción de cuatro importantes fenómenos: sometimiento de la economía de mercado a los intereses públicos; uso de la artillería; profesionalización del ejército; y desarrollo del patriotismo.

Años más tarde, Gonzalo reflexionará sobre esos cuatro fenómenos de reforma del Estado. Uno de sus talentos más evidente era descubrir los modelos políticos más avanzados. Todos los esfuerzos reformadores desplegados en la corte francesa durante la segunda mitad del siglo XV serían más tarde ensayados por él en su etapa de gobernador de Nápoles. Por ese motivo, no estará de más que diga algunas palabras sobre ellos.

1. El sometimiento de la economía de mercado a los intereses públicos exige la generalización de la política fiscal a todos los sectores sociales, incluida la alta nobleza. La *gabelle* fiscaliza los grandes patrimonios en beneficio de las arcas públicas. El mercantilismo constituye un *point of no return* en la historia, pues, a partir de ahí, el Estado dinástico asentó su plena competencia en materia económica. En la ordenanza de 1439 se puede leer que «aucune creue par dessus la taille du roy». La otra gran fuerza de la economía moderna, el control del gasto, se delinea aquí detrás del fuerte crecimiento del aparato fiscal, es decir, detrás de las acciones puntuales que

21. L. M. Dudley, *The Word and the Sword. How Techniques of Information and Violence Hace Shaped our World*, Cambridge, Mass, Blackwell, 1991, pp. 101-131.

determinan un fortalecimiento de la Hacienda Pública. La cuestión a resolver en los años venideros será la siguiente (y Gonzalo supo mucho de este asunto): ¿cómo compaginar la expansión militar del Estado dinástico, con un control del gasto público en materias tan importantes como defensa y orden público?

2. El uso de la artillería en la guerra.[22] La iniciativa partió de los hermanos Jean y Garpard Bureau, que se hicieron con el control efectivo del cuerpo de artillería en 1437. El aumento de sus recursos, y de sus piezas, prueba el interés por sus ideas.[23] En 1440 introducen proyectiles con lo que comenzaron los primeros bombardeos sobre las murallas. El resultado fue, en palabras de un contemporáneo, que «les plus grand nombre de grosses bombardes, gros canons, veuglaires, serpentines, crapeaulx d'eaulx, colleuvrines et ribaudigues que n'estoit lors mesmoire d'homme avoir veu a roy chrestien». El uso generalizado de la artillería tuvo lugar en las guerras contra Inglaterra, que condujo a las victorias de Formigny y Castillon, con las que se puso fin a la presencia inglesa en Francia.

3. La profesionalización del ejército, que se produce como reacción del rey Carlos VII ante el desorden del ejército real.[24] En una primera fase se fijaron los hombres a las guarniciones que están cerca de las fronteras, y de inmediato, en una segunda fase, se llevó a cabo una selección de las tropas de modo que sólo las que lograron pasar la revisión se convirtie-

22. Un estado de la cuestión en D. Pope, *Feuerwaffen. Entwicklung und Geschichte*, Berna-Munich, 1965. Werner Sombart, *Krieg und Kapitalismus* (*Studien zur Entwicklungsgeschichte des modernen Kapitalismus*), Munich-Leipzig, 1913. K. G. Zinn, *Kanonnen und Pest. Über die Ursprünge der Neuzeit im 14. und 15. Jahrhundert*, Opladen, Westdeutscher Verlag GmbH, 1989.

23. H. Dubled, «L'artillerie royale française à l'époque de Charles VII et au début du règne de Louis XI (1437-1469): les frères Bureau», en *Sciences et techniques de l'armament*, 50, 1976.

24. Philippe Contamine, *Guerre, état et société à la fin du Moyen Âge. Etudes sur les armées des rois de France, 1337-1494*, París, Mounton, 1972.

ron en *compagnies d'ordonnance*: 1.800 lanzas, 3.600 arqueros, 1.800 *coutiliers*; en conjunto, 7.200 combatientes. El objetivo de esas compañías fue la creación de un cuerpo de ejército estable, dependiente de la Administración, donde se encontraban parte todas las armas, incluida la caballería *lourde*, cuyo prestigio era inmenso en Francia, según el testimonio de Jean de Bueil en *Le Jouvencel*.[25]

4. El patriotismo como norma de conducta. El poeta Alain Chartier confía sus ideas y sus sentimientos patrióticos a la prosa y al género narrativo. Suponía con esto que sus ideas se difundirían a un público más amplio, entre la gente común, que constituye el armazón de la patria, entre el mismo pueblo. Estaba claro, al menos para él, que en París la mejor forma de expresar sus ideas era escenificando los diferentes estados ante la sociedad política en presencia de *Dame France*. Entre el pueblo no existía aquel turbio *charme* de la vida disipada de la corte, no había aquella mezcla volátil de oportunismo y ambición que como poeta respiraba todos los días. No había presencia oculta: las cosas eran claras. El mensaje debía ser directo, sencillo. La propaganda política no inventa nada: utiliza ideas elaboradas durante más de dos siglos, pero ahora dirigidas hacia la expulsión de los ingleses del suelo patrio. Y, por consiguiente, es una propaganda mucho más violenta en tanto que está al servicio de una Monarquía que quiere asentarse sobre el expolio del enemigo extranjero. Morir por la patria: esa es la cuestión.

Al final del proceso reformador se encuentra Carlos VIII que llevó el ardor de la *jeunesse* al poder, apostando el destino del Estado al éxito en la expedición italiana.[26] La nobleza francesa le apoyó, no sin imprudencia, en la convicción de que al-

25. Jean de Bueil, *Le Jouvencel*, ed. C. Favre & L. Lecestre, París, SHF, 1887-1889. vol. II, p. 100.

26. Y. Labande-Mailfert, *Charles VIII et son milieu (1470-1498). Le jeunesse au pouvoir*, París, 1975.

canzarían la inmortalidad en el campo de batalla. ¿Creyeron verdaderamente todos ellos que la expedición de Carlos a Italia sería una cabalgada triunfal? El *Ars Moralis* de Lefrevre D'Etaples, cuyo misticismo y moralismo se derraman melodiosamente gota a gota, constituye un contrapunto melancólico ante tanto jolgorio.

NIEBLAS DE OTOÑO

La situación del *Regno* facilitó, sin embargo, los planes de invasión de Carlos. En efecto, el 25 de enero de 1494 murió Ferrante, a los setenta años. Se le echó a faltar de inmediato. No era un santo, ni quizás un gran político como había sido su padre Alfonso el Magnánimo, pero si un hábil negociador, cercano a las posiciones de su primo Fernando el Católico, con cuya hermana Juana además se había casado en segundas nupcias.[27] Le sucedió en el trono su hijo Alfonso II, duque de Calabria, casado con Ippólita Maria Sforza hija de Ludovico el Moro, duque de Milán. Era una invitación a que Carlos le reclamase el trono. Alfonso no tuvo más remedio que echarse en brazos de Florencia que, tras la muerte de Lorenzo el Magnífico, estaba prácticamente bajo el control del Papa Alejandro VI, un valenciano de duros modales. Tras su coronación en mayo de ese año, el dominio y la capilla formaron parte del patrimonio de los Borja, tomando distancia además de la política de Fernando e Isabel, pese a ser el artífice de llamarles Reyes Católicos.

A mediados de septiembre, el nuevo rey de Nápoles acudió a Pavía junto al moribundo Galeazzo Maria Sforza (fallecería un mes más tarde) con el ánimo de mediar en el complejo asunto de la herencia milanesa. La soberbia le llevó a pensar

27. Ernesto Pontieri, *Per la Storia del Regno di Ferrante I d'Aragona Re di Napoli*, Nápoles, 1946.

que podía manejar a Ludovico el Moro, Maximiliano de Austria y Carlos VIII. La jugada le salió mal, como era de esperar, si tenemos en cuenta el temperamento de sus tres oponentes. Se creyó un gran político italiano, como había sido su abuelo Alfonso el Magnánimo, cuando en realidad no era más que un hábil imitador que se encontró con personajes excesivamente brillantes en su vida. Todos comenzaron a darle la espalda: las ciudades de Florencia y Bolonia, el duque de Ferrara, la marquesa de Montferrato y, por fin, los propios napolitanos. Entonces se le ocurrió una última estupidez. Envió a Johannes Burckard, maestro de ceremonias de Alejandro VI, a la corte de Bayaceto, para pedirle dinero y apoyo militar. También fracaso en eso, como el propio emisario se encargó de anotar.[28] Sólo le quedaban los parientes aragoneses, y a ellos se dirigió como última posibilidad.

¿Aceptaría Fernando su plan consistente en casar a su primogénito con la infanta María sin esperar dote alguna? No estoy seguro. Juan Ram Escrivá de Romaní acudió a Nápoles para cerrar el acuerdo; lo hizo sin convicción, como si esperara que otro tropiezo del rey le obligara a abdicar.

Los acontecimientos se precipitaron a partir de entonces.[29] Carlos VIII entró en Roma en olor de multitudes, lo que permitió que años más tarde Marino Sanudo realizara sus agudos comentarios.[30] Entonces Alfonso, después de seis meses de duras negociaciones, sintió que podía perder el trono de su abuelo. Se dispuso a la defensa del *Regno*. El primer impulso de Fernando fue de indignación y de compasión hacia el hijo de su primo. Temía además por su hermana Juana que, alarmada ante los acontecimientos, le escribió algunas cartas pi-

28. Johannis Burckardi, «Liber notarum», en *Rerum Italicarum scriptores* de L. A. Muratori, Città di Castello, 1912, vol. XXXII pp. 202 y ss.

29. H. F. Delaborde, *L'Expedition de Charles VIII en Italie*, París, 1888.

30. Marin Sanudo, *La spedizione di Carlo VIII in Italia*, ed. R. Fulin, Venecia, 1873.

diéndole ayuda. ¿Se podía hacer algo contra el impulsivo Carlos, que cabalgaba por la Campania en pos de la inmortalidad?

LA VIDA QUE SE DESBORDA

El 23 de octubre de 1494, mientras el viajero alemán Jerónimo Münzer entraba en Granada, pasado el mediodía, en medio de un fuerte aguacero, Gonzalo organizaba sus alquerías de la vega del Genil y de Orgiva, asqueado de la vida política. La solución final sobre Granada y el destino de su amigo Boabdil le habían empujado a semejante actitud. Porque cuando estimamos a alguien no podemos dejarle sólo en su desgracia. Y el Rey Chico había sido traicionado, y de la peor manera. ¿Quiénes eran los responsables de todo aquello? Quizás aquel ilustre viajero pueda decirnos algo al respecto. Leamos con tal fin las notas dedicadas a Granada en su *Itinerarium Hispanicum.*[31]

Cuando Münzer llegó a la posada, abrió bien sus oídos al ruido callejero, y entonces escuchó el griterío en las torres de las mezquitas y se interesó por el ambiente morisco con curiosidad de humanista. Se sintió halagado cuando le invitaron a visitar el palacio de los reyes nazaríes, la célebre Alhambra. La visita se grabó en su mente y dejó una profunda huella en todos sus lectores; trataba de imaginar de la manera más exacta posible lo que había significado aquella cultura, ahora derrotada, y no tuvo la menor curiosidad de ir a preguntar a quienes podían informarle sin prejuicio alguno. Al contrario, aceptó la explicación de sus anfitriones. Su posición estaba bastante clara. El tono occidentalizante de su escrito apunta

31. Hieronymus Monetario, «Itinerarium Hispanicum, 1494-1495», ed. Ludwig Pfandl, en *Revue Hispanique,* XLVIII, 1920, pp 1-179. Traducción de Jerónimo Münzer, *Viaje por España y Portugal,* Madrid, 1924. (Madrid, Polifemo, 1991)

hacia una mitificación de la Granada mora: la mejor manera de olvidar los graves sucesos latentes en esos años. Esa actitud displicente hacia los amigos de los nazaríes motivó un caústico comentario sobre el nuevo monasterio de la Orden de san Jerónimo, situado «a extramuros y construido hace dos años, con bastante arte, en una antigua y noble mezquita».[32] De modo que justo antes de subir a La Alhambra, donde le esperaban sus amigos Íñigo López de Mendoza, fray Hernando de Talavera y Fernando Zafra, Münzer arregla cuentas con Gonzalo, al que ningunea.

Bien es verdad que Münzer está pendiente de la fiesta caballeresca organizada en su honor que describe entusiasmado:[33]

Unos cien caballeros suyos de los más diestros, quienes en una explanada del castillo de la Alhambra, que tenía ciento treinta pasos de longitud, había de practicar un juego de estilo militar: divididos en dos bandos, unos acotemían a los otros con largas y agudas cañas, como lanzas; otros, simulando huir y protegiendo sus espaldas con escudos y broqueles, atacaban de igual modo a los otros jinetas en sus caballos, que son tan ligeros y veloces y tan ágiles para todo movimiento, como no lo hay igual. Es juego bastante peligroso, pero ejercitándose en aquella fingida batalla, en la verdadera guerra tienen menos miedo a las lanzas. Luego, con cañas más cortas, con el caballo a toda carrera, hacían blanco como si disparasen la flecha con arco o ballesta.

No debe sorprendernos el hecho de que Münzer haya acudido a esta imagen tradicional del arte de la caballería castellana: las viejas leyendas de caballeros alemanes acudiendo a Tordesillas o Valladolid para participar en esos juegos de cañas eran famosas en su país y con la llegada al trono de Maximiliano I se percibía un interés por la recuperación del deporte caballeresco. El propósito del conde de Tendilla era

32. ed. cit. p. 91. 33. ed. cit. p. 131.

mostrar lo mejor de la práctica de la jineta que tanto éxito había alcanzado en la guerra de frontera.

Münzer comprendió muy poco de lo que estaba ocurriendo en Granada. Hay que admitir las cosas tal como son: no se detecta en ningún momento de su relato una frase que permita pensar que era consciente de lo que pasaba en el otoño de 1494. La *chevauchée* triunfal de Carlos VIII no merece comentario alguno; tampoco la agitación que ella produjo entre los capitanes de compañía, entre los veteranos de la guerra, e incluso entre esos espléndidos caballeros que él había visto justar en la esplanada de La Alhambra. Los testimonios sobre las reacciones en la sociedad granadina de los acontecimientos en Italia son más bien escasos, eso no debe sorprendernos, pero sí el hecho de que un viajero interesado por las cosas del mundo no se hiciera eco de la agitación suscitada. Una vez más perdió la oportunidad de citar a Gonzalo entre los hombres ilustres de la ciudad. Su resistencia a aceptar los resultados de la conquista le convertían en un hombre molesto.

No me conformo sin embargo con el silencio intencionado de Münzer sobre Gonzalo. He buscado algunos documentos de ese otoño en Granada con el fin de encontrar alguna pista que permita situarle ante el cambio que se le avecinaba. Desde luego es inútil creer que esas fuentes hablaran tan explícitamente como las crónicas que glosaron ese momento, décadas más tarde. Pero me resisto a utilizar esas fuentes. No me parecen seguras, más bien todo lo contrario. Están cargadas de ideología. Mi interés ahora se reduce a fijar la sociografía granadina en el otoño de 1494.

Ese procedimiento de análisis es ampliamente adoptado entre los críticos literarios. Se trata de contraponer una realidad de la que apenas tenemos noticias con una realidad de la que conocemos casi todo. Gonzalo permanece oculto a nuestra mirada mientras los protagonistas de ese otoño granadino intensifican su papel social y cultural. Así es la realidad histórica. Nadie podía adivinar el futuro de las campañas italianas y menos aún el papel de Gonzalo en ellas. Las crónicas invierten esa lógica en su deseo de ocultar la incapacidad humana de conocer los límites de la previsibilidad. La vida que se desborda, para decirlo al modo de Ludwik Tieck, significa claramente: lo que mañana será no está recogido en el hoy inmediato. Nadie adivina el curso rutinario de los días. Esos se suceden unos a otros, convirtiendo la espera en la principal virtud del mundo moderno.

La aburrida vida, administrando las alquerías de la vega del Genil, o las rentas de Valencia, no favorecía los sueños novelescos. Gonzalo se da cuenta sin embargo de que los acontecimientos en Italia favorecían sus planes. Mucho más cuando tiene noticias de que Fernando busca la manera de contrapesar la brillante cabalgada de Carlos con una serie acciones diplomáticas, que en su nombre condujo Garcilaso de la Vega, un antiguo héroe de la Guerra de Granada, padre del futuro gran poeta. Era una tarea difícil, pues el Papa Alejandro VI admiraba al rey francés mucho más de lo que reconocía en público. Conociéndole, sabía que buscaba la forma de intervenir en el enredo napolitano, y para hacerlo volvería a necesitar a su círculo de capitanes. Esa era la oportunidad que había estado esperando durante más de dos años.

La noticia de que Fernando buscaba a alguien para una misión en Italia le llegó a Gonzalo a mediados de noviembre de 1494, en plena evasión, leyendo. Dudó un instante. No sabía qué hacer. Reconocía su destreza como negociador, pero no estaba seguro. La misión era muy peligrosa, aunque extremadamente atractiva. ¿Volvería a ser humillado por algún otro Zafra? Ir a Sicilia significaba mucho para él. Trabajó sus contactos para convencer a Fernando. En realidad, el rey se lo debía. Y ya estaba moviendo los hilos para conseguir que le nombraran capitán del cuerpo expedicionario. Se ha discutido mucho el momento, y la manera, de ese nombramiento quizás debido a que con él se puso fin a la primera parte de su vida, y eso realmente es algo muy importante.

SEGUNDA PARTE

EL GRAN CAPITÁN

Con la misión en Sicilia comenzaba una nueva vida para Gonzalo. Una luz empezó a despuntar en su interior, la luz que muestra el camino y, a la vez, lo prohíbe. En los primeros momentos esa sensación le desconcertó, mucho más que su deseo de soñar la inmortalidad. Esto podía parecer la pesada carga de la sabiduría descendiendo sobre un hombre de cuarenta años: tal vez más sabiduría de la que el destino había concedido a los miembros de su amplia familia. Pero todos los principios, especialmente en épocas de cambios profundos, son necesariamente vagos, confusos y turbadores. Pocos logran superar el tumulto de una nueva vida; él en cambio sí lo hizo.

El paisaje y la memoria de Italia a finales del siglo XV eran inmensamente seductores e invitaban a un espíritu inquieto a ir en busca de su mundo interior, aunque fuera a través de los insondables laberintos del enamoramiento, como aconsejaban Petrarca, Pulci o Boiardo. La oportunidad para Gonzalo era inmejorable, y no podía desaprovecharla. Pronto aprendería de mano femenina la dualidad vital entre la vida externa que asiente y la interna que cuestiona. En la primavera de 1495 empezó a deshacerse el manto de reserva que siempre le había cubierto. Existieron (los detalles los veremos luego) sutiles y evidentes influencias que, de modos diversos, le indujeron a comportarse de la manera en que lo hizo; pero el hecho más decisivo de todos, el más extraño también, fue cuando una voz anónima se elevó en medio del campo de batalla (la voz de los soldados) y le llamó Gran Capitán. Un suceso que nunca hubiera ocurrido de haberse quedado en Granada.

¿Quién puede decir qué metal emplean los dioses para forjar los delicados eslabones que conducen a la gloria?

La segunda parte de este libro afronta dos cuestiones íntimamente ligadas entre sí: el reto personal de un hidalgo andaluz fuera de su tierra natal y los problemas de Italia en el paso del siglo XV al XVI, momento álgido del período histórico que denominamos Renacimiento. Puede que algún lector se sienta atraído más por el marco que por el relato biográfico. En ese caso, espero que comprenderá el extraordinario esfuerzo de Gonzalo para destacar en medio de centenares de personajes, unos buenos y otros extraordinarios, que desarrollaron sus actividades en una reducida área geográfica en veinte años (1495-1515). Pero, más que una historia de la cultura o de las ideas, las páginas que siguen ofrecen una historia de historias, a través de la vivencia de un individuo que supo representar como nadie en España el ideal renacentista del *uomo universale.*

10

LA DESGARRADURA
(1495)

Cuenta Hernán Pérez del Pulgar cómo Gonzalo fue llamado por el rey y la reina «al tiempo del nacer la guerra en Ytalia y despierta la de Nápoles».[1] Comenzó así la segunda parte de su vida y la tercera salida de su tierra: un momento decisivo, que puso fin a unos meses de *tristitia*, encerrado en sus alquerías de Orgiva, Busquistar y la vega del Genil, donde esperaba pasar el invierno de 1494, sin otra compañía que sus recuerdos y la visita de algún amigo de los viejos tiempos.

Cuarentón y solitario, estaba convencido de que la vida caballeresca había pasado para él hasta que recibió un despacho de los Reyes Católicos, donde se le ordenaba marchar a Sicilia en una misión al servicio del Estado. Al día siguiente de esa llamada se dirigió hacia la corte, acompañado de un grupo de amigos, a sabiendas que los iba a necesitar en su nueva andadura. Con objeto de evitar roces con las autoridades granadinas, Gonzalo no aireó su nombramiento, demostrándose así lo acertado de la opinión de Paolo Giovio, según el cual Fernando le ofreció el cargo de capitán del ejército expedicionario «por librarse de la importunidad que tendría de los grandes señores que desaban aquel cargo».[2]

Gonzalo no era consciente de las intrigas tramadas a su alrededor. Siempre fiel a Fernando y a los ideales de la caballería aprendidos de muchacho con Valera y Chacón, estaba convencido de que esa misión constituía el gran reto de su vida. Abandonaba su tierra por tercera vez, orgulloso por echar sobre sus espaldas la defensa del *Regno*, agraviado por el intrépido Carlos VIII, el nuevo Alejandro Magno.

1. Pérez del Pulgar, *Breve*, cit. p. 578.
2. Paolo Giovio, op. cit. p. 484.

El 28 de noviembre de 1494, una orden de los Reyes Católicos al regidor de Illora nos pone sobre la pista del ofrecimiento hecho a Gonzalo del cargo de capitán de una compañía con destino a Sicilia.[3] El interés por salir de su tierra por tercera vez pudo más en ese momento que su habitual cautela. Cualquier capitán de compañía soñaba con un mando semejante; pero sólo uno, en ese año, contaba con la aprobación de la Casa Real, y ese era Gonzalo. Más de la mitad de sus sueños estaban encerrados en esa propuesta, tan difícil de entender para él, como lo ha sido para los historiadores modernos.

La elección fue muy comentada, pues inculcaba los procedimientos habituales en el nombramiento de capitanes de compañía; pero existen motivos para explicarla sin necesidad de recurrir a la leyenda, según la cual Fernando escogió a Gonzalo con la intención de alejarle de Isabel emocionalmente interesada en él.

Los primeros meses de 1495 presenciaron un importante cambio en la situación política en el *Regno* de Nápoles, lo que obligó a acelerar los preparativos de la expedición. Con el estímulo de estar ante un momento decisivo de su vida, Gonzalo se concentró en la organización de una leva de quinientos peones en las ciudades de Lorca, Orihuela y Cartagena. Las instrucciones eran muy precisas. Esos peones serían buenos ballesteros, y se les ofrecería un sueldo de veinte maravedíes a cada uno.[4] Pese a ser una modesta misión, pensó que su sueño de participar en el gran escenario de la historia estaba a punto de hacerse realidad, sin que le preocupara lo más mínimo los peligros y desventuras que una misión así traía consigo.

3. Serrano, *Correspondencia*, en RABM, t. XX, 1909, p. 452.
4. Serrano, *Correspondencia*, en RABM, t. XX, 1909, pp. 455-456.

Cuando, en febrero de 1495, Carlos VIII llegó a Nápoles, el problema de Europa estaba allí. Para la aristocracia y la alta burguesía que deseaban contener el pandemonio del *baronaggio*, el único modo era recurrir al rey de Francia, que, siguiendo el ejemplo de sus antepasados «n'ont point esté ingras vers leurs amys», como el diplomático y escritor Philippe de Commynes le decía a su amigo Ludovico Sforza, duque de Milán en una carta escrita en Venecia.[5]

La importancia política de la sucesión de acontecimientos encadenados a continuación, en menos de cuatro años, sólo se podrá captar con exactitud en el momento que aceptemos que Nápoles se convirtió en la *arena* del debate de dos sistemas rivales desde hacía mucho tiempo, y cuyo desenlace se produciría precisamente en esos años: el sistema propugnado por la gran coalición borgoñona a la que los Reyes Católicos prestaron todo su apoyo diplomático, y que tenía en Maximiliano de Habsburgo su principal valedor; y el sistema creado por la aristocracia y por los hombres de negocios de Francia en torno a su país, que contaba con el decidido apoyo de las repúblicas mercantiles italianas: Florencia en primer término, pero también Milán, Génova, Ferrara e incluso Venecia. El enfrentamiento entre ambos sistemas rivales fue la culminación de una historia que aún no se percibe bien debido en parte a la pantalla creada por sus propios protagonistas.

El principal responsable de haber creado esa pantalla fue precisamente Philippe de Commynes, célebre en su tiempo (y en el nuestro) por haber convertido el descrédito del adversario en una razón de Estado. La idea clave de sus *Mémoires* es la su-

5. Philippe de Commynes, *Lettres*, ed. Joël Blanchard, Ginebra, Droz, 2001, p. 208.

premacía de Francia sobre el resto de países europeos.[6] Como telón de fondo de esa ideología, aparece la victoria de las armas francesas en la guerra con Inglaterra. Un intencionado ejercicio de propaganda se escuchó por vez primera en Europa.[7]

Con sus consejos, Commynes orientó a Carlos, un hombre nervioso y testarudo, a veces incluso imprudente. Detrás de sus descalificaciones sobre Ferrante (al que llama despectivamente «le roi de Naples») y los demás contendientes, aparece el vaporoso amor a la patria que él se proponía armonizar con la espléndida y lujosa belleza veneciana. ¿Será a causa de esas reflexiones, astutamente apoyadas en la historia, por lo que sus *Mémoires* siguen siendo el arquetipo de todos los textos sobre política?[8]

Commynes insistía en que el éxito de Luis XI sobre Carlos el Temerario en la Batalla de Nancy (1477) no había sido una casualidad, sino la adecuación de la legitimidad a los resultados militares. Como tres siglos antes, Guillaume le Bretón elogió a Felipe Augusto tras la victoria de Bouvines como prueba de que Dios había estado con Francia en aquella memorable jornada, ahora la grandeza de Carlos VIII mostraba el auténtico carisma de un rey. No era necesario sumirse en nostalgias inútiles: todo lo perteneciente a la ideología desplegada en las *Grandes Chroniques de France* era materia pasada: ya lo fue cuando Jean Fouquet se encargó de la ilustración.[9] La imagen del joven rey exigía una nueva estética, más severa, más adaptada al gusto renacentista.

Commynes, después de echar una ojeada al arte de su tiempo, eligió la estética de los desfiles triunfales como el mejor medio de propaganda de su rey. La expedición de Italia era una

6. Philippe de Commynes, *Mémoires*, ed. R. Chantelauze, París, Didot, 1881.

7. J. Dufournet, *La Destruction des Mythes dans les Mémoires de Philippe de Commynes*, Ginebra, 1966.

8. J. Blanchard, *Commynes l'Europeen. L'invention du politique*, Ginebra, 1996.

9. Anne D. Hedeman, *The Royal Imagen. Illustrations of the Grandes Chroniques de France, 1274-1422*, Berkeley, University of California Press, 1991.

ocasión inmejorable para probarlo. Observemos una de las estampas conservadas de la cabalgata de Carlos VIII de 1494 en la página del manuscrito 801 de la Pierpont Morgan Library:

El ejército de Carlos VIII entra en Nápoles miniatura, entre 1495-1500. Nueva York, Pierpont Morgan Library, Ms. 801. folio 109 vo.

Una percepción inmediata nos muestra lo que ya sabemos: Carlos VIII avanza con sus tropas por Italia, orgulloso de sí mismo, como un nuevo Alejandro. El grabado nos muestra cómo debe ser un ejército moderno: artillería, arcabuces, picas, impedimenta, aunque sin olvidar la caballería *lourde*, cuyo prestigio se mantenía intacto en Francia.[10] La imponente masa en movimiento, aun estando contenida por la rigidez del dibujo, acabará por triunfar sobre las insignificantes construcciones de la nobleza feudal italiana.[11]

Una idea semejante estaba a punto de manifestarse en otros lugares de Europa, en Alemania sin ir más lejos, que daría lugar a una larga elaboración literaria e iconográfica sobre la figura del emperador. Así que había llegado el momento de decidir cuál de los dos modelos políticos era el verdadero: si la Monarquía francesa, heredera de los carolingios, pues la *stirps* pasó a Hugo Capeto y después de él a san Luis y de éste a Carlos VIII; o aceptar que el Toisón de Oro del duque de Borgoña había sido heredado por Maximiliano de Habsburgo, un hombre de difícil carácter.[12]

La guerra se encargaría de esclarecer la legitimidad de uno de los dos modelos políticos. Para Commynes no había la menor duda que Carlos debía ser rey de Nápoles, paso obligado para ser rey de Italia y emperador de Roma. Los acuerdos firmados con genoveses y florentinos recordaban los tiempos de Boucicaut y, por ese motivo, estaban legitimados por los ideales de la caballería, a los que el mariscal francés y gobernador de Génova dedicó su vida.

Toda esa figuración ideológica tal vez fuera, pensándolo bien, más efectista que efectiva, y sólo sirviera para justificar los primeros pasos en dirección a Nápoles. Carlos VIII se presentó en Italia como la encarnación de Carlomagno, un héroe del pasado especialmente querido en las repúblicas del centro de Italia, gracias a Pulci y Boiardo. De sus mitos parti-

10. C. Caier, «L'opinion des chefs de guerre français du XVIe siècle sur le progrès de l'art militaire», en *Revue international de l'histoire militaire*, XXIX, 1970, pp. 723-746.

11. Sobre los efectivos véase F. Lot, *Recherches sur les effectifs des armés françaises des Guerre d'Italie aux Guerres de Religion, 1494-1562*, París, 1970.

12. G. E. Waas, *The Legendary Character of Kaiser Maximilian*, Nueva York, 1941.

culares, como solía decir para sus adentros, y de los que Commynes apenas si habla, Alejandro era el principal, y el que mejor le conectaba con el héroe clásico que, en 1528, pintaría Albrecht Altdorfer para el duque Guillermo IV de Baviera.[13] Como el conquistador macedonio, Carlos VIII ardía en el fuego de la impaciencia. ¿Pero quién era aquel impetuoso monarca rodeado de innumerables adoradores italianos, a quiénes él parecía mirar desde muy alto? ¿Qué imagen tenemos de él durante los meses de la marcha triunfal hacia el *Regno*? ¿Nos puede ayudar en esta tarea algún retrato suyo?

La Edad Moderna tiene una verdadera necesidad de profundizar en el retrato.[14] Si nos fijamos en el que Jean Perréal hizo de Carlos VIII nos daremos cuenta en seguida.

Jean Perréal, *Carlos VIII*. París, Bibliothèque Nationale.

13. Gisela Goldburg, *Die Alexanderschlacht und die Historienbilder des bayerischen Herzogs Wilhelm IV*, Munich, 1983.
14. Lorne Campbell, *Portraits de la Renaissance*, París, Hazan, 1991.

Carlos VIII está quieto, como abandonado. Sus ojos muestran una extraña tranquilidad en medio de las tempestades que suenan a su alrededor. Su mirada es insondable, mira hacia un punto que el espectador desconoce: mira hacia la gloria. Una mirada que no se dirige hacia el pasado, ni hacia el futuro, que no indica lo que está pensando (si es que piensa), tampoco si observa un detalle fuera de su gusto. La mirada sólo se busca a sí misma en un punto lejos del universo. No se siente el sol porque la teoría heliocéntrica de Copérnico aún no cuenta con apoyos entre la buena sociedad; pero si hubiera estado atento a las innovaciones de la astronomía y de la física como estaba de la tecnología militar y de la economía mercantil no cabe duda que ese hubiera sido su punto de referencia.

El retrato hoy cuelga de la pared de la Bibliotèque National de París: no tiene ninguna función política, más bien se valora como una obra de arte. Así se le cataloga, se le cuida y, si llega el caso, se le restaura. En la actualidad, nuestra observación de esas obras ha cambiado debido al psicologismo que domina la cultura europea desde principios del siglo XX. La descripción del retrato de un rey no atiende a la autoridad emanada de su rostro, sino a la búsqueda de alguna neurosis justificativa de sus actos. El aspecto sagrado del poder se anula con esa concepción. Pero eso no quiere decir que a finales del siglo XV se juzgara así, sino más bien lo contrario: el rostro de Carlos VIII vale en tanto representa la dimensión legítima del poder de un rey sobre sus propias decisiones.

¿Cómo fue posible que Commynes convenciera a Carlos para que llevara a cabo una empresa tan arriesgada como era invadir el ducado de Milán y llegar hasta Nápoles? Conocía, como nadie entonces, los enredos de la diplomacia y la torpeza de sus adversarios. Pero no dijo nada a ese respecto. El político necesita crear un enemigo con el fin de justificar la pérdida de vidas humanas y el gasto de bienes materiales, propios de cualquier guerra.

Durante los meses de preparación de la campaña napolitana y en los años siguientes, los cronistas franceses, siguiendo los consejos de Commynes, exageraron las virtudes de los tres adversarios del rey: Enrique de Inglaterra, Fernando de Aragón y Maximiliano de Austria. La eminencia de esos personajes sería, en buena medida, obra de sí mismos y de sus panegiristas que tenían muchos, pero, en gran medida, también fue creación de los reyes de Francia. Convenía ensalzar a aquellos reyes, empujarles a que firmaran entre sí una Santa Liga, que no dudaran en restaurar el proyecto político Staufen: control del Adriático, dominio de Sicilia, apoyo internacional al reino de Aragón en el Mediterráneo y al reino de Inglaterra en el Báltico.

La gran coalición se formó en parte gracias a las intrigas desplegadas por Commynes; y en ello se muestra una vez más su inteligencia diplomática. En su opinión, los beneficios políticos de la expedición serían extraordinarios, y por eso era preciso que sus oponentes estuvieran dispuestos a la guerra para defender sus posturas. Commynes insinúa, con su habitual tono irónico, uno de los peligros: la falta de respuestas adecuadas. Ataca a Ferrante de Nápoles, al que insulta, diciendo de él que «jamais homme cruel ne fut hardi». Mientras el rey avanza por Italia, el mundo reacciona como Commynes sospechó que haría. Todo se ajustaba al plan previsto. No se le había escapado ningún detalle.

Las memorias de Commynes han suscitado siempre mucho recelo. Ni en los momentos más acertados se desvinculan de los intereses propagandísticos hacia la Monarquía francesa. La indignación creció a medida que se conocieron sus opiniones sobre Ferrante, Maximiliano o Fernando, que se unió a una particular ausencia de olfato sobre las figuras emergentes de la política (de Gonzalo apenas habla). Una prueba más del embotamiento de la sensibilidad que dominó la cultura francesa desde el febril 1494 al desolado 1498.

Cuatro años tan solo y las opiniones de uno de los más inteligentes diplomáticos del momento pasaron de ser una sofisticada visión de la política internacional a una brumosa catarata de buenas intenciones que sólo condujeron al desastre. Cuatro años: hemos visto en algunas otras ocasiones momentos semejantes (el último entre 1941 y 1945, cuando el orgulloso ejército del III Reich pasó de ser considerado invencible a dejar de existir). Una ruptura del proceso gradual de la historia, una explosión inesperada y al mismo tiempo necesaria para mantener el equilibrio internacional, una llamada de atención a los ilusos conquistadores de imperios.

Commynes había mostrado demasiado apego a las formas del pasado, en un momento de la historia que emergía una nueva era en todos los aspectos de la vida. El hombre encargado de desmitificar sus apreciaciones de la expedición de Carlos VIII a Italia en 1494 fue sin duda Gonzalo, el único hombre capaz de conseguir, para decirlo con la célebre sentencia de Tennyson, que los límites se desvanezcan siempre y por siempre cuando se mueven.

MISIÓN IMPOSIBLE

Gonzalo se entregó a su misión imposible, con sencillez. Fernando experimentó por aquel gesto mucho agradecimiento y un poco de sorpresa. No imaginaba que el arrogante Carlos VIII se iba a derrumbar en tan poco tiempo; más bien creía que la Guerra de Nápoles duraría muchos años. Además, los aristócratas andaluces, cuyas firmas aparecen en las Capitulaciones de Granada, se mantenían ajenos a todo ese asunto, desinteresados por la política aragonesa en Italia: sus ambiciones se concentraban en el norte de África y en las Islas Canarias.

Fernando no quería implicarse demasiado en el embrollo napolitano: la historia positivista en cambio considera que esa actitud era completamente fingida, fruto de una extrema habilidad política. José Mª Doussinague afirmó de él que fue un maestro en manipular la información con el fin de crear una Santa Liga contra Carlos VIII.[15] No cabe duda que el rey se interesaba por todos los asuntos relativos a su esfera de influencia y por eso, precisamente, ordenó a Gonzalo la leva del mes de febrero; pero también es cierto que no tenía clara la línea de actuación en Italia.

Penetramos así en un momento crucial de la historia de España sin que sus protagonistas principales fueran conscientes de lo que iba a ocurrir en los años siguientes. El rechazo de la alta aristocracia de los asuntos de Italia es tanto más significativo cuanto que esa política será, con el paso del tiempo, un lugar de la memoria española. A pesar de que el escenario era el adecuado, y los personajes los más relevantes, la vieja clase aristocrática recela del mundo vital italiano. No tenía necesidad de disimular que el asunto no le interesaba. La elección de Gonzalo es la mejor prueba de ese manifiesto desinterés. Otra cosa bien distinta es el esfuerzo desplegado más adelante, cuando sus éxitos les obligaron a buscar una salida a su actitud, encontrándola, como no podía ser menos, en el respeto hacia las decisiones de los Reyes Católicos.

LA SOMBRA DEL BORJA

Desde los inicios de su pontificado en 1492, y luego en cada actuación ulterior, Alejandro VI osciló ante dos posibilidades: apoyar a la Casa Real de Aragón, que era tanto como decir a la coalición agrupada detrás de la Orden del Toisón de Oro, o

15. Jose Ma Doussinague, *La política internacional de Fernando el Católico*, Espasa Calpe, Madrid, 1944. Ernest Belenguer, *Fernando el Católico*, Península, Barcelona, 1999, p. 235.

sostener la causa de Francia. Así pudo hacer realidad lo que Dante había planteado sólo como hipótesis: cuál debe ser el papel del papado en la política internacional. Pero Alejandro entró inevitablemente en los enredos italianos, sobre todo por el deseo de promocionar a sus hijos. Sus actuaciones en ese sentido no podían ser asimiladas por la sociedad cristiana; y fueron duramente criticadas, sobre todo entre los agustinos de Alemania, en cuyas fuentes bebería más adelante Martín Lutero. En Italia, la situación política se encontraba en un *impase*. Hacía falta un cambio de escenario.

Los historiadores han debatido durante años, y lo siguen haciendo, acerca de la personalidad de Alejandro VI, hombre difícil de entender, como afirma Miquel Batllori, el mayor experto sobre la familia Borja.[16] Unos se arrojan contra él argumentando que el Papa jamás creyó en nada, ni siquiera en la historia que él mismo se afanaba en escribir; otros, por el contrario, destacan su importante labor en defensa de la independencia de Roma. ¿Qué decir al respecto? El retrato hecho por Pinturicchio nos sitúa en medio de esa polémica. Además, por esos años, debía soportar el recrudecimiento de la «segunda guerra» de los barones napolitanos.[17]

La figura en torno a la cual giraba en ese año de 1494 la política italiana es un rufianesco rey con un carácter endiablado, que ayudó a realizar los planes del Papa. En la primavera de 1494, Alfonso II de Nápoles se volvió hacia Alejandro VI recordándole que aún estaba en pie el acuerdo matrimonial de su hija Sancha con Jofré Borja, pactado por Ferrante en julio del año anterior. La renovación del pacto provocó la ira del cardenal Giuliano della Rovere (el futuro Julio II) que

16. Miguel Batllori, *La familia de los Borjas*, Madrid, Real Academia de la Historia, 1999.

17. G. Albino, *De Gestis Regum Neapolitanorum ab Aragonia*, Nápoles, 1589, p. 204.

huyó del castillo de Ostia a Francia, la noche del 23 al 24 de abril, amenazando con provocar un cisma. La situación era tensa, aunque no impidió la celebración de la boda, el 7 de mayo de 1494, con la acostumbrada solemnidad. Pocas veces se había desplegado una estrategia política más enérgica para defender Italia de la *materia corrotta,* expresión con la que se calificaba al dominio extranjero.

SERVICIO

La respuesta más estentórea al plan del Papa y el rey de Nápoles provino de Carlos VIII. Sus ambiciones eran inagotables, no tenían fondo. La repentina y bárbara invasión de Italia, como la calificó Giovanni Gioviano Pontano, provocó la abdicación de Alfonso II en favor de su hijo Ferrante (al que llamaban Ferrandino para distinguirlo de su abuelo) el 23 de enero de 1495. Las semanas que siguieron a ese aparatoso gesto político fueron una mezcla compleja de juego y terror.[18]

El rechazo de Fernando el Católico de entrar en guerra con Carlos VIII por Nápoles explica la elección de Gonzalo. La proverbial prudencia del andaluz era la mejor garantía de que el ejército expedicionario se dedicaría a defender el Faro, sin atravesar en ningún momento el estrecho de Mesina. En esa misión aparecen unidos, pues, los dos objetivos de la política internacional española de esos años, vigilar y esperar, ramas que se bifurcan en un solo tronco: una diplomacia antifrancesa unida a una de vigilancia por medio de pequeños cuerpos expedicionarios, al mando de algún capitán que no suscitara antipatías entre los aliados. Para esperar acontecimientos, lo mejor era mostrarse indiferente al peligro.

18. Giovanni G. Pontano, *I trattati delle virtù sociali,* ed. Francesco Tateo, Roma, 1965.

Gonzalo embarcó con instrucciones precisas, según consta en una carta redactada en Madrid el 30 de marzo de 1495. En ella se le insta a que «no aves de fazer sino staros en Sicilia en guarda de aquel reyno fasta que otra cosa vos embiemos a mandar». Esa misión de apoyo logístico al rey de Nápoles era poco brillante, pese a dejar abierta una posibilidad, cuando se le aconseja: «si hallaredes que el rey don Fernando no stara concertado con el rey de Francia, y que tiene en el reyno de Napoles fortalezas que se puedan bien defender y que no se puedan tomar por fuerça nin se les pueda quitar el socorro por la mar, si Garçi Lasso os scriviere que es hecha la liga de nosotros y de los otros principes, en que agora se entiende, procurares que el rey don Fernando os entregue las mas fuertes de las dichas fortalezas; y si las entregare, en este caso recebidlas a nombre nuestro».[19]

De momento esas eran las órdenes. Ulteriores matizaciones las recibiría de Garcilaso de la Vega, embajador español en Roma, padre del gran poeta. Gonzalo se puso a trabajar de inmediato en su misión. Pensaba en la manera de entrar en contacto con la Casa Real de Nápoles, sin que su llegada despertara las viejas animadversiones hacia los soldados de fortuna. Él era antes que nada un funcionario al servicio del Estado; y eso debería dejarlo bien claro desde el principio. Esas prevenciones no eran superfluas entonces.

Existe un tópico sobre el papel de sus tropas en los años siguientes, y por extensión de su moral guerrera, aceptado por Jacob Burckhardt en una de sus páginas menos afortunadas: «El modo, absolutamente racional de considerar la cosa bélica, trajo consigo en determinadas circunstancias las mayores abominaciones, aun sin la coacción del odio político. Podía tratarse simplemente de la promesa de un saqueo. Después de la devastación de cuarenta días a que fue sometida Piacenza y que Sforza tuvo que permitir a sus soldados, estuvo la ciudad durante mucho tiempo vacía y tuvo que ser repoblada a la fuerza. Pero

19. Serrano, *Correspondencia,* en *RABM,* t. XX, pp. 455-456.

esto resulta pálido comparado con el horror que más tarde trajeron a Italia las tropas extranjeras. Se señalaron en esto aquellos españoles en los cuales acaso un injerto de sangre no occidental, o tal vez el hábito de los espectáculos inquisitoriales, habían desencadenado el lado diabólico de la naturaleza humana».[20]

Ese juicio sobre la actuación española en Italia ha sido ampliamente adoptado en la vasta literatura al respecto. En numerosos estudios, incluso recientes, el tópico devora el análisis hasta el punto de eludir cuestiones importantes. Resulta significativa en ese sentido la ausencia de comentarios sobre el papel de Gonzalo en Nápoles. Ninguna mención en Burckhardt, pero tampoco (lo que es más grave) en recientes y documentados trabajos sobre el arte militar del Renacimiento.[21] Ese argumento plantea más de un problema, sin entrar ahora en la indignación que tal proceder provoca en algunos sectores de la historiografía española. Me preocupa el hecho de que la imprevisibilidad de la misión encomendada a Gonzalo, el carácter explosivo de su actuación en Nápoles, no se atienda como tema de estudio, en favor de los procesos graduales, que explican la llegada de Carlos VIII a Italia y su ulterior fracaso, sin nombrar para nada el decisivo papel desempeñado por el andaluz en todo ello. El argumento se construye por consiguiente sobre una lectura que omite aspectos decisivos del proceso histórico a favor de una comprensión de índole iluminista. Acercamientos de este tipo son, por ejemplo, los de Pietro Giannone y Benedetto Croce.[22]

20. J. Burckhardt, op. cit. p. 83.

21. J. G. Hale, *Artists and Warfare in the Renaissance*, New Haven & Londres, Yale University Press, 1990.

22. Pietro Giannone, *Istoria Civile del regno di Napoli... Con acrescimento dl Note, Rifflesioni, Medaglie, e moltissime Correzioni, date e fatte dall'Autore e che non si trovano nella Prima Edizione*, La Haya, 1753, 4 vols. También en *Opere di Pietro Giannone*, ed. Sergio Bertelli & Giuseppe Ricuperati, Milán-Nápoles, Ricciardi, 1971, pp. 407-408. Benedetto Croce, *Storia del Regno di Napoli*, Bari, Laterza, 1925, pp. 91-93.

Gonzalo llegó a Mesina el 24 de mayo de 1495 dispuesto a cumplir al pie de la letra los despachos. Él era un capitán de compañía al servicio de los Reyes Católicos, y nada, ni nadie, le haría cambiar de opinión. Los servidores del Estado están hechos para cumplir el mandato de los gobiernos, no para actuar siguiendo sus propios criterios o aceptando los consejos de unos príncipes extranjeros. Además, para prosperar al servicio del Estado, hay que respetar las órdenes recibidas, y, en su caso, los reyes le habían dejado bien claro, por escrito, cómo debía actuar en el enredo napolitano. Gonzalo se puso a trabajar en esa dirección, cargado de buenas intenciones.

La Casa Real napolitana en pleno le esperaba en Mesina. Todos visitaron al enviado especial de Fernando e Isabel de manera más o menos privada, y Gonzalo tuvo la oportunidad de conocer a sus miembros, desde Ferrandino hasta la reina viuda Juana de Aragón. La confusión era aparente; el contacto produjo su efecto, y mientras se discutían los planes del desembarco en Calabria, tuvo la oportunidad de pensar en todos y cada uno de ellos.

Entonces se dio cuenta del verdadero alcance de su misión en Italia. No nos extrañemos de eso. A finales del siglo XV, los acontecimientos no influían en la conciencia de los hombres hasta que se veían involucrados en algunos de ellos. Esa es una diferencia con respecto al mundo actual donde la comunicación audiovisual implica a todo el mundo en los avatares internacionales, aunque sólo sea como simples espectadores. Una guerra actual forma parte de nuestro mundo vital, pero hace quinientos años no era así. Para que un hombre comprendiera lo que estaba en juego en una acción política o militar lejos de su tierra era necesario que se acercara a ella. También era necesario que alguien le explicara los detalles.

Gonzalo se encontró así entre dos aguas: la obediencia obligada a los reyes que le habían enviado allí con una misión muy concreta, y el instinto del hombre de genio que veía en el desembarco en Calabria una oportunidad única para su promoción social. ¿Qué hacer? Su espíritu era aventurero, pero sabía esperar: esa era su mejor virtud. Hasta ese momento había sido un modelo de gestión diplomática y de trato paciente; pero las presiones eran cada vez mayores. Necesitaba calmar esa especie de tempestad que parecía rodearle desde su llegada a Mesina. Si lo que le decían era verdad, los despachos de Fernando e Isabel eran papel mojado, producto de una mala información. Además había conocido a Juana. La vida se le complicaba.

ENCUENTRO DECISIVO

No se ha hablado mucho de los aspectos íntimos del encuentro de Gonzalo con la Casa Real napolitana. Los cronistas eligieron los momentos y las alegorías que ellos estimaron importantes. Existen, por tanto, tantas versiones como autores a la hora de describir aquella jornada. La mayoría se han dejado llevar por un espejismo, el carácter militar de la campaña, como si Gonzalo fuese solamente un capitán de compañía. Sabemos, sin embargo, que eso no era así; al contrario: su personalidad le elevaba muy por encima del estrecho círculo de los profesionales de la guerra. Él era un hábil negociador; además de un hombre abierto a las novedades de su tiempo.

Gonzalo tan pronto organiza las compañías como atiende a los embajadores. Estaba acostumbrado a ese doble juego. Se empeñó en comprender a esa sociedad que le parecía excitante. De todos los miembros de la Casa Real, la reina Juana es la que llamó su atención de un modo especial. Ella apareció en ese momento como un espejo en dónde mirarse.

Juana era hermana de Fernando, una Enríquez de pies a cabeza, su prima por tanto. Había llegado a Nápoles unos años antes, en 1476, para contraer matrimonio con Ferrante el Viejo.[23] El viaje de las mujeres era una costumbre política desde hacía siglos. No se interrumpió en la Edad Moderna. El Estado dinástico necesitaba de los acuerdos matrimoniales. Juana se cautivó por la cultura italiana, tanto como su tío Alfonso el Magnánimo, padre de su marido. Llena de curiosidad por la manera de ser y de vestir que se imponían en aquellos años, impulsó la adaptación de la corte napolitana al gusto romano, es decir, renacentista. Impetuosa como siempre, creía que esa actitud la distanciaría de la anterior reina, la primera esposa de Ferrante, Isabella di Chiaramonte, y de la esposa de su hijastro Alfonso, Ippolita Maria Sforza; ambas fervientes partidarias del gótico *flamboyant*.

Isabella e Ippolita Maria preferían esa sofisticada cultura a los gustos renacentistas. Les seducía su proximidad al espíritu borgoñón, cuya defensa fue uno de los principales objetivos de la política del Magnánimo, como representante de la Orden del Toisón de Oro. La Biblioteca Real contaba con bellos manuscritos, donde aparece reflejada la refinada estética *flamboyant*, con su tendencia a convertir las ciudades en una red de comunicación abierta y multicultural.[24] Desde la estética renacentista, ese deseo parecía una resistencia a su manera de entender el canon artístico, y así se ha creído hasta fechas recientes, cuando en realidad, como insiste desde hace años Eduardo Mira, es una concepción alternativa al gran arte promovido por los teóricos del humanismo. Había también una rica literatura caballeresca, a la sombra de Masuccio Salerni-

23. F. Fernández Murga, «Doña Juana de Aragón, reina de Nápoles» en *Studi in onore di R. Filangieri*, Nápoles, 1959, vol. II, pp. 175-196.

24. Gennaro Toscano (ed.), *La Biblioteca Reale di Napoli al tempo della Dinastia Aragonesa*, Napoli, Castel Nuovo, 1998 (Catálogo de la exposición celebrada del 30 de septiembre al 15 de diciembre de 1998).

tano, cuyas obras se recogieron en un volumen con el título *Novellino*, obra dedicada precisamente a Ippolita Maria.

El año 1474 se considera el final de esa rica producción artística y literaria, coincidiendo con el matrimonio de Juana con Ferrante. El gusto artístico cambió necesariamente, puesto que la mayoría de los escritores eran funcionarios (todos, salvo Giovanni Aloisio y Gian Francesco Caracciolo) y probablemente les daba igual la estética empleada con tal de mantener su cargo. Juana propuso la elaboración de una obra a la altura de la grandeza napolitana representada por ella y por su marido. El tema es un viaje alegórico, tema grato a la literatura italiana. Jacobo Sannazaro, el escritor napolitano de mayor talento en esos años, fue el encargado de escribirla. Primero en su ciudad, más tarde en su exilio de París. ¿Pensaba en Juana o en Ippolita Maria cuando concibió esa gigantesca alegoría de su mundo vital que lleva por título *Arcadia*?

Los editores modernos han conseguido señalar tres etapas diferentes en su elaboración:[25] una primera centrada en una práctica bucólica en égloga libre, al estilo toscano; en una segunda, que se encuentra en un manuscrito dedicado a Ippolita, revisa el núcleo inicial; y en una tercera, escrita entre 1491-1495, regresa al proyecto inicial. El mundo que revela la *Arcadia* de Sannazaro responde a la situación vivida por el *Regno* entre 1476 y 1495: bello desde lejos pero degenerado desde cerca, rebosante de intrigas palaciegas y de traiciones aún peores que las intrigas, de ambiciones de aristócratas embelesados por su abolengo, de inútiles peroratas que sueltan los demagogos en la plaza del mercado, sin pararse a pensar que en el pasado esa actitud condujo a que Carlos de Anjou le cortara la cabeza al pobre Conradino, el último descendiente varón de Federico II, y de las quejas de los miembros de la familia real, quienes nunca estuvieron a la altura de las circunstancias. La mirada de San-

25. G. Villani, *Arcadia di Iacopo Sannazaro*, en *Letteratura italiana. Le Opere*, ed. A. Asor Rosa, Turín, 1992, pp. 869-887.

nazaro sobre los hechos de su época se percibe también en las farsas que escribió para el duque de Calabria Alfonso, cuando aún no era rey, en particular *La presa di Granada*, donde vemos a una lujuriosa soldadesca destruyendo un mundo sofisticado, trágicamente de espaldas a la realidad del momento.

A Juana esa actitud pesimista, excesivamente volcada al pasado, nostálgica de los tiempos del Magnánimo, le parecía demasiado irresponsable si se la comparaba con lo que se estaba haciendo en otros lugares de Italia. Giovanni Gioviano Pontano, con sus cartas al rey Ferrante sobre el fin del *Regno*, se convierte involuntariamente quizás en cómplice de tanta desgana política.[26] Juana tiene el genio político de los Enríquez, y está dispuesta a hacer uso de él. Apoya y da fuerza a cualquier posibilidad de un cambio en esa actitud nostálgica, que ella cree producto del gótico imperante. Se vuelve hacia la otra cultura, hacia el gusto renacentista, y lo hace en primera persona.

Gonzalo descubrió en esos días de suave intimidad con Juana cuál era la situación exacta de la Casa Real de Nápoles, donde el nuevo rey Ferrandino vivía a la sombra de la reina viuda, que además tenía la intención de convertirse en su suegra, casando a su hija, llamada Juana como ella, con el aturdido joven. Para mantenerse fiel a las indicaciones de los Reyes Católicos, Gonzalo adoptó una actitud distante, al menos en apariencia, ante las sugerencias de la reina, sospechando que ella deseaba recuperar cuanto antes el *Regno* en poder de los franceses. Juana añoraba las reuniones con las damas de la alta sociedad, en donde se contaban los últimos chismes sobre la familia de los Borja, y se hablaba mal del «cardenal valentino», el rutilante César Borja.

Juana se acerca demasiado al capitán andaluz, cosa que provoca algunos rumores. Mantienen contactos puntuales, satisfechos ambos del progreso de su plan contra los franceses.

26. G. G. Pontano, *Lettere*, ed. E. Percopo, Atti dell'Accademia Pontaniana, XXXVII, Nápoles, 1907, pp. 1-76.

La simpatía hacia su prima no se debía sólo a la lucidez política de Juana, aunque Gonzalo nunca encontraría otra persona como ella o que se le aproximara; ni la confianza se debía a ningún alarde social por su parte. El rasgo que asombraba y a veces confundía al andaluz era su aparente desinterés por las intrigas de palacio. Nunca, en ninguna persona que ostentara un puesto como el suyo, encontraría Gonzalo nada parecido, ni siquiera cuando conoció al Papa Alejandro o a su hijo César Borja.

El efecto del poder provoca siempre una convulsión de carácter, Juana era una excepción, que la distinguía de su hermano Fernando, siempre celoso de los que le rodeaban. Ella se mantenía de un modo natural en un segundo término. Sostenía la causa aragonesa, sin aferrarse a nada. Por absoluta convicción. Ese gesto orgulloso, pero no altivo, le confería una superioridad moral entre las mujeres (y los hombres) dedicados a la política.

El contacto personal, entre ambos se tradujo en decisiones importantes. Gonzalo se vio envuelto en un complot familiar con rasgos bastante parecidos al que observó en la corte nazarí. La sombra de dos mujeres enfrentadas entre sí por la herencia de un rey se cernía sobre el *Regno* napolitano como había ocurrido en Granada. En esa ocasión se trataba de las dos esposas de Ferrante, una muerta y otra viva.

La nobleza napolitana estaba dividida en dos grupos: unos apoyaban a los hijos de Isabella de Chiaramonte, la primera mujer del rey, ya fallecida, Alfonso y Federico, y por supuesto a la esposa del primero, la elegante Ippolita Maria Sforza; otros a Ferrandino que estaba bajo la influencia de la hija de su abuelastra, llamada Juana como ella, con la que al final contraería matrimonio. Un ambiente de confusa conspiración fluctúa alrededor de Gonzalo a su llegada a Mesina. Eso no era nada nuevo, formaba parte desde hacía más de un siglo del mundo vital napolitano, agravado sin embargo tras la revuelta de Antonello Petrucci. ¿En qué momento eligió el partido de Juana?

¿Y la guerra de Nápoles? He hablado poco de la misma hasta ahora, y únicamente para mostrar sus repercusiones en la familia real. Todos estaban implicados en ella de un modo u otro. Creo que esa es la perspectiva justa: es la de Giovanni Pontano, Giovanni Albino y Giovanni Summonte.[27] Si bien la moderna historiografía recela a la hora de conceder a los hechos militares un peso decisivo en los cambios sociales. No es lugar para discutir sobre ese importante asunto. Además ya se ha hecho y con solvencia.[28] Las recientes reflexiones sobre el alcance de la Gran Guerra de 1914-1918 por parte de Eric J. Hobsbawm han evaporado los viejos prejuicios. Está claro que los cambios graduales se ven afectados a veces por el desencadenamiento de un hecho militar brillante o desgraciado. Por no hablar de que la microhistoria ha buscado las repercusiones de ese momento ansioso de la vida en la biografía de cualquier individuo anonadado en medio de un campo de batalla, como les ocurre a los personajes de Stendhal o Tolstoi.

La guerra crea una experiencia límite, a veces terrible, que nunca se desenvuelve a la satisfacción de todos. En ella hay vencedores y derrotados; unos que viven y otros que mueren. Habría sido difícil para Gonzalo definir a su entera satisfacción, o a la de sus hombres de confianza, en qué punto la guerra era su destino en la vida. Era más un sentimiento que una percepción, y cada vez que se enfrentaba a una campaña militar, no podía evitar un gesto de melancolía.

27. G.G. Pontano, *De Bello Neapolitano*, ed. P. Summonte, Nápoles, 1509. G. Albino, «De Bello Hetrusco», en *De Gestis Regum Neapolitanorum ab Aragonia*, Nápoles, 1589. G. Summonte, *Dell'Historia della Città e Regno di Napoli*, Nápoles, 1640.

28. Leonard M. Dudley, *The Word and the Sword. How Techniques of Information and Violence Have Shaped our World*, Cambridge, Mass., Blackwell, 1991.

Todos los días, a lo largo de casi un mes, Gonzalo le daba vueltas a la promesa hecha a Juana de que ayudaría al joven rey en su ataque a Seminara. Faltaba poco tiempo para que conociera el amargo sabor de la derrota antes de entrever las dulzuras del éxito. La imagen de Calabria, en la primavera de 1495, permitía toda clase de posibilidades. Uno de sus mejores hombres, que había servido con él en la campaña granadina, le mostró las defensas de la plaza, y entonces por vez primera vieron los cañones de los franceses, verdaderamente impresionantes, muy diferentes a las pesadas bombardas de la Guerra de Granada.[29] No dijo nada entonces, y ese silencio le pesaría el resto de su vida.

Ferrandino había decidido enfrentarse a las tropas de Charles de Montpensier, de la *maison* de Bourbon, gobernador de Nápoles tras la marcha de Carlos VIII, un caballero valiente, *mais peu saige*, según Commynes.[30] ¿En qué estaría pensando Gonzalo al conducir a sus compañías a un enfrentamiento para el que no estaban preparadas? Seguramente que la situación era análoga a la vivida contra los nazaríes unos años atrás. Se equivocó.

Después de Seminara, Gonzalo olvida la cautela; tampoco la quieren sus hombres, irritados por el golpe recibido el 21 de junio de 1495 por unas tropas francesas «logiez en lieu fort bien reparé et bien garny d'artillerie».[31] Es necesario renovar el ánimo a los hombres, cuya moral se ha venido abajo ante el fuego de los cañones enemigos; y, sobre todo, tiene que cambiar muchas cosas en poco tiempo. Con la usual perfidia, pero esta vez sofocada detrás de los elogios que más adelante realizarán de sus decisiones, el embajador Garcilaso de la Vega observó que Gonzalo había transformado una misión de vigilancia en una marcha hacia la gloria, sostenida en la popularidad despertada entre los soldados, los suyos, los del rey de Nápoles y los de su adversario francés.

29. Philippe Contamine, «L'Artillerie Royale française à la vieille des guerres d'Italie», en *Annales de Bretagne*, LXIII, 1964, pp. 238-260.

30. Commynes, *Mémoires*, p. 584.

31. Commynes, *Mémoires*, p. 605

El azar le echó una mano en ese momento. Los nobles napolitanos, favorables a Carlos VIII, cambiaron de postura, debido probablemente a los saqueos de sus palacios por el ejército francés, e inesperadamente apoyaron al yerno de la reina Juana, o lo que era lo mismo, a su valedor, el intrépido capitán andaluz.

No hay palabras para describir la situación en Nápoles el 7 de julio de 1495, excepto las clásicas de los cronistas, apegados a un modelo panegírico hacia el vencedor, y por tanto poco creíbles en su conjunto. La ciudad era un auténtico hervidero de intrigas. Gonzalo decidió continuar la campaña contra las plazas fuertes de Calabria en poder de los condes calabreses de Mileto, Nicastro y Sanseverino, partidarios aún de Carlos. Estaba perdiendo pelo y engordando un poco, pero eso no parecía restarle un ápice de su gracia en cada paso, postura o gesto. Al menos en opinión de Juana. No existió jamás una opinión más favorable hacia él que la suya, y era un placer escuchar sus comentarios sobre las virtudes de Gonzalo, tanto en el campo de batalla, como en otros terrenos más íntimos.

Introduzco aquí una nota del propio Gonzalo. Se trata de una larga carta autógrafa que envió a los reyes desde Ríjoles, hoy Reggio de Calabria, informándoles con todo detalle acerca de la sucesión de acontecimientos ocurridos desde su llegada a Calabria unos meses atrás.[32] El relato, más o menos fidedigno, de la campaña no le valió sin embargo la simpatía por parte de sus egregios destinatarios: pocas veces se conquista a unos reyes diciéndoles la verdad de las cosas. De la actitud del impetuoso Ferrandino en aquellos días, opina poco, pero lo suficiente, para indicar que el desastre de Seminara se debió a la escasa pericia militar del muchacho, al cabo este enfrentamiento con los franceses de D'Aubigny será la única derrota de Gonzalo en las campañas italianas.

Al contrario de lo que el embajador Garcilaso opinaba, la ayuda era necesaria, imprescindible si se veía obligado a exa-

32. Paz, *Colección de cartas,* cit. en *RABM,* vol. V, 1901, pp. 335-340.

gerar los epítetos. La flaqueza de la ciudad de Reggio le obligaba a tener «ocupada la tropa en su guarda». Por ese motivo, concluye con una petición al rey Fernando: «suplico á V. que dén más caballeros, y de los peones que habian de venir de Galicia me manden proveer, si en lo dacá quieren ser muy acrecentados y bien servidos, y por que los hombres que yo truge para poder encarregar múchas cosas que se ofrecen stán ocupados en cargos y yo no puedo ser en todo lugar, suplico a V. manden venir Anthonio del Aguila, como primero lo mandaron y se concertó que venia, porque para con su gente es necesario y para en casos que gente se ha de apartar haya personas con que yo me satisfaga».

ROCE CON LA REALIDAD

Las enseñanzas de la guerra fueron abundantes. El peligro agudiza el ingenio en quien lo tiene. Gonzalo había comenzado a buscar una explicación al fracaso de Seminara, más allá de la queja de que se trataba de una acción mal coordinada, bajo el mando del inexperto rey de Nápoles. ¿Cometía un error? ¿Se extralimitaba en sus funciones? Confirmar esos puntos le convirtió en el principal objeto de las críticas por quienes veían en su actuación un peligro a los planes de los Reyes Católicos.

La petición de ayuda a Fernando llegó justo a tiempo, pues el ejército francés estaba intacto, tras haber escapado con algo de astucia y bastante fortuna de la dura jornada de Fornovo (6 de julio de 1495). Commynes, siguiendo las huellas de Jenofonte, sentenció que un regreso sin bajas justificaba la campaña italiana.[33]

La Batalla de Fornovo despliega una variedad de artilugios tan modernos como para absorbernos en la descripción que de ella hizo un anónimo dibujante:

33. Commynes, *Mémoires*, p. 605 y ss. cf. David Nicolle, *Fornovo*, Londres, 1999.

Anónimo, *Batalla de Fornovo*, grabado hacia 1495.

Vemos aquí una escueta exposición de lo que iba a ser el arte de la guerra moderno, basado en un difícil equilibrio entre el uso de la artillería y la disciplina táctica de las *compagnies d'ordenance*, en particular de la *gendarmerie* de nobles, que daba vida aún a los escuadrones de caballería *lourde*. En las impresiones que más tarde recogería el inteligente Blaise de Monluc, preocupado por situar las victorias de Francisco I en la larga tradición del ejército francés, y que indujo a muchos a pensar que Francesco Gonzaga, marqués de Mantua era un estratega de primera línea, esa batalla significa un punto de inflexión en la historia militar europea.[34] Reflexionando sobre las dotes militares, Blaise de Monluc afirma aquí el aspecto heroico de la «nueva Anábasis» del arrogante Carlos VIII como una manera de entender el arte de la guerra que mantienen intactas las formas de Alejandro o Julio César. Años antes, una serie de cartas

34. Blaise de Monluc, *Commentaires et Lettres*, ed. Alphonse de Ruble, París, SHF, 1864-1867. vol. I, pp. 22 y ss.

enviadas por Commynes a sus amigos de Italia describen tanto su propia opinión de esa jornada como los proyectos futuros. Francia ganó por medio de la diplomacia lo que había perdido en el campo de batalla. El efecto de todo este esfuerzo propagandístico sobre la campaña de Italia de 1494 y el regreso heroico, huyendo de las tropas de la Liga, era garantizar que la política del rey se tomara totalmen te en serio.

Carlos VIII se convierte así, paradojas de la historia, en el héroe del momento: ya nadie se acuerda de sus abundantes excentricidades, de su pasión por las justas, de su inclinación a rodearse de «necios consejeros». El rito ceremonial de la cabalgada por Italia le ha legitimado ante los ojos de sus detractores. Commynes por fin descansa. La Liga es un espectro, y las acciones militares en Calabria son un asunto menor. El rey ha mostrado la superioridad de Francia. Además está feliz pues ha llevado consigo durante todos esos meses el retrato de su pequeño hijo, el delfín.

Este héroe es desde luego un ser vulgar, pero no parece que eso afecte a su aura. Su entretenimiento en Chieri, cerca de Turín con Anna Soleri quizás obedeciera mas que a las *grâces* de tan distinguida dama al secreto deseo de conocer de cerca la situación de Nápoles. Pero el año terminará mal para él.[35]

En diciembre muere el niño, dejando de nuevo a su primo el duque de Orleans como potencial heredero a la Corona. Su patriótica actitud en esos momentos será una bandera levantada por sus partidarios. Commynes no puede más, y deja de pensar en sí mismo y en su mundo vital. Da por terminadas las memorias, como parece insinuarle a su amigo Ludovico Sforza en una carta el 17 de diciembre.[36] Una nueva época en la diplomacia francesa estaba a punto de comenzar, sin adivinar las tempestades de acero de la primavera de 1496. Para si-

35. Yvonne Labande-Mailfert, *Charles VIII et son Milieu (1470-1498). La jeunesse au Pouvoir*, París, Klincksieck 1975.

36. Commynes, *Lettres*, pp. 270-271

Maestro de Moulins, *Charles-Orland, delfín de Francia,* París, Museo del Louvre

tuarlas hay que volver a Calabria y a Gonzalo: en esos márgenes se estaba escribiendo la auténtica historia de Europa, y no en los sofisticados salones de la corte francesa.

UNA LECCIÓN PRÁCTICA

Entre las muchas preocupaciones de Gonzalo está justamente saber que Seminara no había sido un mero accidente; jamás lo había dudado, pero Fornovo demostraba a los ojos de los incrédulos que el arte de la guerra estaba cambiando con suma rapidez.[37]

A principios de agosto de 1495, reunió lo que quedaba de sus tropas en Reggio para examinar a fondo la situación. Las reformas militares francesas habían durado medio siglo. El tenía por delante sólo un año, dos a lo sumo; así que no confiaba demasiado en obtener algún resultado. Dudaba incluso de que fuera capaz de hacerlo. Con todo, se concentró animosamente en la tarea. La reforma de su cuerpo expedicionario era una huida hacia adelante, como si sólo en el futuro estuviera la explicación del cambio que proponía. Era preciso adaptar las tropas al modelo triunfante en Seminara y en Fornovo. A casi sesenta años de las reformas comenzadas por los hermanos Bureau, en un rincón de la Calabria, Gonzalo se disponía a poner fin al glorioso pasado de la caballería ligera de las milicias concejiles castellanas.[38] Su reto consistía en transformar el orden táctico y la moral de combate del ejército español. Y lo hizo tomando tres importantísimas decisiones.

Primera decisión: una profunda reorganización del ejército expedicionario. Esa es la reforma militar de la que se hablará durante siglos, tan elogiada por sus contemporáneos, comenzando por el influyente Francesco Guicciardini. La reforma del ejército no era un simple ajuste para paliar el desastre militar de Seminara, que no dejó huella al ser absorbida por las rutinas castrenses españolas; al contrario, era más bien la manifestación del nuevo espíritu dominante en Italia (donde la *Ordine del'esercito ducale sforzesco* era sólo un ejemplo) que se injertaría en España, transformándola para siempre.

La situación era la siguiente: sobraban ballesteros y faltaban arcabuceros, había demasiados jinetes ligeros y por contra falta-

37. M. Howard, *War in European History*, Oxford, 1976.

38. F. Michaud, «Les institutions militaires des guerres d'Italie aux guerres de réligion», en *Revue Historique*, 1971, pp. 29-43.

ba una sólida infantería y probablemente también un cuerpo de caballería *lourde* de solvencia, como existía en los ejércitos de Francia, Borgoña, Inglaterra, Venecia, Ferrara o Milán.[39] Así no podía hacer otra cosa que una vigilancia del adversario. En el fondo, esa era la misión que los reyes le habían encomendado.

Gonzalo abrigaba la esperanza de que sería positiva la reunión de las compañías al mando de un capitán en columnas (*colonna*) al mando de un coronel (*colonello*). De ese modo nacieron las célebres «coronelías» que facilitaron también las ansias de ascenso social en el ejército, y permitieron una profesionalización del uso de las armas más allá de las viejas compañías de los espadas peregrinas, de los *condottieri*, cuya imagen se había desacreditado tras la expedición de Carlos VIII.

Mientras organizaba las coronelías era consciente que con esa decisión ponía fin a un sistema táctico, cuya eficacia había sido evidente durante el largo enfrentamiento anglofrancés que los historiadores denominan la Guerra de los Cien Años. Quería mantener las distancias con su oponente: ninguno de sus hombres debía cuestionar el hecho de que esa organización buscaba la forma de conseguir ventaja ante un enemigo mejor pertrechado, con más tradición en el arte de la guerra, al mando de reputados generales. Afirmó sus ideas mostrándose generoso, quizás de manera excesiva, con la promoción de sus soldados, encandilando a unos rudos individuos, forjados en la Guerra de Granada, con halagos sin límite y con la ilusión de estar ante la oportunidad de sus vidas. Toda esa organización seguía unas reglas estrictas que constituirían el armazón del cuerpo de ejército expedicionario que se enfrentaría en campo abierto a las tropas francesas.

Segunda decisión. Gonzalo concibió la guerra moderna como un trabajo de equipo, donde cada individuo tenía una función imprescindible. El problema residía en que los bue-

39. M. E. Mallet, *Mercenaries and their Masters: Warfare in Renaissance Italy*, Londres, 1974, pp. 146-147.

nos profesionales eran caros, tanto por ser mercenarios, como por el esfuerzo educativo que significaba aprender una tarea específica. Gonzalo se rodeó de técnicos capaces de ofrecer soluciones concretas a los múltiples problemas de un ejército moderno. Sometió al juicio de esos hombres sus propias opiniones, y se mostró siempre delante de ellos, como uno más, valiente y generoso, advirtiendo siempre sobre el peligro que supone la tendencia a dramatizar una situación delante de los soldados. La fama de sus ocurrencias llegó a todos los rincones: son la bella metáfora de un cambio de actitud, que hoy calificaríamos de inteligencia emocional, ante los problemas de la vida. De ello resultó, en menos de dos años, el nuevo ejército español, necesario para la formación de un Imperio.

Tercera decisión. Con su nuevo conocimiento a Gonzalo se le antoja reconsiderar el papel de la caballería *lourde* en el orden táctico. Era un problema importante, casi sin solución debido a los constantes debates. Los expertos no se ponían de acuerdo sobre su función. El siglo XV vivió la enorme paradoja de observar los triunfos de los arqueros ingleses y de la infantería suiza en los años del nacimiento del *harnois blanc*, que convertía al noble blindado—según el general J. F. C. Fuller—en un precursor de los modernos tanques.[40] En esa situación crítica para el arte de la guerra europeo, Gonzalo afronta el significado de la carga de la caballería pesada con prudencia. Porque Carlos VIII ha recordado a todo el mundo que la *gendarmerie* de nobles aún es una fuerza en alza, y lo seguiría siendo en el futuro como prueba el consejo que Raymond de Beccarie le hiciera a Francisco I en 1549 para que «incrementara el número de caballeros en sus ejércitos».[41]

40. J. F. C. Fuller, *Armament and History*, Londres, 1946. p. 23. Sobre el significado de esa paradoja véase Malcolm Vale, *War & Chivalry*, Londres, Duckworth, 1981.

41. *Instructions sur le faict de la guerre de Raymond de Beccarie, sieur de Fourquevaux*, ed. G. Dickinson, Londres, 1954.

Incapaz de tolerar la perspectiva de un ejército pensado a la *ancienne*, Gonzalo retoca algunos aspectos sustanciales del arte de la guerra en lo que se refiere al uso de la caballería pesada. No son precisamente decisiones fáciles de asumir por parte de una sociedad nobiliaria fascinada por los modelos caballerescos; el gran especialista Claude Gaier llega incluso a hablar de prejuicios de clase.[42] Su pasión por la carga hace presa fácil de convencer a los refinados miembros de la Orden del Toisón de Oro, a los que Gonzalo ve alejados totalmente de la experiencia del combate moderno que tiene lugar en las tierras de Calabria.

Gonzalo se apoyará en la palabra experiencia. A lo largo de su vida como capitán de un ejército expedicionario, representará al hombre práctico frente a las brillantes teorías de sus adversarios. El principal condimento con el que adereza su reforma militar, convirtiéndola en uno de los hechos más importantes de la historia española, es el arte de la prudencia. Ese gesto opera constantemente en sus palabras y sus acciones y, en los momentos de grave crisis, guía su conducta y las respuestas que da a sus hombres.

A finales del siglo XV, que reverencia las incursiones audaces de Carlos VIII y Maximiliano en Italia,[43] la actitud de Gonzalo fue una provocación. En la España de los Reyes Católicos, siempre indecisa sobre el camino a seguir, un enjambre de disputas dio relieve a su «presunción» de reformar el ejército. Los trabajos de Piero Pieri describen aquellos debates y nos informan sobre los obstáculos que debía sortear.[44] Desde la tradición militar castellana, la coronelías no tenían sentido al-

42. C. Gaier, «La cavalerie lourde en Europe occidentale du XIIe au XIVe siècle», en *Revue internationale d'Histoire Militaire*, XXXI, 1971, p. 386.

43. J. G. Mann, «Notes on armour of the Maximilian periodo and the Italian wars», en *Archaelogia*, LXXIX, 1929, pp. 217-244.

44. Piero Pieri, «Consalvo di Cordova e le origini del moderno esercito spagnolo», en *Fernando el Católico e Italia. V Congreso de Historia de la Corona de Aragón*, Zaragoza, 1952, vol III, pp. 207-225.

guno: el uso de la caballería ligera a la jineta parecía suficiente para el acoso de adversarios preocupados más por el botín y la fama que por la tierra y el Estado; el espíritu inculcado a sus hombres exasperaba a algunos nobles importantes porque todo proceso de profesionalización de la vida militar limitaba su poder, como se había podido ver en los casos de Francia, Suiza o Alemania. Al espíritu militar aragonés, por su parte, le disgustaba esa nueva forma de hacer la guerra porque era antagónica con las que habían hecho grande la Corona de Aragón, donde los almogávares habían sido su principal fuerza de choque.

En suma, esas reformas militares eran una nueva concepción del arte de la guerra, un instrumento de poder como no había tenido en sus manos ningún rey de la Península Ibérica. Fernando difícilmente iba a aceptar ese hecho, aunque el defecto que más censuró de su capitán, y el que más le echaron en cara los consejeros de la corte, los estrategas, y la propia reina, era su tendencia a derrochar. Gonzalo aplicaba su energía vital hacia sus obras, las llenaba de imaginación, y de gracia; pero la sociedad española de 1500 no estaba preparada para algo así. El rey sólo se dejó llevar por el ambiente.

La frase más común que se escuchaba contra él es que había tenido suerte, nada más que eso. Era mucho más que un insulto. Era una invitación para quitárselo de en medio. Sobraba. Fernando se resistió. Sabía que la fama de sus hazañas estaba demasiado extendida ya como para que una decisión así se pudiera tomar sin poner en peligro la misión. En cuanto a Gonzalo, tan puntilloso en lo referente a los modales, cometió voluntariamente una infracción a los usos establecidos de su cargo, que imponen la puntual comunicación con la corte de todas las decisiones y, aunque era consciente del peligro que corría, retrasó la correspondencia con los Reyes Católicos durante el otoño de 1495.

11

EL ELEFANTE Y EL OBELISCO (1496-1498)

A Francesco Colonna le preocupaba el destino del mundo. Su padre Stefano, retirado en Palestrina, había debatido con el genovés, aunque de origen florentino, Leon Battista Alberti el significado de lo oculto. Alejandro VI buscaba la manera de poner fin a la pasión de Nicolás V y Pio II por la tradición hermética y aconsejaba mantener una prudente distancia con los herederos del cardenal Colonna.[1] Los hermanos Fabrizio y Próspero, los miembros mejor situados de la familia, se acercaron a Federico de Nápoles: los unía cierta simpatía personal y el respeto por Gonzalo.

Francesco buscaba la manera de publicar su libro *Hypnerotomachia Poliphili*, escrito veinte años antes, sobre el que parecía mostrar interés el impresor veneciano Aldo el Antiguo, gracias a las gestiones del magistrado veronés Leonardo Grassi, que quería dedicárselo a Guidobaldo da Montefeltro, duque de Urbino.[2] Aunque Gonzalo hubiera conocido el esfuerzo de Francesco para definir la naturaleza humana, no habría sabido interpretar las metáforas contenidas en el sueño de Polifilo. Las explicaciones herméticas sobre el sentido de la vida eran una herencia de los tiempos de Pío II, que el Papa Borja intentaba borrar de la memoria social italiana. Por eso, la rabia sorda descargada por Alejandro VI para impedir la publicación del libro de Colonna se prosigue en la que le inspiraban los «llorones» de Savoranola, sobre todo cuando se enteró de que el excéntrico Sandro Boticcelli ha-

1. Maria Luisa Ambrosini, *L'Archivio Segreto Vaticano*, Milán, Mondadori, 1972. 2. *Hypnerotomachia Poliphili*, Venecia, 1499.

bía quemado algunos cuadros como prueba de su ingreso en la secta.

El viaje iniciático sugerido por Colonna no le vino enteramente por inspiración súbita. Un siglo antes, Tomasso de Saluzzo había intentado algo parecido al escribir, estando en prisión, su novela *El Chevalier Errant*, una alegoría sobre la situación de un hombre solo frente al poder. En esa línea, la *Hypnerotomachia* defiende al individuo contra la insaciable ansia del tirano sobre lo inalcanzable, a través de unas metáforas, iluminadoras únicamente para quienes comprenden su mensaje hermético.[3] La imagen que siempre ha llamado mi atención es la de un elefante sosteniendo en su grupa un obelisco con jeroglíficos pseudoegipcios.

Sueño de Polifilo, Elefante y Obelisco.

3. E. Kretzulesco Quaranta, *Les jardins du songe. Poliphilo et la mystique de la Renaissance*, París, Les Belles Lettres, 1986, pp. 33 y ss.

Esta imagen nos orienta acerca del mensaje de Francesco Colonna sobre la necesidad de la iniciación en la educación del *uomo universale*. Por tanto, no resulta extraño que, tras fijar el laberinto del mundo, analice las claves esotéricas que nos hacen salir de él. Ese procedimiento constituye un problema o una paradoja no tanto porque obliga a unos cuantos individuos a trabajar denodadamente en esa línea llena de misterios, sino porque al resto de la humanidad le cuesta entender incluso sus formas más sencillas. ¿Quién es el elefante, y quién el obelisco?

No seguiré la vía iniciática de autores como Béroalde de Verville,[4] que convirtieron los emblemas de la *Hypnerotomachia* en la base de un conocimiento superior, sino que seguiré la vía de la historia, menos sublime sin duda, pero más humana, más liberadora y, por supuesto, la única que le interesó a Gonzalo, un hombre que siempre tuvo los pies en la tierra y no se dejó cautivar por la selva de los símbolos del Renacimiento.

UN GRANO DE CORDURA

Al afrontar la situación italiana entre 1496 y 1498, Alejandro VI y Gonzalo fueron bastante desenfadados: uno porque pasó de apoyar a los Reyes Católicos a una férrea alianza con Luis XII de Francia; el otro, porque nunca entendió la actitud de Fernando pusilánime al tiempo que animosa. Maquiavelo anatemizó al primero al describir la inmoralidad de su decisión, motivada únicamente por cuestiones familiares como la promoción de su hijo César o el apoyo incondicional a su hija Lucrecia;[5] mientras que para el segundo utilizó la expresión «ausencia de liberalidad o avaricia» para explicar su deslum-

4. Neil Kenny, *The Place of Secret. Béroalde de Verville and Renaissance Conceptions of Knowledge*, Oxford, Clarendon Press, 1991.

5. *El Príncipe*, capítulo VII.

brante contribución a la creación de un perfecto Estado dinástico.[6] Esos juicios, apenas modificados hasta el día de hoy, y que se han transmitido como un principio político desde Voltaire, pongamos, hasta Michelet y Burckhardt, no se atienen a la realidad de los personajes; y no es difícil ver en ellas una inclinación hacia la habitual admiración social por la *pleonexia*; una actitud que ha permitido en fechas recientes el encumbramiento de sangrientos tiranos como Hitler, Stalin o Pol Pot.

Las reflexiones de Maquiavelo sobre el poder del príncipe se produjeron cuando el Imperio español empezaba a fraguarse. ¿Cómo pudo ser, pues, que la fuerza perturbadora de la política lograra ser admitida en una cultura basada en las costumbres religiosas? Para responder, hay que insistir en el encuentro de Alejandro VI con Gonzalo, dos figuras decisivas que, tarde o temprano, tenían que entrar en contacto. La historia así lo exigía. La sociedad italiana lo necesitaba. Otra cosa es que ni una ni otra lo supieron valorar.

PASOS DECISIVOS

Aquella primavera calabresa de 1496 no terminó hasta julio. Nunca, desde que Gonzalo desembarcara en Mesina un año antes, había sido tan claro el peligro francés. Ferrandino buscaba el modo de vencer a Charles de Montpensier de una vez por todas, apoyándose para ello en la pericia náutica de Galcerán de Requesens, conde de Trivento. Las escaramuzas se sucedían sin parar. Era un rey demasiado joven para mantener la debida cautela e ignoraba incluso los horrores de la guerra. Un par de éxitos de poca trascendencia le envalentonaron. Estaba decidido a plantar batalla en campo abierto. El embajador Joan Ram Escrivá de Romaní le sugirió esperar a Gonzalo, que se encontraba en Nicastro trabajando en la re-

6. *El Príncipe*, capítulo XVI.

construcción de las viejas fortalezas de los nobles calabreses. El rey aceptó el consejo. Era lo más sensato tal como habían ido las últimas operaciones militares.[7]

A finales de mayo, Gonzalo estaba en Potenza ocupándose de negocios: compra de caballos y adquisición de comida. No tenía interés en mover sus tropas de aquel lugar. Pero el 19 de julio recibió una carta de Alejandro VI en donde se le instaba a acudir en ayuda del rey de Nápoles, en unos términos que muy pocos hubieran podido rechazar. La carta dice así:[8]

Amado hijo: Muchos días ha que havemos desseado y por nuestra possibilidad solicitado que tu nobleza, junto con tu exercito, ayudasse personalmente al muy amado hijo nuestro don Ferrando, rey de Sicilia ilustre, no dudando tu con tu presencia poder magnificamente aprovechar y ayudar a haver de los enemigos muy presto la victoria mediante tu virtud. Y por çierto, mucho nos alegramos en oyr que tu nobleza era venido a su serenidad, esperando y reputando ser havia, ya en la mano la victoria muy cierta y presente; por ende, como en ti tengamos mucha confiança, exortamos y rogamos tu nobleza que a la real Ma. aconseies y ayudes, y te acuerdes que el tiempo presente y la comodidad dell ayuda no se deve alargar; y pues el exercito es tan copioso y mucho mayor que el de los enemigos, es de pelear fuertemente, generosamente y con fortitud de ánimo porque se alcançe la vitoria tan util y por todos nosotros muy desseada; a lo que tu nobleza con todo el amor que podemos rogamos y constreñimos que hagas que la mucha esperança que de ti y de tu virtud tenemos, presto demuestra su fruto; pero sobre todas las cosas desseamos y la real Ma. y tu nobleza de coraçón exortamos que con todo studio vigilancia, industria y diligencia guardeys, que los enemigos que son en Atella, dalli no salgan, porque ninguna cosa podría ser peor ni a vosotros ni a todo esse exercito mas desonrosa y de que todos los de la Liga mas nos doliessemos; por esto ninguna cosa deveys olvidar que los enemi-

7. RAH: Salazar, A-8 f. 214 (Salazar, t. I, núm. 801, p. 210).
8. Arch. Zab. vol. 17, fol. 141.

gos en ninguna manera se vayan de Atela más a ellos todos en aquella carçel tomeys; y de todas las cosas que cada dia occorrerán, exortamos tu nobleza que por nuestra consolaçion las escrivas particularmente y fielmente al amado hijo Garcilasso, embaxador d'España delante de nosotros, el qual todo lo comunicará a nosotros. Fecha en Roma, en San Pedro, a XVIII de julio de LXXXVI y de nuestro pontificado el año quarto.

Gonzalo acudió en ayuda de Ferrandino. A mitad de julio ya había derrotado a Charles de Montpensier en Atella. El entusiasmo del joven rey y de parte de la nobleza napolitana no fue compartido por Gonzalo que aconsejó prudencia y generosidad hacia los vencidos, en particular hacia Antonello Sanseverino, príncipe de Salerno. Ferrandino le hizo caso. La inesperada magnanimidad del rey fue criticada por sus partidarios, convencidos que detrás de ella se encontraba la larga mano del capitán andaluz. La entrada triunfal en Nápoles, a finales de julio, acalló las protestas populares, según la opinión de un anónimo testigo de los hechos.[9]

Hacía años que se especulaba sobre el posible matrimonio entre Ferrandino y su tía Juana; ahora era el momento oportuno. Juana de Aragón, convertida en suegra del nieto de su marido, fue a partir de entonces una mujer tan envidiada como temida. Las cosas iban de maravilla cuando ocurrió un incidente que estuvo a punto de echarlo todo a perder. ¿De qué incidente estoy hablando?

EL CANTO DEL RUISEÑOR

Sancha, una mujer hermosa y seductora, hija natural del rey Alfonso II de Nápoles, malcasada con Jofré Borja, hijo de Alejandro VI, comenzó a ser cortejada en público por Gonzalo.

9. RAH: Salazar, A-8 f. 203-208 (Salazar, t. I, núm. 796, p. 208).

Ella correspondió a los galanteos, al menos eso se comentaba en los mentideros de palacio, mientras acusaba a su marido de sodomía con los criados.[10] ¿Fueron amantes? Un no se qué de carácter apasionado de Sancha y de impetuoso de Gonzalo, a quien el papel de amante platónico no sienta muy bien, me inclinan a pensar que así fue. Existen otros indicios que apuntan en esa dirección, y no sólo los versos del Chariteo (en realidad, un barcelonés de nombre Benet Garret), que obligan a pensar que hubo entre ellos un amor realizado.[11] La connivencia carnal duró algún tiempo, el suficiente para que Gonzalo sintiera en Nápoles el gozoso privilegio de oír cantar al ruiseñor más de una vez en la cama de Sancha.

El escándalo de esas relaciones llegó a oídos de Alejandro VI, quien montó en cólera. No podía permitir que sus ambiciosos proyectos políticos se vinieran abajo por las torpezas de una mujer. De Gonzalo no dijo nada, al menos que se sepa. La reina viuda Juana, con el talante de gran señora, que le caracterizaba, esa vez no salió en defensa de la nieta de su marido, como había hecho en anteriores devaneos. Unos meses antes de ese incidente había intercedido por ella delante de su amigo Alejandro, y así lo hizo escribiéndole una hermosa carta sobre las habladurías acerca de las constantes infidelidades de Sancha. Al papa le encantó esa carta, igual que le hubiera encantado ver personalmente a la «triste reina», a quien respetaba más que a ninguna otra mujer de aquel tiempo.

Juana, de todos modos, y aunque él no lo sabía, dejó una copia de la carta en su archivo personal, y esa es la que ahora transcribo:[12]

10. R. Chabás, «Don Jofre de Borja y doña Sancha de Aragón», en *Revue hispanique*, 9, 1902, pp. 484-488.

11. Gianfranco Contini, «Il codice De Marinis del Chariteo», en *Studi di bibliografía e di storia in onore di Tammaro De Marinis*. Verona, 1964, vol. II, pp. 15-31.

12. ASV, AA 5020. 19v-20r: ed. Batllori, op. cit. pp. 239-240.

Sanctíssimo e beatísimo padre y señor: Por la dolentia mía y de la infante mi fija no he escrito a vuestra santidat algunas cosas que me ocorrían acerca del regimiento de la casa de los príncipe e princesa de Squillache, mis nietos; y también porque soy cierta por cartas del sereníssimo rey, mi fijo, vuestra santidat deve ser informada de todo, y con quánta liviandat han querido notar a don Fernando d'Ixar de cosas de las quales deve ser comendado y loado; y más presto se pueden quexar dél de mucho strényer las cosas, a honrra, provecho y servicio de los dichos príncipe y princesa, que de çufrir cosa de servicio dellos y de su honra sea.

Yo, beatíssimo padre, he qujerido entender y poner las manos por saber la verdat y lo cierto, y fallo claramente set todo passión, sin fundamento ni verdat, y enojo que tienen otros de la casa porque no stan las cosas a su govierno.

Vuestra santidat sea cierta que yo tengo por tan caros a los dichos príncipe y princesa, y por el respeto de vuestra santidat y por el mío mesmo, que, si alguna cosa viesse ni sintiesse en su casa y regimiento digno de correction, yo misma proveería en ello y scriviría a vuestra santidat lo remediase. Pero ciertamente el dicho don Fernando sta tan vigilante, tan solícito, tan afficionado a su honrra, a su bien y a su servicio, que con dificultad fallaría vuestra santidat otro ninguno que tan bien lo mirasse; y cierto vuestra beatitud es obligada a gratificarle este servicio; y vuestra santidat no crea informationes ningunas que contrarias desto sean, que sin duda seán apassionadas y contra la verdat.

Y Dios nuestro señor la muy sancta persona de vuestra beatitud guarde y prospere por luengos tiempos, a bueno y próspero regimiento de su universal Yglesia.

En el Castillo Nuevo de Nápoles, a VIIII de octubre MCCCCLXXXXIIII.

Por la tryste rreyna vuestra beatytud puede ser çyerto esto ser asy en verdad, porque yo soy tan rreçelosa de lo qu'es ynterés de vuestra santydad y del rey mi yjo, que é querido saber ay en él verdad del todo.

De vuestra santidat humil y devota fija que sus sanctos pies y manos beso. La reina de Sicilia.

No son confidencias lo que se anotan en esta carta (Juana no se confiaba jamás): era un testimonio político. La vida, tal como ella conocía era así. Los gustos sensuales de Sancha, conocidos por ella o célebres en la corte napolitana, no le habían importado. Pero el prejuicio eclesiástico hacia la moral femenina renacía en esas sospechas. Una «putana» (estamos en la época y el vocabulario misógino aprendido de Boccaccio) estaba a punto de fastidiar un importante asunto de Estado. Juana sólo sintió el deber como reina de Nápoles; la cólera como mujer y el asco hacia la muchacha vinieron más tarde, cuando Sancha se metió en la cama de Gonzalo. ¿Por qué no dijo nada? Juana fue presa de una sensación de pánico desconocida, donde una cuestión personal interfería en la política del *Regno*. No estaba muy segura de que fueran celos, ni estaba particularmente ávida en reprochar a Gonzalo el deseo carnal; más bien le preocupaba que esas relaciones pudieran afectar a su carrera.

Pero las primeras fisuras entre ambos, casi imperceptibles, son muy anteriores a la aventura con Sancha. Se trata menos del sexo, que aún podía arreglarse, que de esa materia mal definida que san Agustín llamó *concupiscentia carnis*, la inclinación a perder la voluntad por una atracción fatal hacia la humedad femenina. Juana ha observado cierta impaciencia en Gonzalo como si la mente la tuviese en otro lugar, y quizás fuera así. La situación no llegaría a mayores, debido a que Gonzalo regresó a Calabria, reclamado por sus hombres, que no conseguían resolver los problemas sin él. Tras su marcha, Juana concentró su atención en Federico, el hijo pequeño de su marido, un asiduo a la conspiración, que buscaba la manera de poner fin al reinado de su sobrino. No fue necesario un complot contra él, ni nada parecido: el azar fue el único responsable. A finales de septiembre, Ferrandino enfermó de gravedad en su residencia de Somma, cerca del Vesubio. Falleció en Nápoles un par de semanas más tarde.

Gonzalo recibió la noticia del embajador Garcilaso de la Vega junto a la recomendación de que acudiera a Nápoles con las tropas para hacerse cargo del *Regno* en nombre de Fernando; pero no se apresuró, consciente de la gravedad del problema político que se le echaba encima. Escribió a los Reyes Católicos para que fueran ellos quienes tomaran la iniciativa.

Ese frío proceder no pasó desapercibido en la corte napolitana. Juana, que no ha olvidado el «affaire» Sancha, le critica la extraña manía que le ha entrado de repente de vivir en la campiña calabresa. Gonzalo no se inmuta ante esas palabras; al contrario, apuntala su actitud de permanecer lejos de la política. Espera. Esa es su mejor virtud. De todos modos, ¿qué puede hacer un andaluz melancólico ante la *pleonexia* que se había apoderado de la sociedad italiana en aquel largo y cálido verano de 1496? El peligroso extremismo de Savonarola y los «llorones» no le parecía adecuado, y menos en ese año que se hablaba insistentemente de su posible excomunión por el Papa.[13] Las intrigas palaciegas le hastiaban aún más. ¿Qué hacer? Gonzalo buscó una solución intermedia, distante del quietismo de unos y de la voluptuosidad de otros, constructora de instituciones modernas, y que le parecía la única salida razonable, pese a ser hostigada por todo el mundo.

Gonzalo abrigaba esa esperanza con fervor. Fernando y Garcilaso de la Vega sin embargo no podían permanecer inactivos ante la crisis. Su idea de ir más allá de lo que les dictaba la prudencia política, a riesgo incluso de poner en peligro toda la labor realizada hasta entonces, fue cortada de raíz por Alejandro VI cuando manifestó que la única solución aceptable para él y la curia romana pasaba por reconocer como nuevo rey de Nápoles a Federico, el hijo de Isabella de Chiaramonte y Ferrante el Viejo.

¿Qué diría Gonzalo sobre la decisión del Papa? Ese hombre tan próximo a Juana, respecto al cual no podía estar segura del todo, su amigo antes amante y que seguía siendo su me-

13. G. Soranzo, *Il Tempo di Alessandro VI Papa e di Fra Girolamo Savonarola*, Milán, 1960.

jor valedor en el *Regno*, va dejando de ser una persona a quien se puede mandar impunemente, una lucidez extraña se va apoderando de él; se va convirtiendo, en suma, en un auténtico *uomo universale*. Juana se preguntaba una y otra vez si no era la presencia de Sancha lo que desequilibraba a Gonzalo, un hombre sin duda inteligente y adorable.

Gonzalo, desde el sitio de Gaeta, mostró su conformidad con la elección de Federico, a sabiendas de que eso no le gustaría a Fernando, un *deus ex machina*, difícil de contener cuando una idea se le metía en la cabeza. Aún debieron pasar muchas cosas antes de que se vislumbrara un final para ese prolijo drama que estaba constituyendo la sucesión al trono de Nápoles.

Acaso haya un suceso que nos ayude a comprender mejor la situación. Alejandro VI ideó un arriesgado plan contra los franceses. Puso el ejército pontificio, no sin imprudencia, al mando del excéntrico Joan de Borja, duque de Gandía y del elegante Guidobaldo da Montefeltro, duque de Urbino. El 14 de enero de 1497 tuvo lugar la Batalla de Soriano. Con extraño cinismo, el Papa explica la derrota de sus tropas por la voluptuosidad dominante en aquel tiempo, más que a la capacidad de los Orsini al frente de los cuales estaba el genial Bartolomeo de Alviano. Las falacias más grotescas del espíritu humano a veces sólo esconden un profundo miedo. Y, sin duda, fue el miedo lo que se apoderó de la curia papal en ese momento.[14]

Alejandro VI aprendió la lección a un precio ruinoso, y quizás demasiado tarde. Sólo Gonzalo poseía el talento para vencer a los franceses atrincherados en el castillo de Ostia. El Papa le tanteó, a sabiendas que eso significaba agraviar a su hijo Jofré, que aún no había olvidado la aventura de su espo-

14. E. Rodocanachi, *Histoire de Rome. Une Cour Principière au Vatican pendant la Renaissance. Sixtus IV. Innocent III. Alexander VI Borgia*, París, 1925. pp. 80 y ss.

sa Sancha con el capitán andaluz. El honor de la familia tenía que esperar sin embargo al resultado de la campaña militar. Al marido sólo le quedaba lamentar su suerte, que no era mucha, mientras su padre le buscaba una nueva esposa: esa fue Juana del Milà de Aragón, que le daría su único hijo Francisco de Borja de Aragón, íntimo colaborador de Carlos V que le nombró Grande de España.

LA ROSA DE ORO

En febrero de 1497, Alejandro VI pidió ayuda a Gonzalo. ¿Qué podía hacer ante una invitación semejante? Si, por un exceso de celo, dejaba pasar la ocasión, estaba claro que perdería la reputación entre sus soldados; pero, por otra parte, Roma era un hervidero de intrigas. No podía ser tan ingenuo como para pensar que los debates alegóricos entre los Colonna y los Borja obedecían simplemente a una cultura ociosa. Cuanto más comprendía las metáforas más cerca estaba de entender el poder.[15]

La manzana de la discordia entre las familias Borja, Orsini y Colonna estaba en el castillo de Ostia, entonces en manos francesas, al mando de un vizcaíno de recio carácter de nombre Menoldo Guerri: uno de esos capitanes vascos que tanto darían que hablar en la futura conquista de América, como Pedro de Ursúa o Lope de Aguirre. Ese era el motivo de la llamada a Gonzalo, el único capaz de afrontar el asedio con garantías de éxito. ¿Qué hacer? Gonzalo dudó algunas semanas. El destino le llamaba a Roma, la cautela le sugería quedarse en Nápoles. Entonces recurrió una vez más a Juana. Ella le aconsejó que aceptara la invitación del Papa. Por lealtad, Gonzalo le hizo caso.

15. Una ajustada descripción de Roma en esta época la hace el maestro de ceremonias de la curia Johannis Burckardi, *Diarium Curiae Romanae*, ed. J. G. Eccard. Leipzig, 1723. Y *Diarium Rerum Urbanorum*, ed. L. Thuasne, París, 1883-1885.

Quizás se arriesgaba demasiado, ¿quién sabe? Una tarde por fin emprendió el viaje junto a Próspero de Colonna, el único estratega militar que podía estar a su altura en esos años y que además conocía como nadie los entresijos de la política romana.

Gonzalo notaba el peso de la responsabilidad por primera vez en la vida. Próspero le recordó entonces los tiempos en que él se vanagloriaba de no sentir, en sus campañas militares, más que una vaga inquietud y, a veces, un leve cosquilleo, neutralizado por la convicción de que siempre saldría vencedor. Hacer la guerra le parecía un don de sí en el que no entraba el temor, o más bien, desempeñaba un papel menor. Pero, marchando con sus tropas en dirección al puerto de Ostia sintió algo diferente. ¿Qué le pasaba?

Dos cartas del Papa de comienzos de marzo le pusieron sobre aviso.[16] Gonzalo comprendió de repente que la misión era importante, y en más de un sentido. Empezaba a soñar con la sensación de un poder personal, lejos la dependencia de los Reyes Católicos. La sensación fue creciendo mientras duró el asedio al castillo de Ostia, alcanzando la intensidad de una representación dramática. Poco a poco, mientras Garcilaso de la Vega trasladaba sus tropas a las cercanías de la plaza, Gonzalo ideó el plan de ataque: situó en posición la artillería, los arcabuceros y la infantería e inmediatamente comenzó el bombardeo contra los torreones de defensa orientados hacia Roma. El objetivo era conseguir que el enemigo concentrara las tropas en los huecos creados por los obuses. A media mañana, lo consiguió. El vizcaíno se distrajo un momento y condujo todas sus fuerzas a la defensa de un trozo de muro que había sido derrumbado, desguarneciendo el resto del castillo. Esa era la ocasión esperada por Gonzalo, quien ordenó que sus reservas atacaran por aquel lugar. El ardid dio resultado. El castillo cayó en pocas horas.

El 9 de marzo de 1497, Roma se rindió a los pies de Gonzalo, como en otras épocas había hecho con Escipión, Craso,

16. Arch. Zab. vol. 17, fol. 142 y fol. 143.

Pompeyo, Julio César o Marco Antonio. Paolo Giovio no desaprovechó la ocasión para describir con detalle su entrada «por la puerta de Ostia á guisa de triunfante, acompañado de las voces y alegría del pueblo romano, las cuales voces demostraban verdaderamente el gran beneficio recibido de su mano. Fue reputada aquella alegría por más noble que la gloria de un justo triunfo, porque esta victoria fue adquirida para grandísima utilidad y provecho de la república romana».[17]

El Papa fue generoso y le entregó la «Rosa de Oro», la máxima condecoración pontificia.[18] Buscaba halagarle con el fin de contar con su apoyo en sus planes futuros, que en ese momento sólo él conocía. Gonzalo era el hombre más feliz de la tierra. Pero su gloria podía ser efímera, sino conseguía rentabilizar el éxito obtenido. Tenía presente las historias de *condottieri* caídos en desgracia tras un triunfo militar semejante al suyo. La memoria del pueblo es inestable. Los fastos del triunfo o los gestos del Papa no le hicieron olvidar su auténtica posición. Una vez más se le presentó la ocasión de demostrar su talento político. Abandonó Roma antes de que la gente comenzara a olvidar. Y se presentó en Nápoles, donde Federico le concedió los títulos de duque de Terranova y de duque de Monte Santangelo, junto a las propiedades de Marzone, Rocadevalle, Pinello, Montenegro y Torremayor. Era el premio por su triunfo en el asedio al castillo de Ostia y en la conquista de Roca Guillerma. Gonzalo ya era duque de Terranova, el título que más usaría. Pero, ¿eso fue todo?

Paolo Giovio, atento más que nunca a los más mínimos detalles, anota un dato importante para la historia: «Era Gonzalo Hernández estimado de tanta virtud y clemencia, que muchas más cosas hacía persuadiendo y atemorizando que con fuerza combatiendo con las armas, tal, que no había ningún rebelde que no quisiese antes rendirse con una incierta

17. Giovio, op. cit. p. 491. 18. Salazar, *Glorias de la Casa Farnese*, cit.

esperanza de honestas condiciones que con un no dudoso fin de cierta ruina probar la fuerza de este invencible capitán. Siendo vuelto á Nápoles fue recibido con mucha honra y alegría. El Rey le salió á recibir fuera de la ciudad. Los napolitanos aderezaron las calles y lo aposentaron en Castelnovo, y por común consentimiento de todos fue juzgado ser verdaderamente merescedor del nombre de Gran Capitán».[19]

UN NOMBRE PROPIO

El acto de nombrar es un derecho de los demás. Representa el polo opuesto a la *Ich Erzählung*, la narración en primera persona, tan característica de la cultura europea a finales del siglo XV. Pensemos sólo en la autobiografía de Maximiliano de Habsburgo, un modelo de conducta entre los hombres de guerra. Gonzalo se preocupaba siempre de las misiones encomendadas, nunca de sí mismo, convencido de que la alabanza propia envilece, como decía Cervantes. Esperaba ver los resultados antes de precipitarse por los espacios de la representación, que a veces sólo son disparates de la mente, quimeras fabricadas por la soledad y el hastío.

Gonzalo no tuvo necesidad de escribir su biografía, como hicieron Benvenuto Cellini o Girolamo Cardano, mediante lo que Goethe denominó *Anschauung*, la capacidad de absorber la realidad sin contacto exterior, sólo por la voluntad de querer ser lo que no se es. Aquí, al contrario, es la voz de los otros la que se eleva por encima de la conciencia y de la reflexión analítica. Aquí las perlas orientales no son cuentas de vidrio, sino precisamente perlas orientales. Aquí los episodios son escenarios sobre los que proyecta su personalidad.

Todo lo ocurrido desde su regreso de Roma es tan trivial

19. Giovio, op. cit. p. 491.

como los relatos de los soldados. La sociedad nobiliaria no le prestó demasiada atención. Prefería no saber nada de ese asunto y olvidar lo que se decía sobre Gonzalo. Y, naturalmente, en ese caso, la leyenda se apoderó de la historia. A nadie se le escapaba sin embargo que aquella expresión dicha de paso en algún momento, producto quizás de una mala interpretación del cargo militar que ostentaba, era en sí misma una definición absoluta de la situación vivida por entonces. El gusto por la exageración nace en la vida militar, el adversario advierte a menudo que unas fuerzas inferiores en número, en prestigio y en preparación consiguen victorias que son previsibles. El azar tiene que tener un nombre.

A nadie se le ocurre pensar en esos momentos que la victoria o la derrota son dos aspectos de un mismo fenómeno, además inútil en la mayoría de los casos. Los muertos, los heridos y los mutilados exigen una explicación diferente, sentimental sin duda, y ese deseo que nace del corazón, sin embargo, se encuentra en el centro mismo de la construcción de los mitos. Tiene la misma fuerza que el deseo o que el nombre del padre. Y así, en una ocasión, cuando Gonzalo salió vencedor en Roca Guillerma alguien levantó la voz y dijo muy alto que él era en verdad «el Gran Capitán». Coincido con Giovio en situar ese momento a comienzos de la primavera de 1497.

Gran Capitán: algo más que una identificación de orden militar. A Gonzalo lo toman por un modelo de conquistador de reinos; efectivamente, antes que él había habido muchos: Josué, David, Alejandro, Julio César, Arturo, Carlomagno o Godofredo de Bouillon. Él era semejante a esos grandes héroes del pasado, un hombre en el que se hacen realidad los versos de Virgilio: «faman extendere factis/hoc virtutis opus».[20] En otras palabras, en la reputación alcanzada como «el Gran Capitán», cristaliza la necesidad de gloria, estrechamente aso-

20. *Eneida* vv. 10468/69.

ciada a la cultura del Renacimiento.[21] Gonzalo actúa en gran parte impulsado por una renunencia a obedecer las órdenes recibidas de los Reyes Católicos. Sencillamente, se trata de un hombre en exceso brillante para tolerar esos límites, un hombre dominado sin duda por la *virtù.*

No estaría demás que en este momento añadiera una nota erudita. La sociedad del Renacimiento en Italia se revela, a juicio de Alfred von Martin, «en el culto a la *virtù,* en la que todos eran partícipes, atributo de un hombre grande, de un nuevo tipo de hombre, que sólo podía ser grande pisoteando, audaz, los cadáveres de la tradición moral y religiosa, y que poseía un tenebroso sentido de su propia superioridad, que era la base de toda su actuación».[22]

De la apreciación por parte de los soldados de la *virtù* de Gonzalo en la primavera de 1497 no tengo más que esas nociones muy vagas, pero tengo motivos para aceptar que la declaración final de estar ante el Gran Capitán proviene de ese territorio constructor del mito del hombre renacentista. Lo contrario de un *condottiere.* Únicamente desde ese reconocimiento tiene sentido captar su vida, pues con él se ponía fin al peligro que suponía la existencia de esas espadas peregrinas. De ello resultó un cambio de actitud ante las relaciones del hombre con el poder del Estado. Esas maneras, vinculadas para siempre con Gonzalo, serán tema de comentario a partir de entonces, y punto de partida de la crítica que unos años después Maquiavelo lanzará contra los *condottieri.* ¿Por qué es tan importante ese acto de nombrarle Gran Capitán?

La historia era ésta: desde finales del siglo XIV unos individuos de aspecto terrible y mirada esquiva (pensemos en el Gattamelata de Donatello o en el Colleoni de Verrochio) pu-

21. Leo Braudy, *The Frenzy of Renow: Fame and Its History,* Nueva York, 1986.

22. Alfred von Martin, *Sociología del Renacimiento,* México, FCE, 1946, p. 31.

sieron su espada y sus hombres al servicio de los señores italianos a través de un contrato notarial, como los que se hacían en los negocios mercantiles: en esa *condotta* se fijaban las obligaciones por ambas partes. Los mercenarios introdujeron los valores capitalistas en la guerra.[23] De eso da prueba una célebre anécdota de aquel tiempo.

Cierto día, un franciscano se cruzó con el famoso *condottiere* inglés John Hawkwood y, fiel a su educación, le dijo: «Monsignore, Dio via dia pace»; a lo que Hawkwood, altivo, respondió: «Dio ti volga la vostra elemosina». No se trataba de una respuesta acerada contra el infeliz fraile: era algo más. Por eso, ante la sorpresa y el estupor de la gente que contemplaba la escena, el *condottiere* concluyó: «Come credete dir bene che venite a me, a dite che Dio mi facci morir di fame? non sapete voi che io vivo di guerra, e la pace mi disfarebbe?»

La anécdota la cuenta Franco Saccheti, amigo personal de Boccaccio, en el relato CLXIII de su *Trecentonovelle.* La réplica de Hawkwood mereció la atención de muchos jóvenes europeos que buscaban la fortuna personal en el ejercicio de las armas. La trayectoria de Hawkwood había sido coherente desde un principio y fue seguida por otros muchos: Alberico da Barbiano, Corrado de Achilberg, Bernardone da Serres, Braccio da Montone, Niccolò Piccinino, Niccolò da Tolentino Erasmo da Narni, más conocido como Gattamelata, y Bartolomeo Colleoni.

Los *condottieri* eran unos hombres de gran talento que recorrían Italia al servicio de un príncipe generoso, exasperando con su interesada actitud a los aristócratas que no soportaban la pasión por la fama y el dinero que les caracterizaba. Una de las representaciones más acabadas y más deslumbrantes de un *condottiere* la encuentro en una inquietante pintura de Antonello da Messina:

23. Ercole Ricoti, *Storie delle Compagnie di Ventura in Italia,* Turín, 1844.

Antonello da Messina, el Condottiere.
París, Museo del Louvre.

Este enérgico trazado muestra el rostro de un hombre del Renacimiento dedicado al servicio de las armas. La crítica mirada de Messina despeja cualquier duda sobre el interés y el temor que esos personajes provocaban en la sociedad de su tiempo. Fascinación y miedo unidos, que es la misma actitud que la gente corriente tiene ante la guerra: un fenómeno social que repele tanto como atrae. Parece como si la pintura de Messina estuviese en medio de un largo debate sobre la imagen del hombre de armas. A finales del siglo XV, se buscaba una revisión a fondo del concepto *virtù*, atributo del genio dedicado al arte de la guerra. La idea se centró en la definición de la figura de Alejandro Magno. Muchos lo intentaron sin éxito, hasta que Leonardo da Vinci puso manos en ello.

Leonardo buscaba—escribió Walter Pater—«la transubstanciación de las ideas en imágenes».[24] Andrea Verrocchio, su maestro, se jactaba de que nunca lo conseguiría. Nadie, hasta ese momento, había concebido así el arte de la pintura; luego será un hecho natural con Rafael, Tiziano, Tintoretto o Rubens. Leonardo no terminó todos los bocetos pictóricos que empezó, regresando una y otra vez a su interés central por la ciencia y la ingeniería. Hasta tal punto esa actitud era conocida que, en cierta ocasión, un Papa llegó a decir de él: «¡Ah, ese hombre que nunca acaba cosas!».

Leonardo elaboró una imagen del guerrero a la altura de las exigencias políticas de Lorenzo el Magnífico. ¿A quien eligió de modelo? No parece que tuviera uno en concreto, y su dibujo (pues quedó desgraciadamente sólo en eso) se centró en un personaje ideal. Fijémonos en su rostro y en su expresión.[25]

Leonardo, en el diseño del hombre dedicado a las armas, elaboró una imagen de potencia espiritual no superada en la pintura italiana del Renacimiento. Sin embargo, ese recio personaje tuvo que acomodarse a un anhelo por restaurar las tradiciones clásicas, al menos tal como ellos creían que eran. Podía ser Alejandro revivido, es decir Carlos VIII marchando hacia el sur; o Escipión, es decir Gonzalo tras su cabalgada triunfal por Roma. No creo que exista otra posibilidad durante los turbulentos cuatro años que siguieron a la expedición del rey de Francia en 1494 (la idea que pudiera ser César Borja, a veces apuntada, no la creo posible). En cualquiera de los dos casos, el diseño debe situarse en esa fecha, y si nos atenemos al espíritu de Leonardo quizás estaba más cerca de situar al pruden-

24. Walter Pater, *The Renaissance. Studies in Art and Poetry*, Londres, 1893 (trad. Barcelona, Alba, 1999, p. 122)

25. Dibujo de Leonardo, British Museum, Department of Prints and Drawning.

Retrato de un guerrero. Dibujo de Leonardo da Vinci.
Londres, British Museum. Dep. de pinturas y grabados.

te español que al exaltado francés como el modelo universal del guerrero del Renacimiento. Pero, de momento, no puedo ir más lejos. El boceto apunta hacia el orgullo que sólo ofrece la obra bien hecha, y eso nos lleva una vez más al hombre que, en la primavera de 1497, se había alzado sobre todos sus contemporáneos, gracias a la opinión pública, y ese hombre no era otro que Gonzalo, a quien en Italia todos conocían como el Gran Capitán, un gigante de la política y de la guerra con los pies de barro debido al escaso apoyo de los Reyes Católicos.

Entre Fernando el Católico y Garcilaso de la Vega reinaba una cruel complicidad, mezclada con cierta torpeza ante la nueva orientación política de la Santa Sede. De aquí procede la adopción de una serie de medidas con las que se malogró el esfuerzo de Gonzalo en los últimos tres años. Fernando consideraba, sin motivo alguno, el pacto con Francia como la solución más ventajosa al problema napolitano, aunque eso significara el fin de Federico III. Quería el control directo de una parte del *Regno*, en lugar de seguir apoyando a la Casa Real. No es la primera vez que actuaba así. Ya lo había hecho en Granada unos años atrás. Pasó de considerar óptima la idea del protectorado sobre el reino nazarí a la idea de la ocupación militar. Y una vez más, Gonzalo se sintió perplejo ante las decisiones del rey.

El cambio de actitud aparece en una carta del 7 de mayo de 1497 donde, bajo la apariencia de un elogio de las últimas actuaciones de Gonzalo, se oculta una insidiosa censura a su política en Nápoles.[26] La carta comienza reconociendo sus éxitos que «vos teniamos en muy señalado serviçio todo lo que en ello aveys fecho y trabajado», y confirmando su disposición a que sacara beneficios de ellos: «esperavamos que en mercedes vos sera todo remunerado». Al mismo tiempo le recomendaban volver a España con sus tropas: «porque vuestra estada allá con la gente de cavallo que alla llevastes nos paresçe que por agora non es nesçesaria, vos mandamos y encargamos que pongays en obra vuestra venida con la dicha gente, lo mas presto que pudiéredes». La orden era clara, apremiante, y estaba además acompañada de algunos detalles significativos: «y pues la carraca nuestra que alla quedó nos dizen que esta ya adereçada para poder partir, vos podeys venir en ella».

26. Serrano, «Correspondencia», en *RABM,* t. XX, 1909, pp. 455-456».

Gonzalo no podía dar crédito a lo que estaba leyendo. Ese doble juego era habitual en las cancillerías europeas del Renacimiento, y propio de Fernando, pensando que con ello fortalecía sus objetivos, en caso de que supiera con exactitud cuáles eran. Gonzalo leyó la carta varias veces, quizás se la mostró a Juana (no puedo saberlo con exactitud) y, por supuesto, la guardó. Era un documento público donde se reconocía su esfuerzo en bien de su país. El siguiente paso sería relevarle del mando y entregárselo a alguien más obediente, más torpe, alguien que se perdiese en el laberinto político napolitano. ¿Qué hacer en ese momento? Sólo cabía esperar. Esa era su mejor virtud, aunque a veces desesperara a más de uno con ella.

Las gestas de Gonzalo componían un cuadro diferente a todo cuanto los Reyes Católicos habían concebido para Nápoles y quitaban valor a su trabajosa actividad diplomática. No era el único fracaso por entonces. Las noticias del descubrimiento de Colón eran también alarmantes para ellos. Por torpeza o por ingenuidad, o por ambas cosas, habían firmado un documento en exceso generoso ahora que sabían el alcance de la aventura atlántica. ¿Cómo podían dejar en manos de aquel aventurero genovés una fuente de ingresos tan elevada como parecía deducirse del conocimiento de las Antillas y de lo que estaba detrás de ellas? Ya no les importaba su imagen pública, lo que en verdad les preocupaba era el desconcierto en la corte por la imperceptibilidad de todos esos hechos. De momento, creyeron posible reconducir la situación, insistiendo en su política. Mientras escribían la carta a Gonzalo, y aceptaban las reclamaciones de Colón, ordenaron a sus embajadores ultimar un acuerdo con Carlos VIII para repartirse el *Regno.* Los franceses, sabedores de las dificultades, y del apoyo de Gonzalo a la causa papal, exigieron más de lo que los Reyes Católicos podían estar dispuestos a aceptar.

La destreza de Gonzalo para devolverle la pelota a los Reyes Católicos se manifestó en la resolución de la crisis provocada por un turbio suceso que tuvo lugar en la noche del catorce al quince de junio de 1497, cuando fue asesinado Joan Borja, hijo primogénito de Alejandro VI, y su cuerpo arrojado al Tíber. Aproximando el oído a los rumores que corrían en Roma sobre la víctima y sus asesinos, Gonzalo buscaba saber quién estaba detrás de esa muerte. Nunca se supo toda la verdad, ni siquiera los historiadores están seguros hoy día de si fue un complot o un hecho fortuito. Al conocer la noticia, el Papa mostró su enfado sin cautela, anota Johannes Burckard. Desde ese momento, una nueva forma de entender la política comenzó a fraguar en su interior.

¿Quien era Joan Borja? En la respuesta a esa pregunta se desvelan, a juicio del padre Batllori, todas las ambiciones de Alejandro VI. Veamos al Papa, pero en los años que era el cardenal Rodrigo, cuando mantenía relaciones con Vannozza Catanei. Los hijos que tuvo con ella, César, Joan, Lucrecia y Jofré, se convertirán en piezas fundamentales de su estrategia para controlar la situación italiana. Evidentemente, el objetivo del Papa era mantenerse distante tanto de Carlos VIII como de Fernando: él tenía sus propios intereses.

Todos esos planes se vinieron abajo con el asesinato de su hijo Joan Borja. Dos semanas más tarde del suceso, seguía ardiendo la polémica sobre los efectos de su muerte en la política papal con tal intensidad que algunos hablaron en serio de un cambio revolucionario en las alianzas, y otros consideraron que el *Regno* de Nápoles se derrumbaba ante el egoísmo de unos y otros. Fernando estaba decidido a coronarse rey en función de una investidura con la Santa Sede y no de la herencia recibida de Ferrandino.

Había que hacer algo y pronto. Juana se movió con rapidez

a favor de Federico, aunque eso la enfrentara con su hermano Fernando y con su cuñada Isabel. De momento, eso no le preocupaba demasiado. La cuestión importante era saber si podía contar con el apoyo de Gonzalo y de sus hombres. Al saberse apoyada por él, Juana llevó a cabo un brillante movimiento estratégico aupando al hijo pequeño de su marido al trono de Nápoles.

El 10 de agosto de 1497 se celebró la coronación. Todos estaban convencidos que Federico III no duraría mucho, salvo que Gonzalo mantuviera la promesa de sostenerle, pese a que contaba con el apoyo de Antonello Sanseverino, príncipe de Salerno, al que le devolvió el cargo de almirante del *Regno*. Poco después, Charles de Montpensier moría de fiebre en Pozzuoli. Podría pensarse que esa serie de acontecimientos iban a desencadenar en Fernando uno de esos ataques de furor a los que acostumbra a menudo por las causas más fútiles. Pero no fue así. Quizás, como político cansado de dar vueltas y vueltas en medio de las tempestades del momento, aceptó la situación napolitana como un modo de contemporizar. Se apresuró a escribir a Gonzalo exigiéndole una respuesta en menos de un mes. Pero se vio obligado a aceptar sin inmutarse (al menos en apariencia) cómo ese mes se convirtió en casi un año.

La situación cambiaba a cada momento. Todo resultaba inestable, a veces incluso falso. Antonello de Sanseverino pensó que había llegado el momento de volver a llamar a Carlos VIII. El fantasma que obsesionaba a Juana era un noble altivo como muchos otros de la región; era un hombre bien plantado, de una belleza a la vez musculosa y blanda. Quizás Juana encontraba que sus modales eran duros de asumir porque él había decidido luchar por su cuenta. Reunió en torno suyo al clan de los Chiaramonte, que aún se mofaban de los Enríquez. Eso le perdió. Juana aprovechó el desliz y se lo transmitió a Gonzalo. Ella lo conocía bien, y sabía que él nunca perdonaba un insulto a la memoria de su abuela Blanca. En sus muchos momentos, le había confesado lo mucho que aprendió de aquella gran dama.

Gonzalo dirigió sus tropas contra el príncipe de Salerno, asediando la plaza de Diano, y quiso la suerte que los sitiados supieran que era él quien venía contra ellos, y no sólo el rey. Cuando el príncipe de Salerno y los condes de Conza, Lauria y Capaccio vieron que era Gonzalo quien organizaba el asedio, no tuvieron más remedio que rendirse. Era un gesto habitual.[27] ¿Para que resistir un ataque de Gonzalo si estaban condenados al fracaso?

Una complicación más se echó encima de Juana y del atribulado Federico. El 7 de abril de 1498 moría Carlos VIII en un accidente, tan ridículo como decisivo para el futuro del *Regno.* La noticia conmocionó a la sociedad napolitana. Su muerte cambiaba el panorama político. Gonzalo decidió retrasar su marcha a España. No lo dudó ni un momento, pese a ser consciente que con ese gesto provocaría la ira de los Reyes Católicos. Pero eso le importaba cada vez menos, pese a los consejos de Juan Ruiz de Medina en contra de esa actitud.[28]

APREMIOS SIN SENTIDO

Alejandro VI, Ludovico el Moro, Luis XII, este inquietante triunvirato es lo que realmente importaba a Gonzalo en la primavera de 1498, y no lo que dirían, o dejaran de decir, Fernando e Isabel sobre el futuro del *Regno.* ¿Había que tomárselos en serio? Las constantes quejas de los Reyes Católicos hacia Gonzalo dejan siempre una sombra de duda. Y desde abril se inicia una complicada adivinanza, procedente de la curia romana, y de la que Johannes Burckard se hace eco:

27. RAH: Salazar, A-8 f. 38-39 (Salazar, t. I, núm. 718, p. 189).
28. RAH: Salazar, A-8, f. 197-198 (Salazar, t. I, núm. 793, pp. 207-208).

¿por qué el Papa se alejaba cada vez más de los objetivos políticos de la casa de Aragón?[29]

Es difícil saber en qué medida la resistencia de Gonzalo a marcharse de Nápoles responde a una intuición sobre las verdaderas intenciones de Alejandro VI. En esos meses, su genialidad se eleva sin dificultad por encima del embajador Garcilaso de la Vega y del propio Fernando el Católico. En la corte española, rígidamente organizada, no se confiaba ya en sus despachos. Todos parecían estar de acuerdo, no se produciría una nueva invasión francesa de Italia.

Cuando las decisiones de Luis XII sumieron a toda Europa en la confusión, Gonzalo estaba apartado del mando de sus tropas; mientras Fernando, el indiscutible responsable de esa medida, daba palos de ciego y perdía la confianza de su viejo amigo Alejandro VI. El ulterior esfuerzo de exoneración de Gonzalo sigue siendo en buena parte un enigma histórico. Pero quizás no debamos precipitarnos. El relato de los acontecimientos de la primavera de 1498 es suficientemente revelador de los modos de hacer política en aquellos tiempos.

Por otra parte, las circunstancias de la vida de César Borja ofrecen una orientación clara sobre el cambio de orientación política del Papa, su padre. César se despojó de los hábitos cardenalicios, con el fin de contraer matrimonio con Charlotte d'Albret, hermana del rey consorte de Navarra Juan II: de las cenizas del «cardenal valentino» surgió triunfante el «duque valentino». Mientras Gonzalo era apremiado para regresar a España, César se eleva por encima de todos como un moderno Prometeo. El eclipse de uno, es el triunfo del otro. Pero, ¿quien es realmente César Borja?

29. Johannis Burckardi, *Liber Notarum 1483-1506*, ed. Entico Celani, Città di Castello, 1907.

Con la exuberante figura de César Borja, la política de Alejandro VI se dirigió fatalmente a su fracaso. La historia traería muchos más. Pero no obstante la sesgada opinión de Maquiavelo, que acusó al Papa de introducir el desorden en los Estados de Italia en beneficio de su hijo,[30] la emergencia de César en la historia origina uno de los mitos más interesantes de la historia europea. Y sólo tenía veintidós años.[31]

Después de una infancia difícil a la sombra de su enérgico padre y sintiendo hablar una y otra vez de las proezas de Gonzalo, César se preguntó si había llegado por fin su momento. No necesitaba inventarse nada. Sólo debía seguir las huellas del Gran Capitán. Esa mezcla en equilibrio inestable de emulación del andaluz y desprecio hacia su prudencia, que constituye el temperamento de César, dio paso a un personaje de un dudoso significado moral, a una especie de *bon vivant* del Renacimiento, más interesado en sí mismo que en conseguir algo perdurable. No es fácil encontrar en su vida un gesto, una acción donde la nobleza triunfe sobre el egoísmo. Tiene pocos atributos que le rediman. En el retrato que Giorgione hizo de él, se recrea parte de su mito.

Yo creo que el mito de César Borja nos atrae porque la tragedia de su vida está repleta de elementos propios de la *commedia dell'Arte*. A medio camino entre un *condottiere* de los viejos tiempos y un capitán de la Edad Moderna, su carrera fijará para siempre la *virtù* en la cultura renacentista. Este nuevo Prometeo, en una declaración de orgullo narcisista, está dispuesto a eclipsar a Gonzalo. En los tiempos de Lorenzo el Magnífico, una actitud semejante le habría privado de inmediato del favor de los poderosos; en 1498, sin embargo, constituía un valor en

30. *El Príncipe*, capítulo VII.
31. Sarah Bradford, *Cesare Borgia and His Times*, Londres, 1976.

Giorgione (atribución), *César Borja.*
Bérgamo, Academia Carrara.

alza. El placer y la voluptuosidad superaban todos los escrúpulos. El rechazo de César de la moral tradicional con el fin de ir en pos de la gloria le sitúa en el polo opuesto a Gonzalo.

SERENIDAD Y TRIUNFO

Pero, entonces, ¿quién es el elefante, quién el obelisco? Reconstruir el momento histórico en el que Gonzalo finalmente cede ante la presión de los Reyes Católicos embarcándose para España, y César deja el capelo cardenalicio por la carrera militar es un problema histórico y a la vez simbólico. Allí donde Gonzalo obedece, César se impone. La retirada de uno es el triunfo del otro. La *gravità sin peso* de Gonzalo contrasta con la levedad corpórea de César: uno busca la serenidad, otro la eternidad, uno el servicio al Estado, otro el triunfo. Pero, entonces, ¿quién es el elefante y quién el obelisco? La respuesta parece clara. César es el obelisco, un refulgente rayo solar lleno de misterios difíciles de entender. Gonzalo es el elefante, la serenidad como norma en el campo de batalla y en la política.

Francesco Colonna tenía razón, sólo la unidad de ambos podía hacer frente a la bancarrota política de Italia. Alejandro VI intentó esa unidad buscando el acercamiento del capitán andaluz con su hijo. No fue posible, y en eso fracasó, aunque nunca pensó que César se las tuviera que ver con Gonzalo en el campo de batalla, pero la historia da muchas vueltas. Y, pese a sus esfuerzos, llegó un día que el elefante regresó a Italia para demoler al obelisco. Quizás ésta sea una de las grandes lecciones de la presente historia.

12

RETORNO A LOS ORÍGENES (1498-1500)

El reconocimiento de su labor en Nápoles por parte de los Reyes Católicos tenía para Gonzalo escaso o nulo interés; en España, seguía despertando la envidia entre los nobles y el recelo entre los burócratas. La fama de hombre de mundo, los galanteos con Sancha y la elegancia de sus hazañas militares eran objeto de duras críticas. En pocos años hizo verdad la dura sentencia social de Don Quijote: «Porque te hago saber, Sancho, que hay dos maneras de linajes en el mundo: unos que traen y derivan su descendencia de príncipes y monarcas, a quien poco a poco el tiempo ha deshecho, y han acabado en punta, como pirámide puesta al revés; otros tuvieron principio de gente baja, y van subiendo de grado en grado, hasta llegar a ser grandes señores. De manera, que está la diferencia en que unos fueron, que ya no son, y otros son, que ya no fueron».[1]

Esta es la curiosa paradoja que afecta a Gonzalo tras su triunfal (e inesperada) campaña en Italia: cuanto menos se supiera de él, mejor; pero eso era imposible. Para eso estaba Fernando de Zafra, hablando más de la cuenta, como siempre hacía; para eso estaba Íñigo López de Mendoza, futuro marqués de Mondéjar, orgulloso de su cargo y distante ante esas glorias de las que había oído hablar en contra de su voluntad; para eso también estaba Isabel, insaciable a la hora de pensar nuevos planes de unificación religiosa.

La firme postura de Gonzalo respecto a la situación política italiana resultaba excepcional en aquel momento. Los em-

1. *Don Quijote*, ed. cit. p. 217.

bajadores en Roma y los altos funcionarios de la corte proponían un apaciguamiento en las relaciones con Francia. Garcilaso de la Vega consideraba el cambio de actitud del Papa fruto no de una madura reflexión sino de una calentura estival, convirtiendo la figura de César Borja de charlatán avaricioso en héroe de la Iglesia, ligando la incompetencia con la arrogancia. La gradual atenuación del peligro francés afectó a Gonzalo. Ya no era necesario, y se buscó el modo de quitarle el mando de las tropas expedicionarias.

Fernando aceptó el plan propuesto por Luis XII, sucesor de Carlos VIII en el trono y en la cama de Ana de Bretaña.[2] Pensó una ciudad para sellar un tratado de paz, con la condición de que Gonzalo saliera de Nápoles. El 5 de agosto, los embajadores plenipotenciarios Alfonso de Silva, fray Antonio de la Pena, Hernán Duque de Estrada y Martín de Angulo firmaban con Luis XII el tratado de Marcoussis. Fernando, confundido aunque alegre, ofreció un veredicto mesurado: el tratado ponía fin a todos los rencores pasados entre ambos países.

RENDIR CUENTAS O RENDIR LAS CUENTAS

En Zaragoza, a mediados del agosto de 1498, mientras la corte lloraba la muerte de Isabel, reina de Portugal, la hija más querida de los Reyes Católicos, Gonzalo conoció su nuevo destino. En medio de la recepción, se le comunicó que, a la mayor brevedad posible, debía rendir las cuentas de la campaña de Nápoles ante el consejo. El tesorero real, un tal Alonso de Morales, muy apreciado en los círculos de poder por su carácter servicial, le ayudaría en la tarea, por lo que en el anverso de la primera hoja se lee: «Finiquito de las cuentas de Nápoles del thesoreo Morales».[3] Nada debía temer con este funcio-

2. M. de Maulde-La Clavière, *Histoire de Louis XII*, París, 1889.
3. *Las Cuentas del Gran Capitán*, Madrid, Tribunal de Cuentas, 1983.

nario fino y respetuoso, educado, al parecer, con rigidez burocrática, que miraba los asientos una y otra vez. Ninguno de los dos tenía la menor prisa. Gonzalo porque quería dejar las cuentas claras; Morales por el clásico prurito fiscal. En cualquier caso, ambos sabían que estaba en juego algo más que una liquidación al tesoro público.

Era preciso dejar constancia del coste de la campaña, o, como se lee en la cabecera de la segunda hoja: «Los maravedises é ducados que Gonzalo Fernández de Córdova, Capitán General que fue por el Rey é la Reyna, nuestros Señores, de la gente de cauallo é de pie que sus Altezas mandaron ir con él a la guerra de Italia, reçebió é hizo reçebir de algunas personas para la paga de la dicha gente é gastos de la dicha guerra é para otras cosas complideras á su servicio, son los siguientes».

Gonzalo y Morales se veían a menudo a fin de clarificar asiento por asiento: desde cantidades importantes a simples menudencias. Todo vale en una revisión de Hacienda. Todo sea para que, como se escribe en la conclusión: «no se queda debiendo cosa alguna al dicho Gonzalo Fernández del dicho alcance».

Un año tardaron en organizar el material y poder así estampar la firma tras la siguiente declaración:

La cual dicha cuenta fue fenecida é acabada entre el dicho Gonzalo Fernández é Alonso de Morales, thesorero de SS. AA. en su nombre en la villa e Ocaña á diez y ocho días del mes de Henero, año del nascimiento de nr. Salvador Jhs Xto. de mil e quatrocientos e noventa é nueve años [...] Por ende por la presente doy por libre e quito al dicho Gonzalo Fernández é a sus herederos é subcesores, de todas las contias de mrs. é otras cosas que así rescibió, de que arriba le está hecho cargo, por cuanto todo ello, lo dio é pagó é la gente que con él estaba en la dicha aguerra [...] E por ende firmé esta cuenta é finiquito, de mi nombre, juntamente con el dicho Gonzalo Fernández juro á Dios é á Santa María y al hábito de señor Santiago, que yo recebí, y á esta señal de cruz, que la dicha cuenta de suso contenida, así en lo que toca al dicho cargo como á la dicha data, es cierta, buena, leal y verdadera; é que en ella ni en parte alguna de ella, no hay fraude ni cautela alguna.

GONZALO FERNÁNDEZ. ALONSO DE MORALES

He aquí un documento excepcional. Así se lo pareció a Antonio Rodríguez Villa cuando informó a la Academia de la Historia de la oportunidad de la adquisición del manuscrito de veinte hojas en folio (0,31 x 0,21) que contenían las cuentas que en 1907 Josefa O'Shea y Osorio de Moscoso habían vendido a Manuel Company Abad.[4]

No se disminuye la leyenda del Gran Capitán si se sitúa ese documento en su exacto valor, el de mostrar el lado práctico del genio militar. Los cronistas ulteriores no tendrán aprecio a ese rasgo de la personalidad de Gonzalo. Unos ponderan una supuesta negativa a rendir cuentas; otros, más cautelosos, a rendir las cuentas ante el Tesoro Público. Para todos ellos la distancia ante esas cosas representa la conservación mágica de la grandeza del alma. No hay nada menos cierto que eso. Desde luego, Gonzalo no necesitó la sublimación para ser el Gran Capitán que todos conocían.

Sublimarse: es la torpeza del débil, la astucia del farsante, el estado natural del impostor, la aspiración del necio. Nada de eso corresponde a Gonzalo: él es un gran hombre sin necesidad de subterfugios, ni falsificaciones. Los cronistas no le hicieron ningún favor al promover el mito del hombre que no aceptaba rendir cuentas, ni rendir las cuentas.

Dos sucesos posteriores, acaecidos ambos en el trienio de plomo de la vida de Gonzalo (1498-1500) vuelven a plasmar esa imagen del hombre altivo, aunque generoso, con sus contrarios. El primero tiene lugar durante la campaña de Las Alpujarras de 1499. El segundo pertenece a los momentos que precedieron a la expedición naval contra los turcos de 1500.

4. *Boletín de la Real Academia Española*, 1910, págs. 281-286.

Sutilmente unidos por una especie de enemigo común (los cronistas identifican a los moriscos con los otomanos, pues ambos son enemigos de la fe católica), buscan modificar lo que realmente sucedió en esos tres años, tan básicos sin embargo en la vida de Gonzalo.

LA CAMPAÑA DE LAS ALPUJARRAS

En efecto, deberíamos cuidarnos de las explicaciones convencionales sobre los sucesos ocurridos desde finales del verano de 1498 a comienzos de septiembre de 1499. Gonzalo tenía ya cuarenta y cinco años, y estudiaba la manera de volver a salir de su tierra, aunque eso no le impidiera organizar «cyertas cosyllas que yo tengo ally y las quiero dar a algunos señores y amigos»;[5] una manera algo irónica, por cierto, de referirse a sus alquerías de Orgiva, Bacet, Bayaca, Soltis, Caratamas, Xabotaya, Becenied, Qenier, Pagocañar y Beniasad.

Tiempo atrás había conocido ese tipo de vida, medio festiva, medio insulsa, en la que su mujer, sus hijas, sus amigos granadinos, sus aposentadores, sus criados se afanaban por entretenerle, sin conseguirlo. Así transcurría aquel otoño de 1498 hasta que el 18 de diciembre se produjo un estúpido incidente en el barrio granadino del Albaicín: dos alguaciles fueron asesinados, al parecer, por un grupo de jóvenes moriscos. Términos como conversión, unidad religiosa, catolicismo, que fueron utilizados durante todo el verano, vuelven a remitirnos al modelo ideal del Estado de los Reyes Católicos más que a una sociografía de la vida granadina de esos años.

Sabemos que Gonzalo trató de mediar entre las partes en conflicto. Después de haberlo hecho tiempo atrás creía un deber anticiparse a los halcones que exigían mano dura hacia los culpables. No tuvo excesivo éxito en su tarea. Las posturas

5. L. de Torre, *Cartas y documentos*, en *RABM*, t. XXXIV, 1916, pág. 303.

se extremaron cada vez más, sobre todo cuando la rebelión alcanzó Las Alpujarras, una región montañosa, poblada mayoritariamente de moriscos. ¿Qué sucedió después? Los cronistas no se ponen de acuerdo en importantes detalles. Mientras unos conceden la iniciativa de la campaña a la alta nobleza, el marqués de Villena, el conde de Benavente, el almirante de Castilla, el duque del Infantado, el duque de Cádiz, el conde de Ureña, el alcaide de los Donceles, el conde de Cabra y el señor de Aguilar, y consideran que fueron ellos los que llevaron el peso de las acciones militares, incluso después de que llegaran los reyes; otros, en cambio, hablan de la elección de Gonzalo como Capitán General de la campaña, y le convierten en el máximo responsable de la guerra morisca.

Tras su fachada histórica, las crónicas sobre la campaña de Las Alpujarras exploran un tema eternamente actual: la difícil encrucijada entre negociación y represión, entre diálogo y recelo, que caracterizan a menudo a dos comunidades diferentes que sin embargo deben compartir un mismo territorio. Gonzalo vive esa experiencia esencial de la educación de un político en el ámbito de la cultura renacentista.

Cuenta Hurtado de Mendoza en su *Historia de la Guerra de Granada* que Gonzalo cambió de actitud ante los rebeldes moriscos (a los que en principio deseó ayudar interpretando fielmente uno de los fines de la caballería que él había aprendido en los textos de Chacón y Valera) cuando supo la muerte de su hermano Alonso de Aguilar en Sierra Bermeja. Pero es precisamente debido a la inexactitud de ese dato (la muerte de su hermano la conoció cuando ya estaba en Sicilia) que su testimonio me parece poco fiable.

Otra razón por la que una historia de levantamiento morisco de 1499 estará incompleta hasta no conocer con exactitud el papel que tuvo en ella Gonzalo estriba en la audacia de su proposición de buscar un acuerdo entre ambas partes. Cada detalle y digresión de la posible negociación contribuye a explicar la atmósfera granadina de ese año, y la responsabilidad que tuvieron los Reyes Católicos al ceder ante los sectores integristas del reino, pese a que no estaban totalmente convencidos, como prueba el despacho enviado a Enrique Enríquez el 3 de enero de 1500 para que mediara en la discusión que mantenían fray Hernando de Talavera e Íñigo López de Mendoza con el cardenal Cisneros y el Gran Capitán.[6]

CAMINO DE CEFALONIA

Con la pesquisa de la verdad del conflicto de Las Alpujarras del año 1499 he estado investigando el mundo vital de Gonzalo cuando éste adopta la forma no de la sosegada placidez del hacendado agrícola, sino la tensa actividad del político y el militar. En ese contexto, una comprometida carta de los Reyes Católicos, del 10 de enero de 1500, me sirve de perfecto complemento a todo lo dicho con anterioridad. La carta dice así:[7]

Gonçalo Fernández de Córdova, nuesto capitán y de nuestro Conseio. Todas las cosas que son necesarias para la armada estan ya prestas; que para enbarcarlas no esperan sino a vos y a la gente que ha de yr; y porque la dicha armada nos haze gran costa y cunple a nuestro servicio que no se detenga, embiamos mandar a Sotomayor que, haviendo fecho ahi alarde la dicha gente que ha de yr con vos, la embie luego a Xerez de la Frontera camino derecho donde como sabeys se ha de embarcar, y assi ge lo mandad vos de nuestra parte; y venios vos luego aqui para acabaros de despachar e yr a embarcaros. Y porque este correo bolvera aquí mas presto que vos vernes, porque Nos queremos tomar luego entera determinacion en lo que se hoviere de fazer en esse negoçio de los moros, escrevidnos luego lo que os parece que devemos proveer en todo ello, parta que quede para siempre proveydo como conviene; porque visto sobre ello el

6. BN: ms. reservado núm. 226: Salazar, t. I, ap-B-I, núm. 276, pp. 521-522.

7. Serrano, *Correspondencia*, en *RABM*, t. XX, 1909, p. 457.

parecer del arçobispo de Toledo y del arçobispo de Granada y del conde de Tendilla y vuestro, podamos meior determinaros en todo lo que en ello se haya de fazer, porque no cunple a nuestro servicio que este suspenso. De Seviulla a x de Enero de quinientos años. Yo el Rey. Yo, la Reyna. Por mandado del Rey e de la Reyna, Miguel Perez d' Almaçan.

Hay pocos momentos en la historia de Gonzalo que suministren un contraste tan extraordinario entre los intereses de los Reyes Católicos y los suyos propios.

En 1500, a los cuarenta y seis años, Gonzalo se enteró de que el sultán turco Bayaceto II (1481-1512) había derrotado a los venecianos en el istmo de Lepanto, comenzando la ocupación de la costa albanesa a la altura de Durazzo. Existen bastantes evidencias de que veintidós años antes, cuando Mehmed II conquistó la fortaleza de Lepanto, después de haber atravesado el río Tagliamento, los venecianos contrapesaron el ataque con un sustancioso tributo. Desde entonces, la situación había sido cada vez más tensa. Ahora llegaba el momento de la verdad.[8]

Después de la conquista de las ciudades portuarias de Kilia, en el delta del Danubio, y de Akkerman, en la desembocadura del Dniéster, Bayaceto adoptó una postura expansiva en todo el Adriático. La República veneciana reaccionó con rapidez. Envió mensajes a todos los miembros de la Liga (Fernando incluido) describiendo la situación de un modo alarmante, quizás no era para tanto, pero en cuestiones de defensa de los mercados todo vale. El *dogo* sugirió la formación de una armada contra el turco. Como jefe de la flota combinada propuso a Gonzalo, el Gran Capitán, cuyas hazañas en Nápoles no habían pasado inadvertidas para sus embajadores y para sus espías. Con la proposición veneciana en la mano, Fernando se dirigió al consejo de Estado; allí pudo escuchar la opi-

8. D. Vaughan, *Europe and The Turk*, Liverpool, 1954.

nión de los hombres fuertes del círculo de la reina, contrarios a Gonzalo, debatiendo con ellos en un terreno donde él era un experto. Al final, según se refleja en la carta, los influyentes arzobispos López de Mendoza y Hernando de Talavera apoyaron la moción del rey de nombrar a Gonzalo capitán de la armada. Giovio contó la historia con el aire de quien no quiere entrar en los debates políticos, sino sólo en las hazañas: una actitud bastante corriente en la manera de ver el mundo en el siglo XVI. Gonzalo estaba rodeado de nobles ambiciosos como Diego López de Mendoza, ansioso de fama, y de otros como él: mosén de Peñalosa, Pedro de Paz, Luis de Herrera y mosén Foces. El momento era oportuno.

«Todas las cosas que son necesarias para la armada están ya prestas; que para enbarcarlas no esperan sino a vos y a la gente que ha de yr»,[9] así empezaba la carta de los reyes a Gonzalo. Como una invitación a volver al gran escenario de la historia, esta primera carta, tras su regreso de Nápoles, escrita por presión de los venecianos, dejaba en claro una cosa: sólo un capitán en España contaba con el aprecio de las cancillerías europeas.

Gonzalo, que había tenido seis años atrás la fortaleza de carácter suficiente para tomar el mando del primer cuerpo expedicionario español en Italia, aceptó el desafío y se aventuró a ir a Sevilla a negociar con Fernando y la cada vez más difícil Isabel. Fueron tres meses de largas y tensas reuniones. Había muchos cabos sueltos que atar. No bastaba con un nombramiento como unos años atrás. Era preciso asegurarse la libertad de acción. No quería interferencias de los embajadores en Roma o Nápoles, siempre vigilantes, siempre en desacuerdo con sus decisiones. Quería además el mando tanto de la flota combinada como de las tropas de tierra.

Un día, finalmente, Gonzalo quedó satisfecho con las garantías recibidas. El 4 de abril, los Reyes Católicos notifican al

9. Serrano, *Correspondencia*, en *RABM*, t. XX, 1909, p. 457.

virrey de Valencia, mosén Luis Anelles, que «nos embiamos el nuestro reyno de Siçilia a Gonçalo Fernández de Córdova, nuestro capitán general y del nuestro Conselo, con nuestra armada e con çierta gente de cavallo o de pie que va en ella».[10] El nombramiento de Gonzalo tuvo lugar sin embargo diez días más tarde. El retraso se debió a unos detalles de última hora en la redacción definitiva del documento, obra del secretario Miguel Pérez de Almazán. En este importante texto de historia se mezclan la astucia política, el ingenio y la pura retórica por lo que merece una lectura interpretativa, o hermenéutica. Cada frase está extraída del rico material de experiencias políticas acumuladas en el reino de Castilla durante varios siglos.[11]

Oculta en la retórica de los motivos que le llevan a los Reyes Católicos a nombrar a Gonzalo almirante de la flota, late una reflexión de alto contenido ideológico sobre el significado de la guerra contra el Islam: «por quanto por muchas partes avemos sabido que el turco enemigo de nuestra santa fe catholica tiene fechos y faze grandes aparejos y armadas para entrar a ofender y fazer guerra y daño en la Christiandad; y que si los prinçipes christianos no proueemos para la resistençia dello, la Christiandad podría resçebir mucho daño». El tabú sobre el peligro musulmán se ha roto al comienzo mismo del despacho, el obstáculo para organizar un cuerpo expedicionario para defenderse de ese peligro ha sido vencido, por lo cual «Nos por lo que devemos a Dios y por la obligación que tenemos a la defension de la Christiandad y tan bien para la defensión de nuestra Yslas que tenemos hazia aquellas partes, avemos mandado fazer çierta armada para enbiar al nuestro Reyno de Siçilia y de allí a otras partes donde fuera menester». A esa armada se añaden «trezientos onbres darmas, y trezientos ginetes de nuestras guardas, y quatro mil peones».

10. Serrano, *Correspondencia*, en *RABM*, t. XX, 1909, p. 462.
11. Serrano, *Correspondencia*, en *RABM*, t. XX, 1909, pp. 458-460.

¿Quién podía mandar una fuerza semejante? En principio se pensó en un almirante para la armada y en un capitán para las fuerzas de tierra; pero la tesis no prosperó.[12] Los Reyes Católicos fueron conscientes entonces que «era menester que nombremos e diputemos un Capitán general nuestro. Por ende, confiando de vos Gonçalo Fernández de Córdoba, nuestra capitán e del nuestro Consejo, que soys la persona que guardareys nuestro servicio e bien e fiel e diligentemente fareys lo que por nos fuere mandado, e administrareys el dicho cargo e vsareys dél, por esta nuestra carta vos nombramos e diputamos e ponemos e eligimos por nuestro Capitán General de la dicha nuestra armada e de la dicha gente de cavallo e de pie; en la qual dicha nuestra armada van tres carracas llamadas la una Lerca, la otra Camila e la otra Forne, e otras naos e carauelas y fustas».

Una pregunta surge al hilo de este nombramiento. ¿Cómo es posible que los mismos reyes que, sin la menor explicación, le obligaron a marcharse de Nápoles tres años atrás, le devuelvan el mando de la tropa, pero además acrecentado hasta extremos casi increíbles para un Estado moderno? Atendamos a las concesiones obtenidas: «E vos damos poder e facultad para que asy en la mar commo en la tierra, donde quier que la dicha armada y gente estoviere, podais vsar e vseys commo nuestro Capitán General de la justiçia e jurisdiçion çevil e criminal, e poner alguazil mayor e otros alguaziles en las dichas carracas e naos e carauelas e fustas de la dicha nuestra armada e de todas las otras cosas e casos al dicho cargo anexas e perteneçientes, tanto quanto nuestra merçed e voluntad fuere, commo dicho es». Es decir, el poder absoluto sobre hombres y situaciones «asy en la mar, commo en la tierra», incluido el de castigar la rebelión con la muerte: «E vos damos poder e facultad para las esecu-

12. BN: Ms. 20215 (papeles de Gayangos); Salazar, t. I, ap. B-I núm. 238, pp. 512-521.

tar en los que remisos e ynobedientes fueren, o en sus bienes».

¿Acaso la situación era tan peligrosa como el *dogo* de Venecia les había hecho creer? Una versión simple de esta actitud podría decir: la política inventa la historia. Lo que en 1498 no era ni siquiera pensable, resulta absoluto en 1500. Los reyes apuntan muy alto en esa dirección: «E mandamos a los dichos capitanes e patrones e maestres e contramaestres e pilotos e marineros de las dichas carracas e naos e carauelas e fustas, e a las gentes que van en ellas, e a qualquier personas e gentes nuestros súbditos e naturales, que nauegan o nauegaren por las mares, e a los escuderos de las dichas nuestras guardas, e a los dichos peones e a otras quales quier personas, a quien lo contenido en esta nuestra carta atañe, que guarden e fagan guardar á vos el dicho Gonçalo Fernández de Córdova, nuestro Capitán General, todas las honras, gracias, mercedes e franquezas, libertades e preheminençias, prerrogativas é ynmunidades e todas las otras cosas e cada una della que por razón del dicho cargo deuedes aver e gozar e vos deuen ser guardadas».

Los reyes no estaban solamente halagando a Gonzalo con palabras y honores, estaban tratando de organizar una expedición de castigo contra el turco y no tenían más remedio que contar con él como líder táctico de esa operación.[13] Entender cada uno de los detalles del nombramiento era para los reyes un llamamiento a la unidad de la Cristiandad contra el enemigo, largamente meditada y meticulosamente definido en el documento: la gran alianza contra el Islam. Y la lucha que Gonzalo lidera a partir de ese momento no era entre dos pueblos o razas, o entre dos confesiones, sino entre la justicia y la injusticia, entre las fuerzas del bien y las fuerzas del mal.

13. Lo que explica la carta de presentación que ambos reyes hacen a Gonzalo para la sociedad napolitana en marzo de 1500 (Archivo de los duque de Maqueda).

La explosión de significado de ese nombramiento crea el *locus classicus* del héroe moderno. Gonzalo, como setenta años después don Juan de Austria, apuesta el destino de su vida a un combate definitivo con los turcos en el istmo de Lepanto. ¿Qué tono épico puede hacerle justicia en ese momento?

Al revés de lo que pensaba Fernando, el Papa dio su aprobación al nombramiento de Gonzalo como capitán de la armada. El prestigio de sus anteriores campañas, el decidido apoyo de los venecianos y la seguridad que a todos les daba saber que era él quien comandaba la expedición, constituían con creces los motivos del elogio de Alejandro a su *dilecte fili.*[14]

Y no era para menos. En la expedición a Celafonia de septiembre de 1500 a enero de 1501, Gonzalo encontró la revelación plena, el conocimiento de su capacidad militar. Un hecho que parece adivinar el *dogo* Agostino Barbarigo cuando le escribe a Gonzalo instándole a que comprenda el alcance de su misión «perché la formidolosa potentia del inimico del christiano nome e tanto avanti, che chi presto et subito non li dona remedio, le por produz una ruina grandissima et quasi irremediabile ad Italia primum et poi consequenter et inmediate a la república christiana».[15]

No se precipitó a la hora de enviar sus tropas al Peloponeso, antes bien preparó su retaguardia en Sicilia y Calabria, restaurando unas fortalezas degradadas por la mala gestión de sus responsables. Incluso tuvo tiempo de conocer al vasco Pedro Navarro, que muy pronto se convertiría en su hombre de confianza. Los pocos días previstos se prolongaron cuatro semanas. Todas las mañanas, al principio por lo menos, Gonzalo se preguntaba si no sería el día siguiente cuando iba a embarcar a las tropas. La prudencia le exigía sin embargo

14. Arc. Zab. vol. 15, núm. 29.
15. Arc. Zab. vol. 15, núm. 20.

aguardar un poco más. Los tumultos entre los soldados eran abundantes. El retraso inquietaba a los aliados y era consciente.

Gonzalo redactó dos largos informes para que los Reyes Católicos, y sus aliados, estuvieran perfectamente informados de la situación.

En el primer informe, escrito el 8 de septiembre, menciona como causa principal del retraso precisamente la agitación entre los soldados: «yo he de estar en todas su cuentas por tirar ynconvenientes, que por dos o tres veces han estado todos los vyzcaynos alborotados para yrse o desamparar las naos por su tratamyento, y con premios e falagos los he sosegado y sostengo con este medio que todos los que con el han de tratar es por medio mío, yo ocupo tanto tiempo en esto y en poner paz a el y contadores e veedor que con grand pena puedo satysfacer a otra cosa que tal ora he visto sobre my que muy cerca he estado de tomarlos a todos en una fusta y enbyarlos a vuestra alteza, tanto me trabajan y en nynguna cosa me ayudan».[16]

En el segundo informe, del 15 de septiembre, se detiene sobre todo en el problema de la paga al ejército «porque quando no se pagan syguen se muchos males que no se pueden remediar».[17] Un modo de implicar al Estado en la campaña que estaba a punto de comenzar. Gonzalo insistía una vez más, como siempre, en la necesidad de contar con el dinero necesario para pagar a la tropa, una manera además de impedir la inclinación al saqueo y al desorden, tan característicos de esa gente.

16. BN: Ms. 20211 (papeles de Gayangos); Salazar, t. I, ap. B-I núm. 280, pp. 522-523. (ed. L. de Torre, *Cartas*, en *RABM*, t. XXXIV, 1909, pp. 308-309»).

17. BN: Ms. 20211 (papeles de Gayangos); Salazar, t. I, ap. B-I núm. 281, p. 523. (ed. L. de Torre, *Cartas*, en *RABM*, t. XXXIV, 1909, pp. 310-311).

El 27 de septiembre zarpó de Mesina rumbo a la isla de Corfú, frente a la costa del Epiro, a donde llegó el 2 de octubre con un poderoso y disciplinado ejército. Los turcos levantaron el asedio y regresaron a sus bases de tierra firme. Quedaba el puerto de Cefalonia «el mejor del mundo», escribió a los Reyes Católicos.[18] Pero, para entonces, contaba con el apoyo del gran almirante veneciano Benedetto Pesaro y de las naves francesas, «dos carracas con seiscientos hombres».[19]

Las naves se reunieron en la isla de Zante y el 8 de noviembre comenzó el asedio. No fue fácil, y duró casi dos meses. Gonzalo porfía en sus ideas, aprendidas en la campaña de 1495: el asalto final al castillo de san Jorge, el día de Navidad de 1500, se parece bastante el ataque al castillo de Ostia. Presión de sus tropas en tres puntos: desconcierto en el primero, *ruse* en el segundo, y entrada al asalto por el tercero. No hubo cuartel. Sobrevivieron poco más de cincuenta defensores.

La interpretación de Giovio del asedio de Cefalonia condensa la brillante acción militar en un fugaz golpe de genio de Gonzalo. La alta diplomacia europea, comenzando por la veneciana y siguiendo por la francesa, levantó el velo que sobre él había echado Commynes, sin más motivo que el rencor. Fernando hace lo mismo, sobre todo cuando Isabel recibe el rico botín, no para convertirlo en un reconocimiento sincero y abierto hacia Gonzalo, pese a que no existe ya ningún obstáculo político que lo justifique. Después, durante el resto de su vida, parece arrepentirse de haber cedido en esa ocasión a los elogios de las cancillerías europeas. Por eso, en

18. BN: ms. 20211, (papeles de Gayangos); Salazar, t. I, ap. B-I núm. 285, pp. 524-525.

19. Carta a Almazán del 26 de octubre: BN: ms. 20211, (papeles de Gayangos); Salazar, t. I, ap. B-I núm. 284, p. 524. (ed. Serrano, *Correspondencia*, en *RABM*, t. XX 1909, p. 409).

la carta de felicitación, escrita el 27 de febrero de 1501, dejan caer una mordacidad al indicarle a Gonzalo que la noticia de la caída de Cefalonia la recibieron de su embajador de Roma y no directamente de él.[20] La indisciplina en la que cayó el cuerpo expedicionario una vez recaló en los puertos sicilianos y calabreses asustó a la corte, convencida de que el modelo de ejército seguía siendo el francés, tan ordenado, tan pulcro, como había demostrado Luis XII en la conquista de Milán.

UN PACTO PRECIPITADO

Fernando no se dejó impresionar por el éxito de Gonzalo en Cefalonia. Nunca se había identificado con causa alguna; incluso cuando optó por una política de integración religiosa mantuvo una distancia con respecto a las decisiones del círculo de su esposa: jugó siempre con todas las posibilidades a su alcance, recubierto de la razón de Estado. Nunca había respetado la amistad, ni siquiera la de Gonzalo, que tan buenos servicios le había prestado, y le prestaba. Por eso, mientras la armada ponía cerco a la isla de Cefalonia, el rey se reunía en secreto con el arcediano de Anjou, embajador plenipotenciario de Luis XII, para repartirse el *Regno*. Una vez más, el estilo político de Fernando contrasta abiertamente con el de Gonzalo.

¿Qué fue el pacto firmado en Granada el 11 de noviembre de 1500? Pura precipitación. Cuanto más cerca estaba la victoria de Gonzalo ante Bayaceto II, más prisa tuvo Fernando de dejar resuelto el problema napolitano en una línea grata al Papa Alejandro VI y, desde luego, a Luis XII. Los últimos retoques quiso darlos en total soledad, en Granada, la ciudad de

20. Arc. Zab. vol. 16, núm. 31. (ed. Serrano, *Correspondencia*, en *RABM*, t. XXI, 1910, p. 348).

su triunfo y de su fracaso. El gesto decisivo, según él, fue declarar secreto el pacto (¿secreto para quién?: ¿para los napolitanos, para Juana, para Gonzalo?), haciéndose responsable de la división del *Regno* en dos partes simétricamente iguales. Él se quedaba con la Apulia y la Calabria, abandonando todas las conquistas de la campaña de 1494. Con el orgullo del trabajo bien hecho, el rey se marchó de Granada, viajando a Sevilla, donde le esperaba una sorpresa de increíbles consecuencias para el futuro de la historia de Italia. A Sevilla había acudido su hermana Juana, reina de Nápoles; y no precisamente de buen humor.

VIAJE INESPERADO

Juana había llegado a Almería desde Nápoles unos meses antes en una nave genovesa alquilada con el dinero de la venta de unas tierras en Formi.[21] Supo entonces el alcance de las negociaciones de su hermano con Luis XII. No pudo hacer otra cosa que mostrar su sorpresa, cuando no su irritación. Hablaba no solo como reina de Nápoles, sino también como una Enríquez, molesta al ver a su hermano tan poco inteligente en su última decisión. Era necesario que recuperase el *bon ton* de 1494, cuando envió a Gonzalo a defender a la Casa Real de Aragón.

La preocupación religiosa que embotaba la mente de los Reyes Católicos trajo consigo, entre otras cosas, un cierto descuido sobre la política internacional. Se preparaba una nueva guerra en Nápoles y Fernando parecía no darse cuenta. Juana, cada vez más sofocada, sentía la obligación de advertirle

21. Carles Sanllehy, marqués de Caldas de Montbuy, *Los descendientes legitimados de Alfonso el Magnánimo en el trono de Nápoles*, Barcelona, 1951, p. 167.

sobre la gravedad de la situación. Aquellos meses de invierno sevillano fueron para ella un momento decisivo, cuando recuperó el afecto de su hermano y la convicción de que pasaría el resto de su vida en Nápoles. Ese gesto de aceptación del destino la empujaba a marcharse para siempre a la tierra que la había adoptado veinticinco años antes. La mirada de su hija, llamada Juana como ella, viuda del desgraciado Ferrandino, es la fuerza que sustentó esa decisión. Aquí dos viudas tristes se confiaban a un rey demasiado insensible hacia ese tipo de sentimientos.

Pero, extrañamente, Fernando, con el ceño algo fruncido, un gesto habitual en él, se quedó prendido de su hermana. Ella era él. Ella era su propio reflejo en el cristal, de no tener el pelo largo. La quería y eso le cambió la vida. Además le recordaba a Gonzalo por quien sentía amor y envidia. De pronto, una alegría infinita invadió al rey, distinta del placer de la política, más humana, quizás demasiado humana para él, pues afectaba el trasfondo de su cuerpo. Parecía algo cercano a la felicidad de la que algunos hablaban. Desde ese momento mostró un sincero interés por la suerte de aquellas dos reinas tristes. Ya nunca las abandonaría. Habría sido fácil justificarlo por razones de Estado; pero no lo hizo. Hasta en su testamento recomienda que se atienda su bienestar: «Item, queremos, ordenamos y mandamos que á la Serenisima Reyna de Nápoles nuestra muy cara y muy amada hermana, no se le quite ni mengüe cosa alguna de lo que tiene y posee de presente en el dicho realme de Nápoles, que a la dicha nuestra hermana se guarde lo que de derecho se le debe guardar y pertenecer por sus capítulo matrimoniales, rogandoé encargando al dicho Ilustrisimo Príncipe Don Carlos nuestro nieto, la haya de honrar y tener en especial encomienda en todas las cosas que le cumpliere. Item, queremos que á la Serenisima Reyna su hija nuestra sobrina, sienpre que se casare, se le dé por nuestro testamentarios y marmesores sobre dichos, cien mil ducados corrientes que nos habemos recibido del dicho Reyno de Nápoles por su dote».[22]

La historia de la estancia de Juana y su hija en Sevilla en el invierno de 1500-1501 pertenece por completo a esa dimensión del pasado apenas advertida, que se niega a aparecer incluso dentro de las habladurías cortesanas. Los cronistas no le prestaron atención, fascinados por el espejismo de las intrigas políticas o de los hechos de armas. Dentro de las especiales relaciones entre Juana y Fernando debió aparecer sin duda Gonzalo: confío que un investigador (o yo mismo) encuentre los documentos probatorios. Era normal que sucediese por las especiales relaciones entre los tres. Además, los éxitos navales en Cefalonia llamaron la atención incluso de los enemigos más implacables de Gonzalo. La sangre y la guerra contra los turcos habían suavizado a López de Mendoza y Talavera; también su fracaso en la política de pacificación en Granada. La reina estaba cada vez más sumida en su tristeza. Era el momento de tomar una decisión sobre Nápoles y sobre Gonzalo. Algunos protestaron por la ingerencia de Juana en los asuntos del Consejo de Estado, pero no elevaron demasiado la voz, temiendo la reacción de Fernando, completamente al lado de su hermana durante aquellos meses de invierno.

Una inmensa y encantadora pasión de mujer por un hombre singular era el único delito de Juana. Delito mitigado por su interés por encontrar una solución al *Regno* que no fuera la repartición acordada en Granada por Fernando y Luis XII. Y precisamente para probar su tesis mostró algunas pruebas de las intenciones francesas.

A finales de febrero de 1501, Gonzalo recibe el nombramiento oficial de Lugarteniente General en Sicilia y Calabria. Surge aquí una cuestión pocas veces planteada: ¿qué indujo a

22. Próspero de Bofarull, *Los condes de Barcelona vindicados*, Barcelona, 1836, t. II, p. 363.

los Reyes Católicos a ofrecerle ese nuevo cargo, el éxito contra los turcos o los buenos oficios de Juana? No es una cuestión baladí, pues afectará al futuro de la actuación de Gonzalo en Nápoles durante los siguientes años. El viaje de Juana a Sevilla fue un éxito político. Sólo nos queda por saber qué hará Gonzalo en su regreso a Nápoles.

13

SENDEROS DE GLORIA (1501-1503)

El éxito en Cefalonia, el apoyo de Juana y el elogio del *dogo* de Venecia fijaron de una vez por todas la posición de Gonzalo en la sociedad española. Desde ese momento pudo reclamar un empleo conforme a su fama. Los Reyes Católicos nunca hacían las cosas a medias. Una vez aceptaban el derecho de un hombre a disfrutar de privilegios sociales, no tenían inconveniente en concederle los máximos honores. Igual que Íñigo López de Mendoza y Fernando de Zafra habían sido encumbrados por sus servicios en la Guerra de Granada, Gonzalo se elevará al rango de «Lugarteniente General de Puglia y Calabria» gracias a su triunfo frente a los turcos.

Los años de prueba habían terminado, y el segundón de los Aguilar adquirió un rango social que hizo palidecer al de su padre y al de su hermano. Y, sin embargo, Gonzalo estaba triste y perplejo, como anotaría un biógrafo al comprobar su estado de ánimo tras el regreso de Cefalonia. Los personajes que le rodeaban, sus compañeros de armas, sus amigos, sus criados, no sabían qué hacer para consolarle. Era la manifestación una vez más de la melancolía, esa forma de ser que hizo exclamar una vez a Don Quijote: «no hay ninguno en la tierra de quien se pueda esperar consejo en las dudas, alivio en las quejas, ni remedio en los males».[1]

Por eso podemos preguntarnos por qué Gonzalo que había alcanzado la gloria no se conforma con su destino y quiere obligar al mundo a un reconocimiento mayor, casi ilimitado. Intentaré responder volviendo a considerar su primera

1. *Don Quijote,* ed. cit. p. 299.

salida de casa, aún niño, para ser paje del infante Alfonso, un falso movimiento, semejante al que volvía a tener, pese a las felicitaciones recibidas sobre su extraordinaria campaña en el Jónico.

La diplomacia veneciana tenía el peculiar efecto de engrandecerlo todo. En ningún otro lugar del mundo se hacían las cosas de ese modo, como observó con claridad Gasparo Contarini años más tarde.[2] Gonzalo tenía en su poder la carta que el *dogo* Agostino Barbarigo le había remitido el 12 de febrero de 1501 para agradecerle su «memorabile operatione».[3] Las grandes frases sobre la unidad de la República Cristiana ante los turcos, serían habituales en la política europea en las décadas sucesivas, diseñada en parte por el filósofo político francés Jean Bodin;[4] otro objetivo de la carta era reconocer ante todo el mundo, incluidos los Reyes Católicos, que el Gran Capitán era «un amico charissimo de Venecia».

Gonzalo, perplejo ante tanto elogio, estaba a punto de cumplir cuarenta y ocho años, una edad necesitada de alegres entretenimientos, y no era capaz de adivinar si podría mantener su nivel de vida debido a la crítica situación económica. Los capitanes Navarro, Paredes, Salazar o Zamudio estaban peor, pues dependían de la paga del Estado. Si él hubiera sido rico, esa forma de ruina no habría tenido importancia; pero en 1501 no lo era, quizás nunca lo fuese, pese a mover una gran cantidad de dinero. Todos tenían necesidad de ganarse la vida con las armas, y para eso los burócratas debían comprender el elevado coste de la guerra moderna. ¿Qué hacer? Una nueva aventura se abría paso ante él. Otra vez Nápoles y sus mujeres.

2. G. Contarini, *De magistratibus et republica Venetorum*, París, M. Vascosani, 1543.

3. Arch. Zab. vol. 15, núm. 17: original vitela con el sello del Dux.

4. Jean Bodin, *Les Six Livres de la république*, París, 1583; (Aalen, Scientia, 1977)

El tratado de Granada, firmado en secreto por los Reyes Católicos y Luis XII, provocó una honda preocupación en Nápoles. El rey Federico había sido ninguneado; Juana apartada; el duque de Calabria relegado a su refugio de Tarento. La nobleza había vuelto a los hábitos anteriores a la guerra de 1495, es decir, a lo que Camillo Porzio calificó de la «congiura dei baroni».[5] Las rebeliones locales, la sublevación en favor de un príncipe, los contactos con el Papa dominaban de nuevo la sociedad napolitana. La vida de palacio se había convertido en una caja de estrategias: el rey contra las reinas tristes, y el duque de Calabria contra los tres. Las fiestas constituían una sorprendente revelación de ese gusto por la intriga y el despropósito que Pietro Antonio Caracciolo explotó con maestría en sus *Farse*.[6] Nada podía ser peor que esa actitud displicente, apática, ante las intrigas desplegadas por Luis XII y Fernando el Católico. El futuro del *Regno* estaba gravemente amenazado, mucho más que en tiempos de Carlos VIII.[7]

Un mundo vital de esas características exigía la fijación de su significado. El miedo a perder la independencia echó a los napolitanos en brazos de los litigantes. Su propia debilidad les impidió encontrar otra salida. La cuestión fue entonces saber cuál de las dos reinos aseguraría la estabilidad política. Nadie se puso de acuerdo. La política fracasó, y entonces se recurrió una vez más a la guerra. Sólo medio siglo separa el triunfo de Alfonso el Magnánimo y el reparto del *Regno* entre Fernando

5. Camillo Porzio, *La Congiura de' Baroni del Regno di Napoli contra il rei Ferdinando primo,* Roma, Paolo Manuzio, 1565.

6. Pietro Antonio Caracciolo, *Farse,* en *Testi napoletani del Quattrocento,* ed. A. Altamura, Nápoles, 1953.

7. G. A. Summonte, *Dell'Historia della Città e Regno di Napoli,* Nápoles, 1640.

y Luis, y durante esos años se intentó delinear una solución cada vez distinta.

El mundo vital napolitano nos confunde en tanto que lectores de sus mejores intérpretes: desde Pontano a Summonte, pasando por Albino. Llegamos a saber demasiado sobre las intrigas de los protagonistas para que un historiador moderno se sienta cómodo ante el funcionamiento del *Regno* en las circunstancias tremendamente crispadas que se describen, calificadas por Benedetto Croce como el «pandemonio del baronaggio».[8] A consecuencia de ello, el papel de Gonzalo ha provocado prolijas disputas. La campaña de 1495 nos descubrió un aspecto inquietante del conocimiento histórico: el valor explosivo de las acciones que inciden sobre los procesos graduales de larga duración, transformándolos. La campaña de 1501-1503 pondrá al descubierto un aspecto inquietante: ¿Puede un extranjero interponerse en la memoria social del viejo reino de Nápoles?

LUGARTENIENTE GENERAL

El reparto de Nápoles entre Fernando y Luis favoreció la carrera de Gonzalo. El 22 de mayo de 1501 fue nombrado «Lugarteniente General de Puglia y de Calabria», un empleo importante sin duda. Cuando recibió la noticia en Mesina, estaba a punto de aceptar el ofrecimiento de Alejandro VI de convertirle en *gonfaloniere* de las tropas pontificias, como insinúa el taimado Juan de Lanuza en una carta dirigida a Miguel Pérez de Almazán a principios de mayo.[9] Muchas cosas habían sucedido en las últimas semanas, desde el triunfo en Cefalonia, antes de que recibiera el despacho con su nombramiento. La más importante para su futuro fue la llegada a Roma de

8. B. Croce, *Storia del Regno di Napoli*, Bari, Laterza, 1925, p. 90.
9. RAH: Salazar, A-11 f. 304 (Salazar, t. I, núm. 1180, p. 302).

Francisco de Rojas como embajador de España. Gonzalo tenía entonces cuarenta y siete años, y se encontraba bien de salud, cosa extraña en él. Desde el primer momento, se puso a trabajar en su nuevo empleo.

Una carta dirigida precisamente al embajador Rojas, el 27 de julio, nos informa de sus ideas. Lo que en principio era una simple notificación sobre la llegada de la galera con la paga de la tropa, se convirtió en un detallado relato de los planes de ocupación de Calabria, sobre los que quería conocer su opinión: «si los franceses hallando el número de Capua y Nápoles duro, como acá se dice, y considerando que acabado aquello se acabó en todo, me requieren por ayuda, ¿qué haré? Mi propósito es hasta acabar lo que debo con ayuda de Dios no dejarlo por otro».

Comisionado por los Reyes Católicos para un servicio de control de las fronteras fijadas en el Tratado de Granada, Gonzalo se comportaba con una majestuosidad carente de afectación, como se observa en la siguiente petición a Rojas: «Avisadme de lo que os parece que lo debo ser y así lo seré, Señor. De lo más que de lo de acá questas fustas en los pasajes y reducciones de pueblos, han tenido tanto que hacer que no nos debeis dar cargo».

Sin quererlo, Gonzalo enciende la envidia del embajador, un hombre inteligente y avieso, misteriosamente enfrentado con él durante toda su vida. Más de una vez, ante el rey, Rojas acusará a Gonzalo de fomentar la independencia de Nápoles. Tiempo habrá de seguir de cerca el complot cortesano dirigido contra él, origen de su leyenda ulterior; ahora es conveniente echar un vistazo a su situación en Sicilia.

DOS ALEGORÍAS REALISTAS

La primavera de 1501 no fue especialmente buena para Gonzalo. Las constantes alusiones a las calamidades de Italia confirieron a su vida una clara dimensión alegórica. Dos curiosos sucesos ocurridos en esos días precisamente relevan esa inclinación a convertir sus actos cotidianos en metáforas políticas.

El primer suceso tiene lugar en Capua bajo el *saco* de los franceses. El suicidio de la doncella Severina designa el problema de la existencia del mal en el mundo. Lo que inquieta de ese terrible suceso (una mujer se arroja al río para evitar ser violada por un soldado) es como si la maldad de ese siniestro personaje debiera verse como un indicio del error político que suponía el reparto del *Regno* entre Fernando y Luis.

El segundo suceso es complementario de este. Un capitán vizcaíno de nombre Iciar reclama ante Gonzalo la paga que se le debe. La situación era difícil, pues todos sus compañeros secundaron la queja. El motín parecía inevitable. Navarro echa mano a la espada, pero Gonzalo le calma. Los tres personajes protagonistas de esa tensa escena representan cada uno de ellos una posibilidad. Por ese motivo me inclino por hacer una lectura alegórica del motín. Veamos primero los hechos, luego su interpretación.

Iciar espeta a Gonzalo, viendo la indecisa actitud de Navarro, con una bravuconada: «Pues que no tienes dinero pon a tus hijas en el burdel, que ganen su pan que nos pagues». A lo que Gonzalo responde: «No tendría sentido, ¿no ves lo feas que son mis hijas?» La tropa suelta una carcajada e Iciar se desmorona. Navarro envaina la espada, y el motín se ataja. Veamos ahora la lectura de esa alegoría. El puerto de Mesina (o de Milazzo, que para el caso es igual) representa el espacio de un Estado en crisis, el de los Reyes Católicos, falto de dirección, torpe a la hora de asumir sus responsabilidades políticas. Aquí el suceso del capitán vizcaíno se completa con el *saco* de Capua. Tres personajes aparecen en él: Iciar, el mal en su estado puro, torpe, abusivo, degradado; Navarro, el bien en su estado de indecisión, de cautela; Gonzalo, la autoridad de la razón, intentando mantener el orden a través de la risa. La tragedia de España no es la existencia de gente como Iciar (de esos hay en todos los países) sino el recelo que el poder tiene sobre hombres como Gonzalo (de esos hay pocos). Ese mismo principio rige también en el *saco* de Capua: el soldado francés que persigue a la muchacha hasta empujarla a la inmolación es el mal en su estado puro, el violador sin alma (de esos siempre hay muchos); Stuart, capitán de la tropa, es el bien que no sabe frenar la desmesura; y, finalmente, Federico de Nápoles, la autoridad victimizada por dos perversos: Fernando y Luis.

Una conclusión se impone de este doble suceso que afectó a la vida de Gonzalo en la primavera de 1501: las formas de justicia tradicional apenas sirven para luchar contra la iniquidad, ese gesto del ser humano que transforma a Iciar en un amotinado y al soldado francés en un violador asesino. La moraleja es clara: con esa gente viviendo en el mundo (que es la gente con la que hay que convivir) la guerra es un hecho digno, quizás incluso necesario. ¿Qué es más esforzado para el espíritu, la miseria moral de actos de ese tipo o la aceptación de que la guerra sirve en ocasiones para definir el orden social?

Podría muy bien ser que esta exploración del estado espiritual de Gonzalo en la primavera de 1501 fuera lo que Giovanni Gionano Pontano quiso designar con el término *fortitudo*, que no se refiere solamente a la capacidad de soportar actos como esos que degradan al ser humano, sino también a la firme creencia de que la educación en los ideales humanísticos es el único medio para liberarse de ellos.[10]

ACCIÓN MILITAR: UN RELATO CALABRÉS

El 5 de julio de 1501, Gonzalo se hizo a la mar en Milazzo con sus tropas, desembarcando en una playa desierta entre Tropea y Nicastro, quizás Marina. La praxis militar busca borrar

10. G. G. Pontano, *De fortitudine*, en *Opera omnia*, Venecia, 1518.

el recuerdo de la horrible primavera. No eran las tropas francesas al mando del escocés Robert Stuart, señor de Aubigny, las que preocupaban a Gonzalo. Sería fácil aislarlas con un movimiento evasivo por parte de Diego de Mendoza o de los hermanos Colonna. Le preocupaba por el contrario la suerte de la reina Juana. Un militar moderno, de esa especie a la que Gonzalo no podía ni quería pertenecer, no habría dedicado tantas fuerzas para el rescate de la dama. Pero él hacía la guerra pensando en la paz. Por ese motivo envió seis galeras, al mando del alavés Íñigo López de Ayala, para trasladar a Palermo a Juana, retenida en Gaeta contra su voluntad.

Las acciones de Gonzalo en el verano y el otoño de 1501, analizadas hoy como breviario de una preparación para la guerra de los años venideros, deben verse como un ejercicio de serenidad ante las dificultades, que sin embargo estaba superando si nos atenemos al detallado informe que Juan de Conchillos remitió a los Reyes Católicos a finales de septiembre.[11] Al cabo de unas semanas comprendió el problema. Las fortificaciones no soportarían el ataque de la artillería francesa. Era preciso transformar su morfología y adaptarla a la nueva pirobalística. En esa reconstrucción *alla moderna* primó sobre todo el cambio del artillero circular por el apuntado o *esputón*, y más tarde por las *tijeras*. En esos meses, se labraron cercas abalaurtadas en las principales plazas fuertes de Calabria, y siguiendo esos criterios también en Sicilia.[12] El cuidado con el que se construyeron los merlones aspillerados y las cañoneras de buzón manifesta un interés por la ingeniería militar que iba más allá del plano estrictamente artístico.[13]

11. RAH: Salazar, A-11 f. 320 (Salazar, t. I, núm. 1192, p. 305).

12. José Ramón Soraluce Blond, *Las fortificaciones españolas de Sicilia en el Renacimiento*, La Coruña, 1988.

13. El debate lo centra J. R. Hale, *Renaissance Fortification: Art or Engineering?*, Londres, 1977.

Un eco de esos trabajos de reconstrucción de las fortalezas de Calabria lo encuentro en el informe elaborado por el comendador Luis Scrivá treinta años después.[14] La historia de la que ahí se habla es la defensa, en forma de diálogo, de las reformas castrales realizadas por el caballero valenciano de la Orden de San Juan Pyrrhus-Aloísius Scrivá al servicio de Pedro de Toledo.[15]

La reconstrucción del castillo de san Telmo en tiempos de Carlos V da ocasión para afrontar el tema de las novedades castrales, cremalleras, viario a cordel, aumento del grosor del muro y, sobre todo los baluartes con *tijeras*. El comendador, ya viejo, en 1538, defiende la fábrica del castillo de san Telmo. Frente a él, el vulgo (subrayémoslo: la queja se centra en la gente del pueblo, poco preparada para calibrar el alcance de un trabajo arquitectónico basado en principios modernos) le recuerda que «toda la obra va errada». Y así se prosigue, paso a paso, una lección de ingeniería militar, realizada con un estilo neutro pero también gráfico; resaltándose en él la pericia de Gonzalo a la hora de reconstruir las fortalezas calabresas.

RESPONSABILIDAD LIMITADA

El otoño de 1501 fue un tiempo de espera. Fernando comenzó a recelar de Gonzalo. La Guerra de Nápoles era una abstracción para él: no la veía más que como un anhelo de su dinastía, y además era demasiado costosa, como se apresura a

14. *Apología en excusación y favor de las Fábricas del Reino de Nápoles por El Comendador Scrivá*, ed. Eduardo Mariátegui, Madrid, Imprenta del Memorial de Ingenieros, 1878. Véase Antonio Sánchez-Gijón, *Luis Escrivá, su «Apología» y la fortificación imperial*, Valencia, 2000.

15. Martín de Riquer, «Los escritores mossèn Joan Escrivà y el Comendador Escrivà», en *Cultura Neolatina*, 1993, pp 85-117.

manifestar a Almazán para que se lo transmitiera a Gonzalo.[16] Las cartas de Gonzalo reclamando más soldados, más dinero, más apoyo logístico, más barcos, llegaban a la corte en mal momento.[17] Las arcas estaban vacías y muchos creían excesivo el gasto para hacerse con unas tierras poco interesantes.[18] El despensero Francisco Sánchez hacía todo lo que estaba en sus manos para limitar las peticiones al mínimo, pero sin éxito.

Gonzalo, convencido de su debilidad militar, se dispuso a entablar negociaciones con Robert Stuart a través de Lluís de Palau. Firmó, antes de dar la orden de asediar Tarento, una serie de acuerdos para repartirse las tierras de la Basilicata y la Capitanata, punto nodal de la fricción entre los dos países, lo que hizo estallar de cólera a Luis XII. El juego político comenzó entonces. ¡Quién hubiera podido prever el embrollo de los próximos meses! Esos acuerdos le proporcionaron a Gonzalo el tiempo necesario para organizar las compañías. Los capitanes más expertos en la defensa de los castillos deslumbraron al confundido Stuart con la ocupación de las plazas fuertes más importantes. Según el informe de Juan de Conchillos la distribución fue la siguiente: Pedro Bernal se situó en Rocca Imperiale, Luis de Mudarra en Cosenza, Gómez de Solís en La Amantia, Gerau Icart en Tropea, Nuño de Ocampo en Reggio, Jaume Piexó en Monteleone, Fernando de Alarcón en Gerace, Juan Piñeiro en Cotrone y Luis de Herrera en Tarento.[19]

El conflicto fronterizo anunciaba la guerra. Consciente de ese hecho, Gonzalo se ocultó entre los hombres de armas, hasta que consideró firme su posición. Nunca se sintió seguro del apoyo de los Reyes Católicos y nunca supo con exactitud cuál era su misión. Leía, con distancia y cierta ironía, los despachos

16. RAH: Salazar, A-10, nu. 15 (Salazar, t. I, núm. 964, p. 251).
17. RAH: Salazar, A-11, f. 145 (Salazar, t. I, núm. 1089, p. 281).
18. Miguel Angel Ladero Quesada, «La Hacienda castellana de los Reyes Católicos (1493-1504)», en *Moneda y Crédito*, 103, 1967, pp 81-111.
19. RAH: Salazar, A-11 f. 320 (Salazar, t. I, núm. 1192, p. 305).

que le llegaban de Rojas y de los otros embajadores. García de Paredes o Navarro compartían sus recelos, y no cesaban de contar anécdotas sobre la indecisión de la corte española ante los asuntos italianos; pero Gonzalo no se sentía a gusto con esas críticas. Durante la descripción de esa campaña hecha por Giovanni Summonte, los hechos son elevados a categoría política, para satisfacer a unos lectores apasionados por el latín humanístico que permitía conectar la impresión de las campañas napolitanas con los relatos de Salustio o Tito Livio. No es posible olvidar la *catharsis* estética a la hora de valorar el uso de la historia en aquella época.[20]

El historiador moderno debe seleccionar esos acontecimientos, destacar los más significativos y darles forma interpretativa, confiando que de ese modo pueda revivir las sensaciones y las vivencias de unos hombres en una situación límite. La guerra sólo permitía dos opciones: el triunfo y la gloria, o morir con arrogancia en el campo de batalla, asegurando con ello la inmortalidad.

Cualquiera que haya leído las crónicas que relatan la larga campaña de Gonzalo de 1501-1503 en Nápoles recordará la efervescencia vital que impregna las descripciones de los hechos de armas, lo hagan cronistas españoles, italianos o franceses. De nada sirve adherir el calificativo de «histoire evenementielle» a ese modo de presentar el pasado. Un lector perspicaz verá en medio del relato, innumerables razones para ir en busca del mundo vital europeo a comienzos del siglo XVI. Gonzalo se conmocionó al convertirse en el protagonista de unos hechos memorables, pero el dolor y el sufrimiento también contaban. Veamos a continuación algunos momentos decisivos en ese proceso de conformación de su personalidad. Quizás no son los más importantes, pero sin duda fueron los más significativos para él.

20. G. Summonte, *Dell'Historia della Città e Regno di Napoli*, cit., pp. 135-153.

Tarento nunca debió haber existido. Cuanto más tiempo pasaba de aquel incidente, más se convencía Gonzalo de que, de todos los actos innobles que realizó en su vida, el peor fue sin duda ese: la traición al duque de Calabria. Un gesto habitual por entonces en la política italiana; pero sorprendente en su caso. ¿Qué le indujo a hacerlo? Recordemos.[21]

Durante el asedio de Tarento, donde se había refugiado el infortunado Fernando, duque de Calabria, hijo de Federico III y de Isabella del Balzo, Gonzalo le juró en público que en caso de rendición tendría libertad de escoger su destino, marchando al lugar que él eligiese. Pongamos que esa promesa fuera el fruto de su buena fe, un gesto caballeresco: uno acaba de creer la imagen que se ha hecho de sí mismo. Pero, ¿tenía capacidad de mantener la promesa? Desde luego que no. Frases de justificación, levemente exageradas por Paolo Giovio, pero no por los cronistas napolitanos, se convirtieron en una referencia habitual a partir de entonces. La obediencia a su rey, utilizada en esa ocasión para justificar su acto no hacía en realidad sino exaltar la ambigüedad de su carácter, sin pararse a pensar que ya había actuado así con Boabdil, otro hombre que confió en él. No cesó de escribir buscando una explicación a su conducta. Por primera vez, osaba proclamar en una carta dirigida a los Reyes Católicos que la infracción de su juramento se debía a razones de Estado.[22]

Un acto innoble se veía, de pronto, justificado: traicionar al amigo se disculpaba con la obediencia al jefe. ¡Qué terribles

21. Se puede seguir en las «Capitulaciones entre el Gran Capitán y el duque de Calabria» conservada en la RAH: 11-1-7 (Ant).

22. BN: ms 20211 (papeles de Gayangos); Salazar, t. I, ap-B-I núm. 294, p. 527.

consecuencias tuvo ese comportamiento en la historia europea de los siguientes siglos! La matanza de inocentes siempre estuvo acompañada de ese tipo de justificación: la obediencia debida. No es mera casuística, pero con la ignominia cometida sobre el duque de Calabria comienza una línea de comportamiento que vincula los senderos de gloria al sacrificio de una víctima inocente. Desde luego, Tarento nunca debía haber existido; pero existió para vergüenza de Gonzalo que, en aquella ocasión, no se comportó como el Gran Capitán que todos decían que era, como escribió el emperador Maximiliano a los Reyes Católicos.[23]

CONMOCIÓN UNIVERSAL

Una de las verdades más amargas para aquellos hombres, como Rojas, que todavía habían nacido en la época del respeto hacia el Papa, cuando la sombra de Lutero comenzaba a levantarse, es la que los Reyes Católicos denuncian en una carta dirigida a su embajador en febrero de 1502:[24]

> Vimos la que nos escrevistes sobre los negocios de entre nuestro muy Santo Padre y nos, y mucho estamos marauillados de la manera que su Santidad tiene en ellos y de la barra que dezis que pone en todos nuestros negocios, y de querer fazer con nos cosa tan nueva y tan estraña, no deuida ni acostumbrada por los Pontifices con los Príncipes Christianos; y cerrando su Santidad la puerta á las cosas que los Sumos Pontífices, por el cargo que tienen, acostumbran y deuen fazer por los Principes, grande ocasion e incitamiento les da para que busquen el remedio, y no nos pesará quando se sepa que todo lo que su Santidad nos niega son cosas justas y razonables y acostumbradas de otorgar por la silla apostólica.

23. RAH: Salazar, A-11 f. 317 (Salazar, t. I, núm. 1183, p. 305).
24. A. Rodríguez Villa, *Francisco de Rojas,* cit. p. 313.

Esa manera de pensar fue calificada por Leopold von Ranke como la «conmoción universal» previa a la gran reforma luterana, y por A. G. Dickens como un «océano en ebullición» donde naufragaron todos los valores tradicionales que vinculaban la política internacional con el respeto al papado. La teoría de una legitimidad cuestionada, a través de la cual Rojas se desentiende de la postura del Papa en todo lo referente al *Regno*, se apoyaba en un axioma muy extendido en aquellos años: que la actitud filofrancesa del Papa obedecía a intereses de carácter privado, como la promoción de su hijo César, ajenos a su función de Sumo Pontífice de la Iglesia.

Esta pasmosa conmoción universal afectó de lleno al *Regno*. Federico, exiliado en Francia, acabó por abdicar en favor de Luis XII, y negoció la entrega de Ischia, con su artillería y su arsenal, a cambio del ducado de Anjou.[25] La descripción que hace Jacobo Sannazaro del final de la dinastía aragonesa de Nápoles en su obra de contenido alegórico *Arcadia* es muy próxima a la de Pontano. En buena medida, ambos captan el talante del raquítico Federico en medio de dos hienas insaciables, Fernando y Luis. ¿Y Gonzalo? Las cosas simplemente ocurren a su alrededor: está confundido por la actitud de ambos reyes. En sus abundantes cartas transmite ese estado de ánimo, melancólico sin duda, pero cargado de agudeza y arte de ingenio.

Pero Gonzalo no puede hacer nada para impedir la guerra. Este proceso se inicia después de la renuncia de Federico al trono, después que el duque de Calabria haya sido traicionado, al final de un largo y duro período de preparación, rayano en el sacrificio.

NAPOLES TIEMBLA II

Entonces llegó a Nápoles Luis d'Armagnac, un joven cortés, circunspecto, «de la principal sangre y nobleza de Francia», se

25. L. Volpicella, *Federico d'Aragona*, Nápoles, 1908.

decía de él entre las tropas españolas. Era duque de Nemours y amigo del rey; un hombre muy distinto al veterano Stuart, al que venía a reemplazar. Luis XII estaba convencido que él conseguiría atraerse a la nobleza de la región, en especial a los miembros afines a Federico, que quizás le verían como un libertador del guante de hierro desplegado por Gonzalo.[26] Al menos eso pensaron los genoveses que le acompañaron en la aventura, entre los que destacó Andrea Doria, el futuro amigo de Carlos V. Las cosas no sucedieron así, como sabemos. Cada reunión entre Nemours y Gonzalo era un paso más hacia la guerra pues ninguno de los dos estaba dispuesto a ceder en sus demandas territoriales. Poco importa que Luis XII protestase delante de Fernando.[27] Todos deseaban lo mismo. Obedientes a las órdenes recibidas de su respectivas cancillerías, acabaron por comprobar que en esos meses vivir en el *Regno* costaba demasiado.

La actitud de Nemours era la misma que la de su rey, un estado de ánimo extendido por entonces en Francia gracias a la poesía erótica de Pernette du Guillet, y que definiré como satisfacción narcisista.[28] Frente a ella, se levanta la prudencia de Gonzalo preparando a su tropa para una guerra, larga y cruenta, lejos de las Musas y de Apolo.

En la primavera de 1502, el duque de Nemours ordenó avanzar sus tropas contra Atripalda, cumpliendo con ello «le grand desir du plaisir admirable», del que hablaba Pernette du Guillet, y que años más tarde daría lugar al selecto grupo de mosqueteros del rey para quienes morir en batalla «en-

26. Y que conocemos bien por el informe de Juan de Conchillos a Miguel Pérez de Almazán del 24 de octubre de 1501: RAH: Salazar, A-11 f. 318 y 319 (Salazar, t. I, núm. 1191, p. 305).

27. RAH: Salazar, A-11 f. 327 (Salazar, t. I, núm. 1198, p. 307).

28. T. A. Perry, «Pernette du Guillet's Poetry of Love and Desire», en *Bibliothèque d'Humanisme et Renaissance*, 35, 1973, pp. 259-273. Lawrence D. Krizman, *The Rhetoric of Sexuality and the literature of the French Renaissance*, Cambridge, Cambridge University Press, 1991, pp. 11-28.

gendre une autre vie». Gonzalo no tiene tiempo para esos refinamientos, los mira con desdén, mientras conducía a marchas forzadas su ejército a Barletta. Los hombres estaban agotados por el cansancio, tensos por el retraso de la paga, asustados por el poder del enemigo, sudorosos por el asfixiante calor. No era el mejor momento para entretenerse buscando respuestas ingeniosas a la erótica militar del duque francés. La situación era extremadamente delicada, por no decir crítica. Gonzalo esperó instrucciones de la corte.

El 13 de julio de 1502, los Reyes Católicos le envían un despacho indicándole la línea a seguir en caso de guerra. Sugieren situar en las fortalezas «a capitanes de gran esfuerço», aunque el principal consejo fue que procurara «buscar todos los medios de concordia para que en todo caso se escuse la rotura, porque mucho mas nos servireys en conservar eso con paz que en darnos todo el reyno con guerra».[29]

La sugerencia llegaba demasiado tarde, o quizás sólo expresaba el deseo de los Reyes Católicos de evitar una guerra para la que su hacienda no estaba preparada. Durante semanas, Gonzalo no quiso enfrentarse con Nemours, soportando las críticas de los hermanos Colonna. El general francés estaba organizando el ejército para una campaña estival, convencido de su éxito debido a la evidente superioridad de medios y hombres.

Gonzalo maniobró con inteligencia. Aceptando con su *sello* numerosas provisiones de armas y dinero para su ejército; esa actitud motivó una queja de Fernando, cada vez más molesto por la gestión de su lugarteniente: «Aqua avemos visto en una provision dada por vos el sello con que ahy se sellan las provisiones, dentro del qual estan vuestras armas y la forma de vuestro sello junto con las nuestras; y tanbien en las letras no esta puesto el nombre de mi el rey; y como quiera que dexar

29. Serrano, *Correspondencia*, en *RABM*, t. XXI, 1909, pp. 559-560. doc. XXV.

de poner el nonbre parece yerro del que fizo el sello, pero deve ser mirar que en tal cosa no haya yerro; y assi creeemos que lo otro sera porque por ventura lo hayan fecho assi los franceses; pero porque aqua no se acostunbra, deveys mandar fazer luego un sello en que solamente haya nuestras armas reales y en las letras haya las letras de Nos ambos como se acostumbra; y en esto ni en otra cosa no consintays introduzir semejante cosa nueva, mayormente que prejudique a nuestra preheminencia real».[30]

Estas observaciones sobre protocolo fueron acompañadas de algunas medidas. La que peor le sentó a Gonzalo fue el nombramiento de Bernat de Villamarín como Capitán General de la Armada.[31] Mientras eso ocurría en la corte, en el *Regno*, españoles y franceses se vigilaban sin pausa, según se desprende de los comentarios de Luis XII a Ludovico Sforza.[32]

La pregunta que todos se hacían era la siguiente: ¿tenía Nemours atrapado a Gonzalo debido a la indecisión de Fernando de enviarle los refuerzos que pedía? No lo parece. El 31 de julio de 1502 el rey había ordenado que un destacamento embarcara en Cartagena con destino a Barletta.[33] Por eso convenía esperar. Gonzalo lo sabía, mientras que Nemours lo ignoraba. Esa era la diferencia entre ambos. El despacho del 9 de noviembre constituye una sorprendente revelación de los planes reales. Nada podía ser mejor que el envío de refuerzos, salvo la contrapartida que se le exigía a cambio de ello. La mirada de Gonzalo quedó fijada en el largo párrafo donde se le pedía un esfuerzo por mediar en un conflicto imposible de resolver.

30. Serrano, *Correspondencia*, en *RABM*, t. XXI, 1909, pp. 561. doc. XXVI.

31. Serrano, *Correspondencia*, en *RABM*, t. XXI, 1909, pp. 561-562. doc. XXVII.

32. L. G. Pélissier, *Louis XII et Ludovic Sforza (8 avril 1498-23 juillet 1500)*, París, 1896.

33. Serrano, *Correspondencia*, en *RABM*, t. XXI, 1909, pp. 562. doc. XXVIII.

«E porque nos dizen que las diferencias entre Ursinos e Coluneses es sobre çiertas tierras dese reyno; e que los unos e los otros pretienden derecho, que porque su concordia se haga o sea durable, trabajen tanbien de conçertarse en aquello de manera que no les quede causa de diferençia; que faziendo la concordia dellos, Nos seremos contentos porque mejor se haya de satisfazer a los unos e a los otros dandoles de lo que los rebeldes ovieron perdido; y en lo que damos a Coluneses para su mantenimiento vos respondistees bien para este caso, que dezis que plaxera a Dios que no acaezca».[34]

Con estas palabras, el nueve de noviembre de 1502, los Reyes Católicos le pedían a Gonzalo que mediara entre los Orsini y los Colonna. Cualquier diplomático joven, y la mayoría de los viejos, se hubiera sentido orgulloso de recibir ese encargo. Si había en aquellos días dos familias enfrentadas con motivos suficientes procedentes de antaño eran sin duda la de los Orsini y los Colonna; y si había una memoria política difícil de conjugar era el viejo pleito entre güelfos y gibelinos, unos partidarios de la autoridad del Papa, los otros de la soberanía del Emperador. Ambas familias tenían sin embargo algo en común; y era el desprecio por los extranjeros. Gonzalo intentó que tanto Bartolomeo de Alviano como Fabrizio y Prospero Colonna hicieran una excepción con él. Todo indicaba que lo había conseguido, y de ese modo su jovial encanto convirtió la necesidad en virtud. Fernando estaba al corriente de ese trato especial, y por eso le encomendó que antes de empezar la guerra con Luis XII y el soberbio duque de Nemours, consiguiera la unión de ambas familias. Pero la tarea no iba a ser fácil.

Gonzalo era de hecho un extranjero, pese a ser duque de Terranova, por nombramiento de Federico, y no había ningu-

34. Serrano, *Correspondencia*, en *RABM*, t. XXII, 1910, pp. 118-121.

na razón para que la consideración hacia él fuera diferente a la de cualquier otro embajador. Consciente de esa barrera, se movió con cautela entre sus amigos de ambas familias. Mostró el peligro de mantener las *parciallitéz* (digamos, facciones) como Commynes había calificado a esos ancestrales pleitos familiares.[35] Gonzalo mostró suficiente distancia para distinguir lo bueno de lo malo, apoyando con firmeza la posición de Bartolomeo de Alviano, a quien siempre consideró uno de sus mejores capitanes, al tiempo que favorecía el matrimonio entre Ferrante Francesco Dávalos, marqués de Pescara, el hijo del malogrado Alfonso Dávalos, camarlengo de Federico, con la joven, bella e inteligente Vittoria Colonna (la futura poetisa) que entonces tenía doce años, hija de Fabrizio Colonna y de Agnesina de Montefeltro, sobrina por tanto de Guidobaldo, duque de Urbino. De ese modo se situaba en medio de ambas familias buscando un enemigo común, que es la mejor manera de unir a los adversarios. El enemigo de los Orsini y los Colonna era el duque Valentino, y él se presentó como el chivo expiatorio de esa amistad tan forzada como necesaria. Al cabo de unos meses, Gonzalo comprobó que ambas familias estaban dispuestas a unir sus fuerzas contra los «extranjeros», es decir, contra los franceses y el arrogante César Borja, casado con una Albret, y por tanto uno de ellos. Fernando se presentaba como heredero de Alfonso el Magnánimo, y Gonzalo como duque de Terranova. Así que la cuestión del papel que los Orsini y los Colonna tendrían en la inminente guerra, y que tanto preocupaba en la corte española, se resolvió de esa manera tras las gestiones de Gonzalo.

El *Regno* parecía unido, al menos de momento, contra el invasor francés. La alianza entre ambas familias y las nuevas tropas que llegaron a Barletta a finales de 1502, desde Cartagena y Barcelona, contribuyeron decididamente a los planes de

35. Lo hizo en una carta a Ludovico Sforza del 9 de marzo de 1495 (*Lettres*, cit. p. 208).

Gonzalo. Había llegado el momento del ataque. ¿Cómo hacerlo sin despertar sospechas del duque de Nemours?

BARLETTA

El desfile ante los muros de Barletta era una invitación personal de Nemours para que Gonzalo aceptase un encuentro a campo abierto. Fue en vano. Durante semanas, las elegantes tropas francesas se hundieron en un territorio inseguro, atacadas sin previo aviso por la caballería ligera española.[36] Acciones de desgaste. Enfáticamente, con una torpeza que sólo se explica por desconocer el temperamento de Gonzalo, Nemours levantó el cerco de Barletta, dirigiéndose a Tarento. Esa decisión despertó por fin a Fernando. La ruptura del tratado de Granada era evidente, y resultaba inútil resistirse a semejante realidad.

Esta debió de ser la razón de que, en una carta dirigida a Gonzalo, Fernando denunciara la actitud del rey de Francia al haber quebrado «lo que estava capitulado y jurado, sin ninguna justa causa ni razón vos ha rompido ahy la guerra, cosa que Nos nunqua pudieramos creer de ningun principe christiano y mucho menos del a quien Nos teniamos fechas obras de hermano; y esperamos en Nuestro Señor, que ahunque agora con fiança que teniamos de la paz nos ha tomado ahy descyuydado y desproveydos para la guerra, que él se arrepentira de haver assi faltado a Dios y a Nos y a su verdad; y de haver puesto la guerra en la christiandad».[37]

La promesa de un envío de tropas animó a Gonzalo que se dispuso a defender Tarento del mismo modo que había hecho con Barletta. Navarro era el único hombre con quien po-

36. Carta a los Reyes Católicos del 28 de diciembre de 1502: RAH: Salazar, A-11 f. 332 (Salazar, t. I, núm. 1204, p. 308).

37. Serrano, *Correspondencia*, en *RABM*, t. XXI, 1909, pp. 566. doc. XXX.

día confiar para la defensa de la plaza. La mera amistad no explicaba ese trato preferencial. Navarro era un tipo singular, que ahora veía recompensada su capacidad con una misión importante y peligrosa. La guerra podía perderse si Tarento caía en manos francesas.

Gonzalo le ordena ir con cuidado. Pero Navarro no tiene demasiada suerte en esa misión y el puesto de observación construido en Castellaneta, cayó en manos francesas, y sus defensores tuvieron que ser rescatados por una suma elevada: diez mil ducados le costó a Gonzalo sacar de la prisión al obispo de Mazzara y al conde de Matera.[38] Una noche anunciaron que la guarnición de Redondo había caído, sin que García de Paredes pudiera impedirlo. Todo eran malas noticias. Pero Gonzalo no pierde la compostura; él cree que la guerra la está ganando, pese a perder todos los combates. Eso es justamente lo que el duque de Nemours no alcanzaba a comprender. Fernando en cambio sí lo hacía, gracias fundamentalmente a los informes que Gonzalo le fue enviando a lo largo de todo el verano: unos informes que debieron ser excelentes a tenor de la respuesta del rey: «vimos vuestras cartas de 12 y 19 de agosto y de tres de setiembre y hannos pareçido muy bien la manera que aveys tenido e teneys en proveer e conservar todos los lugares e fortalezas fuertes desas provincias y en conservar nuestra gente y la manera que aveys tenido en resystir a los franceses, y todo lo aveys fecho con tan buena manera y esfuerço que Nos tenemos muy mucho contentamiento e vos lo tenemos mucho en serviçio; aunque de vuestra abilidad y esfuerço syenpre tuvimos mucha confança que lo aviades de fazer asy».[39]

La carta del rey demuestra que por fin comenzaba a tener clara la guerra napolitana: es un reconocimiento a la tarea rea-

38. Serrano, *Correspondencia*, en *RABM*, t. XXII, 1910, pp. 122. doc. XXVIII.
39. Serrano, *Correspondencia*, en *RABM*, t. XXII, 1910, pp. 118-121. doc. XXXVI.

lizada por Gonzalo que sin embargo no evita un cierto recelo ante el éxito obtenido. Para mitigar su cada vez más indiscutido poder en el *Regno*, Fernando toma la iniciativa (al menos eso cree) mediante dos polémicas decisiones: enviar un fuerte contingente de tropas y de dinero para que Gonzalo pueda contraatacar en Barletta, y abrir un segundo frente en Calabria que pone al mando de Luis Portocarrero, señor de La Palma. Portocarrero llegó a Mesina con un poderoso ejército, compuesto de «seyscientas e ochenta lanças, las trezientas onbres d'armas, e las trezientas e ochenta ginetes e dos mil gallegos y asturianos con buen numero de naos bien armadas».[40]

Gonzalo conoció esa última decisión por Rojas en el mes de febrero, y no dio crédito. Detrás de todo ello, creía ver la mano de Juan de Lanuza. Además se corría un elevado riesgo. Stuart estaba al acecho y era peligroso. Hizo algún comentario a Navarro y prosiguió la lectura de la carta. Tenía ante sus ojos una nueva preocupación más que un alivio. Estaba convencido que, tarde e temprano, ocurriría una desgracia en Calabria; como así fue.

En Seminara, Hugo de Cardona y Antonio de Leyva fueron derrotados por Stuart. En un principio, Gonzalo se indignó menos de lo que cabía esperar, dado su carácter: se preocupó sobre todo por la suerte de sus hombres. De las fantasías tácticas de los Reyes Católicos ya tendría tiempo para pensar cuando la guerra hubiera terminado.

Las formas políticas estaban ancladas aún en el pasado. Gonzalo tuvo tiempo de pensar en esos tres años (1501-1503) que la guerra era un asunto demasiado serio para dejarlo en manos de los secretarios de Estado o de los embajadores, quiénes, con la clara excepción de Rojas, estaban más pendientes de las insinuaciones de los reyes que de sus observaciones directas. Lo mismo podría haberse dicho de casi la mitad de los buenos soldados franceses que miraban a sus generales con un

40. Serrano, *Correspondencia*, en *RABM*, t. XXII, 1910, p. 122. doc. XXXVII.

aire escéptico, debido a su *trop desirer* de morir por la patria. Gonzalo no se interesó del *tourment* poético de Nemours; nunca intercambió más palabras de las necesarias; nunca pensó que esas ideas le descubrirían una estrategia nueva. Siguió fiel a su plan y a los consejos de sus capitanes, en particular de Próspero Colonna.

Cansado de soportar el asedio al que estaba sometido en Barletta desde hacía casi un año, Gonzalo buscó una salida. Piero Pieri, que está considerado uno de los mejores expertos en el arte militar italiano del Renacimiento, analizó con detalle el esfuerzo militar desplegado en los primeros meses de 1503.[41]

El duque de Nemours había decidido poner fin a la presencia española en ese territorio.[42] Una lucha sin cuartel. Los días eran crudos. Gonzalo recurre a la moral de sus hombres. El objetivo buscado se centraba en dos aspectos. Uno orientado hacia el espíritu de sacrificio de un cuerpo expedicionario, en analogía a lo que Jenofonte sostuvo que había hecho grande a las tropas griegas que fueron engañadas por Ciro el persa: gran sueño mediterráneo, aún tenaz a pesar del fracaso de los cuerpos expedicionarios o de las traiciones hacia ellos, como había ocurrido con los almogávares. El segundo aspecto reclamaba la atención hacia las posibilidades de salir del cerco, mediante una acción conjunta por mar y tierra. La llegada de naves venecianas con víveres facilitó la tarea, permitiendo algunas salidas que animaron a los sitiados. El escenario se preparó entonces para un acto heroico. Ante todo, una sorpresa a los sitiadores franceses.

41. Piero Pieri, *Il Rinascimento e la crise militare italiana*, Turín, 1952, pp. 418-431.

42. Como sugiere Gonzalo en una carta a los Reyes Católicos del 21 de marzo de 1502: RAH: Salazar, A-11 f. 366 (Salazar, t. I, núm. 1222, p. 312).

La noche del 27 de abril de 1503 Gonzalo superó el bloqueo de Barletta, y se dirigió con sus tropas hacia la vecina ciudad de Ceriñola, dejando a un lado Cannas, el lugar que en otro tiempo contempló la victoria de Aníbal sobre los romanos de Emilio Pablo. Aquí las fuentes elevan el tono épico para explicar los sucesos. Una vez más estamos ante el escenario de los grandes hechos de armas. La guerra convertida en una acción sin parangón. Nemours está atónito ante el empuje de Gonzalo. A lo largo de la jornada se ahondó, en efecto, la distancia entre un general francés deseoso «d'emporter gloire et prys» y un capitán español discreto y hombre de estudio como en el pasado había sido Escipión. La Batalla de Ceriñola estaba a punto de comenzar.

La ladera cubierta de viñedos estaba ocupada por las tropas de Gonzalo en posición de combate: en el centro los lansquenetes bávaros y la infantería española al mando de Paredes y Pizarro (padre del futuro conquistador del Perú); un poco más retrasados, en las alas (en los cuernos que decía Giovio) se encontraban los hombres de armas al mando de Próspero Colonna y Diego de Mendoza. Detrás, la artillería con Pedro Navarro. Y en un extremo, a la retaguardia, la caballería ligera de Fabrizio Colonna y de Pedro de Pas. En el centro de todo ese dispositivo táctico, sobre un pequeño promontorio, se situó Gonzalo, vestido con sus armas y la cara descubierta, para queja de sus allegados. Los hombres estaban sudorosos y cansados. La marcha por la ribera del Ofanto había sido agotadora. Se disponían a descansar, pues el día estaba avanzado, y no parecía prudente comenzar la batalla al caer la tarde.

Nemours no pensaba así. Miró el campo con unos ojos diferentes. Le gustaba el ocaso: «la nuict estoit pour moy si tres obscure», se decía buscando en la memoria el verso de Pernette du Guillet. Pálido, muy alto, envuelto en su arnés milanés, era la viva imagen de alguien que no se preocupaba nunca de la opinión de los demás, pese a que el rey de armas Godebeyte le empujaba a presentar batalla. Louis D'Ars, convencido de la necesidad de aplazarla, montó en cólera.[43] El orden de las tropas francesas tampoco se discutió. En vanguardia se colocaron los hombres de armas al frente de los cuales se situó Nemours y el propio D'Ars, pese a no estar de acuerdo. Detrás, la infantería suiza y gascona al mando de Chandieu; en retaguardia la caballería ligera comandada por Yves d'Allègre.

Todo parecía indicar que Nemours ordenaría la carga de la caballería pesada contra las posiciones españolas. No le importaba el escenario. Había soñado con hacer una cosa así desde el mismo día que pisó el *Regno*, y ahora tenía esa oportunidad a riesgo de morir. No tenía dudas, convencido del «hault pouvoir des Astres». Atacó de frente. ¿Qué pasaría cuando llegaran a los fosos construidos por las tropas de Gonzalo? ¿Fosos? ¿Qué significaba eso contra la *doulce passion* de la carga? Tampoco miró hacia las filas de espingarderos que tenía frente a él. ¿Fuego, qué importancia tenía ante un «cueur conçoit come un desir infiny»?

De repente, una salva de cañones rompió sus pensamientos. La batalla iba a tener lugar al caer la tarde, buscando la noche, como el duque quería. Gonzalo quedó perplejo. No había tiempo para lecciones. La batalla, a diferencia de la guerra, es una suspensión del tiempo, un *refoulement* de la cotidianidad. Nemours había ordenado la carga. No había más que decir. Pocos minutos, y aquellos magníficos hombres de armas quedaron atrapados en los fosos, acribillados por las espingardas, atravesados por las picas, muertos. Poco después comenzó la desbandada. Gonzalo dejó su promontorio y avanzó a sus hombres de armas más allá de los fosos. Tres-

43. Jean d'Auton, *Chroniques Louis XII*, ed. R. de Maulde-La Clavière, París, 1889, t. III, pp. 70 y ss.

cientos hombres atacando. Sólo trescientos. Y son muchos. El ruido era atroz. También la sangre. Una carnicería. En apenas unos minutos más de tres mil muertos franceses quedaron en el campo de batalla.

Victoria o derrota, es igual lo que de verdad cuenta es lo que está en medio de ambas, es decir, la destrucción, la muerte, la sangre, los cuerpos rotos por la artillería o las espingardas, los caballos relinchando de dolor al sentir en sus barrigas las picas de los lanceros. En el campo reina la confusión, como podemos ver en cualquier pintura de aquel tiempo. La trilogía de la guerra: orgullo, lujuria, muerte. Reina también el miedo en unos, la agitación en otros. Se comentó que Gonzalo había llevado al ejército en volandas, como si fuera en un caballo alado, según el mito de los dioscuros que aparecen en el cielo. Aquella tarde en los viñedos de Ceriñola, el duque de Nemours encontró lo que llevaba buscando en los últimos dos años: «ce mourir que engendre une autre vie».

Gonzalo, en medio de la masacre, contempla el triunfo de sus hombres y la derrota de los franceses, preguntándose por el sentido de todo eso. ¿Acaso esa es la única manera de organizar la sociedad? ¿Por qué ese irreductible deseo de matar y de morir que invade al europeo? Al caer la noche, Gonzalo se refugia en su tienda de campaña, mientras deja que los Colonna y otros capitanes se diviertan en las tiendas de los vencidos. Sigue triste y perplejo. Pregunta por Nemours, su enemigo, cuya suerte aún no conoce. De repente, se fija en un criado con un vestido, que reconoce, deslealmente robado del cadáver del duque. Se apartó, retrocedió dos pasos y se pegó a la tela de la tienda para ver mejor al felón. Se enfureció; luego, exigió ser llevado junto al cuerpo de Nemours, a quien encuentra en el campo completamente desnudo, con una teja tapándole sus partes. No necesitaba más. Sintió náuseas y ordenó que llevaran al duque hasta el campamento. Organizó un oficio de difuntos. Sentía una infinita ternura por aquel joven altivo y desgraciado.

A menos que sea obtuso, cualquier lector de Giovio se da cuenta que ese relato sobre el encuentro de Gonzalo con el cadáver de su antiguo enemigo tiene la fuerza, o el valor, o la sabiduría, de mostrar la grandeza de un gesto social que se suele entender mal en el día de hoy. Gonzalo era un rostro vestido de tristeza.

Ciertamente, desde el momento de Ceriñola (28 de abril de 1503) Gonzalo observó el mundo desde una perspectiva diferente. La conquista de Nápoles no se hizo esperar. La población aclamó de nuevo al Gran Capitán. Pontano aprovechó la ocasión para dedicarle su libro *De Fortuna*, unos meses antes de morir ese mismo año. Confiaba que dejaría a cada príncipe, a cada noble, dueño de su casa a cambio de un pago, aunque fuese elevado. No quería represalias, ni venganzas; tampoco buscaba una incorporación violenta, como ocurrió en Granada. Gonzalo, por su melancólica atracción por el destino de su viejo amigo Boabdil, posee el don del límite, pero sabe que Fernando tiene otras ideas. Sin embargo, él no puede mostrarse contrario a las viejas costumbres de los vencedores de repartirse parte del botín, y por eso no tiene inconveniente en conceder mercedes a sus hombres de confianza.

La indisciplina apareció entonces como una lacra. Dificultó el avance y permitió que los franceses se refugiaran en Gaeta desde donde esperaban contraatacar. La guerra no había terminado, pese al optimismo desplegado por Ippólito Fontani, obispo electo de Nápoles, que se apresuró a escribir a Fernando elogiando la gran victoria conseguida por su ejército al mando del Gran Capitán.[44]

Las tropas que controlaban los castillos de Nápoles se prepararon para el asedio. Nadie habló de rendición, ni de capitulación. Así pues, se decidió sin titubeos seguir la vía de la conquista por las armas. Gonzalo no se esperaba una cosa así.

44. RAH: Salazar, A-11 f. 383 (Salazar, t. I, núm. 1235, p. 315-16).

De hecho, el encanto de Nápoles que más le impresionaba era la violencia de sus contrastes; los poderosos castillos llamados Novo y del Uovo convertidos en emblemas de la resistencia francesa a su victoria. El resultado era divertido, si se consideraba desde una perspectiva caballeresca, pero absurdo y hasta grosero, si se entendía desde un punto de vista moderno. Gonzalo perdió el humor en ese momento. Pensaba en sus propias acciones, y aquella resistencia no era más que una imitación de lo que él había hecho en Barletta. Ambos castillos debían ser conquistados cuanto antes. Gonzalo se levantó bruscamente, puso la mano sobre el hombro de Pedro Navarro, mostrando su deseo y su inquietud. No tuvo que hacer nada más.

NAVARRO

Por fin, un nombre se abre paso en la memoria de Gonzalo. Es un camarada de combate, más que un amigo, pese a estar con él desde los primeros momentos. Pedro Navarro nació en el valle de Roncal en el seno de una familia humilde, era recio de aspecto y firme de expresión como todos los habitantes de ese territorio del norte de España. Ni su deseo de aventura, ni su leyenda, que hablaba de él como Roncal el salteador, consiguieron alterar su lucidez de hombre del Renacimiento. La clave de todo está en la capacidad de inventar artefactos al servicio del arte de la guerra. Todos los genios militares lo hacían. Anticipándose a su tiempo, observando instintivamente las necesidades en los asedios de las fortalezas napolitanas, este hijo de campesinos traza su surco con la lentitud obstinada de los que durante generaciones han labrado la tierra. Su «fruta» es el sistema moderno de minas, tan temido por todos los sitiados de su tiempo, y que probó de manera eficaz el 11 de julio de 1503 en el sitio del castillo del Uovo de Nápoles.

Este genio militar enseñó desde su llegada a Sicilia unos años atrás el modo de debilitar las defensas de las murallas; cuando el Gran Capitán acude a estrechar la mano de ese hijo de unos humildes campesinos, los orgullosos franceses dejan de lado el embrollo político para reconocer a un hombre excepcional. El día en que Navarro consiguió rendir el célebre castillo napolitano, toda Europa conoció el nombre de quien estaba detrás de esas importantes innovaciones. Gonzalo deja entonces que la fama corra a favor de su viejo compañero. Se habla entonces de su gesta al defender unos meses antes la ciudadela de Canosa ante el ataque francés. Se rindió, es cierto, pero lo hizo con honor.

Un testigo presencial del acontecimiento lo recordaría del modo siguiente: «salió con todos sus soldados armados por medio del real francés, tendidas las banderas y diciendo España, España y tocando los instrumentos de guerra. El Gran Capitán salió más de una milla de Barletta a recibir a Pedro Navarro y le abrazó y vio paz en el rostro y le dijo: «¿qué loor puedo yo dar a vuestras obras que satisfaga lo que ellas merecen? A lo que vos haceis se debe dejar el cargo que ello se publique, y publicándose se estima y honra cuanto es menester; y le metio en el lugar de la mano con toda la honra que él pudo».[45]

Todavía se comentaba un hecho aún más singular: la toma de Montecassino. Nadie ignora que ese castillo era la clave para controlar el territorio del Garellano y su ocupación era necesaria si se quería doblegar a Francia, cada vez más interesada en mantener su presencia en Nápoles. La guerra se endurecía por momentos. ¿Cómo explicarnos nuestra espontánea y malsana admiración por hechos de armas como éstos, u otros por el estilo? Hay reacciones humanas que no tienen explicación. Esta es una de ellas.

45. Manuel Juan Diana, *Capitanes ilustres*, Madrid, 1851, p. 25.

¿Qué temía Gonzalo después de la Batalla de Ceriñola? Temía la respuesta del rey Luis XII y de la poca consistencia de Fernando ante los graves problemas. La noche de su célebre victoria, mientras Paredes y los Colonna cenaban en la tienda del difunto duque de Nemours, que tanto le había humillado en los meses anteriores, el Gran Capitán comenzó a pensar el modo de controlar todo el territorio. A las pocas semanas, y una vez decidido el destino de la ciudad de Nápoles, llegó el cartero con el correo. Cartas cifradas de los embajadores en Roma y Venecia; informes sobre la llegada de un impresionante ejército francés, cuestiones de los pagos a los soldados. Pero había también un largo informe de Rojas sobre la salud del Papa, donde intercalaba algunas observaciones sobre el comportamiento de César Borja. La lectura de todos esos informes, despachos y cartas sumió a Gonzalo en un estado de melancolía, como pocas veces se había visto hasta ese momento. Se acercaba su cincuenta aniversario y todo parecía suspendido una vez más.

Mientras los ejércitos de Luis XII avanzaban hacia Nápoles, un conflicto durísimo surgió en la curia pontificia. Alejandro VI agonizaba víctima de la malaria que aquel verano sacudía Roma. El 18 de agosto llegó el fatal momento. Trás su muerte, se levantó una leyenda, que fue creciendo a medida que se alejaba el poder de la familia Borja de la ciudad eterna. Nos engañó durante mucho tiempo, y fue un asunto recreado por grandes historiadores de la época. Giovio, sin ir más lejos, hace un parada en el relato de las acciones de Gonzalo para describir el modo y el lugar del envenenamiento de Alejandro VI, convencido de la veracidad de los rumores que decían que tanto el Papa como su hijo César «habían bebido de un mismo frasco aquel veneno que ellos habían aparejado para los convidados».[46]

46. Giovio, op. cit. p. 524.

La familia Orsini comenzó a preparar su venganza; tampoco se quedaron atrás los Colonna. César Borja, dueño del castillo de Santangelo, buscaba un conclave a su gusto, que era en parte el gusto francés. Fernando apremió a Rojas para que no fuera elegido el cardenal Giuliano della Rovere. Una vez más se abandonó la idea de una posible aceleración de los tiempos, en favor de mantener el equilibrio, aunque fuera unos meses hasta ver el resultado de la campaña militar. Gonzalo mandó a Próspero Colonna a Roma, apoyado desde lejos por López de Mendoza y García de Paredes. El conclave se reunió sin la presión de César. Se decía que Francesco Todeschini Piccolomini podía ser un Papa de compromiso frente a los dos candidatos mejor situados: Giuliano della Rovere y Georges de Amboise. Pero la señal definitiva de la torpeza de aquella política de contención la dio el propio destino, al hacer que el nuevo Papa Pío III apenas durara un mes.

Pío III no estuvo a la altura de su tiempo. César entabló negociaciones con Luis XII, aunque Rojas consiguió que la mayoría de sus hombres no le secundaran, con lo cual los acuerdos firmados fueron papel mojado. La fatiga, los vivaques y el largo viaje, junto a la enfermedad de Louis de La Trémoïlle, que dejó el mando en manos de Giovanni Francesco Gonzaga, marqués de Mantua, retrasaron unas semanas la marcha hacia el sur del poderoso ejército francés. Gonzalo aprovechó el tiempo lo mejor que pudo. Abandonó Mola y Castellone y se retiró al otro lado del Garellano, situando su cuartel general en San Germano. Eso le obligó a controlar las tres fortalezas que defienden el río: Roccasecca, Aquino y Montecassino. El choque se hacía esperar, pero era inevitable.

El uno de noviembre Giuliano della Rovere fue elegido nuevo Papa con el nombre de Julio II. La curia pontificia cambió de repente, como todos esperaban. A fin de cuentas, fue la necesidad de poner fin a la herencia de los Borja lo que motivó esa elección. Giuliano era un guerrero terco, muy apegado a su familia, heredero en parte de su tío Sixto IV. Su carácter autocrático lo hacía idóneo para el cargo, y muy pronto su palabra se convirtió en ley inapelable al sur del Tíber. Para reforzar su autoridad se inventó todo tipo de argucias, a veces lindando con la simonía y supo elegir bien a la muerte de Bramante llevando a Roma al difícil, pero genial, Michelangelo Buonarroti. Julio II sentía especial afecto por el hijo de su hermano Giovanni, casado con la hermana de Guidobaldo da Montefeltro, nacido en 1491, y que con el tiempo se convertiría en duque de Urbino.

Las primeras semanas de su pontificado estuvieron salpicadas de decisiones importantes en contra de los amigos de Alejandro VI. Uno de ellos, el leridano Francesc de Remoulins, pidió ayuda a Gonzalo para que le sacara con vida de Roma. Y así lo hizo, sin importarle demasiado la reacción del enfático Julio II, un veinte de diciembre, por medio del capitán Medina. En esos días, él no podía acudir a Roma. Estaba retenido en el río Garellano ante la que, probablemente, iba a ser la campaña más importante de su vida. En esas circunstancias, ¿qué significaba para él un enfado más o menos tronante del Papa? Junto a sus tropas, Gonzalo se sentía seguro, invencible.

TRIUNFO EN EL GARELLANO

El tercer acto de la campaña de 1503 fue más largo. Sucedió en el territorio del Garellano, durante el otoño-invierno de 1503. Recordemos algunos momentos.[47] El renovado ejército francés, con más de cinco mil suizos y un tren de artillería como nunca antes se viera, se había desplegado sobre aquel fondo de fortalezas duramente defendidas por las tropas españolas. Lo mandaba Giovanni Francesco Gonzaga, marqués

47. P. Pieri, op. cit. pp. 418-431. Antonio L. Martín Gómez, *Las Campañas del Duque de Terranova y Santángelo*, Madrid, 2000, p. 158.

de Mantua, al haber enfermado Louis de La Trémoïlle. Era un cambio importante. Gonzalo tenía ante sus ojos al hombre que, años atrás, se había enfrentado a Carlos VIII en las llanuras de Fornovo, y lo tenía al mando de un ejército moderno, bien pertrechado y convencido de su superioridad. Más adelante aún, y siendo ya evidente que nunca lograrían la victoria, los cronistas franceses insistían en el hermosísimo despliegue táctico del marqués de Mantua, una obra maestra de exaltación patriótica.

Gonzalo, siempre apegado a la realidad y lejos de esas efusiones sentimentales, llegó muy cansado al Garellano, sabiendo que tendría que pasar allí el crudo otoño de aquella zona: lluvioso y frío, a veces hasta lo desagradable. Inquietos por su actitud defensiva o por sus respuestas demasiado prudentes (en contadas ocasiones se atrevía a cruzar el río hacia la zona francesa), sus colaboradores más próximos, incluido Próspero Colonna, que mandaba la caballería ligera, hicieron el esfuerzo de seguirle en sus constantes movimientos desde Roccasecca, Aquino y Montecassino hasta Sessa, mientras Gonzaga se fortificaba en Pontecorvo, Roca Guillerma y Castelforte; y todo ello a través de barrizales casi infranqueables, poniendo a prueba el valor y la disciplina de unos hombres ateridos por el frío y la humedad. Giovio, que describió la rutina diaria de esa campaña, no consigue hacernos llegar ese gran ruido sordo que es la guerra moderna. Todo estrategia, todo planificación, nada de espectáculo caballeresco, sólo calculados movimientos con el fin de obtener un triunfo con el menor número de bajas posible. No debe sorprendernos que el marqués de Mantua, poco avezado a esa táctica, se viera totalmente desbordado y decidiera dejar el mando en manos del marqués de Saluzzo.

Gonzalo para quien el éxito, la carrera militar e incluso el triunfo en la batalla no constituían una meta o, por lo menos, *su* meta propia, era de esa clase de hombres excepcionales que buscan hacer su trabajo de la mejor manera posible, y ésa consistía en devolver sanos y salvos a sus hombres de regreso a

Nápoles. Las semanas corriendo de un lado a otro a través del Garellano habían dado el resultado apetecido. Saluzzo estaba cada vez más confuso, y Gonzalo cada vez más seguro de sí mismo.

En la noche del 27 de diciembre, las tropas cruzan el Garellano. A Bartolomeo de Alviano le envía al norte, a Suio, mientras que Fernando de Andrade lo manda al sur, directamente a Traietto, hoy Minturno. El grueso del ejército atravesaría el río con él. Se ha discutido mucho si el marqués de Saluzzo se dio cuenta alguna vez de la estrategia ideada por Gonzalo; si el marqués hubiera podido prever que el ataque de Alviano era simplemente una estratagema, las cosas hubieran sido diferentes. Pero nunca lo tuvo claro. El nerviosismo de su gente, embarcando a toda prisa los cañones para la defensa de Gaeta (muchos fueron a parar al fondo del río, y los demás a manos de los españoles), mostraba que el ataque les había cogido por sorpresa. Aún así Gonzalo pasó un momento de verdadero peligro cuando Próspero Colonna fue rechazado y él tuvo que dirigir personalmente los lansquenetes bávaros hasta que llegó Bartolomeo de Alviano con la infantería desplegada. El éxito fue total. Unos días después se rendía Gaeta y con ello se puso fin a la presencia francesa en el *Regno*.

Eso es lo que ocurrió en el Garellano, que no fue una batalla en el sentido clásico de la palabra, aunque en su ejecución vemos muchos rasgos de lo que fueron las campañas de las guerras modernas. Gonzalo se adelantó a su tiempo y por eso mismo venció en aquellas largas jornadas de sangre, sudor y lodo.

14

LA MALVADA ENVIDIA (1504)

Los éxitos en la campaña de 1503 y la merced de diez mil ducados de renta concedida por los Reyes Católicos dieron a Gonzalo un apoyo tan firme que pudo sensatamente considerar que se habían acabado sus preocupaciones económicas.[1] En pocas semanas la situación cambió para bien y pudo mirar el futuro con bastante optimismo, pese a que la discusión con Francia prolongaría el ambiente de guerra hasta el mes de marzo.[2] Su porvenir ya no era incierto, aunque si quería vivir verdaderamente tranquilo, anotó Giovio con su proverbial ironía, «habría de huir del inevitable mal de la malvada envidia».[3] Gonzalo era consciente que la calumnia vertida sobre sus acciones no le beneficiaba lo más mínimo, aunque de momento se dejaba embriagar por los honores.

Estamos a punto de percibir la paradoja vital de Gonzalo. ¿Cómo explicarnos la actitud del rey Fernando, embaucado por su embajador Rojas para que recelara de las victorias militares y que no tuviera el menor remordimiento hacia sus decisiones? En comparación, Isabel muestra mayor sentido de la responsabilidad política ante las consecuencias de la campaña de 1503. Por su parte, el secretario Almazán, el único sensato en aquella corte, permanece insensible a los éxitos militares más preocupado por el elevado coste de la campaña.

Lo ocurrido en Nápoles en los primeros meses de 1504 exige un esfuerzo interpretativo considerable, pues no resul-

1. Serrano, *Correspondencia*, en *RABM*, t. XXIV, 1911, p. 565.
2. Serrano, *Correspondencia*, en *RABM*, t. XXIV, 1911, p. 569: doc. LI.
3. Giovio, op. cit. p. 536.

ta fácil desvincular la retórica cronística de la realidad histórica. Lo que monseñor Giovanni Battista Cantalicio y otros dicen de la entrada triunfal de Gonzalo se adapta con precisión a los ideales políticos del momento.[4] Los cronistas españoles están indecisos entre la natural simpatía al héroe y la obligada devoción al rey. El modo, en apariencia ingenuo, con que relatan esos hechos desarma cualquier posibilidad de detectar a un narrador poco fiable. La descripción del triunfo de Gonzalo nos ofrece el ejemplo más convincente de que la historia es a veces un juego de representación.

CONMOCIÓN Y REPRESENTACIÓN

Gonzalo se presentó en Nápoles montado sobre su caballo de batalla y vestido con sus arneses de guerra, rechazando con elegancia el arco triunfal preparado para él. Ese gesto le acercó a los Orsini que decían maravillas de él gracias a Bartolomeo d'Alviano. La ciudad se vistió de fiesta como si fuese el carnaval. Todo indicaba que había llegado por fin el mediodía de su vida: el instante de suprema felicidad que el hombre alcanza una vez conseguidos sus más íntimos sueños.

Los juegos y las mascaradas con motivo de la entrada triunfal de Gonzalo en Nápoles renovaron el orden social, ajustándolo por un momento a ese orden etéreo que el mito narra y del que el ceremonial brinda su representación; fueron por tanto, como muy bien vio el obispo Cantalicio, una llamada a la participación del pueblo en los beneficios materiales y espirituales surgidos de una victoria militar. Un ejemplo contribuirá a explicar el por qué muchos napolitanos vieron en

4. G. B. Cantalicio, *De bis recepta Parthenope Gonsalviae*. Nápoles, 1506. (Trad. por Sertorio Quattromani, *Delle Guerre fatte in Italia da Gonsalvo Ferrando di Aylar di Cordoba detto il Gran Capitano*, Cosenza, Leonardo Angrisano e Luigi Castellano, 1597.)

Gonzalo al héroe esperado, y por qué el repudio de Fernando tiene un efecto nocivo en el futuro del *Regno*.

El ejemplo que relatan los cronistas es ampliamente conocido: la humildad con la que el héroe afronta su éxito militar. Comprender al vencido que se ha embarcado en Gaeta, vale tanto como ser aclamado por el pueblo como un nuevo Trajano. Algunas variantes añadieron color a ese gesto, haciendo que los capitanes de Gonzalo deshicieran los arcos triunfales levantadas en su honor. ¿Por qué ordenó una cosa así? En realidad no fue un gesto de humildad, como a veces se ha dicho, es más bien una elección política. Las fiestas en su honor deben concentrarse en su auténtico núcleo creador, que es el rechazo a la noche. Sus iluminaciones, sus fogatas, el reflejo de los abalorios son los elementos adecuados para el centelleo de las luminarias del héroe. Los poetas napolitanos de aquel año (muerto Pontano, exiliado Sannnazaro) no entendieron el aspecto mundano deseado por Gonzalo para sus fiestas de entrada triunfal. Se confundieron.

La verdadera intención de Gonzalo al mandar destruir los arcos triunfales fue impedir que su triunfo se convirtiera en una obra arte, como había hecho Alfonso el Magnánimo tiempo atrás. Esa decisión tenía tres objetivos. *Primo*, buscaba reunir en torno suyo al pueblo en un decorado perecedero que le invitara a salir por un momento del espacio y del tiempo, función esencial de la fiesta mundana promovida por los ideales caballerescos. *Secundo*, destrucción por el fuego de las riquezas que el esfuerzo de los hombres había creado (algo que vemos todavía en las Fallas de Valencia): la glorificación del mito obliga a ese sacrificio social, en analogía a lo que la Iglesia propone cada primavera. *Tertio*, captación de la memoria del pueblo a través de lo fugitivo. La complicidad de los participantes es necesaria para difundir el espectáculo. Al no dejar testimonios físicos, el recuerdo de aquella jornada se transmitiría por la oralidad, siempre tendente a la exageración, y que, en otros tiempos, había dado lugar a la literatura épica. El tono fugaz, inasible, de esas fiestas tuvo el valor de una mediación. Gonzalo propone al pueblo de Nápoles que participe en ese exceso, como una salida a sus años de represión y pobreza.

Por su función política, la quema del arco triunfal está ligada, por consiguiente, con una visión del mundo. No fue fácil entenderla. El obispo Cantalicio lo intentó. Su relato incluye necesariamente la descripción del pueblo de Nápoles conmocionado por la fiesta. Gonzalo cree haber vencido al pasado, mediante un suspensión del valor del tiempo. No estoy muy seguro que lo consiguiera, a tenor de la actitud adoptada por las crónicas napolitanas, comenzando por la de Giovanni Pontano.[5]

UN TOQUE DE DISTINCIÓN

El comportamiento de perfecto cortesano quedó aclarado por Paolo Giovio al perfilar la vida de Gonzalo, cuando Baldesar Castiglione no había inventado aún la ética mundana de la época moderna, que le había sugerido la sofisticada existencia de Guidobaldo da Montefeltro, duque de Urbino;[6] y lo hizo en pocas pero decisivas palabras: «Porque como el Gran Capitán era de ánimo grandísimo y delicado, fácilmente conoscia cuánta gloria le podían dar los escriptores tenidos por amigos y con cortesía acariciados, la cual loor por este respecto más claramente y más cierta se la adquiría. Porque ninguno, aunque fuese maligno y austero censor, no le podía tachar en su vida cosa alguna que fuese grosera ni cruel, porque jamás dio ninguna deshonra á la honra de las matronas de Ná-

5. G. G. Pontano, *De Bello Napolitano*, ed. P. Summonte, Nápoles, 1509. Comentario en Giovanni Summonte, *Dell'Historia della Città e Regno di Napoli*, Nápoles, 1640.

6. B. Balbi, *Vita e fatti di Guidobaldo da Montefeltro, duca di Urbino*, Milán, 1821.

poles, aunque con grande familiaridad y alegría tuviese entretenimientos con las señoras generosas. Porque solía decir que era locura muy grande de un príncipe que por un pequeño y fugitivo placer procurase un continuo y gravísimo enojo, que á un hombre que no fuese casto, el mismo principado sin injuria de alguno no le podía dar vanos contentamientos en aquel deleite».[7]

Como había ocurrido antes, en Granada, junto a su amigo Boabdil, no asumió ningún compromiso, pero se divirtió. Viajar por el *Regno* con el mayor lujo posible, a expensas del Estado, con privilegios y posición de virrey, era una forma de viajar que no había probado hasta entonces. La Riviera sorrentina ofrecía en invierno colinas para pasear siguiendo el ejemplo de Petrarca que se encontró a sí mismo en su famosa ascensión al monte Ventoso, en Provenza. Además era un lugar perfecto para contemplar la bahía de Nápoles, con el Vesubio al fondo. El paisaje de su aventura personal, eran las tierras de Juana, más hedonista que el granadino, donde el agua se mezcla con la piedra en grutas que nunca muestran sus enigmas de una sola vez. Estaba también Ischia, dominio del marqués de Pescara, más sosegada que Capri.

La violencia urbana se abatió sobre el gobierno de Gonzalo cuando estaba preparando los despachos a los embajadores y a la corte; era como si aquel semillero de asesinos y asesinados, ladrones y víctimas, necesitara de un acción ejemplar. De nuevo Gonzalo estaba frente a la discordia civil, como había visto entre la sociedad nazarí; pero la lección sería tan superficial como la anterior. No sabía qué hacer en tales circunstancias. Se lo pensó demasiado tiempo.

Giovio cree encontrar el motivo de esa actitud en el inquebrantable sentido de la piedad de Gonzalo: «En el Gran Capitán, allende el admirable concepto de las otras virtudes, relucía en un esplendor de verdadera piedad, porque en todos los

7. Giovio, op. cit. p. 536.

negocios, ansi de guerra como de paz, su mayor cuidado era anteponer la honra de la religión á todos los otros cómodos, y defender la jurisdicción de la Iglesia, castigar malhechores y finalmente hacer todas sus obras tales que los soldados, persuadidos con su ejemplo, pensasen la utilidad de la hacienda y las victorias haberles venido de la disciplina cristiana. Por lo cual nadie no se debe de maravillar si manejando las armas con esta costumbre nuestro Señor Dios y todos los santos tuvieron cuidado á levantadle y á hacelle grande, y ciertamente de esto fue muy evidente milagro que habiéndose hallado en tan grande batallas y reencuentros, nunca nadie le hirió ni le prendió».[8]

La *douceur* de la piedad se contrajo en un gesto de dolor a finales de enero de 1504. Su espíritu permanecía intacto, más grande que nunca, pero su cuerpo se rompió de repente: «por la grande fatiga de la guerra, como es de creer, adoleció de una enfermedad grave y peligrosa, la cual por la gran furia que traía le apretó tanto que si no hubiera sido socorrido de las suplicaciones devotamente hechas por las iglesias, así por sacerdotes y frailes como por las sagradas monjas, los remedios humanos fueran pocos para su salud».[9]

FRAGILIDAD

Más que la capacidad militar, incuestionable tras el éxito en la campaña del Garellano, es la fragilidad corporal el secreto no del todo descifrado de Gonzalo que, a finales de enero de 1504, prefigura los graves problemas de salud que le devastarían en los últimos años de su vida. La enfermedad es la venganza del cuerpo sobre el espíritu. Las fuertes calenturas, los insoportables dolores de huesos y de cabeza, que durante semanas apartaron al Gran Capitán del esce-

8. Giovio, op. cit. p. 536. 9. *Crónica general*, cit. p. 242.

nario de la historia, muestran la fragilidad de las acciones humanas. A intervalos cada vez más próximos, esas calenturas desgarraron al héroe, limitando sus actos y, como dice uno de sus biógrafos, «pusiéronle en tanto peligro que todos los médicos lo desahuciaron».[10] Detrás de cada una de esas crisis veo a un hombre desgarrado, tenso, que no acierta a situarse en la vida. La fusión de esas dos realidades, el capitán invencible y el hombre enfermo, le convirtió en un extraño. La revuelta del cuerpo sobre el espíritu, el rechazo a la levedad, marcará con sello indeleble una actitud hasta ese momento dominada por la galantería vital. En su forma más pura, el cuerpo enfermo extirpa la inmortalidad de su territorio específico. El hombre que mejor representa el espíritu titánico de una época es el que más quebrantos se le conocen.

La enfermedad se produjo con la relajación provocada tras su victoria sobre los franceses. Hay que dejar al cuerpo su tiempo de recuperación, una vez desaparece la tensión. Y ese motivo debió de ser desastroso para los primeros momentos de administración de la paz, guardado en secreto para evitar una reacción de Luis XII si hubiera sabido la postración de su gran adversario. Nadie hablaba de ello en Nápoles porque se mantenía la ilusión de que el Titán no tiene debilidades y su cuerpo sigue al espíritu allí donde éste vaya: creer que la levedad de los dioses de la Antigüedad forma parte de los elegidos para la gloria es uno de los mitos del Renacimiento. Los héroes, los caballeros de las novelas de Pulci y Boiardo no saben lo que es la enfermedad: no sienten ese dolor que se apodera del cuerpo cuando la temperatura se eleva unos grados por encima de treinta y siete.

Gonzalo pasó varios días enfermo, a finales del onceno «todos los médicos en conformidad dijeron que no podía es-

10. *Crónica manuscrita*, cit., p. 426.
11. *Crónica manuscrita*, cit., p. 426.

capar de aquel día».[11] En cuanto se conoció la noticia en Italia, los comentarios se sucedieron sin parar. Resulta interesante seguir las reacciones de la gente ante la enfermedad de un héroe. Las mujeres y las doncellas rogaban en las Iglesias; los sacerdotes elevaban plegarias; los nobles, más cáusticos, comentaban que «Dios lo quería llevar acabado de ganar tantas victorias, antes de que la fortuna usase con él de su acostumbrada mudanza». Desde tiempos inmemoriales siempre había sido así, y todos los grandes capitanes sintieron la «cruel envidia» de la sociedad tras una importante victoria. La sintieron Aníbal, Escipión, Mario, Mitrídates, Pompeyo o Julio César: ninguno de ellos escapó a ese destino. ¿Lo haría Gonzalo?

A comienzos de marzo de 1504, Gonzalo había recobrado la salud, según consta en una carta de los Reyes Católicos: «Por letras de Rojas havemos sabido que haveys estado muy mal de calenturas y catarro, pero que, a Dios graçias, ya estavades meior y fuera de peligro. Y ciertamente de vuestro mal no ha mucho pesado, y assi havemos havido mucho plazer de saber de nuestra mejoría; deosla Nuestro Señor como la desseays; mas porque no estaremos sin cuydado fasta saber que soys del todo convaleçido, rogamos vos que luego nos fagays saber que tal estays».[12]

¿Qué es la vida? La salud del cuerpo y del espíritu. Cuanta más se tiene, menos se considera su importancia. ¿Acaso no era la principal preocupación de la corte española en aquellos años? La reina Isabel no acababa de curarse y su hija, la futura reina Juana, tenía fuertes depresiones. La sofisticada sociedad renacentista bailaba sobre las enfermedades, en particular sobre las inquietantes fiebres «cuyos accesos, que provocaban desde sudores hasta escalofríos, si bien parecían confirmar la teoría de los humores, cuestionaban la opinión de que podía

12. Serrano, *Correspondencia*, en *RABM*, t. XXIV, 1911, p. 571. doc. LIII.

restaurarse el equilibrio de los mismos antes de que fuese demasiado tarde».[13]

ILUSIONES QUE REGRESAN

Hay días, sin embargo, que Gonzalo conseguía evadirse de sus males. Por entonces vivía en dos residencias que amaba por igual, pero ninguna era suya: no tendría casa propia hasta la primavera de 1506. Una de ellas, al este, cerca de Poggioreale, en el *decumano* mayor, el Castel Capuano; la otra, llamada Castel Nuovo, junto al mar, sede real y morada de la corte, desde las reformas realizadas por el mallorquín Guillem Sagrera en tiempos de Alfonso el Magnánimo.[14] Ambas residencias están habitadas de recuerdos del pasado, pero él no va allí por ese motivo: Gonzalo es poco dado a la nostalgia. En Castel Nuovo, donde tan a menudo y tan galantemente coincidió con Juana (pero también con Sancha) recibe con la llegada de la primavera, tres cartas de la reina de Nápoles.[15] El Gran Capitán no se molesta, ciertamente, al leer las observaciones hechas por ella acerca de su amenazado patrimonio de la Riviera sorrentina[16] le parece acertado que se dirija a él, si está preocupada por sus casas y por sus tierras. Al fin de cuentas, él es el virrey, el único que tenía poder para solucionar los problemas. También se interesa por la otra Juana, la hija de su prima, una mujer con muy poca suerte.

13. Jonh Hale, *The Civilization of Europe in the Renaissance*, Londres, 1993, (trad. Crítica, 1996, p. 513-514).

14. N. Carletti, *Topografia universale della città di Napoli*, Nápoles, 1776.

15. Arch. Zab. vol. 18, núm. 7, 8 y 9.

16. Concretamente de las tierras que tiene en Massa, Maratea, Castrovillari, la Guardia griega, Troia, Molfetta, Giovenazzo, Ortona del mar, Penne y Campli, valoradas en doscientos mil ducados en el momento de ser vendidas.

Pero algo de las dos «reinas tristes», como ellas se llamaban a sí mismas, flotaba todavía en las residencias napolitanas de Gonzalo. Nadie sabía si Juana que, mucho antes de producirse la guerra con Francia, había huido a España en busca de la protección de su hermano Fernando, tenía intención de regresar al *Regno*. Los nueve años pasados desde su primer encuentro con Gonzalo parecen nueve siglos. Los intereses personales, no obstante, siguen vivos y el placer de la ciudad permanece en la memoria de esa mujer, afincada momentáneamente en Valencia, cerca del duque de Calabria, prisionero entonces del rey Católico.

La reina Juana apenas ha envejecido, y además su porte le permite mantener intacto su atractivo. El perfil de su hija, llamada también Juana, tal vez se haya hecho un poco más agudo: la tristeza trae consigo estos cambios.

EL TIRO DE GRACIA

Resonaban aún en el Castel Nuovo los ecos de las cartas de Juana, cuando César Borja desembarcó en Nápoles, gracias al salvoconducto que se le había enviado unas semanas antes a través de Juan de Lezcano. El Papa Julio II se apresuró a escribir a Gonzalo para que consiguiese de su huésped la devolución de Casena y Rocca de Forli. Y éste, sabiendo que la respuesta sería inmediatamente anotada por el maestro de ceremonias Johannes Burkhart, aseguró que lo conseguiría en el menor tiempo posible.[17] La política italiana tenía esas cosas: estaba sostenida sobre equívocos y falsedades. Siempre había sido así, al menos desde los tiempos de Federico II. Representar el poder como una ilusión absoluta: he ahí la natu-

17. Johannis Burckardi, *Liber notarum*, (*Rerum Italicarum scriptores*), Raccolta degli storici italiani... ordinata da L. A. Muratori, ed. G. Carducci & V. Fiorini, Città di Castello, 1912.

raleza de un rasgo autoritario, moderno, que marca el destino de la historia en ese momento.

Gonzalo quiso tener a su lado al *condottiere* César Borja, porque sabía que nada podía subsistir sin él, pero quiso que estuviera presente en calidad de rehén, sobre el cual, en el momento oportuno, resultaría fácil concentrar toda la acción de gobierno. Fernando le desacreditó en una carta escrita el 20 de mayo de 1504, donde le exigía respetar la autoridad del Papa Julio II y meter en prisión a César Borja. Era justamente lo que estaba haciendo pero de un modo más sutil, sin involucrar al Estado en una decisión semejante que sólo podría aparejar descrédito a la Corona.

Atento a los efectos provocados por la llegada de César a Nápoles, Giovio escribe con cierta malicia: «Lo cual habiéndolo entendido el Papa, no le paresció de poner más tardanza en medio y escribió severamente al Gran Capitán avisándole que no dejase ir de Nápoles á este hombre osado y de condición cruel, nascido para grandísimo mal de Italia, el cual procuraba una brava tiranía á los pueblos de su estado. Pues habiendo el Papa muchas veces gravísimamente tratado este negocio con los embajadores del Rey, que estaban en Roma, y por los suyos que seguían en España la Corte del Rey don Hernando, vinieron cartas del Rey de España al Gran Capitán mandándole que detuviese al duque Valentino, porque se decía que con grave daño y sospecha de todos los Príncipes tentaba nuevas cosas y designaba nueva guerra contra el Papa. Y ansí el Duque Valentino, estando ocupado en aparejar el armada y en hacer soldados, iba muchas veces (así como era ello necesario) al Castel Nuovo por hablar con el Gran Capitán, y queriendo salir fue humanamente detenido por Nuño do Campo y puesto en prisión. No hubo ninguno de los suyos (que mientras él dio un grande sospiro, maldiciendo á la fortuna y lamentándose que abajo de la fe le había hecho traición) le pudiese dar socorro».[18]

18. Giovio, op. cit. p. 538.

El 13 de junio los Reyes Católicos tuvieron que reconocer su error y dar explicaciones al Gran Capitán. Así no se podía gobernar, ni hacer política. Así no se podía hacer nada. Claro que para entonces Gonzalo había dado un paso más en su política en favor de sus amigos, ordenando a Gómez de Solís que, con sus tropas, sitiara al príncipe de Rosano para que entregara sus importantes feudos.[19] Gonzalo contaba con las tropas y parecía importarle poco la opinión de los reyes. Ese fue su gran error.

EL PRECIO DEL DEBER

«Santa Maria, cómo soy engañado! ¡Conmigo solo ha usado el señor Gran Capitán de crueldad, habiendo usado con todo el mundo de piedad!», anotaba uno de los biógrafos de Gonzalo concluyendo el relato de la estancia de César Borja en Nápoles durante el largo mes de mayo de 1504.[20] «Hay que meterle en prisión», escribió Julio II a Fernando el Católico, era una acción surgida del miedo a un hombre brillante, testigo de una época, heredero de los ideales de su padre Ale jandro VI. No se le permitió rectificar, si es que pensaba hacerlo. El viejo odio de Giuliano della Rovere le había condenado para siempre. Pero, ¿por qué Gonzalo se prestó a esa ignominia? Época irrecuperable, cuando los Papas del Renacimiento intrigaban contra los *condottieri* y los capitanes. Instantes antes de la decisión de llevarle a la prisión en la isla de Ischia, Gonzalo había cenado con César: ambos recordaron los viejos tiempos, aquel año de 1496, cuando la historia se les cruzó en un mismo objetivo que sin embargo nunca se cumplió.

19. RAH: Salazar, A-11 f. 412 y 413 (Salazar, t. I, núm. 1259, p. 321).

20. *Crónica manuscrita*, ed. cit. p. 434.

Llegó el verano, y seguía la presión sobre el Borja. Debía renunciar a la Roca de Forli, que el navarro Mirafuentes tenía en su nombre, y entregársela al autoritario Julio II. No pudo resistirse, abatido como estaba, roto por la actitud de Gonzalo hacia él. ¿Disimulaba en su desgracia? Nada está claro en la vida de César Borja. El 10 de agosto entregaba la Roca de Forli al Papa, y poco después subía al barco que le iba a llevar a la corte española, pero no como invitado, sino como prisionero. No acabaría ahí su vida, pero sí su fortuna personal.

Se plantea aquí de nuevo la cuestión de la *indignidad* en la vida política. Por su especial significación en la vida de Gonzalo, el engaño y prisión de César está, por consiguiente, en correspondencia con el límite de lo moralmente permitido, y su historia incluye la historia de los sistemas de valores.

¿Puede un hombre volverse indigno? A nadie le sorprenderá que nos acerquemos aquí a un asunto monstruoso en el siglo XX: las matanzas llevadas a cabo bajo el imperativo del deber a la Patria. Quizás resulte más claro ese gesto cuando se analicen sus raíces. Gonzalo está en un mal momento de su vida. Y lo sabe. La amenaza de la indignidad flota en el ambiente napolitano. ¿Por qué lo hizo? ¿Por qué apresó a César y lo envió a España cargado de cadenas?

Paolo Giovio explicaba los motivos a los incrédulos lectores del siglo XVI, que no podían comprender cómo un héroe se comportó con tanta villanía. Escribe lo siguiente: «Pues ¿quién no tendrá por disculpado á Gonzalo Hernández, el cual fue constreñido á hacer esto por el mandamiento de su Rey y señor y por complacer al Papa que le pedía cosas honestas, y fuera desacato y mal caso no obedecerle y pecado grave y cruel ser enemigo de su Santidad, especialmente en cosa que tocaba á los homenajes que él tenía dados, y finalmente parece que contenía en sí la humana razón y la divina y también por honesta causa y razón evidentísima parece que él debía de faltar á la fe que dio, por no dejar meter de sota á sobra la Italia, la cual, echadas á una parte las guerras, estaba para gozar de una sosegada paz y no ser revuelta de la cruel osadía de un tirano, y por hacer placer y buena obra á los Orsinos y Coloneses, que le habían muy bien servicio, los cuales de aquel pestilencial hombre habían recibido grandes injurias de crueldad y de avaricia?».[21]

Eso que algunos cronistas habían adelantado sobre la personalidad de César Borja, Giovio lo sitúa como el punto de partida de la decisión de Gonzalo. A veces hay que elegir en la vida, y conviene no equivocarse de camino. Tan mala es la idealización de un personaje, como el palabreo sobre la dignidad que todo ser humano tiene. Gonzalo cedió ante el caso de César porque deseaba mantenerse firme sobre un tema de mayor importancia: el futuro de la comunidad hebrea en Nápoles. Veámoslo con detención.

LA CUESTIÓN JUDÍA

Los Reyes Católicos estaban obsesionados por la cuestión judía, un eufemismo que ocultaba el enjuiciamiento criminal por los tribunales de la Inquisición de los conversos. Hasta que el *Regno* no perteneció legalmente a su Corona, no dijeron nada acerca de la comunidad hebrea napolitana, donde destacaba Isaac di Giuda Abravanel;[22] pero tras los acuerdos firmados con Luis XII y el apoyo del Papa Julio II, consideraron llegado el momento de indicar al virrey que debía expulsar a los judíos, como se había hecho en los otros reinos de la Península Ibérica unos años antes.[23] Así lo manifestaron en

21. Giovio, op. cit. p. 539. 22. N. Ferorelli, *Gli ebrei nell'Italia meridionale dall'età romana al secolo XVIII*, nueva edición a cargo de Filena Patroni Griffi, Nápoles, 1990.

23. V. Bonazzoli, «Gli ebrei del Regno di Napoli all'epoca della loro espulsione», en *Archivio storico italiano*, 1974, pp. 174-287.

una carta cifrada escrita en Medina del Campo a comienzos de marzo y dirigida a Gonzalo, donde, entre otras consideraciones, se decía:[24]

Ya sabeys quantos años ha que mandamos echar los judios de todos nuestros reynos e señorios por escusar los daños que de la conversaçion dellos seguian a los christianos, e por lo que en ello era ofendido Nuestro Señor; e porque no queremos que aya judios en ninguna parte de nuestros reynos e mucho menos en ese, que queremos trabajar de alinpiar de todas las cosas que en él ofenden a Nuestro Señor, vos enbiamos aqui una carta nuestra parente por la qual mandamos, commo vereys, que dentro de çierto termino salgan dese reyno. Por ende Nos vos mandamos que luego en seyendo pregonada la suso dicha tregua en ese reyno, sy se fiziere commo de suso dezimos, fagays pregonar en un mismo dia en los lugares dese reyno donde oviere judios la dicha nuestra provision parente, para que dentro del termino en ella contenido todos ellos salgan y se vayan dese reyno, e la fagays guardar en todo y por todo segund en ella se contiene.

La trama del articulado de esa provisión está llena de lagunas, que le permiten escapar a Gonzalo de su inmediato cumplimiento. Surge aquí un motivo de constante fricción del virrey con sus reyes, que no entienden la tardanza en cumplir la orden de expulsión. Cualquier ley es siempre susceptible de ser interpretada. Gonzalo lo hizo con el decreto de expulsión, tratando de distinguir los conversos de los judíos.[25] Los primeros pertenecen a la comunidad cristiana, y como tales creyentes no se les puede expulsar mediante una ley formalmente de contenido religioso (otra cosa es lo que estuviera detrás de ella, que todos sabían); los segundos son escasos y nada peligrosos. Su acción puede ser concordante con los intereses

24. Serrano, *Correspondencia*, en *RABM*, t. XXIV, 1911, p. 566: doc. L.
25. Felipe Ruiz Martin, «La expulsión de los judíos del Reino de Nápoles», en *Hispania*, 1949.

del nuevo Estado. La *douceur* caballeresca de Gonzalo, amigo de todos, se recorta sobre el fondo oscuro de la imagen del Estado de los Reyes Católicos. Gonzalo representa el espíritu de la tolerancia, Fernando e Isabel, el de la intransigencia. El contraste no podía ser mayor. Además contaba con un antecedente ilustre: la actitud adoptada por ambos tras la conquista del reino de Granada. La historia volvía a repetirse.

1504 se asemeja a 1492. Gonzalo no acierta a entender cómo es posible que los reyes no hayan aprendido de su anterior error, pues estaba claro que la expulsión de los judíos «sería muy evidente daño y detrimento de toda la tierra», como les indicó en un memorando con el que buscaba el modo de impedir la expulsión. La comunidad judía napolitana, viendo ese proceder, reconoció únicamente a Gonzalo, el gobernador de la concordia. Los Reyes Católicos retiraron la orden de expulsión sin convicción, de mala gana, mientras ordenaban que el *Regno* quedará bajo la jurisdicción del inquisidor general de España con sede en Palermo. Así que el éxito político de Gonzalo, al conseguir retrasar la expulsión de los judíos, quedó oscurecido con ese decreto, porque alrededor de la Inquisición se fue creando una invisible red de delaciones hacia la comunidad judía no expresa en las leyes. Mientras el poder político estuviera en manos de Gonzalo, esas denuncias no serían efectivas, pero en el momento que llegara otro virrey, los procesos inquisitoriales traerían consigo sentencias inculpatorias.

Al final de este pulso político entre Gonzalo y los reyes en la primavera de 1504 se plantea la cuestión más importante: ¿se doblegaría el virrey a las minuciosas instrucciones de sus monarcas sobre este asunto? Al estudiarlas, los especialistas han reconstruido poco a poco la trama de un complot para apartar a Gonzalo del gobierno napolitano, que tenía su mejor agente en el embajador Rojas. Y nos vemos obligados, desde el momento mismo de su promulgación, a contemplar esa decisión real como un perfecto error político. Gonzalo tenía un arma en su mano, y decidió usarla en ese momento. La apuesta era arriesgada, podía perder; pero él no quería pasar a la historia como aquellos agentes de la represión que en Granada destruyeron la civilización nazarí y favorecieron la expulsión de los judíos. Gonzalo dimitió de su cargo de virrey. Un gesto digno de un hombre digno, poco habitual en la política española. Un gesto desconcertante para los Reyes Católicos. El peligro residía en que Gonzalo abandonara el gobierno de Nápoles antes de llegar a una paz definitiva con Francia. La guerra podía volver a empezar, y sin él las posibilidades de una victoria serían escasas, por no decir nulas.

Los Reyes Católicos recibieron esa notificación con sorpresa, y se mantuvieron indecisos ante ella. Quizás no fue el único motivo, pero debió de influir bastante en la enfermedad que ambos contrajeron en esas fechas. Nada es tan devastador para unos reyes orgullosos de su destino histórico, que la renuncia al cargo del único hombre que contaba sus acciones por victorias. Nada es tan devastador como la indecisión ante un acto de orgullo. Los reyes necesitaban tiempo y se dispusieron a frenar el ímpetu de Gonzalo. ¿Cómo fue todo eso?

DIARIO DE UNA RENUNCIA

Una mañana de mediados de julio de 1504, Gonzalo abrió el correo. En su rostro se percibió un gesto de contrariedad ante el contenido de la carta que tenía entre sus manos. Era una carta de los Reyes Católicos, bastante desabrida, cuyo contenido merece ser reproducido en su totalidad:[26]

26. Serrano, *Correspondencia*, en *RABM*, t. XXIV, 1912, p. 304: doc. LXXII.

Desde enero no havemos reçebido cartas vuestras y no podemos penssar, yendo y viniendo los correos cada dia por tierra, qué sea la causa por que no Nos escrevis; que oy desse reyno ni de nuestros negoçios dél ningunas nuevas tenemos, sino muchas y continuas quexas de los robos y daños y males y poco o ninguna justiçia que en él se faze; lo qual ya vos conoscereys quanto nos deve pesar, siendo contra lo que Nos desseamos y contra nuestra costumbre y contra la manera que tenemos en la governaçion de los otros nuestros reynos, y haviendo tanto encargado sobre todas las cosas del buen tratamiento de los desse reyno y la buena administraçion de la justiçia y yendo lo que en ello va disasse, luego seriamos mucho deservidos en ello. Nos vos mandamos que como en cosa en que tanto va, vos trabaieys y fagays todas las provisiones que sean menester para que los desse reyno no sean mal tratados, y para que cessen los robos y daños que en él se fazen, y para que en todo él haya justiçia y buen governaçion, y se castiguen los malos; pero fazedlo de manera que por la obra se parezca el remedio, y que assi como agora nos vienen de continuo graves quexas, assi tengan causa de loarse de la justiçia y buena governaçion, que en ninguna cosa nos podeys fazer mayor serviçio; y en todo caso nos escrevid y dad cuenta de todo lo de la alta y de todo lo que vos tenemos mandado, porque de otra manera no seria possible governarse bien esse reyno ni fazerse alla las cosas de nuestro servicio, como es razon.

A los XIII del presente vos escrevimos de la Mejorada con correo bolante que tuviessedes preso y a buen recuado al Duque de Valentines, y que por cosa del mundo no le soltassedes; y que si os pareçiesse que era inconveniente tenerlo alla, nos lo embiassedes luego aqua preso y a buen recaudo con el capitan Villamarín en dos galeas; y assí mismo vos escrevimos que faziessedes que el dicho duque de Valentines fiziesse entregar luego al Papa y a la Iglesia, cuya es, la fortaleza de Forli; si quando esta recibierdes no fuere fecho, complido assi todo luego sin dilacion, como por la dicha carta de XIII del presente y por esta vos lo escrevimos: porque es cosa en que seremos mucho servidos; y, como havemos dicho, por ninguna cosa del mundo no solteys al dicho Duque de Valentines, que tenerle o embianosle preso es uno de los mayores serviçios que nos vareys fecho.

Un cronista describió los efectos de esa carta. Gonzalo no daba crédito a lo que leía. Retrocedió sobre sus pasos, quedándose pensativo durante unos minutos, que parecieron interminables. En seguida comprendió la situación. Las observaciones sobre su actuación política, y sobre su conducta personal, eran bastante graves. Sabía que todo eso era mentira, que el verdadero motivo del enojo de los reyes era su postura ante la cuestión judía. La política es así. Estos documentos son auténticas pantallas, nunca reflejan la realidad, sino los intereses del grupo emisor. Por fin, los reyes han acorralado a su orgulloso virrey, y le imaginan tembloroso con esa carta entre sus manos. Gonzalo presiente que debe hacer algo, y pronto. No se trata de justificarse una vez más, y además ¿qué efecto tendría un gesto así ante sus encolerizados reyes?

Descendió por las escaleras del Castel Nuovo, paso a paso, un poco taciturno, bastante cansado, hacia la puerta que en otro tiempo había hecho decorar el Magnánimo con escenas de triunfo militar. A la salida, se encontró con el mercader Íñigo Artieta que acababa de llegar a Nápoles con una «licencia de mercadería» para la importación de sal de La Mata en lugar de la de Ibiza pues la consideraba más buena y limpia.[27]

Gonzalo se preocupa en esa ocasión. Juana le recuerda el carácter de su hermano y su cuñada y le sugiere que busque apoyos con los que contrapesar el cada vez más intenso recelo de los reyes. El 7 de junio firma una cédula como virrey en la que le concede a Bernardino de Carvajal, cardenal de Santa Cruz, los bienes que en Nápoles y Capúa habían sido confiscados al príncipe de Melfi.[28] Ese gesto respondía a su decisión de buscar nuevos apoyos. Realizará otros muchos.

27. Serrano, *Correspondencia*, en *RABM*, t. XXIV, 1912, p. 302: doc. LXIII.

28. RAH: Salazar, A-11 f. 409 y 410 (Salazar, t. I, núm. 1271, p. 321).

Entre julio y septiembre, Gonzalo respondió a los Reyes Católicos con dos cartas en las que aparecía implícitamente la pregunta: ¿Qué faltas había cometido para ser tratado de esa manera? La primera carta dice así:[29]

Muy poderosos señores: Bien creo V. AA. se acordarán cuánto ha que me ficieron merced en quererse servir de mí en este ministerio de las armas; en lo que por la merced de Dios, yo me he trabajado de serviros contra moros e christianos, como lo he podido en un tan largo tiempo, que aunque se viviese descansado pocas saludes lo pasan sin recebir encuentro, quanto más juntándose algunos dias y noches de poco sosiego, con que las carnes y huesos no pueden escusarse de facer asuento, que aun las fábricas perpetuas lo facen. Por estas causas en mi disposición yo no siento aquella integridad que solia; porque certifico á V. AA. desta enfermedad, yo quedo con mala dispusicion de estómago y cabeza, que pocos días pasan que no la siento, y en la vista y en el oir tanta diminución que justamente yo no me puedo tener por hombre entero. Y considerado que quien este cargo ha de tener, ha de tener sentido doblados y ha menester entera salud, é que V. AA. no serían muy servidos que yo aquí perdiese el resto, é que no soy perpetuo, y que la más de la vida por razon me es ya pasada, é quán poca della se ha gozado en la compañía que Dios me dió, e perdido algun fruto que nos pudiera dar, y que me dió fija, que es cosa que tanto requiere remedio, é ya á alguna dellas le convernia, é por mi absencia esto tiene más peligro que esperanza, é otras muchas causas que yo creo que V. AA. conocen: yo he deliberado suplicar á Vuestras Magestades, e sus reales manos beso por ello, me quieran dar licencia para volverme á servirles en España en su Real presencia, pues aquá, bendicho sea Dios é su Madre, no tienen necesidad de aquello en que yo sabria servir; y por esto é todo lo otro tienen tantos que mejor que yo satisfagan á lo que V. AA. aqui deben proveer. Tengan V. AA. por cierto que desenfogado este reino de los daños de la guerra e disminuyéndose este número de soldados, V. AA. lo mandarán y sosternan con un palo que aquí pongan, con tan poca fatiga como á Ceçilia. E pues el servicio de

29. RAH: Salazar, A-11 f. 430 (Salazar, t. I, núm. 1271, p. 324-325). (ed. L. de Torre, *Cartas*, en *RABM*, t. XXXIX, pp. 438-439).

V. AA. se satisface con facerme merced á mi, sus Reales manos beso me quieran otorgar esta licencia, y se quieran servir de mí algund tiempo en presencia. Tambien les suplico por complir con este nombre que por merced suya más que por mis méritos me quisieron poner, si desta grand merced que en este reyno me han fecho, tirando desta el todo ó la parte que Vuestras Magestades querrán, y facerme merced en esos sus reinos de algún asiento propio, en que justamente pudiese con mi casa vivir, ó de la Orden, como á V. AA. pluguiere, lo recibirá á grandísima merced. No pudiéndose, yo me remito é contento de lo que V. AA. serán más servidos. La licencia una y otra vez vuelvo á suplicar á vuestras Magestades me la concedan; porque no haciendolo, creo que se podrán servir poco tiempo de mi persona, é quedarían con gran cargo de mi alma. Sus Reales pies y manos beso. Brevemente me mande á esto responde y con efecto. Nuestro Señor la vida y reales personas y estado de V. AA. guarde y acreciente, como vuestras Magestades desean. De Nápoles á XX de julio de DIIII. Gonçalo Fernandez.

Esta inesperada y altiva renuncia no gustó en la corte. Una vez más Gonzalo retaba a los reyes que eran conscientes de los auténticos problemas del *Regno*: la carestía de la vida, el hambre, la peste, el carácter de la nobleza y la cuestión judía. Tras unas pocas semanas de espera, el 25 de agosto Gonzalo insiste con una segunda carta donde lleva a cabo un pormenorizado examen de la situación en Italia durante ese verano. La carta en cuestión dice así:[30]

Muy altos, muy catholicos y muy poderosos principes Rey y Reyna e Señores.

Un año ha que fatigo con los eletos desta cibdad que los embaxadores vayan a vuestras altezas con la demostraçion que deven façer como fieles vasallos: es tan malo de convenir esta mistura de pueblo y gentiles onbres que esto con otras necesidades dan por escusa. Mas ya lo avemos acordado e son delibrados de yr el viaje e con ayuda de Dios se pornan en camyno dentro de syete o ocho dias. Van cinco gentiles onbres de los cinco seges e otro electo por el pue-

30. Serrano, *Correspondencia*, en *RABM*, t. I p. 436.

blo, e por que se enbaraçauan en el pasaje yo les fago dar navio franco en que vayan; lleuan tantos capitulos dia cibdad e particulares que v. al. deve myrar mucho en ello porque ynportan a vuestro servycio. En su pasaje yo trabajare de enbiar a v. al. noticia de todo lo que lleuan a dlo que aca parece que conviene a vuestro servycio que se myre.

A suplicacion del duque de Termynes vuestras altezas le fizieron merced del casal de Marchanes el cual syenpre ha seydos de Capua y el duque ovo la merced del Rey con Fernando segundo en sus necesidades. En nunca conseguio la posesion fasta agora que v.a. se lo han mandado dar con licencia que lo fortificase y el lo ha comenzado asi fazer, de lo qual Capua se agravia mucho de averselo dado e más de la fortificacion porque allende de perder la posesion de sus propios, los de aquella tierra son muy revoltosos e syenpre han estado en desobediencia e mucha diferencia con Capua e syendo fortyficada aquella seria una bastida que ofendería muicho aquella Cibdad, que ya agora fazia contribuyr a los casales de Capua para su fortificacion e otras cosas de que aquella Cibdad sentiendose por agraviada ha recurrido amy. E los desordenes se han castigado e fize cesar la fortyficacion de la tierra fasta que V. a. sean avisados desto e manden lo que fuera su servicio. De Atorre Ferramosca e otros de Capua e Aversa que van con Prospero se podran v.al. bien ynformar. El duque se agravia de my, más como vuestro buen servydor e vra por bien que v. al. mande en esto lo que será su servicio.

Oy veinte e cinco del persente he avido nueva de Calabria que el comendador Gómez de Solís levaua preso y en buen recabdo al principe Rosano a Santa Severina para que la fiziese entregar por que ya alli no queda otra cosa rebele. E sabiendo los villanos de la tierra al termyno que era su principe prendieron al capitan que alli tenya con todos los soldados y enbiaron a ofrecer la tierra tanto que los asegurasen. Recibida aquella he escrito que traygan aquy al principe de Rosano con todos los otros deservidores que con el fueron presos para tenerlos a muy buen recabdo fasta que vuestras altezas enbyen mandar lo que dellos se aya de hazer. Nuestro señor la vida e Reales personas y Estado de vuestras altezas guarde y acreciente con mucha prosperidad e vitoria como v. m.[ta] desean.

De Nápoles a xxv de agosto de 1504

De V. al. muy umil syervo que sus Reales pies y manos besa.
Gonzalo Ferrandes, duque de Terranova

La ironía de esta carta manifiesta que no estaba dispuesto a nuevas censuras. Tras un informe de la peste y el hambre que azotaba a Génova, Pisa y otras ciudades italianas, y de la necesidad de recurrir al trigo siciliano para paliarla, Gonzalo insiste en su renuncia al cargo si no recibe instrucciones precisas. La carta fue completada de inmediato con un largo informe del mismo 25 de agosto, donde describe la «falta de vituallas que ay en este su Reyno» y de las medidas adoptadas para subsanarlas. Aprovecha el despacho para hacer un vivo retrato de la moral de algunos nobles de la zona. El personaje elegido para ello es el conde de Aliano, «un barón muy rico deste vuestro Reyno», aliado fiel pero individuo poco recomendable, del que le llegaron a Gonzalo «quexas mirables, así de fuerças de mujeres como de muertes e prisiones de honbres, e otros agrauios que haze a sus vasallos, e sobre todo esto tiene presa a la Condesa su mujer, sin ninguna justa causa».

En la confusión de los Reyes Católicos sobre la realidad social del *Regno*, personajes como el conde de Aliano, violador y asesino, se convierten en predilectos de los cortesanos que encuentran motivos para exculpar su conducta. Gonzalo crea el escenario para legitimar sus acciones de gobierno alertando a los reyes sobre la moral de esos nobles, aunque deja en sus manos la responsabilidad del castigo: «porque me parece que conviene a vuestro seruicio que se remedie esto».

Actuar con justicia; esta petición implica muchas cosas. En primer lugar, como reconocerán Albino y Summonte, implica el reconocimiento del carácter brutal de la nobleza cuando no está bajo el control de la autoridad del rey. En segundo lugar, implica que él como virrey debería tener la capacidad para reprimir toda esa gama de talantes y conductas. Aquí emerge de nuevo el problema de la imaginación moral como había ocurrido en los viejos tiempos de la guerra civil. La extremada cortesía hacia esas rancias familias constituía una norma política de Isabel y Fernando; pero en Nápoles era en extremo peligrosa. La presencia de unos cuantos nobles muy conocidos, de las «altas esferas», en actos semejantes a los denunciados en el informe les hizo extremar la prudencia a la hora de remover el lodo negro donde en ocasiones se movían los más importantes nobles de la región.

Con todo, estas decisiones debieron aplazarse por un motivo ajeno a todas ellas. Los Reyes Católicos no se encontraban bien de salud. La noticia de su enfermedad llegó a Nápoles en los primeros días de septiembre, coincidiendo con el cincuenta y un cumpleaños de Gonzalo. Pese a sus diferencias, la noticia le afectó, escribiendo una nota celebrando su recuperación.[31] Lo cortés no quita lo valiente, pensó en ese momento, pues al mismo tiempo enviaba una carta a Miguel Pérez de Almazán, insistiendo en su deseo de dejar el cargo de virrey: «E porque es la mayor que puede recebir haber presto respuesta os suplico cuanto puedo me respondais como es mi esperanza».[32]

La renuncia no iba a ser aceptada, al menos de momento. Gonzalo no supo jamás lo que había sucedido a comienzos de septiembre de 1504, pero parecía como si de repente todas las suspicacias, las quejas y las dudas sobre su gobierno hubieran desaparecido sin dejar rastro. Ya no volvería a hablarse de su dimisión. La historia se le echó encima una vez más.

Gonzalo se vio envuelto en el conflicto que enfrentaba a su país con Francia. Las órdenes recibidas a comienzos de septiembre no dejaban duda. Con el fondo suntuoso de una proclama en favor de la paz, los Reyes Católicos recordaron al

31. RAH: Salazar, A-11, f. 414 (Salazar, t. I, núm. 1260, pp. 321-322.

32. RAH: Salazar, A-11, f. 415 (Salazar, t. I, núm. 1261, p. 322. (ed. L. de Torre, *Cartas*, en *RABM*, t. XXXIX, 1918, p. 100).

Gran Capitán la actitud del rey Luis, tan ambigua; no tenía ninguna razón, al menos en apariencia, para desencadenar otro conflicto.[33] El temor a una nueva invasión, en la Península o en Nápoles, les inquietaba más que cualquier otra cosa en el mundo.

33. Serrano, *Correspondencia*, en *RABM*, t. XXIV, 1912, p. 306: doc. LXXVI.

15

MORAL PÚBLICA (1504-1506)

La guerra, la política, la administración, el mecenazgo cultural no eran suficientes para Gonzalo, inquieto más que nunca por su futuro espiritual. Debía hacer algo. Acababa de cumplir cincuenta y un años, cuando un nuevo otoño se le venía encima sin ser efectiva su renuncia al cargo de virrey. En aquel momento, acudió en su ayuda la lectura del nuevo libro de Erasmo de Rotterdam *Enchiridion Militis Christianis.*

El destinatario de ese manual educativo del caballero cristiano era Carlos de Habsburgo (por entonces con cuatro años), pues Erasmo estaba firmemente convencido que los Habsburgo serían en el futuro los paladines de la causa católica. La traducción castellana del *Enchiridion* se realizó en 1524, bajo el patronazgo de Alonso Manrique, arzobispo de Sevilla e Inquisidor General, en el mismo año que Carlos V buscaba el apoyo de la nobleza del reino de Castilla para su sueño de un Imperio Universal católico que hiciera frente al avance luterano. Gonzalo leyó el *Enchiridion* con enorme interés. Era erasmista antes de que ese concepto significara algo en la cultura española; un seguidor predestinado de la corriente que tendría en Juan y Alfonso de Valdés sus figuras más señeras en España.[1]

El caballero cristiano, cuya imagen ideal traza Erasmo, dispone de dos armas fortísimas, la oración y el conocimiento de la ley divina. De ahí se llega al meollo del libro expuesto en la regla quinta que enseña a tener en poco las cosas visibles y a

1. Marcel Bataillon, *Erasmo y España. Estudios sobre la historia espiritual del siglo XVI*, México, FCE, 1950.

levantarse a las invisibles. El mensaje *pietista* de Erasmo se adaptaba bien a la inquietud espiritual de un caballero del Renacimiento. Gonzalo no sabía lo suficiente para verificar esas ideas; simplemente se sentía atraído por unos consejos que renovaban su fe religiosa, sin sospechar que con el tiempo se convertirían en la base de los iluminados. Los argumentos de Erasmo eran extremadamente útiles para el servicio al Estado. Nadie podía esperar, sin embargo, y menos aún exigir, que un hombre de cincuenta años, formado en los ideales de Valera y Chacón, las entendiera por completo o creyera en ellas como un adolescente a comienzos de su educación. Gonzalo asumió el erasmismo del *Enchiridion* porque era un modo de entenderse a sí mismo en el laberinto donde se encontraba, pues su perplejidad superaba su viejo modelo educativo, y había que saber mucho para contradecir a hombres como Giuliano della Rovere, el Papa Julio II. Propiamente, tendría que haber leído también a Maquiavelo, pese a que *El Príncipe* se publicó en 1516, un año después de su muerte, pues ya se comentaban en Italia sus célebres *Discorsi sopra la prima decada di Tito Livio*. El encuentro no se produjo, pues Maquiavelo iba demasiado lejos en lo referente a la religión cristiana, motivo por el que su admirador Paolo Giovio le calificó de «ateo satírico». Gonzalo nunca entendió al florentino; en cambio, buscaba algo nuevo a lo que agarrarse. Como si Italia no estuviera ya lo bastante convulsa.

UNA REINA DOLIENTE

No era un secreto para nadie. A comienzos del otoño de 1504, «la Reina doña Isabel estaba doliente con poca esperanza de salud por una fístula que se le había hecho en las partes vergonzosas, la cual le comía poco á poco la vida».[2] Por desgracia,

2. Giovio, op. cit. p. 539.

la situación política no era buena. El enfrentamiento entre Fernando y su yerno Felipe presagiaba una crisis dinástica. Para paliar algo esa tensión, la moribunda reina redactó un codicilo que adjuntó a su testamento, donde dejaba a su marido como regente del reino de Castilla. Se pensara de ella lo que se pensase, ese gesto mostraba la firmeza de un espíritu en el interior de un cuerpo gravemente enfermo. Fernando guardó un respetuoso silencio ante esa decisión, fiel al pacto establecido entre ambos antes de contraer matrimonio. Sin embargo tenía prisa en activar algunos proyectos que le consolidaran en su papel de regente y al mismo tiempo favorecieran la causa aragonesa. Para ello necesitaba contar con un ejército. El de Nápoles era sin duda el mejor. Tomó medidas para hacerlo regresar a la Península. El pretexto elegido es una expedición al norte de África, una cruzada contra el Islam. Se lo comunicó a Gonzalo, como queda reflejado en una cédula redactada por Almazán a comienzos del mes de octubre:[3]

Por quanto yo he embiado a mandar al Duque de Terranova, mi vissorey y Lugarteniente General en el reyno de Napoles, que de las gentes de pie de guerra spañoles que estan en el dicho reyno me embie a estos mis reynos fasta dos mil hombres para que me sirvan en la conquista que tengo començada contra los moros de Africa enemigos de nuestra santa fe catholica, por ende por la presente seguro y prometo a toda la gente de pie spañoles que me vinieren a servir en la dicha conquista de Africa por nomina firmada del dicho Duque de Terranova, mi vissorrey, fasta en número de dos mil hombres, que les será pagado enteramente todo el sueldo que huvieran de haver por tienpo que en mi serviçio stuvieren, agora sea en tiempo de guerra o de paz, de lo qual mande dar esta mi çedula firmada de mi nombre. Fecha en Medina del Campo á quatro dias de Otubre de quinientos y quatro años. Yo el Rey.

Pocas semanas después, la enfermedad de la reina se agravó. Nada se podía hacer por ella, salvo rezar. Fernando, en un ges-

3. Serrano, *Correspondencia*, en *RABM*, t. XXIV, 1911, p. 311; doc. LXXIX.

to teatral como a veces le gustaba hacer, besó el rostro sin vida de su mujer, y afrontó el porvenir de viudo y regente de Castilla con muchas esperanzas. Por de pronto debía tener contentos a sus mejores colaboradores. A Gonzalo en primer término. Insistió en ser él quien le comunicara el fallecimiento de Isabel. Y así lo hizo.

El 26 de noviembre, en una sentida carta, escribió (luego se supo que había mandado a todo el mundo la misma): «Ha plazido a nuestro Señor llevar para sí a la serenissima Reyna doña Isabel, nuestra muy cara y muy amada muger; y su muerte es para Nos el mayor trabajo que en esta vida nos podía venir, y por una parte el dolor della por lo que en perderla perdimos Nos y perdieron todos estos reynos nos atraviesa las entrañas».[4]

El dolor, ahogado en el sosiego de ver como ella «murió tan santa y cattolicamente commo bivió», había trascendido fuera de la corte entre los levantiscos aristócratas del sur. Fernando se sintió inseguro, pese a que «la Serenissima Reyna en su testamento dexo ordenado que Nos tuviessemos la administraçion y governaçion destos reynos y señoríos de Castilla y León y de Granada, etc.», por lo que buscó apoyarse en el ejército de Nápoles pidiéndole a Gonzalo que «lo fagays saber assi a nuestros capitanes y gente de guerra y a la çiudad de Nápoles».

DELITOS Y FALTAS

Entretanto, un debate sobre el gobierno de Gonzalo, que guarda estrecha relación con el interés del rey de contar con su ejército, tiene lugar en la corte, tras la llegada a Segovia de Próspero Colonna. Como el embajador Juan de Lanuza unos meses antes, nada deseaba más fervientemente que sentirse a sus anchas intrigando en la corte del atribulado rey de Ara-

4. Serrano, *Correspondencia*, en *RABM*, t. XXIV, 1911, p. 518; doc. LXXXIX.

gón, algo sólo comparable a lo que había hecho su familia con respecto al Papa Alejandro VI, y ese placer estaba a su completa disposición debido a que Fernando necesitaba encontrar apoyos en Italia contra el proyecto de su yerno el Archiduque. Con razones o sin ellas, Próspero no se cansaba de halagar al rey. Ya cazara con él, o visitara sus aposentos para preocuparse por su estado de ánimo, o se entrevistara con los burócratas más influyentes, todo valía con el fin de aumentar su influencia. El sabor peculiar de la adulación tiene algo de voluptuosidad; un rasgo propio del Renacimiento.

La inquietud cruza en ese momento la vida de Gonzalo. Comenzó a pensar en algo nuevo. Los cronistas coetáneos recrean la escena como si estuvieran ante el protagonista de una novela de caballería. ¿Se trata sólo de un juego con final fortuito? Atendamos a la escena, ya tendremos tiempo de interpretarla.

Gonzalo, sentado en su mesa de trabajo en el Castel Nuovo, frente a la ventana, desde donde podía ver el mar, siente que nada le atraía de ese mundo de eternas conspiraciones, forjado por personajes ociosos, sin talento. La actitud de Próspero Colonna era semejante a otras muchas que había visto en Granada durante su juventud y en Nápoles desde que llegara por primera vez en 1495. Los consejos de Juana sobre ese modo de ser fueron útiles mientras su espíritu estuvo atento a las cosas mundanas; pero en el otoño de 1504, Gonzalo daba muestras de cansancio, que Giovio calificó de «increíble dolor y llanto».[5] Poco le hubiera sorprendido conocer las zalamerías de su viejo colaborador, conociendo cómo era la familia Colonna, lo que en realidad resultaba increíble era la actitud de Fernando en todo ese asunto.

Los favores arrancados por Próspero Colonna al rey se hicieron públicos en un despacho del 7 de diciembre de 1504, donde se notificaba las tierras que le había concedido, valora-

5. Giovio, op. cit. p. 539.

das en una renta anual de diez mil ducados.[6] Gonzalo aún no se ve a sí mismo sujeto de un complot. Atisba sólo unos cuantos fragmentos de su entorno. Por un momento, parece darse cuenta de la fragilidad de su cargo. Toda una serie de escenas vienen a abundar en esa percepción.

Próspero regresó a Nápoles con unas instrucciones escritas por el rey para entregar en propia mano al Gran Capitán.[7] Ese excepcional servicio de correos era una prueba de la amistad entre ambos. En menos de un instante, los prejuicios de los que Gonzalo se creía indemne le subieron a la boca como una bilis amarga, al igual que, unos años antes, al recibir del embajador Rojas la noticia de la retirada del mando de las tropas. No dijo nada. Esperó su ejecución. Fernando era un hombre indeciso. Sabía que, tarde o temprano, llegaría otra carta donde se matizarían las órdenes contenidas en el despacho traído por Próspero.

Y así fue. Días después le llegó una carta cifrada, fechada en Toro el 16 de diciembre, con rúbrica del rey, y letra de Almazán, donde se le anunciaba la confirmación de su empleo. Algo que llevaba tiempo esperando: «vos enbiamos por la mar nuestro poder e privillejo para que seays nuestro visorrey e lugarteniente general en ese reyno, porque con el dicho poder podays mejor exerçer e proveer todo lo que toca al dicho ofiçio, como vieredes que mas cunple a nuestro serviçio».[8]

Por fin, el nombramiento oficial de virrey de Nápoles. ¿Significaba esto una capitulación de Gonzalo? La rapidez con la que Fernando actuó describe de manera precisa el rey que ahora buscaba interpretar. Todo vale con el fin de bloquear los proyectos de su yerno Felipe. Gonzalo deberá moverse con cautela en medio de esos dos ambiciosos personajes. El trabajo será para él la única manera de contrarrestar la

6. Serrano, *Correspondencia,* en *RABM,* 1918 doc. XCI, p. 519.
7. Serrano, *Correspondencia,* en *RABM,* 1918 doc. XCII, p. 520.
8. Serrano, *Correspondencia,* en *RABM,* 1918 doc. XCIII, p. 521.

frivolidad cortesana. Se aplicó a ello de un modo especial, pasada la Navidad de 1504, en el momento que decidió tomar distancia de ese modo de ser que ni siquiera se molestó en censurar.

AMBIENTE DE TRABAJO DE UN VIRREY

Gonzalo en efecto trabajó con ahínco desde su nuevo empleo de virrey de Nápoles, en una atmósfera política cada vez más enraizada por el abierto enfrentamiento de Fernando y Felipe. El cardenal de Santa Cruz, que siempre le apoyó en sus decisiones de gobierno, le sugirió que afrontara de una vez por todas la reforma de la Administración del *Regno*, acometiendo la difícil cuestión de los pagos a la tropa y el control fiscal de la nobleza. Sus convicciones políticas le indicaban que el modo más eficaz de realizar esa tarea era fiscalizar los viejos derechos feudales. Pensó que podría dar un paso de gigante en la organización moderna de Nápoles, mostrando cómo se podía llevar a cabo esa tarea, tras la histórica crisis de 1503.

Gonzalo se abrió paso a través de una ciénaga de documentos fiscales, hasta comprender que el Estado moderno exigía una burocracia profesional y unos expertos en materia de control del gasto y del uso de la moneda. La huella política dejada en él por ese hallazgo fue profunda; mucho más que la huella de su reforma militar y urbanística. Un error sobre una campaña se podía subsanar, un error en la organización de la Hacienda Pública era la ruina del mejor sueño político. Un año de paciente labor se podía malograr si no conseguía extender el control fiscal a la nobleza.

Estas primeras actuaciones de Gonzalo como Virrey tienen todo el aspecto de ser un momento arrebatado al torbellino de los acontecimientos, el momento de la gran reforma del *Regno*. Pero de algún modo, la marcha de los acontecimientos no incide en la apuesta que iniciaba la acción de gobierno. Ni

Fernando ni los grandes señores feudales vieron con buenos ojos sus medidas. Así que era cuestión de meses que ambos se unieran en un objetivo común: frenar a Gonzalo.

Todos los indicios que tenemos coinciden en indicar que Gian Baptista Spinelli fue el personaje clave en las negociaciones entre el rey y la nobleza napolitana. Esta elección no constituyó para Gonzalo una sorpresa: él era el genuino representante de las formas políticas del *Regno*, un tanto dormidas desde la conjura de Antonello Petrucci.[9] Summonte emplea la misma palabra (conjura) para referirse a las costumbres que él considera males inherentes al espíritu napolitano.[10] Las formas políticas tradicionales apenas sirven para enfrentarse al pandemonio del *baranoggio*, con esa ambigüedad que convierte a Petrucci en traidor y a Spinelli en patriota.

La historia de esta conjura nos ofrece dos versiones contradictorias. En los documentos napolitanos oficiales, Gonzalo aparece como un tirano corrupto y Spinelli como un noble discreto y respetable que sólo busca el bien para su país. En las crónicas españolas, por el contrario, Gonzalo es víctima de unos conspiradores y Spinelli el taimado artífice. Estas versiones se corresponden aproximadamente con las dos interpretaciones críticas que ha inspirado la actuación del Gran Capitán como virrey de Nápoles. Me parece esencial retener algunos acontecimientos puntuales.

El 24 de febrero de 1505, Spinelli se presentó en el Castel Nuovo con una serie de provisiones, instrucciones y cartas que le facultaban como nuevo escribano de ración, en sustitución de Lluís Peixò, nombrado sólo unos meses antes.[11] Como la evasiva voluntad de Fernando se había manifestado palpable-

9. *Processi de' Baroni in Napoli 1486-1487*, Nápoles, 1487.

10. G. A. Summonte, *Dell'Historia della Città e Regno di Napoli*, Nápoles, 1640, pp. 460 y ss.

11. El 4 de junio de 1504, ed. L. de Torre, *Cartas*, en *RABM*, 1918, doc. LXIX.

mente en otras ocasiones, este nombramiento era una especie de anticipo de lo que a continuación sucedería. La entrega del condado de Cariati, en Calabria, que formaba parte de la herencia de los príncipes de Esquilache, fue el comienzo tan solo de su escalada social que le convirtió en duque de Castrovillari.[12] El significado de ese gesto estaba claro para quién quisiera verlo. Fernando comenzaba la restauración de la nobleza napolitana, a cuya sombra había vivido el *Regno* desde tiempos de Alfonso el Magnánimo, e incluso desde antes.[13]

Es posible que algún día un investigador atento descubra cuáles fueron los motivos exactos del enfrentamiento entre Gonzalo y Spinelli, cuyos ecos se perciben en el célebre *aggravio.*[14] Porque es cierto que su existencia tiene que ver con la transformación de la sociedad napolitana impulsada por Gonzalo, y a la que Fernando parecía oponerse. El apoyo a Spinelli es un retorno al pasado. Los efectos de su ascensión son irreversibles. Anuncian el programa de pactos con los poderes locales que se llevará a cabo en los años siguientes.[15]

Otros problemas llamaron también su atención. El primero fue el recrudecimiento del conflicto entre los Orsini y los Colonna, presente en una carta de Fernando a Gonzalo del 4 de marzo, donde se le comunican los rumores que han llegado a la corte sobre «alguna rebuelta entre Coluneses y Ursinos, de que se espera ver guerra entre ellos syno se reme-

12. Serrano, *Correspondencia,* en RABM, 1918, p. 112; doc. CXXXIV. Véase G. Galasso, *Economia e società nella Calabria del Cinquecento,* Nápoles, 1992, p. 51.

13. G. Galasso, *Il Regno di Napoli. Il Mezzogiorno angioino e aragonese (1266-1494),* Turín, Uthet, 1992 (*Storia d'Italia,* vol. XV).

14. *Aggravio fatto del Gran Capitano a G. B. Spinello,* en «Societá Napoletana di Storia Patria, Ms. XX C. 300 núm. 45, fols. 198».

15. Carlos José Hernando Sánchez, «El Gran Capitán y los inicios del virreinato de Nápoles. Nobleza y Estado en la expansión europea de la monarquía bajo los Reyes Católicos», en *El Tratado de Tordesillas y su época,* Madrid, 1995, t. III, pp. 1817-1854.

dia».[16] Pero Fernando exagera. Él y nosotros conocemos la verdad de la actitud de Bartolomeo d'Alviano hacia Julio II, el viejo enemigo de su familia. La situación era tensa, pero no peor que en otras ocasiones. La preocupación de Fernando obedece a otros motivos y es posible que nunca sepamos por qué escribió lo siguiente: «El Papa me ha enbiado muchas quexas diziendo que por mi mandado esta Bartolomé de Albiano en las tierras de la Yglesia con la gente de la conduta que de mi tenía, faziendo muchos daños en las dichas tierras y teniendo tratos en castillos del Papa e faziendo muchas demostraciones e cosas en favor de veneçianos y contra el Papa». La actitud de Gonzalo nos ayuda a ver en las quejas del rey la interferencia entre política personal y política de Estado. Entre ambas, se encuentra la verdad de este suceso, que ayudó a Gonzalo a definir aún más su notable educación.

Fernando utilizó a partir de ese momento un estilo epistolar que unía la amenaza velada, el sentido de tragicómica inescrutabilidad de la vida napolitana y el intencionado deseo de mostrarle a Gonzalo que él era un funcionario del Estado. La conclusión de esa altivez queda patente en la primera indicación verdaderamente política dirigida a Gonzalo: «aunque se entretengan secretamente todos los tratos que teneys en Ytalia que no se esecute ninguno, ni se faga movimiento ninguno por nuestra parte, syno que todo este sobreseyido fasta que viésemos ser necesario».[17]

Una simple lectura del anterior párrafo nos permite traspasar el significado literal, fuertemente cargado ya, para apreciar una doble parábola sobre hechos coetáneos que se estaban produciendo en España y en Nápoles. Gonzalo representa al funcionario de un Estado moderno y por tanto sometido a las decisiones del rey, con independencia de si eran correctas o no lo eran. Y los virreyes que se inclinen irreflexivamente a favor de

16. Serrano, *Correspondencia*, en *RABM*, 1918, p. 114; doc CXXXVI.
17. Serrano, *Correspondencia*, en *RABM*, 1918 doc. CXXXVI.

Fernando son sus únicos colaboradores posibles. El significado oculto de ese mensaje es que el poder del rey no puede ser cuestionado de ninguna manera, a riesgo de perder el empleo.

Gonzalo no estaba muy convencido de ese tipo de argumentaciones de tono autocrático; él tenía su propias ideas sobre la situación de Italia, en particular sobre el papel de España en Roma. Unas ideas que en cierto modo se parecían a las de Felipe de Habsburgo. El embajador Rojas no desaprovechó la ocasión para acusar a Gonzalo de negligencia en sus funciones de virrey y, ¿por qué no decirlo?, de alta traición. Con tal fin, elaboró un pormenorizado informe sobre la situación en Roma y lo envió a la corte para que Fernando supiera de qué modo la actuación de Gonzalo era «muy perjudicial al servicio y honra de V. A. y á su autoridad y al bien y pro de sus negocios».[18]

El pudor, el lenguaje ordenado de la diplomacia, desaparece en el informe de Rojas. Por ello el máximo acto de deslealtad es cuando la injuria se convierte en eje de la política de un reino, sin que el rey ponga coto a ella. La aviesa ambigüedad de Fernando no prueba un espíritu moderno, ni una alta concepción de la vida pública, como pensó Maquiavelo: prueba más bien el carácter de un hombre dominado por la indecisión. La muerte de Isabel había dejado en el aire, sin futuro y sin apoyos, el proyecto dinástico ideado en 1479, consistente en unir el reino de Castilla y la Corona de Aragón, mientras una nueva generación de políticos franceses tejían un orden internacional que no tenía en cuenta para nada el fracaso de sus ejércitos en el Garellano.

Fernando salió al paso de esta situación con un cambio radical en su política internacional: se acercó a Luis XII. Lo hizo de forma indecisa, cautelosa, que confundió a sus colaboradores. Una carta enviada a Gonzalo por esos días confirma esta impresión:[19]

18. Serrano, *Correspondencia*, en *RABM*, 1918, p. 399.
19. Serrano, *Correspondencia*, en *RABM*, 1918.

Vimos vuestras cartas de diez de Enero é de xx e xxv de Marzo, é como quiera que de vuestra grande afección é lealtad vuestras obras pasadas facen buen testimonio, é nos lo teníamos así bien creído como lo decís, pero habemos holgado mucho de ver las palabras que sobre ello nos aveys escrito, que son tales que manifiestan bien salir de la verdadera y entrañable afición que teneis á nuestro servicio e de fin de virtud; y esto ha confirmado é confirma mucho más en nos la buena opinión que de vos teníamos, e vos lo agradecemos mucho é tenemos mucho en servicio. E puesto que los días pasados haya habido algunas causas por do hayais sospechado que poníamos algund escrúpulo en la confianza que de vos facemos, tened por muy cierto que aquello no era por desamor ni por poca voluntad, que antes los que el hombre más quiere, aquellos corrige; mas era porque habiendo vos ganado tanta honra sirviéndonos en la guerra, deseábamos e deseamos no solamente no la perdiésedes, mas que la acrecentásedes sirviendonos en la paz. E no hay hombre en nuestros reinos que más deseamos que acierte en todo que vos [...]. E por esto no quisimos darvos licencia para venir acá, sino que nos sirváis en ese cargo...

La ambigüedad está en el centro de la acción política de Fernando. Mientras acuerda un pacto con Luis XII, escribe a Gonzalo para que siga gobernando el *Regno* como había hecho hasta ese momento. Una dosis de envanecimiento le lleva a tejer en torno suyo una red de intrigas donde todos son sospechosos de apoyar a su yerno Felipe, a quien detesta más que a nadie en este mundo. Esta animadversión resulta clave en su conducta; su imagen espectacular, surgida en los textos de esos cruciales meses, contiene, sin necesidad de mayores explicaciones, algo así como los elementos necesarios para convertir sus caprichos en razones de Estado.

El primero de esos caprichos es halagar a Gonzalo recurriendo al espantajo de la actitud francesa ante el problema sucesorio castellano, y además agitando un asunto tan delicado como la locura de la reina Juana:[20]

20. Serrano, *Correspondencia*, en *RABM*, 1918.

Los franceses trabajaran quanto pudieren en enemistarlo conmigo é con todos los que han fecho daño e contrariedad á franceses, é han seido é son fieles españoles. No me maravillo que los franceses acaben esto con él, pues han acabado, que no se han contentado con publicar por loca á la Reyna mi fija su mujer, y enviar acá sobre ello escrituras firmadas de su mano, mas he sabido que la tienen en Flandes como presa é fuera de toda su libertad, é que no consienten que la sirva, ni vea, ni fable ninguno de sus naturales; e que lo que come es por mano de flamencos, é así su vida no está sin mucho peligro.

¿Alucinación o realidad? Como se ve Fernando reduce la historia a una «historia de familia», en la que desea involucrar a Gonzalo. Turbado por el énfasis político de su yerno, asustado por el destino de su hija, debilitado por la muerte de su esposa, inseguro al no tener ningún hijo varón heredero de su reino, el rey se empeña en entender toda la historia como un reflejo de su propia pena. Pero en realidad esa actitud es falsa, en el mejor de los casos. Mientras redacta esas confidencias, negocia con Luis XII el matrimonio de su sobrina Germana de Foix. ¿Maquiavelismo? ¿Por qué se insiste en llamar así lo que fue una simple debilidad de carácter? Las observaciones de Guicciardini sobre este asunto salen al paso del tópico en un momento importante y perturbador de la historia política de España.

PEQUEÑAS INTRIGAS, GRANDES RENCORES

Durante la primavera de 1505, y desde que Felipe de Habsburgo buscara su apoyo, Gonzalo se vio asaeteado por acusaciones e injurias de todo tipo delante de Fernando el Católico. Desde el embajador Rojas, cada vez más frustrado por no alcanzar el capelo cardenalicio que era lo único que de verdad le interesaba, y el ingrato Nuño de Ocampo, hasta el napolitano Spinelli; desde el siniestro Juan de Lanuza a los intrigantes Valencia Benavides y Francisco Sánchez: todos ellos saborearon el placer de acribillar al Gran Capitán. Los temas más habituales eran la corrupción, la traición, el gasto excesivo, el favoritismo a sus capitanes.

Esta conjura de personajes tan disímiles entre sí contiene injurias y calumnias, con el fin de quitarle la reputación y de humillarle. Rojas muestra su arrogancia al hacerse eco de todos los conjurados, como un vulgar Casio, mientras Próspero Colonna interpreta a Bruto sin la menor vacilación. Cuando Luis XII preguntó acerca de esa actitud, se le dijo que eran cosas de «españoles».[21] En la vida de un hombre excepcional (y Gonzalo lo era) no cuentan las calumnias, sólo cuentan las humillaciones. Lanuza, Ocampo, Spinelli y otros leguleyos trataban de conseguir su humillación, que hincara la rodilla de una vez. Lo peor de esos meses no fue seguir soportando las injurias de esos personajes de farsa, sino los continuos enfrentamientos con Fernando. Como observó Paolo Giovio «estas cosas recitadas con singular malicia, aunque por la mayor parte tenidas por mentira, turbaban grandemente el ánimo del Rey».[22]

Esta turbación reiniciaba todo el ciclo de recelos de Fernando hacia Gonzalo al provocar una *libido* desafiante y destructiva. El rey le empujaba a tomar medidas que minaban su poder, como licenciar parte de su ejército, a las que Gonzalo se resistía tenazmente: «Antes de agora vos he enbiado a mandar por diversas cartas que despediesedes los alemanes, pues ninguna neçesidad avia dellos, e gastavan mucho; y el gasto dello ponía en mayor neçesidad a los españoles». La moral de la vida de Fernando y la obra política de Gonzalo como virrey no son fácilmente aprehensibles, pues yacen en el fondo de la paradoja y la ambigüedad.

Fernando miraba al mismo tiempo hacia aspiraciones elevadas y hacia un oportunismo irresponsable. Al buscar el modo de mantener su influencia en Nápoles contra las pretensiones de su yerno Felipe, engatusó tanto a Gonzalo como

21. Jean d'Auton, *Chroniques Louis XII,* ed. R. de Maulde-La Clavière, París, 1889. 22. P. Giovio, op. cit. p. 540

al grupo de nobles encabezados por Spinelli para que le apoyaran en su política. Al primero le ofreció un regalo, sabiendo que con él ponía fin a años de zozobra y de miedo; al segundo le apoyó en todas las intrigas que pudo llegar a imaginar, y fueron muchas. ¿Cuál es el regalo a Gonzalo? Quizás convenga conocerlo para dirimir mejor el conflicto personal entre ambos.

UNA CASA PROPIA

Gonzalo no se había identificado nunca con casa alguna; incluso cuando vivió en Illora, siendo alcaide, una parte de él siempre estaba de viaje, buscando otro lugar. Su vida parecía hacer realidad la idea de Pico della Mirandola de que el hombre no tenía una sede fija por ser él quien se modela y se hace a sí mismo. Gonzalo nunca amó de verdad la casa paterna en Montilla y la de Granada aún no había tenido tiempo de saborearla. Quería tener sin embargo una casa de propiedad en Nápoles, un modo de poner fin a su sensación de desarraigo permanente. No se sentía cómodo en ninguna de las dos residencias oficiales, el Castel Capuano y el Castel Nuovo. Fernando se hace eco de su preocupación en una carta escrita en Segovia el 30 de julio de 1505: «y porque havemos sabido que no teneys ninguna casa en la çiudad de Napoles, vos mandamos que veays que casas ay confiscadas a nuestra corte en essa çiudad, de que nos hayamos fecho merçed, y tomeys para vos la que mas quisieredes; y avisarnos eys dello para que vos embiemos el privillegio de merçed della y no la demos a otro».[23]

Se fija en un terreno plantado con árboles frutales, en medio del cual se levantaba la casa propiedad en un tiempo del duque de Andría, decorada con el gusto napolitano de finales del siglo XV, una arquitectura galante, suntuosa, con falsas ruinas

23. Serrano, *Correspondencia*, en *RABM*, 1918, p. 279; doc. CLXIX.

convertidas en auténticas, perfecto escenario para una vida presidida por los éxitos militares y las intrigas palaciegas. Tal vez nunca como en ese año, la vida de Gonzalo recobró los sueños del pasado, cuando visitaba en un huerto semejante a su amigo Boabdil. El reino de la poesía sucedió al reino de la espada. Gonzalo persiguió afanosamente esa nueva posibilidad, en sus más diminutos aspectos, la emancipación de una vida cuartelera, sin sentido para un hombre de sensibilidad por las cosas bellas. El encuentro con una casa de su propiedad le abrió un mundo nuevo, lleno de expectativas. Era un cambio del que se sentía necesitado desde hacía años, pero que, al mismo tiempo, le llevaba a pensar en su tierra, en su mujer y en sus hijas.

La frondosidad de los huertos y jardines napolitanos ahora de su entera propiedad le descubrían el placer de la vida, la corporeidad del espíritu. Allí cumplió cincuenta y tres años. Allí fue feliz por primera vez, aunque el veneno de la injuria siguiera vivo, sobre todo gracias a la sinuosa actuación de Sánchez y Spinelli que seguían reclamando las minutas de los gastos de la guerra. El momento más feliz y el momento más trágico se disponían a mezclarse en esa casa, como en los viejos ritos de los «fieles de amor» de los que hablaba Dante: una conmoción áurea brilló para él, al menos durante un año. Quizás fuera suficiente para un hombre acostumbrado a vagar por las sendas del miedo al mundo.

VIRAJE POLÍTICO

La abundante correspondencia generada durante la primavera de 1505 es una prueba de la intensidad de la inquietud de Fernando sobre los asuntos de Nápoles.[24] Estas cartas nos ha-

24. Lo prueba un pliego de 14 folios que el rey Fernando envía a Gonzalo, y que éste recibe en Gaeta el 11 de abril: documento conservado en el Archivo de los duques de Maqueda.

blan de cómo exige una obediencia ciega a su virrey a cambio de constantes favores y halagos. Una especie de política de *do ut das* para regir la actitud del rey en esos meses. La diferencia con anteriores etapas estriba en el ritmo obsesivo, insistente, meticuloso. Encontramos a Fernando escribiendo despachos sobre las cosas más diversas. La marcha de las tropas a España, informes sobre el *plot* de su yerno Felipe, febril necesidad de que Gonzalo regrese a España para dar explicaciones sobre su conducta, y todas ellas llenas de impaciencia, nerviosas.[25] A Gonzalo, en cambio, lo vemos solventar con cierta elegancia ese aluvión de cartas, enviadas por todos los canales imaginables. Ante tanta insistencia, Gonzalo se ve obligado a escribir personalmente una nota a Fernando, describiendo la situación, para ver si de ese modo conseguía calmarle. Se trata de una breve nota autógrafa, de una letra endiablada, que dice lo siguiente:[26]

Muy manyfico senor:

Porque respondo en presona a vuestras cartas cumplyendo vuestros mandaymentos no dyre máss aqy syno que enbyo Albornoz al Rey nuestro señor con lo que d'el V.M. entenderá porque más presto sabra la certynydad de my yda y my voluntad, por las postas que quando my navegasyon por çyerdo lo que vos de vos mysmo y por ser el mensajero y yo tan cerca dél no dygo más en esta syno que nuestro senor vuestra vyda estado guarde y prospere de Napoles a 11 de julio y a vuestro servicio.

Gonzálo Fernández, duque de Terranova.

Cuando Fernando recibe la carta está de muy buen humor debido al avanzado estado de las negociaciones con Francia, que dieron lugar al segundo Tratado de Blois (noviembre de 1505). También porque se ha fijado en Germana de Foix, so-

25. Serrano, *Correspondencia*, en *RABM*, 1918, docs. CLXX-CLXXXII.
26. L. de Torre, *Cartas*, en *RABM*, 1918, p. 108.

brina de Luis XII. Quería que todo el mundo fuera partícipe de su alegría. ¿Qué papel quería desempeñar Fernando en ese otoño? El viudo supuestamente romántico de una reina a quien, después de todo, él no amó mucho. ¿El de seductor de una joven? Mientras el rey se encamina hacia esa primavera de su vida, movió los hilos para que María Manrique se reuniera con su marido Gonzalo en Nápoles. Buscaba con ello poner fin a las habladurías de la corte y a los continuos galanteos de su virrey. La llegada de la esposa le centraría, pensaba el rey. El viaje se fue retrasando por diversos motivos, hasta el punto que a comienzos de diciembre María Manrique escribe al rey informándole que se ha visto obligada a regresar al puerto de Cartagena a causa del mal tiempo.[27]

Los elementos se pusieron en contra del rey y en favor de Gonzalo. Empujado sin embargo por su deseo, el rey contrajo matrimonio con Germana el 22 de marzo de 1506 en la ciudad de Dueñas. La argumentación política en favor de ese cambio de estrategia es inconsistente. Al menos, ese fue el comentario dominante durante la fiesta que tuvo lugar en la nueva casa napolitana de Gonzalo, en mayo de ese mismo año, de la que Fernando tuvo puntual información gracias a Lucas Russo.[28]

No se trataba de dejar lucirse en la fiesta a los habituales especuladores de la política. Se trataba de tendencias cuyo punto de convergencia no parecía estar temporalmente muy lejano, y ahí es donde Gonzalo advirtió el peligro para él del matrimonio de Fernando. No podía imaginar cuál de los hombres de la camarilla del rey desempeñaría el cargo de virrey. El cardenal de Santa Cruz señala dos posibles candidatos, el hijo de Fernando, arzobispo de Toledo y, casi con mayor seguridad, Ramón Folch, conde de Cardona, un buen marino, pero mal soldado y peor político. Había otros nombres, pero con menos

27. RAH: Salazar A-12, f. 24 (Salazar, t. I, núm,. 1292, p. 332).
28. RAH: Salazar A-12, f. 41 (Salazar, t. I, núm, 1303, p. 334).

posibilidades. La idea era relativamente sencilla, aunque equivocada: acercar Nápoles a la administración desarrollada en Sicilia hasta convertir ambos territorios en un solo reino.[29]

Los capitanes Paredes, Navarro, Zamudio, Mendoza fueron reclamados para otras empresas, el norte de África era de nuevo el centro de interés de la Monarquía: «Nos vos mandamos que luego en llegando alla este correo, que no va por ora cosa, proveays a grandissima diligencia todo lo que vieredes que sea menester para que la dicha gente salga luego a la ora del dicho reyno; y nos la embieys luego aca a Málaga, porque como vos avemos scrito, tenemos mucha neçessidad della para esta guerra de África que agora començamos».[30]

Se necesitaba un coro de amigos para poder encauzar la preocupación de Gonzalo, pues el nuevo matrimonio del rey traería consigo un cambio en el *Regno*. No había demasiados hombres en Castilla o en Aragón que dudaran de eso, y prácticamente nadie en Francia que no pensara que la diplomacia de Luis XII había conseguido anular los éxitos militares de Gonzalo; pero algunas personas, que en su mayor parte se agrupaban en torno al duque de Nájera, cuñado del Gran Capitán, buscaban una solución diferente, apoyándose en la ilusión del hijo de la reina Juana, el joven Carlos de Habsburgo, a quien la nueva caballería veía como la solución al enredo creado por la actitud de Fernando. El problema era la regencia, deseada por muchos, y por supuesto el destino de Nápoles.

Ambos aspectos coincidían en la persona de Gonzalo: quizás un buen regente de compromiso y desde luego el único que tenía claro el porvenir del *Regno*. El peligro era, por tanto, evidente. Los recelos de Fernando estaban fundados, como apuntó el siempre bien informado cronista veneciano Marino

29. Guido d'Agostino, *Parlamento e società nel regno di Napoli. Secoli XV-XVII*, Nápoles, 1979.
30. Serrano, *Correspondencia*, en *RABM*, 1918, doc. CLXX.

Sanudo en su diario;[31] aunque su fuente de información fuese un hombre de tan pocas garantías como el embajador Rojas, al que Fernando le escribe en abril diciendo: «Lo que escribistes del Duque de Terranova vos agradezco y tengo en servicio; como decís, no puedo creer dél tal cosa, pero no dexeis de escribirme de contino lo que más supiéredes, é qué es la causa porque creys que se detiene que todo se guardará en secreto».[32]

Siguiendo la repetida insistencia de Fernando de que Gonzalo debía regresar cuanto antes a España para dar explicaciones de su conducta, es posible trazar la situación política creada en Nápoles en la primavera de 1506, mientras Felipe de Habsburgo le ganaba terreno a su suegro. A comienzos de junio, y desde Montilla (lo que son las casualidades de la vida) el rey escribe a Rojas: «El Duque de Terranova veo que no viene é agora no tiene escusas de tiempo ni de negocios que le impidan la venida; y si quando esta recibiéredes no fuere partido para acquá, de creer es que no verná; y si no viniere, clara estará su ruindad, la qual yo fasta agora nunqua he podido creer dél».[33] Al llegar el verano, la situación se hizo insostenible.

VERANILLO FLAMENCO

Una de las manifestaciones políticas más deslumbrantes del año 1506 es la declaración de Tordesillas del 1 de julio. Era el fin de las discordias que habían enfrentado al rey Fernando con su yerno Felipe.[34] La actitud de Fernando despeja cual-

31. *I Diari de Marino Sanuto, 1496-1533*, ed. Rinaldo Fulin & Barozzi & Berchet, Venecia, Deputazione Veneta di Storia Patria, 1879-1903. 42 vols, t. IV, # 37.

32. BN: ms. 20211 (papeles de Gayangos). Rodríguez Villa, doc. 39.

33. BN: ms. 20211 (papeles de Gayangos) (ed. Rodríguez Villa, doc.)

34. Sobre esas disputas hay un excelente memorial del rey Fernando y del encuentro con su yerno Felipe en Renedo, conservado en el Archivo de los duques de Maqueda fechado en 1504.

quier duda acerca de quién debía ser regente del reino de Castilla, una vez aceptada la incapacidad de la reina Juana. Dice Fernando: «E lo que yo después desto he determinado de fazer es verme otra vez de aquí a çinco días con el rey mi fijo; y desirle e consejarle todo lo que me pareçiere que deve fazer para conservar estos reynos en la paz y sosyego e justiçia e obediençia e buena governaçion que yo los he tenido; e partirme e yrme luego a mis reynos».[35]

Parece como si Fernando estuviese dictando al secretario Almazán, que era quien copiaba el documento mientras recordaba los consejos de su añorado tío Alfonso el Magnánimo. Porque en efecto, Fernando renuncia a la regencia del reino de Castilla declarando su deseo de volver a preocuparse de lleno en los asuntos de la Corona de Aragón, «sus reinos». Fernando pasa por alto el contencioso de la Guerra de Nápoles, costeada por la hacienda castellana. Parece como si Fernando estuviera siguiendo la conminación de su entorno catalán, con Ramón Folch, conde de Cardona, a la cabeza, de romper la unión dinástica.

Fernando es consciente de que el único escollo a esa política se llama Gonzalo; por ese motivo le escribió una carta desde la misma Tordesillas en los siguientes términos:[36]

Por la carta que os escrivo en claro veres el asiento que entre el rey don Felipe mi fijo e mi se ha tomado; en lo qual yo he venido muy liberalmente, asi por escusar los daños de presente que con poca utilidad del bien de los negocios pudieran suçeder, commo para poder mejor e con mas fuerça obrar lo que conviene a la reyna mi fija e a mi, e fazer en su negoçio lo que de buen padre deve fazer, commo syenpre he deseado e procurado con mucha voluntad e amor; e porque para esto e para otras cosas que convienen mucho a mi serviçio, que con Vergara vos enbie a dezir, agora es mas neçesaria vuestra venida que fasta aqui, ruego os mucho que con la mayor dili-

35. L. de Torre, *Cartas*, en *RABM*, 1918 doc. CCI.
36. L. de Torre, *Cartas*, en *RABM*, 1918 doc. CC.

gencia e presteza que sea posyble pongays en obra vuestra partida; e porque me han dicho que por alguna neçesidad de dinero se ha diferido fasta aquí, lo qual me desplaze mucho, pues que vuestra venida para lo que aveys entendido ynporta mas que ningund dinero, disponed de todo lo que alla tuviese e pudiere aver el thesorero, lo que vieredes que cunple para la breve expedicçion de vuestro viaje; que por esta le mando que asy cunpla; e avisadme de la partida por correo bolante. En Tordesillas primnero de julio de CVI.

Como resulta claro tras su lectura, Fernando elaboró en esta carta una declaración política en favor de Gonzalo como el único responsable del *Regno.* Sin embargo, esa recia muestra de generosidad escondía un plan secreto, que los embajadores no podían ocultar ni siquiera ante la necesidad de que el círculo de Felipe se enterara de ello.

Gonzalo respondió a Fernando en una carta del 2 de julio de 1506, algo precipitada dadas las circunstancias, donde salía al paso de lo que «algunos synyfycan tener alguna yntylyjencia i platyca comygo, a su proposyto, y en gran perjuysyo de my onra y de vuestro servycio».

A diferencia de lo que decían sus enemigos, él manifiesta «que por esta letra de my mano y propya voluntad escryta, certyfyco y prometo a V. magesta, que no tyene persona más suya ni çyerta, para beuyr y morir en vuestra fé y servyçyo, que yo». Esta declaración de lealtad la prueba Gonzalo haciendo uso de una metáfora de gran calado literario; «Y aunque V. al. se reduçyese a un caballo solo, y en el mayor estremo que mala fortuna pudyese obrar, y en my mano estuvyese la potestad dél y avturidad del mundo, con la lybertad que pudyese desear, afirmo que no e de reconoçer ny tener en mys dias otro Rey ny señor syno a vuestra alteça, cuanto me querrá por su syervo y su vasallo». Una declaración que confirma en su doble condición de cristiano y caballero: «En firmeça de lo cual por esta lo juro a Dyos y a Santa Maria, y a la Cruz y a los santos evangelios, y en fe desto la firmo de my nombre, y sello de mys armas». Gonzalo se aferra a un tiempo hacia aspiraciones elevadas y hacia un oportunismo irresponsable.

La carta del 2 de julio de 1506 merece los honores de ser uno de los documentos más claros sobre el carácter de Gonzalo por dos motivos. Primero, porque afronta la dramática situación que le ha afligido durante toda su vida. Desde sus primeros pasos en la corte, se esforzó en buscar algo en lo que creer. Gonzalo lo halló en Fernando. Ignoro cuándo comenzó a sospechar que él no era el hombre que admiraba, pero aún así era su rey y le debía lealtad, un gesto ciertamente arcaico, feudal, poco adecuado a una personalidad como la suya, tan cercana a los ideales del Renacimiento. En segundo lugar, la carta generó un río de comentarios y de rumores: no existió una declaración suya que produjera tanto revuelo, probablemente porque nadie pensó que haría una cosa así. Julio II manifestó su extrañeza, como también su cuñado el duque de Nájera. Pero la había escrito, y eso era lo realmente importante. La suerte estaba echada. Ahora sólo le quedaba esperar la respuesta.

La respuesta llegó de un modo extraño, como un rumor, que se expandió por la ciudad como un reguero de pólvora. El rey tenía la intención de viajar a Nápoles «un día después de Nuestra Señora de Agosto».[37] Rojas se encargó de filtrar la noticia, a pesar de que Fernando le había ordenado que «no lo digáis á nadie, porque nadie lo sabe, ni quiero que lo sepan fasta que me vean allá».[38] Gonzalo la conoció mientras ultimaba los preparativos de la invasión de Ischia, y fue consciente de que ese viaje era importante para su futuro. No se preocupó más. Decidió esperar la llegada de las naves, disponiéndose a vivir el verano de 1506 como si fuera realmente el último en que vería el Vesubio y recorrería los viñedos de la Campania.

37. L. de Torre, *Cartas*, en *RABM*, 1918, p. 109.
38. BN: ms 20211 (papeles de Gayangos). Rodríguez Villa, doc. 42.

En el «veranillo flamenco» de 1506, mientras Felipe de Habsburgo organizaba el reino de Castilla apoyado por Antonello Sanseverino, príncipe de Salerno, Charles de Pupet, señor de La Chaulx y Juan Manuel, gobernador del Alcázar de Segovia, Gonzalo aprendió dos cosas realmente importantes.

Prima. La difusión de las ideas erasmistas en la nueva generación era la mejor prueba de que Europa se movía con rapidez hacia una visión del mundo risueña, inspirada en Ariosto, Rabelais, Montaigne, Valdés o Guevara. La *incroyance* era una realidad imposible de evitar y, por primera vez en la historia, el europeo se sentía con fuerza para cuestionar principios básicos del orden natural, que dieron lugar a lo que conocemos con el nombre de revolución copernicana. Deberían esperarse aún veinte años para comprender el alcance de esas novedades, 1526 será en efecto el año clave, pero todo lo que allí se haría, podía haberse llevado a cabo en 1506, de no haber triunfado las resistencias políticas a los cambios históricos. Fernando era el genuino representante de esas resistencias políticas: un hombre confundido que miraba al pasado de su dinastía, a los tiempos de Alfonso el Magnánimo. Gonzalo, al contrario, miraba el futuro, al proyecto imperial de los Habsburgo.

Secunda. Gonzalo también comprendió en esos meses que su antigua educación había concluido y que una nueva se abría paso gracias a hombres como Erasmo. Esa idea la valoró como una especie de iluminación y la fue perfilando a medida que se acercaba el momento de acudir a entrevistarse con Fernando.

16

DETRÁS DEL TRIUNFO (1506-1507)

El 7 de septiembre de 1506, con cincuenta y tres años acabados de cumplir, Gonzalo abandonó Nápoles en dirección a Gaeta, en donde embarcaría para salir al encuentro de Fernando que siete días antes había zarpado de Barcelona en dirección a Italia, con intenciones de cambio en todos los órdenes, algo evidente si nos fijamos en los personajes que fueron con él: Rodrigo Borja, conde de Ribagorza, Ramón de Cardona, Fernando de Toledo, y el duque de Villahermosa. También Diego de Mendoza, conde de Mélito, sin que nunca llegara a saber qué hacía en medio de esa gente.

Las escuadras, como el propio rey informa a mosén Jaime de Albión,[1] se encontraron en Génova donde Fernando se había interesado vivamente en «ver y tocar el santo Catino. Este es un vaso que religiosamente se guarda en la sacristía de la iglesia mayor. Es una smeralda de seis ángulos, cavado á modo de un plato de vianda. Fué ganada antiguamente esta joya de la victoria de Suria y á pública honra de la ciudad consagrada á San Lorenzo».[2]

No estaba claro si el encuentro iba a ser amistoso, o no lo sería, y si las acusaciones de alta traición vertidas en la corte contra Gonzalo se confirmarían o, por el contrario, desaparecerían de una vez por todas. Demasiadas incógnitas. Paolo Giovio aprovechó la ocasión para mostrar el tono galante de las acciones del Gran Capitán.[3] A media mañana una barcaza desprotegida surcó el mar en dirección a la nave capitana del

1. RAH: Salazar, A-12 f. 56 (Salazar, t. I, núm. 1310, p. 336).

2. Paolo Giovio, op. cit. p. 544. Al respecto véase Daniele Calcagno, *Il mistero del «Sacro Catino»*, Génova, Ecig, 2000.

3. Paolo Giovio, op. cit. p. 544.

rey. Un paso acrobático en la vida de Gonzalo comenzaba en ese instante; cuando toda Europa parece suspendida a la espera del desenlace de la enfermedad de Felipe de Habsburgo, que agonizaba en Burgos. La reina Juana ya había dado síntomas de desequilibrio mental. Pero nadie se atrevía a decirlo en la corte, aunque sí fuera de ella (el clamor popular se hizo cada vez más patente), y Fernando esperaba con absoluta tranquilidad la llegada del correo de España, mientras observaba con admiración, si bien con recelo, a Gonzalo, porque seguía viendo en él uno de los pilares de sus reinos. Es difícil hacerse una idea precisa de la entrevista.

UN ESCENARIO PARA UN ENCUENTRO

Fernando y Gonzalo forcejean y toman distancia uno del otro constantemente como si fueran figuras del popular teatro de marionetas napolitano. En comparación con anteriores entrevistas entre ellos dos, la de Portofino, quizás por su tono melodramático, inyectó una pasión escenográfica entre los cronistas: «Pues entrando el Gran Capitán en la galera, se fue para el Rey y se hincó de rodillas y le fue á tomar las manos; mas el Rey las tiró afuera y lo tuvo un rato abrazado y le besó en el rostro».[4]

Una situación tan sugestiva y una prosa tan fantasiosa exigen nuestra atención y, por qué no decirlo, admiración. La tarea de los cronistas de antaño consistía en hacer verosímil para sus lectores cualquier descripción. ¿Cuáles eran sus fuentes de información? La cámara de la nave capitana estaba abierta a los hombres de confianza de ambos protagonistas, y las palabras que allí se dijeron eran auténticas metáforas sobre las relaciones de un rey con su virrey. Sin embargo, en tanto que escenificación de un conflicto político, esa descripción no satisface ni las expectativas de Gonzalo ni las nuestras. Los estudios en tor-

4. *Crónica manuscrita*, p. 441.

no a las crónicas interesadas en relatar los hechos han sido enormemente hábiles a la hora de interpretar ese famoso encuentro. Es verdad que, en la mayoría de los casos, no existen pruebas sobre lo relatado. La maciza liturgia del poder se disipa en una conversación entre dos viejos amigos que desean poner fin al largo contencioso existente entre ellos. En las breves anécdotas de esa conversación, en la dimensión épica de las palabras, los cronistas recrearon la escena convertida en un *exemplum* para las siguientes generaciones. Durante mucho tiempo, España no volverá a conocer una relación entre rey y virrey tan osada y al mismo tiempo tan decisiva. Como evidencia complementaria de lo dicho hasta ahora, seguiré el relato de los cronistas en donde se improvisa una interpretación de la política real a finales del verano de 1506.

La escena es un juego de dos contra uno. Los tres personajes que actúan son Fernando, Gonzalo y Germana. Esta dimensión del encuentro responde a un eje clásico de la literatura cortés: una reina joven entre su marido y un caballero. ¿No se parece al triángulo de la novela artúrica, Arturo, Lanzarote y Ginebra? Pero no debemos desviarnos demasiado del proyecto central de los cronistas. La grandiosidad de la escena está más en el tema tratado (la pacificación del *Regno*) y en sus deslumbrantes declaraciones que en el modo en que los cronistas la ensamblaron en una estructura literaria.

Comienza hablando Fernando: «Agora me ha cumplido Dios uno de los deseos que tenía de ver vuestra persona, que tanto lo he deseado; y si os hobiese de pagar lo mucho que os debo, había de ser señor de todo el mundo, así por lo que en nuestros reinos y señoríos habéis hecho y acrecentado, que es lo menos, como por la mucha honra y fama inmortal que á los reinos de España habéis dado, de donde habéis ganado á los reinos de España inmortal fama y á vos perpetua inmortalidad. Y porque sé cuán ajeno es de vuestra condición oir vuestros loores, no los diré aquí. De mí os sé decir que seáis cierto que todo aquello que yo pueda satisfacer á tan grandes servicios y honras, que lo haré; de que todos sepan que hice con vuestra persona todo lo que pude».

A lo que responde Gonzalo: «Yo, señor, soy vuestra hechura, y el ser que después de Dios tengo, V. A. me lo ha dado. Las palabras que V. A. me ha dicho, las tengo por la mayor satisfacción de mis servicios, si algunos son, más que si de todo el mundo me hubieran hecho señor. Una cosa me debe V. A.: el gran deseo que á su servicio he tenido y tengo hasta que la alma me salga del cuerpo. Lo que yo, señor, he hecho, hízolo Dios en virtud y buena ventura de Vuestra Alteza».

A lo que Germana contesta, eligiendo las palabras adecuadas, como suelen hacer las mujeres en este tipo de trances: «Gran Capitán, dejemos para más espacio de averiguar quién os quiere más, ó el Rey mi señor ó yo; pero tened por cierto que no hay en esta vida quien tanto amor os tenga como yo, por lo mucho que vos merecéis».

Los asistentes escuchan en un rincón de la cámara, comentando las palabras: he aquí la fuente de los cronistas, los cotilleos de los presentes, como en el moderno periodismo. ¿Quiénes fueron testigos de esa charla entre los reyes y Gonzalo? ¿Acaso fue Almazán, o fue Rojas? ¿Escribieron a alguien sobre sus impresiones, y sobre las palabras allí dichas? ¿De quién extrajo el cronista la información? ¿Del propio Gonzalo? ¿Anotaba en algún lugar sus impresiones? El historiador no puede acceder a esos detalles, pese a ser importantes, y en más de un sentido. A veces los viejos cronistas tienden a fantasear sobre una situación concreta, como la que tuvo lugar en la nave capitana de Fernando frente al promontorio de Portofino.

LA GRAN CIUDAD

El 1 de noviembre Fernando llegó a Nápoles percibiendo de inmediato que todo lo que había oído sobre esa ciudad parecía ser verdad. Los comentarios de los poetas se ajustaban bastante a la realidad. Literalmente, uno de ellos, Loise de Rosa, había dicho unos años antes «che li napoletano so' de lloro natura li meglio omene de lo mundo».[5] Las razones argüidas por el poeta constituyen un feliz divertimento al modo de los sofistas, donde se empuja al lector a través de silogismos poco serios hasta una conclusión definitiva: Nápoles es la mejor ciudad de la mejor provincia de la mejor nación del mejor continente.

Fernando pudo comprobar que Gonzalo había cumplido una de sus órdenes más taxativas, la reparación de las murallas destruidas durante la guerra: «encargamos y mandamos que luego proveays con los de la dicha çiudad que dexando cualquiera otra cosa non necessaria, continúen la labor de los dichos muros fasta que se acaben, pues no se pueden gastar los dineros en cosa que mas importe a nuestro serviçio y bien y utilidad de la dicha ciudad».[6]

Nápoles era una ciudad tan fascinante como extraña, con su sociedad artística y literaria, buscando el modo de halagar al rey, tomándose así misma en serio, como en los viejos tiempos de René de Anjou o Alfonso el Magnánimo. La historia de los últimos doce años se resumía en una fatal sucesión de acontecimientos, y en el trágico destino de una dinastía que había visto morir a cuatro reyes en poco tiempo: Ferrante, Alfonso, Ferrandino y Federico.

Vista de Nápoles. Nápoles, Museo del Capodimonte.

5. Loise de Rosa, *Cronache e ricordi*, en apéndice a Massucio Salernitano, *il Novellino* (ed. G. Petrochi). Florencia, 1957, pp. 535-537.
6. Serrano, *Correspondencia*, en *RABM*, 1918 doc. CVXXVIII.

Nápoles sin embargo vivía ensimismada, como advirtió Sannazaro al regresar de su exilio en Francia. ¿Qué se podía esperar de sus habitantes ahora que llegaba el rey Católico, sobrino de Alfonso el Magnánimo, primo de Ferrante? ¿Cual sería el comportamiento de Gonzalo? Alonso de Santa Cruz, cosmógrafo de la corte real, anotó en su crónica algunos detalles del recibimiento a Fernando en el Castel Nuovo.[7] Lo que permanece en su relato de la jornada es, todo lo más, la dimensión ceremonial. En aquella mañana algo gélida, los gestos políticos del rey destacan sobre cualquier otra cosa. Gonzalo descendió de la pasarela del brazo de la reina Germana hasta que ambos llegaron a un arco triunfal, al fondo del cual se levantaba un escenario donde una coral cantó el *Te, Deum, laudeamus.* Fernando juró a pie de escalinata las libertades del reino, y se dispuso a comer con sus invitados de las «muchas frescuras y gentileças» que los napolitanos le llevaron.

Hacia media tarde comenzó el cortejo. El rey iba delante, luego le seguía Gonzalo, junto a Próspero Colonna, nombrado alférez mayor, más atrás los alabarderos y los embajadores del Papa y del rey de Francia, y, finalmente, los barones del *Regno.* La gente salía de sus casas a mirar la comitiva real, que hizo un alto en el camino en la casa del duque de Términi, «a donde todas las honradas dueñas del pueblo le hicieron un muy solemne recibimiento, debaxo de un arco triunfal muy rico que allí había hecho». Este duque poseía esa pizca de elegancia de aquellos cuya nobleza proviene de una sensibilidad exquisita, más que de su apellido. Su gesto, casi siempre comedido, era muy útil en estos casos. Gonzalo, que durante la mañana había agotado todos sus recursos, a la vez de buena voluntad y de irritación respecto a las dádivas de Fernando hacia los Colonna, se mantenía en un segundo plano. A pesar de ello destaca entre los demás, anota el viejo Santa Cruz por su atuendo: «Llevaba el

7. Alonso de Santa Cruz, *Crónica de los Reyes Católicos,* ed. de J. de Mata Carriazo, Sevilla, 1951. En Rodríguez Villa, doc. 45.

Gran Capitán una ropa carmesí abierta por los lados, aforrada en rico brocado, y el sayo de oro amarillo, y un collar de oro y perlas muy rico, y colgando dél un joyel muy maravilloso», mientras que los demás iban de «brocado aforrado en damasco plateado». Por desgracia, ningún pintor se interesó por la escena, y no tenemos una representación de este momento.

Al caer la noche, y mientras los criados encendían las hachas, el rey llegaba a palacio, donde fue recibido «de la Reina, su hermana, y de la Reina, su sobrina, y de la Reina de Hungría, hija del Rey Don Fernando, su primo, mujer que había sido del buen rey Matías de Hungría, y el Rey las abraçó a todas con mucho amor». El gran patio central se convierte en ese momento en el centro de la sociedad napolitana, pues allí acudieron «muchas damas y hijadalgos vestidas de oro y brocado y de mucha pedrería; donde se mostró muy bien la grandeza de la ciudad de Nápoles». Los días que siguieron se los pasó el rey «en fiestas y regocijos» hasta que llegó el momento de afrontar la cuestión que le había llevado hasta allí: «entender en los negocios del Reino», como dice Santa Cruz. Los recelos de muchos meses, los interrogantes casi nunca resueltos, las sordas inquietudes sobre el buen uso de los fondos públicos se sitúan en el centro de interés de Fernando.

Debemos acercarnos con cautela a ese momento de la vida de Gonzalo, pues dio origen a una de las leyendas más perdurables sobre su figura: el famoso asunto de las «Cuentas del Gran Capitán». A ese respecto escribió Giovio con malévola intención: «Había Gonzalo Hernández en aquellos días burlado de la diligencia y curiosidad de los tesoreros envidiosos, á él enojosos y pesados y al Rey poco honrosos, que siendo llamado como á juicio para que diese cuenta de lo gastado en la guerra y del recibo de las rentas del reino, lo cual estaba asentado en la tesorería, y mostrando ser muy mayor la entrada que no era lo gastado, respondió severamente que él traería otra escritura muy más auténtica que ninguna de aquéllas, por la cual mostraría claramente que había mucho más gastado que recibido, y que quería que se le pagase todo el alcance de aquella cuenta como deuda que le debía la Cámara real. El día siguiente presentó un librillo con un título muy arrogante, con que puso silencio á los tesoreros y vergüenza al Rey y á todos mucha risa. En el primer capítulo asentó que había gastado en frailes y en sacerdotes y religiosos, en pobres y en monjas, los cuales continuamente estaban en oración rogando á nuestro señor Dios y á todos los santos y santas que le diesen victoria, doscientos mil setecientos treinta y seis ducados y nueve reales. En la segunda partida asentó setecientos mil cuatrocientos noventa y cuatro ducados secretamente dados á los espías, por diligencia de los cuales había entendido los designios de los enemigos é ganado muchas victorias, é finalmente la libre posesión de un tan gran reino».[8]

Estas palabras del historiador Paolo Giovio me sirven para plantear la cuestión que realmente me interesa en este momento: ¿cómo se organizó la economía del *Regno* durante el gobierno de Gonzalo?

RELACIÓN CON EL DINERO

Durante siglos, el Estado dinástico se desarrolló gracias a un control fiscal de las empresas del Estado. En el centro de cualquier actuación o decisión encontramos el dinero, convertido así en el motor de la política, que es tanto como decir de la historia. Nunca se pudo prescindir de él, y en innumerables ocasiones ambiciosos proyectos quedaron anulados por la falta de liquidez. Todas las formas de vida descansaron en su correcto uso, y nadie pudo escapar de su tiranía. Tarde o temprano, un gobernante debía de dar puntuales explicaciones de los gastos, con el fin de ver si se atenían a lo fijado por las leyes del reino.

Gonzalo no era una excepción. Ya lo había hecho en 1494

8. Paolo Giovio, op. cit. p. 542.

delante del tesorero Alonso de Morales, en relación a los gastos de la campaña de 1493. Por tanto, no era nada de extraño que tuviese que rendir nuevas cuentas sobre la compleja (y costosa) campaña de 1501-1503, que fue a cargo de la Hacienda del reino de Castilla, hasta que el propio Gonzalo, una vez nombrado virrey, decidió responsabilizar a la Hacienda de Nápoles de los gastos generados por su ejército de ocupación.

En asuntos de economía, Gonzalo aceptaba las normas vigentes en su tiempo, aunque con un poco de laxitud. Esta postura no molestó mucho a nadie mientras sus acciones se contaron por éxitos, pero hacia el verano de 1504, el enredo financiero se había hecho lo bastante sospechoso para asignarle unos contadores profesionales. No obstante su profundo desprecio hacia esa forma de gobernar, Gonzalo no dejó nunca de anotar todos los gastos. El inmenso déficit acumulado nos resulta muy afín hoy día cuando analizamos cualquier gran proyecto del Estado.

En el otoño de 1506, Fernando tenía múltiples motivos para reclamar claridad en las cuentas. Esta exigencia pone a prueba a Gonzalo hasta el límite. Porque él acepta la plena reponsabilidad de sus gastos, sus asientos llevan el tema de las «cuentas» hacia el territorio de la leyenda. Gonzalo no tiene ningún inconveniente en mostrar sus libros, aunque lo hace con desgana y algo de altivez. Podría muy bien ser que esta altivez fuera lo que la leyenda quisiera decir sobre las famosas «cuentas del Gran Capitán». Veamos primero la realidad, para más adelante, buscar el modo de interpretar la metáfora oculta en esa divertida leyenda.

SOBRE LAS CUENTAS DEL GRAN CAPITÁN

Frente a las cuentas presentadas por Gonzalo ante el tesorero real Morales en 1494, que nunca provocaron la menor sospecha, nos encontramos en esta ocasión con dos documentos bien diferentes entre sí.

Primer documento: un volumen manuscrito en folio de 924 hojas, conservado actualmente en el Archivo General de Simancas, conteniendo libramientos de Gonzalo dirigidos al tesorero real Lluís Peixò, donde aparecen reflejados pagos de toda clase de gastos de campaña: nóminas a los capitanes y soldados, coste de las municiones y de los víveres, devengos sobre las embarcaciones utilizadas y perdidas.[9]

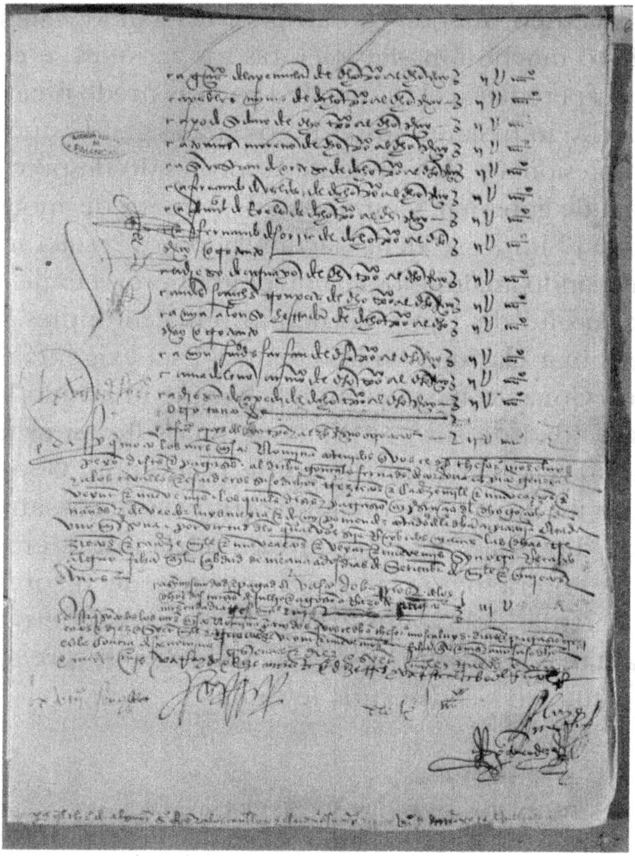

Folio de una nómina con la firma del Gran Capitán.
Archivo General de Simancas. Libro núm. 147.

9. Archivo General de Simancas, Contaduría Mayor. Libro núm. 147.

Segundo documento: un impreso que lleva por título «Cuentas del Gran Capitán» perteneciente hasta 1983 al Museo del Ejército, fecha en la que se hizo entrega al Tribunal de Cuentas, cuyo presidente, José Mª Fernández Pirla, manifestó en dicha ocasión lo siguiente:[10]

Las Cuentas del Gran Capitán se hallan en el límite entre la historia y la leyenda. Como vamos a ver parece que fueron dos veces las cuentas al Gran Capitán correspondiendo las que se refieren este pergamino a una supuesta lectura que ha llegado por tradición oral, a juicio de los historiadores. Sin embargo, como lección histórica tienen un gran valor bajo un triple significado:

A) Desde el punto de vista de la ortodoxia en la rendición de cuentas, la altanera ironía que entrañaban representa precisamente lo que nunca debe hacer un cuentadante.
B) Desde un punto de vista político evidencian la existencia de valores superiores a los contables o a los que la contabilidad es capaz de reflejar.
C) Constituyen, por otra parte, una prueba del carácter español en el que, frente a la mezquindad que tiene su origen en la envidia que como nacional ha sido calificada por Marañón, opone la hidalguía, que con despectiva altivez rechaza el agravio que trata de inferírsele.

Dejando de lado por el momento esas opiniones de aficionado, quizás sería útil transcribir el documento que con el título «Cuentas del Gran Capitán» se entregó en dicho acto al Tribunal de Cuentas, en cuyo archivo se encuentra en la actualidad:

CARGO
Ciento treinta mil ducados remitidos por primera partida
Ochenta mil pesos por la segunda
Tres millones de escudos por la tercera
Once millones de escudos por la cuarta
Trece millones de escudos por la quinta

10. *Las Cuentas del Gran Capitán*, Madrid, Servicio de Publicaciones del Tribunal de Cuentas, 1983. pp. 21-22.

DESCARGO

Doscientos mil setecientos treinta y seis ducados y nueve reales en frailes, monjas y pobres para que rogasen a Dios por la prosperidad de las Armas Españolas

Cien millones en picos, palas y azadones

Cien mil ducados en pólvora y balas

Diez mil ducados en guantes para preservar a las tropas del mal olor de los cadáveres de los enemigos tendidos en el campo de batalla

Ciento setenta mil ducados en poner y renovar campanas, destruidas con el uso continuo de repicar todos los días por nuevas victorias conseguidas sobre el enemigo

Cincuenta mil ducados en aguardiente para las tropas en día de combate

Millón y medio de idem. para mantener prisioneros y heridos

Un millón en misas de gracias y Te Deum al Todopoderoso

Tres millones en sufragios para los muertos

Setecientos mil cuatrocientos novela y cuatro ducados en espías, y [...].

Cien millones por mi paciencia en escuchar, ayer, que el Rey pedía cuentas al que le ha regalado un Reino.

Este episodio de la vida de Gonzalo, intenso, divertido y bien documentado es una explicación original sobre los límites del Estado moderno. El dinero gastado en la Guerra de Nápoles de 1501-1503 fue excesivo según los interventores de Hacienda, unos individuos que contemplan tan solo el suceso histórico una vez ha ocurrido. ¿Qué hubiera pasado de haberse escatimado esos gastos? La guerra se hubiera perdido. Parece que eso no les importa a los agentes del tesoro, como si el Estado pudiera reconsiderar una actuación una vez realizada. En todo caso, y aquí reside el fondo de la leyenda, el coste de una guerra perdida, aunque mal financiada, es siempre muy superior a una guerra ganada, aunque cara. Nadie valora el precio del error, pues ese elemento está siempre ausente en una valoración contable. Todas las exigencias convergen en ese punto: no hay ambición sin un elevado coste, cuando emerge una política cicatera, los países desaparecen. La *aura mediocritas* es una invitación al fracaso histórico.

Las empresas ambiciosas, como la llevada a cabo por Gonzalo en Nápoles, se convierten en la retorta de la historia, donde un pueblo arroja todo lo que tiene, para transformarse en una civilización segura de su identidad. Ese hecho obliga incluso en momentos de dificultades económicas a crear una imagen imperecedera de la sociedad. Así lo hicieron los genoveses que durante el siglo XIV, en medio de una grave crisis financiera, reconstruyeron a fondo su ciudad; así lo hicieron los napolitanos que, desde Ferrante hasta Gonzalo, apostaron por un aumento sin límites del gasto público con el fin de conseguir una estructura de identidad con la que hacer frente a la presión de los grandes Estados nacionales, en primer término Francia, pero también España.

El tema de las «Cuentas del Gran Capitán» sirve para valorar el precio de la identidad nacional. La gran paradoja del mundo moderno: un país se construye sobre una carga fiscal elevada, que nadie quiere aceptar para sí mismo. De aquí la queja de los historiadores del siglo XVI sobre la ruindad de las clases dirigentes de ese país, desinteresados en estos asuntos, siempre entregados al ocio, y sus desmesurados (ahora sí) gastos de representación que darían lugar al Barroco mediterráneo, tan caro, tan fútil, tan inútil. En la época de las quejas por el coste de una guerra que les liberaba de ser colonia francesa, la identidad nacional está amagada a la espera de otra conquista.

Allí donde el dinero es escatimado para empresas de liberación, triunfa el espíritu colonial. Con el paso al dominio español (no el de Gonzalo sino el de Carlos V y sus agentes fiscales), el dinero se desplaza hacia lo suntuario, encarna un nexo de la sociedad con los aspectos sagrados de la tradición y con las supersticiones populares. Así se explica la inversión desmedida en iglesias barrocas mientras se discutían las reformas de las plazas fuertes, de los castillos defensivos, de los puertos, o de las vías de comunicación.

Pero, ¿qué hay de verdad en las famosas «Cuentas del Gran Capitán»? Es curiosa la indignación de los historiadores del pasado por la levedad con la que Gonzalo repartía tierras y rentas entre sus amigos y compañeros de armas, obteniéndolas sobre todo de la confiscación a la nobleza feudal. Esas fuertes cantidades han creado la imagen de estar ante un virrey favorable a la corrupción como forma de gobierno. Ya sus contemporáneos le acusaban de su insolente generosidad. Decenas de quejas así lo manifiestan. La propia actitud del rey parece confirmarlo. Pero las novecientas veinticuatro hojas de sus libranzas dirigidas al tesorero Lluís Peixò desmienten la idea de levedad aunque quizás no de gasto excesivo. Tras un somero análisis de este importante documento, resulta fácil deducir que Gonzalo se hacía entregar dinero, mucho dinero, para hacer cosas que quizás se hubieran podido hacer con menos recursos, pero que quizás también se hubieran podido no hacer. Era consciente de que la guerra era cara, muy cara, y que la profesionalización del ejército, siguiendo el ejemplo francés, era el único modo de hacer frente a un conflicto moderno entre dos Estados. Por eso mismo, desde el primer momento que aceptó la responsabilidad de la campaña advirtió al tesorero real que debía asumir esa realidad. Y eso no fue fácil en una sociedad en transición desde formas feudales de gobierno hasta formas burocráticas. El dinero era el elemento más seguro de eficacia política y de control de una tropa inclinada a dejarse tentar por el saqueo de las plazas ocupadas.

Una severa regla unía la profesionalización del ejército con el fin de las «espadas peregrinas», de los *condottieri*. Gonzalo se lo hizo ver a los Reyes Católicos en más de una ocasión, y también a todos los gobernantes italianos que querían enrolarlo en su causa. La diferencia con respecto a las tropas francesas, pese a todo bastante indisciplinadas, es que él debía comenzar desde el principio, convirtiendo un heterogéneo grupo de hombres (veteranos de la Guerra de Granada, compañías feudales calabresas, mercenarios bávaros) en un ejército regular, pagado por el Estado y a su exclusivo servicio.

El ascenso social por las armas era una práctica ligada al espíritu de la caballería y que había dado un espléndido resultado en la Guerra de los Cien Años. Nadie podía olvidar que Chandos Herald pasó de ser capitán de compañía a lord de Inglaterra. ¿Por qué no en Castilla? En varias ocasiones, Gonzalo se vio obligado a defender ese modo de promoción social, que además le afectaba a él mismo. Cada éxito militar le trajo aparejado un importante patrimonio señorial: el 10 de marzo de 1497, como recompensa por las victorias ante Carlos VIII, el rey Federico de Nápoles le concedió la ciudad de Monte Santángelo con el título de duque y los señoríos de Roccavivara, Morrono, Montenegro, Petrella y Torremaggiore; el 15 de abril de 1502, tras sus éxitos en la defensa de Calabria, se le concedió el título de duque de Terranova, y las tierras de San Giorgio, Gerace y Gioia; y finalmente el título de duque de Sessa y los bienes a él ligados. Si esto era así en su caso ¿por qué no ampliarlo a sus hombres de confianza? ¿Qué tenían ellos de menos?

Gonzalo estaba cansado de las sutilezas diplomáticas, y en su cabeza bulle el hecho de que su país nunca estaría a la altura del Imperio que deseaba tener. Pero la primera fase de este incompleto y confuso proceso sobre el dinero gastado descubre inmediatamente la verdad de una política internacional indecisa, a veces indecorosa cuando se perdían los papeles, que era a menudo. No bastaba con la ironía de los embajadores como Rojas que solían decir que Gonzalo era un hombre de una excepcional capacidad pero siempre escaso de dinero y en exceso generoso con sus hombres.

En su aspecto satírico, las «Cuentas del Gran Capitán» plantean el problema del Estado moderno de manera precisa. ¿Es posible salir de una vez para siempre del embrollo feudal? Pocas veces se ha visto un texto que llame mejor la atención sobre la función del gasto público y el uso de la política. Al advertirnos contra una excesiva dependencia de la fiscalidad real, a través de esa magnífica *butade*, la leyenda de las cuentas no pensaba solamente en el importante trabajo realizado por Gonzalo: se preguntaba por la necesidad de invertir grandes sumas en una causa justa. ¿Alguien puede dudar hoy día de una cosa así? ¿Estaríamos dispuestos a criticar el esfuerzo financiero de los Aliados para expulsar al nazismo de la historia?

PATENTE DE FIDELIDAD

A comienzos de febrero de 1507, al inicio de ese año tan decisivo en el destino de Europa, Fernando consideró necesario alejar a Gonzalo de Nápoles, a pesar de que no se habían podido probar las acusaciones de corrupción. He aquí una vez más al rey sumido en el recelo, inquieto por el porvenir, mintiendo para salir del aprieto. Un modo mezquino, cuando no irresponsable, de hacer política. Las decisiones tomadas en ese momento fueron conciliadoras.[11] Primero: nombró virrey de Nápoles al conde de Ribagorça, al que tuvo que sustituir muy pronto por Ramón de Cardona, barón de Bellpuig, que había acudido a Nápoles en compañía de su bella prima Isabel de Requeses, hija del gran Galcerán, conde de Palamós, con quien se casaría poco después. Segundo: prometió a Gonzalo el maestrazgo de la Orden de Santiago, que nunca tuvo intención de concederle. Asimismo buscó el modo de halagar la vanidad de Gonzalo, enviando el 24 de febrero una pomposa carta a Julio II donde afirma su inquebrantable y permanente fidelidad al «illustri et magnanimo viro Gundisalvo Ferrandez de Corduba, Duci Sesse ad Terrenove, nostro generali Capitaneo, maxime debeamus ob res tantas ab eo optime gestas, ut hoc nostrum regnum Sicilie».[12]

11. D. A. Parrino, *Teatro eroico e politico de Governi de Vicere del Regno di Napoli*, ed. Gravier, Nápoles, 1770, vol. I, pp. 25-35.
12. Arch. Zab. vol. 15, núm. 25.

El Papa leyó las palabras del rey con una sonrisa en los labios. Desde luego, en Roma todo el mundo conocía la explosiva mezcla de imprudencia y cinismo que caracterizaban al rey de Aragón. Rojas nunca pudo contrarrestar esa opinión. Gonzalo ya ni lo intentaba, cada vez más confundido con aquella sarta de palabras, y sólo palabras, carentes de contenido. El joven Francesco Guicciardini, por entonces un excelente diplomático y aprendiz de escritor, tomó buena nota de aquella carta que más tarde sería objeto de un cáustico comentario en su historia de Italia. Él imaginó no sólo la desesperación de Gonzalo, sino también la soberbia de Fernando.

UN ELOGIO PARA UNA DESPEDIDA

El 25 de febrero de 1507, Gonzalo dejaba de ser virrey de Nápoles. Los artífices de la conspiración respiraron tranquilos. Para comenzar un nuevo orden en Italia era preciso su cese. Fernando añade un aroma irónico a la despedida en un instrumento público expedido por él y testificado por el secretario Miguel de Almazán que constituye un apretado resumen de la actividad del Gran Capitán:[13]

Nos Don Fernando por la gracia de Dios Rey de Aragón y de Sicilia, de aquende, de alinde Faro, de Hierusalem, de Valencia, de Mayorcas, de Cerdeña, de Córcega; conde de Barcelona; Duque de Atenas y de Neopatria; conde de Ruysellon; Marqués de Oristan y de Gociano etc. Como los años pasados vos el ilustre Don Gonzalo Hernández de Córdoba, Duque de Terranova, Marqués de Santangelo y Vitonto, y mi condestable del reyno de Nápoles, nuestro muy charo y muy amado primo, y uno del nuestro secreto Consejo, siendo vencedor hecistes guerra muy bien aventuradamente y grandes cosas

13. RAH: Salazar, A-12, f. 121 y f. 122 (Salazar, t. I, núm. 1347, p. 346). Edita F. Eyquem, *Étude sur Gonsalve de Cordoue, dit le Gran Capitaine*, París, 1880, pp. 162-165.

en ella contra los franceses, y mayores que los hombres esperaban por la dureza della; y ansimesmo por nuestro consentimiento, como por apellidamiento de muchas naciones, justamente para siempre nombre de Gran Capitán alcanzastes donde por nuestro Capitán General vos enviamos. Por ende paresciónos que era cosa justa y digna de Rey para memoria perdurable de los venidieros dar testimonio de vuestras virtudes. Y con tanto el agradecimiento que vos tenemos, daros y escribiros esta: aunque confesamos de buena gana, que tanta gloria y estado nos acrecentastes, que paresce cosa rezia poderos dar digno galardon; de manera que aunque grandes mercedes vos hiziesiemos, parecernos hia ser muy menos que vuestro merecimiento. Y acordándonos otrosi, como enviado por nos por socorro, en breve tiempo restituistes en el reyno de Nápoles al Rey Don Fernando, casado con nuestra sobrina, echado del dicho reyno de Nápoles, el queal muerto, despues el rey Federico su tío, y sucesor en el dicho reyno, vos dió el señorío del monte Gárgano, y de muchos lugares que estan cerca dél; por lo qual volviendo en España honradamente vos rescibimos. Y acordándonos otrosí, como enviándose otra vez en Italia (requiriéndolo la necesidad y el tiempo) ganastes muy diestramente la Chafalonia, que es isla del mar Ionio, ocupada mucho tiempo de los turcos, de la qual volviendo ganastes la Pulla y la Calabria: por lo qual vos confirmamos y retificamos y hezimos Duque de Terranova y Santangelo. Y finalmente después de la discoredia nascida entre nos y Don Luis, Rey de Francia, sobre la partición del dicho reyno de Nápoles, estovistes mucho tiempo con todo el exército con mucho seso en Barleta, donde vencistes las galeras de los franceses, sufriendo con mucha paciencia y constancia hambre y pestilencia assaz; y de ahí tomastes á Rubo, do muy grande exército de franceses estaba, dentro veynte y quatro horas. Y saliendo de la dicha Barleta diste batalla á vuestros enemigos los franceses, quasi en aquel mesmo lugar adonde venció Anibal á los romanos. Y de lo que es muy mas de maravillar, que estando cercado, salistes á los que vos tenian cercado: en la qual dicha batalla mastastes al Capitán General, y fuistes en el alcance, desbaratando y hiriendo los franceses hasta el Garellano; abonde los vencistes y despojastes de mucha y buena artilleria, señas y banderas, con aquel sufrimiento de Fabio, Dictador romano, y con la destreza de Marcelo, y la presteza de César. Y acordándonos ansimesmo como tomastes la ciudad de Nápoles con increíble sabiduria y esfuerzo y ganastes dos castillos muy fuertes, hasta entonces invencibles, y de qué manera después asentastes real en medio del invierno con grandes aguas cerca del río Garellano; y estando los enemigos con grande gente de la otra parte del dicho río, los quales pasados ya por una puente de madera sobre barcas, que hicieron contra vos y los vuestros, no solamente los retraxisteis, pero hechas por vos y los vuestros otra puente, pasaste de la otra parte del río, y dándoles batalla los vencistes, metiéndolos por fuerza por las puertas de Gaeta; la qual dada que le fue á su capitán para que se pudiese ir por la mar, luego se vos rindió Gaeta con el castillo. ¿Pues qué se dirá de vuestras hazañas, sino que dellas perpetua memoria quedará, con la sagacidad y esfuerzo con que ganastes á Ostia, tan fuerte, proveida de gentes y artilleria, de que tanto daño los franceses á Roma hacian? Los quales por vos echados de Italia con los naturales della que los seguían, sometistes el reyno de Nápoles á nuestro señorio, donde mucho tiempo fuiste nuestro Visorey. Por ende acatando lo suyo dicho, vos hacemos merced del estado y señorío del ducado de Sesa, etc.

El alborozado pueblo de Nápoles invadió la calle para despedir a su virrey. En medio de la mascarada se produce sin embargo la toma de conciencia sobre la situación, y no estaba Pontano para explicarlo (había muerto cuatro años antes). Aquella despedida es el fin de una época, la mutación de la historia napolitana, pensó Giovanni Summonte.[14] Gonzalo aplazó unos días la partida «porque quiso primero con mucha cortesía y crecido cumplimiento despedirse de sus amigos y de todos los ciudadanos y especialmente de todas aquellas señoras generosas y satisfacer a su honra porque en ninguna manera ninguno quedase quejoso».[15]

Las buenas costumbres mundanas en efecto le impedían marcharse sin haber visitado primero a Juana en su domicilio napolitano y saludado a su círculo de amigos, compuesto de

14. G. Summonte, *Dell'Historia della Città e Regno di Napoli*, Nápoles, 1640. 15. *Crónica general*, p. 174.

unas cuentas mujeres elegantes, vestidas a la última moda romana, y por algunos poetas y cronistas, como el catalán Gareth, que en Nápoles llaman Il Chariteo, al que había nombrado gobernador de Nola, y hasta parece verosímil que costeara la primera edición de sus rimas, desgraciadamente perdida.[16] De los viejos capitanes no quedaban muchos: unos porque habían vuelto a España, otros porque su ascenso a la nobleza del país les obligaba a permanecer largos períodos de tiempo en sus tierras. Juana no había cambiado mucho, pero es fácil advertir enseguida en el rostro de Gonzalo las huellas de tres años de duro trabajo como virrey, y del cansancio de sus enojosos litigios con el rey. Falta tiempo para hablar de todo eso, las naves le esperan en Gaeta: aún así tiene unas horas para pensar en sí mismo en ese momento de la despedida. ¿Subió a algún promontorio y desde allí lloró, como le leyenda dice que hizo su amigo Boabdil cuando abandonó Granada quince años atrás?

ESCENAS EN SAVONA

Cuando Basurto, brillante embaucador y astrólogo famoso, llegó a Nápoles con la misión de arrastrar a Fernando a un encuentro con Luis XII en Savona, quizás no era consciente de que Gonzalo aún tendría una última oportunidad para rectificar el error que estaba cometiendo al abandonar Italia para siempre. En el laberinto de intrigas palaciegas de aquellos días, Basurto encontró el modo de acercarse al rey y convencerle de que su «pronóstico por curso de astrología sería cosa muy provechosa porque se seguiría mucha paz y concordia a la Cristiandad».[17]

Gonzalo debió sonreír ante semejante patraña, pero su

16. Sólo conocemos la reimpresión realizada en Venecia.
17. *Crónica manuscrita*, p. 450.

sonrisa se heló cuando comprobó que Fernando era presa fácil de las sugerencias del excéntrico personaje. Era su original aportación a la cultura del Renacimiento, apasionada por la astrología.[18] La política internacional de su rey se descomponía ante sus ojos para mostrar su verdadera cara, la de un capricho personal que además tenía nombre: Germana. Las galeras se dirigieron hacia Savona, tras una breve estancia en Roma donde una vez más Julio II le mostró a Fernando la doblez de su conducta. Era evidente que el encuentro con Luis XII podía significar el fin del largo conflicto con Francia, pero también la liquidación de la política italiana de Gonzalo. El escenario fue preparado con sumo cuidado. Tenemos un testigo importante, aunque tendencioso, pues en todo momento se puso del lado de su patrón. Se trata de Jean d'Auton, capellán de la corte real, cuya crónica fue un hito en la creación de los lugares de la memoria de Francia.[19]

Auton encontró dos personajes ejemplares en el encuentro de Savona: Luis XII y Gonzalo. Trazó su retrato, y lo que es más, dio forma a dos rostros que la historia estaba a punto de asumir, los dos herederos de ese conflicto universal por Italia que había enfrentado a los reyes de Francia con Gonzalo: Francisco I y Carlos I, dos jóvenes entonces, inexpertos, soñadores sin embargo de resolver en el escenario bélico la supremacía de los dos modelos políticos enfrentados desde hacía más de un siglo: el aglutinado en torno al hexágono y el organizado en torno a la Orden del Toisón de Oro. Desde sus nuevos valores erasmistas, Francisco y Carlos se disponían a entrar en escena como representantes de dos concepciones del poder totalmente inconmutables. Más aún, iban a ser los representantes de aquellos que con el tiempo serían llamados a definir la naturaleza espiritual de Europa. Era una situación

18. F. Gabotto, *L'Astrologia nel Quattrocento*, Turín, 1889.
19. Jean d'Auton, *Chroniques Louis XII*, ed. R. de Maulde-La Clavière, París, 1889.

curiosa que un cronista de la capellanía real francesa quería anotar para la posteridad. La descripción del encuentro de Savona constituye una de las páginas más brillantes de Auton.[20]

Luis XII. El rey francés no se interesa por nada que no sea el conocimiento del protagonista de la historia italiana de esos años: «ver y conocer al Gran Capitán, porque si aquí no lo viera había de buscar manera como lo ver, adonde V. S. lo señalara y él quisiera». Cualquier otra cosa carece de interés para él. Fernando responde con desgana a la petición de su regio huésped, y cogiendo a Gonzalo por la mano lo coloca delante de Luis diciendo: «Veis ahí al Gran Capitán». Fernando denomina así a Gonzalo por su proverbial astucia de político, pero de mala gana. Luis XII le ha colocado en una mala situación. Las humillaciones no habían hecho más que empezar. Savona fue realmente una trampa mortal para el descuidado Fernando de 1507.

Auton sigue de cerca las acciones de Gonzalo en Savona. Su rey así lo había querido, y él sólo buscaba complacerle lo mejor que sabía. El Gran Capitán adquiere para el cronista francés una dimensión épica. Era preciso encontrar una explicación a sus éxitos en Atella, Barletta, Ceriñola y Garellano. Porque no se trataba de errores de los estrategas militares al servicio de los reyes de Francia, pues Stuart, Nemours, Gonzaga o Saluzzo eran excelentes generales. Se trataba realmente de otra cosa. Ninguno de esos generales podía compararse a Gonzalo. ¿Por qué? ¿Cuál era el secreto de ese hombre que logró vencerles con la misma facilidad con la que aceptaba en ese momento el menosprecio de su rey?

Auton no tiene buena opinión de Fernando. Le considera un político mediocre y un hombre cargado de prejuicios. Luis XII había decidido aprovecharse del famoso recelo hacia sus hombres de valía, y la ironía cortesana era la mejor arma para ello. Aquí se inscribe uno de los incidentes más comentados

20. Auton, *Chroniques*, cit. vol. IV, cap. XXXVIII, pp. 340-379.

de la vida de Gonzalo. Auton lo cuenta con toda suerte de detalles, y los cronistas ulteriores le añadieron algunas notas de color. Así se desarrolló el famoso incidente de Savona.[21]

El 30 de junio de 1507, Luis XII organizó un banquete de clausura a las jornadas: «llegados los Reyes a la mesa, llevaba el de Francia asido al Gran Capitán por la ropa. Había en la mesa dos sillas para los reyes, y a las espaldas del Gran Capitán venía un gran señor de Francia con una silla». La distribución de los comensales era un asunto de etiqueta cortesana, pero también una declaración política. Luis XII hizo colocar con honor al rey de Aragón; se sentó él después, y a continuación la reina, como hermana de Gastón de Foix, *le Loyal serviteur* y, finalmente, «au bas bout du banc fist assoir Gonsalles Ferrandes».[22]

El rey Católico mostró su desagrado por un gesto inusual, que alteraba el protocolo. Gonzalo se echó para atrás. Entonces Luis se dirigió hacia Fernando y le dijo con tono firme: «Mande V. S. al Gran Capitán que se siente aquí; que quien a Reyes vence, con reyes merece sentarse y él es tan honrado como cualquier Rey».[23] ¿Quién no reconoce en ese gesto una crítica del rey francés hacia el trato que el Católico daba a Gonzalo? En menos de un instante, los recelos de los que Fernando hacía gala continuamente le suben a la boca como una bilis amarga, al igual que le ocurriría unos años más adelante, al recibir la noticia de la derrota de su ejército al mando de uno de sus protegidos.

Este incidente adquiere entonces el valor de una metáfora. Revela los deseos de cambio en la sociedad promovidos por la nueva generación, que es justamente la de Francisco I y Carlos V, que ven en Gonzalo un modelo a seguir. Por eso mismo, no veamos en esta hecho sólo a Fernando enfurecido por la *ruse* preparada contra él por Luis XII, sino la función del Estado moderno que uno desprecia y otro valora. Saquemos el

21. Auton, *Chroniques*, cit. vol. IV, cap. XXXVIII, p. 345 y ss.
22. Auton, *Chroniques*, cit. vol. IV, cap. XXXVIII, p. 356.
23. *Crónica manuscrita*, cit. p. 453.

recelo de Fernando por el Gran Capitán de su habitual marco psicológico y sepamos ver en esa actitud la torpeza de un hombre que no está a la altura de las circunstancias de su tiempo; en ese recelo se superponen el adusto carácter de un político de los viejos tiempos de la intriga mediterránea y el hombre de Estado del mundo moderno, que tiene claro que la historia a partir de ese momento será una especie de tempestad sin freno. Fernando mira al pasado, Gonzalo abre el futuro.

El recelo de Fernando sobre Gonzalo es el parásito que corroe el Estado dinástico español. No habrá futuro en una organización social que aniquila a los mejores en función de los intereses de equilibrio político. Su presencia es hostil a cualquier intento de imponer el modelo de la Orden del Toisón de Oro en el mundo. Fernando y Gonzalo se descubren por fin en ese mes de junio de 1507 en la Riviera de Poniente, como enemigos, al tener ideas opuestas ante el futuro de su país: integrista y cerrada la de Fernando, integradora y cosmopolita la de Gonzalo.

Luis XII había puesto el dedo en la llaga con el incidente de quién debía sentarse en la mesa con los reyes. Los éxitos de Gonzalo en Nápoles no nacieron de una programada acción de gobierno, sino del genio de un hombre singular. Ahora que desaparecía del mapa, la situación podía ser reversible. Las galeras de Fernando zarparon de Savona en dirección a Nápoles, mientras que el barco de Gonzalo le llevaba a España. Guiccardini sostuvo que aquí acabó la historia del Gran Capitán. Exageró. Mientras surcaba el mar en dirección a Granada, Gonzalo pensó la manera de volver a intervenir en el mundo de la política, aunque fuese sin el apoyo de Fernando. Fue un buen momento en su vida. La sombra del rey, que le había aplastado durante más de treinta años, desaparecía para siempre. Estaba cansado, pero no acabado. Todo cuanto había ocurrido desde su llegada a Tordesillas en 1486 era ya sólo un recuerdo, y gran parte de ello había quedado sepultado en Savona.

17

ENCALLADO
(1507-1508)

El primer efecto de su largo viaje de regreso a España fue una crisis que se manifestó por medio de las habituales calenturas. La «febrezuela» se debió en parte, anotó Giovio en su biografía, a los agasajos con los que fue recibido en diversas ciudades, difíciles de soportar por el cansancio acumulado en los últimos meses.[1] La vida de la corte castellana había cambiado mucho desde la última vez que estuvo en ella. Buscó la manera más rápida de adaptarse a las novedades. Afortunadamente, contaba con buenos amigos. Gonzalo sobrellevó la situación lo mejor que pudo y, cuando se restableció de la fiebre, el verano había pasado, y él estaba instalado en Burgos, en casa de Bernardino Fernández de Velasco, esperando que Fernando cumpliera la promesa de nombrale maestre de la Orden de Santiago. Viéndole deambular por la corte, Juan Téllez Girón, conde de Ureña, comentó en público que «Gonzalo le parecía muy semejante a una nave muy grande la cual tienen necesidad de mucha agua para poder navegar; de otra suerte le sería forzado quedar encallado donde hay poca hondura».[2]

La frase de Téllez se comentaría a menudo en la corte y nunca fue entendida del todo, ni siquiera hoy día. ¿Encallado? ¿Qué significa realmente? Téllez eligió ese término náutico, rebuscado pero elocuente, para sugerir un aspecto importante de la vida. Por su cualidad transitiva, el acto de estar encallado es un momento de espera que cura el pasado y al mismo tiempo acoge el futuro. Una retirada de la corte hacia la meditación que permite la aldea. Las reflexiones ulteriores de fray Antonio

1. Giovio, op. cit. p. 545. 2. Giovio, op. cit. p. 545.

de Guevara nos mostrarán el camino a seguir para entender esa extraña metáfora. Un canto hacia la personalidad de Gonzalo, al que Téllez ve como a Ulises regresando a casa por propia voluntad, sin escuchar a las sirenas que le ofrecían un puesto de *condottiere* en Italia.

Encallado es una forma de advertir que puede navegar de nuevo si las circunstancias vuelven a ser favorables para él. La frase de Téllez, por tanto, merece ser analizada más allá de los confines de la vida contemplativa.

AVATARES DE UNA METÁFORA

En septiembre de 1507, a los cincuenta y cuatro años, Gonzalo afrontó un nuevo período de su vida, que habría de durar ocho años. Existen suficientes pruebas de que su inclinación a la melancolía no supuso ningún obstáculo en su vida social y política. Mantuvo correspondencia con el secretario Miguel Pérez de Almazán y algunos otros personajes de la corte; es posible que incluso enviara cartas ofreciendo sus planes al Papa y al embajador de Venecia de las que poseemos borradores entre sus papeles.[3] Francesco Guicciardini le visitó tres años después cuando fue a ver a un amigo de la vecindad. Al parecer el diplomático florentino, mucho más joven que él, quería conocerle porque había oído hablar de él a sus amigos italianos.

Todos esos motivos obligan a revisar el tópico de un Gonzalo abatido, triste, acabado, prisionero en Loja, esperando una carta del rey, que le liberara de aquel retiro involuntario. La imagen romántica del héroe encadenado, como un Prometeo de los tiempos modernos, no responde a la realidad. La frase de Téllez implica que hay sentimientos y estados de ánimo tan delicados que es mejor acercarse a ellos indirectamente, por

3. BN: ms. 20211 (papeles de Gayangos).

simples insinuaciones. Gonzalo no estaba acabado, ni mucho menos: ni su vida iba a ser a partir de ese momento un largo, tedioso y triste camino hacia la muerte. Nunca entenderé de dónde se saca tanta imaginación a la hora de afrontar la vida de un hombre, que simplemente le han cesado de su cargo de virrey por la precipitada decisión de un rey lleno de nostalgia por el antiguo esplendor de la dinastía aragonesa. La imaginación sobre el héroe abatido necesita un entorno de misterio para funcionar. Y lo que ocurrió en los siguientes ocho años fue simplemente política: sólo eso y nada más que eso. Gonzalo apostó por un camino contrario al de Fernando: el camino de la nueva generación de hombres educados en el erasmismo y que rodeaban al joven Carlos de Habsburgo. ¿Quién estaba pues confundido en el verano de 1507?

VIDA ORDINARIA

«Avyso a V. M^{ta} que con ayuda de dyos soy llegado a Santa Cruz y sere de mañana en Aranda por no sentyr lugar más sano y cerca, desocupado; hasta saber lo que V. es serbydo que haga estaré ally; oy a doçe días que party de Valençia y con mayor cuydado que por tierra de contrarios sandado esta jornada por la poca salud de las tyerras», así comunicaba a Fernando el Católico su llegada a España.[4] Como una premonición de su futuro, esta primera carta, escrita con diminuta y leve caligrafía, aún estaba bajo la conmoción de la pérdida del empleo. Gonzalo había escrito su nombre acompañado, como casi siempre hacía, del título de duque de Terranova, que ahora se cargaba de significación.

Almazán, que tuvo la fortaleza de carácter suficiente para hacer frente a la vergüenza que significaba entretener a Gon-

4. BN: ms. 20211 (papeles de Gayangos). Salazar, t. I, ap. B-I, núm, 327, p. 536 (ed. L. de Torre, *Cartas*, en *RABM*, 1918 p. 109).

zalo en la concesión del maestrazgo de Santiago, fue el primero en descubrir su aguda percepción sobre España. En la segunda carta que escribió Gonzalo tras su regreso, le tuvo a él como destinatario, y en ella le confió su creciente malestar por el conflicto entre los partidarios de la reina Juana y los del rey Fernando, que volvía a dividir España en dos. Se sentía perplejo en medio de un agotador viaje que le obligó a permanecer varios días en Aranda para «reparar algunas flaquezas» y, por discreción, su mejor virtud, esperaba encontrar una explicación a tanto desatino político.[5]

Aunque admiraba su capacidad de observador y respondió a sus cartas, Almazán era consciente de que los comentarios de Gonzalo tendrían escaso efecto en la corte. Con todo, su observación de la «poca salud de las tierras» era absolutamente cierta, pues una terrible peste asoló Castilla en ese año. Pedro Mártir de Anglería también habló de ella en una carta al conde de Tendilla: «Estamos sitiados por la peste. Ya se ha introducido en el zaguán de la Reina; y al obispo de Málaga la peste le ha arrebatado ya ocho criados. Colige en qué peligrosa situación nos encontramos».[6] La gente moría a millares, y las cosechas estaban a punto de perderse. El malestar de los campesinos aumentó de tono. Hubo revueltas en algunas aldeas y la consecuente represión de las fuerzas de orden.

¿Cómo era España a comienzos del otoño de 1507? Viajemos con un testigo de la época. No hay mejor observatorio que la mirada de un hombre de armas que regresa a su tierra natal, después de años de guerras en el Mediterráneo. No me refiero a Gonzalo, que escribía muchas cartas, pero con poco interés en la descripción de los ambientes sociales; ni a los viajeros humanistas, como Münzer o Navagero, cuya mirada es-

5. BN: ms. 20211 (papeles de Gayangos). Salazar, t. I, ap. B-I, núm, 328, p. 536 (ed. L. de Torre, *Cartas,* en *RABM,* 1918, p. 43).

6. Pedro Mártir de Anglería, *Epistolario,* Colección de Documentos Inéditos para la Historia de España, Madrid, 1953-1955, p. 178.

taba más atenta a las curiosidades del paisaje y del arte musulmán que a la realidad social española.

Recurro en consecuencia al testimonio de un hombre cercano a Gonzalo, uno de sus capitanes más renombrados, Diego García de Paredes, cuyas impresiones de viaje constituyen una fuente de primer orden para fijar la sociografía española en el crucial año de 1507. Al considerar su relato bajo diferentes ángulos, siguiendo el ejemplo de lo que Natalie Zemon Davis hizo para el caso del francés Martin Guerre,[7] trato de descubrir cómo era la sociedad española en aquel entonces, lo cual me lleva de modo natural a buscar las raíces de la denuncia social que un siglo más tarde realizará Miguel de Cervantes en *El Quijote.* Porque relatos como el suyo fueron fundamentales en la maduración en la literatura de una conciencia crítica sobre la sociedad española, que dio lugar a la novela picaresca.[8] Buscar en los recuerdos de un hombre de armas una descripción de la España a comienzos del siglo XVI, supone intentar penetrar de algún modo en la maraña de implicaciones personales, localizar con precisión las exageraciones del relato y disponerlos en el marco social, en el que se produjeron. Entonces seremos capaces de mirar a través de esos recuerdos la dimensión *cachée* de la sociedad española en 1507.

EL RETORNO DE PAREDES

En las mismas galeras que llevaron a Gonzalo a España se encontraba su amigo Diego García de Paredes. No sé por qué motivo Fernando le había hecho llamar a la corte, pero las andanzas de su regreso suscitarían el interés del escritor Tomás Tamayo de Vargas, atento a cualquier rastro de heroicidad en

7. Natalie Zemon Davis, *The Return of Martin Guerre,* Cambridge, Mass., 1983.

8. Claudio Guillén, *Literature as System,* Princeton, 1971.

los años juveniles del que fuera llamado «el Sansón de Extremadura».[9] Había nacido en Trujillo en 1466 de padres oriundos de Valladolid, pertenecientes a la casa de Avellaneda de los condes de Castrillo. Se narraban decenas de anécdotas de su carácter antes de salir de su ciudad natal, probablemente inventadas, como aquella vez que arrancó la reja que le separaba de la dama cortejada. Todas sus acciones parecían encauzadas por un ardiente deseo de convertirse en un capitán de compañía.

Cruzó la vida a toda velocidad, abriéndose paso entre un montón de hidalgos extremeños de gestos adustos, apasionados por la guerra y con aire de pocos amigos que encontraron en Italia su tierra prometida, antes de marchar a América. Gente muy particular se hunde en un temperamento difícil de entender hoy en día, que dará lugar a la figura del «conquistador»; alguno de ellos se debate como si el mundo estuviera a punto de tragárselo. Justo en medio de toda esa gente, aparece Paredes. Alguien se interesó por su vida en Bolonia en la primavera de 1530. Se le veía viejo y ajado a sus sesenta y cuatro años. Destrozado por una caída del caballo. Apenas tuvo tiempo para ordenar algunos inconexos recuerdos de su vida en Italia. La parte más interesante sin embargo se refiere a su retorno a España.[10]

Antes de marchar a su tierra por Coria, pasó unas semanas en la corte donde tuvo lugar el famoso incidente con el rey. Ante la queja de dos caballeros que «dijeron que el Gran Capitán no daba buena cuenta de sí», Paredes respondió «alto que le oyó el rey, que cualquier que dijese que el Gran Capitán no era el mejor criado suyo y de mejores obras, que toma-

9. Tomás Tamayo de Vargas, *Diego García de Paredes, y relación breve de su tiempo*, Madrid, 1621.

10. *Breve suma de la vida y hechos de Diego García de Paredes, la cual el mismo escribió y la dejó firmada de su nombre como al fin de ella aparece*, ed. Antonio Rodríguez Villa, NBAE, t. X. Madrid, 1903, pp. 255-259.

se un guante que yo le poso en la mesa». Se tomó muy en serio la defensa del honor de su jefe, y lo curioso del caso es que nadie en la corte aceptó el desafío.

La descripción de la llegada a su tierra es una radiografía del ambiente social de España a comienzos del siglo XVI con un dramatismo que sólo volveremos a encontrar en Cervantes. Era ya tarde, y decidió pasar la noche en la posada del pueblo, donde halló «dos rufianes y dos mujeres de mal vivir, y unos bulderos que querían cenar». Paredes estaba un poco herrumbroso tras el largo viaje y todos creyeron que se trataba de un «merchan de puercos». Le comenzaron a increpar, pensando que «era judío y sordo». La situación creada en la taberna le sentó de maravilla, y aunque se oyeron ruidos en la calle por la llegada de una compañía de arcabuceros al mando de Gutierre y Quijada (o quizás Quesada), Paredes disimuló quién era para «ver en que paraba la fiesta».

La gresca comenzó cuando uno de los rufianes le tocó la espalda. Entonces se levantó y tomó el banco «en que estaba sentado» y comenzó por el rufián y las mujercillas, y le abrió «la cabeza al rufián y echó a las mujeres y los bulderos en el fuego; una mujer cayó debajo, y murió; los otros, quemadas las caras y las manos, salieron dando voces a la justicia, y el mesonero con ellos». Paredes resolvió a mamporros una situación repetida hasta la saciedad en la España a comienzos del siglo XVI. Los bravucones de taberna molestando a los buhoneros, insultando a los comerciantes, dando rienda suelta a sus instintos asesinos con el beneplácito de una sociedad asustada y sin embargo, presta a denunciar al extraño ante los tribunales de la inquisición. Los soldados, como Paredes, contemplan con desagrado la situación. ¿Qué había pasado en su país desde que se habían marchado de sus tierras unos años antes? Estaban llenos de pasión por las aventuras y los viajes, inquietos por el ansia de aventuras, y por mucho que les dijesen no podían permanecer en ese enrarecido ambiente. «Todo el pueblo se juntó a la puerta, y vino un alcalde á quebrar la puerta, yo le hice abrir, y entrando de golpe los porqueros, yo que tenía la tranca de la puerta en las manos, derroqué dos o tres dellos, y no osaron entrar mas, y de fuera me requerían que me diera a prisión, sino que me quemarán la casa». Los gritos aumentaron de tono «hasta que llegó el obispo, y asosegóse todo».

El relato de viaje es un arte que García de Paredes valoraba a medida que iba hablando. El lamento por su país dio lugar a una literatura de tono crítico sobre el temperamento popular español. Esa «gente soez y de baja ralea», como la definió don Quijote, llevó a España a una situación «donde se echa de ver la furia con que machacan estacas puestas en manos rústicas y enojadas». Si hubiera que fijar en un detalle la diferencia de modales de esos bravucones de taberna, que García de Paredes se encontró a su regreso a España en 1507, y los que se encontró don Quijote en sus viajes por las tierras de la Mancha, habría que decir lo siguiente: antes de la Santa Hermandad los hombres de armas resolvían sus problemas solos, mientras que años después (y la explicación la dio para siempre Sancho, el único con miedo en el relato cervantino) ya no era posible castigar la violencia de los desalmados sin riesgo de caer en manos de la justicia. La omnipresencia de los alguaciles del Estado asestó un golpe mortal al espíritu de aventura. La Santa Hermandad reprimía con dureza que cualquier individuo se tomara la justicia por su mano y, si bien sentían cierta simpatía por los héroes que ponían en su sitio a los violentos bravucones de taberna, perseguían a los transgresores con todo el peso de la ley.

En la novela picaresca española (pensemos en el *Guzmán de Alfarache*), como en la literatura libertina francesa (pensemos en *Cyrano de Bergerac*) se manifiesta claramente ese espíritu de oposición a los agentes de la ley, que quizás sin quererlo favorecen la extensión de la violencia popular. Los protagonistas de esas novelas se ríen de la autoridad establecida: son unos rebeldes. La literatura del Siglo de Oro no hizo más que dar vueltas a casos como el de García de Paredes que mamporreó a unos cuantos indeseables de su pueblo, un acto que años más tarde le hubiera llevado a la cárcel. ¿Cómo es posible servir a los sueños imperiales de un país dominado por semejantes canallas? Es imposible. Cuando se observan las dificultades del gobierno de Carlos V, no debería olvidarse el sofocante ambiente social que reinaba en España y del que el relato de Paredes hizo una perfecta descripción.

UN INVIERNO BURGALÉS

Gonzalo había estado lejos de la realidad social española durante años, ensimismado en la cultura cortesana de Italia, rodeado de mujeres elegantes y refinadas, ajenas a todo lo que se hacía fuera de sus casas. Y, de repente, sin que aún supiera el motivo, se encontraba en medio de esa realidad, en casa de su amigo Fernández de Velasco, que no era ni un confidente, ni un protector, pese a su interés por informarle con todo detalle del largo contencioso por la regencia de Castilla que enfrentaba a Juana con Fernando, cada vez más inclinado hacia las ideas políticas sobre el mundo Mediterráneo del hermano de su padre Alfonso el Magnánimo. La corte se había convertido en un avispero entre los partidarios de una y de otro. ¿Creía Bernardino que Gonzalo era un hombre nacido para esa clase de vida?

La tensión del otoño de 1507 parecía crear en torno a ellos los exabruptos de los corregidores y las injurias no dichas de los partidarios del rey. Empujados por la prudencia, ambos se resguardaron en sus tareas con el fin de pasar el invierno del mejor modo posible. Gonzalo con la mirada puesta en la promesa de Fernando de entregarle el maestrazgo de Santiago; Bernardino conteniendo la presión del duque de Nájera y de los amigos del príncipe Carlos, cada vez más enfrentados con el rey. Hablaban entre sí en voz baja, un poco faltos de ilusión, como si fuesen testigos de un mundo en crisis.

Al final de aquel invierno, en marzo de 1508, Gonzalo decidió que había llegado el momento de reemprender la vida pública. Envió dinero a su mujer María, que estaba en Génova, a través de Rodrigo de Aldana y Antonio de Quintana, con el beneplácito del rey;[11] comenzó igualmente algunos negocios de exportación de caballos, a través del puerto de Fuenterrabía,[12] para lo que necesitó «labrar cierto oro en la casa de la moneda de Burgos».[13] El gusto por la actividad, la audacia, la voluntad de enfrentarse a ciertos riesgos, tienen su importancia, desmintiendo una vez más el tópico de un hombre apresado por la melancolía. Pero desde luego ahí no estaba su futuro.

Gonzalo era un hombre capaz de muchas cosas, pero no le bastaba con los negocios. Necesitaba un empleo adecuado cerca de Granada. Entonces pensó en la reina Juana. No sería la primera vez que una mujer dictara su camino: lo habían hecho antes muchas otras. Tomó partido por ella. De su locura, nada tenía que decir: los rumores insistían en las extravagancias de Juana, aunque Gonzalo no les hacía ningún caso. Se encontraba realmente encallado, sin esperanzas de volver a flote, o embarrancado entre las rocas de la envidia cortesana, y por eso mismo necesitaba el apoyo de esa mujer, al margen de su salud mental o de su estado de ánimo. Al final, lo consiguió sin que haya logrado saber con claridad cuál fue el vehículo utilizado para acceder a ella. ¿Fue Bernardino quien abogó por él? ¿O fue una vez más Juana de Aragón quien le habló a su sobrina de las virtudes del Gran Capitán? Giovio no dice nada, confundido por la actuación de Gonzalo a comienzos de 1508; los otros cronistas, notarios fieles de la memoria de María Manrique, no hacen el menor comentario. Pero tenemos una preciosa fuente de información: los despachos de la reina en favor de Gonzalo entre abril y junio de 1508.

11. BN: ms. 20211 (papeles de Gayangos), Rodríguez Villa doc. 52.
12. BN: ms. 20211 (papeles de Gayangos), Rodríguez Villa doc. 60.
13. BN: ms. 20211 (papeles de Gayangos), Rodríguez Villa doc. 53.

¿Cuáles fueron las consecuencias de las medidas en favor de Gonzalo adoptadas por Juana? En la siguiente sección he indagado en el enojoso asunto de la capacidad legal (y mental) de la reina. Por una casualidad del destino, una más en su larga vida, Gonzalo se vio envuelto en cuestiones fuertemente polémicas; en su mayoría morales. Veamos primero los hechos, y luego su posible interpretación.

OTRA JUANA EN SU CAMINO

El 30 de abril de 1508, Juana extendía en Burgos una real cédula con el siguiente texto: «Entendiendo ser así cumplidero á mi servicio é por facer bien é merced á vos Don Gonzalo Fernández de Córdova, Duque de Sessa y de Terranova, nuestro Grand Capitán, acatando los muchos y buenos y leales, continos y señalados servicios que me habéis fecho é hacéis de cada día tengo por bien y es mi merced é voluntad que agora é de aquí adelante, cuanto mi merced é voluntad fuere, tengáis por mi en tenencia la fortaleza de la ciudad de Loxa, e seáis mi alcalde y tenedor della, é que hayades é tengades en cada un año con la dicha tenencia los mrs. que para ello están nombrados y asentados en los mis libros de las tenencias é las otras cosas a ella anexas e pertenecientes».[14] La propia Juana redondearía ese nombramiento poco después con la entrega de la suculenta «renta del derecho de la seda de Granada».[15]

Gonzalo recogía así el fruto de los «muchos é buenos é muy señalados é continuos servicios a la reina». Fernando actuó con rapidez, apoyando ese nombramiento con un despacho del 14 de mayo, dirigido a Fernando de Fuenmayor, contino y tenedor de la fortaleza de la ciudad de Loja, donde le ordenaba entregar la ciudad de Loja a Gonzalo «debido a que

14. BN: ms. 20211 (papeles de Gayangos), Rodríguez Villa doc. 54.
15. BN: ms. 20211 (papeles de Gayangos), Rodríguez Villa doc. 55.

la Serenísima Reina, mi hija, ha fecho merced de la tenencia desa dicha fortaleza a Don Gonzalo Fernández de Córdova, duque de Sesa y de Terranova, nuestro Gran Capitán».[16] Fernando apoyó la decisión de su hija, buscando el modo de romper la unión de la nobleza andaluza. El momento así lo exigía.

Gonzalo demostraba con sus actos que se podía apoyar a la reina sin necesidad de enfrentarse con el rey: era posible (y deseable) mantener el equilibrio entre hija y padre. En el arte de la discreción, ante el cual se inclinará siglos más tarde el mismísimo Gracián, Gonzalo descubre el vehículo que le permitía permanecer neutral en medio de la tormenta política en el reino de Castilla. Nadie podía objetarle nada sobre su decisión de aceptar ese nuevo empleo, a pesar de que a algunos les pareció muy poca cosa para un hombre de su categoría.

La amabilidad con la que lo recibió muestra sin embargo hasta qué punto estaba convencido de que Loja sería el punto de apoyo necesario para una actividad diplomática de vasto calado. Nadie abandona sus sueños sin motivo. Además Gonzalo tenía muchas razones para no hacerlo. La larga carta que le escribió en Génova Juan de Zurita el 22 de mayo de 1508 es un magnífico testimonio sobre el respeto que se le tenía en Italia.[17]

¿En qué punto podrían haberse interrumpido los preparativos de la campaña militar para ganar la guerra a Francia y Venecia sin ninguna pérdida innecesaria de vidas humanas? Entre los que conocían el teatro de operaciones, Zurita entre ellos, el debate ardió con intensidad y gran secretismo. ¿Tendrían que haber hecho caso al sutil Marino Sanudo, que invitaba a sentarse a los adversarios en una mesa de negociación? Gonzalo era pesimista. Sabía que una situación difícil se transforma en imposible cuando los burócratas se hacen cargo de ella. Los regidores, por regla general, no sentían respeto por

16. BN: ms. 20211 (papeles de Gayangos), Rodríguez Villa doc. 59.
17. Arch. Zab, vol. 16, núm. 154.

él; los consejeros de las villas, menos aún; y los de justicia no sentían ninguna en absoluto.

Hay un incidente que explica perfectamente la inestabilidad política del reino de Castilla en la primavera de 1508, y que tiene a Gonzalo como protagonista involuntario. En el acto de su toma de posesión de la villa de Loja, el corregidor se niega públicamente a cederle el mando de la villa y de la fortaleza, argumentando que él estaba detrás de la rebelión de su sobrino, el marqués de Priego. La situación es explosiva: si Gonzalo y sus hombres aceptaban sin rechistar la decisión del corregidor, reconocían sus razones; pero si, por el contrario, se enfrentaban a él, perecerían víctimas de la violencia, además de reconocer las razones del sinuoso corregidor. ¿Qué se podía hacer? Gonzalo sólo vio un camino para salir de ese maldito embrollo: dirigirse directamente a la reina.

La carta donde le relata con toda franqueza los hechos ocurridos en Loja petrificó a la pobre Juana, que vio en la acción contra Gonzalo un ataque del corregidor hacia su autoridad; y no se equivocaba lo más mínimo, pues así era. ¿Cómo ayudarle? De haber estado loca, como se comentaba, probablemente el incidente de Loja le hubiera parecido intranscendente, sin valor; pero no estaba loca. Por eso mismo comprendió que debía hacer algo a favor de su protegido.

El 11 de julio envió un despacho a Fernando de Fuenmayor donde dejaba clara su postura de un modo enérgico:[18]

A Vos el Concejo, justicia, corregidores, etc. de la ciudad de Loxa, salud é gracia. Bien sabéis cómo yo hobe proveido de la gobernación desa dicha ciudad y su tierra por el tiempo que mi merced y voluntad fuese á Don Gonzalo Fernández de Córdova, duque de Sesa y de Terranova, nuestro Grand Capitán, segund más largamente se contiene en la provisión patente que dello mande dar, con la cual según parece por testimonio signado de escribano público fuisteis

18. BN: ms. 20211 (papeles de Gayangos), Rodríguez Villa doc. 62.

requeridos le admintiésedes al dicho oficio e usásedes con él e con sus lugares tenientes en los casos e cosas a él anexas é concernientes conforme á la dicha provisión; y vosotros después de haberla obedecido distes cierta respuesta e sobreseistes en da la posesión de la dicha gobernación fasta consultar conmigo. Y vista la causa que á ello vos movió que fue principalmente lo que el Marqués de Priego, sobrino del dicho Grand Capitán ha fecho, tuviste mucha razón de lo facer así. Pero porque yo soy cierta que el dicho Grand Capitán no solamente no cupo ni supo en el yerro del dicho Marqués, ni jamás cabria en cosa que fuese deservicio mío mas que será el primero que porná la persona y el estado por nuestro servicio cada vez que menester fuere, é por su parte me fue suplicado sobre ello le mandase proveer como la mi merced fuese, é yo tóvelo por bien; por ende yo vos mando que veades la dicha provisión de que de suso face mención e sin dilación alguna la guardeis e cumplais.

Fernando actuó de prisa, y dos días más tarde envió por su parte un despacho al presidente y los oidores de la Audiencia y la Chancillería de Granada para que rectificasen el sobreseimiento de la entrega de la gobernación de Loja al Gran Capitán.[19]

El reino de Castilla en julio de 1508 presenta un universo ambiguo, poblado de intrigas y rumores. Las instrucciones de Juana otorgaban a Gonzalo la posibilidad de una vida política protegido por una distancia prudencial, sin el riesgo de un contacto directo con Fernando, lo cual no era recomendable en esos momentos. Antes y después de la negativa del corregidor, cuando luchaba por una política de consenso entre Juana y su padre, Gonzalo se conformó con aceptar ese cargo menor, en el bien entendido que desde allí seguirá atentamente la evolución política.

Con esos pensamientos en la cabeza, el 15 de julio de 1508, Gonzalo tomó posesión de su nuevo empleo como gobernador de Loja. La estrategia de comprometerse irremediablemente con una línea de conducta restringida sirve de lección a todas

19. BN: ms. 20211 (papeles de Gayangos), Rodríguez Villa doc. 63.

las personas de su círculo, incluido Bernardino de Velasco y el duque de Nájera. Al aceptar ese empleo sin importancia, si se compara con el de virrey de Nápoles, Gonzalo demuestra su firme disposición a servir al Estado. No quiere más litigios con Fernando. Necesita ese retiro para pensar: menosprecio de la corte, alabanza de la aldea.

AIRES DE REBELIÓN

La supervivencia de Gonzalo en el enrarecido ambiente político del verano de 1508 dependía de una actitud distante, cuidadosamente pensada, sobre los gravísimos problemas de España. Pero esa situación no podía durar. Gonzalo no genera inmunidad frente a la llamada de la imaginación moral. El episodio de la rebelión de su sobrino, el marqués de Priego, traza una divisoria entre la aceptación pasiva de su destino personal y la denuncia política. Sin estas circunstancias, su vida probablemente se hubiera concentrado en cuestiones puramente cotidianas y familiares, como la exportación de caballos por el puerto de Málaga,[20] pero una vez más la actitud de Fernando le metió en una cuesta resbaladiza.

La rebelión de la nobleza cordobesa ofrece la ilustración más cruda de la situación española en el verano de 1508. Sabemos que a la decisión de Pedro Fernández, primer marqués de Priego, sobrino de Gonzalo (era hijo del difunto Alfonso de Aguilar), a quien se le había conferido el título de Alcalde Mayor, seguiría una larga deliberación sobre los motivos de la revuelta. Pero semanas después, los acontecimientos habían cobrado vida propia. La violencia se apoderó de la ciudad sin remedio.[21] Lo más sensato que podía hacer era dirigirse a su tío Gonzalo

20. BN: ms. 20211 (papeles de Gayangos), Rodríguez Villa doc. 65.

21. J. H. Edwars, «La revolte du marquis de Priego à Cordove en 1508. Un symptome des tensions d'un société urbaine», en *Mélanges Casa Velázquez*, XII, 1976.

con la esperanza de que le informara sobre la postura a tomar en la lucha entre el obispo y el corregidor. ¿Qué papel tenía Fernando en todo ese asunto? ¿Acaso estaba detrás de los agitadores como se sospechaba? ¿Se utilizó al lumpen urbano para consolidar la política autoritaria del Estado dinástico?

La revuelta cordobesa de 1508 es, una versión moderna de las viejas banderías tan queridas por los Fernández. En apariencia, el marqués de Priego accedió a la exigencia de su tío de que se retractara de su postura ante el rey y no persistiera en su levantamiento. Desde su retiro de Loja, Gonzalo se las arregló para enviar algunas cartas a gente influyente de la corte para que intercedieran por su sobrino ante Fernando. La carta más eficaz fue la enviada al cardenal Cisneros que se encontraba entonces en Tordesillas.

Gonzalo conocía bien al insigne prelado. Lo había tratado tiempo atrás, durante la rebelión morisca en Las Alpujarras. Quería contar con él. En una crónica coetánea, de la que se conserva sólo una hoja suelta, quedó anotada esa petición y la respuesta de Cisneros: «Entendiendo el Cardenal que no era aquello bastante satisfacción, le persuadía que procurase que su sobrino entregase primero sus fortalezas y pusiese todo su estado en manos del Rey; y entendiese que en ninguna persona, grande ni pequeña, en aquel caso acudiría al Marqués, porque no era negocio del Rey, sino de la Reina y de todo el reino».[22]

Tras leer la carta, Gonzalo hizo suyo lo que Cisneros llamaba «el enconamiento del negocio». Era consciente que el marqués de Priego no tenía ninguna posibilidad ante el ejército del rey, y menos cuando supo que Pedro Navarro iba al mando. El marqués cedió, pero no así muchos cordobeses. La épica de la violencia dejó paso muy pronto a la represión del imponente ejército real. Los canallas callejeros se enfrentaron con los veteranos de Nápoles. Fue una matanza. En el vértigo de la lucha armada, los nobles entregaron sus fortalezas. Tam-

22. BN: ms. 20211 (papeles de Gayangos), Rodríguez Villa doc. 67.

bién lo hizo Pedro Fernández lamentando su actitud en todo momento. El arrepentimiento del confundido marqués no impidió sin embargo la multa de veinte millones de maravedíes (una auténtica fortuna entonces) y el destierro de Córdoba.

Fernando estaba mostrándose tan artero como los amotinados. El castigo al joven Aguilar era una aplicación muy dura de la ley. Su necesidad no parecía oportuna en ese momento. Incluso el duque de Alba se mostró partidario de clemencia. Pero no hubo nada que hacer. El rey insistió en sus medidas. Nadie le movería. Quedaba sin embargo una cuestión pendiente. ¿Qué papel había jugado Gonzalo en la rebelión?

Un fuerte estremecimiento sacudió al duque de Nájera y a Bernardino de Velasco. ¿Que pretendía el rey? Fernando tomó una serie de decisiones drásticas apoyado en la razón de Estado. No me refiero sólo a las medidas de inserción del lumpen urbano, que provocaron la sospecha de que él estaba detrás de las agitaciones del verano y sobre la que no voy a escribir, sino a sus acciones contra la memoria de la nobleza cordobesa, a la que responsabilizó completamente de las tensiones sociales en el reino. ¿Qué pasó para que Gonzalo, favorable al rey hasta ese momento, censurara abiertamente sus decisiones? Fue algo que le afectó en lo más íntimo de su corazón. Un gesto con el que quiso manifestar que sería implacable contra cualquier revuelta nobiliaria: Fernando decidió derribar uno de los castillos más emblemáticos del territorio cordobés. Para él estaba claro que el poder del Estado también necesitaba vencer en la guerra de los símbolos.

UN GESTO DESAGRADABLE

Fernando eligió Montilla gracias a su habitual capacidad de tocar los lugares de la memoria, aquel viejo castillo de los Aguilar, primero fortaleza fronteriza, luego casa solariega, y finalmente emblema del orgullo de una dinastía que había encontrado su razón de ser en las acciones del Gran Capitán en Italia, se convirtió en el centro del centro de la venganza del rey. Pesadas almenas y bellos aposentos que habían visto correr al niño Gonzalo dejaron de existir. El emblema de la altivez nobiliaria quedaba reducido a escombros, con lo que, pensaban el rey y sus asesores, se ponía fin a años de odios y conjuras de la nobleza andaluza.

Un cronista anotó lo siguiente: «Quedaron deste castigo muy agraviados todos los Grandes de aquellos reinos y muy sentidos, y como quiera que al Gran Capitán cupo tanta parte del disfavor y señal que en aquella casa se hizo, el que más se agravió en todas las demostraciones públicas y secretas fue el Condestable, pareciéndole que fue mal aconsejado el Rey».[23]

Gonzalo seguía sin ver al rey como el auténtico responsable; su desmesurada acción contra Montilla la creía el resultado de sus malos consejeros, más que su inclinación a la *pleonexia*. En la acción militar había estado brillante, y lo seguro era seguirle una vez más la corriente; sólo cuando estaba irritado era peligroso.

VÍCTIMA DE SU PROPIA FAMA

Decirle a Fernando que estaba equivocado hubiera sido un error en cualquier circunstancia, pero insinuarlo tras los sucesos de Córdoba y la demolición del castillo de Montilla fue un error garrafal para Gonzalo. Hemos de tener presente algo que a primera vista no parece importante en ese final de verano de 1508, pero sin el cual no es posible comprender la actuación del rey en los meses siguientes: Julio II estaba interesado en emplear a Gonzalo a toda costa. Los celos se lo comieron en ese momento, sobre todo por las chanzas que escuchaba de los nobles favorables a su hija Juana. Ser considerado un estúpido era

23. BN: ms. 20211 (papeles de Gayangos), Rodríguez Villa doc. 67.

una sensación que nunca había podido soportar. ¿Eran infundados los rumores del interés del Papa por Gonzalo?

Francisco Ruiz, sobrino del cardenal Cisneros y su secretario personal, un hombre agudo y elegante, escribió una carta a Pérez de Almazán, para que la corte supiera de primera mano en qué situación se encontraba el Gran Capitán en el otoño de 1508. La carta dice así:[24]

Señor: Hago saber á v.m. cómo hoy allegamos aquí a Villar de Miro el Señor Cardenal y todos muy buenos, aunque con grand pena por no saber de su al., especialmente dexando detrás de sí lo que dexa, y mañana plaziendo á nro. señor nos vamos á dormir á Torquemada; si mandare, háganos saber las cosas de allá y escriualas al Cardenal.

Ayer domingo vino el Grand Capitan á hablar con el Cardenal y á despedirse, y passaron muchas cosas sobre lo de su sobrino (el marqués de Priego) y el Cardenal acordó de le hablar muy claro, y en fin de muchas pláticas dixole que no le deuia favoreçer, porque le destruia y echaua á perder, y que le dezia y certificaua quel hauia de hazer por él y que le queria y amaua tanto como á él, y que le deuia á la hora hazer un correo que se viniese luego para su al., y muger y hijos y fortalezas todo lo pusiese en su poder, y esto sin tardar, antes que de Tordesillas su al., se fuese, porque si de allí su al., se partiese sin fazer esto, quel no quería entender más en sus cosas de ay adelante, etc., y afeandole muy mucho lo que hauía hecho, de manera quel fue bien descontento del Cardenal, aunque quedo que le haría luego el correo porque se oviese respuesta para el dicho tiempo.

Ansi mismo aviso á v.m. para que avise á su al., si acaso esto no sabe, quel sobredicho Grand Capitan trae cierta contratacion con su Santidad procurando de ser confalonero y capitan de la Iglesia, y avrá quarenta días que hizo sobre ello correo y está agora sperando cada dia la respuesta, y diz que le da el Papa cincuenta mil ducados con el dicho oficio. Esto supe de persona que está en su misma casa, que es mucho mi amigo y me lo dixo en muy grand secreto. Y porque sé que sabe v. m. de la manera que esté está, y quanto podría deseruir teniendo el dicho cargo, ansí por su reputación tan grande como por

24. BN: ms. 20211 (papeles de Gayangos). Rodríguez Villa doc. 66.

tener allá estado y saber las cosas de acá, acordé de lo escreuir á v. m. y hazerselo saber, y aun al Cardenal le paresció que lo devía ansi hazer, para que v. m. avise á su al., y quedo besando las manos de v. m.

La carta de Francisco Ruiz era una llamada de atención sobre el riesgo que se corría de perder al Gran Capitán para el servicio del Estado, en caso que aceptase el cargo ofrecido por Julio II de *gonfaloniere* y capitán general de las tropas pontificias con un sueldo de cincuenta mil ducados. La filtración de esa noticia que el secretario supo por un amigo «en muy grand secreto» probablemente aluda a los insistentes rumores en la corte sobre un nuevo pacto del rey con los liguistas. ¿Estaba el cardenal Cisneros al corriente de ese proyecto? Dudo que ni siquiera el duque de Alba estuviera al tanto de las negociaciones. El sigilo de Fernando era bien conocido de todos.

Para Gonzalo, la política de Fernando era sin embargo desconcertante y a cada momento parecía revertir a la situación anterior a 1479. La gravidez de Germana así lo hacía prever, si lo que llevaba en su seno era un varón que pudiera ser rey de la Corona de Aragón. Cada vez se captaban más rasgos del pasado que del futuro. Ni siquiera era razonablemente aragonesa. Ni un solo oficial, excepto tal vez Ramón de Cardona, sugería esa línea de actuación.[25] Sin embargo, los hombres de Fernando, que desbarataron su política italiana, no eran particularmente hostiles a sus ideas; estaban compuestos de excelentes administradores aunque malos estrategas y peores diplomáticos. El secretario Miguel Pérez de Almazán era casi amable, atendía las abundantes cartas que le enviaba el Gran Capitán con bastante cordialidad, era inteligente y mostraba cierta inclinación a no hacerle daño. Lo contrario que Francisco de Rojas demasiado apegado al poder.

25. Sobre su nombramiento M. Ballesteros Gaibrois, *Raimon de Cardona, colaborador del Rey Católico en Italia*, Madrid, 1953. Barón de Terrateig, *Política en Italia del Rey Católico, 1507-1516*, Madrid, 1963, t. II, pp. 14-17. D. A. Parrino, *Teatro*, cit. p. 30.

La dificultad no era la falta de amigos en la corte, pues contaba con muchos, sino que Fernando mostraba claros síntomas de llevar a cabo una política de deriva, y a una política de deriva sólo se unen arrivistas. A los cincuenta y cinco años, Gonzalo no estaba interesado en destruir su reputación aceptando esa política, pero incluso en ese momento tenía esperanzas de conseguir el mando de algún ejército. Sus amigos más íntimos seguían siendo partidarios de Juana, críticos por tanto con Fernando, dudosos en la lealtad a sus nuevos planes en Italia. Gonzalo era el principal sospechoso, al ser el más famoso de todos.

El 10 de diciembre de 1508 Julio II, Luis XII, Maximiliano y Fernando estamparon su firma en un acuerdo con el que se fundó la Liga de Cambrai contra los turcos, aunque en realidad era contra la República de Venecia.[26] Aquel pacto era tanto más estúpido cuanto que no todo el mundo en España y en Italia estaba dispuesto a secundar esa política, sin contar con Gonzalo. De todos los personajes de aquel momento, el más necesario seguía siendo él, y eso es justamente lo que indujo al Papa a tantearle en diversas ocasiones. Si Fernando hubiese decidido, en lugar de una negociación a espaldas de ese grupo político, reconstruir con ellos la política española, no hubiera tenido nada que temer con respecto a Gonzalo. Pero le veía en cada gesto de sus hombres de confianza, en cada comentario de los embajadores venecianos o franceses y cuando se relacionaba una posible (e inevitable) campaña militar con él, Fernando mostraba una cólera impropia de un rey. Y como no quería dar su brazo a torcer, pasó a la ofensiva.

Fernando decidió suprimir el principal apoyo de Gonzalo desde su regreso de Nápoles: la Reina Juana. La maniobra, como todos saben, le salió bien desde el plano político; el moral es ya más discutible. Consistía en demostrar a todo el mundo que su hija estaba irremediablemente loca, y por consiguiente debía ser

26. Heinrich Ulmann, *Kaiser Maximilians I Absichten auf das Papsttum in den Jahren 1507-1511*, Stuttgart, 1888.

apartada del gobierno de la nación. El rey se lanzó sobre ese plan con precisión. Esperó un nuevo gesto de inestabilidad emocional de su hija para encerrarla en un lugar seguro.

EL CASO JUANA LA LOCA

Durante las dos primeras semanas de febrero de 1509, una multitud comenzó a congregarse en las cercanías de la ciudad de Tordesillas como si fueran a celebrarse unas justas o unos juegos de cañas. En esa ocasión era algo muy diferente. Se comentaba que la reina Juana iba a ser conducida al convento de santa Clara junto al río. La multitud no sabía los motivos, aunque algunos comentaban que estaba loca. Quizás era el lugar adecuado para poner fin a su errancia por las tierras de Castilla. Eso es lo que pensó Pedro Mártir de Anglería cuando escribió, con total conciencia de lo que decía: «suponemos que allí (en Tordesillas) pasará Juana el resto de su vida, contenta con su soledad saturnina».[27] Cuando la comitiva llegó a la ciudad, sólo vio a una mujer confundida, que entraba en el convento pensando que iba a pasar unas semanas de reposo junto a su hija Catalina de apenas dos años.

El hombre dispuesto a intentar una artimaña tan vergonzosa para hacerse con el poder era precisamente su padre. Después de su muerte, su actitud fue calificada de «maquiavelismo»: el fin justifica los medios, aunque Maquiavelo fuera ajeno a todo eso, y de haberlo conocido quizás incluso le hubiera repugnado. Los historiadores modernos han estudiado los legajos de esa sórdida acusación.[28] Todo lo referente a esta historia es extraño. En cada detalle se percibe la necesidad de

27. Anglería, *Epistolario*, cit. p. 278.

28. Antonio Rodríguez Villa, *La reina doña Juana la Loca*, Madrid, 1892. Manuel Fernández Álvarez, *Juana la Loca. La Cautiva de Tordesillas*, Madrid, 2000. Bethany Aram, *La reina Juana*, Madrid, 2001.

Fernando de apartar a su hija, y todas las opiniones sobre el desequilibrio de Juana parecen salir de los rumores de la gente sencilla y de los cortesanos adictos al rey. Los actores de esa historia sabían bien que Juana era algo excéntrica, pero no loca: dos cosas diferentes. Pero el historiador moderno quiere llegar más lejos que los protagonistas de aquel drama, quiere buscar las razones de su locura en el comportamiento tras la muerte de su marido Felipe. En los años de prisión (pues no otra cosa fue su estancia en Tordesillas vigilada por el siniestro mosén Ferrer), los carceleros se vieron obligados a recordar en todos sus detalles las acciones que legitimaban hablar de la locura de Juana. Se ha intentado dar un paso más que esos carceleros. Se han reconstruido pensamientos y sensaciones que no podían expresarse en las palabras luego anotadas en los documentos que han llegado hasta nosotros. El historiador del futuro tiene aún una tarea por hacer: comprobar paso a paso los aspectos de la conspiración contra la reina en razón de los intereses del Estado.

El círculo de apoyo a Juana comprendió en seguida que su situación era desesperada. Fernando controlaba el reino de Castilla como regente de su nieto Carlos, y tenía puestas sus ilusiones en su nuevo hijo, que podía sucederle como rey de Aragón. A comienzos de 1509, la situación no podía ser más desesperada para Gonzalo, un hombre que se había mantenido fiel a la reina, convencido de que sus ideas políticas eran sin duda más beneficiosas para su país que las de su padre; un hombre desbordado por los acontecimientos, incómodo por la insistencia del Papa Julio II. Se sentía ciertamente encallado. La impresión de Téllez era más cierta que nunca el día y la hora que conoció el encierro de Juana en Tordesillas. Así que se volvió de nuevo hacia sus amigos de la corte, a Bernardino de Velasco. Quizás aún era posible una salida a su situación. En medio del frío granadino, volvió a encontrar su vieja sabiduría política.

18

OCIO REPOSADO
(1509-1512)

El diplomático Luis de Herrera solía ser un hombre eficaz en sus negociaciones. El rey le encargó la misión de rescatar a la mujer y a la hija de Gonzalo, que se encontraban en Génova en poder de Luis XII. El 21 de marzo de 1509, Fernando mandó un despacho desde Valladolid al rey francés para que facilitase el retorno a España de las damas.[1] Gentileza por gentileza, los gastos del viaje irían a cargo de la Casa Real de Castilla. Los «respetables, magníficos, amados y devotos nuestros, gobernador y Consejo de los ancianos de la Comunidad de Génova» respiraron tranquilos. Aquellas «invitadas» volverían a su casa, sin que a ellos les costara un ducado.

Ninguna otra primavera le había deparado a Gonzalo la misma mezcla de dolor y alegría. Le entristecía el hecho de pensar que ya nunca más regresaría a Nápoles, le entusiasmaba la posibilidad de vivir cerca de Granada con su mujer y su hija. No podía pensar en otra cosa, mientras buscaba la manera de adaptarse a Loja, ese pueblo sureño cercano a Granada, de casitas moriscas y tejados blancos, a donde, se había retirado, como dice Paolo Giovio, «buscando un ocio reposado de tantas repulsas y ofensas, hasta tanto que la envidia diese lugar y el ánimo del Rey, alterado contra él, se amansase, estando así retirado y con la memoria de los servicios se volviese á más honestos pensamientos».[2]

1. BN: ms. 20211 (papeles de Gayangos), Rodríguez Villa doc. 69.
2. Giovio, op. cit. p. 548.

Comienza ahora una historia confusa en la vida de Gonzalo. Vasta oscuridad protectora. Algunos destellos, poco relevantes. Indecisión entre sus biógrafos. Absoluta inseguridad con respecto a la sucesión de los acontecimientos. Enredo en las fechas. Sin la presencia en una actividad pública, la memoria se vuelve artificial, sujeta a la retórica de cada uno de los autores, pues, escribe uno de ellos «en ese reposo estuvo dos años, unas veces allí en Loja, otras veces en Granada, donde vivía al parecer contento, conservando siempre su reputación y casa; que nunca faltó su plato y criados con aquel aderezo de casa y aparato de oficiales y caballeros que acompañaban á su casa, que era una Corte. Gozaba y gastaba de sus riquezas, que no eran pocas sino muchas, y de su gloria, aunque era opresa ante el Rey de la envidia de sus enemigos. Hacía poco ejercicio y desde allí socorría á muchos, así criados como otras personas necesitadas, con les dar gran parte de su hacienda. Ningún género de hombres hubo á quien no socorriese en sus necesidades, los que le pedían su ayuda y favor. Tenía tanto crédito y reputación, que jamás pareció faltar en su casa aquella abundancia de criados de servicio de Corte muy principal, como de un gran príncipe».[3]

Este impulso obsesivo por la familiaridad, descrito por su biógrafo y asentado en un humor melancólico, es exactamente opuesto al carácter de Gonzalo, siempre anhelante de ser el protagonista de los grandes acontecimientos de su tiempo. Las anécdotas que se cuentan de esa etapa de *reposada vida* sobre los favores a todos aquellos que «estaban apretados de la pobreza ó revueltos en pleitos ó puestos en otros peligros»[4] son un modo de mantener viva la memoria sobre su persona, porque habían sobradas razones para que todo el mundo le olvi-

3. *Crónica Manuscrita*, cit. pp. 459-460.

4. Giovio, op. cit. p. 548.

dase. No cabe duda que el apoyo de Gonzalo a la causa de Juana le perjudicó más de la cuenta. Apostó por ella, convencido que era la mejor solución para su país. No se equivocó, sólo que a veces la historia no atiende a razones, sino a intereses.

LA TOMA DE ORÁN

A pesar de la tardanza del regreso de su esposa e hijas (o quizás por eso),[5] la primavera de 1509 le produjo tanta agitación que no sabía si iba a ser capaz de soportarla. Le gustaba demasiado la política como para olvidarla. ¿Qué sabía él de los planes de Fernando? En abril de 1509, Pedro Mártir de Anglería escribe una carta a su amigo el conde de Tendilla, contándole los últimos rumores de la corte sobre una posible expedición militar al norte de África organizada por el «cardenal español de la Orden de los Calzados (se refiere a Cisneros) cuyo ánimo siempre estuvo atento a los enemigos de nuestra ley».[6] Esos rumores llegaron a Loja en abierto contraste con «aquella reposada vida» a la que Gonzalo se había entregado por propia voluntad: rumores que anunciaban una primavera dominada por los aires de guerra. ¿Qué había de verdad en aquello? Para saberlo, Gonzalo escribió a su amigo Cisneros, el único cuya información podía ser fiable.

A finales de abril recibió una larga carta del cardenal donde se le notificaba que Fernando estaba organizando una expedición contra Orán. El viejo soldado se ilusionó ante la posibilidad de recibir el mando de las tropas. Deseaba un destino así, pese a que la empresa le parecía un gasto innecesario para las arcas del Estado, que tan remisas habían estado a la hora de financiar sus empresas en Nápoles. Pero ahora se invocaba el

5. No llegaría hasta finales de mayo de 1510, según se desprende de la carta que envió Gonzalo al rey: BN: ms. 20211 (papeles de Gayangos); Salazar, t. I, ap.B-I, núm, 345, p. 540. 6. Anglería, *Epistolario,* cit. p. 279.

ideal de cruzada contra el Islam. Si Fernando era remiso a concederle el mando de la tropa, Cisneros apoyaba su nombramiento con sobrados motivos. Gonzalo podía agarrarse a esa tabla de salvación y convertirse, tal vez, en el reconocido defensor de la causa católica. Nunca pensó en la posibilidad de que su candidatura fuera rechazada en la corte. Ningún obstáculo podía impedir su nombramiento para comandar ese ejército.

No sería así. Fernando eligió a Pedro Navarro como Capitán General de la expedición a Orán. El 16 de mayo de 1509 zarpó la flota desde Cartagena. Se le encargó a Juan de Bor-

Juan de Borgoña, el cardenal Francisco Jiménez de Cisneros desembarca en Orán. Toledo, capilla mozárabe de la Catedral.

goña que pintase unos frescos conmemorativos para la capilla mozárabe de la catedral de Toledo.

La imagen del cardenal desembarcando en la ensenada de Orán junto a los soldados, con un sacerdote llevando la cruz acompañaría día y noche a los toledanos durante siglos: es un lugar de la memoria sobre unos hechos difíciles de entender para una sociedad agobiada por los tributos. En todo caso, la conquista de Orán fue más fácil de lo que en principio se había pensado. Oficialmente, el éxito era el resultado del entendimiento entre Cisneros y Navarro; pero en realidad el carde-

Juan de Borgoña, Llegada de cautivos tras la conquista de Orán. Toledo, capilla mozárabe de la Catedral.

nal recelaba del viejo militar. En cuanto a lo que allí ocurrió, y a las posibilidades de controlar todo el territorio, Gonzalo nunca tuvo oportunidad de conocer de primera mano cuál era, pero, por lo que sabía (su informador era Francisco Ruiz), estaba dispuesto a respaldar a Navarro. Las dudas le llegaron cuando escuchó de boca de Tendilla las observaciones de Pedro Mártir de Anglería, las cuales, como tenía razones para creer, estimularían la imaginación del rey de una campaña duradera y quizás en exceso arriesgada.

Poco a poco, Fernando iba revelando su política exterior, y Gonzalo se sorprendía ante cada nuevo paso del rey. Con profundo pesar oía a Tendilla justificar el veto real a su incorporación a cualquier empresa, lo cual iba a costar a España una sangrienta derrota. Pero antes de que eso llegara, pensó la manera de forzar la actitud de Fernando hacia su causa. Se movió entre sus oponentes en la corte.

CERCO AL REY

En el otoño de 1509, Gonzalo no sabía qué pensaba realmente Fernando. Dudaba si el cardenal Cisneros sabía mucho más que él. El juego de malentendidos y recelos eran tan impenetrable en los temas de Estado que la política exterior parecía cada vez más el resultado de la improvisación. Fernando dejaba a todo el mundo dudando de sus decisiones, y en esas condiciones no podía esperar que Gonzalo pudiera adivinar qué causa apoyaba. Sólo un punto resultaba claro para un hombre de cincuenta y seis años: no iba a quedarse mirando la miseria de su propia vida. Estaba dispuesto a hacer algo importante que le devolviera al gran escenario de la historia. Contaba para ello con su hija Elvira. Aquella idea le llenó de un profundo alivio, e incluso de alegría. Unos días más tarde ella supo los planes matrimoniales de su padre. No dijo nada; parecía feliz ante el futuro acontecimiento.

A Gonzalo «le fue forzado descubrir á sus amigos el dolor de la injuria y el descontentamiento del ánimo y quejarse á velas tendidas de haber sido engañado, en especial á don Bernardino de Velasco, Condestable de Castilla, el cual era de autoridad y de riquezas muy grande en Burgos é muy amigo de Gonzalo Hernández, por tenelle aposentado y por ser un mismo bando y voluntad. Trataban su amistad con mucho secreto y comunicaban sus pensamientos con grande libertad, dando Gonzalo Hernández y recibiendo la fe de dar a su hija doña Elvira por mujer al Condestable, que poco antes se le había muerto doña Juana de Aragón, su mujer, la cual era hija bastarda del Rey, y en breve tiempo se había enfriado el amor del yerno para con el suegro».[7]

El comentario de Giovio llama la atención porque alude al proyecto de Gonzalo de casar a su hija Elvira con Bernardino Fernández de Velasco. Un matrimonio, que reforzaría la alianza de la nobleza frente al rey. El encargado de preparar el ambiente fue el escritor Diego de Ávila, quien más tarde se convertiría en un gran dramaturgo siguiendo la estela de Juan de la Encina y Lucas Fernández; pero que en aquel año era un simple doméstico en casa de Gonzalo, a quien denomina «nuestro amo», y para quien escribió la *Égloga interlocutoria,* una comedia que debía representarse el día de la boda de Elvira y Bernardino.[8] Como nos informa John P. Crawford, la parodia del matrimonio era eficaz si se realizaba con gracia escénica y sentido del humor, de acuerdo con el argumento siguiente: los pastores Tenorio y Teresa Turpina se ven inmersos en medio de una serie de cómicos incidentes, donde se

7. Giovio, op. cit. p. 545.

8. Diego de Ávila, *Égloga Interlocutoria,* Sevilla, 1511. (ed. E. Köhler, *Sieben spanischen dramatische Eklogen,* Dresde, 1911).

presentan la brutalidad de las costumbres campesinas, la genealogía de la novia, la presentación del pastor dormido, el ceremonial de la boda presidida por un sacerdote y el conjunto de pullas masculinas sobre el acto que tendrá lugar a continuación.[9] Comparado con los motivos del teatro primitivo castellano, la *Égloga Interlocutoria* parece un desenfadado y carnavalesco manual de instrucciones para el coqueteo y la seducción de la respetable sociedad aristocrática. El pastor Tenorio se burla de sí mismo, ofreciendo en todo momento consejos amables, libres de toda obsesión por los problemas cotidianos. Las alusiones al linaje de la novia, una larga enumeración de ilustres desconocidos, parodia la pasión por la genealogía de muchos *parvenus* de la corte de Fernando. Los jugosos versos del villancico final, unidos a las imágenes carnavalescas del resto de la obra, crean un mundo en que se asocian el amor, el placer y el humor.[10] El atractivo del trabajo de Ávila surge de su arte para crear un universo festivo, sin grosería, pero con intencionalidad política.

La *Égloga interlocutoria* interrumpe el relato de la boda de Tenorio y Teresa Turpina para dar entrada a un largo comentario de las glorias del Gran Capitán. Se descubre así para los invitados a la boda no sólo a un gran hombre apartado de la vida pública por las torpezas de un rey (Ávila lo sugiere con prudencia), sino también sus hazañas, cuya existencia toda Europa conocía al detalle. Se recuerda que las gestas en Italia contra los ejércitos franceses constituyen una etapa fundamental de la historia de España, que no se puede olvidar. Valeroso, galante Gonzalo: el héroe de la historia. El Gran Capitán de España. Y digo con propiedad Gran Capitán porque para Diego de Ávila, su ejemplo trascendía los reinos, convirtiéndose en la argamasa de una unión de las culturas de la Península Ibérica: un andaluz al servicio del reino de Castilla en

9. John P. Crawford, *Spanish Drama before Lope de Vega*, Filadelfia, 1937.
10. Alfredo Hermenegildo, *Teatro del siglo XVI*, Madrid, 1970.

una misión promovida por el rey de Aragón en el *Regno* de Nápoles un viejo anhelo catalán. ¿Cabía más intersección de intereses?

A Elvira le había gustado desde su infancia esa imagen de su padre, pero creo que cuando le notificaron su matrimonio con Bernardino, le gustó aún más. A su madre María Manrique los cotilleos de la corte no le llamaban demasiado la atención. Elvira, por el contrario, tuvo un especial interés por conocer hasta el último detalle la historia del enfrentamiento entre la reina Germana y su futuro marido. Alguien en Burgos escribió una nota que se ha conservado entre los papeles del Gran Capitán: es una nota extraña, jocosa, por lo que no me extrañaría que hubiese sido redactada por el propio Diego de Ávila.

La escena tiene lugar en la corte. Germana ha sabido, por una de sus damas de compañía, que el condestable de Castilla, viudo hacía poco de Juana de Aragón, hija natural de Fernando, negociaba el matrimonio con la hija de Gonzalo. Esa decisión no le gustaba, por eso le espetó en cierta ocasión: «¿Cómo aviendoos casado con hija del Rey, mi Señor, os queréis casar con hija de su vasallo». A lo que Bernardino, hombre siempre ingenioso y mordaz, replicó: «Assi S. A. fue primer casado con una muger la mas excellente que uvo en el mundo ni habrá, y ahora está casado con una dama de la Reyna de Francia».[11] El contenido erótico de ese cruce de acusaciones es tan inmenso como misterioso. La ulterior reacción de Germana sólo se explica por un ataque de celos. Pero, ¿celos de quién?

Elvira experimentó la excitante sensación de que su matrimonio sentaba mal en la corte, y no se molestó en ocultarlo. Era su forma de vengarse de aquella mujer altiva que había despreciado a su padre unos años antes, cuando le quitó el derecho de llevar las bridas de su caballo. Elvira era un testigo inmisericorde de la falta de tacto de Germana. ¿Y Bernardi-

11. Giovio, op. cit. p. 545.

no? Hablaba en voz alta y bromeaba para que nadie en la corte dudara ni por un instante de que sería un esposo bueno y alegre, al tiempo que un firme candidato a molestar a la reina. Bernardino es el elegante caballero que no soporta a una mujer sin clase. Fue una pena para todo el mundo que la boda no se llegase a realizar. La muerte del condestable fue el motivo. Varias veces se vio a Elvira con lágrimas en los ojos, y Gonzalo sólo pudo contrarrestar el efecto de esa tristeza prometiéndole otro marido. ¿Quién sería?

El azar le echó una mano a la familia. En el mes de enero de 1510, llegó a Córdoba Próspero Colonna. Gonzalo escribió una carta al alcalde de esa ciudad para que acogiese a su viejo amigo como merecía un personaje de su categoría, soldado ejemplar y fiel servidor de la Corona. En esos años de retiro forzoso, Gonzalo le pidió consejo a menudo y se mandaron algunas cartas.[12] Sobre la posible boda entre su hija y Fabrizio, primogénito de Próspero, no se había hablado ni una palabra hasta ese momento. El viaje a Córdoba fue una excelente ocasión para comenzar las negociaciones. A ambos les interesaba la unión de sus respectivas familias. Gonzalo había olvidado ya que Próspero intrigó contra él unos años atrás. Lo hizo por amistad pero también porque al parecer Elvira amaba a Fabrizio y una hija enamorada merece cualquier sacrificio.

RÁVENA Y LO QUE LE SIGUIÓ

Si en las conversaciones con Próspero en Córdoba, Gonzalo se mostró como un ingenioso hidalgo andaluz, eso es algo que nunca sabré con seguridad; pero lo que parece claro es que tuvieron tiempo, y ocasiones, para hablar de la grave situación en Italia, tras la firma el 4 de octubre de 1511 de la Liga Santa

12. BN: ms. 20211 (papeles de Gayangos), Rodríguez Villa, doc. 72.

entre Julio II, el *dogo* de Venecia y Fernando contra Luis XII.

La situación era ésta: si la guerra era el objetivo de la Liga Santa, y la actitud de Luis XII lo estaba pidiendo a gritos, los planes militares no eran los más adecuados. Gonzalo estaba dispuesto a tomar parte en ella, si se tomaba en serio su participación. En cuestiones de estrategia y táctica militar, era tan autoritario como Fernando en cuestiones de política, pero sólo podía formar parte de su círculo de asesores si los aliados se lo pedían. Cuando al fin lo hicieron, seis meses más tarde, la derrota era un hecho y Pedro Navarro había muerto.

Gonzalo recibió la noticia en Loja. La batalla campal con el ejército francés había sido un fracaso total. ¿Qué había sucedido? El ejército de la Liga Santa era magnífico: sólo España colaboró con 10.000 infantes, 1.000 jinetes y 1.500 hombres de armas. Pero, ¿a quién se eligió para dirigir esas formidables tropas? Fue necesario encontrar un hombre del que el rey no recelase, algo realmente difícil. La elección recayó en Ramón de Cardona, virrey de Nápoles en ese año. La elección era más desconcertante incluso que la exclusión del Gran Capitán. Próspero le comentó a Gonzalo, con su habitual ironía, que Fernando eligió al noble catalán porque deseaba perder la guerra. Gonzalo contó a su vez la historia a Cisneros, que le sacó mucho partido en las ulteriores negociaciones, hasta que al final fue desmentida por la corte. La elección fue debida, se dijo en un comunicado, al probado talento militar del conde de Cardona. Hombres más inteligentes han formado juicios como ese a lo largo de la historia con las consecuencias habituales. En verdad, a Fernando no parecía preocuparle que aquel magnífico ejército estuviese al mando de un incompetente, a pesar de que Julio II había insistido hasta el último momento en la necesidad de llamar a Gonzalo.

La tormenta que se cernía sobre la política internacional de Fernando no se desató hasta marzo de 1512, después de que Gonzalo hubiera sido rechazado por enésima vez como el único capaz de mandar aquel contingente de tropas. Desde luego no fue muy acertada la decisión de Cardona de hacer frente, en los campos cercanos a Rávena, al elegante Gastón de Foix, duque de Nemours, al veterano Yves d'Allègre, al sutil Jacques de Chabannes, señor de la Polisse y al ingenioso mariscal de Floranges.[13] Esa batalla campal ponía en peligro todas las conquistas conseguidas por Gonzalo unos años antes. La derrota fue completa, como mostró la propaganda francesa en un grabado, que luego copiaría Agostino Veneziano.

Batalla de Rávena, grabado, 1512.

La derrota fue también triste, muy triste, pues en la jornada perdió la vida Pedro Navarro, el hombre de las minas, uno de los principales colaboradores de Gonzalo en Nápoles. La Liga Santa estaba a merced de Francia, pese a que Gastón de Foix había muerto en la batalla, cuando trataba de acabar con la ca-

13. Mauro Mazzotti, *1512. La battaglia di Ravenna*, Ravena, Danilo Montanari, 2011.

ballería de Próspero Colonna, cercada por todas partes. Se había formado un poderoso ejército para que protegiera Roma y Venecia de los ataques de Luis XII y, en menos de unos meses, era reducido a la nada Julio II presionó a Fernando. Era preciso poner remedio cuanto antes a aquel terrible desastre. Almazán compartía esa idea y, para respaldar cualquier decisión del rey en esa dirección, sondeó primero a Gonzalo para saber cuál era su disposición a aceptar el mando de las tropas.

La manera de mostrarle los efectos de aquella derrota estaba a mitad de camino entre el halago personal y la curiosidad por la nueva generación de capitanes. Muerto el duque de Nemours, la figura principal del bando francés era sin lugar a dudas el mariscal de Floranges, que muy pronto sería conocido como el *jeune aventureux*, nombre que el mismo se dió en su libro de memorias, escrito sin emoción y sin sentirse identificado con lo que decía de él mismo y de las campañas en Italia. Simplemente, lo escribió para mostrar a todo el mundo que una vez hubo en la tierra alguien que le había hecho sombra al sin par Gran Capitán.[14]

El secretario Almazán estaba convencido, como también el Papa, que Gonzalo era el único capaz de infundir respeto en las tropas de la Liga Santa y temor entre los franceses. Esa convicción sería decisiva en el futuro. Aceptó la oferta impulsado por un extraño sentimiento patriótico, tal como se percibe en una carta dirigida a Almazán el 31 de mayo de 1512, apenas un mes después del suceso de Rávena. La carta autógrafa, escrita una vez más con su endiablada letra, dice así:[15]

Muy magnifico señor.

Como an conoçido algunos la voluntad que el Rey nuestro señor muestra de haçerme merced vyenen tantos a my por letras en que le suplique por sus particularidades que no es el menor trabajo; algunos por buen respeto y a otros por ynportunidad podré dar alguna

14. *Mémoires du maréchal de Florange, dut le jeune aventureux*, ed. R. Goubaux & P. André Lemoisne, París, 1924.

15. L. de Torre, *Cartas*, en *RABM*, 1918, p. 394.

y lo mismo para vos señor; en todo lo que scrivyere fuera de lo que toca a los que an de yr en su serviçio esta jornada, su alteça y vos señor haced lo que os plaçiere; estotro de los que van y porque vayan es lo que pydo y qyero y suplyco yn toto corde meo y por ello a su alteça beso pyes y manos y a vos señor jenybus flexys pydo por merced, y que Quintana sea favorydo y creydo en ste caso, sobrel cual de todas mis escalas que hare os e de ynportunar y dar de my nuevas.

Nuestro Señor vuestra magnifica persona y estado prospere y contente byen aventuradamente. De Palençuela lunes noche y a vuestro servyçio.

Gonzalo Ferrandes, Duque de Terranova.

Almazán respiró tranquilo tras recibir esta carta, pues por fin podía comunicarle al rey la disposición de Gonzalo a aceptar el mando de las tropas de la Liga Santa. Si Luis XII se enteraba de esos planes, tanto mejor para ellos. Al menos todo quedaría claro.

Para ahorrarse trámites enojosos e inútiles, Fernando escribió a sus aliados de la Liga informándoles que tenía la intención de enviar un nuevo ejército a Italia, y anotaba con toda intención que ese ejército lo pondría «al mando de mi Gran Capitán, por la experiencia que tenía en las cosas de la guerra, en especial contra los franceses».[16]

Unas semanas antes de que Fernando hiciera esa declaración pública, que tuvo una buena acogida entre los aliados, designando a Gonzalo como el nuevo capitán del ejército de la Liga, un diplomático florentino, que más tarde sería uno de los más grandes historiadores de su país, Francesco Guicciardini, escribía al Consejo de los diez una larga carta sobre la situación política en España, que no tiene el menor desperdicio, por lo que me parece oportuno transcribirla entera:[17]

16. Barón de Terrateig, *Política en Italia del Rey Católico (1507-1516)*. Madrid, c.s.i.c, 1963, vol. II, pp. 206 y ss.

17. *Viaje a España de Francesco Guicciardini, embajador de Florencia ante el Rey Católico*, traducción y estudio preliminar de José María Alonso Gamero, Madrid, Castalia, 1952, Apéndice, pp. 84-88.

Con ésta va una copia de la carta que les escribí el día 21 del pasado por la posta del Rey, dirigida a Messe Antonio Strozzi, a Roma, y desde entonces no he escrito porque no ha salido posta hacia Italia y yo no tengo facilidades de escribir por otro conducto.

El día 31 de abril se supo aquí de la batalla entre franceses y españoles y la primera noticia vino por carta que el Rey de Francia escribió a la Reina, en la que le decía que su hermano, el señor de Fox, había muerto gloriosamente en una gran batalla; y que él estaba muy disgustado a pesar de que el ejército había obtenido la victoria sobre sus enemigos.

Al día siguiente se recibieron cartas, fechadas el 16 y 17, del Embajador del Rey en Roma y de algunos mercaderes, con la noticia de la pérdida de Rávena, de lo que su Majestad se disgustó bastante, haciendo propósito de acudir a las cosas de Italia gallardamente, enviando de nuevo gran cantidad de hombre de a pie y de a caballo. Ayer se ha hecho público el propósito de enviar al Gran Capitán a Italia como Gobernador de Nápoles y Jefe del Ejército, lo cual, por algunos detalles que yo tenía, creía se hubiese ya hecho hace algunos días, pero habiéndose mantenido en secreto hasta el presente; si no hubiese sido por este accidente, su ida se habría diferido algún tiempo, pero ahora se apresurará y, según mis noticias, partirá de la Corte dentro de pocos días.

Para ello están organizando a toda prisa las tropas que irán con él, y por lo que yo he podido averiguar lo más fácil será que desembarquen en Piombino. El número de éstas no se ha precisado del todo y se adoptará una resolución definitiva hasta no tener nuevas noticias de Italia, las cuales se esperan a cada momento, para saber más particularmente cómo han quedado los ejércitos y cómo los franceses han actuado después de la victoria. Porque las noticias que hay hasta ahora dan la esperanza de que se haya salvado una gran parte del ejército español y de que los franceses, en cambio, hayan recibido grandísimo daño. Pero en cualquier caso, Sus Señorías pueden presuponer que de aquí se enviará una gran cantidad de tropas, ya que de otra manera el Gran Capitán no partiría; y, además de las que envíe el Rey, se sabe que muchos señores y Caballeros principales se proponen ir por cuenta propia siguiendo al Gran Capitán, el cual goza en la Corte de Grandísima reputación y no menos benevolencia.

Yo le visité ya tiempo, cuando averigüé que se preparaba su ida, diciéndole que había sido comisionado por sus Señorías, de lo que él mostró alegrarse, agradeciéndolo bastante y diciendo que amaba mucho a Florencia; y que si bien no había hecho gran demostración cuando estuvo en Italia, Sus Señorías debían imputarlo más bien a las condiciones de los tiempos, y al estar él obligado a obedecer a otros, que a ninguna ora razón. Le visitaré de nuevo antes de su partida, pensando que estas cortesías no pueden sino favorecernos.

Por las últimas noticias que hay de Inglaterra se cree que sus tropas comenzaron a embarcar el día 20 del pasado, así que se juzga que vendrán a desembarcar a Fuenterrabía, a donde ya han comenzado a llegar los avituallamientos preparados por el Rey en Sevilla, quien ha dado también orden de que su artillería, que está en Málaga, se concentre por mar en el mismo lugar. El plazo que se había dado a las tropas de pasar durante todo el mes de abril por Medina para cobrar sus estipendios fué prolongado hasta mediados de mayo. Ahora, a la vista de la derrota, les han llamado y se preparan con todo cuidado para atacar a Francia desde aquí; a pesar de todo, se estima que esto depende de la venida de los ingleses, sin los cuales se cree que su Majestad andaría con cautela antes de iniciar la guerra en estas fronteras.

Los dos mil infantes que yo escribí en otra anterior se estaban organizando para ir a Italia, partieron ya hace días con orden de desembarcar en Nápoles. Los españoles dicen que los suizos han entrado en su Liga y que el Emperador ha pactado una tregua con los venecianos por ocho meses, cosas ambas sobre las que yo no me extiendo más porque Sus Señorías deben saber la verdad.

A. V. S. me recomiendo.

Guicciardini filtra muchas noticias y alguna que otra sospecha. Está convencido de que el cambio de actitud del rey hacia Gonzalo era fruto de la desesperación. ¿Qué valor podía tener en caso de que el peligro francés remitiera? Pero Luis XII seguía amenazando el norte de Italia, y el Papa repetía constantemente los mismos argumentos de unos meses antes y además Gonzalo ya se había hecho a la idea de que al fin, aunque a disgusto, Fernando reconocía su papel en la Guerra de Nápoles.

Gonzalo recibió un despacho del rey en el que se le notificaba el nombramiento de capitán de un cuerpo expedicionario a formar que iría a Italia en el otoño de ese año de 1512. Tiempo no sobraba. Nunca había estado tan ocupado, tan interesado en organizar las levas, mientras se dejaba ver en medio del gentío de hombres de armas que acudían de todos los rincones de Andalucía. Conocía a los padres de todos aquellos muchachos que deseaban formar parte del ejército del legendario Gran Capitán. Disfrutaba enormemente de la vida y se sentía tan feliz como en Nápoles unos años antes, mucho más feliz que sus amigos. Cuando llegó el verano, las levas estaban hechas, y sólo faltaba organizar la tropa, enseñarle disciplina y orden táctico, porque el tiempo apremiaba, y así se lo hacían ver el Papa Julio II y el emperador Maximiliano al rey Fernando.

Los rumores de su próxima partida eran cada vez más insistentes, según la notificación de Guicciardini al Consejo de los Diez, el 31 de mayo de 1512: «de continuo se espera salga la expedición que irá a Italia con el Gran Capitán, la cual parece que estará compuesta de 500 a 700 hombres de armas, 1.000 caballos ligeros y 5.000 infantes, en cuyo número se computan los 2.000 que hace días partieron ya para Italia. El rumor es de que su salida será en el mes de junio, pero no se puede asegurar con certeza puesto que, además del tiempo que se necesita para preparar las tropas, las cosas de aquí van naturalmente despacio. Embarcarán en Málaga».[18]

Era el gesto normal, pero aún así faltaba algo en todo ese operativo. Gonzalo esperaba mientras quizás le daba vueltas en la cabeza a esos pensamientos que más tarde atormentarían gravemente a don Quijote cuando confesó por fin quién era: «De mí sé decir que después que soy caballero andante soy valiente, comedido, liberal, biencriado, generoso, cortés, atrevido, blando, paciente, sufridor de trabajos, de prisiones,

18. *Viaje a España de Francesco Guicciardini,* cit. p. 91.

de encantos; y aunque ha tan poco que me vi encerrado en una jaula como loco, pienso, por el valor de mi brazo, favoreciéndome el cielo y no me siendo contraria la fortuna, en pocos días verme rey de algún reino, adonde pueda mostrar el agradecimiento y liberalidad que mi pecho encierra».[19]

VIENTO DEL SUR

Sólo había una cosa que podía disuadir a Gonzalo de hacer ese viaje, y es que Fernando se mostrase remiso a la hora de aprovisionar el cuerpo expedicionario. Por eso, antes de marchar tomó algunas precauciones, mientras pulsaba su estado de ánimo en diversas cartas, en las que o bien le pedía consejo sobre su gestión en Loja, o bien reclamaba su apoyo para el matrimonio de Luis de Herrera, al que quería como un hijo u otras muchas recomendando a personas afines a su casa, o simplemente amigos, hasta el punto que tuvo necesidad de comentarle al secretario Pérez de Almazán que tanto el rey como él «hicieran lo más conveniente» sobre esas recomendaciones.[20] Si Fernando hubiese sido un hombre atento a la ironía, habría comprendido que Gonzalo no estaba dispuesto a marcharse a Italia sin las debidas garantías. Pero él, por desgracia, ya no era el rey que había conocido años atrás: hacía tiempo que había eliminado de su vocabulario la palabra generosidad y estaba orgulloso de ello.

Recordemos que, cuando Maquiavelo afrontó el problema de la liberalidad y la avaricia en el orden político, afirmó que «el actual monarca español (Fernando, rey de Aragón y de Castilla) no habría llevado a feliz término las famosas empresas, ni triunfado en tantas ocasiones, si hubiera sido liberal.

19. *El Quijote*, ed. cit. pp. 539-540.

20. BN: ms. 20211 (papeles de Gayangos); Salazar, t. I, ap. B-I, núm. 368, p. 546.

Así, un príncipe que no quiera verse obligado a despojar a sus gobernados, ni que le falte nunca con qué defenderse, ni sufrir pobreza y miseria, ni necesitar ser capaz, debe temer poco incurrir en la reputación de avaro, puesto que su avaricia es uno de los vicios que aseguraron su reinado».[21]

A comienzos de julio, Gonzalo comenzó a sospechar que algo no iba bien: las provisiones no llegaban, pese a las constantes reclamaciones a Pérez de Almazán. ¿Por qué en lugar de dejarse convencer decidió esperar con calma? Se quedó en Málaga varias semanas. Nadie sabía los motivos; aunque Guicciardini, quien seguía el asunto con enorme atención, comenzaba a sospechar alguna treta, y de ese modo se lo notificó al Consejo de los Diez, el 15 de julio: «Gonzalo, como dije en otra carta anterior, partió con dirección a Málaga, pero no con mucha prisa, porque las provisiones, según se dice, no estarán a punto en todo este mes. No obstante lo sucedido en Milán, siguen firmes en la deliberación de enviarlo, aunque pudiera ser que llevase menos tropas de las que se pensó en principio, pero sobre esto todavía no se sabe nada cierto».[22]

Podemos preguntarnos por qué Fernando actuaba así. ¿Por prudencia política? No. Fernando se comportaba con frecuencia como si apoyara todas las decisiones de la corte, cuando en realidad no tenía la menor intención de sostener la expedición a Italia; sólo trataba de ganar tiempo. Intuía que Julio II y quizás Maximiliano no le perdonarían nunca su actuación si expusiera sus ideas en público. Supuso acertadamente que la presencia de Gonzalo al mando de las tropas era suficiente para tener entretenidos a los espías de Luis XII, mientras él preparaba su auténtico objetivo, que no era otro que la conquista del reino de Navarra.

El 12 de julio las tropas del duque de Alba, acantonadas en las cercanías de Salvatierra, atravesaron la frontera y ocuparon

21. *Príncipe*, cap. XVI.
22. *Viaje a España de Francesco Guicciardini*, cit. p. 96.

Pamplona. La noticia le llegó a Gonzalo, mientras esperaba con sus tropas en el puerto de Málaga. Volvió a experimentar aquella extraña sensación de haber sido manipulado una vez más por Fernando. Es posible que hubiera sido más feliz si Julio II le hubiese insistido en embarcar, pese a las dificultades. Toda su vida había deseado llevar a cabo una misión desesperada. Pero se tragó el orgullo, y esperó acontecimientos.

Observando toda esa agitación en España, el 25 de agosto, Guicciardini escribió: «Gonzalo de Córdova se encuentra en una ciudad, a pocas jornadas de Málaga, donde se ha detenido bastante días; y mientras que aquí no se supo el declinar de los franceses, la dilación de su partida se debió a él en gran parte, porque no quiere iniciarla sino como es uso de los grandes hombres, con abundantes provisiones y elementos».[23]

DILACIONES SIN SENTIDO

Gonzalo comenzó a sospechar lo peor. Acababa de cumplir cincuenta y nueve años, sin que nada hiciera prever que el viaje a Italia se llevaría a cabo finalmente. Comprendió que sin un apoyo expreso del rey, en forma de avituallamiento y refuerzos en hombres y cañones, toda aquella gente arremolinada en el puerto de Málaga no tenía ningún futuro. Así lo pensó Guicciardini al escribir el 17 de septiembre: «El secretario de Gonzalo de Córdova, de quien decía en mi última que había sido enviado aquí por él, fue ya enviado de vuelta y la respuesta fue que la intención del Rey era que fuese a Italia de todos modos, pero le fue puesta alguna dilación, y por la Corte se estima que, o bien España está resuelta a que no vaya, sin querer decir claramente de una vez que no, o que espera ver cómo van las cosas de Italia más adelante y, según vayan tomar una decisión».[24]

23. *Viaje a España de Francesco Guicciardini*, cit. p. 103.
24. ID. p. 108.

El secretario de Gonzalo que fue a Logroño para entrevistarse con Guicciardini era Gonzalo Fernández de Oviedo, el futuro cronista de las Indias, y uno de los hombres que más hicieron por la memoria del Gran Capitán. Quizás uno de los motivos que tuvo más adelante de restaurar el honor de Gonzalo descansa precisamente en lo que vio y escuchó en la corte en septiembre de 1512. ¿Se trataba de un nuevo complot, como los urdidos años atrás? No cabe duda.

La conspiración se tejió con la ayuda de los administradores de la corte que no tuvieron escrúpulos con envenenar a Maximiliano con las peores calumnias sobre los objetivos de Gonzalo. El propio rey se alió con esos canallas escribiendo en cierta ocasión al emperador que no se fiase de Julio II debido a «los tratos secretos que tenía con el Gran Capitán, se persuadía que pasando allí a tener el cargo de general, le ayudaría a salirse con su propósito y que por esto se había tratado que el Papa le diese el ducado de Ferrara».[25]

Esa actitud de Fernando fue la responsable de que numerosos hombres de talento, de los que España no podía prescindir, malograran sus vidas en empresas imposibles. A la gente sencilla apenas le importaba la decencia del rey, ni de su corte. Lo que quería era saber por qué motivos no funcionaba el país; y por qué los hombres capacitados eran apartados de los cargos de responsabilidad y se los daban a ineptos declarados. Gonzalo lo había intentado y había fracasado. Sus amigos estaban bien situados, pero ninguno era capaz de enfrentarse a Fernando haciéndole ver la torpeza de sus actos. Cambiar Navarra por Italia carecía de sentido, pese al titánico esfuerzo desplegado por los cronistas áulicos de entonces y los historiadores modernos convencidos que esa campaña estaba destinada a conseguir la unidad de España.

A finales de septiembre, Gonzalo comprendió por fin que todo el asunto de la creación de un ejército expedicionario

25. Giovio, op. cit. p. 553.

para mandarlo a Italia había sido una cortina de humo para organizar la campaña de Navarra. Licenció a las tropas, se despidió de los amigos y se marchó a Loja con la amarga sensación de haber sido objeto de una sucia burla por parte de algún alto funcionario de la corte.

19

VIVIR EN LOS AGUJEROS (1512-1514)

Una mañana de octubre de 1512, Gonzalo llegaba a Antequera más triste y perplejo que nunca por su fracasado viaje a Italia. Cinco años habían pasado desde el histórico regreso de Nápoles. Todo parecía igual. El emperador Maximiliano y el Papa Julio II eran más prominentes que nunca, el rey Luis XII, en cambio, vivía aún en medio de sus viejos anhelos de conquista. El duque de Alba se vislumbraba como el militar con más porvenir en España, pero una nueva generación llamaba a la puerta; la Guerra de Navarra se desbocó. El sol de Fernando nunca había brillado tanto. Las quejas campesinas se extendían como una epidemia. Thomas Müntzer era el mayor de los profetas revolucionarios para el más utópico de los mundos. Lutero había buscado una salida a los males de la Iglesia y trataba de promulgar unas tesis en ese sentido.[1] La crisis económica atenazaba a todos los reinos de la Península Ibérica. Ni siquiera las noticias que llegaban de América contrapesaban tan malas perspectivas. Albretch Dürer encontró una imagen para ese estado de ánimo: *melancolía.*

En Andalucía volvía a reinar el descontento. La mitad de las casas nobiliarias intrigaban contra el rey, y la otra mitad cerraba los ojos. La muerte del duque de Medina Sidonia iba a romper el frágil equilibrio. Se presentía un cambio de actitud hacia lo peor, en el momento que Fernando mostrara síntomas de debilidad. La vieja nobleza era conservadora y detestaba las novedades. En eso se parecía a los comuneros,

1. Thomas Nipperdey, *Reformation, Revolution, Utopie,* Göttingen, Vandenhoeck & Ruprecht, 1975.

cada vez más inquietos por el tono autoritario de la monarquía.

Gonzalo se encontraba en un estado de ánimo singular, más melancólico que nunca. El siglo XVI fue primordialmente un siglo dominado por la sombra de Saturno.[2] Una de las razones de ese estado de ánimo, expuesta en una carta a Cisneros del 15 de octubre,[3] residía en que la corte, controlada por Quintana, parecía cerrada definitivamente para él. Semejante convicción le llevaba a otra: a que la camarilla de Fernando no dejaba ningún resquicio para la acción.

En esa descripción, su soledad es inevitable. Pero unas semanas después, Gonzalo mostraba signos de esperanza, gracias en parte a la amistad con el secretario Almazán; las noticias de Italia le permiten entrar milagrosamente en un horizonte de expectativas nuevo. Julio II seguía interesado en él, mientras discutía los planes de la construcción del palacio vaticano, con Buonarroti, el genial sucesor de Bramante. Las insinuaciones del Papa, cuidadosamente transmitidas a los embajadores de Venecia y Florencia (y de las que Guicciardini se haría eco en más de una ocasión) fueron bien recibidas en Loja. Gracias a ellas, Gonzalo retornaba a su tierra natal, sin rencor. Quería diversión, tranquilidad y alegría.

UNA METÁFORA SOBRE SU VIDA

A través de su incorporación por Gonzalo la metáfora de «vivir en los agujeros» se ha elevado por encima de cualquier otra expresión que refleje su vivencia durante los últimos tres años de vida. He logrado saber que se la había referido al se-

2. Así lo pensaron Raymond Klibansky, Erwin Panofsky y Fritz Saxl, *Saturn and Melancholy*, Londres, Nelson, 1983.

3. BN: ms. 20211 (papeles de Gayangos) (Salazar, t. I, ap. B-I, núm. 376, p. 548).

cretario Almazán en una carta escrita en octubre de 1512, en casa de Francisco Pacheco. La comprensión de su actitud ante los avatares de la vida pasa por esa metáfora.

Aunque Gonzalo está dotado de un carácter más fuerte que el legendario príncipe Hamlet, su actitud es parecida ante los ultrajes y desdenes del mundo, la injuria del opresor, la afrenta del soberbio, las congojas del amor desairado, las tardanzas de la justicia, las insolencias del poder y las vejaciones que el paciente mérito recibe del hombre indigno; él es un hombre que siente la amenaza que le acecha por la irresponsabilidad de los cortesanos que le acusan, sin fundamento, de conspirar contra el rey.

La idea de «vivir en los agujeros» no es por tanto una renuncia al mundo como hacen creer las referencias de Giovio a Lojendio, sino más bien una nueva actitud ante las dificultades de la vida.[4] A algunos quizás sorprenda que, en octubre de 1512, el más famoso capitán de España haya reaccionado sin rencor ni irritación a las decisiones de Fernando. Frente al drama romántico e infinitamente impreciso de un hombre amargado, sumido en la tristeza, roto, esta carta muestra al verdadero Gonzalo, que pone buena cara a las decisiones oficiales, pese a tener serias dudas sobre ellas:[5]

Muy magnifico señor: vuestra carta de XXVII de septiembre Responsiva a lo que con Francisco Nieto escreví, resçebí y para mi que siempre tuve la voluntad de su alteza por ley, no conviene darme causa para lo que le plaze: Si algo escreví que nos plugo, perdonaldo, pues fué constreñido de lo que algunos servidores y de los adeptos a su alteza quieren que yo crea, y hablan, y muestran que su Magestad oye y cree de my: y por sentir demasiado la burla, que lo que mas de ella siento es la que su alteza recibe en tantas cosas que no conviene que yo entre en ellas, y aunque es de las menores particularidades no es pequeña, que con tantas personas que disponen con tal fe de sus vidas y ha-

4. L. de Torre, *Cartas*, en *RABM*, 1918, p. 397.
5. L. de Torre, *Cartas*, en *RABM*, 1918, p. 397.

ciendas por servir, se determinen por ladrones, y queden syn ningund merito ni esperança, no puede sino dolerme ser yo el medio dello: y pues yo señor sabes? con qué mandamiento entré en ello lo juzgad.

Aparte del tono sarcástico en algunos momentos, Gonzalo enuncia aquí una clara postura política. Descarga su irritación contra «los adeptos del rey que se burlan de él»: una forma de reconocer que estaba al corriente de que su viaje a Italia había sido una tapadera para preparar en secreto la Guerra de Navarra. Pero en esa ocasión Gonzalo se esfuerza en resaltar la iniquidad con que en la corte se dramatizaba su actitud con respecto a la campaña de 1512. La estupidez humana es un gesto inesperado que late en el fondo de las almas innobles. Gonzalo no tiene ningún interés por indagar las razones de esa conducta. Porque reacciona ante el drama de esa historia con una fortaleza de ánimo, al mismo tiempo que busca una compensación de orden material, que el rey tampoco parecía dispuesto a concederle:

Por lo que amy toca yo certifico que estimo dexarse la jornada por una de las mercedes que de dios he rescebido para el alma y honrra, que es lo que mas se debe estimar, y por salsa de estos otros juizios y de la nescesdidad que esto me ha acrescentado por Remedio della, y poder sevir a su alteza, sin en algund tiempo quisiese servirse de my, le suplique y pedi la liçencia mas que por usar de sus poderes: que para ermitaño como me lo conviene ser poca neçesidad ay dellos, mas porque estarán mejor en vuestro poder los enbio con esta. Y pues su Magestad no es servido de darme esta licencia que por postrer remedio de my neçesidad le pedi, y apartarme de tan diversos juizios en que estoy, y que paresciese al mundo que juzga, que si su alteza no confia de my en la merced que me hizo, pues no puedo gozar della como los otros que menos que yo le sirvieron lo gozan, lo suplicava pues que su alteza no tiene voluntad dello, contentome de lo que será más servidio, que en sí mismo no dexará de pensar que le pido justo y con harta causa, y lo que nunca a nadie negó y que sirva este cargo con otros de my servitud.

Con el fin de asegurarse que Almazán y los demás lectores de la carta comprendieran el alcance de sus planteamientos, Gonzalo da entrada a la famosa metáfora:

Biviré en estos agujeros donde sali, contento con lo que su alteza face, como sin dubda lo quedo, y de aver despedido la gente que avia venido como su alteza lo mandó aquí en Antequera: donde estaré en esta casa que don Francsico Pacheco tiene aquí hasta que se adobe en Loxa donde podamos caber;

Tras esta confesión de extraordinaria riqueza poética dirigida tanto a los erizados cortesanos que le niegan el pan y la sal, cuanto al propio rey, a través de Almazán, el honesto secretario, resume su situación tras la serie de hechos que él mismo acaba de vivir y sobrevivir preparando la campaña italiana:

de mis costas yo las doy por tan bien empleadas pues son por lo que conviene a la honrra y servicio de su alteza, que poca importunidad reçebireis por pediros las fechuras, pues hata quedar en Gonçado Fernandez todo es de lo de su magestad; a vos tengo en mayor merced que puede encarecer lo que se y creo que deseais poder para que la resçiba y no a de trabajar menos para serviros la voluntad que la obra.

Unos renglones más abajo, ajusta la línea argumentativa de modo que le permita insertar un largo memorial sobre los hechos acaecidos, donde se deplora y al mismo tiempo se acepta el trágico desenlace de su alejamiento de la corte; la comprensión amplía el discernimiento de la política fernandina en esos años:

Un memorial envio a Francisco Nieto de algunas cosas que os suplique. Merced reçebiré que lo que con poca pena se pudiera hazer que se despache, y suplicos que más fatiga no se ponga, en mis cosas de lo que con exalmo se pudiera obrar, que no es justo que los de lexos demos fatiga: nuestro señor os dé la prosperidad y contentamiento que deseais. De Antequera catorze dias de Octubre.

Al examinar el modo en que valora la frustrada campaña en Italia, convirtiéndola en una manifestación del poder moderno, al mismo tiempo que Maquiavelo confeccionaba *El Príncipe*, me parece posible demostrar que los despachos de esos meses poseen un extraordinario activo en los detalles de la política de Fernando, tanto como los vivaces comentarios del secretario florentino. Más aún, él fue un testigo de excepción del conflicto político y moral que dividió a la sociedad española en aquellos tres años, en el sentido que nunca estuvo convencido de la necesidad de la Guerra de Navarra y menos aún de la unificación de todos los reinos de la Península Ibérica, la gran obsesión de Fernando.

SALGA EL SOL POR ANTEQUERA

Gonzalo vivió cuatro meses en Antequera, en casa de su amigo Francisco Pacheco: de octubre de 1512 a febrero de 1513. En ese otoño/invierno crucial en su vida, no dejó de pensar en política. Los acontecimientos de Navarra los valoró con calma y su figura resplandecía con la grata sensación de la familiaridad y las cenas con los amigos y compañeros de armas. Sentía de nuevo la voluptuosidad de la vida retirada de aldea y el menosprecio de la corte. Granada comenzaba a recobrarse de la guerra contra los moriscos. La *taha* de Orgiva producía a buen ritmo. Las rentas eran altas. La exportación de caballos mantenía su nivel; y el trigo calabrés (el pan, como él solía decir)[6] llegaba puntualmente a los mercados. Por supuesto, seguía teniendo la animadversión del conde de Tendilla, involuntario aliado de sus sepultureros.

El recuerdo del frustrado viaje a Italia era cada vez más te-

6. L. de Torre, *Cartas*, en RABM, 1918, p. 399: «Francisco Nyeto solicita una liçençia del Rey nuestro señor para poderse sacar fuera del Reyno çierto pan que tengo en mí estado de Calabria».

nue, como si en realidad nunca hubiera ocurrido. Rechazó la idea de que se trataba de una conspiración contra él por parte de Fernando el Católico, pese a que no entendía la actitud de Quintana en todo ese asunto. Almazán apoyaba su tesis. No así muchos nobles de Andalucía, incluído Pacheco, que seguían insistiendo en esa posibilidad. Aquí se origina la leyenda de la gran conspiración, que tendrá en Quevedo su exegeta más cualificado. Para Gonzalo, en cambio, el problema real estaba en la Guerra de Navarra. Fernando y el duque de Alba corrían grandes riesgos cada día, y nadie pensaba en una derrota. Que una campaña de ese tipo amedrentara a Luis XII hasta su completo desinterés por miedo a fracasar, superaba incluso la experiencia que Gonzalo tenía de la soberbia francesa, que era grande pese a su admiración por los dos duques de Nemours.

Atribuyó alegremente el frustrado viaje a Italia a la retirada francesa, actitud que por otro lado no le sorprendía, y así se lo confesó a su amigo el cardenal Cisneros en una carta del 15 de octubre de 1512, donde entre otras cosas decía: «Yo señor pedí la liçencia por averme scripto su alteza y Almaçán que las cosas de Ytalia eran fuera de toda sospecha de franceses y en entera quietud y ver que lo de aca yva por los mismos terminos».[7]

Esta declaración de intenciones es totalmente necesaria si se quiere defender la honestidad del rey. No le quedaba más alternativa que adoptar la misma actitud que en 1498 y en 1506, y con la misma incapacidad para entenderlo. Como siempre que necesitaba un aliado, Fernando había caído en brazos de los radicales de su régimen: lo hizo en 1491 en Granada, lo repitió en 1507, y lo consumó en 1512.

No había solución. La respetabilidad del rey desaparecía cuando había dinero por medio. La falta de generosidad era alarmante. De ahí el tono gélido, algo desagradable, de su carta: «y quedar yo desta barcada entre tantos juizyos obligado a

7. L. de Torre, *Cartas*, en *RABM*, 1918, p. 398.

dar la cuenta quel caso requiere con los gastos de tal jornada, y poderme remediar para poder servir si su alteza quisiese algún tiempo servirse de my: y porque nunca vi que su alteza la negase a quien gela pidiese avnque con menos causas y porque pense que pues su alteza avia mandado que se supiese en Italia que yo yva, ya que por las suplicaçiones de sus cortes y grenjes le convenia no confiar de my en lo suyo, confiara de dexar me gozar de la merced que me hizo, sin ser cosa nueva pues se hace con otros que no le sirvieron mas que yo; y no mostrarme otro remedio de retitirme a la natura, no era mi demanda de tanto agravio que nadie se debiese doler más della que de my, mas pues su alteza es servio y a Vª. Sª. así le paresce averse ha por no dicho pues lo que dios permite y su alteza manda y vuestra S.ª aprueua se deue averlo por lo mijor».[8]

Un incidente banal sirvió para reforzar su convicción sobre la falta de generosidad de Fernando. Se trata del caso de Juan Cortés, criado del duque don Fernando, que fue requerido por el rey para entrar a su servicio. Luego, sin saber los motivos, le apartó de su lado. En ese momento se dirige a Almazán en defensa de ese hombre, con el siguiente comentario: «y agora pues cesa vuelvese al servycio del Señor duque como primero, y pues su proposito e deseo fue tal, es razon que se atornado y restituydo en su lugar y avnque sea augmentado y mijor myrado, de lo qual vos señor deves tener cuidado pues es servycio del Rey nuestro señor que se gratifiquen los tales».[9]

He aquí su apuesta: hace depender todo (la condicion humana, su propia reputación y el respeto al poder) de la generosidad del rey frente a los funcionarios que le estimulaban en dirección contraria. Los meses pasados en casa de Pacheco fueron una lucha titánica para defender esas ideas con cartas a Cisneros, Almazán y otros; pero sin ningún resultado. A los ojos de Fernando, su actitud era una pasión imposible. La ca-

8. L. de Torre, *Cartas*, en *RABM*, 1918, p. 398.
9. L. de Torre, *Cartas*, en *RABM*, 1918, p. 399.

sualidad hizo que fuera en esa ciudad donde la intentó, pues es famoso el dicho en Granada cuando alguien se aferra a algo imposible: ¡Salga el sol por Antequera!

BUSCANDO SALIDAS

A mediados de febrero de 1513, Gonzalo se ha instalado por fin en Loja: ya ha encontrado algo «en que poder estar». La serenidad de vivir en su propia casa le permite reanudar los contactos políticos. Su interlocutor sigue siendo Cisneros atento a cualquier oportunidad para hacerse con la regencia en nombre de Carlos de Habsburgo. ¿Cuándo le visitó para tratar esos temas que provocaron un escandaloso comentario por parte de fray Francisco Ruiz de Sesa, obispo de Ciudad Rodrigo al secretario Almazán?[10] Los amigos de la reina Juana siguen en pie de guerra, en especial Juan Manuel. ¿Por qué cae precisamente ahora en ese mundo de la intriga? ¿Qué más o qué otra cosa podría desear?

La carta dirigida a Cisneros el 17 de febrero nos informa en cierto modo de su estado de ánimo.[11] Los párrafos iniciales establecen una línea de actuación: «justo es que vuestra señoría restituya presto a la corta en su autorydad con su presencia pues aquel es su propio engaste y bien universal de los presentes y descanso de los absentes dalla». Declara tajantemente que el cardenal debería hacerse con el control de la corte; aquí el énfasis está en la expresión «restituir a la corte en su autoridad». La camarilla de Fernando actúa en gran parte por ambición personal y por una renuencia a defender las leyes del Estado a las cuales han jurado obedecer. En una palabra, estamos ante un claro caso de corrupción.

10. RAH: Salazar, A-9, f. 125 (Salazar, t. I, núm. 889, p. 231).

11. BN: ms. 20211 (papeles de Gayangos) (Salazar, t. I, ap. B-I, núm. 382, p. 550).

Frente a la inmoralidad de la corte, opone la serenidad de la aldea, y lo hace una vez con prosa poética: «Entrestas piedras muy pocas nueuas se cojen; y a mi señor me bastan menos de las que oygo porque ninguna deseo saber sino del bienestar de vuestra señoria que Dios ge le cunpla como desea». Mirando más allá de su situación particular, se formula una pregunta sobre cómo es su vida en la aldea de Loja comparada con la del entorno de Fernando en la corte, a la que responde con orgullo: «Yo señor estoy muy bien de salud gracias a nuestro Señor y sin ninguna fatiga de espíritu ny de persona syno de aver prouado tan tarde esta vida que tengo».

Más adelante, recordando los últimos sucesos de su familia, añade una nota emotiva que al mismo tiempo es una reveladora confesión sobre la postura del rey en la rebelión de su sobrino y la destrucción del castillo de Montilla: «y porque de todo lo que acá mas vuestra señoría querrá saber el reverendo Maestro de Toro dará la cuenta a el me remito; y a vuestra reverendísima señoria beso las manos porque en lo que a el le tocare le mande aver muy recomendado porque estoreçebire yo en merced propia, porque las buenas obras y compañía que el ha fecho al señor Marques de Priego e a sus hijas en mayor debda nos ponen; por lo que a vuestra señoria deseamos seruir le suplicamos pague por nosotros en esta parte en mandarle aver mucho recomendado y boluer presto porque en ello vuestra señoria nos hara grand merced». ¿Qué índole de lección moral debería haber aprendido Fernando con la historia del marqués de Priego?

Gonzalo responde así a la pregunta que muchos nobles se hacían en Andalucía y fuera de ella sobre su opinión acerca de la actuación del rey en los sucesos de Córdoba de 1508; y lo hace de acuerdo con el principio de la generosidad del poder proclamando, con cautelosas reservas, que una situación parecida estaba a punto de producirse en relación a la herencia del duque de Medina Sidonia.

Todo el mundo era consciente que Pedro Girón no aceptaría de buen grado la promoción de Alonso de Guzmán, al que Fernando pensaba darle la mano de su nieta Ana de Aragón. La falta de tacto del rey implicaba un riesgo político y un peligro social. Gonzalo era consciente de ello y por eso mismo escribe: «porque creo que de mejor parte abra vuestra señorio entendido lo que dispuso nuestro Señor del Duque de Medina Sidonya, y los principios y termino en que estan las cosas no diré más de lo que me parece que es seruicio del Rey nuestro señor y bien desta tierra; que si este negocio sdexa regir a quien parece que se remite a la afeccion del señor Arzobispo y mannas (?) de Mondoñedo avra de naçer el escandalo donde devría salir el remedyo: y pues del lugar de vuestra señoria suele salir mas çierto por lo que deseo seruir a su alteza y vuestra señoria me atreuo a suplicarle quyera mirar en esto como la justiçia aya antes su lugar que el rigor».

Una dura crítica se trasluce entre líneas y explica el deseo de contar todos los detalles de la revuelta de 1508, nunca olvidada del todo, y menos en ese momento que volvía a actualizarse tras la torpe solución dada a la herencia del duque de Medina Sidonia. Gonzalo desecha sus propias vacilaciones sobre si debe involucrar al rey en todo ello. Pero quiere que sea Cisneros quien dirija la acción. Las últimas palabras de la carta son esenciales en ese sentido: «la justicia de estar por encima del rigor». No se crea que es una nostalgia de los viejos tiempos: sólo era un modo de buscar formas mejores de gobierno. La construcción del Estado dinástico no debía hacerse al margen de la justicia.

Así, gracias a la serenidad conseguida en la aldea de Loja, la crítica a los excesos de la corte encontraron un sitio en el vocabulario político español a comienzos del siglo XVI, en una línea cercana a la que proponía Palacios Rubios en su dictamen *De Insulis.* La justicia se convirtió en un derecho del hombre y el rigor debía someterse a él.

Comenzó entonces la última lección, la suma y el término de su vida. Llevaba treinta años, o poco más, de experiencias de todo tipo sin haber sentido nunca el deseo de hacer examen de conciencia. Nunca se había visto a sí mismo como sujeto activo de una reflexión, sólo en los primeros años de juventud cuando tuvo que aprender los ideales caballerescos de Chacón y Valera. Las lecturas de Erasmo habían arrojado de repente sobre su memoria el terror de haber cometido un acto indigno en algún momento de su vida. La idea fue creciendo en su interior más de lo que él mismo podía soportar. Halló en su hija Elvira el apoyo necesario. Semana tras semana, su mente se fue interiorizando más y más. La conciencia se abría paso en él, como en la sociedad europea de entonces.

Conciencia y dignidad: ese es el binomio que se apoderó de Gonzalo a finales del verano de 1513, en el momento mismo de cumplir sesenta años, una edad adecuada para la reflexión. Una vez más, volvió a ser pionero de una forma de ser que se extendería con fuerza en los próximos años. En 1521, sin ir más lejos, ante la Dieta de Worms, Lutero respondió a la petición de Carlos V para que se retractara, con las siguientes palabras: «A menos que yo sea convencido por la Escritura y evidente razón, mi conciencia (*Gewiseen*) es deudora de la palabra de Dios. No puedo ni quiero retractarme, pues un acto contrario a la conciencia es oneroso (*beschwerlich*), pernicioso (*unheilsam*) y peligroso (*gefärlich*)».

Gonzalo había leído mucho en Erasmo acerca de la conciencia, incluso había discutido sobre ese asunto con Cisneros en algunas cartas, y sabía de memoria algunos pasajes del *Enchiridion* que afrontaban el principio de la dignidad del ser humano. Siendo un hombre mortal que aspiraba con motivos a la inmortalidad, la dignidad cobró un aspecto nuevo para él en el apropiado entorno de Loja. La vida de aldea le ayudaba a realizar ese largo examen de conciencia que, probablemente, la vida de la corte nunca le hubiera permitido. El caluroso verano granadino se cernía en el exterior, sobre la plaza de San Francisco y las pintorescas alquerías de Orgiva y Santa Fe, y en el color rojizo de la alcazaba nazarí. Se enfrentó con su conciencia, como sólo los grandes hombres lo saben hacer.

Compartía con Erasmo la convicción de que el mejor estímulo del alma cristiana es el ejemplo vivo de quienes fueron perseguidos sin razón alguna, como lo fue el propio Hijo de Dios. Esa dimensión paulina del cristianismo se extendió por España, en abierto contraste con el iluminismo que comenzaba a percibirse en muchos círculos religiosos. El erasmismo hizo posible una revisión a fondo de la conducta moral de los españoles. Se detuvo en pensar si a lo largo de su vida había traicionado a alguien sin motivos, y solía confesar a quien quería oírle que «no ofendido de la penitencia de algún delito, alegremente se partiría de esta vida, sino no hubiera dado su fe descuidadamente á don Fernando de Aragón, Duque de Calabria, hijo del Rey Federico de Nápoles, y a César Borja, Duque Valentino, para que ella después fuese rompida con infamia de su nombre. Ajuntaba el Gran Capitán á estas dos cosas la tercera, de la cual como mayor y más grave más se arrepentía, no la queriendo publicar».[12]

Giovio perfeccionó la confesión de Gonzalo uniendo el tono galante de sus actos y el sentido de tragicómica inescrutabilidad de todas las cosas propias del modo de hacer historia en Italia en el siglo XVI y el apasionado retrato de los tres personajes en cuestión a lo que él era tan aficionado. La confesión nos atrapa en la primera lectura. Sentimos más curiosidad que horror ante las palabras del Gran Capitán. El reconocimiento interno de sus actos se convierte así en una forma de *catharsis* difícil de olvidar que nos induce a aceptar su palabra como única prueba. Un pequeño salto de asociación nos permite

12. Giovio, op. cit., p. 539.

traspasar el significado literal de esa angustioso secreto, para apreciar una doble parábola sobre los hechos que se estaban produciendo en España por entonces.

Gonzalo se presenta a sí mismo como culpable de un modo de ser cada vez más extendido en la corte donde la aceptación de presiones externas a la moral individual conducen a la realización de actos indignos. El significado político de esta confesión queda enteramente implícito. El riesgo a malinterpretarla es menor debido al conocimiento de los tres personajes citados con los que resulta difícil identificarse.

Los tres momentos decisivos en la vida de Gonzalo fueron tres brillantes acciones militares, políticas y diplomáticas, de donde salió vencedor a costa de tres vencidos, a los que él traicionó por sentido del deber a su rey. Giovio no tiene la menor duda al respecto «él fue constreñido á hacer esto por el mandamiento de su Rey y señor y por complacer al Papa que le pedía cosas honestas, y fuera desacato y mal caso, no obedecerle y pecado grave y cruel ser enemigo de Su Santidad, especialmente en cosa que tocaba á los homenajes que él tenía dados y finalmente parece que contenía en sí la humana razón y la divina, y también por honesta causa y razón evidentísima parece que él debía faltar á la fe que dió, por no dejar meter de sota á sobra la Italia, la cual, echadas á una parte las guerras, estaba para gozar de una sosegada paz y no ser revuelta de la cruel osadía de un tirano, y por hacer placer y buena obra a los Orsinos y Coloneses, que le habían muy bien servido, los cuales de aquel pestilencial hombre habían recibido grandes injurias de crueldad y de avaricia».[13]

Triste paradoja de la vida: la traición a tres hombres que bien pudieron ser los tres mejores amigos de su vida debido a la fidelidad permanente a Fernando, al que admiraba, pero quien siempre le engañó. Por eso mismo, Gonzalo, tan pronto como llega a identificar esa paradoja sustancial de su vida y

13. Giovio, op. cit., p. 539.

percibir su error, en lugar de retirarse a la bárbara mudez de lo innombrable, recurre a la idea erasmista de una confesión pública. El buen caballero cristiano es aquel que sabe reconocer sus pecados. Y de ese modo atraviesa toda su vida hacia atrás, en un esfuerzo por situar los motivos íntimos de esa actitud tan ofuscada en favor del rey, como tenaz en contra de aquellos tres admirables hombres: Boabdil, César y Ferdinando. ¿Qué pensaron ellos de Gonzalo?

Con el tiempo, todo se convertirá en historia de los vencedores y en silencio de los vencidos. En 1514, después de que durante veinte años mantuviera el silencio sobre sus traiciones, Gonzalo confiesa públicamente una falta que durante largo tiempo quedó como una referencia de la galantería del mejor soldado cristiano de su tiempo. El reconocimiento de su culpa le confiere la dignidad necesaria para afrontar los últimos instantes de su vida.

El poeta Martín Ivarra se sintió fuertemente atraído hacia Gonzalo, pese a que aún no se habían resuelto del todo los dilemas en torno a su actuación como virrey de Nápoles. Pero cuando en su famoso *Epithalamion* glosa minuciosamente sus hazañas, puede escribir con toda honradez, y sin que nadie se escandalizara por ello unos sentidos versos en su favor:[14]

> Granatae hic aliquis cytara cauit arma receptae:
> Bellaque summorum Parthenopea ducum

Ivarra considera la personalidad de Gonzalo tan difícil de aprehender que tan sólo puede andar a tientas hacia su desvelamiento por medio de la designación clara, concisa, de él como el guía ideal en la guerra. Esto es algo más que un simple elogio de pasada. El objetivo de la cita es político, y está relacionado con los ecos del gran desastre de Rávena. El mundo italiano ya no era el mismo desde que lo abandonó Gonzalo y estaba

14. Martín Ivarra, *Ignigi Mendozae et Isabelae Aragoniae Ephitalamion,* Barcelona, 1514. (BN: R/18813). vv. 83-84.

claro para todos que el joven Carlos de Gante terminaría poniendo orden en el asunto, quizás en contra de su abuelo. Nos acercamos así a un estado de ánimo en España a lo largo de 1514 favorable al retorno de Gonzalo a cualquier actividad, política o militar. En ese ambiente, resulta más fácil entender una anécdota que hasta ahora había sido mal interpretada.

UN POETA SICILIANO EN LOJA

La actividad política de Gonzalo disminuye. Con la muerte de Julio II había perdido uno de sus apoyos más firmes. El nuevo Papa Leon X cree en Fernando más que en él. Nadie sabe qué está tramando, si es que trama algo. El duque de Alba sigue su meteórica carrera en la corte. Un opaco silencio cubre su vida durante todo el año 1514. Algunos cronistas posteriores, quizás criados suyos en esa época, se afanaron a contar todas las sustanciosas anécdotas que le ocurrieron en Loja; pero la prudencia les hace medir las palabras. La historia de ese año, tan hermosamente ilustrada medio siglo después por el autor de la *Crónica manuscrita*, ocupa sólo media página (poco más de treinta renglones en la edición moderna). Gonzalo, ensimismado por el elogio de la aldea y el menosprecio de la corte, ha vivido ya, presumiblemente, todo lo que deseaba vivir. Más no; la descripción de esos meses se centra en una anécdota curiosa que me ha obligado a investigar más de la cuenta. La anécdota es la siguiente:[15]

Dicese que un poeta siciliano en esa sazón dio al rey don Fernando un libro de versos en latín porque era en su loor, y el rey le mandó dar cincuenta ducados. El poeta se fue á Loja y hizo hasta trescientos versos en alabança del Gran Capitán, al cual mandó dar dos mil ducados. Sabida por el rey la liberalidad que el Gran Capitán con el poeta había usado dicen que dijo: «Si algún día vivimos, veremos avadar la liberalidad del Gran Capitán».

15. *Crónica manuscrita*, p. 465.

Esta anécdota provoca dos fuertes reacciones. El poeta siciliano renuncia a la corte y se marcha a Loja para huir de la tacañería del rey. Allí escribe una obra original y siente la generosidad de Gonzalo. El autor de la crónica pone el dedo en la llaga con firmeza, entrando en la polémica del proceder de Fernando, que aún ardía. En el irónico tirón de orejas hacia la forma de ser del rey, que tanto había dado que hablar en el círculo privado de Gonzalo. La atmósfera de la Granada política estaba atenta a sus comentarios y ésta es la razón por la que el conde de Tendilla consideraba a su «vecinillo», como despectivamente le solía llamar, un hombre peligroso, que nunca acudía a su casa y que aborrecía a sus amigos.[16]

En medio de ese ambiente de cordial enemistad, las noticias de Italia mostraron una vez más la actitud desdeñosa del rey hacia Gonzalo. No siento deseo alguno de profundizar sobre algunos rumores de los que se hicieron eco los cronistas ulteriores, por no estar convencido de su veracidad, pero en los que se corrobora mi opinión sobre el tópico de un Gonzalo triste y melancólico, que no se corresponde con los pocos datos ciertos que de él tenemos de estos meses. Y apartándome de esa tradición, poco fundada, me gustaría centrar mi atención en un hecho mucho más relevante para Gonzalo en ese momento, pese a haber sido dejado de lado.

PASEO POR GRANADA

Voy a relatar ahora un episodio menos fácil de contar. Se trata de la elección del lugar para construir el monasterio y la iglesia de san Jerónimo. Gonzalo había descubierto entre las filas de casas moriscas de las afueras de Granada, muy próximas a Dar Aben Murdí, un huerto bastante grande, con un molino

16. *Correspondencia del conde de Tendilla*, ed. Emilio Meneses García, Madrid, Real Academia de la Historia, 1972.

de aceite bien conservado. En este huerto había realizado su primera lid como caballero contra unos guerreros nazaríes. Le gustaba para su tumba; pero había un pequeño inconveniente, los Reyes Católicos se lo habían cedido a la orden de los jerónimos. En 1513 se comenzó la construcción de la Iglesia y aquí es donde se inserta el episodio que he tratado de reconstruir sobre fuentes poco precisas, más bien tendentes a la fantasía, como las crónicas y las leyendas populares.

El episodio en cuestión, ocurrió, al parecer, en la Nochebuena de 1514, cuando Gonzalo, a sus sesenta y un años, vestido con pantalón negro y chaqueta de piel vuelta hacia dentro, zapatos de cuero y sombrero, decidió dar un paseo por Granada. Dado a los impulsos sentimentales pensó en echar un vistazo a la citada huerta donde se estaba construyendo el monasterio y la iglesia de san Jerónimo. Llegó hasta allí atravesando la Puerta de las Orejas, una espléndida obra de mampostería nazarí de mediados del siglo XIV de diez metros de altura con dovelas de piedra franca, alzada sobre impostas de piedra de Elvira con labor de hojas y piñas, situada en la bajada de la plaza Bibarrambla que llevaba a la actual calle de Salamanca, aunque su cara debería dar a la zanaqat al-Haddâdîn (calle de los Herreros), llamada en el siglo XVII, como hoy, calle de Mesones justo en la esquina de la Plaza de Santo Cristo. En el extremo de esa plaza que daba al zoco y a la Alcaicería había talleres de albarderos y carpinteros. La vida de los moriscos transcurría cada vez peor, y eso le debió de entristecer, por lo que se dirigió a toda prisa por la actual calle Duquesa, dejando la Plaza de la Trinidad a su espalda, cuando allí mismo un hombre le salió al paso para ofrecerle a sus hijas. La leyenda quiso que Gonzalo le respondiese con su habitual galantería, y convirtió aquel gesto impensable en nuestro tiempo pero no entonces, en una prueba más de su liberalidad. Para mí sin embargo prueba que aún entonces Gonzalo mostraba signos visibles de buena salud y de excelente estado de ánimo, además de un físico agraciado pese a la edad.

Abandonó el lugar de aquel encuentro lleno de dudas y se acercó a san Jerónimo. Allí sólo había albañiles y un andamio que mostraba el estado de la construcción, todavía atrasado. Discretamente, hizo un ademán para continuar. Volvería a ese mismo lugar el año próximo, sin poder adivinar que eso nunca iba a suceder.

20

PAISAJES PARA UNA DESPEDIDA (1515)

El alejamiento de la corte no le había quitado a Gonzalo las ganas de seguir de cerca la política. Todavía esperaba que un golpe de fortuna le devolviese al gran escenario de la historia. Dos importantes hechos ocurridos nada más empezar el año de 1515 le animaron en ese sentido. La muerte de Luis XII el uno de enero, dejando el trono en manos del ambicioso Francisco I, otro rey de Francia que pronto iba a provar fortuna en Italia; y la mayoría de edad de Carlos de Habsburgo, en quien su círculo confiaba abiertamente. Cisneros estaba al tanto de todo, y contaba con él. Pero lo que en verdad deseaba era regresar a Nápoles. Ese deseo nunca fue del todo aclarado, aunque Fernando estaba convencido de él, como se supo después por los despachos que el rey envió a Pérez de Barradas, alcaide de Lapeza. Las rentas de Calabria, los beneficios de la exportación del trigo siciliano y los negocios mercantiles figuran para él entre los atractivos de Nápoles, en donde imaginaba que saldría a flote de nuevo, saneando además su economía, maltrecha después de la frustrada expedición de 1512, que él terminó por pagar de su propio bolsillo, como Fernández de Oviedo dejó perfectamente claro: «e aun se empeñó y vendió muchas joyas para les ayudar, como lo hizo; pero ninguno volvió con tanto como gastó, é ninguno con queja del Gran Capitán».[1]

También pudo ser (aunque esta suposición no la he podido documentar) que, al seguir amando a Juana, como lo de-

1. *Gonzalo Fernández de Oviedo sobre la vida del Gran Capitán*, ed. cit. p. LXIX.

muestran otros indicios, le parecería un alivio para su salud no estar lejos de ella y tener, en caso de desearlo, un encuentro como en los viejos tiempos. Nada de eso llegó a ocurrir. En parte por las circunstancias de aquel aciago año, en parte por culpa suya.

SIETE VECES NUEVE O NUEVE VECES SIETE

El trazado de la vida humana es tan complejo, al menos, como el mapa de los sentimientos. Si lo mirásemos de cerca, en un momento concreto, nos daríamos cuenta que no sabemos nada de lo que nos deparará el futuro. No así pensaban los biógrafos y cronistas de Gonzalo que buscaron en su cultura, medio astrológica medio cabalística, un principio que justificase el repentino hundimiento corporal de su héroe. Veamos el modo de razonar de uno de ellos: «Llegó el Gran Capitán al año climatérico de su edad, en el cual la edad hace un curso muy dificultoso y muy pernicioso á la vida, en el cual se ayuntan siete veces nueve y nueve veces siete, en la cual edad mueren los más hombres de los mortales».[2]

Bajo esta definición se esconde cierta confusión sobre su estado de salud en los primeros meses del año, mientras permaneció en Loja, solo, en medio de un gran paisaje vacío donde todo parece estar tan pronto muy lejos como muy cerca. Vacío no estaba en realidad, pero los amigos que acudían a sus famosas cenas no colmaban la inquietud que le acompañaba entonces como había hecho desde su infancia. Tampoco su incombustible sentido del humor, pues en cierta ocasión (la noticia quizás no sea del todo cierta, pero es ocurrente) el contador Juan Franco, preocupado por el excesivo tren de vida, le dijo: «Señor, en esta casa hay muchos que V. S. ninguna necesidad tiene dellos»; a lo que respondió con la clásica

2. *Crónica manuscrita,* p. 465.

sorna granadina: «Amigo, si yo no tengo necesidad dellos, ellos la tienen de mí».[3] Así que basta con no acceder a la petición de moderación económica hecha por el contador, para convertirse inmediatamente, para todos sus amigos, en un hombre generoso, en la antítesis del tacaño Fernando. Nadie duda que lo sacrificaría todo, lo entregaría todo, para mantener intacta su imagen. Juan Franco, desarmado de argumentos, ajusta las mil pequeñas rentas con el fin de asegurar los excesivos gastos de representación de la familia.

Gonzalo sólo vive el instante. Incluso el porvenir no es para él sino un nuevo empleo en Nápoles. Si esto va a suceder en algún momento, ¿para qué preocuparse del dinero? Cosa increíble el rey sigue creyendo esas fantasías. En la corte le oyen preguntar por los planes de marcha del Gran Capitán a Italia. Todavía creía eso, en el verano de 1515; prueba más que de su obsesión (que por otro lado lo es) de su buena salud.

¿En qué fecha precisa debemos situar la enfermedad que le llevó a la muerte? El único testimonio fiable, propiamente suyo, puesto que todos los demás son anotaciones cronísticas, se sitúa a comienzos de junio. Algo grave debió ocurrir en su familia. Quizás la muerte de una hija, pero no veo dónde ni cómo situarla dentro del linaje. En esos meses, se entretenía pensando en un viaje a Nápoles. Fernando logró saber parte de esos proyectos (o de esos sueños), el modo no lo sé, pero bien pudo ser Tendilla o alguno de sus amigos. En todo caso, el rey le escribió; carta que no he podido encontrar, de momento. En los días que siguieron, Gonzalo estuvo inquieto. Debía contestar al rey. El 8 de junio por fin le escribió una carta, sin ser consciente que sería la última: «Muy alto y muy poderoso y catolyco Rey y señor. Los reales pyes y manos de V. Al. beso por su carta del XXIX de Mayo que me mando enbyar. Nuestro señor de a V. magesta tanta salud prosperydad y contentamyento como su real coraçon desea».[4] Una fórmula de

3. *Crónica manuscrita*, p. 466. 4. L. de Torre, *Cartas*, en *RABM*, 1918.

cortesía que en ese caso tenía una significación mayor: «Yo muy poderoso señor estoy bien, y la Duquesa aunque este caso syente como madre, sufrelo como cuerda y se debe a tan notoria vysytacyon de nuestro señor».

Bajo su aspecto galante, la casa de Loja era sombría. Desde luego no estaba a la altura de la que poseía en Nápoles, ni en Granada. Resulta extraño su interés por permanecer allí, como si tuviera miedo a alguien, o a algo. Aún así casi todos los días eran felices. A comienzos de verano sin embargo sufrió una grave crisis. Esta vez iba de verdad, aunque él no lo sabía. ¿Quién adivina su propia muerte?

POLVO

En efecto, Gonzalo se iba muriendo poco a poco. La enfermedad conocida como *cuartana*, contraída en las riberas del Garellano, era una vieja enemiga con quien se había acostumbrado a convivir, pero cada disgusto le hacía empeorar. Nunca hablaba de ella a sus allegados. Pero esa vez parecía en serio. Se asustó, sin perder por eso su extraordinario sentido del humor, hasta el punto que cierto día en que la fiebre pareció anunciar lo peor, alguien susurró a los pies de su cama: «De aquí a dos días el duque morirá»; a lo que Gonzalo levantando la voz exclamó: «¿El de Alba?».[5] Él era así, y nadie ni nada le haría cambiar. Ese día no murió, pero la muerte ya no se alejó mucho de él.

A comienzos de agosto de 1515, dejó Loja abandonando para siempre la casa donde había vivido los últimos años. Un pueblo demasiado duro para morir, parece que dijo, según Giovio.[6] Se dirigió hacia sus alquerías de Santa Fe. Haría un alto en el camino antes de seguir hacia Granada. Todavía era demasiado pronto para que su mujer María y su hija Elvira hi-

5. *Crónica manuscrita*, p. 465. 6. Giovio, op. cit. p. 553.

cieran acto de presencia. Lo único que recordaba de aquel lugar era el fuego en la tienda de los reyes en tiempos del asedio al reino nazarí. Así que aquel era un buen sitio para esperarlas. Desde donde estaba podía admirar La Alhambra. Recibió a un grupo de jornaleros moriscos que entraron en la habitación con la mirada puesta en el amo al que nunca habían visto. Se arrellanó en el asiento y empezó a escuchar sus quejas. Después de todo, él era un hacendado con obligaciones hacia su gente. Se sintió culpable por no haberse ocupado más de ellos. Mientras dirimía el pleito vio a su contador Juan Franco tomando buena nota de todo. Entonces, llegaron las mujeres de la casa.

Era un buen momento para hacer testamento; pero la redacción no se hizo, o al menos no ha llegado hasta nosotros más que el texto definitivo redactado meses después, rectificando algunos puntos del que sin duda se debió de hacer en ese momento. No obstante, durante su confección, Gonzalo buscó el apoyo de Juan Franco. El contador, con su espíritu contable, un poco impersonal, fue un personaje clave en esos meses. No se inmutaba ante la presencia de hombres cubiertos de honores y de mujeres con los dedos llenos de alhajas. Había nacido pobre y ni unos ni otras le cautivaban lo más mínimo. Él estaba por el trabajo, que no era poco, pues las propiedades de Gonzalo eran muchas y dispersas. ¿Qué valían en su conjunto? ¿Tendría bastante la viuda y la hija para mantener el nivel de vida necesario a su condición social?

NOTICIAS DE ITALIA

Gonzalo ya no puede montar a caballo, apenas logra andar unos pasos sin cansarse. El cuerpo se le marchita en plenas ganas de vivir. Sigue ocupándose puntualmente de sus alquerías y Franco es incapaz de sustituirlo. Hay en los aparceros y jornaleros una especie de lealtad hacia ese hombre famoso, aunque enfermo: todos ellos siguen pagando sus rentas y el trabajo se hace lo mejor posible. Agotó todas sus fuerzas en tratar de poner al día su compleja heredad. A menudo la tarea proseguía hasta la noche y dormía poco. No podía pararse a pensar que eso le estaba matando sin que se diera cuenta. Cada vez escribía menos cartas, y las noticias que le llegaban de Italia sólo sirvieron para mostrar su desagrado por la política llevada a cabo por Ramón de Cardona.

A comienzos de noviembre, enfermo en la cama, le informaron del desastre del ejército del Papa León X, que tuvo lugar en la localidad de Marignano, cerca de Milán. De nuevo los franceses ponían pie en Italia. ¿Qué habían hecho las tropas de Nápoles? Los defectos de aquella campaña debieron ser más o menos ciertos, pues la corte hacía grandes esfuerzos para salir al paso de las críticas y había elegido como chivo expiatorio al gran Bartolomeo d'Alviano, su amigo Orsini. ¿Qué había pasado en realidad?

La frase del viejo mariscal Tivulzio, «una batalla de gigantes» sugiere otra razón del efecto de la batalla de Marignano en Gonzalo.[7] Uno de los hechos de armas más relevantes de la historia de Italia, el que encumbró al joven Francisco I al Parnaso de los hombres de armas (aunque por poco tiempo) sucedía sin que él estuviera presente. El dibujo que hizo de dicha batalla el pintor veneciano Zuan Andrea Vavarosi manifiesta el triunfo definitivo de la artillería en campo abierto.[8]

En medio de su largo poema sobre *La Guerre*, Clément Jannequin evoca, trece años después, sus idílicos recuerdos sobre esa jornada, a las puertas de Milán. Dejándose arrastrar sin rumbo en una especie de arrebato lírico, sitúa las hazañas de los france-

7. La frase la cita R. S. Knecht, *Francis I*, Cambridge, 1982, p. 42.

8. Sir Charles Oman, *A History of the Art of War in the Sixteenth Century*, Nueva York, E. P. Dutton, 1937, pp. 130-150. El dibujo se conserva en la Zentralbibliotheck de Zürich.

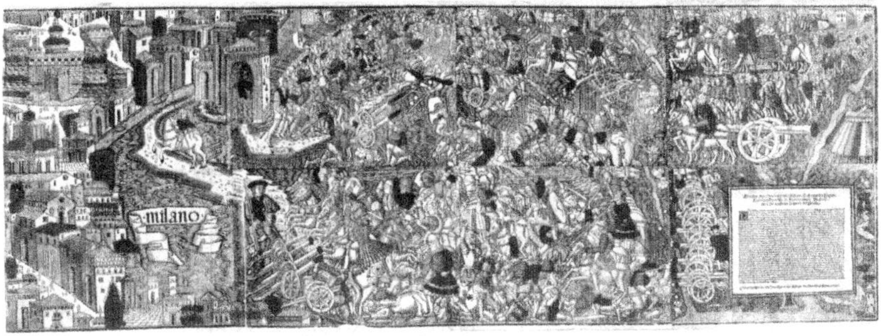

Anónimo, *Batalla de Marignano,* 1515. Dibujo.
Zurich, Zentralbiblioteck.

ses en la mejor tradición de Guillaume le Breton y los panegiristas reales mediante un proceso de exaltación de la victoria de Francisco I hermosamente descrito, que al leerlo permite imaginar lo que Gonzalo se perdió al no estar presente en esa jornada. Las reflexiones poéticas de Jannequin sobre el significado de la Batalla de Marignano surgieron en un momento importante y perturbador de la historia militar de Europa.[9]

Ecoutez tous, gentils Gallois
La victoire du roi François,
Du noble roi François;
Et ores si bien ecoutez
Des coups ruez de tous costez.
Fifres soufflez, frappez tambours
Faites vos tours!
Aventuriers, bon compaignons,
Ensemble croisez vos tromblons;
Gardez soutien gentils Gascons,
Nobles, sutez dans les arçons,
Frappez dedans, la lance au poing,
Donnez dedans, frappez dedans.
Soyez arm'e!

9. El texto lo edita A. Spont, «Marignan et l'organisation militaire sous François I», en *Revue des Questions Historiques,* XXII, 1899, pp. 76-77.

Chacun s'assaisonne:
Alarme! Alarme!
La fleur de lys, fleur de haut prix,
Le roi François
Y est en personne.
Sonnez, trompetes et clairons,
Pour resjouir les compaignons.
Fa fa li la li la lan fan
Ta ri ra ri ra ri ra,
Boute-selle!
Gens d'armes à cheval,
Tôt à l'étendard.
Fa fa li la li la lan fan
Bruez, tournez,
Sonnez trompettes et clairons
Gros courteaux et faucons,
Pour resjouir les compaignos.
Vom, pati, patoc, vom, vom.
Ta ri ra ri ra ri ra,
La,la,la
France!
Courage!
Donnez les horions
Chipe chope pa ta pan.
A mort. Avant!
Courage prenez.
Trique traque
Zin zin zin.
Ils sont perdus, ils sont confus
Victoire!
France! France!
Tout é ferlore, by Gotte!
Descampir!
Victoire au noble roi François!

Este anhelo de Jannequin de elevarse por encima de la circunstancia y eternizar el momento de la victoria contiene elementos de una mística militar que dominará la cultura europea en la Edad Moderna.

Los debates sobre la revolución militar europea a comienzos del siglo XVI se han fijado fundamentalmente en esta batalla con tanta firmeza que cualquier reserva a este respecto suele considerarse académicamente incorrecta.[10] Sin embargo, las campañas del Gran Capitán examinadas en los capítulos precedentes demuestran que otras circunstancias tácticas influyeron en esa batalla, y no solo la artillería. Marignano fue un espejismo como se encargaría de demostrar Carlos V en Pavía, diez años más tarde. Gonzalo estaba detrás de esas reformas tácticas, origen de los tercios, un sólido cuerpo de infantería muy superior a las *compagnies d'ordennance.* Pero eso quedaría en el silencio. Nadie en España en ese momento deseaba reconocer los méritos del anciano moribundo de Granada. ¿Era verdad que Gonzalo se estaba muriendo?

LUTO Y MELANCOLÍA

Un día, mientras daba vueltas al embrollo italiano, reflexionado sobre los movimientos de León X con vistas a una paz duradera, aunque eso le obligara a entenderse con Francisco I, dejando de lado a Maximiliano y los Sforza, de repente, la fiebre aumentó, sin que nadie le diera excesiva importancia, pensando que se trataba de una crisis más en la melancolía que le causaba verse apartado del escenario de la gran historia. Esta vez sin embargo Gonzalo cayó enfermo de verdad, lo que le obligó a meterse en la cama durante varios días, en los cuales fue visitado por sus viejos amigos, y por Juan Franco, su fiel administrador, a quien le hizo reescribir el testamento. ¿Qué cambió del texto anterior?

10. Geoffrey Parker, *The Military Revolution: Military Innovation and the Rise ofd the West, 1500-1800*, Cambridge, 1988, pp. 16-20. Brian M. Downing, *The Military Revolution and Political Change*, Princeton, 1992, pp. 64-83.

Esta escena entre Gonzalo y su contador es difícil de reconstruir y también de relatar sin falsearla. María y Elvira no sabrán nunca nada de ella, sin que acierte a comprender cuáles son los motivos de mantenerla en secreto. Se comentó bastante entre sus amigos, a cuyo arbitrio y parecer, según Pérez del Pulgar, «repasó y corrigió el testamento».[11] ¿Qué modificaciones introdujo en la nueva redacción? Creo que fueron dos frases, sin duda importantes.

La primera frase hacía referencia a la manera de escribir su nombre. Fernández de Oviedo, en el tiempo que fue su secretario particular había tenido ocasión de comprobar que «firmaba é dice su firma Gonzalo Fernandez duque de Terranova; é no decía "Gran Capitán", ni "Duque", como muchos señores al presente acostumbran firmar».[12] Eso es rigurosamente cierto. Todas sus cartas están firmadas con su nombre, apellido y título. Alguien, no adivino quién, le sugirió en la noche de san Andrés, que nadie comprendería su renuncia al epíteto que la gente le había dado.

Aprovechando un corto silencio en la habitación (pues en ese momento quizás hay otras cosas más urgentes que llaman la atención de su contador) de repente se sintió transportado con el pensamiento a Nápoles, a aquel lejano día de 1497, cuando los soldados le llamaron por primera vez ¡Gran Capitán! Recuerda la emoción que le produjo a Juana (una escena que ahora no se atreve a evocar) y entonces se doblega ante la sugerencia de sus amigos y permite que Franco escriba al comienzo del documento que firmará la mañana del 1 de diciembre, el siguiente encabezamiento: «Sepan quantos esta carta de testamento vieren como yo el Grand Capitán don Gonçalo Hernández de Córdoua, duque de Sessa et de Terranova e Santangelo, Gran Condestable del Reyno de Nápoles etcetera...».[13]

11. Pérez del Pulgar, *Breve*, cit. p. 583.
12. Oviedo, op. cit. p. LXXI.
13. Arc. Zab. Carpeta 26.

La segunda frase se refería al lugar de su enterramiento: «Yten mando que si Dios nuestro señor fuere seruido de disponer de mi en esta enfermedad mi cuerpo sea depositado en el monasterio de señor San Jerónimo extra muros de esta cibdad de Granada, et que de allí sea puesto et enterrado donde la duquesa mi muger quisiere et hordenare». No iba a ser fácil cumplir esa última voluntad, pues el monasterio apenas si estaba empezado, pero nadie dijo nada. Estaban convencidos que Gonzalo tenía una sensibilidad especial hacia ese lugar, sin que nadie supiera bien los motivos, debido a su reservado carácter sobre los asuntos delicados. Tuvo que pasar cierto tiempo antes de que el cuerpo se depositara en la tierra que había contemplado su primer combate singular. Eso que él sabía, y que los biógrafos no descubrieron, al dejarlo escrito en el documento de las últimas voluntades, tranquilizó su espíritu.

El resto del testamento se mantuvo igual. Elvira se convertía en la heredera universal; a su mujer le deja la mitad de todos los bienes y el usufructo de los de Italia. No hay consejos sobre el matrimonio de su hija, en cambió sí que reconoce «que yo devo muchas debdas asy en estos Reynos como fuera dellos». Los albaceas son su propia mujer, fray Pedro de Alba, prior de san Jerónimo, el doctor Jorge de la Torre y Juan Franco, su contador. Cerró con esto el testamento y sintiéndose aliviado del peso, se tendió de largo a largo en la cama. Al día siguiente, el 2 de diciembre, Gonzalo fallecía en su casa de Granada entre compasiones y lágrimas de su mujer María y de su hija Elvira. El héroe de Celafonia y Nápoles moría en su lecho tan sosegadamente y tan cristiano que nadie diría que fue todo un caballero andante.

Su muerte fue digna, ejemplar, de acuerdo a un modelo que tenía siglos de existencia.[14] Franco redactó una nota simple, que sin embargo se convirtió en el único testimonio de su bien morir. ¿Cuál era su texto? Desgraciadamente no se ha conservado entre los papeles de su archivo, pero en cambio tenemos la prueba de su existencia en la unanimidad con que la glosan los cuatro primeros biógrafos del Gran Capitán.

Escribe Hernán Pérez del Pulgar, su amigo de Granada, su viejo compañero de armas, que muy probablemente estuvo cerca de él aquel día: «E aquí adoleció de quartana en el mes de agosto; de la qual dolencia sus días fenecieron en Granada de edad de sesenta y dos años y dos meses, á dos días del mes de diciembre de mil quinientos y quince años; domingo antes del día, estando rodeado de su muger y hija y criados y servidores y sabios y claros religiosos; á arbitro y parecer de los quales repassó y corrigió su testamento y comunicó su vida passada, y recibió con tiempo los santos sacramentos de la Santa Yglesia con tantas lagrimas y devoción que dieron fue de su buen fin».[15]

Giovio anota: «adolesçio de enfermedad de cuartana doble, no de humor difícil, mas por el suceso de sus negocios y por su poca alegría mortalísima á un hombre viejo. Fue llevado de Loja á Granada el año hebdomadario de su edad, y habiendo recibido los sacramentos cristianos, murió en los brazos de doña Maria Manrique, su muger, y de doña Elvira, su hija, á dos días del mes de Diciembre del año de nuestro Señor de mil quinientos y quince, habiendo vivido sesenta y dos años y tres meses y once días».[16]

14. Arno Borst, «Ein exemplarischer Tod», en *Tod im Mittelater*, Konstanz, Universitätsverlag, 1993, pp. 25-39.
15. H. Pérez del Pulgar, *Breve*, cit. p. 583.
16. Giovio, op. cit. p. 553.

El autor de la *Crónica manuscrita*, quizás uno de esos criados que estaban junto a la cama, no añade mucho más: «Crecióle tanto la cuartana con el humor melancólico que se le había accidentalmente adquirido, que después de haber recebido todos los Sacramentos como muy gran cristiano, pidiendo á Dios perdón de su vida pasada, y conociendo a Dios, murió en los brazos de doña María Manrique y de doña Elvira Manrique, su hija que fue un domingo á dos días de Diciembre del año de nuestra reparación de mil y quinientos y quince años».[17]

El autor de la *Crónica General* mantiene el tono solemne de la nota: «adoleció de enfermedad de cuartanas en el mes de Agosto, de la cual dolencia sus días fenecieron en Granada, de edad de sesenta y dos años, y dos meses, á dos días del mes de Diciembre de mil quinientos y quince años; estando rodeado de su mujer é hija, criados y servidores y sabios y claros religioso, á arbitro y parecer de los cuales repasó y corrigió su testamento y comunicó su vida pasada; y recibió con tiempo los Santos Sacramentos de la Santa Iglesia con tantas lagrimas y devoción que dieron fe en su buen fin».[18]

Así pues, de estas cuatro versiones, se deduce que debió existir una nota redactada en la casa de Gonzalo sobre las circunstancias de su fallecimiento. Los biógrafos apenas hacen otra cosa que reproducirla con ligeros retoques, poco relevantes. Si la nota se hizo fue porque la viuda y la hija estaban convencidos de que su muerte no iba a pasar desapercibida. El redactor (imagino que Franco) era un administrador útil, cuya eficacia fue proverbial. La memoria de un difunto ilustre se fragua en esos momentos. Mil rumores sobre las circunstancias del fallecimiento sólo hubieran dado lugar a confusiones. La mano de Franco también las observo en el siguiente paso: la preparación de las honras fúnebres. Un rito obligado pero difícil, teniendo en cuenta el personaje que acababa de morir, menos que un rey pero más que un duque. ¿Cómo hacerlo?

17. *Crónica manuscrita*, p. 465.
18. *Crónica General*, p. 253.

Su entierro fue digno de él. Se cumplieron exactamente las instrucciones que Gonzalo había dejado escritas. Los detalles los conocía bien Franco, a quien se los había transmitido oralmente. Lo primero que hicieron fue abrir las puertas de la casa a la gente de Granada. Todos querían decir el último adiós al gran héroe. Ni siquiera Tendilla le negó esa consideración. Ya se sabe, con la muerte desaparecen las rencillas personales. Al llegar a la capilla del convento de san Francisco, muchos granadinos vieron por vez primera a quien conocían sólo como el Gran Capitán. ¿Quién era en verdad el muerto? Todos esperaban el sermón del sacerdote, mientras miraban al famoso hombre de sesenta y dos años que yacía en el catafalco.

A comienzos del siglo XVI el rito de los funerales se enmarcaba en el interior de una misa de difuntos. Eso era una novedad que más adelante se generalizaría a todos los sectores de la sociedad. La presión venía de los propios testadores. Ellos daban las órdenes oportunas de cómo querían ser enterrados, y dónde. Esa tumba era sin embargo provisional. Había sido llevado allí a la espera de construir un mausoleo adecuado a su grandeza. En los últimos meses insistió con seriedad, con empeño, en ese deseo, y era como si desde las profundidades de su melancolía se oyera el sonido de un viejo anhelo de la aristocracia andaluza, en ese tiempo ya olvidado, el de crear una tumba yacente para el gran hombre vestido con sus armas y sus animales a los pies.

La aspersión del agua bendita, las oraciones usuales y el canto del *Salve Regina* o del *Vexilla Regis* creaban la representación del ritual. Los asistentes estaban absortos al ver a ese gran hombre ahora desvanecido para siempre. Cuando el acto acabó un silencio estremecedor se apoderó de la comitiva. Se había ido de este mundo Gonzalo Fernández, duque de Terranova, el Gran Capitán, y ahora se enfrentaba ante un doble e inapelable juicio: el juicio de Dios que debería dirimir sobre la moral de sus actos que, de ser correctos, le abrirían las puertas del Cielo, y en caso contrario contaba con el Purgatorio pues nadie contemplaba la posibilidad de que su alma descendiera al Infierno; pero también se abría para él el juicio de los hombres que podía abrirle las puertas de la inmortalidad, o cerrárselas para siempre.

En el momento de la despedida, la viuda doña María, y la hija doña Elvira escucharon el pésame de la buena sociedad granadina, y algunas palabras de consuelo por el marido y el padre que acababan de perder. Su ánimo se recobró al pensar que aquellas palabras eran el testimonio del reconocimiento del importante papel jugado por Gonzalo a lo largo de su vida. Era la momentánea fascinación por recuperar en la memoria al difunto, ya que no era posible mantener por más tiempo su cuerpo entre ellos. Pero aquellas palabras quizás sólo eran producto de la compasión habitual en esos casos. Puede que sólo en circunstancias excepcionales seamos capaces de aceptar la muerte en toda su trágica dimensión. Gonzalo ya no estaba, y era dudoso que el recuerdo de sus hazañas perdurara más allá de los seres queridos. Nadie parecía mostrar admiración por su obra, y menos por el esfuerzo desplegado desde que fuera alcaide de Illora cuarenta años antes. En cualquier caso, mientras la comitiva se despedía, un gesto de orgullo pareció surgir de la mirada de la viuda. Aún podía hacer algo por el hombre al que había amado, y al que le había dado varios hijos. Una especie de llamada interior en busca de un motivo para dar comienzo una larga aventura en favor de la memoria de su marido difunto. Estaba angustiada al comprobar en ese mismo momento que pese a sus éxitos y a su riqueza, Gonzalo era un hombre cuestionado. Con ese pensamiento vio como se cerraba el ataúd y de ese modo Gonzalo iba a reunirse con sus antepasados.

La cortesía, como la política, exigía mostrar dignidad en los malos momentos. Tal vez fue por ello que la viuda dedicó los días que siguieron a la muerte de su esposo a redactar cartas al rey, al príncipe Carlos, a los grandes nobles de la corte, a Cisneros, quizás incluso a Almazán. Desconozco si también a Juana de Aragón. María esperaba ilusionada que sirvieran de algo, pero, suponiendo que nadie contestase, ella había quedado bien. La corte se sintió culpable al recibir la noticia; se había portado mal con Gonzalo y no buscado el modo de enmendarlo. Siempre ocurre igual.

Fernando se encontraba en Trujillo cuando recibió la carta de María Manrique. A su lado se encontraban los más influyentes personajes del momento. Todos habían acudido a la boda de la nieta del rey, Ana de Aragón, con Alonso Pérez de Guzmán, el nuevo duque de Medina Sidonia. Pese a que todos esos hombres brillantes buscaban ávidamente los favores de Fernando, sintieron un extraño escalofrío cuando recibieron la noticia. La corte se había convertido en un círculo de ambiciosos sin cometido. Fernando consideró que estaba obligado a contestar a la viuda de su gran amigo de antaño. Y lo hizo. Esta es la carta que le mandó:[19]

Duquesa prima: Vi la letra en que hiciste saber el fallecimiento del Gran Capitán, vuestro marido; y no solamente tenéis vos mucha razón de sentir mucho su muerte, porque perdiste tal marido más téngola yo por saber perdido tan grande y tan señalado servidor y á quien yo tenía tanto amor y por cuyo medio con la ayuda de Dios nuestro Señor se acrecentó á nuestra Corona el nuestro reino de Nápoles; é por todas estas causas que son grandes, principalmente por lo que toca á vos, me ha pesado mucho de su muerte; y con razón espero, pues, en Dios nuestro Señor que así le plugo, debéis de

19. *Crónica manuscrita,* p. 466.

conformaros con su divina voluntad y darle gracias por ello. No fatigueis el espíritu por aquello en que no hay otro remedio, porque dañará vuestra salud; y tened por cierto que lo que á vos y á la Duquesa vuestra hija y a vuestra casa tocare, yo terné siempre la memoria de los servicios señalados quel Gran Capitán nos hizo; y por ellos y por el amor que yo vos tengo, miraré y favoresceré siempre mucho vuestras cosas en todo lo que pudiere, como lo veréis por experiencia, placientemente vos lo dirá de mi parte la persona que yo invio á visitaros.

De Trujillo á tres días de Enero de mil y quinientos y dieciséis años. Yo el rey.

Gracias a esta carta, la familia de Gonzalo pasó por amiga del rey, y ese reconocimiento póstumo importaba más que los recelos de los últimos años, pues a los funcionarios del Estado (y en esto entraba incluso un hombre orgulloso como Tendilla) no les estaba permitido orillar las acciones de Fernando, para quien los amigos eran realmente escasos. Uno de sus amigos desde los tiempos de la Guerra de Granada, y casi su interlocutor en temas de asedio a las fortalezas nazaríes, Hernán Pérez del Pulgar, estaba cerca de la viuda para saber la reacción de la carta.

Pero Fernando no fue el único en escribir a la viuda. También lo hizo Carlos de Habsburgo. Gonzalo lo tenía todo para interesar y fascinar al joven príncipe. Sabía más que nadie de guerra y de caballería; conocía la política veneciana y pontificia, especialmente refinada y difícil, y a los nobles napolitanos mejor que a su propia familia. Conocía la importancia de las mujeres, incluso había intimado con alguna de ellas, como fue el caso de Juana de Aragón, lo cual es mucho decir en esos momentos. De paso, había sido un lector atento de Erasmo, anticipándose así una generación a uno de los autores más leídos en la corte imperial. Que estuviera en lo cierto con respecto a Fernando era otra cuestión. Desde el principio de los tiempos, todo pionero tiene lagunas; el encanto de Gonzalo para Carlos residía en que convirtió su vida en una empresa donde se mezclaron la espada y la pluma. Si en el pasado habían existido Alejandro, Aníbal o César; en el presente sólo había un Gran Capitán en el mundo, y ese era Gonzalo.

Un hombre así es siempre un milagro. Carlos neutraliza la carta de su abuelo Fernando con otra carta más zalamera, más cargada de emoción, quizás incluso más prometedora de un futuro para la memoria del difunto. La carta dice así:[20]

Duquesa prima: Yo he sabido el fallecimiento del nombrado Gonzalo Hernández, Gran Capitán, Duque de Terranova, vuestro marido, al cual por lo mucho que merecía y por el valor de su persona y por los muchos y muy señalados servicios que á los Católicos Rey y Reina, mis señores, en honra y conservación y aumentación de sus reinos y de su Corona Real y de los naturales de él les hizo. Yo le deseaba ver y conocer para me ayudar é servir de su consejo y gozar con su persona; mas pues ha placido á Dios que yo no pudiese gozar de tan justo deseo y cumplillo, él le ponga en su gloria, y debemos haber por bueno lo qué face, é conformarnos con su divina voluntad. E así yo os ruego que lo hagáis vos é que vos consoléis, pues hay razón para ello, así por el renombre y gloria de sus obras y fama, como por la obligación que para siempre queda á todos los Príncipes de España para tener en memoria y honrar y conservar y aumentar su sucesión. Si para consolación de vuestra viudez y persona y casa deseáis que se haga algo en tanto que yo me aderezo para ir en esos reinos, que será presto, placiendo á Dios, hacedmelo saber. De Bruselas, á quince días de Hebrero de quinientos é dieciséis años.

El Príncipe. Por su mandado, Gonzalo de Segovia.

CONFIDENCIAS DE UN HUMANISTA

Este «hacédmelo saber» de Carlos era lo bastante comprometedor para servir de comidilla entre la gente bien de Granada. Sólo había un poder en el horizonte, y ese era el del hijo de Juana; y mucho más tras el fallecimiento de Fernando el 23

20. *Crónica manuscrita,* p. 466.

de enero, que le había dejado a Cisneros las manos libres para organizar una regencia a la espera del heredero. Conforme las noticias llegaban a Granada, dos o tres hombres importantes comenzaron a cambiar sus ideas sobre la figura de Gonzalo.

Uno de esos hombres fue el insigne humanista Lucio Marineo Sículo. Como ocurre tantas veces en la historia, él creyó llegado el momento de destapar un secreto que había guardado durante años. Se trataba de una confidencia que alguien le había hecho sobre una decisión de la reina Isabel en el campamento de la vega de Granada. Al parecer, Boabdil le había solicitado, por medio de un embajador plenipotenciario, que nombrase un hombre de confianza para concertar las condiciones de paz y entrega de la ciudad y la alcazaba. Tras mucho pensarlo, los Reyes Católicos, escribe Sículo, «enviaron a Granada a Gonzalo Fernández de Aguilar, muy conocido de los moros de Granada, y que hablaba su lengua, y á Fernando de Zafra, su secretario, á fin de que se enterasen y pusiesen después en conocimiento de los reyes las condiciones que para la paz y la entrega Boabdil les ofrecía. Y habiendo conferenciado con él, volvieron con dos de sus consejeros á las estancias de los Reyes Católicos; les refirieron quales eran las proposiciones y la mente de Boabdil; y tornaron otra vez á Granada para tratar con él. Yendo así y viniendo varias veces á la ciudad y á los reales, aun quando permanecia oculto para todos lo que traían con aquellos pensages y recados, el buen éxito tan cumplido y tan deseado, satisfizo plenamente nuestros votos y los de todos los cristianos».[21]

Esta anécdota que Gonzalo, según parece, no comentó nunca (al menos sus biógrafos no se hicieron eco de ella), mostraba a todo el mundo lo poco que en realidad se sabía del personaje que acababa de morir en Granada. No sólo se había equivocado Fernando, al creer que era un hombre a quien debía mantener

21. Lucius Marineus Siculo, *De Rebus Hispaniae memorabilibus*, Alcalá de Henares, 1530.

lejos del poder, sino que la historia ulterior necesitaría de un esfuerzo considerable para justificar sus actos. Todo lo que es juego de espejos entre las personas y las decisiones equivocadas es tan oscuro, tan imposible de delimitar, que obliga a reflexionar durante años, por no decir siglos.

Las confidencias del humanista abrieron la caja de Pandora. ¿Cómo compaginar la imagen tópica de Gonzalo con el comentario de Sículo de que había sido elegido para aquella misión porque era «muy conocido de los moros de Granada y hablaba su lengua»? La turbación se apoderó de mucha gente en Granada y fuera de ella. Pero yo aún sigo maravillándome de que la ignorancia sobre el verdadero Gonzalo alcanzara incluso a sus amigos y familiares. Pero resultaba evidente que lo que se quería de él en su entomo era la supresión de su compleja personalidad, que le hizo vivir la vida como un presente imaginario sin pensar nunca en el futuro ni el pasado.

UN REGISTRO INCOMPLETO

A la mañana del día siguiente del fallecimiento, Juan Franco registró los objetos personales existentes en el cuarto del difunto. Por la tarde escribió una nota sobre ellos, que debió guardar con tanto celo que de momento no se ha encontrado. Es una pena pues ese documento podría aclarar algunos puntos oscuros, casi misteriosos, de la herencia de Gonzalo. Tres objetos han llamado la atención a lo largo de los siglos: una caja cerrada, la espada de guerra y un cuadro. El contador había confesado inmediatamente, sin que se supiera por qué, con esa especie de obsesiva meticulosidad propia de su oficio, el contenido de la caja; sobre los otros dos objetos mantuvo un prudente silencio. Esa confesión era evidentemente falsa. Quedaba por saber quién le había incitado a mentir. Franco no entendía de sutilezas morales; fue más que probable que Elvira se hubiera adelantado a los comentarios saliendo al paso de ellos. Los biógrafos no dudaron un instante en la veracidad de la versión oficial. Así se dijo a todo el mundo que aquella caja, cuya llave llevaba Gonzalo siempre colgada al cuello, contenía un cilicio. Pero, esa piadosa leyenda, no es propia del carácter de Gonzalo; más bien es el resultado de una confusión a la hora de valorar el ascetismo en los últimos años de su vida.

El destino de la espada de combate es aún más singular. Gonzalo no había tenido hijos varones; solamente mujeres. ¿A quién iría su espada? La tradición hablaba de que ese objeto emblemático de la cultura caballeresca debía pasar al pariente masculino más próximo. ¿Quién era ese pariente? ¿El hijo de su hermana o el hijo de su hermano? Naturalmente, no cabía pensar en su yerno, pues aún no existía. La espada tenía por tanto que salir fuera de la herencia de Elvira, a algunos de sus primos. ¿A quien fue? No es solamente curiosidad de erudito, la que me ha llevado a seguir los pasos de esa magnífica pieza: ya se sabe que durante siglos constituyó el objeto más preciado para un hombre noble. Me puse a indagar por todos sitios. Conté con ayudas.[22] Al final me hice con un precioso testimonio: el testamento que los excelentísimos señores Luis Fernández de Córdoba y doña Leonor María de Morales dictaron el 16 de agosto de 1716. En él se hace mención de «una espada ancha con el puño de marfil, y algunos grabados y dorados con diferentes figuras la cual pertenecía al dicho Ilustre Señor Gran Capitán».

Por lo visto, la espada pertenecía a esa rama de la familia y lo único que se hizo en ese momento fue dar testimonio de ello. Treinta y ocho días más tarde, el 22 de septiembre, el notario de Granada José de Palma Lobatón firmó un certificado oficial en el que declara cierto todo lo expuesto en el testamento. Debido al deplorable estado de la memoria de deter-

22. Desde aquí quiero agradecer a la señora Carmen de la Puerta y Salamanca su gentil ayuda en relación a este tema.

Espada de combate del Gran Capitán
Colección particular de sus herederos.

minados objetos parecía el procedimiento más apropiado. Con ello se consiguió vincular la espada del Gran Capitán al mayorazgo, como queda expresado en una anotación a mano en el margen inferior del primer folio del documento en cuestión.

Sabiendo la importancia de la espada para Gonzalo, Elvira buscó el modo de seguir sus pasos. Lo hizo recuperando una vieja tradición de la nobleza, casándose con su «primo» Luis Fernández, conde de Cabra, que heredó de inmediato los títulos y los honores de su difunto suegro, con la condición de que el hijo de ambos se llamara Gonzalo; así que en poco tiempo volvió a existir otro Gonzalo Fernández de Córdoba, el nieto del Gran Capitán, a quien trató de emular. La saga familiar continuaba, a veces con éxitos, otras con fracasos, unas veces eran felices, otras no tanto.

El nieto supo agradecer la encendida defensa de la dignidad de su abuelo hecha por el historiador Paolo Giovio: «Pero yo no quiero callar, por defender la honra del Gran Capitán, lo que yo entendí de dos clarísimos capitanes, que fueron don Diego de Mendoza y Antonio de Leyva, que habiendo sido convidado en Bolonia á cenar con ellos, en aquel tiempo que el emperador Carlos fue coronado del Papa Clemente, y platicando entre nosotros de la virtud y esfuerzo del Gran Capitán, el cual había sido general y maestro de la disciplina militar, de ambos á dos afirmaban que había sido en la guerra y en la paz un rarísimo hombre».[23]

Rarísimo hombre: retengamos el calificativo. Lo vamos a necesitar a la hora de comprender por qué motivo durante más de cinco siglos su figura fue objeto de agudas y profundas reflexiones de importantes escritores italianos, españoles y franceses. Muerto el hombre, nació el mito.

23. Giovio, op. cit. p. 539.

TERCERA PARTE

EL MITO ESPAÑOL

El Gran Capitán ha sido el protagonista durante siglos de numerosas interpretaciones, entre las que destacan las realizadas por Giovanni Battista Cantalicio, Gonzalo Fernández de Oviedo, Alonso Hernández de Sevilla, Bartolomé de Torres Naharro, Hernán Pérez del Pulgar, Baldessar Castiglione, Paolo Giovio, Francesco Guicciardini, Pedro Mexía, Jerónimo Zurita, Cristóbal Suárez de Figueroa, Luis Zapata, Sebastián de Horozco, Luis de Góngora, Francisco Alonso de Miranda, Juan de Arguijo, Pietro Sandorano, Lope de Vega, Francisco Bermúdez de Pedraza, Antón Giulio Brignole, Francisco de Quevedo, Luisa de Padilla, Baltasar Gracián, Girolamo Graziani, Francisco de Trillo, Jean Nicolas Duponcet, Pietro Giannone, Jean Pierre Claris de Florian, Íñigo López de Ayala, Francisco Martínez de la Rosa, Manuel Hernando Pizarro, Manuel José Quintana, Tomás Rodriguez Rubí, Franz Eyquen, Eduardo Marquina, Antonio Rodríguez Villa, Luis Alonso Luengo, Eugenio D'Ors, José María de Lojendio, Gerard de Gaury, Mary Purcell o José Antonio Vaca de Osma.

Marcado por esta serie de obras, he intentado fijar la mirada sobre el mito del Gran Capitán parpadeando constantemente en mi campo de visión porque todas esas interpretaciones no tienen menos razón de ser que la mía. Y, en efecto, la tienen hasta donde son exactas, porque se ajustan a una ingente cantidad de hechos que son alegados como pruebas y pueden documentarse con citas hábilmente seleccionadas. La *práxis* es representada gracias a una *poiesis* vinculada en cada caso al momento histórico en la que surge.

En la tercera parte de este libro me he propuesto seguir la elaboración del mito del Gran Capitán desde su muerte en 1515 hasta 1961, año en el que puede darse por concluida, a través de una serie de testimonios que considero los mejores al respecto: *historias* de todo tipo, verdaderas, embellecidas, ficticias o imaginarias. Todas ellas nos dicen que veamos el mito del Gran Capitán como una forma de conocimiento de la realidad histórica de España en los últimos cinco siglos.

El carácter narrativo de esos testimonios me ha permitido además afrontar dos aspectos esenciales del conocimiento histórico que me resisto a abandonar: el individuo actuando como agente y el significado cultural de los textos literarios. Nadie escapa a ellos, ni siquiera un hombre decididamente genial como Miguel de Cervantes. Necesitamos la existencia de esos límites a la creación humana para entender el valor de la incertidumbre que rodea la experiencia vital española en su camino hacia la modernidad.

21

RECONOCIMIENTO (1516-1521)

Mil quinientos dieciséis fue el año más largo de la historia política de España: comenzó el 23 de enero con la muerte de Fernando el Católico y concluyó el 18 de septiembre de 1517 con la llegada a las costas de Asturias de la flota de cuarenta naves que traía a Carlos de Gante para hacer efectiva la herencia de su madre Juana y de su abuelo Fernando. Lo que este muchacho pensó (o dejó de pensar) nada más desembarcar en la Península no debe inquietar al historiador; es una cuestión personal que sólo nos confundiría en este momento. Tal vez Carlos no era el rey adecuado para estas tierras; el Consejo de Castilla se inclinaba más por una regencia mientras viviera Juana, y la mitad de la población reaccionó mal ante su presencia, una actitud que daría lugar al movimiento de los comuneros. En la Corona de Aragón, la situación era aún peor: las Cortes de 1518 aún mostraron públicamente sus dudas de que el joven flamenco debiera ser coronado.

Para un hombre como Carlos, formado en la cultura del Renacimiento, esas resistencias eran inaceptables; pero la formación erasmista de sus consejeros, y de él mismo, le llevaron a disminuir la fricción, convencer a los adversarios más tibios y mostrar a los reacios la firmeza del poder. Lo que supo, nada más llegar, es de enorme importancia para nuestra historia, precisamente porque el largo año de 1516 fraguó el camino del Gran Capitán en pos de la inmortalidad.

Acertado o equivocado, Fernando el Católico había preparado ese camino al desplazar a Gonzalo de toda responsabilidad política y militar durante los nueve años de su gobierno en solitario. Pero ahora, una vez muerto, se podían contemplar sus acciones de gobierno con la distancia necesaria. Las quejas sobre algunas de ellas se multiplicaron. Todos tenían alguna cosa que objetarle: se habló a menudo de su mal carácter, de las malas maneras de comportarse con su primera esposa Isabel y con su hija Juana, de la ingratitud hacia los hombres de valía, que condujeron al desastre de Rávena, que nadie deseaba olvidar. No se cuestionaba su honradez ni su actitud para el mando, pero sí su moral.

Los jóvenes educados en el erasmismo veían en Fernando la encarnación de un modelo de conducta anticuado. Considerando ese estado de ánimo, el madrileño, aunque de origen asturiano, Gonzalo Fernández de Oviedo (1478-1557), antiguo secretario del Gran Capitán y futuro autor del excelente *Sumario de la natural Historia de las Indias* (1525), recordó las desavenencias entre Gonzalo y Fernando como ejemplo de dos concepciones de la política diferentes, la antigua encarnada en el rey, la moderna vinculada al Gran Capitán.

RECUERDOS ARRUMADOS

Durante algunos meses de 1512, Gonzalo Fernández de Oviedo trabajó como secretario del Gran Capitán; aunque su desempeño en el cargo fuera de corta duración resultó suficiente para que su incisivo espíritu le llegara a conocer mucho más que otros hombres de su entorno inmediato. Anotó algunas anécdotas curiosas y un par de bocetos biográficos. No estaba seguro si alguna vez iban a servir a un propósito útil; pero eso no impidió que guardase sus anotaciones, esperando la ocasión.

La lectura de monseñor Giovanni Battista Cantalicio le convenció de que había llegado el momento de ofrecer su propia versión de la vida de Gonzalo. Le estimularon a ello un reducido grupo de amigos y familiares, entre los que se encontraba la viuda María Manrique. Debió hacerlo antes de marcharse por segunda vez a la zona de Darién en 1522, convertido en teniente de gobernador de Pedrarias Dávila en Santa María del Antigua.

Las anotaciones dieron lugar a un boceto biográfico del Gran Capitán, en forma de *Diálogo* que más tarde insertaría en su libro *Batallas y quincuagenas.*[1] Un esfuerzo importante para situar en la historia a un hombre cuya muerte había hecho reflexionar a muchos compatriotas suyos sobre los motivos de la atroz persecución a la que fue sometido por Fernando el Católico. La imagen del héroe por encima de las circunstancias adversas se alojó para siempre en la conciencia social española e italiana, y casi ninguno se resistió a reconocer el gran trabajo realizado en su vida en los diferentes frentes en los que combatió. ¿Quién podía dudar del Gran Capitán después de la campaña de Cefalonia?

«Este fue un fecho de los más señalados que en nuestros tiempos algún capitán ó principe haya hecho», escribe Fernández de Oviedo, cuando aún resonaban los pasos de Gonzalo en los palacios napolitanos, el día que supo debía volver a España con el fin de facilitar el acuerdo entre Fernando el Católico y Luis XII. Y añade: «llamábanle ya por aquel tiempo Gran Capitán, porque desde la primera guerra de Nápoles, nuestra gente de guerra le intituló así, y amigos y enemigos aceptaron el dictado, confirmándolo el tiempo más y más cada día».

Engrandecido por la leyenda, fundamento vivo de cualquier mito, con un nombre que ya nunca desaparecería de su identidad, Gonzalo aparece, en el recuerdo de su secretario Fernández de Oviedo, como un hombre «sofrido é venturoso, é sobre todo muy cathólico cristiano é muy leal servidor de sus Reyes»; hasta el extremo que gracias a su «exemplo en el exército todos sus milites eran hombres de mucho valor».

1. *La memoria de Gonzalo Fernández de Oviedo,* ed. Juan Bautista Avalle Arce, Chapel Hill, North Carolina, 1974, 2 vols. Se trata de las célebres *Quinquagenas de la nobleza de España,* (ed. de A. Rodríguez Villa, Madrid, en NBAE, 1903, t. 10, pp. LIX-LXXI.

Herencia de Diego de Valera en el culto al caballero cristiano, Fernández de Oviedo insiste sobre la personalidad de su señor: «Viérades al Gran Capitán tan devoto y honesto y reverenciador de la Iglesia, é tan cristiano é limosnero é tan piadoso con los aflijidos, é tan consolador de los lastimados, é tan acatado é honrador de los religiosos, e tan comedido é bien criado, que era un espejo de cortesía; tan manso, é llano é tan afabil con todos é con cada manera ó calidad de hombres; et tan señor con señores, é tan de palacio con los caballeros mancebos é con las damas, guardando su gravedad é medida é buena gracia en sus palabras, que sin dubda ningun artífice que fuese único en su arte no le entendía tan complida y bastamante como el Gran Capitán entendía é sabía estos primores, é lo que había de hacer en cada cosa de las que son dichas ó que pudiesen ocurrir».

La herencia de las novelas de caballería y de su visión del mundo permite que Fernández de Oviedo avance en los rasgos de personalidad de Gonzalo. Estas son sus impresiones: «Fue liberalísimo y muy polido en sus atavios, é muy del Palacio, é galán decidor, é no lastimador en sus donaires, é muy quisto de las damas, en las burlas muy templado é apacible en las veras, tan varón é prudente é animoso como el tiempo é la ocasión lo pedían».

Siempre somos el modelo para alguien en algún momento de la vida. Fernández de Oviedo no tenía la menor duda de que el Gran Capitán «nasció para mandar, e súpolo tan bien hacer en paz é en guerra cuanto todos los que le vieron lo sabemos, é los ausentes en su mayor é mejor parte del mundo no lo ignoraron». No es una mera opinión personal: es una idea compartida por mucha gente y en muchos lugares: «Testigos son del valor de su persona é gran ser suyo todos los cristianos de Europa; no lo dexaron de saber los moros é turcos é persianos é otras naciones de la Asia; ni les fue oculto á los africanos, ni á todas las potencias de Italia é Alemania; é mejor que otro le entendieron é con su daño lo experimentaron franceses, ansi en lo ques dicho como en lo que adelante se dirá».

La figura del Gran Capitán sumió a la alta sociedad europea (y no sólo al rey Fernando el Católico) desde el comienzo de sus hazañas en Nápoles en una molesta incomodidad, no sólo por su leyenda y por su notoriedad, que tiene un carácter nuevo de tono renacentista, sino porque obliga a tomar en consideración su personalidad en un todo: o se le acepta o se le rechaza. No cabe otra cosa. Fernández de Oviedo lo confiesa: «Una cosa quiero deciros del Gran Capitán, que como testigo de vista puedo decir, é de innumerables testigos el mundo está certificada; y es que era el hombre desta vida que menos dormía, y el que más voluntad velaba é trabajo siempre. Y así los que en sus exércitos le seguían imitándole, eran para más que otros hombres, y por tal costumbre y uso de las armas, menos temían la muerte...».

Para Fernández de Oviedo, el Gran Capitán es la figura más grandiosa de la historia de las que él ha tratado, la auténtica encarnación de la voluntad de poder renacentista que se eleva sobre las condiciones sociales y las circunstancias políticas, como se comprueba en la «segunda conquista de Nápoles» y en el orgulloso proceder tras su regreso a España, viendo «descontento y engañado de su arbitrio».

Desde la campaña de Ceriñola, Fernández de Oviedo ve la política del Gran Capitán en toda su amplitud. El triunfo y la prosperidad que siguieron a ese hecho de armas le abrió el camino al poder en el *Regno* de Nápoles. Pero en ese momento la memoria del secretario flaquea, y apenas comenta otra cosa que «tuvo aquel reino otros tres años pacifico é subjeto, hasta que fue allá el Rey Catholico Don Fernando é se lo entregó en el mes de Noviembre de 1506 años». Sin embargo, Fernández de Oviedo no puede dejar de comentar la jornada de Savona, momento único, inolvidable, en la vida de Gonzalo. Así pues, escribirá sin titubeos acerca de la famosa comida de los reyes: «é vieronse estos Príncipes en una cibdad de ginoveses, que estaba en la costa del mar Mediterráneo, que se llamaba Saona; et fueron muy festejados é comieron juntos los Reyes y Reina de Aragón, é mandaron sentar con ellos al Gran Capitán, por le más honrar, entre los dos Reyes, é así comieron».

El gesto se clavó en el recuerdo del secretario, y en la memoria social europea: «Fue cosa muy notada, porque la gente que venia de franceses, como á un nuevo e gran miraglo á ver al Gran Capitán, como á ver cosa tan admirable é famosa é tan sonada en sus orejas, era incontable, é con gran atención como á ver la cosas del mundo más espantosa é imposible que se les pudiera mostrar. Unos le loaban; otros entre sí le maldecían como á su flagelo; otros enmudecian mirándole, y otros no podían acatarle con su entrañable odio; otros tenían en mucho hablar á un hombre tan famoso en el mundo».

¿Quienes temían en España al Gran Capitán? La noche de su más célebre éxito mundano, que tuvo lugar en Savona, su secretario comprendió el destino cruel de ese hombre singular: regresar a España lleno de honores, pero apartado del mando de las tropas y del *Regno.*

Estos son algunos de los «recuerdos arrumados» de Fernández de Oviedo. Pero, ¿qué quiere decir arrumados? El propio secretario nos da la respuesta: «Vocablo es de marineros muy usado é notorio. Arrumar es poner la carga de la nao bien puesta y compasada como vaya la ropa, como ha de ir; é según la orden en que la ponen, así dicen que va la nao bien ó mal arrumada; ó hichiendo una caxa, ó una casa, se puede decir que esta bien arrumada, cuando la ropa é lo demás está bien puestos; y en especial en la nao ir la carga descompasada es ir mal arrumbada é puesta en peligro é en condición de perderse».

Los recuerdos de un amigo necesitan ser arrumados para evitar su dispersión. Aún así Fernández de Oviedo deja para el final una apreciación personal sobre uno de los rasgos de la personalidad del Gran Capitán que considero más importantes, su pasión por escribir cartas. Al respecto recuerda el secretario: «Quiero que sepáis del Gran Capitán una gracia especial, y puédola decir como testigo de vista; y es que además de ser de alto ingenio y muy prudente y de grandes habilidades y partes notables que concurrían en su persona, que hasta agora yo no he visto hombre que tanto escribiese de su mano é tan sin pena, puesto que su letra en sí no era buena ni tan legible como era dulcísima, elegante, graciosa y bien ordenada en todo lo que contenía, et muy é proporción é grado de aquel con quien hablaba; no obstante que de lo justo é conveniente algo excesiva en cortesía, consideradas las personas y el escriptor. Porque era humanísimo é sobraba en cortesías á cuantos señores había en España: lo cual es muy dificultoso de hacer á otros; que revientan de soberbios é graves é de tan mala gana dan palabras como dineros. Pero el Gran Capitán con aquella su mala letra é dulces palabras, se andaban tras él las gentes é les ganaba las voluntades».

La impresión del secretario sobre la letra del Gran Capitán es completamente justa. También su comentario sobre la firma: «firmaba e dice su firma "Gonzalo Fernández duque de Terranova"; e no decía "Gran Capitán", ni el Duque, como muchos señores al presente acostumbra firmar». De este modo tan mordaz concluye Fernández de Oviedo su boceto biográfico acerca del Gran Capitán. Inmediatamente se puso a pensar en la manera de darlo a conocer. La muerte de Gonzalo había provocado diversas reacciones en las cancillerías europeas. En Venecia, Marino Sanudo había anotado con esmero en sus *Diarii* la impresión que había tenido del personaje.[2] Otros hicieron algo parecido. El camino a la inmortalidad pasaba sin embargo por Roma donde la memoria de los hechos del Gran Capitán aún estaba viva. ¿Qué se decía de él en el círcu-

2. *I Diarii de Marino Sanuto, 1496-1533*, ed. Rinaldo Fulin & Barozzi & Berchet, Venecia, Deputazione Veneta di Storia Patria, 1879-1903, 42 vols.

lo de los humanistas romanos del Papa León X, el difícil hijo de Lorenzo el Magnífico?

ECOS ROMANOS

La figura en torno la cual se realizará el primer recorrido por la elaboración del mito del Gran Capitán en la ciudad de Roma es un «mísero» poeta sevillano (el calificativo es de Marcelino Menéndez y Pelayo)[3] llamado Alonso Hernández, al que en 1516, ya fallecido, le publicaron su *Historia Parthonopea*,[4] con la que había intentado conducir a su protector, Bernardino de Carvajal, cardenal de Santa Cruz, al Parnaso de los mecenas del Renacimiento.[5] Conocía bien el trabajo de monseñor Cantalicio sobre las gestas del Gran Capitán en Nápoles y modificó tanto su forma como su mensaje para adaptarlos a los gustos de la sociedad romana de aquellos años, fascinado por las pinturas alegóricas de Piero de Cósimo o de Rafael, realizadas bajo la atenta mirada del Papa León X. ¿Es por eso que a veces se tiene la impresión de que desea imitar a Ugolino Verino?

Hernández utilizó versos de arte mayor, reunidos en estrofas de ocho versos, al modo del *Laberinto* de Juan de Mena,

3. M. Menéndez y Pelayo, *Historia de la poesía castellana en la Edad Media*, Madrid, 1911-15, vol. III, p. 122.

4. Alonso Hernández, *Historia Parthonopea*, Roma, 1516. (Edición del *tresladador* napolitano Luiggi de Gibraleon, al que en otro tiempo se le atribuyó erróneamente la obra; así lo hicieron entre otros Nicolás Antonio, Gallardo y Amador de los Rios, aunque no Giovanni Summonte.)

5. El título completo dice así: *Historia Parthenopea dirigida al Ilustrissimo y muy reverendisimo señor Don Bernaldino de Caravaial Cardenal de Santa Cruz compuesta por el muy elocuente varon Alonso Hernandes clerigo hispalensis prothonotario de la santa sede apostolica dedicada en llor del Ilustrissimo señor don Gonçalo Hernandes de Cordova duque de Terranova Gran Capitán de los muy atos reies de Spaña.*

pero transformando los objetivos de la crónica rimada en un «scopo patriottico-letterario» de altos vuelos, como afirmó Benedetto Croce al rescatar esta obra de su olvido.[6] Para conseguirlo, el poeta sevillano sigue los pasos de Virgilio, salpicando de figuras alegóricas el camino de su héroe, convertido así en un nuevo Eneas, cuyo destino debía haber sido la Ciudad Eterna. ¿Qué le impidió al Gran Capitán dar ese paso hacia la inmortalidad? Tan solo el anhelo de su tierra, el respeto a su rey puede explicar un alejamiento de las fuentes de Roma.

El poema comienza con un friso historiado conteniendo en medio el escudo de armas del Gran Capitán, rodeado de dos *putti* alados y con los siguientes versos:

Es el muy Real blason
Delas armas que aquí van
El estirpe y subcesion
Del clarissimo varon
Ylustre Gran Capitán
Por muy alta enseña estan
De sus muy claras victorias
Donde claro mostraran
Las musas que cantaran
Sus grandes triunfos y glorias

Luego sigue una prolija descripción de la vida de su héroe, donde se une el destino y la política. Hernández presenta los primeros años de vida del héroe como una invitación a la fiesta caballeresca. En varios momentos de su obra aparecen las descripciones de las primeras justas y juegos de cañas de Gonzalo en Segovia, donde se reunía la corte a la sombra del Alcázar Real (no el actual, que es una recreación moderna):[7]

6. Benedetto Croce, «Di un poema spagnuolo sincronico intorno alle impresse del Gran Capitano nel regno di Napoli. La "Historia Partonopea" di Alonso Hernández», en *Archivo Storico per la Provincie Napoletane*, anno XIX, fasc. I, 1884, pp. 532-549».

7. *Historia Parthonopea*, folio 15 verso.

Sy juegan a cañas por se exercitar
Ya entran corriendo con gran prontitud,
Ya tornan bolando con celeritud;
Las cañas del suelo la suelen tomar;
Si a uno amenazan, a otro han de dar,
Y aquél cuando torna, se va adaragando.
Que aunque myll cañas le vayan tirando
En nada ninguna le puede dañar

Hernández se inclina por las *mirabilia* en la elección del Gran Capitán para mandar las tropas en Nápoles. Es la propia Minerva quien ilumina a los Reyes Católicos. De aceptarse esta lectura de la política española, la historia podría resultar más interesante incluso que la *laudatio* convencional presente en *Las Carliadas* del viejo Verino, inquieto por la evolución estética de su antiguo discípulo convertido en Papa:[8]

Al rey que a su mesa a comer combidara
al muy sabio Ulixes del mar destroçado
Demodoco haze quél sea llamado
lammándolo vino y el rey mandara:
—Tu canta aquí algo de ystoria muy clara.
Repuso: —No ay ál quel de Nápol cantar,
quel Bético hizo. Y tórnole a mandar
quel cante en su lira, y asy començara

Siempre atento a los hombres que marcaron el destino de su héroe, Hernández se preocupa por definir la personalidad del primer adversario, Robert Stuart, señor de Aubigny, vencedor en Seminara:[9]

Mon segnor dabegni ocurre a las mentes
El noble de esçocia que hizo eçelentes
Sus hechos famosos no pocas vegadas
Y ouo vittorias exçelsas sobradas
De guerras cruentas en tiempos presentes

8. *Historia Parthonopea*, folio 18 verso.

9. *Historia Parthonopea*, folio 27 verso.

Como también se preocupa por seguir los pasos de los brillantes colaboradores del Gran Capitán. Ninguno más esforzado, ni con mayor proyección que Diego de Mendoza, (¿pensaba el «mísero» en su hija Ana, la futura princesa de Éboli?) herido en Cefalonia, al que compara con el Cid:[10]

ally resuçita su clara simiente
que contra paganos hatando hiziera,
aquel Cid famoso, el qual mereçiera
ystoria muy clara, notable, excelente,
en no ser las letras y hornado florente
en gentes d'España qual ya ser devían,
sus muy claros hechos sepultos dormían
por mengua de autor esperio y prudente.

Con este ampuloso sedimento de cultura literaria, Hernández sitúa el momento clave de la vida del héroe, cuando:[11]

En este comienzo por que syn que lo viera
Por sólo su myedo el turco huyera

que condujo a la victoriosa batalla:[12]

Por fuerça de armas la roca subieron
Ya cuantos de turcos dentro hallaron
Que son ochoçientos aquellos tajaron
En pieças diversas las gentes d'España
Leones y fyeras no muestran tal saña
Qual ellos entonces ally la mostraron

Este ruidoso poema está unido fatalmente, según Benedetto Croce, a una pretensión de experimentar los fracasos del modelo político instalado en el *Regno* tras su cese. Gonzalo partió

10. *Historia Parthonopea*, folio 28 verso. 11. *Historia Parthonopea*, folio 23 verso. 12. *Historia Parthonopea*, folio 24 verso.

a la conquista del reino; luego se arrojó sobre los franceses, a los que venció en famosas batallas campales; finalmente, intervino en la organización del Estado recién reconquistado para la casa española (es decir, aragonesa). Antes de esas empresas, en Granada, había sentido la necesidad de orientar su vida para la guerra. Croce da noticia de algunas octavas de este autor, con el fin de buscar una explicación a la historia napolitana, en los tiempos que tuvo como protagonista principal al Gran Capitán. El actual lector de esta obra, forjado en el desprecio de la erudición clásica y mucho más en la manipulación de textos fundamentales como la *Odisea* de Homero, se pregunta por los motivos políticos de los desmesurados elogios de Hernández. Pero con ese poema la historia de las especulaciones metafóricas de la vida y la obra del Gran Capitán no había hecho más que comenzar.

MÁS ALLÁ DE LA LOA

Un segundo eco romano sobre el mito del Gran Capitán se puede seguir en la obra del extremeño Bartolomé de Torres Naharro, resultado de sus continuos viajes a Roma y Nápoles al servicio de Bernardino López de Carvajal, cardenal de Santa Cruz, y del Papa León X. En 1517, un año crítico para la Iglesia Católica, en que unos viran hacia el erasmismo y otros hacia la Reforma propugnada por Lutero, en la época de la incredulidad, los años de juventud de Carlos V y Francisco I, se extiende la conciencia de estar viviendo una nueva época, hasta el punto que un historiador de la talla de Lucien Febvre reconocerá que «la era de los carcamales tocaba a su fin: Luis XII, el abuelo tristón de su pueblo, Maximiliano, el viejo vanidoso y todos los demás. Jóvenes de floreciente salud les reemplazan».[13]

13. Lucien Febvre, *Erasmo, la Contrareforma y el Espíritu Moderno*, Barcelona, 1970, pp. 87-88.

La obra de Torres Naharro comienza allí donde termina el gran momento de Fernando el Católico. El mundo tomaba conciencia del valor de la generosidad, se precipitaba hacia el manierismo, mientras el recuerdo de algunos hombres del pasado se engrandecía. Es el caso del Gran Capitán, al que el dramaturgo extremeño sitúa en el interior de una compleja elaboración poética publicada en Nápoles con el título de *Propalladia* (Primicias de Palas Atena): un brillante intento de separar el presente del pasado.[14] En esta obra nace una nueva dimensión del decoro social. Por primera vez los seres humanos son vistos desde una perspectiva ética asentada en el gusto estético. La *Comedia Soldadesca* habla en voz alta del soldado español nostálgico del «duque Valentino» (es decir de César Borja), en un tiempo donde aún era posible el honor en el campo de batalla.

Torres Naharro se levanta contra la manera de fantasear de Hernández sobre las batallas del Gran Capitán, a quien dedica su obra,[15] considerando la *Historia Parthenopea* el último cuadro del pasado. Forma parte de una nueva generación de escritores preocupados por delimitar la conducta moral de la generación precedente. Desnudar los equívocos morales de hombres como Luis XII, Maximiliano o Fernando el Católico. Del vanidoso conspirador al elegante estadista, del mezquino gobernante al generoso mecenas. Torres Naharro comprende (y en parte acepta) la fogosa crítica de Lutero sobre los males de Roma, pero difiere del reformador alemán. Los grandes espíritus del pasado pueden aún enseñarnos el camino a seguir. Entre sus elegidos, el Gran

14. *Propalladia*, Nápoles, 1517. Edición facsímil Madrid, Real Academia Española, 1936. Una segunda edición en Sevilla, 1520; y una tercera de nuevo en Nápoles en 1524. Existe una edición moderna de M. Cañete y M. Menéndez y Pelayo, en *Libros de Antaño*, Madrid, 1888-1900.

15. J. O. Wickersham Crawford, *Spanish Drama before Lope de Vega*, Filadelfia, University of Pennsylvania Press, 1937, p. 84.

Capitán ocupa un lugar destacado. Invito al lector a leer este poema, preferiblemente en voz alta, antes de continuar:[16]

Gran Capitán y señor,
muchos loan tu bondad,
mas el alto loor
no hallo cosa mejor
que la buena voluntad.
Queman de balde, en verdad
las pestañas:
sólo aquel, de tus hazañas,
te dará lo que te toca,
que estudia con todas mañas
de meterte en sus entrañas
y coser luego la boca.
Su presunción, pues es loca,
no es oir;
quien de ti querrá screvir,
para poder valer
ha de ser, a mi sentir
otro sin par en dezir
qual tú sin par en hazer.
Nadie podrá proceder
sin soçobra:
pero ¿piensa que se cobra
quien de doctrina caresce,
quando pone con tal obra
de lo que a tu fama sobra
lo que a su ingenio fallesce?
Alexandre, me paresce,
quan grande era,
que sobre Achilles gimiera
porque Homero dél tractara:

16. Bartolomé de Torres Naharro, *Antología (Teatro y Poesía)*, edición, introducción y notas de Miguel Angel Pérez Priego, Badajoz, Diputación Provincial, 1995, pp. 178-179.

mas al contrario hiziera
si después de ti veniera
que sólo por ti llorara.
Tenga vergüença en la cara
quien me oyere;
si muy alto te pusiere,
comoquier qu'él baso está,
que diga quanto quisiere:
si buena cuenta le diere,
más te sisa que te da.
Salgamos, qu'es ora ya,
deste afán.
Los que, en fin, te loarán
como tú lo trabajaste,
han de ser los que vernán,
que ruinmente perderán
lo que tú tan bien ganaste.

Torres Naharro estaba orgulloso de su poema no sólo porque había sido escrito contra Alonso Hernández, a quien detestaba, sino porque eran esos versos el camino para entender el significado del Gran Capitán en la historia de España. A partir de él, ese ejercicio poético se repetirá cada vez que sea necesario precisar la diferencia entre un conquistador o un aventurero de éxito con un auténtico héroe. La preocupación por las acciones llevadas a cabo en las Indias, cuyo eco llegaba hasta los círculos literarios de Roma y Sevilla, no es ajena a su preocupación.

¿Cómo debemos interpretar, pues, estos versos en honor del Gran Capitán? Torres Naharro encontró la suntuosa frase «Alexandre, me paresce, quan grande era, que sobre Achilles gimiera porque Homero dél tractara» como nervio argumental. Estos dos héroes de la Antigüedad, Alejandro y Aquiles, se diferencian entre sí porque el primero lo es por sus propios méritos, mientras que el segundo es el resultado de la poesía de Homero. Esta sensata declaración sobre los límites del mito contribuye de pasada a suspender lo dicho hasta ese momento sobre la figura de Gonzalo (y eso vale tanto para Cantalicio como para Hernández). El Gran Capitán, nuevo Alejandro, sin embargo deberá encontrar su Homero como le ocurrió a Aquiles. Esta es la gran revelación del momento. Lo que la historia romana necesitaba. Un héroe a la altura de los ideales fomentados por León X.

AMOROSO PIACERE

El tercer eco romano sobre el mito del Gran Capitán lo encuentro en las extrañas circunstancias que dieron lugar a la realización de un célebre retrato de mujer en la corte del Papa León X. Si me detengo ahora en ellas, es debido a que la sucesión de acontecimientos que lo hizo posible están únidos entre sí por unas líneas tan tenues que ha resultado extremadamente difícil seguirlas por parte de los investigadores, pero que sin embargo constituyen uno de los momentos más vigorosos de la pasión por el gusto que se había adueñado del hombre europeo a comienzos del siglo XVI.

En la primavera de 1518, Isabel de Requesens y Enríquez de Cardona-Anglesola, hija de Galcerán de Requesens, conde de Palamós, estrecho colaborador del Gran Capitán, decidió pasar unos días en Roma junto a su esposo, y primo, Ramón de Cardona, virrey de Nápoles. Era la época en que el brillante Giulio Romano, alumno de Rafael, comenzaba a adueñarse de los salones artísticos y pronto de la voluntad del Papa, quien le encargó una recreación del triunfo del Cristianismo, origen de la inquietante pintura en el Vaticano *La batalla de Constantino y Majencio en el puente Milvio.* Isabel observó en los ojos de Giulio ese temblor nervioso propio de un genio; el pintor, por su parte, se quedó prendado de esa mujer que apenas tenía veinte años, casada con un hombre que le doblaba la edad, un hombre al que toda Roma veía nervioso por la actitud que Carlos V y Mercurino de Gattinara mantenían 0hacia su política en Nápoles.[17]

Isabel se acerca a Giulio, se contonea, finge el abandono o el ardor con un tacto que se detiene en seco ante el exceso, del mismo modo que sus labios se niegan a pronunciar ninguna palabra comprometida. La *ruse* entre ambos contó con un inesperado aliado, el cardenal Bibbiena, que buscaba la manera de halagar a su rey Francisco I con un buen regalo. ¿Pensó que un retrato de la hermosa Isabel hecho por el brillante Giulio podía ser el *gift* que andaba buscando? Aquí el juego político canaliza el interés artístico. Pero, ¿cómo conseguir que ella posara para él? El cartón se hizo, eso es seguro, pero desconocemos los detalles de su ejecución.

El dibujo llamó la atención de Rafael, y decidió intervenir en la ejecución del lienzo. Ambos pintores parecen fascinados por esa mujer, que tal vez no sea tan hermosa como ellos creen, pero a la que rodearán de un aura de misterio. Pasión por la forma de su cuerpo, con el atractivo casi mórbido de una fruta prohibida, aunque la maledicencia atribuya un acercamiento excesivo entre el pintor y la modelo. Viva, risueña, con una sonrisa aguda y cristalina está dispuesta a todo. La conciencia de estar ante una mujer de gran empaque motiva que maestro y discípulo opten por un lienzo de grandes dimensiones (120 x 90 cm), bastante inusual para este tipo de retratos.[18]

El verdadero valor del retrato de Isabel de Requesens, la virreina de Nápoles como aún la denominan los responsables del Museo del Louvre donde hoy se conserva,[19] sólo fue dignamen-

17. Para la política de Ramón de Cardona en Nápoles, véase D. A. Parrino, *Teatro eroico e político de 'Governi de 'Viceré di Napoli*, ed. Gravier, Nápoles, 1770. vol. I, pp. 30 y ss. Su actividad artística en Benedetto Croce, «La società galante italospagnuola nei primi anni del Cinquecento», en *La Spagna nella vita italiana durante la Rinascenza*, Bari, 1949, pp. 127 y ss.

18. S. Beguin, *Les Peintures de Raphaël au Louvre*, París, 1984, pp. 98-100.

19. *Raphaël dans les collections françaises.* Catalogue d'exposition dans Le Gran Palais, París, 1983-1984.

Giulio Romano y Rafael, *Isabel de Requesens.*
París, Museo del Louvre.

te apreciado cuando el crítico de arte suizo Michael P. Fritz consiguió despejar las dudas sobre la identidad de la mujer.[20] Pero ni siquiera entonces se le valoró como se debía hasta que Joanna Woods-Marsden lo utilizó como ejemplo de la «erotización» del retrato femenino del Renacimiento.[21] Aunque es una pintura primeriza de Romano (y la mano de su maestro es apreciable), revela una fuerza notable de voluntad artística y de introspección en eso que desde Petrarca se calificaba de *amoroso piacere.* Como es muy habitual en los retratos de mujeres de aquella época, Romano busca en la pose de Isabel una especie

20. Michael P. Fritz, *Giulio Romano et Raphael, La vice-reine de Napoles,* París, 1997.

21. Joanna Woods-Marsden, «Portraits of the Lady, 1430-1520», en David Alan Brown, *Virtue and Beauty. Leonard's Ginevra de'Benci and Renaissance Portraits of Women,* Princeton University Press, 2001, p. 80.

de trampolín para llegar a las zonas más escondidas de su rostro de ojos benevolentes, un tanto burlones, con una mirada fija en algún recuerdo.

Giulio Romano y Rafael, *Isabel de Requesens* (detalle).

Joanna Woods-Marsden llama la atención sobre los símbolos del amor que enmarcan a la virreina, y sus observaciones me parecen muy adecuadas. Basado hábilmente en una tradición retratista que conecta con Pollaiulo, Botticelli, Ghirlandaio y Leonardo (el del retrato de Ginevra da Benci), Romano se eleva muy alto, convirtiendo su trabajo en un *gift* del hombre que suscitaba el interés del Papa León X, que no es otro que el Gran Capitán, el legendario virrey de Nápoles. Con una actitud semejante a la que percibo en Torres Naharro profundiza en la leyenda amorosa del viejo Gonzalo con su prima Juana, reina de Nápoles. Este sería ya un motivo suficiente para explicar por qué hasta fechas recientes (en realidad hasta el estudio de Fritz) este retrato se decía que era de Juana de Aragón. Pero existe otro motivo, aún más inquietante.

Yo me interrogo acerca de un retrato de mujer existente en el Palazzo Doria de Roma, atribuido sin demasiado fundamento a Leonardo de Vinci, en el que algunos han querido ver a la reina Juana de Aragón.

La comparación entre ambos retratos resulta inevitable. ¿Quién copia a quien? Está claro que se trata de dos mujeres diferentes vestidas con la misma ropa, con una pose parecida, aunque una de ellas lleva el torso desnudo y la otra luce un hermoso camafeo a la entrada de sus senos; una adorna las

Retrato de Juana de Aragón. Roma, Palazzo Doria.

mangas de su vestido con costasas joyas, la otra en cambio no lo hace pero el lugar es el mismo: se ha identificado con la Villa Farnesina de Roma. Dejemos debatir a los eruditos sobre cual de los dos retratos es el original y cuál la réplica, y centrémonos en su intencionalidad política.

Estos dos retratos contienen en sí mismos toda la historia de Nápoles desde la llegada de Gonzalo en 1495 hasta su integración en el Imperio español en 1520. La despreocupación que embriagó a la sociedad napolitana en estos veinticinco años (toda una generación) llevó consigo, entre otras cosas, el descuido hacia el papel de las mujeres en el paso del *Regno* al *Viceregno*: por ejemplo la «sottomisione del baronaggio» que Lampedusa, con su aguda percepción de la decadencia napolitana, advirtió en una célebre novela: el habitual ardid de cambiarlo todo para que nada cambie. También está presente en la historia de estos dos retratos una mirada irónica hacia el porvenir que le esperaba a Nápoles al dejar de ser uno de los centros más importantes de la cultura italiana para convertirse en la periferia del imperio español.[22] ¿Qué papel tuvo en ello el gobierno de Gonzalo? ¿Qué papel tendría el gobierno de Carlos? Estaba claro que el cruce primario y fundamental de los dos retratos de mujer: el de Juana y el de Isabel manifestaba la necesidad de conocer en Roma lo que el emperador pensaba del Gran Capitán. Intentemos saberlo.

22. El proceso lo analiza Giuseppe Galasso, *En la periferia del imperio. La monarquía hispánica y el Reino de Nápoles*, Barcelona, Península, 2000.

22

POMPAS IMPERIALES (1522-1536)

En 1522, Carlos V regresó a España. A la sombra de Mercurino de Gattinara y su idea de una Monarquía Universal (de hecho durante los últimos cinco años todos hablaban de ella y sentían la acuciante necesidad de que se pusiera en práctica el sueño de Dante y otros insignes gibelinos), el emperador reunió en torno suyo a un grupo de brillantes escritores educados en las doctrinas de Erasmo de Rotterdam, Juan y Alfonso de Valdés, Garcilaso de la Vega, Juan Boscán, fray Antonio de Guevara. A menudo les pedía consejo sobre determinadas cuestiones del gobierno de sus inmensos territorios. Carlos estaba cada vez más convencido que su abuelo materno Fernando el Católico había errado en su política por las malos consejeros. A él no le pasaría una cosa así. A menudo se daba cuenta de la fragilidad del Estado dinástico, y esa sensación le hacía ser más fuerte. Nada es más fácil, si un hombre con poder lo desea, que obtener buenos consejos de los amigos, y a Carlos poder no le faltaba.

En su origen ese poder estaba vinculado a una estrategia familiar que hizo posible la unión de las armas de Castilla, la política aragonesa, el sentido mercantil flamenco, el espíritu borgoñón y el sueño imperial de los Habsburgo. Luego, ese poder se legitimó por un selecto grupo de escritores renacentistas. El Imperio español es una consecuencia trágica de la adopción del sistema de valores italiano en Castilla durante los primeros años del siglo XVI. Quizás por eso las resistencias vinieron de los sectores más tradicionales, más castizos, que observaban con inquietud la invasión de unas ideas nuevas a través del humanismo, que alumbraban una forma de vida diferente a la tradicional, una forma de vida decididamente moderna.

Los sueños políticos de Carlos V, contados por Manuel Fernández Álvarez, su último biógrafo de momento:[1] rey de Castilla por herencia de su abuela materna, a través de su madre declarada loca; rey de Aragón gracias a que su abuelo materno pensara que era la mejor solución frente a otras propuestas que le ofrecían sus consejeros en los últimos años de su vida; señor de Flandes, duque de Borgoña por su abuela paterna, y, finalmente, emperador de Alemania debido a que su abuelo paterno, Maximiliano I, lo había sido, y era costumbre que el título permaneciera en una casa. Gracias a una herencia tan compleja y a su perfecta utilización, Carlos V estuvo en

Tiziano, *Retrato de la emperatriz Isabel de Portugal.*
Madrid, Museo del Prado.

1. Manuel Fernández Álvarez, *Carlos V*, Madrid, Espasa Calpe, 1999.

condiciones de retornar a Italia como un jefe militar invencible. El miedo que eso le provocaba le obligó a tomar en serio las sugerencias de sus consejeros de que, antes de emprender la campaña, contrajera matrimonio con su prima Isabel de Portugal. Aceptó de inmediato y de buen grado. Tiziano fue testigo de que esa decisión se basó en criterios estéticos, más que políticos o morales. Carlos no estaba seguro de si Isabel sería una buena compañera para su tarea de gobierno, pero su cuerpo y su dulzura respondían perfectamente al modelo caballeresco.

Al matrimonio siguió la luna de miel; y ese simple hecho fue crucial en la vida de Carlos V y probablemente en la historia de España. La elección del lugar para saborear el amor de la bella portuguesa no era un asunto menor. El verano de 1526 Carlos e Isabel lo pasaron en Granada.

LA IMAGEN DEL RETABLO

Nada más llegar Carlos V a Granada, se enteró de primera mano sobre el debate suscitado a la hora de construir el retablo del altar mayor de la Capilla Real, donde se encontraban las tumbas yacentes de los Reyes Católicos.[2] Jacobo Florentino el Índaco, amigo de Miguel Angel Buonarroti, seducía a la mayoría de granadinos con su arrebatadora imaginación artística. Después de ver los bocetos de Bigarny le sugiere algunos retoques para adaptarlos a la efemérides del momento.

Una anécdota interesante aunque algo confusa. Francisco Bermúdez de Pedraza fue el primero en hacerse eco de ella.[3] Los eruditos han buscado pruebas de esa afirmación, pero se

2. Antonio Gallego Burín, *La Capilla Real de Granada,* Madrid, CSIC, 1952.

3. Francisco Bermúdez de Pedraza, *Antigüedad y excelencias de Granada,* Madrid, 1608.

encuentran con algunas dificultades.[4] Las fechas no cuadran. La estancia en Granada de Bigarny se sitúa en 1521, y la llegada de Carlos en 1526; tampoco cuadra que se impusiera la formación gótica del maestre Felipe en contra de la manera romana de Jacobo. Tampoco se conoce quién fue el responsable de convertir el *rey joven de la Adoración de los Magos* en un retrato del César, ni si Carlos llegó a verse en algún momento. Era muy frecuente que los artistas aprovecharan un momento de resonancia política para abandonar, aunque fuera por un momento, el anonimato. Los entalladores de la obra, Andrés de Solórzano, Marín Bello y Bernal Miguel, trabajaron deprisa, como también Antón de Plasencia y Alonso de Salamanca en la confección de los ropajes. Todos parecían nerviosos, hasta el punto que dos años después, en 1528, una Real Cédula mandaba subsanar el error de haberse retratado en los relieves de la entrega de Granada al cardenal Mendoza con las facciones de Cisneros.

El deseo por ofrecer al emperador un retablo conforme a sus gustos personales provocó muchos problemas. Si me intereso ahora por las circunstancias de la construcción de ese retablo entre 1521 y 1528 es porque el sotabanco contiene relieves representando la toma de Granada por los Reyes Católicos, y se dice que uno de los personajes allí retratados es precisamente el Gran Capitán. Se produce aquí un fenómeno similar al retrato de Carlos V, pero sin pruebas suficientes, salvo la tradición.

Felipe de Bigarny muestra aquí sus mejores maneras: grandes agrupaciones y alineaciones rígidas, pero finísimamente modeladas, donde se resaltan cuatro personajes. Los centrales son indudablemente los Reyes Católicos, a su lado, flanqueándolos aparece un cardenal de la Iglesia, y un jefe militar. La le-

4. Manuel Gomez-Moreno Martínez, «Sobre el Renacimiento en Castilla. II. En la Capilla Real de Granada», en *Archivo Español de Arte y Arqueología*, núm. 3, Madrid, 1925, pp. 41-84.

Sotobanco de la Capilla Real de Granada,
Escenas de la toma de Granada.

yenda dice que precisamente ese es el Gran Capitán. Un hombre ni joven ni viejo, de cabeza redonda y vestido con arneses de guerra. Lo que tiene de singular su rostro, de gesto preocupado, que percibimos a través de un pómulo hirsuto y de una boca interrogativa, es el contraste con la severa rigidez de los demás miembros, incluidas las mujeres del séquito de la reina Isabel. Dotado de una inmensa aptitud para saber que estaba pasando en ese momento, esa figura es la de un espíritu lleno de ironía, que manifiesta su presencia en un acto crucial en la historia preocupado más por descubrir en los que tienen frente a él (que no vemos y sólo podemos adivinar) a alguien cercano. Eso es lo que conmueve del sotabanco, una contención sobre un instante de gloria que quizás no fuera tal.

La memoria del pasado no está garantizada por la habilidad de un artesano en restaurar un sotabanco, sino por su capacidad para escapar del olvido, demorando el desinterés de la sociedad durante siglos y siglos. La memoria del pasado es algo vivo que necesita fortalecerse una y otra vez. El verano de 1526 fue un momento decisivo en el proceso de elaboración del mito del Gran Capitán. El interés hacia él despertó la curiosidad del emperador. Todos estaban expectantes a que hiciera un gesto a ese respecto. Sólo un gesto. No tardó en darse. Carlos V ya había oído hablar algo de aquel granadino. Pero, en ese verano, se interesó más vivamente. No tengo constancia del día y la hora en la que Carlos hizo la pregunta decisiva, pero estoy seguro de que la hizo y fue ella la desencadenante del mito.

¿Cómo era en realidad el Gran Capitán? Sus hombres buscaron entre los viejos hombres de armas afincados en Granada a alguien que le hubiera conocido de cerca, y entonces le hablaron de Hernán Pérez del Pulgar.[5] A una indicación, el viejo hidalgo (tenía setenta y cinco años) dejó su cortijo para acudir a la corte en Granada. Allí redactaría una *Breve parte de las hazañas del excelente nombrado Gran Capitán*, que en 1527 publicó el editor alemán, afincado en Sevilla, Jacobo Cromberger.

EL VIEJO AMIGO QUE RECUERDA

Más que las campañas en Italia, escenario de los mayores éxitos de Gonzalo, es la Guerra de Granada el secreto todavía no descifrado de Carlos V, la prefiguración de una grave crisis que se estaba fraguando y estallaría en tiempos de Felipe II y

5. José Martínez de la Rosa, *Hernán Pérez del Pulgar, el de las Hazañas*, Bosquejo histórico, Madrid, Imprenta de Don Tomás Jordán, 1834. En 1526 cedió su cargo de regidor de Luja a su hijo Rodrigo de Sandoval.

que contaría con Diego Hurtado de Mendoza como su máximo intérprete. La Guerra de Granada había sido el comienzo de todo, incluida la carrera militar y política del Gran Capitán. Los oscuros campesinos de Las Alpujarras, los moriscos soberbios y llenos de harapos que ocupaban los pueblos y los valles de esa región montañosa a escasos kilómetros de la Alhambra fueron las víctimas de una atroz ocupación del suelo.[6] A intervalos cada vez más próximos, aquellos pueblos sometidos se levantaban en armas contra la injusticia, como había sucedido en Valencia unos años antes. Detrás del morisco granadino está el revolucionario de la historia. Y es justamente la fusión de esas dos figuras lo que hace atractiva la actitud adoptada por el Gran Capitán en aquella guerra.

Carlos V se interesó por saber lo que había sucedido, no en su versión oficial que ya conocía por el cura de los Palacios y otros cronistas áulicos, sino en la versión de un testigo presencial, de un autor que al mismo tiempo fue actor de aquellos sucesos. La revuelta morisca, el rechazo a Occidente de un grupo importante de la población española, es una queja contra la injusticia de un orden político que no atiende los pactos sellados en la Capitulación.

Hernán Pérez del Pulgar captó el interés de Carlos V desde el primer momento gracias a una sutil presentación de su interés por el personaje:[7]

Con muy gran razón, soberano señor, Vuestra magestad desseó ver y conocer al nombrado Gran Capitán. Ca por cierto si él hoy fuera, según útil á lo real fuere, otro Epaminondas ó Parmenion en él tuviera, para señorear el restante que del mando del mundo á vuestra Católica Magestad queda por ser tan justo su deseo (con cuidadoso cuidado) á priessa busqué en el gran montón de sus obras estas pocas, que de parte de su vida con mano libre de afición bi odio serán escritas, ansí de lo que hizo en Italia como de lo que obró en Espa-

6. A. Dominguer Ortiz-B. Vincent, *Historia de los moriscos. Vida y tragedia de una minoría*, Madrid, 1978. 7. Pérez del Pulgar, *Breve*, cit. p. 555.

ña, donde ay tal costumbre que lo que en nuestro tiempo vimos de los vecinos della, menoscaba la fe de las cosas buenas; porque cuanto más juntas y clara á nuestra vista son, tanto más lejos y escuras los escuros las cuentan. Van breves porque no ay palabras que basten á poner en tan alto estilo quanto requiere escribir vida de tan claro varon: del qual en las mas partes de la misma Ytalia valientes historiadores dodiciando ensalzar la fama con las obras de este ilustre Capitán en prosa y en metro, han escrito de su figura, resplandor, linage, riquezas y claridad de gloria, que ganó con bondad hazañas de guerra y tratos de paz. Ca fue de tanto valor el precio que ganó en ella, que su nombre no se amatará en todas las edades; pues que oyendo sus enemigos el nombre de Gran Capitán, atemorizaban. E su propio rey y natural señor, con mas el rey de Nápoles don Fadrique de Aragón, le dieron tanto honor quanto lo manifiestan y dicen los privilegios que de parte de sus estados y señoríos le dieron; y cuentan estas letras que el rey Católico y vuestra Alteza embiaron á la excelente duquesa su muger, y de los privilegios de solos dos, por no ocupar, porné las cabezas y títulos de los ducados de Santángelo y Sesa, por ser la grandeza de su alto estilo tal, que me apremió engerirlos aquí. En lo qual se verá ser mucho más lo que en poco papel se dice, que cuanto aquí dél se escribe.

La retórica construye el marco para la narración de los sucesos históricos. Pérez del Pulgar era consciente de lo que esperaba el emperador de él. Como observó Karl Brandi, el interés por lo español se acrecentó en el verano que pasó en Granada y por eso mismo deseaba comprender las costumbres de ese pueblo que cada vez más era el suyo.[8] Hasta ese momento no había podido entenderlas porque lo único que sintió desde su llegada fue animadversión de los comuneros y displicencia de los agermanados. Ni un solo espejo donde mirarse. Ahora por fin había encontrado uno a su medida. El Gran Capitán mostraba el camino a seguir.

8. K. Brandi, *Carlos V*, Barcelona, Juventud, 1944, p. 230.

En el verano de 1526, mientras Carlos situaba la semilla de su hijo primogénito Felipe en el vientre de Isabel de Portugal (el niño nació el 21 de mayo del año siguiente), Peréz del Pulgar enseñó a todos los escritores instalados en Granada (los hermanos Valdés, Boscán, Garcilaso, Guevara) la manera de legitimar las raíces históricas del Imperio español. Hasta ese momento, los encargados de la política de Carlos, hombres como Gattinara, habían reducido el Imperio al uso de las armas y de la represión. Así se había actuado en Pavía, pero también en Villalar y Valencia. Ese no era el camino adecuado. Un rey legítimo no necesita un ejército de ocupación en sus propios reinos. Debía mostrar que su legitimidad era la salvaguarda de sus señas de identidad, de sus rasgos característicos. Había llegado el momento de pensar en una idea para gobernar el mundo. El viejo Pérez del Pulgar les iluminó mucho más que su brillante maestro Erasmo; a sus ojos el Gran Capitán representaba la forma perfecta de la legitimidad del gobernante sobre los gobernados. Carlos V se sintió fascinado por el «breve relato» de su vida. Ahí estaba la clave. Mientras observaba la gravidez de su bella esposa, pensó que debería seguir las huellas de aquel insigne granadino, cuya viuda se mostraba tan solícita con su esposa y el fruto de su vientre.

¿Qué era esa historia de hazañas de un hombre de la frontera que por sus únicos méritos alcanzó la gloria de ser llamado el Gran Capitán? Pérez del Pulgar insistía en el relato de aspectos concretos de sus acciones en la Guerra de Granada, o en las negociaciones para la rendición de la ciudad con su amigo el viejo rey nazarí Boadbil, cuyas estancias ocupaba el emperador. Entonces Carlos lo entendió todo, y mostró su interés en que los demás pensaran como él. Había encontrado por fin la legitimidad en la manera de afrontar la vida del Gran Capitán.

La fascinante historia de su vida contada por Pérez del Pulgar se reduce a una serie de ejemplos bien ajustados a los deseos de una nueva generación de hombres de Estado educados en los ideales del Renacimiento. Los motivos de su éxito mundano y de su entrada en la eternidad se reducen a la suma de secuencias difícilmente repetibles en la Historia. Por un lado, la memoria social europea que desde principios del siglo XV (desde los tiempos de Boucicaut) ligó la suerte de la *auctoritas* legítima con los ideales de la caballería; mientras que, por otro lado, la *potestas* se vinculó a una cadena de victoriosas batallas con las que se buscó el dominio de Italia.

Los ideales de la caballería se cargan de intenciones políticas cuando caen en manos de teóricos del Estado y se utilizan para ordenar la sociedad. Por eso mismo, en 1526, Carlos V tuvo la sensación que el *pasado* aún era real y que el tiempo histórico podía detenerse, incluida la Reforma de Martín Lutero. Ese es el camino que conduce a escuchar ideas contrarias al buen equilibrio diplomático y al orden que estaba a punto de instalarse en el suelo europeo. Carlos V mira el mundo de la caballería como el último refugio frente a la *incroyance* que se extendía por la sociedad europea. Ese anhelo de convertir su vida personal en una aventura caballeresca y de volcar el orden social a través de un rito festivo que una vez más tenía como territorio de actuación la Italia del norte puede verse en el conjunto de tapices flamencos realizados según los cartones de B. van Orley (que en la actualidad pueden contemplarse en la Gallería de Capodimente en Nápoles) y que representan algunos pormenores de la batalla de Pavía.

El sueño borgoñón aparece aquí al descubierto: recuperar el espacio perdido en manos turcas, buscar una ilusión colectiva y única para todos los hombres, es decir, los caballeros, creer que los Estados son piezas intercambiables que pasan de una mano a otra al margen de los sentimientos nacionales, es decir, del peso de la sangre, la lengua y el territorio. Esa utopía que según Burckhardt había constituido la *Geselligkeit* de la cultura del Renacimiento descansaba sobre una geografía abierta, la de la aventura, que es la misma geografía que recorren los héroes literarios del *Amadís de Gaula* de Garci Rodríguez de Montalvo o los del *Orlando Furioso* de Ludovico Ariosto; y también la misma geografía que llevaría a América un impulso colonizador en razón de encontrar *Eldorado* en aquellas exóticas tierras.

El mundo vital de Carlos V entra en conflicto durante ese momento con el de otros hombres de su tiempo: Mercurio Arborio di Gattinara, Antonio de Leyva, Andrea Doria o el marqués del Vasto, porque no deseaban un tipo de civilización donde prevaleciera el orden nacional por encima de la Monarchia Universal. Sus decisiones que desde hace cien años los autores españoles consideran equivocadas, trató de vivirlas de un modo intenso, aunque sin llegar a convencer a casi nadie de los que sin embargo les siguieron.

Pérez del Pulgar le había despertado todos los sueños que llevaba dentro, y desde ese momento Carlos V buscaría el modo de ponerlos en marcha, aunque para ello debiera engrasar la pesada máquina del Imperio de los Habsburgo. Sólo quedaba un último detalle, pero importante. El viejo Hernán lo intuyó, y por eso termina su relato con unas agudas reflexiones sobre el significado del poder. Dicen así:[9]

Este tamaño bien me parece haber alcanzado mi trabajo contar estas pocas de las grandes y muchas cosas de la industria y fortaleza del Gran Capitán, desde su menor edad hasta que el alma volvió á quien se la dio, por ser dignas de ser sabidas. Ca por cierto si fueran en orden escritas y también enxeridas en el papel quanto él las supo hacer, materia de doctrina era á los presentes y exemplo á los que vernán; la qual obra. señor muy poderosos, pongo so el amparo de vuestra magestad, para que con él sea defendida de aquellos que en acusaciones se trabajan: a) que por cierto si á la comenzar me atreví, mas fue por provecho de otros que por alabanza mía, ca assaz tra-

9. Pérez del Pulgar, *Breve*, cit. pp. 588-589.

bajo es (como dijo Salustio) escrevir fechos agenos, pues la gloria mas en el hacer que en el decir está; verdad sea que mejor fuera, b) cometello á Casio como hacia el Cévola, y no tomar oficio á mi no sabido; porque contar cosas tan claras, avian de ser también puestas como fueron hechas y de mejor medida en la desemboltura de mi lengua: el defecto de la qual causó ser lo escrito mendiguez, según el loor dan á su fortaleza durable los que la esperimentaron; la qual y a la figura del maestro que la dio, presente aviamos a tener, como escrive Séneca á Lucilio hablando en lo semejante; pues no para él solo nació, mas para la salud de la cosa pública de España, mediante la gran gloria que sus hechos le han dado, que son tales y tantos que no hay abundancia de ingenio ni copia de escrevir que pueda contar la clara vida, resplandor de costumbres de este poderoso caudillo: del qual mas se adelgazare el antigüedad de los tiempos, menos se callaran sus ilustres y maravillosos hechos, en especial quando vengan á manos que enmienden la brevedad y baxeza con que aquí se han puesto. O gran marques de Santillana! que el tiempo mas bien gastado (decía él) era aquel que se empleaba buscando las vidas de los valientes y sabios varones, y por tal nombro á vuestra magestad real para que sin desdén, con pluma sin dientes lo mande corregir, pues la sequedad de la mía no le supo majar ni menos tundir á paladar de apressurados decidores, cuyos ojos no sufren claro resplandor. Ante los quales protesto aquel vuestro favor que el Gayo Julio á su huésped en Milán dio al tiempo que en lugar de verdura pusieron espárragos en la mesa, que todos desdeñaron y el solo Cesar los comió, a fin que no fuese ávido por rústico aquel servidor. E bolviendo, señor y muy poderosos emperador, al propósito comenzado desde tan Gran Capitán, digo que dél las gentes dirán lo que el rey Massinisa decía por el africano Scipion: que no solamente contar sus hechos, mas aun decir sus dichos no se hartaba ni hartarán todos de oyr su vida, que si fuera tan bien escrita como se le devía, pareciera no solamente delectable mas solene y muy utile y provechosa para que á la cabecera todos los de vuestros reynos la toviessen para materia á sus descendientes, como hacia Alexandre al libro de Omero. Pero yo, señor, escriví lo que mis fuerzas bastaron, no curando de los ligeros á reprehender y enmendar, y tardios á hacer y ordenar; pues á la verdad ningun temor se deve juntar, en especial aquí do paga y salario de gran fama se le deve por los trabajos que passó en los peligros que sufrió: ca como quíer que sus obras se oyen, de que no se leen, acaece lo que quando en espejo miramos, que desviados dél, no tenemos memoria de la figura que vimos en él. Yo bien conozco, señor muy poderoso, que como los escritores que componen los hechos de los grandes varones con dichos más de lo que en obras fueron, bien assí aquí todos dirán: mucho más que lo escrito fué lo hecho; pues largamente en él moraron las quatro cosas que el orador excelente Marco Tulio pone que ha de tener el perfecto capitán: que son virtud, dar, sabiduría y autoridad. E bolviendo á la razón do comencé, concluyo con que muy gran razón tuvo vuestra persona imperial de desear ver y conocer al nombrado Gran Capitán.

El esfuerzo humanístico para recuperar el mundo romano clásico (y sus héroes), que es el artificio ideológico de mayor eficacia en la cultura europea para desarrollar una Monarquía Universal en contra de los ideales luteranos, encuentra su máxima expresión en la ejemplar historia de Gonzalo. Según Pérez del Pulgar, Carlos V debería fijarse en ella para afrontar el reto que tenía ante sí, y más que nada buscar la manera de desarrollar los cuatro rasgos que convirtieron a Gonzalo en el Gran Capitán: la virtud, la generosidad, la sabiduría y la autoridad.

EL TRASFONDO DEL SACO DE ROMA

En Granada, durante el verano de 1526, Gattinara presionaba al emperador para que interviniera en Italia, aunque eso le obligara a enfrentarse a la Liga que era tanto como decir al Papa. Se apoyó para ello en el secretario Alfonso de Valdés, y quizás en la admiración del César por las campañas del Gran Capitán. Una vez más las palabras de Hernán Pérez del Pulgar son decisivas:[10]

10. Pérez del Pulgar, *Breve,* cit. p. 587.

E tornando á los fechos perfectos que este maravilloso capitán hizo, de que he dicho bien breve parte, digo que era tal varon que en ningun tiempo dió ocasión á ver queja de su causa; ca era tan grande su misericordia y masedumbre y liberalidad que de aquella á todos comunicava y recebia deletacion en la continuación de la guerra y en ella era otro Eumenes; y avia gasajado quando su gente tomava hartura en el destruymiento de sus enemigos: assi que era tanta su fortaleza quanto se comprende de las cosas que con ella hizo; testigos de los quales son Granada, Nápoles y Ytalia, donde perpetuamente resplandecerá singular honor y gloria al nombre de España, mediante la industria, valor y arte de cavalleria de su Gran Capitán: por el cual fueron renovadas y ensanchadas las fuerzas de las armas españolas en Ytalia.

Carlos V tuvo una iluminación al escuchar estas palabras. Nada podría frenar ya su campaña italiana. Para que se pudiera intervenir con garantías en una campaña contra Roma era preciso que el gesto se originara en algo que fuera tan legítimo como el propio solio de Pedro. Algo que no perteneciera a la tradición religiosa, pero que estuviera a su mismo nivel, como el espíritu de la caballería.

Los efectos inmediatos (y devastadores) de esa voluntad de poder despertada en Carlos V durante el verano de 1526, gracias en parte a la lectura de las hazañas del Gran Capitán según la versión del viejo Pérez del Pulgar, fue el *saco* de Roma del año siguiente. De la teoría del dominio se paso a la práctica efectiva. Quizás el gesto de Carlos V había sido exagerado. Cuestionar el *saco* era discutir la herencia clásica presente en el arte de la caballería. Una vez más fue necesario recurrir al ejemplo del Gran Capitán.

LA LEGITIMIDAD QUE VIENE DE LOS CLÁSICOS

La legitimidad de las acciones de gobierno procede de su correcta adecuación a los modelos clásicos, al menos esa era la forma de pensar en la sociedad europea en las primeras décadas del siglo XVI. La campaña de Carlos en Italia obligó a insistir en la personalidad del Gran Capitán, el modelo a seguir. Pérez del Pulgar encontró una brillante solución: compararle con el general romano Escipión; en concreto con una de sus más renombradas decisiones, según Tito Livio: la personal protección de las mujeres que como rehenes habían llegado a su campamento. Un gesto análogo lleva a cabo Gonzalo. Escribe al respecto Pérez del Pulgar:[11]

Pero no me parece de olvidar ni dar menos loor á este Gran Capitán, quando su hueste sobre Gaeta traxo; y ganado el monte de aquella y el arrabal entrado, viendo que las vírgenes hijas del Anunciada que allí están, que es un ayuntamiento de religión do se crían gran número de mozas hijas de padres no conocidos, y en aquella observancia están hasta que las casa la casa que moran; la qual por la gente entrada, ellas sin pensamiento de tan súpito peligro con aullidos y llantos huyen á los terrados y tejados para ser de allí antes despeñadas que forzadas: las quales tan dessemejadas tenian las caras con sus manos despedazadas, quanto requería la tribulación y deshonra que esperavan con cuerpos agenos afeadas. Ca á los mismos intentadores de la fuerza diminuye el placer del vencimiento presente el semblante dellas; que ansi de dia como de noche eran oydos sus clamores y cuitas; las quales con el espanto reprimian los gritos y con temor sospiravan que callando se fatigavan enternecidas de miedo. El Gran Capitán, que vio montón de mugeres angustiadas, y sabida la causa era mucha parte de su infanteria querellas meter á saco de mal, como hacian á los bienes que allí hallaron, con todo impetu aparte la gente, y á ellas con diligencia socorre, diciendo ser antes dignas de ayuda que de injuria; y descendidas tal cobro les puso, que tan limpias en su convento quedaron como las hallaron; y forzado yr á proveer en lo que para el bien en que estava convenia, sostituyo para guarda destas á un cavallero de su casa con gente que guardasse aquellas, amonestándole: Si voy de aquí, mayordomo, es porque dejo otro yo.

Justamente en el momento en que Carlos V desenvaina el principio de legitimidad imperial para justificar el saqueo de Roma

11. Pérez del Pulgar, *Breve*, cit. p. 587.

y asienta sobre él toda la grandeza de su reinado, Pérez del Pulgar le muestra el objetivo final de los ideales de la caballería: la protección a las mujeres desvalidas. Siempre quedará ese gesto sacado, como tantos otros, de las novelas de la materia de Bretaña. El Gran Capitán, como un nuevo Lancelot, se opone a la desbordante pasión de sus hombres de armas, frena sus instintos asesinos, la irrefrenable inclinación al estupro propia de todos los ejércitos de todos los tiempos. Se comporta como un caballero en medio del saqueo de Gaeta; y de ese modo enseña una vez más el camino al César y a sus hombres en el *saco* a Roma.

Esa imagen tradicional de la caballería no es, desde luego, aberrante, y tampoco responde a una oscura exaltación de la masculinidad, que habría resultado ridícula en un ambiente de refinada cultura literaria: «El gran Capitán, insiste Pérez del Pulgar, que esta ciudad por combate les ganó (a los franceses), todas las mugeres que en las yglesias halló, llenas de lágrimas y temor, fueron tan guardadas quanto convenía á la limpieza de no ser violadas; antes como supo que su gente militar las halagava con lengua y manos para mal, aquello rezio castigó y lo que les tomaron restituyó, y ellas puestas en libertad mandó dar abundancia de mantenimientos de que estavan en mengua».[12] La confirmación definitiva le llegaría empero de la «principal en dignidad de aquellas mujeres» al reconocerle como el más grande capitán de todos los tiempos. Gonzalo se había comportado según las normas de la caballería y en función además de sus creencias religiosas: «este Gran Capitán movido á piedad socorrió y remedió á las barahundas que tenían las Anunciadas».

¿Qué era esa historia de mujeres perseguidas, de doncellas de la Anunciada en peligro? ¿Acaso no era la vieja historia del horror de las mujeres en medio del juego de los hombres? Gonzalo supo estar a la altura de sí mismo y de su fama. El ejemplo así se cerró. Pérez del Pulgar no tiene inconveniente

12. Pérez del Pulgar, *Breve*, cit. p. 588.

en declararlo a todos los vientos: «el nombre del qual Gran Capitán bien como atemorizaba á los malfechores de Ytalia, assi á los pacíficos era amparo».[13]

La ejemplar actuación del Gran Capitán ante las doncellas de la Anunciada pone de manifiesto que a veces la *auctoritas* no está reñida con la *potestas*, como se apresuró a decirle Carlos V al nuncio del papa Baldesar Castiglione durante el verano de 1526. ¿Qué pensaba sobre el Gran Capitán este influyente escritor? Quizás sería interesante conocerlo.

Rafael, *Baldesar Castiglione*. París, Museo del Louvre.

13. Pérez del Pulgar, *Breve*, cit. p. 587.

Hacía menos de dos años que Baldesar Castiglione había sido nombrado protonotario pontificio por el Papa Clemente VII cerca de la corte de Carlos V. En aquel tiempo nadie representaba más auténticamente que él al literato convencido de la necesidad de cambiar las reglas de sociabilidad. Natural de Mantua, nació el 6 de diciembre de 1478, en el seno de una familia acomodada (su madre era una Gonzaga) siendo testigo de las luchas políticas de su tiempo, una actitud que incrementaría gracias a su oficio de embajador en las cortes de Inglaterra y Milán.

En 1513, encontrándose en Urbino, comenzó a escribir el *Libro del Cortegiano,* la obra que le conducirá a la inmortalidad. Cinco años después la había concluido, aunque no la publicaría hasta 1528, unos meses antes de su muerte.[14] Al llegar a Granada como embajador del Papa cerca de Carlos V, sella una fuerte amistad con Juan Boscán, el poeta barcelonés, quien traducirá su libro al castellano, y del resto de personajes que rodeaban al emperador en aquel verano.

A Castiglione le gustaba escuchar desde lejos las especulaciones de Hernán Pérez del Pulgar sobre el Gran Capitán. Y Andrea Navagero, el más refinado humanista de todos los que allí se encontraban, autor de un admirable *Viaggio fatto in Spagna,*[15] le hacía pensar cuando le mostraba sus dudas. En cierta ocasión, Garcilaso mostraba el interés de conocer lo que él opinaba de aquel importante militar granadino, mientras que Boscán se pasaba semanas componiendo y puliendo una carta a la duquesa de Soma. En ella describía con toda

14. B. Castiglione, *Il libro del Cortegiano,* Venezia, Aldo Romano, 1528. (ed. Vittorio Cian, Florencia, Sansoni, 1894, 4a ed., 1947).

15. *Il Viaggio fatto in Spagna... dal magnifico M. Andrea Navagiero. alla Cesarea Maestà di Carlo V,* Venecia, 1563 (versión española: *Viajes por España,* Madrid, Libros de Antaño, 1879).

suerte de detalles el ambiente refinado y culto que se vivía en Granada en aquel verano, pero junto a esa vanidad propia de los hombres de letras, mostraba también los tormentos de un escritor por hacerse con la forma poética italiana.[16]

Así pues, el embajador Castiglione pasó unos meses enteramente ocupado en la contemplación de una corte ansiosa de educarse en el humanismo italiano, una tarea que había sido intentada antes pero que nunca maduró lo suficiente. Sus amigos de la corte le escuchaban con atención, mientras paseaban entre las fuentes y los ríos de agua de La Alhambra y el Generalife. La compañía de aquellos hombres no le hizo cambiar de opinión, y no parece que el texto del *Cortegiano* sufriera algún retoque.

La educación humanística propuesta por Castiglione está sostenida sobre cosas que no se pueden aprender en los libros. Cosas que forman parte de la sociabilidad y que requieren el uso de una representación permanente. Hay personas con facilidad para esos asuntos; otras en cambio muestran una torpeza proverbial cuando actúan en sociedad. El Gran Capitán pertenecía sin duda a los primeros; y por eso se contaban sobre él infinidad de anécdotas, convertidas muy pronto en ejemplos a seguir. Castiglione comenta una de gran interés, en medio de una ajustada reflexión sobre el uso de los «detti giocossi per pungere, come i detti gravi per laudare», así como de las metáforas *bene accomodate*, donde vemos una vez más el perfil característico de Gonzalo. Dice así:[17]

come quello che disse il Grande Capitano, il quale, essendosi posto a tavola ed essendo già occupati tutti i lochi, vide che in piedi erano restati dui gentilomini italiani i quali avean servito nella guerra molto bene; e súbito esso medesimo si levò e fece levar tutti gli altri

16. La carta de Boscán hace de prólogo en el libro II de sus obras poéticas, ed. Willkiam I. Knapp, Madrid, Biblioteca de Autores Españoles, t. XXXII-XLII. 17. B. Castiglione, ed. cit. pp. 200-201.

e far loco e que' doi e disse: Lassate sentare' a mangiar questi signori, che se essi non fossero stati, noi altri non aremmo ora che mangiare. Disse ancor a Diego Garzim che lo confortava a levarsi d'un loco pericoloso, dove batteva l'artigliaria: Dapoi che Dio non ha messo paura nell'animo vostro, non la vogliate voi meter nel mio.

Gonzalo se había mirado en el espejo italiano, no en el flamenco, pese al éxito de este último entre su círculo social. Esa actitud me sorprende y desde luego me conmueve, pues no hay nada más fascinante que seguir las huellas de un individuo que mira más allá de su condición, lejos de su familiaridad, a una atmósfera cultural ajena a su nacimiento. No es fácil asumir el sistema de valores renacentista imperante en Italia en el siglo XV para alguien que había nacido en un pueblo andaluz de frontera, en medio de una sociedad anclada en los derechos patrimoniales y fiel a las tradiciones de su casta, forjadas tras siglos de guerra de «reconquista». Cuentan que su interés por las biografías de esos hombres le llevó a comportarse como ellos, pero ese dato no tendría importancia si no fuera porque detrás de él todo su país, primero Castilla, y luego el resto de los reinos le siguió en ese proceder.

LAS PIEDRAS DE LA VIUDA

En los meses que Carlos estuvo en Granada, su esposa Isabel de Portugal se alojó en casa de María Manrique, viuda del Gran Capitán. El Palacio diseñado por Pedro Machuca, junto al palacio de los reyes nazaríes en La Alhambra, aún no estaba terminado, y los esposos buscaban la manera de estar juntos el tiempo preciso para que el idilio amoroso durara.[18] Isa-

18. Manuel Gómez-Moreno Martínez, *Las águilas del Renacimiento (Bartolomé Ordóñez, Diego Siloe, Pedro Machuca, Alonso Berruguete, 1517-1558)*, Madrid, 1941.

bel de Portugal encontró en María la amiga entrañable para llenar cien años, y en sus conversaciones debió aparecer más de una vez el tema de la guerra y los hombres. En efecto, le pareció como si aquella insigne viuda granadina la pudiera orientar en lo que le esperaba junto a un hombre tan apasionado como Gonzalo por las armas y las mujeres. La cuestión era no volverse loca de amor, un asunto espinoso en España en aquellos años, pues Juana, la madre del emperador Carlos, vivía encerrada en Tordesillas bajo la sospecha de haber perdido la razón tras la muerte de su calavera marido Felipe el Hermoso.[19] Cabía encontrar motivos para aceptar el destino de una mujer de clase bien en aquellos tiempos. Como prueba de sus convicciones, María Manrique habló de su prudente postura ante los amoríos de su marido con mujeres tan fascinantes como Sancha de Aragón, la princesa de Esquilache o la virreina de Nápoles.

La admiración de Isabel por María aumentaba cada día. Gracias a ello, el respeto por la memoria de Gonzalo se convirtió en un asunto de Estado. ¿Podía la emperatriz hacer algo por el Gran Capitán que no hubiera hecho, o no hubiera querido hacer, Carlos? Francamente, ahí estaba el nudo del problema en la ciudad de Granada. La viuda llevaba años deseando construir un monumento funerario a la memoria de su insigne marido, siguiendo para ello el modelo de la Capilla Real.[20] Si no lo había conseguido hasta ese momento, era por la sutil oposición de algunos prohombres de la ciudad convencidos de que ellos (y su linaje) tenían tanto o más derecho que el Gran Capitán. Tal vez era cierto, si se referían a poder y tierras, pero no

19. Manuel Fernández Álvarez, *Juana la Loca. La Cautiva de Tordesillas*, Madrid, Espasa, 2000.

20. Véase el excelente y documentado trabajo de A. Bustamente García, «El sepulcro del Gran Capitán», en *Boletín del Museo e Instituto Camón Aznar*, LXII, 1995, pp. 5-41; y más recientemente vid. A. L. Callejón Peláez, *Primus interheroes. Damas y guerreros en la decoración del Monasterio de San Jerónimo de Granada*, Granada, 2008.

en cuento a gloria militar. Los viejos aristócratas como los Mendoza-Mondéjar no vacilaban en criticar el proyecto del sepulcro, sin darse cuenta que el ideal del caballero renacentista que Gonzalo representaba a la perfección era el único modelo político posible para la Monarquía Universal del César. El gusto estético de estos aristócratas olía a provincianismo entre los hombres de Carlos. Boscán, Garcilaso, los Valdés, estaban convencidos que el pasado debía ser olvidado en beneficio del exuberante futuro que representaba el emperador.

María convenció a Isabel de que la memoria de Gonzalo era la mejor arma del emperador contra ese grupo de reaccionarios cargados de rapacidad y desprecio hacia las minorías moriscas, que terminarían siendo expulsadas de su tierra. María Manrique llevaba varios años luchando con el proyecto desde que el propio emperador creara el patronato para gestionar la construcción de la iglesia; aunque su secreta intención era convertir el edificio en un templo funerario. El principal problema radicaba en el arquitecto tras la inesperada muerte de Jacobo Florentino, el 27 de enero de 1526. Cuando llegó la corte a Granada las obras estaban detenidas, como se desprende del comentario hecho por Andrea Navagero: «En Granada está sepultado el Gran Capitán, y sus herederos construyen la iglesia de San Jerónimo para colocar en ella el sepulcro como él dejó mandado. San Jerónimo está fuera de la ciudad y la iglesia será muy bella; el monasterio que es de frailes jerónimos, tiene jardines y fuentes y dos claustros hermosísimos, tales como no los he visto en ninguna parte, pero el uno es más grande que el otro, y en su centro está lleno de naranjos, olorosos cidros y enramadas de mirtos y de otras plantas exquisitas. Por no estar aún concluida la iglesia, el cuerpo del Gran Capitán está depositado en San Francisco y tiene alrededor de esta iglesia gran número de banderas ganadas por él en diversas batallas».[21]

21. Andrea Navagero, *Viaje por España (1524-1526)*, Madrid, 1983, pp. 54-55.

Nada suscitaba tanta expectación en Granada en el verano de 1526 como la amistad entre la emperatriz y la viuda del Gran Capitán. Isabel apoyó abiertamente las reclamaciones de María y la confortó cuando recibieron la triste noticia de la muerte en Roma, donde ejercía de embajador de Carlos V ante la Santa Sede, de Luis Fernández de Córdoba, tercer conde de Cabra, segundo duque de Sessa, el marido de Elvira. Unos meses más tarde, en enero de 1527, María redactó testamento con el fin de asegurar la construcción del edificio, que ahora pasaba a depender de su nieto Gonzalo Férnandez de Córdoba, tercer duque de Sessa, hijo de Elvira, aún niño, bajo la tutela de su tío Pedro.[22] Quizás lo último que hiciera en su vida fue sugerir el nombre de Diego de Siloé como arquitecto de la iglesia sepulcro. Nunca supo si le hicieron caso, pues Siloé llegó a Granada en marzo de 1528, algunos meses después del fallecimiento de María Manrique. Nadie dudó entonces que el monumento terminaría haciéndose: aquellas serían para siempre las piedras de la viuda. En ese templo descansarían los restos de Gonzalo, su mujer y sus hijas, aunque tardaría aún unos años en terminarse. Mientras tanto, la memoria del Gran Capitán se vio enormemente incrementada, ya no por poetas patrocinados por su familia, sino por tratadistas políticos.

DIÁLOGOS SOBRE EL ARTE MILITAR

Ser un buen estratega militar no es sólo una pasión humana, es también un oficio del que se puede discutir entre expertos; cuando Diego Salazar, autor del *Tratado de Re Militare*, afrontó ese asunto tenía claro que una de las figuras claves en el arte de la guerra era el Gran Capitán.[23] El *diálogo* expone la necesidad

22. A. Z. Carpeta 27.

23. *Tratado de Re Militari: Tratado de Caualleria hecho á manera de diálogo que passó entre los illustrissimos señores Don Gonzalo Fernández de Córdova, lla-*

de un ajuste de los artífices del nuevo arte de la guerra, con el que se está forjando el Imperio de los Austrias. Por eso, en lugar de obviar al Gran Capitán, habla de él hasta el extremo de provocar una emocionada evocación de su figura histórica: «no duraré de alabar la buena memoria del Ilustrísimo don Gonçalo Fernández de Córdoua, Gran Capitán Despaña, Duque de Sesa y Terranoua, el nombre del qual no verná jamás á mi memoria, que con lágrimas no sea por mí recordado, auiendo conocido en él aquellas partes que en un espléndido Señor y buen amigo de sus parientes y amigos y seruidores se pueden conocer o desear».

Sorprendido él mismo de ese descubrimiento, por lo demás sólo generalizado hasta ese momento entre los hombres de letras ve la oportunidad de profundizar en su figura mediante un recuerdo de carácter personal: «Yo digo libremente no auer hallado, entre quantos hombres he conocido y conuersado, otro de más encendido ánimo á las cosas grandes y magníficas: por lo qual á sus amigos y seruidores no dolió cosa tanto como su muerte, como el ser nacido para morir; ni a él pesó tanto dello por ella misma como por haberse dispuesto el tiempo de tal condición que no pudo ayuda á sus amigos conforme á la grandeza de su ánimo, para que generalmente todos se pudieran alabar de sus magnificiencias. Verdad es que no le fue la fortuna tanto enemiga que no dexase muchas cosas dignas de memoria, assí en las larguezas de su magnífico coraçon como en los autos de su militar exercio; en el qual junto con el gran esfurço tuvo grandísimo ingenio y estudio».

---

mado Gran Capitán, Duque de Sessa, etc. y Don Pedro Manrique de Lara, duque de Nájara, en el cual se contienen muchos exemplos de grandes principes y señores, y excellentes auisos y figuras de guerra muy prouechosos para caballeros, capitanes y soldados; nueuamente impresso con licencia y priuilegio Real por tiempo de diez años, Bruselas, en casa de Roger Velpius, 1590, Alcalá de Henares, Miguel de Eguya, 1536.

Acaba hablando de sus impresiones personales y así esboza un preciso retrato de quien fue sin duda su amigo: «Como á mi cupiese parte y no pequeña del dolor de su muerte, como á uno de sus seruidores, assí por auer militado prósperamente debaxo de su vandera, como auer recebido parte de sus acostumbradas mercedes; y por eso auiendo sido y tenido obligacion de particular seruidor, y auiendome la fortuna con la muerte priuado del uso de tan amado señor, me parece no poder tomar mejor remedio que gozar con la memoria de las cosas que por él fueron prósperamente hechas y agudamente dichas y sabiamente disputadas».

Una idea que adorna con el recuerdo de un hombre de excepcional valía: «Y porque no hay cosa más fresca de las que dél me acuerdo que el razonamiento que poco tiempo a que pasó con el Ilustrísimo don Pedro Manrique de Lara, Duque de Nájera y conde de Treuiño, donde largamente en las cosas de la guerra estuuo con él en disputa; y en todas las cosas aguda y prudentemente por él demandado, y sabiamente por el Gran Capitán respondido».

La vida de Pedro Manrique es como una lección que nos recordará que todo lo que hizo Gonzalo surgió de su talento personal, de esa disposición del espíritu que los italianos del Renacimiento llamaban *virtù*. Este hallazgo, pese a estar implícito en el *Tratado* coloca a su autor en buena disposición para confiar un recuerdo que él tenía de la breve estancia de Gonzalo en la casa que Manrique tenía en Burgos, durante el verano tras su regreso de Nápoles. El recuerdo se refería a la impresión que el Gran Capitán tuvo de aquella huerta que más o menos era la siguiente: «Si no pensase offender á muchos, yo diría la nueva opinion de los que en esto se deleytan; mas hablando aqui entre nosotros diré, no por increpar á ellos, mas por disputar la cosa, quanto mejor aurian hecho estos si en el tiempo pasado uuiesen procurado de parecer á los antiguos en las cosas ásperas y fuertes y honestas, delicadas y floxax; y aquellas que los antiguos hazian con la antiguedad verdadera y perfecta, y no con los modos de la falsa y corrupta; porque después que aquellos vicios y delicaturas siguieron los de Roma, luego fue destruida su libertad y república».

El comentario del Gran Capitán le lleva abiertamente muy lejos de las prédicas de los políticos de su tiempo y le conecta con los más grandes humanistas de Italia: Francesco di Giorgio habría podido firmar este comentario, y también Bramante o Vignola.

Después de este reconocimiento en el interior de un tratado del arte de la guerra, el mito del Gran Capitán estaba maduro para ser abordado por historiadores de profesión. Esa fue la tarea a la que se dedicarían en los siguientes años Paolo Giovio y Francesco Guicciardini. Dos italianos.

23

LOS VOLANTES GIROS DE LA FORTUNA (1536-1547)

El 2 de junio de 1536, Andrea Doria y Antonio de Leyva convencieron a Carlos V para que empezara la guerra contra Francia. Los escritores de la corte encontrarían un motivo de justificación. Evidentemente se había llegado a ella por necesidad política, pero la idea dominante es que el emperador se veía obligado a hacerla por los continuos ataques de las galeras franceses y berberiscas al mando del pirata Jayr al-Din, conocido como Barbarroja, a la costa española. Con la campaña de La Goleta, Carlos V evocó el fantasma de la cruzada, atraído por los éxitos navales de Andrea Doria. Así que era el momento oportuno para insistir en el único mito español cuya memoria mantenía viva la ilusión de un doble triunfo contra los turcos y los franceses, y ese mito era desde luego el Gran Capitán.

La naturaleza, la historia, la vida sólo existen para convertirse en una metáfora del universo. Examinemos el trasfondo de la cultura europea en los once años comprendidos entre 1536 y 1547 y sus efectos en la conciencia católica. Sospecho que el ambiente que hicieron posible los *Commentaires* de Blaise de Monluc, el gran mariscal de Francia, hecho prisionero en la Batalla de Pavía, no están alejados de los intentos de escribir sobre la vida de un héroe del Renacimiento.

Paolo Giovio y Francesco Guicciardini descubrieron en Gonzalo el precursor de una brillante solución a los problemas de Italia. Leyendo sus obras parece claro el nexo entre la elaboración del mito del Gran Capitán y el nacimiento del Imperio español.

Nunca entenderemos del todo el testimonio de Paolo Giovio sobre el Gran Capitán si antes no nos hacemos una idea aproximada de las ideas políticas de su autor. Giovio nació en Como en 1483, y a los treinta y tres años se instaló en Roma cerca de León X, a quien le apasionaba leer sus prolijas historias sobre los males de Italia. Al modo de Tito Livio, relató con fluidez los hechos ocurridos en la ciudad eterna desde 1494 hasta 1547, incluido el *saco* de las tropas imperiales. Giovio amaba las paradojas y se dejaba llevar con facilidad por el elogio hacia sus patronos. En 1528, fue nombrado obispo de Nocera por Clemente VII, fomentando con ello su esperanza, constantemente frustrada, de convertirse algún día en miembro del Colegio Cardenalicio. Hastiado de las mentiras del gran mundo se retiró a Florencia, donde murió en 1552.[1]

El estilo fluído de Giovio, y sobre todo, la gracia al describir algunas anécdotas personales de los protagonistas de la historia de Italia fue probablemente la razón que le empujó a escribir en latín sus célebres *Elogia*, un conjunto de retratos biográficos de los hombres más ilustres de su tiempo.[2] Algunos de ellos fueron traducidos al italiano, dando lugar al famoso libro *La vite di dicenove uomini illustri*.[3] Una de esas biografías era *La Vita di Gonzalvo di Córdoba, detto Il Gran Capitano*. El texto italiano de Ludovico Dominichi fue traducido al castellano cuatro años más tarde por Pedro Blas Torrellas con el título *Libro de la Vida y Chrónica de Gonzalo Hernández de Córdoba, llamado por sobrenombre el Gran Capitán*.[4] Nuevas ediciones

1. L. Rovelli, *L'opera storica ed artistica di Paolo Giovio comasco vescovo di Nocera*, Como, 1928.

2. Paolo Giovio, *Elogia virorum bellica virtute illustrium*, Basilea, 1557.

3. Florencia, Imprenta de Lorenzo Torrentino 1550

4. Zaragoza, 1554. Un volumen en folio de dos hojas preliminares y setenta y nueve de texto. Amberes, Gerardo Spelmanno, 1555.

vieron la luz en años siguientes, convirtiéndose a partir de entonces en uno de los textos más importantes sobre nuestro personaje.[5]

Males de Italia: he aquí la preocupación de Giovio nada más comenzar su biografía sobre el Gran Capitán. Tras la jeremiada una proclama política: «Yo quisiera que la fortuna hubiera concedido á la afligida y casi arruinada Italia lo que verdaderamente fuera mediano consuelo, en especial en estos tristes y llorosos tiempos, que acaesciera á nascer en ella este hombre, el cual fue tan excelente y capitán nunca vencido entre los otros de nuestra edad; porque después que por nuestras locas discordias habemos perdido toda la reputación y gloria de la antigua guerra, sin duda que el cruel dolor de esta perdida libertad, recibiendo este bien, fuera menor».[6]

Giovio no duda en situar sus objetivos de un modo claro, sin ambigüedades de ningún tipo: «la vida de un hombre extranjero entre las otras vidas he determinado escribir porque cansado de la continua y larga fatiga tuviese alguna recreación y descanso, y también porque el ejemplo de una clara y perfecta virtud, que en la historia no ha seído lícito enferirla, la sepan todos para podella imitar». ¿Quién será ese «hombre extranjero» del que habla como ejemplo de virtudes para una Italia perpleja ante su futuro? No puede haber más que una respuesta a esa pregunta: «Porque si nosotros queremos ajuntar todas las virtudes de todos en uno, quitados aparte los vicios y formar en el ánimo y proponer de vello, para igualalle y aventajalle á todos los otros, es cierto que el Gran Capitán Gonzalo Hernández, así por merescido y felice renombre como por la virtud del ánimo y por la alta y gentil dispusición, hace muy grande ventaja á todos los capitanes de nuestro tiempo».[7]

5. El texto de Blas Torrellas fue editado por A. Rodríguez Villa, *Crónicas del Gran Capitán*, Nueva Biblioteca de Autores Españoles, vol. 10, Madrid, Librería Editorial de Bailly Baillière é hijos, 1908, pp. 471-554.

6. Giovio ed. cit. p. 473. 7. Giovio ed. cit. p. 475.

La excepcionalidad de Gonzalo no era un accidente que perturbó la historia de Italia, para ser luego olvidada en medio de una inmensa miseria espiritual; al contrario, era la manifestación del nuevo temperamento del hombre de *virtù* que era preciso injertar en Italia, y en Europa, para cambiar radicalmente las cosas. Ese rasgo excepcional de Gonzalo, Giovio lo encontrará en todas las manifestaciones de su vida, y por eso mismo convierte su biografía en una alabanza del hombre excepcional. Todavía era posible escapar de las calamidades de Italia si el lector llegaba a entender el significado de la vida del Gran Capitán. Todas sus acciones están encaminadas a frenar el espantoso destino de una época dominada por la traición y la lujuria: «Gonzalo Hernández con su valor y prudencia, con la cual se aventajó a todos los capitanes de nuestro tiempo, comenzó a persuadir al Rey Fernando, muy deseoso de ganar honra y de recobrar el reino, y aun de protestalle que en ninguna manera no hubiese de salir de Seminara si primero no entendía mejor el designio y las fuerzas de los enemigos, porque harto más honrosos consejos eran aquellos que en las cosas dudosas prometían seguridad y por el contrario, infelices y vituperiosos aquellos que con temeridad y vano vigor de ánimo suelen poner de arriba abajo todos los designios de la empresa, y finalmente la concebida victoria».[8]

Como más tarde aceptaría Guicciardini y otros historiadores menos comprometidos, la fama del ejército español procede precisamente de la actuación de Gonzalo en Nápoles: «Habiendo aquel mismo día que era venido acabado tan valerosamente esta empresa (se refiere a la jornada de Atella), ganó Gonzalo Hernández para con todos grande honra y loor de prestez y de singular prudencia, y ansi la ganaron los españoles, el esfuerzo y valor de los cuales en las cosas de la guerra aún no era conocido».[9]

8. Giovio ed. cit. p. 485. 9. Giovio ed. cit. p. 489.

Entre las muchas observaciones puntuales de gran valor que Giovio realizó sobre la vida de Gonzalo está la del lugar y hora que alcanzó su sobrenombre de Gran Capitán: «Era Gonzalo Hernández estimado de tanta virtud y clemencia que muchas más cosas hacía persuadiendo y atemorizando que con fuerza y combatiendo con las armas, tal que no había ningún rebelde que no quisiese antes rendirse con una incierta esperanza de honestas condiciones que con un no dudoso fin de cierta ruina probar la fuerza de este invencible capitán. Siendo vuelto á Nápoles fue recibido con mucha honra y alegría. El Rey le salió á recibir fuera de la ciudad. Los napolitanos aderezaron las calles y le aposentaron en Castelnovo, y por común consentimiento de todos fue juzgado ser verdaderamente merescedor del nombre de Gran Capitán».[10]

Los «tristes y llorosos tiempos» de los que habla Giovio se hacen presentes en la actuación de Fernando el Católico hacia su Gran Capitán. No hay una historia de ingratitud más famosa que esa y sin embargo Gonzalo se negaba a reconocer lo que todo el mundo decía: «El Gran Capitán ante todas cosas, con ánimo generoso, antes que hiciese guerra el Rey Federico, le envió un embajador que con solemne contrato le renunciase las ciudades é castillos en el Abruzo y en el monte de Santo Angelo que el Rey en la guerra pasada, por los servicios que le hizo, le había hecho mercedes de ellas, porque aquel que le había de ser enemigo por mandamiento del Rey con Hernando su señor, olvidada del todo la memoria de las mercedes recibidas, no le pareciese ingrato».[11] La frase final consigue maravillar al rey de Nápoles, y Giovio la utiliza para demostrar su tesis central según la cual la sociedad italiana (y europea) no estuvo a la altura del Gran Capitán. Una gélida actitud se iba levantando hacia él por parte del rey Fernando, completamente ajeno a la necesidad que existía de encontrar un caballero católico que pudiera enfrentarse con

10. Giovio ed. cit. p. 491.

11. Giovio ed. cit. p. 497.

garantías de éxito al héroe del luteranismo: Götz von Berlichingen.[12]

A comienzos del siglo XVI, la realidad política amenazaba con congelar la red de alianzas forjada por Fernando e Isabel. Pocos meses después de que Giovio comenzara a escribir su biografía sobre el Gran Capitán, Götz se refugió en el recuerdo de su vida. Los años en los que sirvió a los príncipes de Ansbach y Baviera, e incluso al añorado emperador Maximiliano I: años de grandes cambios en la sociedad; el momento de su conversión a la doctrina luterana, en 1522; su participación en la guerra de los campesinos, sus diferentes prisiones; el servicio a Carlos en la guerra contra los turcos, y, sobre todo, aquellos días felices, sobre 1540, en los que deleitaba a todos con sus dotes de gran narrador.[13] Su autobiografía debe verse como un *Kriegsbuch* que habla a la gente de una actividad humana, trágica pero necesaria, si se quieren imponer las nuevas y fogosas ideas de Lutero.[14] Tenía la certeza de que una época como aquella nunca más volvería. El juicio biográfico favorece visiblemente el pasado, en detrimento del futuro. El tiempo en que se produce la escritura es el tiempo de la conciencia, pero también de la melancolía: una enfermedad propia de Gonzalo contra la que se habían levantado los ideales de la caballería.

Giovio enfrenta continuamente la figura del Gran Capitán, héroe católico, a Götz von Berlinchingen, aquel capitán conocido como «mano de hierro» que siglos más tarde Goethe se encargaría de inmortalizar. Crea así un héroe magnánimo, justo, casi angelical, que es a un tiempo el aspecto más interesante, más sublime, y quizás más exagerado de su forma de ser: «Entretanto que el Gran Capitán tenía puesto el sitio sobre Tarento, procuraba, como en todos sus hechos, ansí de

12. *Götz von Berlichingen, Mein Fehd und Handlungen*, ed. H. Ulmschneider, Sigmaringen, 1981. 13. *Mein Fehd*, ed. cit. p. 139.

14. C. Gräter, *Götz von Berlichingen: Auf den Spuren eines abenteverlichen Lebens*, Stuttgart, 1986.

guerra como de paz, fuese tenido y reputado de italianos y más de franceses por illustre, en obras de magnificencia y grandeza. Que entre las virtudes de ánimo que tenía, que eran muchas y grandes, adquiridas ansí por naturaleza como por artificio, en la liberalidad fue un raro hombre, con el cual se ganan los ánimos de los soldados, porque ninguno jamás más exquisitamente ni más tiempo ni con más alegre semblante que el Gran Capitán usó el esplendor de la magnificencia, no solamente con los suyos, pero con sus enemigos».[15]

Tenemos construida de esta manera la imagen de un hombre excepcional acosado por la envidia de Fernando el Católico y la miseria de los administradores del Estado, pero que sin embargo dispone a la perfección todos los elementos escénicos que le convierten en el modelo a seguir, sobre todo en Italia en aquel tiempo de penuria y tristeza. Desde ahí Giovio lanza una larga reflexión sobre su biografiado, a la que le confiere los honores de convertirse en la conclusión de su obra: «Y así yo no creeré jamás que Gonzalo Hernández, aunque estuviese muy enojado contra su Rey, hubiese tenido osadía de pasar tan adelante, que no se pudiera retirar sin ninguna afrenta suya, que si por el humor malencónico de la cuartana deseaba cometer este delito, por sólo no habelle descubierto fuera de su pensamiento ni cosa ninguna indigna de su antigua fe y prudentia, es de creer que salió de esta vida muy contento de sí mismo. Porque otra cosa más deseada o más felice le podía suceder, sino que siendo cargado de triunfos de verdadera gloria, que aquel su grande ánimo con la entera fama del renombre se volase al cielo, de donde él había venido».[16]

El libro de Giovio supuso un reto. Gracias a él, los viejos recuerdos de familiares y amigos se transformaron en materia de una historia ejemplar. Pero este texto, bien conocido en España gracias a una temprana traducción, no fue el único. Hacia finales de la cuarta década del siglo XVI, coincidiendo

15. Giovio ed. cit. p. 490. 16. Giovio ed. cit. p. 554.

con los momentos más críticos del Imperio de Carlos V, pese a su indiscutible victoria en Mülhberg (1547), otro gran historiador hizo oír su voz. Se llamaba Francesco Guicciardini. También era italiano.

LAS MIESES DEL TRIUNFO

Francesco Guicciardini (1482-1540) cae sobre la figura del Gran Capitán con la pluma de un agudo diplomático doblado en historiador. En la «gran política» española, alrededor de 1510, se formó un eje Guicciardini-Navagero: preeminencia de los humanistas de talento, sean éstos hombres de letras, políticos ambiciosos o soldados de renombre. La excelente impresión que le causó Gonzalo cuando le visitó personalmente y que dejó escrita en una de sus cartas al «Consejo de los Diez»,[17] justifica que en su «Relazione di Spagna» comente al referirse a la famosa ciudad de Córdoba que era la «antica patria del Gran Capitano».[18] Eran los años esperanzados de su carrera diplomática, cuando Fernando el Católico dudaba mandar a Gonzalo de nuevo a Italia tras la derrota de Rávena, cuando Florencia buscaba una salida airosa a su situación política mirando su glorioso pasado. Desde entonces hasta el momento que vuelve a pensar en la figura de Gonzalo le han ocurrido muchas cosas. En primer lugar, León X le había nombrado gobernador de Reggio, Módena y Parma; más tarde Clemente VII le convirtió en virrey de la Romaña y en lugarteniente general del ejército pontificio, en los años del saqueo de Roma. Finalmente, en 1525, se instaló en Florencia, su ciudad natal, enfrentándose constantemente con los Pitti y

17. F. Guicciardini, «Al Consejo de los Diez» (Burgos, 4 de mayo de 1512). ed. cit. pp. 88-90.

18. F. Guicciardini, *Relazione di Spagna*, en *Opere*, a cura de V. de Caprariis, Nápoles, Riccardo Ricciardi, 1953, p. 31.

otros ciudadanos importantes. Tras el asesinato de Alejandro Medici en 1537 se retiró a su villa a las fueras de la ciudad; y fue precisamente allí, a los cincuenta y cinco años, donde escribiría su *Storia d'Italia.*[19]

¿Cuando comenzaron las calamidades de Italia? se preguntaban los florentinos en los años treinta del siglo XVI. Guicciardini se dispone a recordar en su villa, un gesto clásico, que se ha visto muchas veces antes en la cultura europea, y toma una decisión: «Io ho deliberato di scrivere le cose accadute alla memoria nostra in Italia, dappoi che l'armi de' franzesi, chiamati da' nostri principe medesimi, cominciorono con grandissimo movimento a perturbarla».[20]

Las campañas de Carlos VIII desencadenan sin duda las calamidades de Italia, aunque su razón de ser viene de mucho antes. Como un inmenso friso romano, Guicciardini amontona escenas y datos sobre las viejas (e inútiles) discordias de los italianos que se entregan al dominio de los *stranieri* por ignorancia de su auténtica fuerza vital. Todos los personajes de aquellos años finales del siglo XV soñaban con un nuevo orden, y cada uno a su modo pues estaba claro que no era posible un destino común. El rey de Francia representaba un pueblo ambicioso, pero seguro de sus objetivos en la vida mientras que los príncipes y los *baroni* italianos se mostraban ambiguos, cuando no taciturnos ante la invasión francesa.

Una invisible necesidad de encontrar a alguien en el tumulto de los hechos de armas, en medio de la guerra que asoló Italia tras la trágica cabalgada de Carlos VIII dirige el texto de Guicciardini hasta que, en el libro tercero, mientras describía la situación en Calabria, afirma: «Con tutto che quasi tutta la Calavria e il Principato fussino a divozione del re di Francia, Consalvo rimesse insieme le genti spagnuole e i pae-

19. F. Guicciardini, *Storia d'Italia,* ed. L. Torrentino, Florencia, 1561. Citaré por la edición de Vittorio de Caprariis *Francesco Guicciardini Opere,* Nápoles, Riccardo Ricciardi, 1953. 20. Libro Primo, I: ed. cit. p. 373.

sani amici degli aragonesi, i quali per l'acquisto di Napoli erano augumentati, aveva prese alcune terre, e manteneva vivo in quella provincia il nome di Ferdinando».[21] ¿Cómo no experimentar sorpresa ante esa presentación tan familiar del Gran Capitán? Una presentación que atiende sobre todo a su papel en la Guerra de Calabria, como si el lector tuviera que participar del conocimiento del personaje. Eso es justamente lo que se le pide a un mito: que se reconozca en todo momento y por todo el mundo.

Guicciardini reclama el mito del Gran Capitán para censurar a sus compatriotas por el olvido de su pasado. En medio de la campaña de Barletta Gonzalo «infiamava con non meno pungenti stimoli gli italiani, riducendo in memoria gli antichi onori di quella nazione e la gloria dell'armi loro, con le quali tutto il mondo domato avevano».[22] ¿Acaso aquella guerra no mostró el carácter de cada pueblo? Sin duda, fue la respuesta de Guicciardini, y su contribución a la definición de la cultura del Renacimiento llegó más lejos que muchas otras debido al ejemplo de Gonzalo: «esse ora in potestà di questi pochi, non inferiori alla virtù de loro maggiori, fare manifiesto a ciascuno che se Italia vincitrice di tutti gli altri, era da pochi anni in qua stata corsa da eserciti forestieri esserne stata cagione non altro che la imprudenza de suoi principi, i quali per ambizione discordanti fra loro medesimi, per battere lún altro, l'armi straniere chiamate avevano». Hasta las situaciones festivas, los gestos caballerescos, se convierten aquí en parte de la *virtù* italiana que solamente hombres de elevado espíritu como Gonzalo son capaces de valorar: «I quali, raccolti con grandissima letizia da suoi, e rincontrando poi Consalvo che gli aspettava a mezzo il cammino, ricevuti con incredibile festa e onore, ringranziandogli ciascuno come restitutori della gloria italiana, entrorono come trionfanti, conducendosi i prigioni innanzi, in Barletta».[23]

21. Libro Terzo, III: ed. cit. p. 516.
22. Libro Quinto, V: ed. cit. p. 593.
23. Libro Quinto, V: ed. cit. p. 594.

Más de cuarenta años después, el viejo Guicciardini aún se acordaba del importante papel ejercido por Gonzalo en la restauración del honor nacional italiano. Eran unos recuerdos más bien imprecisos, que el uso había retocado una y otra vez, pero con ellos respondía a la imagen creada por Philippe de Commynes, tan degradante para Italia. Guicciardini memoriza con placer el momento supremo de aquel juego a tres en Roma entre Próspero Colonna, el duque Valentino (César Borja) y el Gran Capitán.[24] El objeto de la partida: la elección de un nuevo Papa. Cada uno jugaba sus cartas de un modo diferente, y apoyaba causas opuestas para el destino de Europa.

Maquiavelo habló de ese momento, sin citar el papel del Gran Capitán. Guicciardini, según su costumbre, rectifica al secretario florentino, y sitúa la escena en la realidad. Cuanto más atendemos ese texto, mejor comprendemos lo que estaba en juego en la elección del nuevo Papa. La sóla mención de que llegase Gonzalo con su ejército, transforma la situación. Aquí estamos ante el primer estratega de su tiempo, decidiendo si debe, o no debe, intervenir en las luchas de las familias romanas por hacerse con el solio de Pedro. En el centro del mundo, la política se vive como un drama indecoroso, como uno de esos *affaires* que más tarde salpicarán las cancillerías europeas, como el de Dreyffus u otros parecidos.

Ocultas en esas largas consideraciones del cincuentón Guicciardini, que necesita terminar cuanto antes su *Storia*, las impresiones del Gran Capitán aludían siempre a la revelación de un ser excepcional, a pesar de vivir en una época dominada por personajes ilustres donde la fuerza de la historia ocupa toda la preocupación social. Y precisamente en ese momento tiene lugar el suceso del Garellano. Guicciardini ha buscado el modo de afrontar esa larga campaña militar en la difícil geografía del Garellano, entre Montecassino y el mar que le había impresionado desde los años de juventud, como a cual-

24. Libro Sesto, IV: ed. cit. p. 619-620.

quier italiano interesado en el arte de la guerra. No puedo por menos que participar completamente de las decisiones adoptadas por el Gran Capitán en ese momento. Gucciardini se siente como el único ser con un significado de la realidad histórica a la altura de la de Gonzalo. La vejez de quien sabe demasiado. Algunos antes de él habían insinuado la capacidad militar de Gonzalo, pero ahora se afronta en su plano político, rompiendo así la red de silencio tejida por los cronistas franceses acerca de los sucesos que tuvieron lugar «sulla ripa del Garigliano».[25]

La osada superposición de las dos estrategias militares, la de los franceses y la de Gonzalo, presentada por Guicciardini al relatar algunos momentos de la campaña del Garellano, no tarda en ser percibida por los lectores. El bloqueo de los ejércitos de Luis XII obedece más «da' disordini propri che dalla virtù degli inimici». Algo que pocas veces se ha querido ver, pues era evidente para cualquier expectador neutral que la derrota del ejército francés era un hecho claramente «memorabile, perchè essendovi entrati franzesi molto superiori di forze agli inimici, e abbondantissimi di tutte le provisioni terrestri e marittime, che sono necessarie alla guerra, furono debellati con tanta facilità, e senza sangue e pericolo alcuno de' vincitori».[26] Estas refinadas observaciones sobre el arte de la guerra eran en aquel momento una novedad. Son unas líneas ocultas en medio del relato, para que no se noten demasiado. Pero al mismo tiempo para que nadie dude de su capacidad de observación de la realidad.

Gucciardini reitera su análisis del contraste entre las maneras de concebir la guerra de Gonzalo y la de los comisarios del rey de Francia, y lo hace para probar una de sus ideas centrales, la virtud principal del capitán es convencer a los hombres bajo su mando: «Consalvo, allora molto inferiore di forze né favore-

25. Libro Sesto, VII, ed. cit. p. 635-644.
26. Libro Sesto, VII, ed. cit. p. 642.

ti dalla rigidità de' tempi, abbandonata la maggiore parte del reame, a ritirarsi in pochi luoghi forti: l'altra, l'avarizia de' commisari regi, i quali fraudando il re ne' pagamenti de' soldati, e disordinando per la medesima intenzione le vettovaglie, furono non piccola cagione della diminuzione di quello esercito».[27] En realidad, existe una razón de fondo que no debe olvidarse nunca. Guicciardini es un republicano convencido de la moral cívica que acepta la *virtù* de un jefe militar siempre y cuando consiga extenderla a sus colaboradores, como hizo Gonzalo, y no a los franceses: «Perché comme alla sostentazione di un corpo non basta solamente il bene essere del capo ma é necessario che gli altri membri faccino lo ufficio suo, così non basta che il principe sia senza colpa delle cose se ne'ministri suoi non è proporzionatamente la debita diligenza e virtù».[28]

¿Cómo fue posible un hombre como Gonzalo? La *virtù* del *condottiere* italiano o del capitán de compañía francés no había conseguido la aprobación de sus hombres. Siempre existió una distancia entre el jefe y la tropa. En cambio, Gonzalo estaba dotado de una especial seducción hacia la tropa, fueran sus hombres de confianza o simples soldados de leva. Convertía todo lo que formaba parte de un hombre a la moda de la Italia del Renacimiento (pasión por las mujeres, galantería social, elegancia, distinción y gusto en el comer y en el vestir) en rasgos asumibles por su tropa. Todos le reían sus gracias, y a todos cautivó por su generosidad. A todos, menos al rey Fernando el Católico y a sus cortesanos.

Guicciardini insinúa con cierta ironía que la suerte de Francia, y en parte de toda Europa, fue este recelo del rey hacia el Gran Capitán, porque de no haber sido así el imperio español ideado por Carlos V hubiera comenzado treinta años antes. Desde luego las condiciones políticas italianas de 1504-1507 (los años en que Gonzalo fue virrey de Nápoles) no eran las mismas que las de 1537-1540 (los años que Guicciardini

27. Libro Sesto, VII, ed. cit. p. 643.

28. Libro Sesto, VII, ed. cit. p. 644.

escribió su *Storia* atento al movimiento de las tropas imperiales). La decisión de Fernando de honrar póstumamente a Gonzalo confirma que no se trataba de ignorancia sobre su capacidad militar y política, sino que era un hombre peligroso para los objetivos de la política española: «Morì, circa a uno mese innanzi alla morte sua, il gran capitano, assente dalla corte e male sodisfatto di lui: e nondimeno il re, per la memoria della sua virtù, aveva voluto che da sé e da tutto il regno gli fussino fatti onori insoliti e farsi in Spagna ad alcuno, eccetto che nella morte de' re; con grandissima approbazione di tutti i popoli, a'quali il nome del gran capitano per la sua grandissima liberalità era gratissimo e, per l'opinione della prudenza e che nella scienza militare trapassasse il valore di tutti i capitani de'tempi suoi, era in somma venerazione».[29]

Detrás de la resaca de los odios disimulados, detrás de los recelos del rey, de las traiciones, se encuentra también la tenaz memoria del pueblo español que ha convertido al Gran Capitán en un mito nacional. Determinadas percepciones parecen surgir de esa observación final de Guicciardini, y nada de lo que más tarde llegaría a decirse sobre Gonzalo consiguió desmentirlas. En primer lugar, el reconocimiento definitivo del mito de un hombre excepcional, que además sabe implicar a sus hombres en sus ideas. Un Gran Capitán por su conocimiento técnico, pero también por su inmensa humanidad. Determinadas señales de la virtud exigida al servidor del Estado tendrían a partir de entonces una legitimación en su ejemplo. En segundo lugar, el héroe solar de la acción militar, el hombre que sabe estar siempre a la altura de las circunstancias, impregnando de patriotismo sus acciones. Y sobre todo estimulando a los hombres a que le acompañen en las duras (y trágicas) marchas por los cenagosos campos de batalla. Guicciardini preparaba así la aparición de los grandes generales europeos de los siglos siguientes. El Gran Capitán sería

29. Libro Sesto, VII, ed. cit. p. 644.

entonces su espejo. ¿A quién puede extrañar que su *Storia d'Italia* fuera traducida al castellano en poco tiempo?[30]

A finales del siglo XVI España encontraría en la brillante descripción de las campañas de Gonzalo realizada por Guicciardini, un motivo de esperanza tras la derrota de la Armada Invencible: aún era posible encontrar a un capitán que llevase a los ejércitos del cada vez más confundido Felipe II a la victoria.

ANNIBAL BUSCA LA CARA

¿Cuando comenzó el interés por buscar el alma de las personas en sus rasgos físicos? ¿Por qué nació la fisionomia, que tuvo en Lavater quizás su último sabio convencido? El más famoso (o conocido) inventario de rostros del pasado fue publicado por Guillaume Rouillé en 1553 con el ambicioso título «Promtuaire des médailles des plus renommées personnes qui ont esté depuis le commencement du monde, avec una briève description de leurs vies et faicts, receuillie des bons auteurs».[31] Sin duda fue la respuesta de la corte francesa a la majestuosa creación de un museo de retratos de hombres ilustres llevado a cabo por el historiador Paolo Giovio entre 1537-1538.[32] Eran unas copias más bien toscas que manos diversas habían hecho de importantes retratos dispersos por Italia.

30. Lo hizo Antonio Flórez de Benavides con el título *La historia del señor Francisco Guichardin, caballero florentino*, Baeça, 1581.

31. Lyon, Guillaume Roville, 1553

32. Eugène Müntz, «Le Musée de Portraits de Paul Jove», en *Mémoires de l'Academie des Inscription et Belle-Lettres*, 36, II, 1900-1901, pp. 249-343. M. Gianoncelli, *L'antico museo di Paolo Giovio in Borgovico*, Como, 1977. Pier Luigi De Vecchi, *Il Museo Giovano et le «Verae Imagines» degli Uomini Illustri*, en *Omagio a Tiziano. La cultura artistica milanese nell'età di Carlo V*, Milan, 1977, pp. 87-93. Y más recientemente, y de manera casi exhaustiva, Linda Susan Klinger, *The Portrait Collection of Paolo Giovio*, Princeton, Princeton University Press, 1991, 2 vols. (Tesis dactilografiada).

Los visitantes de la pinacoteca de Como valoran la colección como un auténtico *miraculous.*[33] Todos acuden allí buscando una respuesta a las inquietudes fisiognómicas surgidas en Europa a mediados del siglo XVI, más que por un placer estrictamente estético.

Ese es el ambiente que vio nacer los primeros intentos de fijar la cara del Gran Capitán en una serie de medallas conmemorativas. El responsable de ello fue un un orfebre llamado Annibal que trabajaba en Roma a mediados de los años cincuenta siguiendo los pasos del gran Pisanello.[34] Uno de los eruditos más interesados por el estudio de las medallas italianas del Renacimiento Alfred Armand, ofrece una descripción de dos de ellas, sin que tenga el cuidado de indicar donde las vio:[35]

Au droit: buste à gauche de Gonzalve de Cordoue, tête nue, barbu, couvert d'une armure avec écharpe. Le nom du médaillerus est gravé en creux sur la tranche de l'épaule. Au revers: Combat de cavaliers et de fantassius sous les murs d'une ville. Un des cavaliers porte l'étandart aux armes de Gonzalve.

La segunda descripción es como sigue:

Au droit: Un combat de cavaliers et fantassius. Au fond, on voit une ville. Sujet analogue au revers de la mèdaille précédente, mais traité différemment. Au revers: l'ecusson des armes de Gonzalve ayant pour supports deux hommes nus, savoir: à gauche, Hercule avec sa massue; à droit, Janus tenant deux clefs.

Estas escuetas descripciones de dos medallas no impiden sin embargo que Armand haga dos revelaciones de enorme interés. En primer lugar sostiene la existencia de un retrato del

33. Klinger, I p. 69. Comentado por Francis Haskell, *History and its Images,* New Haven & Londres, Yale University Press, 1993, p. 45.

34. Véase Thieme & Becker, *Kuntstler Lexicon,* Leipzig, 1907.

35. A. Armand, *Les Medailleurs Italiens,* París, Plon, 1883.

Gran Capitán que el orfebre debió tener delante en el momento de realizar su trabajo: «ces deux medailles portent d'une maniere évident le caractère de restitution faites ver le milieu seizième siècle. Leur auteur—elles sont certainment de la même main—en parâit même as avoir en sous les jeux un portrait authentique de son personnage». Segunda revelación, conforme al interés despertado por la fisignomía, Armand destaca que «en 1503, époque des victoires de Gonzalve, le Grande Capitaine était âgé de soixante ans et, conformèment è la coutume du temps, en devait pas porter de barbe. Le Gonzalve de la medaille est barbu, et paraît avoir de trente à quarante ans».

La argumentación de Armand es verosímil. Y no me cade duda de que en algún momento de su vida Gonzalo posó para un importante pintor. ¿Dónde está esa obra? Esa será la tarea a perseguir en los próximos años.

LA LLEGADA DE UN ÁGUILA

Por una vez, la perspectiva granadina está a la misma altura que la italiana. Se pueden soportar fríamente las intrigas de los enemigos, pero no las de los amigos, y para Gonzalo Fernández de Córdoba, tercer duque de Sessa, ese tipo de intrigas ya no tenían sentido tras las noticias que le llegaban de Italia en torno a la opinión vertida sobre su abuelo el Gran Capitán por los ilustres historiadores Paolo Giovio y Francesco Guicciardini. Tal vez había llegado el momento de su propio sacrificio en aras a la inmortalidad del abuelo.

Las presiones familiares para que contrajera matrimonio con María Sarmiento, hija de Francisco de los Cobos, secretario de Carlos V, y uno de los hombres más influyentes en la política española de aquellos años, terminaron por hacer mella en él.[36]

36. H. Keniston, *Francisco de los Cobos, Secretario de Carlos V,* Madrid, 1980.

La boda se llevó a cabo el 30 de noviembre de 1538, aunque los acuerdos se firmaron mucho antes y de ese modo pudo recibir la elevada dote de diez millones de maravedíes, parte de la cual fue a sufragar las obras del mausoleo de su abuelo, detenidas durante años por falta de dinero. El 3 de marzo, el contador de la familia Juan Franco le mandará el dinero necesario para que Diego de Siloé se trasladara a Granada.

Al desarrollar la arquitectura «al romano», el siglo XVI español aprisionó la tradición en un cortocircuito de incalculables consecuencias. Nadie escapaba al nuevo gusto estético, tan querido por el emperador. Las resistencias eran provincianas, o al menos así se las valoraba. La muerte de Felipe Bigarny el Índaco dejó la capilla mortuoria del Gran Capitán sin dirección. La obra se ralentizó. La familia buscó con interés un nuevo arquitecto. Ignoramos por qué vías los Fernández de Córdoba entraron en contacto con Diego de Siloé, que por entonces trabaja en la capilla del condestable de Castilla en la Catedral de Burgos, su ciudad natal.

El 20 de abril de 1528, Siloé, a quien don Manuel Gómez-Moreno calificó como una águila del Renacimiento, firmaba un contrato con Juan Franco, donde se obligaba a continuar «a lo romano» la capilla de la iglesia del Monasterio de san Jerónimo.[37]

Hablando de su decisión de afincarse en Granada, Manuel Gómez-Moreno se preguntaba por la repercusión de ese gesto en el arte granadino del Renacimiento. Unos pocos años en los que cristalizó algo irreversible, una forma y un sabor italiano que arrasará con el «estilo abominable», tardogótico con el que se habían comenzado los grandes edificios religiosos tras la conquista de 1492: la catedral, la Capilla Real, santa Isabel la Real, la iglesia de san Jerónimo. Quien adopta la responsabilidad de imponer el estilo «romano» frente a la tra-

37. Manuel Gómez-Moreno, *Las águilas del Renacimiento (Bartolomé Ordoñez, Diego de Siloé, Pedro Machuca, Alonso Berruguete, 1517-1558)*, Madrid, 1941, pp. 182-183.

dición fue Siloé, que convirtió a Granada en un centro de cultura renacentista, en la ciudad más italianizada de la Península Ibérica, en un espacio que esperaba el gran gesto político de verse convertido en la capital del Imperio de los Habsburgo frente a una Toledo conflictiva y a una Madrid excesivamente aislada en el interior de la Meseta.

Un visitante actual del monasterio se encontrará de lleno con el proyecto arquitectónico de Siloé. La capilla mayor sorprende por el cambio de escala al que es sometida. Los basamentos son de casi dos metros de altura, sobre ellos descansan los gruesos pilares, ordenados en pilastras acanaladas y capiteles corintios. En los frentes del crucero se disponen retablos de piedra con las armas de los Fernández de Córdoba flanquedas por soldados armados y rematadas por las Virtudes.

Granada, iglesia de san Jerónimo.
Exterior de la cabecera del templo.
Tablero de Diego de Siloee.

Siloé se esfuerza por dar sentido a la cabecera exterior del templo. Un volumen macizo que da paso a una hilada de piedras finas donde destacan los escudos familiares y la alegoría de la Fortaleza y la Industria, aguantando una cartela con la leyenda latina escrita en capitales romanas con la siguiente inscripción: «Gonsalo Ferdinando a Corduba magno hispanorum duci gallorum ac turcarum terrori».

Más abajo y en los brazos del crucero, el escudo de armas del Gran Capitán, con guerreros vestidos a la romana o angelotes sosteniéndolos.

Granada, iglesia de san Jerónimo. Exterior de la cabecera del templo. Escudo de armas del Gran Capitán.

En los paños oblicuos, en el lado de la Epístola, un tondo con el busto de María Manrique y en el lado del Evangelio con la imagen de Gonzalo.

Granada, iglesia de san Jerónimo. Exterior de la cabecera del templo. Detalle: medallón con el busto del Gran Capitán.

Bustamante con razón califica a esta cabecera como «el primer mausoleo clásico de la España del Renacimiento al modo del de Halicarnaso, pero cristianizado en cuanto que es la cabacera del templo del granadino monasterio jerónimo de la Concepción».[38] El mito del Gran Capitán se instala para siempre en la carnalidad de esas piedras de Granada.

38. Bustamente, *El sepulcro del Gran Capitán*, cit. p. 11.

24

UN CÍRCULO DE AMIGOS (1548-1556)

El testamento político redactado por Carlos V el 18 de enero de 1548 marcó el comienzo del fin de la vida para ese hombre que había llegado a los cuarenta y ochos años cansado y desilusionado pese a los constantes éxitos de su vida. Desde el mes de abril del año anterior, fecha de la Batalla de Mühlberg, había tenido la sensación de que su tiempo había pasado, aunque se mantuvo firme durante algunos meses, confiando doblegar la resistencia luterana en Alemania. Al final, aceptó que fuera su hijo Felipe quien afrontara el reto de un Estado tan complejo. Comenzó así a cederle poder.

Tiziano, *El Emperador Carlos V a caballo tras la Batalla de Mülhberg*, Madrid, Museo del Prado.

El viaje del príncipe permitió que fuera conocido en las cortes europeas. Con ese propósito, sus mentores más cercanos prepararon fiestas de corte caballeresco, gastando grandes sumas necesarias sin duda para la Hacienda Real, para afianzar su papel en la alta sociedad. La más famosa de esas fiestas fue la organizada en el palacio de Binche por María de Hungría, utilizando como guión el argumento del popular libro de caballerías *Amadís de Gaula*.

Ese viaje mostró la importancia concedida a la educación en un príncipe del Renacimiento. Una vez más en la historia de España se tenía la sensación de que la representación literaria era el fundamento del orden social, en una línea que se acercaba bastante a la que se llevaba a cabo en la corte de Isabel I de Inglaterra. Pero la actuación de Felipe encajaba en la grandiosa perspectiva de la construcción de un Imperio donde no se ponía el sol. La tosquedad de los cimientos que heredaba de su padre Carlos y de sus bisabuelos Isabel y Fernando resultaban de una amplitud mayor teniendo en cuenta la solidez de sus adversarios franceses. En la larga lista de objetivos políticos, ninguno era más importante, y urgente, que reformar el aparato del Estado.

PRIMERA MATERIA

La ocasión parecía propicia para una nueva elaboración del mito del Gran Capitán. Esa tarea se realizará lejos de la corte, en el interior de la familia del propio interesado, cuyo nieto Gonzalo Fernández de Córdoba intentará disipar cualquier duda que existiera sobre la actuación de su insigne abuelo. El nieto había heredado además los títulos de duque de Sessa y de Terranova, concedidos al Gran Capitán por su intachable carrera al servicio del Estado. Era necesario que nadie cuestionara su legitimidad, por ese motivo patrocinó la elaboración de unas crónicas sobre las campañas italianas del Gran Capitán.

La forma cronística elegida no es un simple procedimiento técnico que pudiera ser reemplazado por otro. Esa forma es elocuente en sí misma y nos quiere indicar que todo lo que el Gran Capitán vivió lo vivió para ser transmitido por sus herederos. En el mundo de la crónica lo importante es lo que se cuenta, la narración de un suceso, más incluso que el propio suceso. Gonzalo, el protagonista indiscutible del relato, dirige el destino de su vida a través de actos puntuales, sin duda brillantes; ahora bien, es su testigo silencioso, amigo, capellán o servidor, el que retiene sus palabras, sus gestos, y el que los transcribe con la máxima fidelidad que puede. Más tarde, los herederos del Gran Capitán, en especial su nieto Gonzalo, que además costea el trabajo, se interesa por esos acontecimientos y entonces todos ellos constituyen la primera materia de una historia, que es al mismo tiempo la elaboración de un mito. Después de su muerte era necesario retener en la memoria personal sus campañas, su manera de hablar, sus gestos.

Nada en estas crónicas familiares sobre el Gran Capitán pertenece al género de la retórica histórica, tal como la entendían por aquellos años Paolo Giovio o Francesco Guicciardini: todo el mundo de Gonzalo parece encontrarse en el interior de un relato hagiográfico, donde cada hazaña, palabra u omisión resuena, ampliada en múltiples ecos propagandísticos. ¿Es eso el siglo XVI? ¿O es que siempre ha existido la necesidad de fabricar una leyenda a través de hechos incontestablemente auténticos? En todo caso, y no obstante esa riqueza narrativa, quedan espacios vacíos, en los que los cronistas no osan entrar, lagunas informativas diríamos hoy, que constituyen también parte de la materia de esas crónicas.

Los hechos pasados se convierten así en una red de significaciones múltiples y complejas, donde la figura del Gran Capitán está atrapada y al mismo tiempo se convierte en su protagonista. La *ruse* forma parte de la vida de un gran hombre y ninguno de los cronistas al servicio de los Fernández de Córdoba dudó por un instante en el singular hecho de que Gonzalo se enfrentara a circunstancias hasta entonces nunca vistas. Es por lo tanto normal que los cronistas insistan en el carácter excepcional de las campañas de Nápoles.

Los familiares y amigos, impresionados por la exaltación patriótica que dominaba la cultura española a mediados del siglo XVI, encontraron en las crónicas puntos de apoyo a una consideración positiva de su antepasado y amigo. La vida fue mostrada como un rito de paso del hombre sencillo, sin fortuna, al héroe universal: desde Montilla a Loja hay un espacio temporal intermedio inmenso, el de las acciones singulares que convirtieron al joven Gonzalo en el Gran Capitán, al muchacho andaluz en el mito español.

Última observación sobre ese género de revisitación del pasado. Con las crónicas ocurre lo mismo que hoy con los periódicos: lo normal no es noticia. La historia se compone de hechos excepcionales, o al menos valorados así por sus intérpretes. De ese modo nos encontramos con una identificación entre acontecimiento y pasado. Tanto uno como otro forman la trama que el lector quiere encontrar en el texto. Cuanto más crece la intensidad del relato, más interés muestra la crónica. Por eso en el ambiente familiar se insistió en los aspectos maravillosos de Gonzalo, vinculados todos al espíritu de la caballería, en pleno auge gracias a las novelas de Rodríguez de Montalbo, Ariosto o Tasso. Por esa razón los cronistas, a los que el público incita a encontrar elementos novelescos en la vida de Gonzalo, conservan el valor del espectáculo caballeresco como doctrina política. El momento era el más adecuado, pues coincide con el interés mostrado por el rey Felipe II sobre esas cuestiones. Siempre me he preguntado por la influencia que estas crónicas tuvieron en el joven Gómez Suárez de Figueroa, más conocido como el Inca Garcilaso, en su larga estancia en Montilla donde maduró los *Comentarios Reales*. Al margen de esto, el texto de las crónicas familiares debe verse como un momento decisivo en la elaboración del mito del Gran Capitán.

La primera de ellas es una *Historia del Gran Capitán Gonzalo Fernández de Córdova y de las guerras que hizo en Italia* inserta en un códice de 296 hojas foliadas, faltando el principio y el fin.[1] Escrita al parecer en Sevilla por un hombre cercano al Gran Capitán, quizás uno de los capellanes que le siguió a Loja.[2] Al final de su vida siente la necesidad de registrar sus impresiones acerca de Gonzalo, respondiendo así a la biografía de Paolo Giovio. ¿Es acaso una casualidad que se refiera directa o indirectamente a este autor a lo largo de su relato?

El anónimo cronista busca entre sus recuerdos personales el verdadero rostro del Gran Capitán. Lo encuentra en las campañas de Nápoles donde Gonzalo obtendrá la fama. Como había ocurrido muchas veces antes con la fama en la sociedad española,[3] la de Gonzalo se debía a un golpe de fortuna en la Guerra de Granada. Recordemos: en los momentos culminantes del asedio y conquista del reino nazarí destacó este hombre entre otros muchos como muy largamente se cuenta, escribe el cronista (dado que él no estaba allí y no podía saberlo por sí mismo) «en la historia que Hernando del Pulgar y Antonio de Lebrija escribieron de la guerra de Granada, y el mesmo Hernando del Pulgar hizo una relación muy verdadera de las cosas que el Gran Capitán hizo en la guerra».[4] Para oponerse a la obstinada política de Carlos VIII «llamado el cabezudo, por tener muy grande cabeza»,[5] los «Reyes de España, con toda la presteza que pudieron, escogieron en

1. Biblioteca Nacional, Sección de Manuscritos R-6a-6, editada por A. Rodríguez Villa, *Crónicas del Gran Capitán*, Madrid, 1908, pp. 260-470.

2. José Ponferrada Gómez, *La Crónica manuscrita del Gran Capitán*, Montilla, Gave Artes Gráficas, 1989.

3. María Rosa Lida de Malkiel, *La idea de la fama en la Edad Media castellana*, México, 1952.

4. *Crónica manuscrita*, cit. p. 261.

5. *Crónica manuscrita*, cit. p. 266.

todos sus reinos y señoríos á Gonzalo Hernández de Córdova para ir á aquel reino á hacer guerra al Rey de Francia y lo echar dél».[6]

Así pues, el noble Gonzalo y el rey de Nápoles unieron sus fuerzas para echar a los franceses; la campaña militar transcurrió en una excelente atmósfera de compañerismo y, para no perder la ocasión de dar testimonio del patriotismo de Gonzalo, el cronista inserta a veces las arengas que dirigía a sus soldados, y que él recordaba con precisión: «Compañeros y señores, la verdadera victoria es la que se gana de los pocos á los muchos. Verdad sea que en esfuerzo, perseverancia y vergüenza les hacemos mucha ventaja. Nunca Dios quiera que se diga que el capitán italiano acepta la batalla y que el capitán español se queda en el real. Peleemos hoy como varones, y demos á entender á los franceses la ventaja que hay de nuestra nación á la suya».[7]

Las grandes frases se dicen siempre en los momentos oportunos sino no serían grandes frases, o no las conoceríamos. La superioridad de la nación española sobre la francesa era más necesaria que nunca a mediados del siglo XVI cuando se volvía a recrudecer el enfrentamiento entre ambos países, tras la ocupación de Enrique II de los obispados de Metz, Toul y Verdún en 1552. A Carlos V le pilló desprevenido, quizás porque no había comprendido el alcance del tratado de Boulogne, firmado dos años antes por Francia, Inglaterra y Escocia. Emprendió de inmediato el asedio a Metz, que podía entenderse como el principio de una guerra de mayor calado.

El autor de la *Crónica manuscrita* aprovecha la ocasión para recordar que el único general español victorioso sobre los franceses fue el Gran Capitán.[8] En la primera fase de sus recuerdos, revisa a fondo las batallas de la campaña de Nápoles porque no estaba del todo seguro de cuál había sido la estra-

6. *Crónica manuscrita,* cit. p. 281. 7. *Crónica manuscrita,* cit. p. 283.
8. *Crónica manuscrita,* cit. p. 289.

tegia empleada por Gonzalo;[9] en la siguiente fase, tras ser nombrado ya el Gran Capitán y salir victorioso de la guerra contra los turcos, decidió sobreponerse a su circunspección al considerar que la estrategia empleada por Gonzalo fue la única posible para luchar contra enemigos superiores en número, como ocurrió contra el duque de Nemours o en la brillante campaña de Ceriñola.[10]

El riesgo había sido superado, pero, en la tercera fase de la vida de Gonzalo, «después que vino de Nápoles»,[11] una pregunta recorre todo el texto: ¿por qué el rey Fernando le había retirado el mando de las tropas y el cargo de virrey de Nápoles? Durante los años de su retiro en Loja «huyendo de las ofensas que en la corte le eran hechas por la voluntad del Rey»,[12] nunca estuvieron peor dirigidos los ejércitos de España. Rávena fue una derrota sin paliativos: «murieron de los españoles y fueron presos hasta ocho mil infantes y hombres de armas».[13] Este suceso le permite profundizar en un aspecto muchas veces comentado, y que él pone en boca de los embajadores venecianos y del propio Papa cuando escribieron al rey Fernando «suplicándole muy afectuosamente que inviase al Gran Capitán á Italia, pues Dios le había criado para abajar la soberbia francesa».[14]

La carta del Papa se hizo célebre en el mundo entero, mucho más que la de Guicciardini notificando al dogo de Venecia las dudas de Gonzalo de aceptar el mando de un nuevo ejército expedicionario, porque una frase vale más que un razonamiento, y la frase de Julio II había sido de época: «Dios

9. ed. cit. p. 289-304: «Comienza el Segundo Libro. De la guerra que Gonzalo Hernández hizo á los reyes de Francia hasta ganarles aquel reino de Nápoles y al gran turco la isla de Chafalonia, con otras cosas que más pasaron en el reino de Granada». 10. *Crónica manuscrita,* cit. p. 305-453.
11. *Crónica manuscrita,* cit. p. 453. «Comienza el duodécimo y postreto libro de las cosas que acontecieron al rey y á Gonzalo Hernández, Gran Capitán, después que vino de Nápoles». 12. *Crónica manuscrita,* cit. p. 459.
13. *Crónica manuscrita,* cit. p. 462. 14. *Crónica manuscrita,* cit. p. 462.

había criado al Gran Capitán para abajar la soberbia francesa». ¿Y quién mejor que el Papa para conocer los designios de la divinidad?

El cronista, no obstante, no se dio por satisfecho y, un poco más adelante, se permite el inmenso lujo de transcribir otra «gran frase» de Gonzalo como respuesta a la petición del rey para que se haga cargo del ejército. El Gran Capitán respondió: «Yo, señor soy de vuestra hechura y nací para os servir. Yo acepto la jornada, aunque en ella pierda la vida. Lo que á V. A. suplico es mande con brevedad despachar lo que conviene para la armada y gente de guerra, porque muchas cosas hay que con la dilación se mudan y empeoran».[15]

La respuesta de Gonzalo, además de altiva, busca desacreditar la decisión del rey Fernando de enviarle de nuevo a Italia, pues habla a las claras de la precipitación de su política exterior y de la incompetencia de los hombres elegidos para llevarla a cabo. El cronista de ese modo hizo un extraordinario servicio a su país, pues el joven Felipe II aprendió la lección cuando, en el verano de 1557, preparó la campaña que daría lugar a la célebre Batalla de San Quintín.

La propaganda del rey proclamó aquella victoria como española. En realidad, no lo fue. Del total de los 48.000 hombres del ejército de Felipe II solamente el 12 por 100 eran españoles, y ninguno de los comandantes en jefe era español: Saboya, Egmont, el duque Eric de Brunswick y el barón Von Münchhausen. Felipe II tuvo que elegir: o bien nombrar a un comandante español y probablemente fracasar en la batalla, o bien reconocer la incompetencia de todos ellos y exponerse a los reproches en Madrid. Era una trampa que evitó mediante una eficaz propaganda que, sin embargo, no impidió que el cronista recordara a todos los españoles que una vez hubo alguien que mandaba a las tropas españolas y vencía a los franceses: el Gran Capitán.

15. *Crónica manuscrita,* cit. p. 463.

El nombre se le atragantó al joven príncipe. No era su invención, y no le gustaba que le recordasen que había existido un personaje tan extraordinario en su país y tan perseguido por un rey que además era su bisabuelo. La fama de la que gozaba entre los grandes historiadores de su tiempo le importaba un comino. Por eso sus amigos se regocijaron cuando vieron el inútil esfuerzo del autor de la *Crónica manuscrita.*

La obra termina con una lenta descripción de los últimos momentos de la vida de Gonzalo: «en este tiempo adoleció de una cuartana doble, muy mala de curar, porque concurrieron en ella la mala digestión de sus negocios, haber venido en España con la esperanza del maestrazgo de Santiago, y por verle suceder las cosas al contrario de sus pensamientos, y más seyendo ya de sesenta y dos años».[16] Murió en la cama, en brazos de su mujer y de su hija: una muerte no muy heroica, por cierto, que pone de manifiesto la situación a la que le había llevado «el humor melancólico».

El Gran Capitán se distingue del resto de sus contemporáneos, según este cronista, en que nunca deseó el poder, ni la riqueza, sino la gloria. Motivo por el cual fue acusado delante del rey y sometido a las peores calumnias que un hombre pueda soportar. El autor de la *Crónica manuscrita* analiza las opiniones que se habían vertido, y se vertían aún, sobre la personalidad de Gonzalo, saliendo al paso de ellas, con una firmeza no exenta de erudición, en una adenda final a su texto que merece los honores de ser transcrita:[17]

Algunos invidiosos, por deshacer la gloria del Gran Capitán, dijeron en el término postrero de su vida había estado en Loja como desterrado y apretado de necesidad; mas ya á esto hemos respondido en los capítulos precedentes, en que hemos dicho que hasta el día en que Dios fué servido de lo llevar al cielo guardó y conservó su reputación de casa y criados con grande esplendor de su persona. Mas si á algunos les pareciere no haber tanto respondido lo postrero de su

16. *Crónica manuscrita,* cit. p. 465.

17. *Crónica manuscrita,* cit. p. 467.

vida al curso pasado, no se maravillarán si considerasen ser cosa fatal á los Capitánes clarísimos, que apretados en los postreros días de su vida de la invidia y menoscabados de su honra, mueran desfavorecidos; que si los historiadores no nos mienten, principalmente Suidas, aquel Themistocles, capitán de los atenienses, que hizo cosas tan señaladas y venció a Jerjes cabe Salamina, que trajo contra Grecia noventa mil hombres, por invidia fue desterrado, y al fin bebiendo sangre de un toro se mató. Alcibíades, capitán de los mesmos atenienses, que cosas tan nobles hizo, fué por invidia de sus enemigos acusado y condenado, y al fin murió, como escribe Trogo Pompeyo, cercado en una casa y quemado. A Pirro, Rey de los epirotas, le mató una mujer tirándole una teja desde una ventana. A Philipo, Rey de Macedonia, padre de Alejandre el Magno, le mató Pausanias estando entre dos Alejandres hijo y yerno. Al mismo Alejandro le mató Yolas, su primo, con ponzoña, ordenada, según dicen los historiadores, por Aristotil su maestro.

Entre los Romanos, el Gran Pompeyo le mandó cortar la cabeza Ptolomeo, Rey de Egipto. A César le mataron los conjurados, seyendo Capitánes Bruto y Casio y le dieron veinte y tres puñaladas. A Craso le mató muy ignominiosamente Orodes, Rey de Partya. Aníbal, capitán de los cartagineses, se mató de ponzoña, por no venir vivo en poder de los romanos. Pues aquel Sciupió Africano, que después de haber hecho tantas cosas y tan notables, venció á Anibal y hizo á Cartago tributaria, venció á Antioco, Rey de Asia, enojado de tan grande ingratitud, se salió de Roma á una casería suya y allí murió, y mandó en su testamento que sus huesos no los llevasen á Roma, cibdad tan ingrata.

Pues si quisiéramos contar los Capitánes que por invidia de sus enemigos fueron desterrados y presos, no dejarémos á Rodrigo de Vivar, llamado el Cid, y al conde Hernán Gonzalez, con otros muchos. Pedro Navarro, muerto con un garrote que le dieron en Castilnovo. Villalba murió en el acto venéreo, etc. Mas el Gran Capitán, contra la ley fatal de los más Capitánes pasados, murió, como dijimos, en su cama, conociendo á Dios, cercado de su mujer y hija, de sus parientes y criados. Murió como vivió; y en todas las partes adonde fué conocido su nombre fué llorado y sentida su muerte, por haber faltado una lumbre que á todos alumbraba.

Juicio certero sobre la moral del héroe frente a la envidia de sus contemporáneos presentado en forma narrativa. Juicio decisivo acerca de la función social de la memoria de los pueblos que devolvió al mito del Gran Capitán todo su poder evocador de un pasado áureo en la historia de España. Y que hizo posible que otro cronista cercano a la familia Fernández de Córdoba decidiera reescribir con más detalles si cabe las campañas de Gonzalo en Nápoles. Veamos cómo lo hizo.

LA CRÓNICA LLAMADA DE LAS DOS CONQUISTAS

Con el título *Crónica llamada de las dos Conquistas del Reyno de Napóles*, se publicó en Zaragoza en 1554 una larga descripción de las campañas militares del Gran Capitán en Italia; el nombre de su autor fue obviado, ya que nos encontramos todavía en el mundo familiar.[18] Más tarde, volvió a publicarse en 1559 en la misma ciudad.[19] Nuevas ediciones tuvieron lugar en Sevilla en 1580 y en Alcalá de Henares en 1584, siempre sin el nombre del autor. Esta última fue la elegida por Rodríguez Villa para su edición moderna de 1910. Desde entonces nunca más se ha vuelto a editar.[20] Hoy se valora como el relato más prolijo de las campañas de Gonzalo en Italia.

Me pregunto por qué este cronista al servicio de Gonzalo Fernández de Córdoba, nieto del Gran Capitán, comienza su

18. *Crónica llamada de las dos Conquistas del Reyno de Nápoles, donde se cuentan las altas y heroycas virtudes del serenisimo principe Rey don Alonso de Aragon con los hechos y hazañas marauillosas que en paz y en guerra hizo el gran Capitán Gonçalo Hernandez de Aguilar y de Córdova. Con las claras y notables obras de los Capitánes don Diego de Mendoça, y don Hugo de Cardona, el conde Pedro Navarro, Diego García de Paredes, y de otros y valerosos Capitánes de su tiempo*, Zaragoza, 1554. Véndese en casa de Miguel Capila mercader de libros.

19. Un ejemplar de esta edición se conserva en la Biblioteca de Catalunya.

20. Alcalá de Henares, 1584, en casa de Hernán Ramírez, impresor y mercader de libros. Ed. A. Rodríguez Villa, *Crónicas*, cit. pp. 1-254.

relato por la decisión de la reina Juana de Nápoles de adoptar como hijo al rey don Alfonso de Aragón. Quizás obedezca a un ansia de originalidad. Sin embargo este historiador tiene buenas razones para hablar del *Regno* de Nápoles. ¿Acaso imita a las novelas de caballería que en su mayoría comienzan con la descripción del paisaje de la aventura? Sería poco decir: busca sus metáforas con el fin de insertar las campañas del Gran Capitán en un espacio atractivo para un público fascinado por Amadís, Orlando o Palmerín. ¡Cambiar el destino de un país! ¡Qué misión más extraordinaria! No porque el mundo napolitano sea espantoso, sino porque un cambio en su sistema de valores le acercaría al sueño político del Renacimiento. Y porque desde el punto de vista español, ese fue el proyecto de Alfonso el Magnánimo y, en parte, del Gran Capitán. Eso significa, a juicio de este anónimo cronista, que Gonzalo culminará un proceso de renovación de la tierra napolitana al servicio de una *rinascita* del espíritu nacional de aquel país.

El cronista retrasa todo lo que puede la aparición del Gran Capitán (no lo hará hasta bien entrado el capítulo veintitrés de la Primera Parte),[21] y lo hace en el interior de un proyecto político de restitución de la soberanía del *Regno* «a sus debidos Reyes y señores». El héroe deberá romper las confusas redes políticas de la nobleza angevina, inagotable fuente de corrupción, para restaurar el orden legítimo, y debe romperlas dentro de la ley, en el campo de batalla, suprema ordalía que durante siglos había puesto fin a la guerra entre Estados.

La Edad Moderna hereda ese presupuesto básico de la ideología política medieval, donde la «bataille n'est par la guerre», para decirlo con la feliz expresión de Georges Duby.[22] El final de la presencia angevina en Nápoles será el resultado de una serie de batallas campales, lugar supremo donde se ex-

21. *Crónicas*, cit. p. 29.
22. G. Duby, *Le dimanche de Bouvines*, París, Gallimard, 1973, p. 145.

presa la voluntad de Dios. Todas las guerras nacen para instaurar esa voluntad divina que la batalla concentra en una jornada digna de ser recordada, memorable. Por eso la elección del responsable de una campaña militar siempre es un momento de especial importancia en la vida social de un país. Así lo fue también en este caso, al menos a juicio del cronista, que lo valora como signo de relevancia, aunque para ello deba manipular la realidad histórica: «Se hizo un ejército de dos mil infantes y trescientos caballos ligeros, en el cual dió cargo de capitán general á Gonzalo Fernández de Aguilar, natural de Córdoba, descendiente de la casa de Aguilar. caballero de mucha virtud y fortaleza, el cual por su muy crecida virtud y bondad mereció dársele nombre de Gran Capitán».[23]

La legitimidad de los reyes de Nápoles se convierte en el telón de fondo de la narración de los hechos del Gran Capitán desde su llegada a Calabria hasta sus grandes éxitos militares, presidida por constantes señales celestes de que aquella misión era decisiva: «Todas las cometas y prodigiosas influencias, así de las cosas superiores como de las de acá inferiores, traen espanto en las gentes, no se sabiendo el fin determinado de las semejantes cosas, en especial acaeciendo en tiempos que verisímilmente se debe creer que la Majestad divina está desocntenta de nuestras obras». Lectura analógica del universo es el procedimiento intelectual que un grupo de intelectuales del siglo XVI, encabezados por Agrippa d'Aubigné, quiere desarrollar para comprender el significado de las cosas mundanas. Pero al igual que los viejos augures en la Roma clásica o que los visionarios en la sociedad medieval, esta inmersión en la astrología busca tan solo justificar el triunfo militar. El cronista lo expresa del siguiente modo:[24]

Así en este tiempo, á cinco días del mes de Febrero, año del Señor de mil y cuatrocientos y noventa y seis años, estando, según tiene la

23. *Crónicas*, cit. p. 30. 24. *Crónicas*, cit. pp. 35-36.

crónica, toda Italia llena de guerras y mortandades, todos los Príncipes divididos en partes unos contra otros, finalmente, no habiendo lugar que no hubiese en él guerras y sediciones, entre la ciudad de Casena, en un lugar que dicen Bertonorio, del cual hameos en esta cronica hecho mención, cayeron tres piedras de gran cantidad, de color tostado; cayeron á las tres horas del día; algunos dijeron no haber sido más de una, más que con el grande ímpetu que de caída tan alta traía se hizo tres pedazos, Como quiera que fuese, fué cosa de grande admiración y de mayor espanto que en Italia puso, estando, según dicho es, las cosas de aquella tierra tan levantadas y metidas en toda confusión, lo cual se dejará para los juicios de los astronómicos que de los tiempos y sucesiones tienen algún conocimiento.

La naturaleza expresa a su modo lo que la cultura política ha descubierto al suyo: la necesidad de restaurar el orden legítimo en el *Regno*, poniendo fin a las discordias entre la gente. Gonzalo se rodea de un grupo de amigos, compañeros de armas, y les basta con sus éxitos militares para mostrar a todo el mundo la superioridad de una nueva raza de hombres. La guerra en Calabria tiende a la monotonía, sus acciones heroicas son más bien escasas, respecto a la esplendorosa variedad que encontramos en los relatos novelescos. Y la heroicidad es el único impulso que justifica el esfuerzo militar. El autor es consciente de ello y por ese motivo intercala a menudo las arengas que Gonzalo diría a sus hombres, donde derrocha ideas curiosas y provocadoras sobre el arte militar, cautivando con ello a un público que aspira a seguir paso a paso la crónica de un largo viaje en los campos de batalla italianos. Oigamos una arenga del Gran Capitán, comprenderemos así mucho mejor las intenciones del cronista, aunque quizás nos aleje de la verdad histórica:[25]

Por ciero, caballeros, si como sois pocos en número no fuésedes muchos en fortaleza, yo ternía alguna duda en nuestro hecho. Pero

25. *Crónicas*, cit. p. 38.

como sea más estimada la virtud que la muchedumbre, visto ser vosotros tan pocos en respecto del enemigo, antes tengo necesidad de ventura que de caballeros y soldados. Y con esta consideración, después de Dios, en solos vosotros tengo confianza, pues está puesta en nuestra manos nuestra salud y gloria, y así tanto por sustentación de vida como por gloria de fama, nos conviene pelear. Agora se nos ofrece causa para dejar la bondad que heredamos á los que nos han de suceder, que malaventuraros seríamos si por flaqueza en nosotros se acabase la honra de nuestros progenitores. Así, señores pelead que libréis de vergüenza nuestra nación y mi sangre. En esta jornada se acaba ó confirma nuestra honra y la de nuestro Rey, que por los más escogidos aquí nos ha enviado a esta empresa cometido. Sepamos emplearnos bien y no avenrgonzarnos, que mayores galardones esperamos de la victoria que peligro se nos puede ofrecer en la honesta muerte. Esta vida penosa en que vivimos no sé por qué la debamos mucho querer, pues es breve en los días y larga en los trabajos, la cual ni por temor se acrecientan ni por osar se acerca, pues cuando nacimos se limita su tiempo, por donde es excusado el miedo y debida la osadía. No nos pudo, oh caballeros y compañeros míos, nuestra fortuna poner en mayor estado que en esperanza de honrada muerte ó victoria muy señalada como la espero y gloriosa fama, codicia de alabanza y avaricia de honra, que cualquiera cosa de estas acaba otros hechos mayores que el nuestro. No temamos las otras compañías allegadas del francés, que en las grandes afrentas los menos pelean y á los simples espanta la multitud de los muchos y á los sabios esfuerza la virtud de los pocos. Grandes aparejos tenemos para osar: la bondad nos obliga, la justicia que está de nuestra parte nos esfuerza, la necesidad de socorer este noble Rey y reino y el mandamiento del nuestro nos apremia. No hay cosa porque debemoa temer y hay mil para que debamos osar. Todo lo que he dicho, oh caballeros, era excusado para creceros forteleza, pues con ella nacisteis, mas quiselas hablar porque en todo tiempo el corazón se debe ocupar en nobleza, en el hecho con las manos, en la soledad con los pensamientos y en la compañía con la conversación buena, como agora hacemos, y no menos porque recibo igual gloria con la voluntad amorosa que mostráis como con los hechos fuertes que hacéis.

La fortaleza, como virtud castrense, opera la más tenaz fusión entre la razón de Estado y el espíritu de la caballería. Pero el margen concedido a las acciones de sus hombres queda reducido a la aceptación de esa virtud como norma social. El triunfo ulterior es un premio de la naturaleza sobre esa convicción que convierte a Gonzalo en el auténtico (y único) Gran Capitán. En sus éxitos, aunque sean a costa de la destrucción de los enemigos, el cronista encuentra un motivo para fomentar el patriotismo de sus contemporáneos, convirtiendo a Gonzalo en el valedor de esas ideas. La astucia del relato consiste precisamente en trasladar a un pasado áureo (las campañas de Nápoles) la idea de nación exigida por Felipe II. La oración del Gran Capitán a sus hombres frente al castillo de Ostia, adonde había acudido requerido por el Papa, es quizás el mejor ejemplo de esto que ahora digo:[26]

Todos los españoles que aquí estamos pienso que nos movemos á desear la virtud y trabajar de haberla, porque veo que todos nos ejercitamos el cuerpo y lo contentamos con semejante mantenimiento y que todos somos tenidos por dignos de que igualmente con las más naciones antiguas y modernas nos igualemos y que lo mismo se pone delante los ojos del entendimiento. Todos tenemos por presupuesto de servir en esto al Sumo Pontifice y agradar al Rey Federico y ensalzar nuestra nación y ganar honra y fama para nosotros y nuestros descendientes, mostrando cuán clara deba ser la nación española entre las otras. Y así seremos estimados de los presentes y de los venideros; pues mostrarnos valientes contra el enemigo no sólo conviene a los particulares, sino a todos en general, y esto es lo que cada uno se debe persuadir á si mismo y lo que ha de tener por mejor. Agora se nos allega ya la hora de haber de pelear y la jornada que los deseosos de honra siempre habéis procurado. Y esto veo que todos los hombres lo saben hacer, no tanto por su industria como porque natura se lo enseña, como también lo saben todos los animales, cada cual de su manera, sin que lo aprendan de otro sino

26. *Crónicas*, cit. p. 44-45.

de la naturaleza. El buey hiere con el cuerno y con él pelea, el caballo con coces, el perro con los dientes, el jabalí con el colmillo, el asno con los brazos, el unicornio con el solo cuerno, y todos los animales saben guardarse del peligro. Y yo siendo muchacho á escondidas tomaba la espada y esgremía sin que me viesen, porque no solamente me era natural como en andar y correr, sino porque me parecia muy suave para el movimiento natural. Mas pues nos espera el combate donde más es menester el ánimo y osadía, el cual sé que antes podemos perder por sobrado ánimo que por flaqueza, como ya de vosotros, señores, tengo experimentado, demos lugar á las palabras, pues en vosotros, señores, no son necesarias y entendamos en lo que conviene como tenéis entendido.

En la formulación del cronista (que no de Gonzalo, es necesario que esto quede claro), la exaltación nacional refleja la legitimación de la campaña militar: lo que las calamidades habían creado se recompone ahora por el esfuerzo moral de unos hombres al servicio de su patria. La exaltación nacional tiene, como función esencial en la España de Felipe II (y no en la de Gonzalo) la de unir a diversos pueblos en uno, y por tanto, en lo que concierna a la función política, de crear un Super-yo que pudiera ser aceptado por todos los pueblos donde «el sol no se ponía». De aquí nace el concepto «español», que se entrelaza con los actos de sus tropas en las guerras europeas. Pero fue San Quintín en tiempos de Felipe II y no Barletta en tiempos del Gran Capitán donde esa conjunción ideológica se hizo realidad. El anacronismo del cronista es necesario, si se quieren convertir las acciones de Gonzalo en Nápoles en el precedente del imperialismo español en Flandes y América. De aquí la confusión habitual que ha llegado hasta nuestros días. El responsable es sin duda este anónimo cronista, que transformó el *Eros* que presidía las campañas napolitanas del Gran Capitán en el *Thanatos* de las campañas flamencas del duque de Alba.

Sin embargo, en el Libro Segundo de esta *Crónica*, el autor rectifica en parte lo dicho con anterioridad: Gonzalo se muestra entonces más humano, menos ligado a los intereses de la nación española, crítico incluso con lo que iba a suceder en el futuro, es decir, en tiempos de Felipe II, que es cuando el cronista escribía. El momento es algo confuso; nace del propio impulso narrativo. Aquí el relato domina la ideología, probablemente porque las víctimas de la nueva guerra emprendida por Gonzalo no son franceses, sino moriscos, por los que el autor siente especial simpatía. Los morisos son gente de su tierra, paisanos, amigos, quizás incluso familiares, bien arraigados en las costumbres agrícolas, buenos campesinos, hombres y mujeres sencillos, alegres, sin doblez. ¿Por qué entonces la rebelión contra el Estado? Esa era una cuestión importante en la España de Felipe II. Las Alpujarras volvían a hervir, como había ocurrido cincuenta años antes, en tiempos del Gran Capitán. Esta repetición demostraba que el problema no se había resuelto. ¿Cuál fue el motivo? Aquí el cronista se introduce en terreno pantanoso, pues la política granadina hacia los vencidos en 1492 nunca había sido clara. Gonzalo representaba una posición moderada, integradora, mientras que otros nobles, y buena parte de la administración del Estado, optaba por la expulsión violenta. ¿Quien tenía razón?

En el texto de esta crónica la respuesta es evidente: «llegó Gonzalo Fernández con su gente y dió en ellos de tal manera que si llegara al cabo de su designio no quedara moro de ellos á vida, aunque peleaban como hombres desesperados y con intención de morir antes de rendirse. Mas Gonzalo Fernández, como aquel que era más inclinado á piedad y masedumbre que no á crueldad y rigor, y como era conocido de los moros por tantos razonamientos que con sus Reyes había tenido y siempre había sido entre ellos y su Rey benigno árbitro de paz ofreciéndoles honestísimas condiciones, fueron del Rey perdonados todos su errores y rebelión y todo el Reino de Granada fué pacífico».[27]

27. *Crónicas,* cit. p. 52.

La expulsión de los moriscos parte de una actitud rígida de los sectores integristas que nunca vieron con buenos ojos la política de acercamiento y de diálogo promovida por Gonzalo. A medida que se incrementaba su fama de hombre dialogante, aumentaba el recelo hacia su figura como el cronista nos dice, aunque con cautela: «Ganó en esto (se refiere al acuerdo con los moriscos de la Alpujarras) Gonzalo Fernández grande loor de humanidad é industria igual á la gloria de la guerra pasada, pues con haberse fundado en la elocuencia justamente con el ejercicio militar, había traído á una tan buena y breve conclusión un negocio tan importantey calificado, tan provechoso á la Corona real y casi sin derramamiento de sangre. Y esto causó la reputación en que los moros al Gran Capitán tenían, al cual tenían más temor que á todos los otros Capitánes. Y así la principal causa por que tan presto y tan voluntariamente se dieron á partido fué ésta».[28]

La Guerra de Las Alpujarras fue, no obstante, un breve paréntesis en la actividad del Gran Capitán. El cronista se precipita de nuevo sobre el gran escenario de la historia donde Gonzalo va a mostrar todas sus virtudes. La crónica no ha llegado aún a la mitad y el lector ya sabe a qué atenerse. Todos los recursos retóricos han sido ya utilizados; ahora sólo le resta poner orden en la sucesión de acontecimientos que forjarán el mito del Gran Capitán.

Un recorrido que estructura en tres etapas, aunque con largas (y tediosas) digresiones.

Primera etapa. El Gran Capitán se enfrenta a los turcos en Cefalonia.[29] El cronista intenta captar la atmósfera de esa campaña, donde Gonzalo alcanzará la inmortalidad, al menos para la diplomacia veneciana que veía con terror la expansión otomana en el Adriático. Los sitiados necesitan ayuda. Allí acude el Gran Capitán y les arenga: «Yo os ruego, no como á soldados, sino como á hermanos, que por tales os tengo y he

28. *Crónicas*, cit. p. 52.　　29. *Crónicas*, cit. pp. 62-72.

tenido como sabéis, que de tal manera empleéis vuestros esfuerzo, que nuestra nación siempre es atenida en la posesión que hasta aquí y que nuestras manos sea nuestra vida y honra y provecho, porque haciéndlo imitaremos á nuestros pasados y los venecianos conocerán la ventaja que hay entre ellos y nosotros».[30]

Todo lo que dice el Gran Capitán en este momento de enorme dificultad para las armas cristianas es fruto de un arte, el arte de la retórica humanista, que no deja preguntas sin contestar, y utiliza la elocuencia para cargar de sentido a las palabras: «Haremos el mandado de nuestro Rey, castigaremos los soberbios mahometanos, vengaremos las injurias pasadas, ganaremos, en fin, una fuerza que será seguro puerto á los cristianos, de donde tanto bien se sigue»; esta vez, por ejemplo, Gonzalo concede a sus hombres la iniciativa, pero tras imponer al sentimiento de él su propia interpretación: «y pues todo lo necesario á este combate está en buena disposición, no hay para qué tantas palabras, pues os sobra el esfuerzo y ningún género de palabras lo puede acrecentar, pues vuestras obras mostrarán cada uno quién es y lo que vale y cómo merece ser galardonado según sus obras y virtud».[31]

Cuando, mediante el uso de la retórica, Gonzalo convierte la necesidad en virtud de sus hombres, nadie se opone a llevar a cabo una acción tan arriesgada que el enemigo no podría esperar. La arenga en este caso no está para rellenar la crónica, sino que, al contrario, es la que organiza la escena de la conquista de Cefalonia, el hecho de armas más comentado en las cancillerías europeas a comienzos del siglo XVI.

Final de la primera etapa. El regreso a Sicilia es en sí mismo una proeza. Alusión clara a los viejos mitos mediterráneos del naufragio posible como rito de iniciación. La situación es la siguiente: el ejército del Gran Capitán está apresado entre el hambre y el miedo, entre la miseria material y el agotamiento

30. *Crónicas,* cit. p. 69. 31. *Crónicas,* cit. p. 70.

espiritual. De pronto, Gonzalo toma la palabra, y junto a ella, la decisión de embarcar, pese a la situación del mar. Huye lejos de allí hacia su hogar siciliano. El retorno se convierte una vez más en razón del mito. Lo había hecho Ulises, lo hará ahora Gonzalo.

Segunda etapa. Tras la llegada a Sicilia, había que darle un nuevo destino a las tropas. Al volver a Calabria para «tomar aquellas provincias que le habían tocado por su parte al rey Fernando»,[32] Gonzalo simula aceptar la ingrata tarea de organizar la defensa de ese territorio a sabiendas que en poco tiempo dispondrá de todo el poder para darle el vuelco a la situación y emprender la guerra contra los franceses apoyándose en las tropas de «los señores coloneses, hombres nobilísimos y de singular valor en la guerra».[33] Para ello bastará un error de cálculo del nuevo rey de Francia Luis XII, como antes le había ocurrido al impetuoso Carlos VIII. Pero por una especie de inesperada conspiración, por una ridícula falta de sentido político, el momento se retrasó debido al pacto firmado por Fernando el Católico y Luis XII. Gonzalo está expectante ante los cambios de la política internacional, mientras organiza en silencio a sus tropas. No confía en los franceses, a los que ve cada vez más fuertes y asentados en sus fortines al sur del *Regno.* La guerra que se avecina iba a ser peor que la anterior. Lo sabe, aunque su rey permanezca ajeno a todo ese asunto, debido a que—escribe el cronista—los franceses comenzaron a usurpar algunos lugares que tocaban el Rey de España».[34] La situación se va haciendo cada vez más tensa. Ambos contendientes buscan un pretexto para comenzar la guerra y anunciar en voz muy alta que ha sido el otro el único responsable. Se ocultan entre ellos el verdadero potencial de sus ejércitos, y en esto Gonzalo sale airoso pues los franceses están convencidos que la fuerza expedicionaria española es muy débil.

32. *Crónicas,* cit. p. 80. 33. *Crónicas,* cit. p. 80. 34. *Crónicas,* cit. p. 93.

Por suerte, desde el primer momento, Gonzalo se había preparado para una contingencia así. Por fin una vulgar escaramuza despierta al rey Fernando. Gonzalo ha encontrado el pretexto en un simulado ataque francés a sus defensas. No da explicaciones. Se pone en movimiento con rapidez y esa rapidez da brío a la narración. Se reanuda la guerra en Nápoles y el Gran Capitán avanza imparable hacia esas batallas que le convertirán en un auténtico mito viviente.

Tercera etapa. Mientras el cronista relata paso a paso los éxitos militares de Gonzalo, va preparando la siguiente etapa del mito del Gran Capitán, dando a entender a sus lectores que toda esa gloria no podía dejar insensible a los envidiosos administradores de la corte española. Lo hace con sutileza, dejando entrever al verdadero responsable. El esfuerzo de la guerra le hace descuidar las intrigas palaciegas: Gonzalo es un hombre entregado en cuerpo y alma a las campañas, una actitud reavivada día a día por la angustia que siente por el destino de sus hombres, asolados por el hambre, el frío (o el calor), las enfermedades, el hostigamiento de los franceses, el olvido del rey. Más de una vez en las largas noches de campamento, junto a sus Capitanes más cercanos (Paredes, Navarro) deja entrever un resto de humanidad.

El personaje se revela entonces sensible, aunque siempre seguro de sí mismo y de sus decisiones. Pero la presión a la que estuvo sometido terminó por afectar a su salud, y Gonzalo «adoleció de una enfermedad grave y peligrosa».[35] Fue entonces, en el momento que más necesitaba el apoyo de su rey, cuando el cronista pone al descubierto la egoísta frialdad de Fernando el Católico, que intriga para apartarle del mando de sus tropas y del gobierno de Nápoles. Organiza así no sólo el futuro inmediato del Gran Capitán, que deberá regresar a su tierra, permaneciendo a la espera de ser nombrado maestre de Santiago, que nunca será, sino también el futuro más le-

35. *Crónicas,* cit. p. 242.

jano de España, mostrando con su decisión que de ningún modo aceptará que alguien de sus reinos entrara en competencia con el rey, aunque fuera el mismísimo Gran Capitán.

Fernando le da una clase condensada de política, que más tarde se llamará maquiavélica, a su amigo Gonzalo, le enseña la verdadera cara del poder, aunque sea dejando entrever un rasgo de tiranía. Consigue incluso engañarle, con la mayor naturalidad, durante algunos años hasta que el Gran Capitán comprende por fin la situación, que el cronista expresa de un modo dramático: «Gonzalo Hernández, enojado y desabrido, se retiró á Loja, buscando un ocio reposado de tantas repulsas y ofensas, hasta tanto que la envidia diese lugar y el ánimo del Rey, alterado contra él, se amansase».[36]

El cronista aprovecha el final de su relato para dejarle al lector una imagen nítida de Gonzalo, que es al mismo tiempo, tal vez, una de las mejores definiciones del mito del Gran Capitán. La oportunidad se la brinda un hecho histórico relevante, y bien conocido en su época: la derrota del ejército español en Rávena a manos del conde de Foix. El rey Fernando, por sugerencia de venecianos y del propio Papa, acepta que Gonzalo organice un nuevo ejército para marchar a Italia por tercera vez en su vida. Lo hace lleno de ilusión, lo que el cronista aprovecha para insertar el largo razonamiento que el Gran Capitán hizo a los caballeros que querían estar con él en Italia:[37]

Bien es, caballeros, que sepáis cómo el Rey nuestro señor me envió á mandar que esta nuestra pasada en Italia sobresea hasta Marzo, porque así cumple á su servicio, y que los que aquí conmigo estáis, sus continuos y criados, vais á su Corte y que de los otros caballeros le envia copia, porque de todos se tiene por muy bien servicio y quiere haber memoria para vos lo galardonar y hacer mercedes. De mi parte vos tengo en merced la voluntad con que, señores, habéis venido á servir á su Alteza en esta justa jornada porque con tal com-

36. *Crónicas*, cit. p. 249. 37. *Crónicas*, cit. pp. 250-251.

pañía esperaba en Dios le diéramos buena cuenta de nuestra almas y al Rey de su encomienda y á los enemigos de la Iglesia de vuestra virtud resplandeciente en maravillosa memoria según la santa y honrada empresa que tomásteis. De donde os quedo, señores, tan obligado que á todos tiempos que menester sea poner mi persona y casa por cada uno de vos, lo haré de tan alegre voluntad como pesar siento de vuestro apartamiento. Bien quisiera que fuéramos en esta guerra para que viérades las maravillas de Dios con la soberbia de los enemigos que allá nos llevaban enredadores de ella; los cuales franceses, aunque asaz valientes varones no iguales de vuestra dureza y esfuerzo, porque caso que se ayudan del saber, vosotros de aquél y más de la osadía, que estimo en mayor precio que su grande hueste, la cual no es cosa ligera de ordenar, porque más estorbos reciben de sí mismos que de los enemigos, por ser como es la multitud de los franceses gente desordenada para pelear con los pocos bien regidos. Cuanto más que de vosotros, señores, conozco que estáis en carrera de bondad, con la cual ayuntaís el amor que tenéis á los trabajos y peligros de las armas [...].

Al Rey nuestro señor he escrito suplicándole vos mande á todos satisfacer y pagar los gastos y expensas grandes que para este camino habéis hecho; bien espero así los que sois de Ordenes en aquéllas, y á los otros en sus naturalezas, seréis de su Alteza bien y largamente gratificados. En lo que á mi toca, es que no vos pagaré ni podré dar a todos lo que dfebe á uno en especial, considerando cuán señores sois y de quién venís y cómo venís; pero sé que más miráis a lo que puedo que á lo debo y tomaréis aquello con aquella gana dado, que el dinero que ofreció la buena y santa muger, que será lo que acaece cuando misa encargáis, que dais un real y es de precio infinito.

De la madeja de la argumentación presentada por Gonzalo en su razonamiento justificativo del nuevo viaje a Italia elijo un solo hilo y lo destaco entre los demás: la presencia de ánimo con la que afronta la campaña, lejos de todo rencor hacia las ofensas pasadas. La generosidad de un hombre en abierto contraste con los mezquinos intereses que le habían enterrado en Loja. La renuncia sin amargura al desquite, absorbiendo una parte tolerable de la fuente de todo poder verdadero, el carisma hacia todos sus hombres. Pero quedaba algo turbio en la decisión del rey: el coste de la expedición que él se apresura a dejar claro, para que nadie se lleve a engaño y no vuelvan a resurgir las acusaciones de corrupción. Con la perspectiva de la futura batalla, cualquier recelo queda apartado pues todos saben que una vez más se oirá la voz de Dios al final de la jornada, y nadie de los presentes (ni de los oponentes) dudaba de quién iba a ser el vencedor en aquella jornada. El mito del Gran Capitán también se construyó sobre ese tercer acto que nunca llegó a realizar.

SILVA QUE NO SELVA

Los turcos estaban constantemente en guerra, y no sólo por ansia de conquistar tierras en los Balcanes. Para ellos, la guerra servía sobre todo para articular la economía de las ciudades del norte de África, cuya imagen de piratería es uno de los clásicos clichés. En agosto de 1551 todo el aparato propagandístico de la Cristiandad latina se puso en marcha tras la expulsión de la Orden de San Juan de sus posiciones en Trípoli. Buscaron en el pasado a los héroes que alguna vez habían puesto en su sitio a la poderosa armada turca.

Pedro Mexía (1499-1552) se sentía cansado, tras una larga y fructífera vida como cronista de Carlos V; también se sentía decepcionado por la falta de criterio en la política mediterránea de su admirado emperador. Decidió poner manos en el asunto, dando a conocer la que sería sin duda su último, y más agudo, trabajo: *Silva de varie lección.*[38]

Mexía siente la necesidad de contar historias ejemplares que iluminen el camino a seguir por los nuevos políticos. En el

38. Pedro Mexía, *Silva de varia lección*, Valladolid, 1551. (ed. Antonio Castro. Madrid, Cátedra, 1984). I, pp. 316-317.

capítulo XV «en el que se prosigue y acaba la hystoria de los turcos en el capitulo passado començado», alude al Gran Capitán, un texto breve sin duda, pero contundente, si nos atenemos a las circunstancias políticas del momento. Dice así:

> El año siguiente conquistó, por su persona, la ciudad de Mosón, en la Morea, y otros lugares marítimos que allí poseyan venecianos; queriéndolos apretar hasta lo postrero, fue resistido por el Gran Capitán, duque de Sessa, el qual con la gente española fue en favor de los venecianos, y los desbarató y tomó la ysla de Chafalonia, mediante la qual, el turco les otorgó tregua y por que he deseado hasta en nuestros tiempos. Y aquí acabó la furia de Bayazeto, porque dexando la guerra se dio, viendose viejo y cansado, a lección y quietud y reposo.

Las atarazanas de Barcelona activaron muy pronto la construcción de galeras con el fin de imponer el dominio naval español frente al turco. Una nueva expedición sobre Cefalonia, como la llevada a cabo por el Gran Capitán en 1500, parecía la mejor solución. Tardaría aún algunos años en llegar; pero una batalla importante necesita tiempo para ser preparada y esfuerzo literario para ser aceptada por la población. Cuanto más perfecta es la lección del pasado, más posibilidades hay de que se reconozca la necesidad de esa política. Mexía daba así la última enseñanza como historiador, fijando la línea de conexión que llevaría del Gran Capitán a don Juan de Austria: dos héroes para un mismo problema, detener al turco en el Adriático.

25

A LA SOMBRA DEL REY PRUDENTE (1556-1571)

Hasta que la abdicación de Carlos V no se hizo efectiva el 16 de enero de 1556, Felipe II mantuvo una actitud prudente ante los ideales de su padre. Le hubiera gustado intervenir en las decisiones de gobierno, nombrando a sus hombres de confianza, como Luis Hurtado de Mendoza, para los puestos de responsabilidad. Se contuvo, pese a lo cual, años más tarde afirmó con algo de presunción por su parte: «Yo comencé a governar el año de 1543». Mientras Felipe meditaba sobre los pasos a seguir en la crisis abierta con Francia tras su inesperado ataque a los Países Bajos, apareció su primo Manuel Filiberto, duque de Saboya, «todo nervio, poca carne» y se los mostró.[1]

A instancias de Manuel, Felipe se distanció del modelo de su padre, que concebía la guerra como una dimensión del valor personal y participaba en las campañas militares. Estaba más cerca del modelo de su bisabuelo Fernando el Católico que comandaba ejércitos sin comprometer su propia persona. Manuel no enseñó nada nuevo que Felipe no hubiera podido aprender de Diego de Valera cien años antes; si bien un rey de España debía conocer el *Doctrinal de príncipes* como el *Amadis de Gaula*, la cultura literaria es inútil sino encuentra una aplicación práctica. A Diego de Valera le causó muchísimos problemas enseñar su doctrina en una época dominada por la *virtù*, ese rasgo característico de la cultura del Renacimiento, que hicieron suyo personajes de la talla del Gran Capitán.

A Felipe II le molestaba la figura de Gonzalo sin que se su-

1. Henry Kamen, *Felipe de España*, Madrid, Siglo XXI, 1997. Más recientemente, Geoffrey Parker, *Felipe II*, Barcelona, Planeta, 2010.

piesen muy bien los motivos, salvo quizás la admiración que su padre había mostrado hacia él. Exigió a sus historiadores que fijaran el verdadero perfil de ese hombre enfrentado al rey Fernando el Católico y en permanente litigio con la Administración Pública. Había oído a Diego Hurtado de Mendoza hablar mal de él, calificándolo de pretencioso, aunque eso no era suficiente. Mientras el duque de Saboya conducía el ejército español hacia la población de San Quintín, el rey instó a los eruditos instalados en la corte para que escribieran la historia de España a mayor gloria de su bisabuelo Fernando el Católico, aunque eso obligara a menoscabar los mitos más queridos por el emperador Carlos V.

El triunfo de sus tropas al mando del duque de Saboya, Egmont, el duque Eric de Brunswick y el barón Von Münchhausen (ninguno de ellos era español) el 10 de agosto de 1557, día de san Lorenzo, sobre los franceses al mando del duque de Montmorency, en lo que se conocerá más adelante como la Batalla de San Quintín, se unió para siempre con los primeros pasos de esa importante labor historiográfica. Felipe II respiró tranquilo. Su proyecto político iba por buen camino. Para evitar cualquier sospecha de parcialidad, decidió nombrar gobernador de Milán a Gonzalo Fernández de Córdoba, nieto del Gran Capitán.[2]

Esa mezcla en equilibrio inestable de prudencia política y altivez personal, tan característica de Felipe II, generó dos elaboraciones sobre el mito del Gran Capitán que con el paso del tiempo se convirtieron en modelos del buen hacer histórico de España en el siglo XVI. Al saturarse de información, Zurita cayó en una descripción de los hechos en apariencia inofensiva, titulando el conjunto de su trabajo con el nombre de *Anales*. Su escueta descripción del pasado es una auténtica suspensión del mito del Gran Capitán al servicio de los intereses de la

2. Fausto Nicolini, «Don Gonzalo Fernández de Córdoba, terzo duca di Sessa e di Andria (1520-1578)», en *Iapigia*, IV, 1933, XI, pp. 237-280.

casa de Habsburgo. La cultura aristocrática andaluza produjo también otra interpretación de la historia española que presentó al Gran Capitán como un individuo tenso e insatisfecho de su condición social. Diego Hurtado de Mendoza describió a Gonzalo como un personaje simpático, incluso agradable, aunque al mismo tiempo introdujo la sombra de la duda sobre su carácter y su talento militar.

Por motivos que no acierto a entender del todo, la escritura de la historia en España en los años que van de la Batalla de San Quintín (1557) a la Batalla de Lepanto (1571) parece el resultado de una confusión de objetivos. El poderoso atractivo de la ideología monárquica felipista, que tiene en El Escorial su máxima expresión estética, no llegó nunca a resolverse en una obra histórica convincente, pese al decidido interés por definir la naturaleza de los españoles, tarea en la que destacaría por encima de todos el cordobés Ambrosio de Morales con su *Libro de las Antigüedades de las ciudades de España* (1575). Después de Morales aparecieron una serie de obras dedicadas a glosar la conquista española en América, como la *Historia general de las Indias* de Francisco López de Gomara, famosa en su tiempo por haber sido retirada de la circulación por encargo del propio rey, pues, en su opinión, no convenía que se leyera. Esa actitud de Felipe II fue la que dio a Zurita la pauta. Contó para ello con las confidencias del secretario Gonzalo Pérez que en 1564 le informó sobre el interés del rey por su trabajo. No lo dudó más, y se dispuso a la tarea con más abnegación aún. ¿Qué dijo el célebre erudito aragonés sobre el Gran Capitán?

ANALES DE ARAGÓN

Jerónimo Zurita (1512-1580), hombre tozudo, con cierto aire humanista, era hijo del médico de Fernando el Católico y Carlos V. Vivió muchos años viajando de un lugar a otro por asuntos relacionados con el cardenal Tavera, hasta que fue nombrado secretario del Consejo y la Cámara real. Recibía frecuentemente a otros eruditos interesados como él en favorecer las ideas políticas del rey, como Juan Páez de Castro, su mejor valedor.[3] Felipe II le apoyó decididamente en su tenaz esfuerzo por redactar los *Anales de la Corona de Aragón.*[4] Para tal fin, Zurita se rodeó de documentos que transcribía (o hacía transcribir) con una paciencia casi benedictina, ajustando los datos a la información obtenida y ateniéndose a ellos siempre que le era posible. Se granjeó una buena reputación, la misma que hoy se le concede casi unánimemente. Lejos de mi sospechar que Zurita estuviera obsesionado por servir a su rey, pero Felipe II no era una persona que aceptase opiniones contrarias a las suyas. Las ideas del rey sobre la historia eran nítidas, y el secretario debió hilar fino para no enfrentarse a él y, al mismo tiempo, conseguir la objetividad necesaria a todo buen erudito. El ilustre historiador y cosmógrafo Alonso de Santa Cruz sin embargo no estuvo nunca convencido de sus buenas intenciones; al contrario, le censuró más de una vez, rechazando la interpretación que el aragonés daba de muchos acontecimientos del pasado. La polémica no se hizo esperar, y en la segunda edición de los *Anales* fue necesaria la adición de la apología redactada por Ambrosio de Morales en defensa de Zurita.[5] ¿Qué se puede decir sobre esas impugnaciones?

Es difícil saber en qué medida la austera erudición de los *Anales* refleja la ideología política de Felipe II. Zurita, el indisputable fundador de la historiografía moderna española, fue siempre fiel, para bien o para mal, a su rey. Cualquiera que frecuente la lectura de los gruesos volúmenes de sus *Anales* sabe que un tema común en todos ellos, es el breve apunte de un

3. Su biografía en Juan Francisco de Ustarroz y Diego José Dormer, *Progresos de la historia en Aragón y vida de sus cronistas desde que se instituyó este cargo hasta su extinción,* Zaragoza, 1680, vol. I, libro 20.

4. Jerónimo Zurita, *Anales de la Corona de Aragón,* Zaragoza, Pedro Bernuz, 1562.

5. Zaragoza, Domingo de Portanariis, 1585.

hecho singular que marcará el devenir de la historia general. Al igual que su coetáneo el jesuita Juan de Mariana (1536-1624), Zurita se fijó en la Guerra de Granada como uno de los escenarios fundamentales en la construcción del Estado español. Dejando de lado viejos recelos aragonesistas sobre esa empresa, le sigue la pista a una generación de intrépidos capitanes, los verdaderos héroes de la empresa granadina: Íñigo de Mendoza, duque del Infantado o Juan de Aragón, conde de Ribagorza.[6] Este anhelo de elevarse por encima de los acontecimientos vulgares y eternizar el valor de unos hombres singulares contiene elementos de propaganda felipista. Zurita reconoce su actitud unas líneas después, cuando habla del único capitán famoso, digno de tal calificativo: «Tenía en la defensa de la fortaleza en su lugar a Hernando del Pulgar, no el que fue el autor de la historia destos príncipes, sino un muy valiente capitán que hizo cosas muy señaladas en este guerra».[7]

Para Zurita, a diferencia de la versión dada por Paolo Giovio, el Gran Capitán no tiene ninguna relevancia en la campaña granadina. Esa tesis la corroborará de forma contundente con un breve (y despectivo) comentario sobre los alcaides nombrados por Fernando el Católico, tras la conquista de Moclín: «Continuóse la tala por dos días, y della se recibió mucho daño. Y dejó el rey en Illora por alcaide y capitán a Gonzalo Hernández de Córdoba hermano de don Alonso de Aguilar, en Montefrío al comendador Pedro de Ribera y en Colomera a Hernando Álvarez de Alcalá que se llamaba de Gadea; en Moclín se puso con buena guarnición de gente de guerra Martín de Alarcón».[8]

Así pues, la única acción del Gran Capitán en la Guerra de Granada, digna de ser registrada en los *Anales*, es el nombramiento para un empleo de segundo nivel en la frontera. Esa

6. Zurita, *Anales de la Corona de Aragón*, ed. Ángel Canellas López, Zaragoza, Institución «Fernando el Católico». 1988-1990, vol. 8, p. 521.
7. Zurita, *Anales*, cit. vol. 8, pp. 584-585.
8. Zurita, *Anales*, cit. vol. 8, p. 522.

mención deja a Gonzalo fuera de los héroes de aquellos días y, desde luego, al margen de todo protagonismo en las capitulaciones sobre la rendición de Granada. Es importante advertir que antes del fin de sus *Anales*, que se prevé cercano, Zurita deja claro que Gonzalo no es el personaje que algunos dicen que es. Al menos en dos ocasiones. En la escena del fuego del real de Santa Fe, donde no aparece su nombre cuando sabemos por diversas fuentes que estuvo allí y además como protagonista.[9] Esta manipulación tiene todo el aspecto de ser el clásico mecanismo de ningunear a un personaje mediante una exageración de la confusión del momento.

La segunda ocasión es más intencionada aún, si cabe. El nombre de Gonzalo no aparece entre los responsables de los pactos de entrega de la ciudad.[10] De hecho no aparece nadie, como si el acuerdo entre los nazaríes y los Reyes Católicos se hubiera realizado sin mediar persona alguna. Un descuido curioso para un hombre tan bien informado y tan escrupuloso como era él. Pero la solución al conflicto granadino, en concreto el espíritu de las Capitulaciones, que era, como sabemos, el espíritu del Gran Capitán, molestaba profundamente a Felipe II. Las anotaciones de los *Anales* sobre la Guerra de Granada se hicieron en un momento trágico y perturbador de la historia de las minorías musulmanas de la Península Ibérica: la revuelta morisca de Las Alpujarras.[11]

UN ARISTÓCRATA EN APUROS

La crisis política se agudizó en 1568. Entre la muerte de Isabel de Valois en el mes octubre y la sublevación de los moriscos de

9. Zurita, *Anales*, cit. vol. 8, p. 593.
10. Zurita, *Anales*, cit. vol. 8, p. 596.
11. A. Domínguez Ortiz-B. Vincent, *Historia de los moriscos. Vida y tragedia de una minoría*, Madrid, 1978.

Las Alpujarras el día de Navidad, Diego Hurtado de Mendoza se sintió apresado por el castizo proceder de la vieja aristocracia andaluza, visto varias veces en los últimos cien años. Las quejas de Felipe II a su actuación personal le obligaron a ir a la corte para dar explicaciones o sencillamente para justificarse. Zurita le buscó una vivienda apropiada junto a la suya. Morales le apoyó en todo momento. Quizás entonces le entregara al rey un borrador de su libro *Guerra de Granada*, aunque la edición que ha llegado a nosotros es tardía y fue preparada por Luis Tribaldos de Toledo, lo que ha dado lugar a algunas sospechas sobre su autoría.[12]

La obra de Hurtado es apologética, en la línea de la *Austriada* de Juan Rufo: busca la manera de borrar las huellas indeseables del pasado. La abolición de los méritos de los mejores capitanes en aquella guerra no es más que la cara mística de una exaltación de la propia dinastía de los Mendoza, marqueses de Mondéjar, en particular su padre, el primer alcaide de Granada tras la conquista, en detrimento del duro Pedro de Deza.

En la *Guerra de Granada*, el mal se proyecta sobre las poblaciones moriscas, limpiando así las dudas que pesan sobre el tejido de su propia vida tras el incidente en la corte donde blandió una espada contra un cortesano a propósito de las dudas de su autoría sobre un poema. La primera consecuencia de este punto de vista es una elevada consideración sobre lo que Hurtado denomina la época «de los viejos».[13] Pero también le permite decir algo sobre algunos personajes importantes de la campaña de Las Alpujarras de 1500:[14]

12. Diego Hurtado de Mendoza, *Guerra de Granada*, Barcelona, Juan Oliveres, 1842 (ed. facsímil Granada, Memoria del Sur, 1991). Sobre la autoría, Lucas de la Torre, «Don Diego Hurtado de Mendoza no fué el autor de la "Guerra de Granada"», en *Boletín de la Real Academia de la Historia*, 1914.

13. Hurtado de Mendoza, ed. cit. p. 7. Vid. Erika Spivakovsky, *Son of the Alhambra. Don Diego Hurtado de Mendoza, 1540-1575*, Austin, University of Texas, 1970.

14. Hurtado de Mendoza, ed. cit. pp. 6-7.

En la cual empresa dicen que por no ir á Sierra Bermeja, debajo de Don Alonso de Aguilar, su hermano, con quien tuvo emulación, se halló á servir, y fue el primero que por fuerza entró en el barrio de abajo, Gonzalo Fernández de Córdova, que vivía á la sazón en Loja desdeñado de los Reyes Católicos, abriendo ya el camino para el título de Gran Capitán, que á solas dos personas fue concedido en tantos siglos: una entre los griegos caído el imperio en tiempo de los emperadores Commenos como á restaurador y defensor del Andrónico Contestephano llamándole *megaduca*, vocablo bárbaramente compuesto de griego y latino, como acontece con los estados perderse la elegancia de las lenguas: otra á Gonzalo Fernández entre los españoles y latinos, por la gloria de tantas victorias suyas, como viven y vivirán en la memoria del mundo.

No debiera sorprendernos que una gran obra de historia de Granada, elaborada en medio de las turbulencias de la rebelión morisca de mediados del siglo XVI, albergue en sus rincones y estructura, junto a la descripción de los hechos recientes, elementos de reflexión sobre los años que siguieron a la conquista del reino nazarí por parte de los Reyes Católicos. Al pensar en ello, Hurtado introduce una implacable crítica hacia la actuación política de los sucesores de Luis Hurtado de Mendoza, segundo marqués de Mondéjar, en el «oficio del árbitro militar»:[15]

Este fue uno de los principios en la destrucción de Granada común á muchas naciones; porque los cristianos nuevos, gente sin lengua y sin favor, encogida y mostrada á servir, veían condenarse y quitar ó partir las haciendas que habían poseído, comprado, ó heredado de sus abuelos, sin ser oídos. Juntáronse con estos inconvenientes y divisiones, otros de mayor importancia, nacidos de principios honestos, que tomaremos de mas alto.

Hurtado quería restablecer la gran tradición de tolerancia de los «viejos tiempos» para solventar las discordias entre vence-

15. Hurtado de Mendoza, ed. cit. p. 8.

dores y vencidos. Pero los dos personajes que destacó para dramatizar esa historia (su padre Íñigo López de Mendoza, segundo conde de Tendilla y primer marqués de Mondéjar, y su hermano mayor Luis Hurtado de Mendoza, segundo marqués de Mondéjar) mostraron siempre un vivo recelo hacia el Gran Capitán. El relato de Hurtado ofrece muchos mensajes latentes sobre aquella antigua rivalidad, hoy bien conocida gracias a la correspondencia de su padre, el marqués.

Pero el centro de su relato no está en ese punto. Hurtado permite a Felipe II llevarse el papel más rutilante y la superioridad moral en «la guerra que el rey católico de España tuvo en el Reino de Granada contra los rebeldes nuevamente convertidos».[16] Ahora bien, la habilidad y la actitud desafiante de Felipe II quedan como una cuestión de elegir táctica apropiada para solucionar un problema antiguo. Escribiendo en el momento histórico de la misma campaña, Hurtado de Mendoza dio a su texto una trascendencia sin igual al introducir en él dos ideas fundamentales.

La primera idea se refiere al valor de una historia alejada de los grandes acontecimientos, materia sobre la que se iba construyendo el mito del Gran Capitán; y así escribe:[17]

> Bien sé que muchas cosas de las que escribiere parecerán á algunos livianas y menudas para historia comparadas á las grandes que de España se hallan escritas: guerras largas de varios sucesos; tomas y desolaciones de ciudades populosas; reyes vencidos y presos; discordias entre padres é hijos, hermanos y hermanas, suegros y yernos; desposeidos, restituidos, y otra vez desposeidos, muertos á hierro; acabados linajes; mudadas sucesiones de reinos: libre y extendido campo, y ancha salida para los escritores. Yo escogi camino mas estrecho, trabajoso, estéril, y sin gloria; pero provechoso, y de fruto para los que adelante vinieren: comienzos bajos, rebelión de salteadores, junta de esclavos, tumulto de villanos, competencias, odios, ambiciones, y

16. Hurtado de Mendoza, ed. cit. p. 1.
17. Hurtado de Mendoza, ed. cit. p. 1.

pretensiones; dilación de provisiones, falta de dinero, inconvenientes ó no creídos, ó tenidos en poco; remisión y flojedad en ánimos acostumbrados á entender, proveer, y disimular mayores cosas: y así no será cuidado perdido considerar de cuan livianos principios y causas particulares se viene á colmo de grandes trabajos, dificultades y daños públicos, y cuasi fuera de remedio.

La segunda idea, complementaria de la anterior, se centra en el análisis del agrio mundo de una guerra que obligó «al rey salir de su reposo». Con tal fin, presenta las razones que el rey de España tuvo «para atajar el fuego» de la discordia y el desorden en Las Alpujarras. Los pactos de capitulación, a los que había sido tan sensible el Gran Capitán, habían terminado produciendo la gravísima revuelta social de la población morisca.

Con la exuberante descripción de la campaña militar dirigida por don Juan de Austria y Luis Quijada, «plático en gobernar infantería», Hurtado de Mendoza alude a los críticos acontecimientos que él acababa de vivir: una revolución social fracasada. El futuro traería otras, hasta la expulsión definitiva de los moriscos. Pero no obstante la entusiasta reacción de los lectores al papel de la campaña militar, la narrativa central de *Las Guerras de Granada* rehabilita uno de los métodos más clásicos en la escritura de la historia: el uso de la comparación.

Después de un breve repaso a la geografía de Granada, donde destaca la construcción del «suntuoso sepulcro del Gran Capitán Gonzalo Hernández, y memoria de sus victorias»; Hurtado describe los pormenores de la campaña de don Juan de Austria comparándola con la que setenta años antes, en 1500, había realizado Gonzalo en la misma zona y contra los mismos enemigos. Concentra la atención en diversas situaciones dramáticas. El sacrificio de Aben Humeya es el resultado de una culpa que se justifica por el carácter irredento del morisco ante el rey. Hurtado transforma el asesinato en un suicidio. Las víctimas son elevadas a la consideración de mito. Cuanto más perfecta es la descripción de aquella matanza, más rico es el material legendario, más intensa la fuerza de atracción sobre los vencedores de las desconocidas virtudes del vencido. La víctima y su cultura es la que responde al interés del público, según la fórmula del antropólogo Julio Caro Baroja, que la propone con toda precisión: «El escenario y los personajes de la narración que sigue parecen salidos a la vez de un cuento de *Las mil y unas noches* y de las novelas del Siglo de Oro. Vamos, en efecto, a topar en ella con bandoleros feroces, cautivos, mercaderes de esclavos, nobles capitanes, sabios astrólogos, doncellas desventuradas, cuevas llenas de tesoros (sedas, perlas y aljófares), castillos, gentes de zoco, hortelanos, arrieros, piratas. Pero de todo esto se ha de hablar con un lenguaje poco brillante, poco romántico, poco oriental, un lenguaje en que la metáfora ha sido enterrada y que, en cambio, se halla influido por la moderna tendencia a la abstracción seca, dura y algo pedantesca».[18]

La admirable construcción histórica del fin de los moriscos de Las Alpujarras llevada a cabo por Diego Hurtado de Mendoza, según el acertado juicio de Caro Baroja, no supera sin embargo, la rica elaboración popular del Romancero morisco. Es la misma situación de otros momentos de lucha en la frontera, donde la leyenda siempre es más atractiva que la realidad de los hechos.

EL MITO FRENTE A LA HISTORIA

La cristalización colectiva de los graves sucesos acaecidos en Las Alpujarras en 1500 y 1569-1570 en un puñado de mitos pone de manifiesto algunas de las formas que la memoria del pasado puede adoptar. Uno de los rasgos más significativos de la colección de mitos sobre el mundo granadino surgido en

18. Julio Caro Baroja, *Los moriscos del reino de Granada. Ensayo de historia social*, Madrid, 1976.

ese momento es que la mayoría de ellos proceden de fuentes literarias. Todos esos mitos pueden reducirse a dos.

El primero está formado por una serie de exóticos relatos en torno a la *Historia del Abencerraje y la hermosa Jarija*. A comienzos de los setenta, un autor desconocido la incluyó en la *Diana* de Jorge de Montemayor, maestro de capilla de Felipe II, dándola a conocer así en todo el mundo. Desde ese momento, la tragedia del reino granadino se interpretó como una mezcolanza entre pasiones amorosas, intrigas palaciegas, odios entre clanes rivales. Todo el *Corpus* de la llamada novela morisca, de gran éxito en estos años, puede entenderse como un complejo relato sobre la vida caballeresca de la frontera con Granada antes y después de la Guerra de Las Alpujarras.

El segundo gran mito surgido en el mundo vital granadino versa sobre el Gran Capitán como un personaje más de ese entramado de fantasía literaria ligada a los Abencerrajes. El interés literario por su figura aparecerá después de acabada la Guerra de Las Alpujarras.

Que la memoria colectiva esté acompañada de retornos inesperados, de emergencias imposibles de entender por la razón, demuestra que tiene sus propias reglas. Pero la cuerda invisible entre la creación literaria de la *otredad* granadina y las aspiraciones de Felipe II de acabar cuanto antes con el problema morisco no aparecerá clara hasta el final de la campaña. Veamos el motivo.

EL PELIGROSO AISLAMIENTO

En 1569, España se dirigía a una posición de aislamiento, escribe Henry Kamen, añadiendo en seguida: Felipe estaba convencido de que los católicos estaban «tan apartados como agora y los herejes tan juntos y conformes».[19] En el otoño de

19. Kamen, op.cit. p. 131. Años de cruzada los defina Parker, op. cit. pp. 507-571.

aquel año, el rey, cada vez más inquieto por la rebelión morisca, decidió visitar Andalucía. Sería la primera, y última, vez. Llegó a tiempo de ver la llegada de cuatrocientas cajas de armamento desde Milán, negociadas por su antiguo gobernador Gonzalo Fernández de Córdoba, tercer duque de Sessa, nieto del Gran Capitán. Esas armas cambiaron el rumbo de la guerra. Don Juan de Austria había dado un *ultimátum* a los jefes moriscos. La rendición era cuestión de meses. Durante el verano de 1570, Felipe II siguió las negociaciones desde Sevilla. Tenía prisa porque los venecianos le apremiaban para organizar una campaña contra los turcos.

El bienio de 1570-1571 se parecía cada vez al de 1499-1500: revuelta en las Alpujarras, guerra heroica, victoria y campaña naval contra los turcos con el apoyo veneciano. La historia se repetía: la sombra del Gran Capitán volvía a emerger en el horizonte. Las cajas de armamento enviadas por su nieto también ayudaron. En poco tiempo Felipe II comprendió lo inadecuado e incorrecto del proyecto historiográfico encargado a Zurita, consistente en eclipsar a Gonzalo exaltando la figura de Fernando el Católico.

De vuelta a la corte, Felipe encaró una nueva época para él y para su reino. Se enamoró de su sobrina Ana, veintidós años menor que él, y gracias a eso olvidó los recelos hacia su hermano Juan de Austria. Le confió el mando de la flota de la Liga Santa como setenta años antes sus bisabuelos los Reyes Católicos habían hecho con el Gran Capitán. Todos se prepararon para pasar el largo y cálido verano de 1571.

DE NUEVO ZURITA, VEINTE AÑOS DESPUÉS

Ya cerca de la muerte, Zurita había sido testigo de las décadas más trascendentales de la historia española como erudito y figura pública prominente en el círculo escurialense. Desde su mesa de trabajo siguió de cerca la sucesión de crisis políticas entre Felipe II y relevantes figuras de la Iglesia (el caso Carranza), de la Administración (el caso Escobedo) o de la aristocracia (el caso de los Alba). En 1569, cuando el rey le envió una carta calificando al arzobispo Carranza como «una persona notada e infamada no solamente en estos reynos pero en toda la Cristiandad»,[20] Zurita reaccionó con sutileza. Después del vertiginoso ascenso de Antonio Pérez y de su valedora Ana de Mendoza y de la Cerda, conocida como la Princesa de Éboli, hija precisamente de Diego de Mendoza, conde de Melito, amigo del Gran Capitán, Felipe II le insistió para que escribiera la «verdadera» historia de su bisabuelo Fernando y de aquel extraño personaje que osó retarle. La sorda revolución integrista del rey extrajo su sentido y su estilo intelectuales de la erudición de Zurita. Pero, tras el arresto de Pérez y la disolución del grupo de Ana de Mendoza, la publicación de esa obra era más urgente que nunca. Zurita había vivido muy cerca del poder del rey, que él mismo contribuyó a engrandecer, para no ser consciente que su libro de historia tenía que tener en cuenta esos graves sucesos. Unos meses antes de morir lo tenía terminado, y el rey pudo ver satisfecho su deseo. Ya tenía su «escorial» historiográfico: una biografía sobre su controvertido bisabuelo Fernando.[21]

Desde hacía poco más de veinte años, de hecho desde la terminación de los *Anales*, Zurita había buscado un tema suficientemente atractivo para una obra de historia definitiva, al gusto de Felipe II. Durante mucho tiempo dudó entre los temas del pasado remoto del reino de Aragón, con su ilíada de los almogávares en el Mediterráneo y su odisea de la conquista de los mercados en Oriente, y los acontecimientos más recientes de las guerras de Italia. La duda se la despejó el propio rey, que necesitaba una explicación a su gusto de lo que había

20. Kamen, op. cit. p. 159.

21. Jerónimo Zurita, *Historia del rey don Hernando el Cathólico. De las empresas y ligas de Italia*, Zaragoza, Domingo de Portanariis, 1580.

ocurrido con el triángulo formado por su bisabuelo Fernando el Católico, la hermana de éste Juana de Aragón y el brillante Gonzalo Fernández, conocido como el Gran Capitán. ¿Cómo no ver en ese triángulo reflejado otro que le inquietaba aún más? El triángulo formado por él mismo, Felipe II, su amiga (o amante) Ana de Mendoza, Princesa de Éboli, y el amigo y amante de ésta, el brillante Antonio Pérez, el Gran Mago de la política española durante veinte años.

Existen otras coincidencias inquietantes: la sombra amenazadora del primer triángulo era el duque de Alba y, sorpresas de la vida, la sombra amenazadora de la Mendoza y de Pérez era también un duque de Alba. ¿Cómo explicar a la sociedad española de finales de los setenta del siglo XVI el peligro de las redes tejidas en torno al poder por una mujer, en ese caso por la Princesa de Éboli? Zurita halló un vehículo indirecto para todos estos acontecimientos coetáneos a él y a sus lectores en la más famosa de todas las historias de política exterior del Estado dinástico español.

No existían demasiados precedentes, si se exceptúan los cronistas domésticos del Gran Capitán, poco fiables para él. Los anticuarios aún no habían hecho su aparición; tenía por lo tanto las manos libres para reunir en su mesa de trabajo del Escorial todos los comentarios sueltos sobre la vida de aquellos dos insignes hombres, Fernando el Católico y el Gran Capitán; pues, siguiendo su inquebrantable misoginia, de Juana de Aragón no dijo apenas nada. Sólo una mujer merecía el trato de figura histórica, Isabel la Católica, pero por el simple hecho de ser oficialmente un «rey», un «hombre». Pero no debemos subestimar la ambición y originalidad de este proyecto, al menos por tres motivos.

Primer motivo, Zurita dio a Fernando el Católico y al Gran Capitán plena dimensión épica, poniéndose a la altura de los historiadores italianos, en especial Giovio y Guicciardini a los que miró de reojo; segundo, al mismo tiempo, concibió una versión creíble, que se inclinaba sutilmente a favor del rey y en contra del héroe, calificado en ocasiones como un ambicioso trepa (¿no estaba pensando en Antonio Pérez más que en Gonzalo Fernández?). Tercer motivo, el erudito aragonés se anticipó al menos unos años a la obra de Giovanni Albino, publicada en 1589, neutralizando sus efectos y con ellos los de la tradición napolitana que había comenzado con el gran Giovanni Pontano.[22]

La cuestión de la forma también era de suma importancia. Una breve obra interpretativa sería fácil de leer pero podría provocar sospechas de parcialidad, y eso ni a él, ni a Felipe II, le interesaba lo más mínimo. Zurita se inclinó por escribir siguiendo su costumbre una especie de *Anales* a escala monumental; pero implicándose más en la historia, viviéndola como propia. Tenía que contrarrestar el influjo de Maquiavelo que había presentado a Fernando como un rey moderno debido a su inquebrantable mezquindad en los asuntos económicos; mientras que él lo veía más como el glorioso continuador de la dinastía aragonesa, que había dado reyes tan memorables como Alfonso el Magnánimo. Esa fue su astucia: presentar el conflicto entre Fernando y Gonzalo como un conflicto entre el modo de hacer política de la Corona de Aragón (del que él era el máximo experto vivo, y lo seguiría siendo en los siglos venideros) y el modo de hacer política en Castilla y Andalucía, cuyo ejemplo veía en Gonzalo.

La *Historia del rey don Hernando el Cathólico* es una narración de episodios encadenados con el único fin de mostrar la antinomia entre dos personajes, el rey y el héroe. La contraposición binaria del rey y el héroe puede ser entendida como una antinomia elaborada por el discurso histórico para profundizar en la historia de España. En esa construcción el rey y el héroe son antónimos, personajes opuestos, cuyas vidas son sin embargo paralelas. El héroe se halla privado de una

22. Giovannmi Albino, *De Bello Hetrusco, in Gestis Regum Neapolitanarum ab Aragonia*, Nápoles, 1589.

valoración desde el momento que el objetivo es ensalzar la figura del jefe del Estado. La única representación legítima del poder es el rey. Sus acciones son sagradas, pero él las adopta con un tono humano: se preocupa de sus súbditos desleales, llora en sus funerales, legisla en favor de los débiles. Por ello sus actos son dignos de consideración. Pero, no debemos contentarnos con esto. Esta obra merece una lectura capaz de revelar su dimensión política al servicio de la concepción del Estado español de Felipe II. No es ingenuo su planteamiento, además quizá debería decirse que Zurita se utiliza siempre, incluso hoy, como indiscutible argumento de autoridad, tanto o más que los documentos de la época. Lo dice Zurita, y basta.

La lectura que llevaré a cabo a continuación sobre la interpretación del mito del Gran Capitán llevada a cabo por Zurita, busca ofrecer una dosis de cordura a la hora de afrontar los mecanismos ideológicos de la historiografía escurialense. La textura erudita nos ha hecho olvidar quizás demasiado que se trata de un texto histórico, es decir, sometido a las exigencias de la época en que se escribió.

Veamos algunos momentos importantes, no todos desde luego, dada la dimensión de la obra. Tras un breve comentario sobre el carácter del rey a quien «temían más su benignidad que el rigor de la Reina Católica»,[23] Zurita comienza no con los trascendentales sucesos que cambiaron la historia italiana sino con la vivencia de uno de sus últimos reyes, Ferrante el Viejo, quien «se dirigió a su primo el Rey don Fernando y a quien pidió por medio de don Diego López que era caballero de mucho valor y de muy señalados que hubo en España en su tiempo, advirtiese al Papa que tenía las cosas de su Estado tan propias como lo era el Reino de Aragón, para todo lo que tocaba a aquella casa y reino»;[24] que dio origen a una respuesta sentida y al mismo tiempo audaz del rey Fernando:

23. Zurita, *Historia,* cit. libro X, cap. C.
24. Zurita, *Historia,* cit. libro V, cap. XXII.

«certificando que allende del común beneficio del sosiego y paz de la Iglesia, aquel negocio tocaba a su particular interés por respeto al Rey de Nápoles y del Duque de Calabria, su hijo, a quien no podía faltar por cercano deudo y procuraba don Diego que el Papa los recibiese en su gracia».[25]

Muerto Ferrante, Carlos VIII tuvo las manos libres para atacar el *Regno* y poner fin al efímero reinado de su hijo Alfonso, que ante la situación dejó el trono, la Corona (y quizás la dignidad) en su hijo Ferrandino. Fernando el Católico, piensa Zurita, se adelanta a la situación e inicia un despliegue diplomático para evitar la guerra entre ambos países: «Fue gran parte para la buena conclusión desta liga la prudencia y destreza y gran ingenio y autoridad de los dos hermanos que el Rey tenía por embajadores en Venecia y Roma, que eran Garcilaso de la Vega y Lorenzo Suárez de Figueroa y de Mendoza».[26] Al aproximarse a la alta política europea de aquel decisivo año de 1494, Zurita la encuentra dominada por dos figuras inefables: uno es Philippe de Commynes, embajador de Francia, sutil escritor y gran ideólogo de la política italiana de Carlos VIII; el otro es Agostino Barbarigo, el brillante *dogo* de Venecia, capital en ese momento, de todas las negociaciones conducentes a evitar la guerra. Suyas son las palabras que Zurita utiliza para describir la situación: «en honor de la Santísima Trinidad, habían concluido liga con nuestro Santo Padre el Papa, los Reyes de Romanos y de Castilla, ellos y el Duque de Milán, con tres finalidades: la primera, para defender la cristiandad contra el Turco; la segunda, la defensa de Italia; la tercera, la preservación de sus Estados, y que lo hiciese saber al Rey».[27]

Contemplándolo desde las alturas del juego de la diplomacia internacional, Zurita presenta la misión encomendada a

25. Zurita, *Historia*, cit. libro V, cap. XXII.
26. Zurita, *Historia*, cit. libro II, cap. V.
27. Zurita, *Historia*, cit. libro I cap. XXXVIII.

Gonzalo en Sicilia y anota con intencionalidad el tono desmedidamente secundario: «Con otra parte de la armada se había de embarcar Gonzalo Fernández, con quinientas lanzas de las guardas, y estaba determinado para dar mayor reputación a la empresa que tras él fuese con más gente un grande de Castilla y tenía ya nombrado para ello a Don Fadrique de Toledo, duque de Alba».[28] Por medio de una paradoja no esclarecida, esta decisión de Fernando el Católico, que Zurita hace suya frente a todos los demás cronistas, no determina los acontecimientos; pero en cambio consigue situar el enfrentamiento polar entre el Gran Capitán y el duque de Alba, en la línea que interesaba a su mecenas Felipe II, interesado en enfrentar a Pérez con el Alba. El número de efectivos es la clave de este asunto, y así lo pone de manifiesto Zurita, rectificando la cifra propuesta por Paolo Giovio y otros historiadores italianos, de cinco mil soldados de infantería y seiscientos jinetes, que él estima exagerada,[29] y la reduce a quinientos jinetes.[30] Entretanto, Fernando ha mandado instrucciones precisas a Gonzalo a través del embajador en Roma Garcilaso de la Vega para que se ajuste estrictamente al plan trazado, es decir, «hacer la guerra y armas celadas a los caballeros franceses a la manera que se usaba en España con los moros, que fue bien nueva para la gente de allá».[31] El éxito, o el fracaso, de la campaña, dependerá de que sigan o no esos planes que Zurita califica de «guerra guerreada».[32]

Los historiadores han aceptado la tesis de Zurita, casi sin excepción; lo que pone de manifiesto la importancia de su obra en el conjunto de la historiografía española sobre este tema, o sobre cualquier otro. Veamos, a modo de ejemplo, cómo resume esta situación el insigne historiador Luis Suárez

28. Zurita, *Historia*, cit. libro I, cap. XLI.
29. Zurita, *Historia*, cit. libro II, cap. III.
30. Zurita, *Historia*, cit. libro I, cap. LXI.
31. Zurita, *Historia*, cit. libro II, cap. VII.
32. Zurita, *Historia*, cit. libro II, cap. XI.

en la que puede considerarse su última obra: «La empresa de Nápoles—prestar auxilio a Ferrante a fin de que pudiese recuperar su reino—no exigía la presencia de un "grande". Fue escogido para esta misión un segundón de la Casa de Aguilar, Gonzalo Fernández, que se había acreditado mucho en la Guerra de Granada, llamando la atención de los reyes. De aquella contienda procedían, también los soldados, valientes y sufridos aunque ajenos a los grandes principios que regían el arte militar. Así era el cuerpo expedicionario».[33]

En una segunda descripción de esa campaña, Zurita prepara al lector para el acontecimiento central de esa parte de la historia, pues incide indirectamente en la vida de Fernando. Se trata de los efectos provocados por la victoria en Atella de los soldados españoles, pues allí, escribe, «fue recibido con el sobrenombre que había de acompañarle en la vida y en la Historia: allí fue aclamado como el Gran Capitán».[34] Aquí aparece el verdadero Zurita, el que afirma que el carácter de esa empresa es más heroico que las épicas antiguas y los relatos de caballerías de los Orlandos o Amadíses. Para él estaba claro que la fama constituía un valor que podía ser utilizado en el servicio del Estado. Por eso afirma más adelante: «Había ya comenzado Gonzalo Fernández en ese tiempo tanta reputación y crédito que se iba la gente tras él, sin que les prometiese sueldos, y los mismos italianos le estimaban en tanto grado que no se acordaban que a ningún capitán de los suyos, los más famosos, se hubiese tenido tanto respeto con tanto miedo».[35]

A lo largo de páginas y páginas, Zurita se dedica a mostrar la situación creada en Nápoles por los éxitos del Gran Capitán, que son los éxitos de Fernando, su instigador permanente. Es preciso estar atento a los múltiples detalles que justifican esa tesis. En ellos, Zurita podía mostrar una eficacia ideológica en

33. Luis Suárez, *Isabel I, reina*, Barcelona, Ariel, 2001, pp. 429-430.
34. Zurita, *Historia*, cit. libro II, cap. XXVII.
35. Zurita, *Historia*, cit. libro II, cap. XXX.

favor del Estado y del Rey (fuera quien fuese ese rey, pero desde luego estaba pensando en Felipe II) aludiendo a algunas decisiones poco claras. Por ejemplo, ¿qué empujó a a Gonzalo a marchar sobre Nápoles tras su victoria en Atella? Zurita no tiene la menor duda: «el embajador Juan Ram Escrivá de Romaní procuró con gran diligencia que el Gran Capitán viniese a Nápoles, confiando que la ciudad se alzaría luego por el Rey de España».[36] Queda claro así que Fernando es quien mueve los hilos de las guerras en Italia, al margen que a veces sea Alejandro VI el actor de una llamada de auxilio al gran soldado. Gonzalo censuró a Alejandro VI por su conducta moral y de ese modo recibió de él «grande corrimiento y vergüenza».[37] ¿No se intenta justificar con esa anécdota, probablemente falsa, la amonestación de Felipe II al Papa por su tibieza en el asunto Carranza? La misma actitud vemos unas páginas después, cuando Zurita afronta la guerra contra los moriscos de Las Alpujarras conducida por el Gran Capitán y su hermano Alonso de Aguilar.[38]

El objetivo de Zurita, consistente en mostrar el enfrentamiento de Fernando y Gonzalo, se pone de manifiesto de forma mucho más clara en la descripción de la segunda campaña de Nápoles. Un despacho es la clave de todo, pues los reyes ordenan «un especial mandamiento que no hiciese demostración alguna de dar favor a ningún príncipe cristiano contra otro, aunque le pidiese el Rey don Fadrique».[39] Toda la campaña de Gonzalo se balancea entre la obediencia a las órdenes de los Reyes Católicos y su espíritu de rebeldía. Zurita aprovecha la ocasión para ir avanzando su idea de cuál es el motivo de ese extraño comportamiento del Gran Capitán. Se trata de un gesto que él conoce bien, y que Felipe II sufre en sus pro-

36. Zurita, *Historia*, cit. libro II, cap. XXXIII.
37. Zurita, *Historia*, cit. libro III, cap. I.
38. Zurita, *Historia*, cit. libro III, cap. XLV.
39. Zurita, *Historia*, cit. libro IV, cap. IV.

pias carnes: la excentricidad de los hombres de genio como Gonzalo Fernández, pero también como Antonio Pérez. Desenmascarar al primero es descalificar al segundo.

¿Qué argumentos se utilizaron contra Gonzalo? Primero el más grave de todos, el único que no se puede perdonar, y menos en la España de Felipe II, tan rigorista en los asuntos de religión: la apostasía: «el Gran Capitán prestó, ante el Altísimo, juramento de cumplir fielmente las estipulaciones convenidas».[40] Zurita declara tajantemente que las acciones de Gonzalo en Nápoles representan un acto de desobediencia y además de ruptura de un juramento hecho a Dios. El énfasis está aquí en la palabra *juramento*. No es obstinación o una postura política diferente, como pensaron los historiadores italianos Giovio y Guicciardini (y luego apoyaría Albino). El asunto es otro, y al mismo tiempo, mucho más grave: la insumisión de un hombre incapaz de aceptar una orden contraria a sus ideas. La probada excentricidad de carácter, convertida a veces en simple extravagancia, está detrás de todo ello, como se puede comprobar, anota Zurita maliciosamente, cuando el Gran Capitán se dirigió a sus hombres y les dijo: «Andad porque con mi liberalidad venzáis vuestra fortuna, dad saco a mi casa».[41]

Esa actitud tan elogiada por los cronistas de su casa implica, para Zurita, una falta de carácter para gobernar el *Regno* de Nápoles. Todo lo que allí ocurrió se limitará por tanto a dos procedimientos. Uno, el positivo, cuando actúa conforme a las directrices de Fernando; dos, el negativo, cuando sigue sus extravagantes ideas. Ante el Gonzalo marioneta se levanta el Gonzalo nervioso, inseguro. Zurita es en esto implacable porque está convencido de que el motivo de ese modo de ser está en su oculta pasión por las mujeres (de la que ni siquiera habla, la historia de las mujeres no es un tema serio para él), un

40. Zurita, *Historia*, cit. libro IV, cap. LVL.
41. Zurita, *Historia*, cit. libro V, cap. XXXIV.

modo de ser idéntico al de Antonio Pérez, un hombre totalmente sometido por Ana de Mendoza. El relato aleccionador de la rebelión de César Borja y su derrota ocupa varios capítulos del libro V. En ellos, Zurita tendrá ocasión de mostrar el verdadera carácter de Gonzalo, opuesto al de Fernando. Por una vez actuó bien, y con ideas (claro que no eran las suyas, sino las del rey), cuando mandó a prisión al arrogante hijo de Alejandro VI: «Se excusase que aquel tizó no pasase a otra parte donde más pudiese dañar».[42]

Gonzalo desecha sus propias vacilaciones sobre si debe mantener en la cárcel a César, haciendo un encendido elogio de él (naturalmente es Zurita quien habla, no Gonzalo): «Movíase a entenderlo así porque, llevando el duque dineros y reputación de muy valeroso y que entendía mejor los discursos y humores de Italia que los más diestros de toda ella, y siendo tan bullicioso y temido, que era mucho más que ser amado, y estimándole tanto mucha gente muy atrevida y ejercitada en acometer cualquier hecho por grave o atroz que fuese, sería gran beneficio de toda la Cristiandad devertirle de otras empresas y que no se diese lugar que viniese a Francia».[43]

El destino final de César es un síntoma más de la ambivalencia de Gonzalo a la hora de enfrentarse a la responsabilidad de gobierno propia de un virrey. Esa actitud le llevó a una situación sin salida, en la célebre cuestión del salvoconducto que «le concedió su seguro que se pudiese ir para él por tanto tiempo cuando no contraviniere ni dañase el servicio del Rey ni declarase contra el Papa ni contra la Iglesia y tierra de su patrimonio».[44] Para Zurita, esa acción es una peligrosa mezcla de astucia e ingenuidad, que manifiesta por enésima vez la incapacidad de Gonzalo para gobernar: «teniendo el Gran Capitán por cierto que el mismo duque, según sus ordinarios movi-

42. Zurita, *Historia,* cit. libro V, cap. LXVIII.
43. Zurita, *Historia,* cit. libro V, cap. LXVIII.
44. Zurita, *Historia,* cit. libro V, cap. LXXII.

mientos, le daría justa causa para que la pudiesen detener como después se hizo».[45] Pacientemente, Fernando sigue de cerca, y con altura de miras, las torpezas del protegido de su mujer (otro tópico que debemos a Zurita), hasta que no tiene más remedio que enviar a Alonso de Deza con la siguiente orden: «que abstuviese de allí adelante de entremeterse sino en aquellas cosas que tocaban al cargo y oficio de virrey y se gobernase en ella como los otros virreyes lo acostumbraron».[46]

El libro VI se abre con una inquietud de gran calado: la conspiración de Felipe el Hermoso para hacerse con la Corona de Castilla por medio de una alianza con Francia y con los díscolos nobles andaluces, Gonzalo entre ellos. Fernando trató de cortocircuitear esa acción buscando una esposa entre las damas de la casa de Luis XII. Zurita, naturalmente, está conforme con esa grave decisión: «Parecióle (a Fernando) que con ninguna cosa se podía esto conceder más fácilmente sino casándose con alguna persona tan allegada en parentesco al Rey de Francia que se pudiese con el matrimonio fundar de nuevo una muy estrecha confederación y amistad entre ellos».[47] En sus planes sobraba el Gran Capitán contrario a la alianza francesa. Por ese motivo Fernando urdió un complot contra él, con el fin de nombrar a su hijo natural, el arzobispo de Zaragoza, virrey de Nápoles con el apoyo de Juan de Lanuza, el vidrioso virrey de Sicilia. Todos ellos aragoneses.

Zurita se toma muy en serio el plan del rey y lo describe con todo detalle.[48] Elige a Navarro como el carcelero de Gonzalo y a Alberico como instigador de una revuelta urbana en favor de ese golpe de Estado. ¿Estamos ante un Fernando-Tartufo organizando taimadamente un complot contra Gonzalo?

45. Zurita, *Historia*, cit. libro V, cap. LXXII.
46. Zurita, *Historia*, cit. libro V, cap. LXXI.
47. Zurita, *Historia*, cit. libro VI, cap. XIII.
48. Zurita, *Historia*, cit. libro VII, cap. VI.

¿Qué ha inducido a Zurita a hablar así de ese asunto? ¿Acaso la objetividad? No perdemos la calma.

Es evidente que algo ocurrió en Nápoles en 1507, como algo ocurría en la corte española en 1579 cuando Felipe II ordenó encarcelar a Antonio Pérez y a su amiga Ana de Mendoza. Ese algo, que igualaba ambas situaciones, era sencillamente una *sedición*. La acusación está hecha, para el caso de Gonzalo Fernández y para el caso de Antonio Pérez. Las comparaciones aquí eran obligadas. Zurita no tiene inconveniente de decirlo, ya ni siquiera es una insinuación: Felipe el Hermoso proyectaba casar a una hija del Gran Capitán con Fernando, duque de Calabria, hijo del rey Fadrique, para coronarlos reyes, bajo la tutela de Gonzalo.[49] Hermosa historia, realmente fantasmagórica, que debió hacer las delicias de Felipe II. La cosa estaba clara. Gonzalo actuó en el pasado como en el presente lo hacía Antonio. ¿Quién era la mujer que estaba detrás del Fernández, dado que del Pérez era la princesa de Éboli? ¿Acaso Juana de Aragón, hermana de Fernando? ¿O quizás la princesa de Esquilache, antigua amante del Gran Capitán, con lo que las analogías eran aún mayores? Zurita no fuerza el relato. No es su estilo. Él quiere convencer con la austeridad y el buen tono. Quedaba la cuestión de la magnanimidad del rey ante el declarado complot de su virrey. Fernando volvió a ser el gran hombre que Zurita nos ha hecho creer durante siglos, por eso nada más llegar a Nápoles, no solo perdonó al confundido Gonzalo, sino que le mostró afecto «cuanto nunca se hizo de rey a vasallo».[50] Y con este gesto de áurea grandeza, el rey pone fin a los peligros de la sedición y se ofrece para ayudar a su virrey en otra tarea, más adecuada a sus capacidades.

Zurita está sembrado. Como dejará claro un posterior pasaje, donde se relata la rebelión del marqués de Priego, sobrino del Gran Capitán, contra el rey, y el juramento que en ese

49. Zurita, *Historia*, cit. libro VII, cap. XII.
50. Zurita, *Historia*, cit. libro VII, cap. XX.

momento le hace en Burgos: «que desviaría cualquier mal y daño que se procurase contra el servicio del rey, y le sería leal y verdadero servidor y le acogería en la fortaleza de Loja, de cuya tenencia le hizo el rey entonces merced».[51] En este y otros pasajes de los últimos años de vida de Gonzalo, Zurita describe como un instante de rebeldía (el que tuvo en Nápoles en 1506) se convierte en una arrebato de poder. Exactamente ese era el problema. Gonzalo era un hombre para gobernar Loja y no Nápoles: un buen alcaide de una ciudad menor, nunca un virrey de una gran ciudad. La culpa la tuvo «la fama que iba por los puertos».[52] Más aún, el sueño o la fantasía de un hombre que vivía en sus maquinaciones para casar a sus hijas.[53] Y un arrepentimiento para el final. Ni siquiera Zurita es capaz de ocultar el desastre de Rávena, pese a su admiración por Ramón de Cardona, barón de Bellpuig. Por eso compensa todo el descrédito moral y político lanzado contra Gonzalo cuando Fernando se ve en la obligación de llamarle para que comande un cuerpo expedicionario que ponga en su sitio a los vencedores de Rávena: «Por esto deliberó luego, por enmendar todos sus yerros pasados y dar mayor esfuerzo y vigor a los suyos y poner grande ánimo al sumo pontífice, de enviar a Italia al Gran Capitán porque no se hallaba otro que bastase a soldar tan grande quiebra ni dar el fin deseado a la empresa con tanta reputación».[54]

Zurita ha elegido bien el suceso. Nadie dudaba que aquel fue un momento grave en la historia española. Vendrán otros y Felipe II, detrás de lo que escribía el secretario, conocerá el sabor de una derrota tan amarga: la «invencible» fue su Rávena. Parece como si quisiera rehabilitar al viejo soldado; pero sólo es un ardid más. Casi de inmediato hace decir a Fernando

51. Zurita, *Historia*, cit. libro VIII, cap. XVII.
52. Zurita, *Historia*, cit. libro VIII, cap. XX.
53. Zurita, *Historia*, cit. libro X, cap. III.
54. Zurita, *Historia*, cit. libro X, cap. II.

las condiciones de aquella campaña: «No permitía que fuese con el Gran Capitán todos los que se le ofrecían, porque lo más querían pasar con él, y con este color poco a poco le fue limitando el poder, y solamente le dio facultad que llevase quinientos hombres de armas y dos mil infantes».[55]

El principal condimento con que Zurita adereza la fracasada campaña de Gonzalo de 1513 es el peligro de la fama entre los militares. Opera constantemente en sus palabras y sus pensamientos que, aquí como en tantas otras ocasiones, coinciden punto por punto con los de Felipe II. Aunque su exceso de astucia y sutileza le pierde en una ocasión, sólo una en un escrito tan largo, pero también los titanes tienen su talón de Aquiles, y ese momento memorable es cuando anota la disolución del ejército de Gonzalo: «fue tan general el sentimiento desta determinación del rey que ningún capitán de los hombres de armas quiso ir a servirle en aquella guerra adonde se hallaba en persona, sino sólo Gutierre Quijada sin otra compañía».[56]

Gutierre Quijada (o Quesada) un nombre que Zurita nunca hubiera adivinado que se iba a convertir en el modelo de hidalgo confundido, y cuyo inmenso testimonio servía para desmentir el terrible argumento creado por su colosal obra histórica. La novela se tuvo que levantar contra la historia, tal como la había concebido Felipe II en su retiro escurialense, sirviéndose para ello del talento, y pocos escrúpulos de un hombre de gran erudición y mejores maneras, un gran escritor, pero quizás excesivamente apegado al aura de un monarca que estaba convencido de que en sus dominios nunca se ponía el sol.

55. Zurita, *Historia,* cit. libro X, cap. V.
56. Zurita, *Historia,* cit. libro X, cap. XXVIII.

26

LISONJAS
(1571-1598)

Mientras la corte festejaba la victoria de Juan de Austria sobre los turcos en la Batalla naval de Lepanto el 7 de octubre de 1571, Felipe II se preocupaba por el futuro de Flandes, sorprendido de la extraordinaria frivolidad de sus súbditos. Comenzó a pensar que el duque de Alba no llevaba bien el asunto y sondeó a Juan de la Cerda, duque de Media Sidonia, antiguo virrey de Sicilia, para ver si le interesaba el cargo. Después de años de rapiña y asesinatos había llegado el momento de un cambio de política. Al duque de Alba no le gustó el gesto del rey. Y antes de ser cesado volvió a caer sobre Flandes con la espada llameante. El odio hacia los partidarios de los Orange provocó la terrible masacre de Mechelen, la floreciente ciudad, sede de la real fábrica de artillería, en octubre de 1572, que sólo se atrevió a justificar un hombre como Francisco Aldana, amigo de Arias Montano, pero diferente a él.[1]

Como otros muchos nobles españoles, el duque de Alba carecía de flexibilidad y la gravedad le cegó entonces, como siempre le había ocurrido a los miembros de su familia. De la misma manera que los cortesanos de Felipe II habían considerado con estulta irresponsabilidad que el fuego podía solucionar un problema político, también el ascético duque usaba la espada flamígera convencido que era preferible la nada del espíritu al risueño elogio de la cotidianidad promovida por los calvinistas. En ningún momento de su vida, Felipe II parece haber concebido cualquier posibilidad que no fuera la des-

1. William S. Maltby, *El Gran Duque de Alba*, Girona, Atlanta, 2007, pp. 379-380.

trucción de esa forma de ver el mundo, contrapuesta a su idea que Juan de Herrera se encargó de representar con toda suerte de detalles en el monasterio de san Lorenzo del Escorial. Y en efecto sus decisiones políticas, sus ideas religiosas y su misticismo tienen el aire de una fuga hacia el poder de la nada, ya que el mundo le volvía la espalda. Aquí es, justamente, donde se fragua el controvertido imaginario que daría paso a la Leyenda Negra, y que los Orange utilizaron primero para frenar el imperialismo de los Austrias y más tarde para frenar las fantasías esotéricas de los Estuardo.

Las atrocidades acumuladas día tras día en aquellas provincias (y lo de Harlem fue sólo una etapa en esa despiadada marcha hacia la destrucción total) si se contemplan a distancia de la política revelan, gracias fundamentalmente al artificio de la ideología católica previa al barroco, una inmensa alucinación repleta de venganza, sangre, y muerte, donde las apariciones sirven de fundamento a una corriente imparable de destrucción de todo lo corpóreo. Está claro que el método del duque de Alba se atenía al imaginario creado en la España de Felipe II, consistente en exaltar la muerte sobre la vida, la destrucción sobre el acuerdo. Véase a modo de ejemplo los versos del capitán Aldana:[2]

> Otro aquí no se ve que, frente a frente,
> animoso escuadrón moverse guerra
> sangriento humor teñir la verde tierra,
> y tras honroso fin correr la gente;
> éste es el dulce son que acá se siente:
> ¡España, Santiago, cierra, cierra!,
> y por suave olor, que el aire atierra,
> humo de azufre dar con llama ardiente.

2. Francisco Aldana, *Obras,* Milán, Madrid, Biblioteca de Autores Españoles 1589, vol. XLII.

Era necesario rectificar a tiempo. No se hizo en la corte, que insistió en su política militar hasta alcanzar el paroxismo en Alcazarquivir (1578), la última cruzada mediterránea, según Fernand Braudel:[3] se llevará a cabo lejos de Felipe II, a la sombra de personajes que encontraron sosiego al alejarse de la corte, como el Greco, instalado en Toledo, tras su fracaso como pintor del Escorial.

Es posible apreciar la oportunidad de esta actitud comparando la nueva elaboración del mito del Gran Capitán con las célebres observaciones que en Francia por esas mismas fechas realizaba Pierre de Bourdeille, abad de Brantôme, sobre las *Dames gallantes* y los *Grands capitaines*, a mitad de camino entre las frivolidades de la decadente corte de los Valois y la recuperación de los ejemplos clásicos.[4]

PROVERBIOS GLOSADOS

A diferencia de Brantôme, la cultura española encuentra una vía para recuperar el mito del Gran Capitán sin necesidad de desprestigiar a la corte. En esa nueva elaboración, el honor del egregio militar no tiene por qué entrar en conflicto con la exaltación de la Monarquía. ¿Sublimación saludable? Eso espera Sebastián de Horozco, el escritor que rompe el eclipse al que la política de Felipe II había sumido la memoria de Gonzalo, el hombre clave, el que encontró la manera de asentarle para siempre en la historia de España.

La paremiología le permitió recuperar al Gran Capitán para su patria. El pensamiento de este toledano insigne, que probablemente llegó a conocer al Greco, aparece ya en su li-

3. Fernand Braudel, *La Méditerranée et le monde Méditerranéen a l'époque de Philippe II*, París, Armand Colin, 1966, vol. II pp. 462-465.

4. R. D. Cottrell, *Brantôme: The Writer as Portraitist of his Age*, Ginebra, 1970.

bro *Relación verdadera del levantamiento de los moriscos del Reino de Granada i historia de su guerra*; un vigoroso intento de convencer al rey de que se libere de la escoria mística de muchos colaboradores suyos, como el duque de Alba, y gobierne siguiendo el ejemplo de los españoles ilustres.

Este hombre admirable, fino dramaturgo y sutil intérprete de la realidad española, como le define Crawford,[5] escribió hacia 1572, o quizás un par de años más tarde, *El libro de los proverbios glosados*, donde el Gran Capitán aparece en el centro de una construcción perfecta del hombre de Estado.[6] Nada resulta más sorprendente en la educación española de la segunda mitad del siglo XVI que el procedimiento de glosar un proverbio. Horozco elige, para dar entrada a la figura del Gran Capitán en su museo imaginario de paremiología, el siguiente: «No ay cosa encubierta, que no sea descubierta».[7]

Este es el deseo de un orden universal, sin mácula. Es el deseo de la necesidad de ese orden: de la facultad humana de regirse por valores que le alejen de la mentira, de la impostura. Horozco lo razona del siguiente modo:[8]

Solamente pondré un exemplo que pone el coronista en la Corónica general del Grand Capitán, en el libro 2, en el capítulo 43, a las fojas 65 donde dize que estando puestas y asentadas treguas y paz entre el Gran Capitán y el visorrey de Nápoles y los franceses en el reyno de Nápoles pretendiendo cada nación aver la parte del reyno que por sus reyes les era mandado, el dicho visorrey de Nápoles determinó muy secretamente de quebrantar la paz y prender al Gran Capitán y matar y destruir a todos los españoles que allá estaban por los Católicos Reyes de España. Y por muy secreto que lo pensó ha-

5. J. P. Wickersham Crawford, *Spanish Drama before Lope de Vega*, University of Pennsylvaia Press, Filadelfia, 1937, pp. 52-53.

6. Sebastián de Horozco, *El Libro de los proverbios glosados (1570-1580)*, edición del manuscrito, introducción y notas de Jack Weiner., Editio Reichenberger, Kassel, 1994. 7. Horozco, op. cit. vol. I p. 283.

8. Horozco, op. cit. vol. I p. 284.

zer, en fin vino a notiçia del Grand Capitán. Y lo supo y se previno y escapó de aquel peligro. Y así dize ay la Corónica, en el capítulo 44. Así que suçedió a los frantçeses muy al revés el final intento de su deseo por razón que no ay cosa que el tiempo no la descubra y saque a luz. E aunque parezca mezclar fábulas con verdades todo al fin tiende a ser verdadero.

Cuando los hombres interpretan su papel en la historia de manera equivocada, pierden el sentido de la vida. Eso también sirve para el complejo mundo de la ley. Horozco lo afronta mediante el siguiente proverbio: «Si la ley se ha de quebrantar ha de ser para reynar».[9] En su fondo programático, el *pathos* del hombre excepcional reside en soportar la presión de subvertir la realidad en su propio beneficio. Una vez más el ejemplo elegido se refiere al Gran Capitán:[10]

Y por esto dize el coronista en la Corónica general del Grand Capitán, en el libro 2, en el capítulo 43, a las fojas 65 que como ell avariçia sea servidumbre de los ídolos y tenga tanta fuerça este deseo de enseñorear que con razón diga el poeta y llame a este deseo, «Hombre abominable que atormenta los coraçones de la humana natura». No debemos culpar a los franceses por lo que hizieron rompiendo la paz y tregua que tenían puesta con el Grand Capitán.

La historia de las guerras de Italia enseña que la lealtad apenas existe y que la gente se acomoda con facilidad delante del vencedor. Este par de verdades simultáneas y complementarias se explican en el proverbio que dice: «Viva quien vence».[11] Una vieja condición de los hombres que repercute en la manera de gobernar, como se demuestra una vez más recurriendo al ejemplo del Gran Capitán:[12]

9. Horozco, op. cit. vol. I p. 285.
10. Horozco, op. cit. vol. I p. 285.
11. Horozco, op. cit. vol. I p. 292.
12. Horozco, op. cit. vol. I pp. 292-293.

Y de esto ay tantos exemplos que las historias de las guerras de Ytalia, de Milán y Nápoles están llenas a cada paso. Y diremos aquí sólo uno que quenta y refiere el coronista en la *Corónica general del Gran Capitán,* en el libro 2, en el capítulo 109, a las fojas 130 donde dize que estando el Gran Capitán çerca del Garellano después de aver echado de Nápoles a los françeses y de la mayor parte del reyno viendo muchos prinçipes ytalianos cómo los españoles llevaban lo mejor y que los franceses yvan de cayda aviendo sido hasta entonçes enemigos de españoles y favoresçido la parte francesa se vinieron al exercito del Grand Capitán para ser en favor de España donde yvan los más prinçipales y cabeça de los Ursionos los quales ay la historia requenta y con ellos el prínçipe de Aguilina y el capitán Vitiloso y Julio Vitilio su hermano y otros muy buenos caballeros. Y así es de creer que más que por su interese y por conservar sus estados lo hizieron que por servir al rey de España aviendo sido hasta entonçes sus enemigos. Y dize allí el coronista que el Grand Capitán los recibió con mucho amor y voluntad aunque ninguno debía fiar la fee de aquellos prínçipes de Ytalia porque allí andan a, «Viva quien vence». Y que son como los perros que se allegan al vençedor y se tornan contra el vençido. Así que andar a, «Viva quien vence», se puede dezir por estos tales por lo qual allá se trae por vulgar, *Viva lo venchitore,* aunque esto no será regla general que dondequiera avrá de todo.

Según Horozco, el Gran Capitán aparece como el héroe de un nuevo orden, basado en la revuelta contra la mezquindad de la vida. Uno de sus más célebres gestos, la liberalidad hacia sus hombres, desplaza el acento de la política. Disuelve de manera inaudita la hierogamia entre dinero y poder que constituía uno de los fundamentos del Estado autoritario de la Europa moderna. Para que el lector se haga una idea de esta cuestión, glosa el siguiente proverbio: «El gozar de la hazienda es repartilla».[13] Estas palabras que después con razón quedaron por proverbio, escribe Horozco, «son del Gran Capitán don Gonzalo Hernández de Córdova», dichas en un momen-

13. Horozco, op. cit. vol. I p. 293.

to de singular importancia en su vida «quando estando ya retraído en Loxa que el rey don Fernando le avía dado de los grandes trabajos que avía pasado en la ganada del reyno de Nápoles». Horozco reflexiona sobre esta circunstancia, recordando el momento:[14]

Y aviendo venido de Roma cartas del Papa y de la Liga después de las batalla de Rávena para que el Rey Católico enviase socorro de gente y al Gran Capitán, el rey rogó al Grand Capitán que fuese el qual lo açeptó. Y sabido que el animoso Grand Capitán volvía a Ytalia muchos prinçipales caballeros y hijos de señores se pusieron en nómina para pasar con él vendiendo y malbaratando sus haziendas para ello. Y así se fue con todos aquellos caballeros a Antequera por estar çerca del embarcar en Málaga. Y como en este tiempo las cosas de Ytalia fueron mudadas en mejor estado ovo de çesar su pasada por lo qual el Gran Capitán apiadándose de muchos caballeros y otros que vendieron sus rentas y patrimonios para pasar con él repartió y cumplió con ellos muy largamente. Y hecha nómina de lo que les mandaba dar, un criado suyo, visto ser en mucha cantidad, dixo, «Vuestra señoría lo vea que más monta de sesenta mil ducados lo que a estos señores se les da». Entonces el Grand Capitán dixo, «Daldo, que para usar de ello lo quiero. Que el gozar de la hazienda es repartirla», palabras fueron de tal persona como refiere el coronista en la *Corónica general del Grand Capitán,* en el libro 3, en el capítulo sétimo, a las fojas 150. Y abaxo en el capítulo 8 al fin, a las fojas 151, aviendo el Gran Capitán repartido con todos dineros, caballos, plata, oro, brocado, seda, ropas y perlas a cada uno segund quien era y costa que traya a lo qual todo como fuese presente un criado suyo le dixo, «Señor, esta vuestra cámara tiene suelo y en vuestra casa no lo de Crasso. Señor, ¿qué esçesso hizieron estos vuestros bienes con tanto polvo y peligro ganadosque así los metéis a saco? Que por çierto no se lee en un día dar uno de lo propio suyo lo que avéis dado a muchos de lo vuestro. ¿Qué más haría vuestra señoría al enemigo en su propia casa de lo que hazéis oy en la vuestra? y otras cosas desta manera al qual respondió el Grand Capitán otras

14. Horozco, op. cit. vol. I pp. 294-295.

palabras no menos dignas de memoria y de quedar en proverbio diziendo, «Anda, vete amigo, ca las leyes de la guerra son ser el capitán clemente y tener mano larga y boca prudente».

La ironía manierista de Horozco no oculta sin embargo el desengaño por unas formas de gobierno en exceso apegadas a los dictados de la Hacienda Pública. El buen hacer político se une a la liberalidad, un gesto de reyes, a veces advertido en un hombre de talento. Esa actitud le conduce al siguiente proverbio: «Quien a reyes vence con reyes se ha de asentar».[15] Estas palabras de Alfonso VI dirigidas al Cid fueron utilizadas, en opinión de Horozco, por la reina Germana de Foix, en la famosa escena de Savona.[16]

La paremiología sirve para centrar al público español en un momento de confusión. Horozco no era ajeno a esa inquietud, bastante generalizada entre los escritores de su tiempo. Como todos los demás escritores, daba por sentado que las tropas enviadas a Flandes serían masacradas o provocarían masacres y que sólo algunos ejemplos puntuales de cordura política permitirían una forma adecuada de gobierno.

EN LA FLORESTA

El toledano Melchor de Santa Cruz de Dueñas, hombre no muy culto, pero limpio de toda influencia erudita, como le definió Marcelino Menéndez y Pelayo,[17] reunió en 1574 una amplia colección de anécdotas y dichos populares sobre el Gran Capitán en el libro *Floresta española de apótegmas y sentencias, sabias y graciosamente dichas.*[18] La tradición oral había constituido

15. Horozco, op. cit. vol. II p. 410.
16. Horozco, op. cit. vol. II pp. 410-411.
17. Marcelino Menéndez y Pelayo, *Orígenes de la novela*, Madrid, Gredos, 2008, vol. II pp. 65-66.
18. Madrid, Sociedad de Bibliófilos Españoles, 1953.

desde tiempos muy antiguos el modo más acabado de celebrar a una figura histórica. Así se hizo con Roldán, el célebre paladín de Carlomagno caído en la Batalla de Roncesvalles, y cuya gesta, convertida en el mito fundacional de la cultura europea, fue cantada de boca en boca durante siglos hasta encontrar su plasmación escrita. En Castilla, el héroe elegido fue el Cid que desde una *Gesta* escrita en el siglo XII hasta el *Romancero* se convirtió en la referencia inevitable cuando se hablaba del ser de España.

El sueño cultural del siglo XVI fue darle la palabra al pueblo. ¿Acaso no lo hizo Rabelais, atizando con sus comentarios la conciencia de una sociedad anclada en costumbres poco acordes con la grandeza del ser humano? Los dichos y sentencias reunidos por Melchor de Santa Cruz encierran todos ellos una moraleja, como sucede a menudo con las fábulas y los apólogos, y por eso mismo están muy lejos de decir lo que en un principio parece. Constituyen una lección de metaforología, por lo que he creído oportuno leerlos bajo las perspectivas abiertas por Hans Blumenberg en el análisis de las metáforas.[19]

Hasta dieciseis dichos y sentencias logró reunir Melchor de Santa Cruz sobre el Gran Capitán, todos ellos ligados de algún modo con la memoria granadina.

El primer apunte corresponde al habitual decoro social con el que afronta las situaciones más comprometidas: «El Gran Capitán Gonzalo Fernández de Córdoua solía dezir aquella sentencia de Platón: «El que quiere ser rico, no ha de allegar moneda, mas disminuir cobdicia».[20] El rey poseía todo el oro y sólo a él le estaba permitido repartirlo. Moraleja: la codicia es la forma inadecuada de servir al Estado, declina el uso social, es decir, corrompe a los individuos, incluso en situaciones límite.

El segundo apunte resume una impresión muy utilizada en

19. Hans Blumenberg, *Paradigmen zu einer Metaphorologie*, Bonn, 1960.
20. *Floresta*, Cap. II, núm. XXII, cit. p. 50.

el Siglo de Oro: «El mismo dezía: España, las armas, y Italia, la pluma».[21] Gonzalo era el resultado de dos principios educativos: el castellano-borgoñón donde el espíritu de la caballería se centrada sobre todo en el uso de las armas; y el italiano de corte renacentista, donde el equilibrio interior de un capitán de compañía se conseguía mediante el estudio y la lectura: armas y pluma, una síntesis difícil, pero no imposible. Moraleja: la verdad como aspiración suprema se consigue también en los campos de batalla.

El tercer apunte muestra cómo la noticia del ingenio del Gran Capitán llegaba a todos los rincones del mundo: «En un lugar de Andaluzía, paseándose a un cabo de la iglesia el Gran Capitán, mientras empeçauan missa, que iua de camino, el cura rezaua tan alto, dandoles tales boces, que le causaua dolor de cabeça. Preguntóle: "Padre, ¿qué rezais?" Dizo: "Señor, prima". Respondió el Gran Capitán: "No la subáis tan alto, que la quebréis"».[22] Tal vez esta respuesta pudiera parecernos un tipo de juego retórico, una expresión ingeniosa ante la tosca actitud de un cura rural, si no fuera porque se dirime en términos cósmicos, cuya metáfora está en la referencia musical. Moraleja: si quieres ser efectivo, pasa desapercibido.

El cuarto apunte se refiere a una de tantas leyendas que corrían en Granada sobre Gonzalo: «El Gran Capitán passaua muchas veces por la puerta de dos donzellas hijas de un pobre escudero, de las cuales mostraua estar aficionado, porque en estremo eran hermosas. Entendiéndose el padre dellas, parecióle que sería buena ocasión para remediar su necesidad; fué al Gran Capitán y suplicóle le proueyese de algún cargo fuera de la ciudad, en que se ocupasse. Entendiéndolo el Gran Capitán que lo hazía por dexar la casa desocupada, para que él, si quisiesse, pudiese entrar libremente, le preguntó: "¿Qué gente dexáis en vuestra casa?" Respondió: "Señor, dos hijas donzellas" Díxole:

21. *Floresta*, Cap. II núm., XXIII, cit. p. 51.
22. *Floresta*, Cap. II núm., XXIIII, cit. p. 50.

"Esperad aquí, que yo os sacaré la prouisión". "Y entró en una cámara y sacó, en dos pañizuelos, en cada uno dellos mil ducados, y dióselos, diziendo: "Véis aquí la prouisión. Casad luego con esso que va ahí vuestras hijas. Y en lo que toca a vos, yo tendré cuidado de proueello"».[23] Esta lección de cortesía muestra hasta que punto las costumbres sociales envilecían a la gente de condición humilde. La necesidad a veces provocaba ese tipo de ofrecimientos donde muchas jóvenes sin fortuna terminaban siendo concubinas de algún noble local. Las novelas de caballería, desde sus primeros pasos con Chrétien de Troyes en el siglo XII, se habían alzado contra esos malos hábitos. Era un sueño de un orden social más justo, menos volcado por la acuciante necesidad económica. El mito del Gran Capitán restaura ese viejo sueño político, y le confiere verosimilitud, pues Gonzalo muy bien pudo haber hecho y dicho lo que aquí se le imputa. Moraleja: donde no se da nada, nada puede tomarse. Los calvinistas interpretaban en esos mismos años esa idea de la forma siguiente: para recibir pagos, se tienen que hacer ingresos. Sea la moral o sea el dinero, la cuestión es el gesto de dar.

El quinto apunte redunda en lo anterior, y lo hace desde un punto de vista político: «Dezía el Gran Capitán que a ninguno deuía tanto como a aquellos a quien daua».[24] El equilibrio político en las sociedades inspiradas en la ideología indoeuropea descansa en la mutualidad de los órdenes sociales. Al comienzo fue sólo una teología expuesta en las epopeyas hindués y romanas, según se deduce de las investigaciones de Georges Dumèzil, pero luego se insertó en la ideología política medieval, abandonando a finales del siglo XII el terreno de lo sagrado para formar parte del esquema del Estado moderno europeo.[25] El buen rey Arturo daba a sus caballeros tanto

23. *Floresta*, Cap. II núm. XXV, cit. p. 51.

24. *Floresta*, Cap. II núm. XXII, cit. p. 50.

25. G. Duby, *Les trois ordres ou l'imaginaire du feodalisme*, París, Gallimard, 1978.

como recibía de ellos: ¿no es por ese motivo que la Mesa era Redonda? Moraleja: el mejor modo de ayudar al mundo es ofreciendo tu ayuda.

El sexto apunte insiste en los valores de la caballería: «Desafiánrose en Nápoles doze franceses con doze españoles. El Gran Capitán los escogió. Y entrando en el campo todos, antes que los españoles les ganassen, por no entender cierto ardid francés, dió la hora señalada, y todos se dieron por buenos, que ninguno era vencedor. Preguntando su señoría a Diego García de Paredes cómo hauía ido, dixo: "Señor, diéronnos por buenos". Respondió el Gran Capitán: "Por mejores os hauía yo embiado"».[26] Era sabido desde hacía siglos que las justas y los torneos eran unos espectáculos deportivos donde se ponía en juego el prestigio de un país, de una cultura. El objetivo final, como en los actuales deportes de alta competición, era ganar por encima de cualquier otra cosa. Gloria al vencedor: lo demás carecía de sentido. Un empate técnico demostraba una falta de adiestramiento y una carencia de espíritu. Moraleja: el justo debate entre hombres es una contribución esencial para el desarrollo de la virtud como norma social. Esta es la clave del mito del Gran Capitán: un hombre que hizo de su vida un permanente combate contra la mediocridad.

El séptimo apunte toca de cerca, con sentido de la ironía, la antiquísima cuestión de si se debía abandonar las armas: «Vendiendo un soldado un cauallo, preguntóle el Gran Capitán que por qué lo vendía. Respondió que porque huía de las armas. Dixo el Gran Capitán: "Espantóme venderle por la causa que yo pensé que le hauíades comprado"».[27] Desde la tercera década del siglo XIII, los sacerdotes de la Iglesia Católica, monjes o clérigos, oraban en favor de la renuncia a las armas por parte de la caballería. Aún se discutía en los ambien-

26. *Floresta*, Cap. II núm. XXVII, cit. p. 52.
27. *Floresta*, Cap. II núm. XXVIII, cit. p. 52.

tes educados sobre la famosa escena de la novela en prosa conocida como el *La Muerte del rey Arturo,* donde un caballero arrojaba la espada Excalibur al lago y luego ingresaba en un monasterio para purgar los pecados que había cometido en su etapa como caballero de la Mesa Redonda. Durante el siglo xv, esa escena se convirtió en un referente casi absoluto del destino de la caballería artúrica gracias a que Thomas Malory la hizo suya, aunque cambiando los protagonistas. La ilusión de un mundo sin armas era mantenida por los movimientos reformadores de la Iglesia, convirtiendo la palabra paz en la única con auténtico sentido cristiano. Moraleja: el sentimiento de culpabilidad debe surgir de uno mismo, y no de unos principios dogmáticos escasamente objetivos sobre el tema tratado.

El octavo apunte habla de la reacción de Gonzalo ante la demolición del castillo de Montilla: «Mandó el Rey Cathólico derribar a Montilla, por cierto delicto del señor della, y no bastaron ruegos del Embaxador del Rey de Francia, ni de cuantos hauía en la Core, para que no fuesse derribada. Sucedió, derribándola, que cayó un pedaço de una torre y mató cincuenta hombres de aquellos que la destruían. Sabiéndolo el Gran Capitán, dixo: «Que hiziera Montilla si fuera viua y sana, pues condenada y muerta, hizo tal estrago en sus enemigos».[28] Entre el pueblo había comenzado a difundirse la noticia de que a Gonzalo no le había gustado nada la decisión de Fernando el Católico. Luego circuló el rumor de que se opondría con las armas a la demolición del castillo de su familia. Una gran inquietud se apoderó de todos. La leyenda habla de una reacción a través de la ironía, esa fuerza de la razón que a veces se arguyen en los tiempos de penuria. Frente a las armas silenciadas, quedaba la pluma; en este caso un comentario cáustico sobre el destino de aquella fortaleza. Moraleja: es una pena que Fernando el Católico no hubiera sus-

28. *Floresta,* Cap. II núm. XIX, cit. p. 52.

pendido la intervención, de haberlo hecho, ese erial no sería ahora el lugar de la memoria de un acto que envilece más a quien lo ordenó hacer que a quien lo cometió.

El noveno apunte reune en una larga anécdota la actitud de Gonzalo en el asedio a Gaeta, uno de los momentos culminantes de la campaña del río Garellano: «Cuando monsiur de Aubeni y los franceses, por pacto, dexaron desembargada a Gaeta, y a todo el reino de Nápoles, a los Cathólicos Reyes, el Gran Capitán Gonzalo Fernández de Córdoua les proueyó de cauallos y de otras cosas necessarias para su camino. Díxole monsiur de Aubeni, no perdiendo su antigua soberuia, aunque vencido del todo: "Ruégoos, señor, que nos mandéis prouer de fuertes cauallos, que sean para boluernos". Mostrando que renouaría la guerra de nueuo. El Gran Capitán lo entendió, y respondió riendo: "Torna en buen hora cuando quisiéredes, que siempre hallaréis en mí la liberalidad que hasta aquí"».[29] Todos los asistentes callaron, hasta que comprendieron el doble valor de las palabras del Gran Capitán. La educación era su principio de excelencia sobre todos los demás, fueran amigos o enemigos.

El décimo apunte habla de una sensación que a veces se apoderaba de Gonzalo, como un elemento más de su inclinación melancólica: «El Gran Capitán dezía que los capitanes, o solados, cuando no hauía guerra, eran como chimeneas en el verano».[30] No existe una expresión mejor para definir la sensación de pérdida de rumbo que un caballero del Renacimiento tenía lejos de su actividad.

El décimo primer apunte afronta de nuevo el valor de la ironía para acallar las quejas lanzadas a la mar por los soldados: «Estando a la orilla de la mar, que acabauan de tomar tierra, vieron venir por el agua tres nauios con gente. Venía delante en uno dellos un cauallero armado, que se hauía quedado atrás.

29. *Floresta,* Cap. III, núm. I, cit. pp. 66-67.
30. *Floresta,* Cap. III, núm. II cit. p. 67.

Preguntó don Diego de Mendoça al Gran Capitán: "¿Quién es aquél?" Respondió: "Santelmo, que parece siempre en passando la tormenta"».[31] La casuística sobre los peligros marinos formaba parte de la educación de un caballero renacentista, y fue uno de los valores que la Ilustración heredó del espíritu de la caballería. La firmeza de ánimo que lleva a saber nadar en el naufragio, a tener claro quién de los dos amigos debe ocupar la tabla cuando sólo soporta a uno, la dignidad ante el máximo peligro que siempre supone el agua.

El décimo segundo apunte insiste en algo que llena de alegría al piadoso: «El mismo dezía: "Al enemigo que huye, hazelle la puente de plata"».[32] La moraleja es clara: el hombre es a veces víctima de una tenebrosa red de la que muy pocas veces sabe salir por sus propios medios. Por eso se necesita el seísmo espiritual en forma de ataque de un enemigo, sobre todo cuando ese enemigo habita en la propia casa. Al recibir esa señal de la fortuna, el vencido debe poner todo su empeño en que se haga posible. ¡Qué fastidio que no suceda a menudo que el enemigo esté dispuesto a alejarse por el puente de plata que se le traza!

El décimo tercer apunte afronta el valor de tocar tierra: «Yendo a cometer en una batalla a los enemigos, cayó del cauallo. Algunos mostraron no tenello por buena señal. Díxoles: "No temáis, que pues la tierra nos abraça, bien nos quiere"».[33] Caer en este caso es ir al fondo de las cosas, donde se encuentra el alimento del espíritu que hace vivir, y re-vivir. La anécdota tiene una evidencia tangible, incluso antes de ser comentada por el propio Gonzalo frente al estupor de sus hombres. Saber una vez caído en la tierra, y poseer desde la caída una seguridad para el futuro se convierte en el fundamento de una transfiguración. Gonzalo ya era Gran Capitán pero en

31. *Floresta,* Cap. III, núm. III cit. p. 67.
32. *Floresta,* Cap. III, núm. IIII cit. p. 67.
33. *Floresta,* Cap. III, núm. V cit. p. 67.

caso de no haberlo sido, la respuesta a su caída lo hubiera convertida en tal.

El décimo cuarto apunte insiste en el juicio arbitral del mundo, al que Gonzalo era tan aficionado: «Sentándose a comer, por estar muy llena la mesa, quedánrose en pie dos caualleros italianos, que lo hauía hecho bien en la guerra. Leuantóse de adonde estaua sentado y hizo que se leuantassen todos, diziendo. "Haced lugar a estos caualleros, que si no fuera por ellos, no tuuiéramos agora que comer"».[34] El princicio de sociabilidad cortés, que Norbert Elias valoraba como el genuino proceso de civilización europeo, es una ecuación que exige dar para recibir. Que esto sólo lo consigue los grandes hombres es la dolorosa experiencia de la historia. El Gran Capitán se comporta de esa manera, en ese momento, porque se sabe árbitro universal de la justicia cósmica, donde nadie debe quedar sin recompensa. Es cierto que las acciones humanas contradicen este principio, pero justamente por eso deben ser corregidas.

El décimo quinto apunte es la guía hacia una reflexión sobre el temperamento humano: «A Diego García de Paredes, que le aconsejaua que quitasse de un muy peligroso lugar adonde daua el artilleria, [el Gran Capitán] dixo: Pues Dios no puso miedo en vuestro coraçón, no le pongáis agora en el mío».[35] Los escrúpulos del valiente Paredes contradicen el destino del alma de un hombre como Gonzalo, sabedor de que el principal principio educativo del caballero es saber vencer al miedo cuando éste llega. No se trata aquí de las típicas bravatas de soldado: la sutilidad de su argumentación no es otra cosa que una reflexión sobre la condición humana. Dejarse arrastrar por el miedo no es sólo un acto de cobardía, es una irresponsabilidad indigna de alguien con mando.

El décimo sexto apunte insiste en lo anterior mediante una

34. *Floresta*, Cap. III, núm. VI cit. p. 68.
35. *Floresta*, Cap. III, núm. VII cit. p. 68.

coincidencia inesperada: «Estando cerca de dar una batalla, se quemó la mayor parte de la póluora. Y como de tal sucesso la gente desmayase, les dixo con gran ánimo: "luminarias son de nuestra victoria"».[36] A esta respuesta llegan sólo los pocos que, tras una severa educación en las normas de la caballería, aún tienen ganas y energías para afrontar los peligros de la naturaleza con una sonrisa en los labios. Moraleja: lo último que el hombre debe perderse en la vida es el sentido del humor. Gonzalo lo tenía. Esa es la prueba definitiva de que su mito tenía unas profundas raíces.

LAS ESTRELLAS DE LA ACADEMIA

A mediados de 1574, el poeta y erudito granadino Luis Zapata de Chaves (1526-1595), autor del poema *Carlo famoso*, donde describe las justas y los torneos del emperador,[37] se interesó por el mito del Gran Capitán en su *Miscelánea*.[38] Esta obra es, en opinión de don Marcelino Menéndez y Pelayo, una «galería de empresas y hazañas de justadores torneadores y alanceadores de toros, estupendos casos de fuerza, destreza y maña, alardes y bizarrías de altives y fortaleza en prósperos y adversos casos, fieros encuentros de lanza, heroicos martirios militares, conflictos de honra y gloria mundana, bandos y desafíos, sutilezas corteses, donosas burlas, chistes, apodos, motes y gracejos, proezas de grandes soldados y atildamiento nimio de galanes palacianos».[39]

Zapata fue el primero en entender que el nuevo mundo salido de la crisis española tras la derrota de la Invencible nece-

36. *Floresta*, Cap. III, núm. VIII cit. p. 68.

37. Luis Zapata, *Carlo famoso*, Valencia, 1566.

38. Luis Zapata, *Miscelanea*, ed. Pascual de Gayangos, Madrid, Imprenta Nacional, 1859, pp. 192-194. ID., *Varia historica (Miscelanea)*, ed. Geertruida Christine Horsman, Amsterdam, H. J. W. Becht, 1935.

39. M. Menéndez y Pelayo, op cit. p. XXXVII.

sitaba aceptar el temperamento de una serie de «personnages hors série».[40] Cualquier otra posibilidad estaría condenada al fracaso. Ya nadie podía avanzar hacia el futuro sin pensar el pasado que habían dejado atrás por la incompetencia y la frivolidad.

Zapata crea así la Academia del Gran Capitán, y lo razona del modo siguiente:[41]

No sólo en la conquista del reyno de Nápoles el gran Gonçalo Hernández hizo del reyno la gran ganançia, mas crió (como buen ortelano que haze planteles y almáziga para trasplantar) tantos famosos caualleros y escojidos capitanes que para conquistar el mundo vuiera jenerales, si la ocasión se les pusiera delante. Mas an sido nuestros príncipes tan cristianos que solamente an encarado a los que por grandes derechos y grandes ofensas los an prouocado. De los discípulos de cuya miliçia diré algunos que se me acordaren, porque se uea quándo el buen cazador haze buenos halcones, y quándo el buen montero encarnando los buenos canes.

Zapata prosigue así, después del párrafo acerca de la virtud de los hombres en la guerra:

Desta escuela salió el Próspero Colona, que fue caualleo y jeneral señalado.

Y el famoso Antonio de Leyua, de los que fuera menester para sus hechos historia particular, mas iré, pues son tan conocidos, solamente nonbrándolos.

Y don Remón de Cardona que cañoneó a Ueneçia.

Y el ya dicho conde Pedro Nauarro.

Y el conde don Hernando de Andrada.

Y el conde de Melito don Diego de Mendoza que destas romerías sacaron estos caualleros y otros sus estados.

40. Joseph Pérez, «Un gentilhomme humaniste: Luis Zapata et sa Miscelánea», en *L'humanisme dans las lettres espagnoles: etudes réunis et présentées par Agustin Redondo*, París, J. Vrin, 1979, pp. 288-298.

41. *Miscelanea*, ed. Horsman, pp. 137-138.

Y don Diego de Córdoua, cauallero esforçado.

Y el comendador Rosa que ganó a Ponblín.

Y el coronel Gueuara que, perdido el rey Francisco y preso, a quien él entonçes seruía, pasó las reliquias de su exérçito y su artillería a Françia.

Fué disçípulo también suyo el famosísimo marqués de Péscara don Fernando de Aualos.

Fue Hernando de Alarcón, marqués de la Ualle Celiziana.

Fue su discípulo el famoso Diego García de Paredes, Héctor o Achiles de España.

Y el ualiente y prudente Juan de Urbina, quien la defensa de Nápoles hizo cosas tan señaladas, que le pusieron estatua alta de bronce dorado en Nuestra Señora de pie de Gruta, en Nápoles.

Aquí estudió el más señalado ministro que pasó a las Indias, que fue el gran Caruajal, maestre de campo de Piçaro.

Diego de Uera también fué platicanete del Gran Capitán, que por tenpestad terible se perdió en Arjel, que no mereze poca fama el que fue igual del Enperador, Nuestro Señor, en el suçeso y en la pretensión de querer tomarle.

Fué también su soldado el maestre de canpo Palomino.

Y el coronel Santacruz.

Y el maestre de canpo Alvuaro de Grado

Y aluarado.

Y los maeses de canpo Camudio.

Y Rodrigo de Ruipalda.

Y perucho de Garo.

Y Juan de Sumaza.

Y el coronel Uillalua.

Y Francisco de Haro que metió póluora en Pauía en sus cauallos.

Y el maese de canpo Juan de Uargas, de Medellín.

Moreno, y finalmente Luis Piçaño que, yendo a reconozer a Marsella mató allí dos franceses, y entraron con ábito tudesco en el canpo horendo de la liga de los alemanes èl y don Alvaro de Sande.

La lista desde luego no es exhaustiva. El propio Zapata añade en ese sentido «y otros muy muchos, quel buen maestro saca buenos oficiales». Ese buen maestro no es otro que el Gran

Capitán cuyas dotes creadoras de buenos caballeros y capitanes permiten elevarlo a la categoría de mito. Vemos reaparecer en el texto de Zapata una vieja obsesión de la España de Felipe II: la capacitación como imperativo moral para los capitanes del ejército:

> Pues, ¿cómo dirán agora desta mercadería alguna falta? Porque quando se entra a conquistar un reyno es difirente que quando se defienden tantos, y donde la guerra es perpetua, allí ay los buenos soldados. Como agora en Flandes, y así allí el príncipe de Parma es el más ualiente, sabio y plático capitán que se sabe.

Es evidente, en este punto, qué lado, qué partido elige Zapata: habla aquí, sin disimulo, de su postura ante la Guerra de Flandes, el gran problema político de aquellos años. Porque su verdadero objetivo, al crear la Academia del Gran Capitán, es la ejemplaridad inmediata de su comportamiento en la guerra, no un simple recuerdo de unas campañas de éxito en Nápoles, un siglo atrás, sino el valor de futuro que una actuación así tiene para la nación española. Esto sucede precisamente porque la dirección de las campañas flamencas está descuidada, en manos de soberbios incompetentes, que sólo creen en la fuerza de la represión, y no en el poder de la negociación. De esa firme posición de Zapata, nace un reforzamiento del mito del Gran Capitán que le convierte en un ejemplo a seguir, tanto por su capacidad militar, como por su eficacia a la hora de elegir a sus hombres. Ese valor ejemplar, digno de formar parte de una Academia, recibe la bendición del mismísimo Góngora.

GÓNGORA VA DE PASEO POR GRANADA

En 1586, el gran poeta cordobés Luis de Góngora y Argote, lleno de entusiasmo, recuerda sus impresiones de un fructífero paseo por la ciudad de Granada. Entre sus visitas se encuentra el templo de san Jerónimo, entonces en las afueras, en medio de huertas, como debieron ver los últimos reyes nazaríes antes de huir de la ciudad. La evocación de aquel lejano tiempo se mezcla con la leyenda de Boabdil que lloró como una mujer al ver por última vez Granada desde el promontorio que le llevaba a la costa y que hoy, quizás como un lejano homenaje a ese gesto, se llama «el suspiro del moro». Como resultado escribió un elogio en forma de Romance de doscientos treinta y cinco versos.[42] Con el máximo de precisión y riqueza, Góngora quiso describir el carisma del Gran Capitán para la gente de su generación. Dice así:

Y al ver el templo y la casa
de los Gerónimos frailes
donde está el mármol que sella
al gran Gonzalo Fernández
elogio los heroicos huesos
de aquel sol de capitán
a quien mi patria le dio
el apellido y los padres
cuyas armas siempre fueron
aunque abolladas, triunfantes
de los franceses estoques
y de los turcos alfanjes
de que tan gloriosas señas
las banderas y estandartes
los yelmos y los escudos
tabladines y turbantes
de los Genízaros fieros
y de los bárbaros Traces
de los egundos Reinaldos
y de los moros Roldanes
que es sólo honrar su sepulcro

42. Luis de Góngora, *Romances*, ed. de Antonio Carreño, Madrid, Cátedra, 1982, pp. 175-176.

de trofeos militares
unos rompiendo el mar
y otros bajaron los Alpes
y a ver tu Albaicín, castigo
de rebeldes voluntades
cuerpo vivo en otro tiempo
ya lastimoso cadáver.

Tal vez nadie hasta Góngora había conseguido darle visibilidad al mito del Gran Capitán, pese a las importantes elaboraciones literarias realizadas hasta entonces. La comprensión del mito desde la necrópolis deja aparecer el mundo vital de Gonzalo en un espacio de memoria intensamente vivido. Eso lo hace visible en un sentido eminente: el mito está ahí para ser comprendido. La cuestión que se plantea entonces es la siguiente: ¿se puede corporizar esa visibilidad del mito del Gran Capitán? El barroco apuesta decididamente por la escultura como homenaje a los difuntos. ¿Afectarían las nuevas tendencias del gusto artístico al templo de san Jerónimo?

ORANTES DE MADERA

Entre 1585 y 1592, Pedro de Orea se afanaba por dar forma al retablo mayor de la iglesia de san Jerónimo. En esos años, el debate sobre cómo debía hacerse aparece enormemente útil, después de que Lázaro de Velasco rectificara el proyecto del pintor Juan de Aragón.[43] La iniciativa de la nueva obra la tomó Gonzalo Fernández de Córdoba, tercer duque de Sessa, tras llegar de Italia «tan enfermo y tan impedido de la gota que a penas comía por sus manos», como se encargaría de recordar Juan Rufo.[44] Exigió que se tomaran dos importantes decisiones: la creación de una estructura ochavada para el re-

43. Agustín Bustamante García, *El sepulcro del Gran Capitán*, cit., p. 15.
44. Juan Rufo, *Las seiscientas apotegmas y otras obras en verso*, ed. de Alberto Blecua, Madrid, Espasa Calpe, 1972, p. 15.

tablo del altar mayor y la ejecución de las estatuas orantes en madera policromada del Gran Capitán y de María Manrique.

La reacción de los encargados de la obra ante las imperiosas órdenes del tercer duque de Sessa hizo posible que en poco tiempo se afrontaran con decisión ambos proyectos. No me detendré aquí en el retablo, una pieza singular; sino en las esculturas orantes, que están a ambos lados del altar mayor. Son sin duda una forma algo tosca de resolver el viejo sueño de María Manrique, y que acercaba aún más san Jerónimo a la Capilla Real. Contribuye a esa cercanía la necesidad de representar los cuerpos del Gran Capitán y de su viuda María, que se habían inmovilizado, majestuosos, en la postura de orantes, y con una expresión tan grave en el rostro de él como para hacer pensar que ninguno de sus enemigos franceses o turcos habría podido aguantar su intensa mirada.

Granada, san Jerónimo. Interior del Templo, lado del Evangelio con la estatua orante del Gran Capitán.

Una simple mirada a este conjunto escultórico nos muestra que el proyecto artístico sobre la tumba del Gran Capitán no estaba a la altura dc la elaboración literaria del mito. Quedaba, es verdad, mucho por hacer, y las importantes rejas platerescas realizadas por Francisco de Aguilar no se concluyeron hasta 1601, hoy perdidas tras el saqueo de las tropas francesas. Y lo que se estaba realizando no era de gran valor, pese al interés desplegado por el duque de Sessa. Cualquier observación juiciosa afirmaría que la estatua orante ofrece una imagen algo obtusa del Gran Capitán en un momento que la ciudad de Granada estaba llena de grandes imagineros. ¿Por qué no se eligió a uno de ellos?

UN PASO MÁS

En 1597, la traducción italiana de Giovanni Battista Cantalicio realizada por el académico Sertortio Quattromani vuelve a poner sobre el tapete la cuestión de la guerras de Nápoles.[45] Antes de esas empresas, el espíritu caballeresco había revelado sus objetivos, pero después de ellas muy pocos pusieron en duda la necesidad de unir el arte de la guerra y los ideales de la caballería. Entre esos pocos se contaba Nicolà Maquiavelo, en cuya obra *El Príncipe* replicaba a esos planes que tenían en el Gran Capitán uno de sus mejores modelos. La traducción italiana de Cantalicio trataba de renovar así el debate, y sin duda lo consiguió si nos atenemos a la actitud adoptada por Pedro de Rivadeneira. Este influyente jesuita reconoció la larga hilera de virtudes que debía tener el príncipe cristiano. Inútil detenerse en el conjunto de su polémica contra Maquiavelo, siempre tiran-

45. *Le Historie de Monsig. Giovanni Battista Cantalicio...delle guerre fatte in Italia da Gonsalvo Ferrando di Aylar, di Cordoua,* Tradotte in lingua toscana dall'Incognotio Academico Consentino Sertorio Quattromani, a richiesta di Giovanni Maria Bernaudo. Cosenza, Leonardo Angrisano e Luigi Castellano, 1597.

do de los hechos para la causa católica, argumentados con discursos perfectamente hilvanados. Veamos tan solo su comentario acerca del respeto a las reliquias por parte de los grandes soldados de la historia: «Si esto hizo el rey bárbaro, no es maravilla que lo haya hecho el rey Clodoveo cuando iba á hacer guerra con Alarico, y el rey don Alonso de Nápoles cuando, en el año de mil y cuatrocientos y veinte y tres, tomó por fuerza la ciudad de Marsella y la saqueó, como lo dice en su *Historia de Nápoles*, Pandulfo Colenucio; y que el Gran Capitán, Gonzalo Fernández de Córdoba, haya tenido este mismo cuidado, como se escribe en su *Vida*».[46]

En este ambiente de recuperación de su figura, el pintor Battistello Caracciolo llevó a cabo hacia 1620 una serie de frescos sobre sus hazañas militares y sus acciones políticas en uno de los salones del Palacio Real de Nápoles. El objetivo era fijar la «vera grandeza de í Vicerre», como había señalado Capaccio, y quizás para apuntalar la política del conde-duque de Olivares. En todo caso los títulos y los temas de las pinturas fueron tomados de la obra de monseñor Cantalicio, tan proclive a la insigne figura de Gonzalo.[47]

46. Pedro de Rivadeneira, *Tratado de la religión y virtudes que deve tener el Príncipe Christiano, para governar y conservar sus Estados, contra lo que Nicolas Maquiavelo y los políticos deste tiempo enseñaro*, Amberes, en la Imprenta Palatiniana, 1597 (ed. de Vicente de la Fuente: *Obras Escogidas del Padre Pedro de Rivadeneira*, Madrid, BAE, 1868, p. 515).

47. Vid. A. Porzío, «La sala del Gran Capitán», en *Battistello pittore di storia. Restauro di un affresco, Quaderni di Palazzo Reale*, núm. 4, Nápoles, 1992. J. Ll. Palos y M. L. Palumbo, «La sala del Gran Capitán en el Palacio Real de Nápoles y los orígenes del dominio español en Italia», en J. L. Colomer (ed.), *España y Nápoles. Coleccionismo y mecenazgo virreinales en el siglo XVII*. Madrid, 2009, pp. 133-148.

La política y la poesía apuntaban por igual a un proyecto común. Su principal impulsor en esos años fue Alonso de Ercilla. Cualquier interesado en la España de finales del siglo XVI sabe que *La Araucana* refleja perfectamente ese ambiente.[48] «El buen Gonzalo Hernández, presumiendo imitar al de Córdoba famoso, iba por el ejército rompiendo no menos diestro y fuerte que animoso».[49] A Ercilla le habría gustado profundizar en ese ejemplo. Un buscador de la verdad de España (o de su ilusión) tenía que recorrer un camino más espinoso: dejar la épica por la novela. Era el momento de que alguien, como Cervantes, tomara en serio el problema de la modernidad vista desde la cultura española.

48. Alonso de Ercilla, *La Araucana* (1597), ed. I. Isaías Seror, Madrid, Cátedra, 1983. 49. op. cit. p. 175.

27

VIAJE POR EL MUNDO (1599-1616)

La inevitable crisis hacía su aparición en la escena española a mediados de 1599, momento que aprovechó el escritor Mateo Alemán para lanzar un duro diagnóstico sobre el país en su novela *Guzmán de Alfarache*: «el nombre español ahora casi no tiene ninguna consecuencia». La España del nuevo rey Felipe III mostraba al mundo serios problemas de organización económica y social. De la política en detalle, casi mejor no hablar, pues pocos hombres de talento querían ocuparse de ella, nadie sabía cuál sería el próximo paso del monarca, y a veces ni siquiera importaba, puesto que el abismo era inminente. Ha llegado el tiempo, decía Pierre Vilar, en que la sociedad española va a confrontar sus realidades con sus mitos, para reír o para llorar.[1]

Los grandes beneficiarios del fracaso de la política de Felipe II habían sido en verdad los holandeses, quienes pusieron fin a la economía-mundo surgida de la revolución comercial al organizar las Provincias Unidas de acuerdo con el nuevo orden internacional. El capital se desplazaba poco a poco al Atlántico, sin que aún fuera del todo evidente que ya había pasado el tiempo de las grandes ciudades mercantiles Génova y Venecia. En el anterior orden económico, su sistema de valores había dominado por todos lados, pero culminó en la inmensa paradoja de la *devotio moderna*, donde el capital se vió obligado a luchar en territorio de su mayor enemigo, el ideal ascético. Ahora todo era diferente, hacia 1530 el teólogo francés Jean Calvino unía el trabajo, la acción y el *labor* en un mismo ideal religioso basado en la predestinación. Entre 1550 y

1. Pierre Vilar, «Le temps du Quichote», en *Europe*, 1956, p. 5.

1560, las doctrinas calvinistas entraron a formar parte de la sociedad holandesa con lo que favorecieron el desarrollo de su capitalismo (y no oculto la deuda que aquí contraigo con Max Weber aunque también con Albert Hyma); este desarrollo del espíritu capitalista se hace a costa de poner de manifiesto el conflicto con el orden precedente, que encontrará sus víctimas propiciatorias en los católicos que se negaron a «reformarse». El capitalismo no logró reabsorber en esta ocasión el conflicto religioso. El éxito de las Provincias Unidas producirá un largo conflicto entre un sistema que busca equilibrar la occidentalización de la economía con medidas contra el avance turco, apoyado en la Roma católica y en Venecia, y un sistema decidido a poner fin a la prosperidad meridional que habla a través de sus cañones y sus velas y se camuflará en la historia como si antes poco o nada hubiera sucedido. En este conflicto, que adquirirá la forma de una guerra de religión, comienza verdaderamente el mundo moderno.

DECEPCIÓN Y RUINA

¿Cómo fue posible que ideales de la caballería así entraran en crisis en España a finales del siglo XVI? De la enrevesada madeja de sucesos que lo motivaron elijo un solo hilo y quiero separarlo de los demás: su implicación en las conquistas militares de los Habsburgo en América; cuya presencia está confirmada por Bernal Díaz del Castillo en el momento de anotar la respuesta de Cortés a Alonso Hernández de Puertocarrero: «Dénos Dios ventura en armas como al paladín Roldán; que en lo demás, teniendo a vuestra merced y a otros caballeros por señores, bien me sabré entender».[2] Al término de esa larga y oscura conquis-

2. Bernal Díaz del Castillo, *Historia Verdadera de la Conquista de la Nueva España*, edición de Carmelo Sáenz de Santa María, Madrid, Alianza Editorial, 1989, p. 91.

ta, los ideales de la caballería perdieron parte (o toda) la legitimidad conseguida combatiendo durante siglos a los indeseables malhechores feudales. Todo eso ocurrió durante los últimos años del reinado de Felipe II (1593-1598) y su principal testigo de cargo fue Alonso de Ercilla, cuya *La Araucana* nace de su experiencia en la conquista de Chile. Escribe en el Canto XX:

> ¿Todo ha de ser batallas y asperezas
> discordia, fuego, sangre, enemistades,
> odios, rancores, sañas, y bravezas,
> desatino, furor, temeridades,
> rabias, iras, venganzas y fierezas,
> muertes, destrozos, risas, crueldades,
> que el mismo Marte ya pondrán hastío
> agotando un caudal mayor que el mío?

¿Qué se podía hacer? La queja no era suficiente. Se necesita dar un paso más. Esto es lo que hizo Miguel de Cervantes cuando certificó el progresivo olvido de los ideales de la caballería en su país, en abierto contraste con lo que ocurría en Inglaterra, por ejemplo, donde Shakespeare sostenía su vigencia a la hora de articular un proyecto de futuro. Cervantes veía la modernidad amenazada, sin que nadie hiciera un gesto político para impedirlo.

En 1605, aparecía la primera parte de una novela que con el tiempo se convirtió en el emblema literario de la cultura española: *El ingenioso hidalgo Don Quijote de la Mancha.* Una broma tejida de elegancia. Se piensa de ella que habla de la situación histórica de España en tiempos de Felipe III mediante enigmas, utilizando metáforas siempre difíciles de interpretar. En el umbral de la crisis económica general, pocos años antes del comienzo de la pequeña era glacial, de la que hablaba Virginia Woolf en su novela *Orlando*, se escucharon más de una vez los pasos (y las palabras) de don Quijote. Y en ocasiones su locura convertida en una lúcida mirada sobre su destino y el de sus compatriotas, europeos y americanos.

El *Quijote* es la otra modernidad. Cervantes es lo contrario de Descartes (y en parte de Galileo). Viven la misma época y los mismos problemas; pero encuentran soluciones diferentes a la hora de legitimar la modernidad. Convencido de avanzar con su tiempo, Descartes se preocupa sobre todo de hallar una certeza, que encuentra en el yo que al pensar sabe que existe; Galileo en la caída de los graves y en el descubrimiento de los satélites de Júpiter; Cervantes por su parte avanza por su tiempo, creyendo firmemente en la ambigüedad del ser humano: él no busca la certeza del pensamiento, ni las leyes del universo, sino la duda del hombre.

Por eso, en mi opinión, Cervantes construye otro camino hacia la modernidad, mediante la recuperación del espíritu de la novela europea que había surgido en la séptima década del siglo XII gracias a Chrétien de Troyes. Un gesto cargado de intencionalidad y de futuro: nadie lo puede cuestionar, y menos a comienzos del Tercer Milenio cuando las únicas certezas auténticas de la humanidad proceden del viaje al laberinto de la conciencia, y no de las argumentaciones de la física y la matemática clásica. La modernidad cervantina es sobre todo humana y por eso la reclamamos una y otra vez para que nos ilumine contra todos los procesos de manipulación de la realidad. El viaje por el mundo de don Quijote permite mostrar el camino a seguir a una sociedad confundida por las intrincadas redes de sucesos forjadas por la historia; y ese camino puede expresarse mediante un apotegma: para conocer al otro hay que escucharle, aunque eso obligue a veces a dudar de las propias convicciones. Cervantes inventa un personaje para que experimente todo eso, y muchas cosas más en un relato novelesco lleno de elementos para la reflexión. Trataré a continuación de resaltar uno de ellos, quizás el peor conocido, pese a ser la constante en las numerosas interpretaciones de esta novela: la actitud de Cervantes ante el mito del Gran Capitán.

El viaje de don Quijote por las tierras de España se articula en tres momentos que corresponden estrictamente con las tres salidas del manchego de su tierra. ¿Acaso la estructura mental europea no descansa en la relación casa/viaje, como cree Yi-Fu Tuan?[3] La respuesta de don Quijote se orientó en esa dirección: salir de su casa es aceptar la vida como un laberinto, afrontar fuera la realización de su mundo interior. Hasta los elementos más comunes del paisaje se convertirán para él en metáforas de sus sueños literarios: la posada en castillos o los molinos en gigantes.

La naturaleza educa al viajero y el viajero se transforma al hacer suyo el paisaje que recorre. Don Quijote situado en el vasto mundo de España construye otro dentro de él, un pequeño mundo organizado conforme a los ideales de la caballería, convertidos para este fin en la imagen del mundo, es decir, en la hechura de su capacidad representativa. Tres aventuras después de la primera salida de su tierra, el desconcertado don Quijote regresa a su casa, donde el cura y el barbero aprovechan la visita para realizar un «escrutinio de la librería del ingenioso hidalgo».[4]

El famoso escrutinio abre las puertas de par en par a lo que había ocupado la atención del hidalgo en los últimos tiempos: novelas excelentes junto a mamotretos insensatos, mezclados sin distinción alguna. Para cualquier lector del capítulo sexto de la primera parte del *Quijote*, está claro que es todo el siglo XV el que se presenta a escena. El cura y el barbero revisan a fondo uno a uno todos los libros, y lo comentan en voz alta. El hermetismo sobre el gusto se hace añicos en ese momento. Los saludables efectos positivos del debate intelectual vencen a las aporías de una

3. Yi-Fu Tuan, *Segmented Worlds and Self: Group Life and Individual Consciousness*, Minneapolis, University of Minnesota Press, 1982.

4. *Quijote*, pp. 69-81.

tradición oculta más o menos evidente. El escrutinio enseña fundamentalmente a conocer la literatura. Lo que importa, ya lo decía Riquer, es delimitar el campo de la crítica literaria;[5] a lo que añadiría por mi parte la necesidad de distinguir obras importantes como el *Tirant lo Blanc* de las que son simple basura.

Detrás del minucioso escrutinio de la librería de don Quijote, se encuentra la inquietud de Cervantes por conocer los responsables de la pérdida de legitimidad de los ideales de la caballería. La mala literatura lleva al infierno a los hombres y a las sociedades, y nada puede evitarlo, mientras perduran modelos erróneos e irresponsables. Dos conclusiones se pueden extraer de esta actitud.

Primera, el escrutinio manifiesta de forma precoz que la modernidad deberá distinguir lo bueno de lo malo. El gusto estético formará parte integrante de la educación a partir de entonces, y eso obligaba a una adecuada, y definitiva, precisión de las obras maestras del pasado. Determinadas cuestiones literarias fueron a partir de entonces situadas en los márgenes; mientras que el combate intelectual es más importante que las batallas campales a la hora de establecer el nuevo equilibrio europeo.

Segunda, los ideales de la caballería no sucumbieron al proceso de legitimidad de la modernidad promovido a lo largo del siglo XVII en Inglaterra y Holanda, sino que adoptaron otras formas más adecuadas a la acción política emprendida a partir de entonces. Samuel Richardson, Laurence Sterne o Denis Diderot descubrieron la sensibilidad y reformaron las costumbres masculinas gracias a haber sabido profundizar en los ideales de la caballería.[6]

Comparado con esta situación, la española es el otro camino, el camino que niega la legitimidad procedente de los ideales de la caballería. Cervantes muestra a sus lectores que el mundo por

5. *Quijote*, p. 69 (nota).

6. J.E. Ruiz-Domènec, *La novela y el espíritu de la caballería* (1993), Barcelona, Mondadori/Mitos, 2000.

el que viaja don Quijote había perdido el principio de distinción. La denuncia aparece en medio de la aventura de la discreta Dorotea cuando, de forma inesperada, resurge la cuestión suscitada en el escrutinio de la librería del ingenioso hidalgo manchego. Ante la afirmación del cura de que «los libros de caballerías que don Quijote había leído le habían vuelto el juicio», un ventero, lector apasionado de ellos, replica diciendo: «No sé yo cómo puede ser eso; que en verdad que, a lo que yo entiendo, no hay mejor letrado en el mundo, y que tengo ahí dos o tres dellos, con otros papeles, que verdaderamente me han dado la vida, no sólo a mí, sino a otros muchos. Porque cuando es tiempo de la siega, se recogen aquí, las fiestas, muchos segadores y siempre hay algunos que saben leer, el cual coge uno destos libros en las manos, y rodeándonos dél más de treinta, y estámosle escuchando con tanto gusto, que nos quita mil canas».[7]

El cura siente curiosidad por conocer esos libros, y pide que se los traigan; y el ventero «entrando en su aposento, sacó dél una maletilla vieja, cerrada con una cadenilla, y, abriébndola, halló en ella tres libros grandes y unos papeles de muy buena letra, escritos de mano. El primer libro que abrió vio que era *Don Cirongilio de Tracia*; y el otro, de *Felixmarte de Hircania*; y el otro, la *Historia del Gran Capitán Gonzalo Hernández de Córdova, con la vida de García de Paredes*».[8]

Ante la insinuación de que pudieran ser pastos de las llamas, el ventero preguntó: «¿quiere vuestra merced quemar *mis* libros?».[9] Claro que otra versión de la misma pregunta cambia el sentido de la propiedad, pues ante el deseo del cura el ventero dice: «¿quiere vuestra merced quemar *más* libros?». De ese modo, la crítica textual se acerca a un problema rigurosamente histórico: *mis* o *más*, ¿qué palabra es la correcta? El siglo entero abundaría como ninguna de las épocas precedentes en esta cuestión de la autoría incluso custodiando en ese posesivo «mis» una concepción de la pasión por la lectura de la gente

7. *Quijote*, p. 347. 8. *Quijote*, pp. 348. 9. *Quijote*, pp. 349.

del pueblo, como el ventero y sus amigos. Pero sigamos con el argumento: «¿Pues, ¿por ventura, dijo el ventero, mis libros son herejes o flemáticos, qué los quiere quemar?».

Correción del barbero: «cismáticos, quereis decir, amigo; que no flemáticos». A partir de ese momento, una vez precisada la función de cada uno de esos libros, el ventero lo tiene claro: «Mas si alguno quiere quemar, sea ese del Gran Capitán y dese Diego García; que antes dejaré quemar un hijo que dejar quemar ninguno desotros».

Tras estas palabras, el lector comprende al fin que Cervantes le ha guiado discretamente al territorio de la distinción. No olvidemos que el sistema ideológico al que se adscriben los ideales de la caballería alcanzó su mayor fuerza en el momento que personajes singulares lo convirtieron en el vehículo de legitimación de sus empresas y que fue la grandeza de espíritu de ellos la que hizo posible la creación de formas culturales aptas para la memoria social. El mayor campeón español no fue un rey como Fernando el Católico sino el Gran Capitán, un soldado ejemplar, como se decía que había sido ese conquistador y seductor, cuyas hazañas habían eclipsado a tantos héroes de su tiempo.

Forjada la leyenda en Italia, con ideales de contenido renacentista, el Gran Capitán lucha contra los recelos de su rey, contra el casticismo de su gente, contra los intereses de la alta nobleza y contra los deseos de los comuneros. Un caballero andante de carne y hueso como habían sido antes que él Guillermo el Mariscal, John Chandos, Boucicaut, Pero Niño o Jacques de Lalaing.

He aquí por qué el ventero no le entiende, y he aquí por qué el cura tiene que tomar cartas en el asunto, dando una lección de crítica textual, y de rigor histórico, que pocas veces se ha visto en un texto literario. Dice el cura: «Hermano mío, estos dos libros son mentirosos y están llenos de disparates y devaneos; y este del Gran Capitán es historia verdadera, y tiene los hechos de Gonzalo Hernández de Córdova, el cual, por sus muchas y grandes hazañas, mereció ser llamado de todo el mundo *Gran Capitán*, renombre famoso y claro, y dél sólo merecido».[10]

El cura subraya en cada una de sus palabras la naturaleza del mal que invade a su país, que no es otra cosa que la falta de distinción. El ventero prefiere la literatura basura a un testimonio veraz sobre la brillante actuación de un compatriota suyo. De ese modo, los ideales de la caballería se convierten en una serie de extravagancias sólo posibles en la ficción, y el placer consiste precisamente en que tales extravagancias constituyan la única imagen de la caballería. La expresión final del ventero («¡Dos higas para el Gran Capitán y para ese Diego García, que dice!»)[11] es la sentencia de muerte de la legitimidad de la modernidad a partir de los ideales de la caballería.

Esa actitud, que inquieta a Cervantes y da risa a sus lectores, cargada de estridente grosería, como a la fuerza tiene siempre cualquier imposición carente de argumentos, se fue extendiendo por la sociedad española. El gesto del ventero será el modelo de muchas vulgaridades apoyadas en las frases hechas del refranero popular. Le sostiene un tenue sabor a conservadurismo popular, el recuerdo de muchas revueltas contra los sueños políticos de la caballería. Su patriótica altanería y desprecio por los gustos «extranjeros» será una bandera venerada a lo largo de los siglos. También emanan de las palabras del ventero las bromas de los españoles hacia cualquier intento de renovación de los ideales de la caballería, antes de encontrarse, un poco sorprendidos, en medio de una crisis tras la derrota de los tercios en Rocroi en 1643. Los hombres como el ventero no habían deseado ese final, pero nunca hicieron nada para impedirlo.

Pero no todos pensaban así a comienzos del siglo XVII. Los sectores sociales en los que se mantenía viva la idea de que los ideales de la caballería eran el mejor vehículo para la legimitidad de la modernidad recibieron con interés el viaje por el mundo de don Quijote, al comprobar que su testimonio qui-

10. *Quijote,* p. 349. 11. *Quijote,* p. 350.

taba seriedad a los principios universalistas procedentes de la ciencia y les atribuía un valor concreto, a la espera que la risa hiciera reaccionar al mundo con un planteamiento más sensato del orden natural y por supuesto del orden social.

UN CURIOSO IMPERTINENTE

Un casticismo invisible flagelaba el mundo vital español a comienzos del siglo XVII. Ajenos a toda idea foránea, ásperos y meditabundos, esos recelos se convirtieron en alientos encendidos contra el desarrollo de la modernidad mucho más que las torpes y sanguinarias acciones de los inquisidores generales; porque fue el casticismo quien dio los primeros golpes a la piedra angular de un proyecto político sostenido por hombres como el Gran Capitán o el César Carlos. Leyendo la historia del curioso impertinente, vemos moverse de nuevo la sombra de estos constructores de una sociedad renovada y moderna, basada en los ideales de la caballería, frente a la cerril pasión comunera de reavivar viejas tradiciones sin ningún futuro. Hablando del destino final de Camila, retirada en un monasterio donde se resistía a profesar, Cervantes escribe: «le vinieron nuevas que Lotario había muerto en una batalla que en aquel tiempo dio monsiur de Lautrec al Gran Capitán Gonzalo Fernández de Córdova en el reino de Nápoles, donde había ido a parar el tarde arrepentido amigo».[12]

Esta alusión a la Batalla de Ceriñola le permite situar a Cervantes la realidad de los ideales caballerescos en un tiempo y en un espacio favorables, bajo la sombra protectora de uno de los pocos españoles que creyeron en ellos y los convirtieron en norma de su vida: el Gran Capitán.

El cronista Francisco Alonso de Miranda reconocería diez años más tarde con la misma convicción cervantina al héroe

12. *Quijote*, p. 399.

de las campañas de Nápoles.[13] Así que el curioso impertinente y el cronista coincidían en mostrar el respeto hacia una forma de vida que convertía a los hombres en «grandes».

Miranda no tiene incoveniente en afirmarlo sin ambages, lo que el editor convirtió en cuerpo mayor al final del texto: «La ciudad de Macedonia dio el primer Magno, que fue Alexandro. La noble Roma dio el segundo Magno, que fue Pompeyo. La magnífica Francia dio el tercero que fue el emperador Carlos, por sobrenombre el Magno. La sabia Córdova, ciudad de España, dió el cuarto Magno, que fue el Gran Capitán Gonçalo Fernández. Pero si queremos cotejar las armas modernas con las antiguas y los enemigos del tiempo de agora con los del pasado, hallaremos que el cuarto Magno es el primero, y quedarán atrás Alexandro, y Carlos y Pompeyo». Las dificultades de la campaña napolitana tienden a invertir las relaciones de la grandeza de los héroes del pasado. En el parnaso de todos ellos, el Gran Capitán reina quizás a la espera de que alguien pudiera superarle en capacidad militar y en prudencia política. ¿Sería eso posible?

UNAS GOTAS DE NOSTALGIA

Dos años después, en 1617, Cristóbal Suárez de Figueroa miró a su alrededor y no vio más que engaño, vulgaridad y miseria, y escribió en su libro *El Pasajero*: «Combatiolo de envidias se halló atrás el valor de insignes capitanes: testigos sean Mario y Coriolano, desterrados de sus patrias tras tantos triunfos. No se vieron libres Belisario y el Aiol deste áspiol venenoso; y en siglo más reciente, el Gran Capitán y el invencible Cortés, ¿qué disgustos no padecieron en la ancianidad con pleitos y emulaciones».[14]

13. Francisco Alonso de Miranda, *Los grandes hechos del Gran Capitán Gonzalo Fernández en la conquista de Nápoles. Por el rey Don Fernando el Quinto*, Sevilla, Bartolomé Gómez, 1615.

14. Cristóbal Suárez de Figueroa, *El Pasajero*, Madrid, Luys Sánchez, 1617, (ed. Mª Isabel López Bescuriana. Barcelona, PPU, 1988, vol. II, pp. 653-654).

28

ECHANDO LAS CUENTAS (1617-1633)

España se tomó la vida a la ligera durante los últimos años del reinado de Felipe III (murió en 1621). Los españoles, preocupados por la pésima situación económica, no mostraban mucho interés por los problemas europeos, pese a formar parte de un Imperio calificado de universal. El asesinato de Enrique IV de Francia a manos del «loco» Ravaillac (el calificativo es de Stephen Toulmin) que tanto horrorizó al poeta inglés John Donne, apenas afectó a la corte de Madrid. Nadie parecía ser consciente que ese magnicidio «asestaría un golpe mortal a las esperanzas de quienes, tanto en Francia como en otros lugares, veían en la tolerancia la mejor manera de desactivar la rivalidad entre las distintas confesiones».[1]

El año 1618 fue un año de tragedia: en él comenzó el sangriento conflicto religioso que se conoce con el nombre de Guerra de los Treinta Años. El mundo se convirtió en un cementerio, sin que nadie tuviese clara la manera de evitar las matanzas entre católicos y protestantes. Nadie salvo quizás Pietro Sandorano que polemizó con sus compatriotas a mayor gloria del Gran Capitán.[2] Las resistencias del duque de Lerma a entrar en la guerra provocaron su caída. Baltasar de Zúñiga, el jefe de la oposición al valido, se hizo con el control del gobierno. La importante victoria de los ejércitos austriacos en la

1. Stephen Toulmin, *Cosmópolis. El trasfondo de la modernidad*, Barcelona, Península, 2001, p. 87.

2. Pietro Sandorano, *Elenco contra il boccalini. Nel quale si prova, che Consalvo di Cordova meritamente hebbe il Títolo di Gran Capitano*, Milán, Girolamo Bordoni, 1618.

Batalla de la Montaña Blanca, cerca de Praga, el 8 de noviembre de 1620, dio alas a los partidarios de la línea dura. El ocultista y caballero Agrippa d'Aubigné comenzó a pensar que el mundo se encaminaba hacia lo peor, pese a que en ese tiempo se había refugiado en Ginebra y Basilea junto a los príncipes protestantes. Allí redactó *Sa Vie à ses enfants*, una autobiografía que en realidad es más bien una larga reflexión sobre la historia universal.[3]

La primera impresión que tuvo la sociedad española, al conocer el fallecimiento de Felipe III el 2 de abril de 1621, fue de una extraña alegría. El heredero, que había contraído matrimonio un año antes con Isabel de Borbón, parecía un hombre diferente a su padre, más cerca del espíritu y las formas de Carlos V, al menos en la opinión de Quevedo, pese a que a pocos les gustaba la excesiva influencia que ejercía sobre él su mentor Gaspar de Guzmán, conde-duque de Olivares.

«Arte real para el buen gobierno de los reyes y principes», fue el título elegido por Gerónimo de Cevallos para su manual educativo dirigido al nuevo monarca. Francamente, un título excesivo para una obra que nunca pudo evitar el deslizamiento de la corte hacia los principios educativos promovidos por los jesuitas, que muy pronto contarían con el Colegio Imperial de san Isidoro para promoverlos entre los jóvenes de la buena sociedad madrileña. Este primer desmarque del escepticismo de la generación anterior, representada en España por Cervantes, provocaría grandes cambios ante la imagen del pasado. La conciencia de crisis pareció detenerse. Un leve optimismo dio paso a la comedia de costumbres. Debemos comprender bien este momento de la historia de España con el fin de situar una nueva etapa en la elaboración del mito del Gran Capitán.

3. Agrippa d'Aubigné, *Sa Vie à ses enfants*, ed. G. Schrenk, París, 1986.

La vida en Granada era difícil a comienzos del siglo XVII. La expulsión de los moriscos había despoblado muchas haciendas agrícolas. Para quienes tenían memoria del pasado, no podían sentirse orgullosos de la política de Felipe II y de Felipe III hacia los herederos de los nazaríes. Ginés Pérez de Hita se hizo eco de este estado de ánimo al redactar en 1619 la segunda parte de las guerras civiles de Granada que llevó por título *La Guerra de los moriscos*.[4]

Entre los recuerdos legendarios, que habían dado lugar a su famosa novela *Historia de los bandos de los Zegríes y Abencerrajes*, y la destrucción de las comunidades agrícolas moriscas que él había contemplado con sus propios ojos, Pérez de Hita vio que la diferencia no estaba únicamente en los hechos, sino en la concepción del mundo. La novela termina con la honrosa muerte del valeroso Alfonso de Aguilar en Sierra Bermeja y de la «eterna fama ganada por ello». La historia comienza con la visita a los monumentos cristianos de Granada, levantados tras la conquista del reino nazarí en 1492, testigos mudos de que «en este tiempo Granada florecía tan altamente, que bien se puede dezir que en España no avia ciudad, por populosa y grande que fuesse, que le hiziesse bentaja en tratos y comercios, y grandes bastimentos, y sobervios edificios».

En 1619, se veía claramente el pasado pero no se tenía claro el futuro. Lo que le espera a la ciudad todavía permanece oculto. Así, pese a la inmensa tragedia vivida, Pérez de Hita confía en la recuperación de Granada, el retorno a su edad de oro, al verano de 1526, cuando Carlos V la visitó, pensando que bien podría ser la capital de su Imperio Universal. De

4. Ginés Pérez de Hita, *La guerra de los moriscos (Segunda parte de las guerras civiles de Granada)*, edición de Paula Blanchard-Demouge, Granada, Archivium, 1998.

aquel tiempo quedan numerosos monumentos, «especialmente uno del glorioso San Jerónimo, en el qual está el enterramiento del Duque de Sessa, adornado de inmortales tropheos, y vanderas, y estandartes, señal de las famosas y gloriosas victorias suyas y de sus passados, especialmente de aquel famoso y Gran Capitán Gonçalo Fernández de Córdova, claro sol del Hispano suelo, cuya gloria inmortal para siempre entre los hombres será viva».[5]

Este héroe de la conquista de 1492, arrancado ahora del olvido, tiene unos rasgos que relucen solitarios en un momento de especial turbación en la vida social granadina: su memoria es majestuosa, la alta pericia militar y política sin parangón en su tiempo transmite en silencio una sensación de seguridad a las generaciones venideras como cualquier recuerdo que accede a convertirse en un mito nacional.

En los últimos años del siglo XVI se vio con frecuencia a Luis Fernández de Córdoba Cardona y Aragón, sexto duque de Sessa, interesado en terminar los grupos sepulcrales de su célebre antepasado el Gran Capitán y de su esposa María Manrique. La idea original era en ese momento poco, o nada, valiosa. San Jerónimo debía seguir el modelo del panteón real de san Lorenzo de El Escorial. Desde Madrid envió despachos a Gaspar de Bilbao en ese sentido. La elección del arquitecto granadino Ambrosio de Vico, calificado a veces como «el mejor arquitecto de este lugar» pareció satisfacer las exigencias del duque, sobre todo cuando recibió los planos de la plaza y el alzado de la cripta.[6]

El panteón no se adecuaba sin embargo a la crítica situación de la economía del duque: era costosísimo, y quizás por eso mismo inviable o al menos bastante improbable que se terminarse en el plazo deseado. La muerte de Ambrosio de

5. Op. cit. p. 3.

6. J. M. Gómez Moreno Calera, *El arquitecto granadino Ambrosio de Vico*, Granada, 1992.

Vico supuso un duro revés; como la decidida oposición al proyecto de la comunidad de jerónimos. El duque de Sessa gozaba de una naturaleza singularmente frágil y sus buenas intenciones se perdían siempre en los meandros de su melancolía. Vale la pena advertir que el sueño de convertir san Jerónimo en una réplica al modelo escurialense representaba una huida hacia adelante de ese hombre atenazado por las deudas.

Gaspar de Bilbao le notificó en una aclaratoria carta la situación de las obras, y de pasada, lo que es más interesante, el estado de los cadáveres allí depositados: «En esta bóveda ay doce cuerpo los quatro en la cama que esta en el medio que son el Gran Capitán mi señor la Duquesa de Terranoba mi señora el Duque mi señor don Luis y la señora la duquesa doña Elbira en los poyos por el circuyto estan mis señores duque don Gonzalo duquesa doña Maria dos hijas del Gran Capitán mi señor doña Luysa de los Cobos y otros dos cuerpos que no se sabe cuyo sea otro ataúd pequeño de un niño que tiene por tradición es hijo de los Condes de Palma que murió aquy esto es lo mas que sea a podido saber abiendose hecho mucha dilijenzia con los biejos porque no tienen papeles ni mas noticia». A esta precisa descripción añade, con cierto dramatismo y algo de alarma, una opinión de carácter personal: «Señor esto está muy indeçente i por lo menos importaria se recojiesen estas ceniças en unas cajas de plomo».[7]

El duque de Sessa no prestó mucha atención a la carta de Bilbao. Tenía otras preocupaciones más urgentes, emanadas de su cargo de gobernador de Milán. En marzo de 1628, Olivares le había ordenado marchar contra Montferrato, una tierra en disputa tras la muerte del duque Mantua. Naturalmente, las ilusiones de Gonzalo Fernández de Córdoba estaban en alcanzar la gloria como su célebre antepasado el Gran Capitán. Un sueño, sin duda.

7. Citado por Bustamante, op. cit. p. 17.

La expedición degeneró muy pronto en una costosa y sangrienta guerra, que obligaría a enviar a un general experimentado como era Ambrosio Spínola.[8] Granadino hasta la última fibra, el duque de Sessa se sintió confundido, quizás incluso enfermo de calenturas, como a menudo le ocurría a su tatarabuelo, aunque eso no debía ser motivo de su aparente alejamiento de la realidad, a no ser que como otros muchos españoles de aquellos tiempos el espíritu barroco se hubiera apoderado de él con su irresistible inclinación hacia la incoherencia. En el caso del duque, era sólo la constante decadencia de la fortaleza interior y la imposibilidad de entender lo que estaba sucediendo realmente en su país. No podía evitarlo, pese a que en ese momento de turbación recibió la ayuda de su amigo el escritor Félix Lope de Vega y Carpio. El panteón se quedó sin hacer. El futuro alejaba a la familia de Granada y por ese motivo el sexto duque de Sessa y sus descendientes acabaron siendo enterrados en un mausoleo construido en el desaparecido convento de los Basilios de Madrid.

RECOPILACIONES DE UN GONGORISTA

Fue en Sevilla en los años que Rodrigo Caro cantaba a las ruinas de Itálica donde Juan de Arguijo (1560-1623) se convirtió en el poeta por excelencia de su generación.[9] Se le reconocía como uno de los sonetistas seguidores de Góngora más habilidosos y mejor preparados. Su amigo Lope le califica en dos versos del *Laurel de Apolo* como un hombre apacible y triste,

8. Manuel Fernández Alvarez, *Don Gonzalo Fernández de Córdoba y la Guerra de Sucesión de Mantua y Montferrato (1627-1629)*, Madrid, 1955. Sobre Spínola veáse Antonio Rodríguez Villa, *Ambrosio Spínola, primer marqués de los Balbases*, Madrid, 1905.

9. J. M. Asensio, *Don Juan de Arguijo, estudio biográfico*, Madrid, 1883.

inclinado a la melancolía. Durante años, Arguijo se dedicó a recopilar apólogos, leyendas, dichos sobre los aspectos más variados de la cultura española, que terminaría publicando en 1622 con el título *Cuentos.*[10] Se sentía a gusto en esa tierra de anécdotas jugosas, de chismes de eruditos, en un lugar del que sólo un hombre de su talento podía salir pisando el sendero que más tarde Tirso de Molina haría recorrer al famoso burlador de Sevilla don Juan Tenorio. Salpicaba de ironía sus comentarios. Veamos un par dedicados al Gran Capitán, sobre el que sentía una especial adoración, mezcla de respeto y de complicidad por su brillante vida al servicio de su fama.

«Decía el Gran Capitán que los generales cuando no hay guerra eran como chimeneas en verano», anota animadamente Arguijo,[11] queriendo mostrar con ello la personalidad del insigne militar español que quizás aparezca de forma más diáfana en una segunda anécdota, también recopilada por él: «Dijo el Gran Capitán al duque Valentín grandes palabras de que libremente podía ir a Nápoles. Fue y prendiéronlo. Dijo el duque: —Esta, cordobesada ha sido».[12]

Ante tales «cuentos» Arguijo confesaría que ese tipo de inteligencia era lo que buscaba desde hacía tantos años en Sevilla para remedio de una España cansada, perpleja ante su porvenir. ¿Era necesario recurrir al arte del ingenio para salir del estado de postración en el que se vivía? La respuesta se encontraba, al parecer, en Madrid, en la corte de Felipe IV. Aprenderemos mucho sobre el Gran Capitán si la visitamos.

10. *Cuentos recogidos por Don Juan de Arguijo,* Biblioteca Nacional, Manuscrito cc. 217+19350 (ed. Antonio Paz y Meliá, Madrid, Biblioteca de Autores Españoles, 1964. Juan de Arguijo, *Cuentos,* ed, de Beatriz Chenot y Maxime Chevalier, Sevilla, 1979.

11. ed. Paz, cit. p. 236. Un dicho que ya había recogido Melchor de Santa Cruz en su *Floresta.* Vid. supra.

12. ed. Paz, cit. p. 262.

En 1628, mientras el duque de Sessa se enfangaba en la campaña de Montferrato y Gaspar de Bilbao se agotaba luchando contra los jerónimos de Granada, un debate dividió a la sociedad española: ¿quién debía ser el santo patrón de España, Santiago o santa Teresa de Jesús, el apóstol guerrero o la mística reformadora? A ese ambiente miraba con ironía Lope, que había dado ya muestras de su portentoso talento al escribir *Fuenteovejuna* unos años antes. Aquella corte de Felipe IV, bajo el dominio del conde-duque de Olivares, era el centro del mundo. Nada podía impedir que Madrid eclipsara al resto de ciudades del reino. Todas parecían condenadas por el empuje de la capital, expresado plásticamente en la construcción de la Plaza Mayor por Juan Gómez de Mora.

Esa ciudad que fue pobre y cubierta de yerbajos en sus comienzos, que prolongó la perspectiva de sus ilusiones entre callejuelas, con el paso de los años, y la definitiva instalación de la corte de los Habsburgo, llegó a convertirse en un objetivo de vida para intelectuales y artistas, para hombres de negocios y nobles. ¿Cómo pudo ocurrir que de la reformas urbanísticas de unas cuantas callejuelas donde se amontonaban escritores de talento a la espera de algún beneficio, surgiera una ciudad llena de interés por llevar a cabo la Restauración política de España, para utilizar el título de una importante obra publicada por Sancho de Moncada en 1619?

Los primeros y brillantes escritores madrileños (de nacimiento o adopción) no eran libertinos como sus correligionarios franceses de París, pero tampoco temerosos ingenuos ante la Inquisición; eran más bien hombres de suma ironía, crecidos al amparo de la alta nobleza, el valido o el propio rey. El prototipo de esos nuevos escritores era Lope de Vega, a quien Cervantes había contemplado durante años con recelo y algo de envidia. Perdida la vida moral de los tiempos de Felipe III, no atacará la autoridad monárquica, sino que satirizará muchas costumbres sociales de su tiempo. Para cuestionar el orden del mundo, para no convertirse en un sumiso vulgar, no es preciso viajar a la luna, como Savinien de Cyrano, más conocido como Cyrano de Bergerac, ni promover un espíritu libertino, basta con «echarle las cuentas» a la confundida sociedad, que había aceptado sin crítica alguna la participación española en el terrible y sangriento conflicto que los historiadores modernos denominan Guerra de los Treinta Años. Ese ambiente no engañó a Lope.

Lope se sentía seguro a la sombra protectora de Luis Fernández de Córdoba Cardona y Aragón, sexto duque de Sessa. Era un hombre preocupado por la imagen de su célebre antepasado el Gran Capitán. Buscaba la forma de compensar el fracaso de no haber podido construir el Panteón de la familia en Granada. En sus inquietudes, Lope reconoció la larga hilera de cuestiones aún pendientes sobre la memoria y la historia de España. Inútil detenerse en minucias. La situación era grave. Felipe IV no entendía lo que estaba pasando, tampoco el conde-duque. En España había rebrotado una vez más el amargo crimen de la ingratitud hacia los hombres de talento. Para quien comprende este mal, el único realmente serio que padece nuestro país entonces y ahora, resulta incluso una obviedad que Lope impute fundadamente esta actitud a los intrigantes de la corte, arremolinados entre sí como si fueran miembros de una secta (cosa que al final lo fueron) interesados sólo en su propio beneficio y en la irresponsable destrucción de los valores de España.

Una crítica visible recorre la escritura de Lope. Ajeno a ese mundo, áspero y mordaz, sus cartas a su protector el sexto duque de Sessa se convirtieron en alientos encendidos sobre una manera de ver la realidad histórica de su país, mucho más ricos de lo que hacían los regeneracionistas del momento. Leyendo las cartas de Lope al duque de Sessa, vemos moverse el talento del dramaturgo en los enredados senderos de la política de su tiempo.[13] Y al hacerlo podremos constatar, como han hecho tantos lopistas hasta el día de hoy, que su sarcasmo visionario le aleja de la realidad del momento, al tiempo que le convierte en un testigo extraordinario de lo que terminaría sucediendo unos años después. Así, el 14 de febrero de 1628 le enseñaba a su protector y amigo el duque de Sessa la auténtica naturaleza de la paciencia a través del ejemplo del Gran Capitán.[14]

La forma de hacerlo es extremadamente ingeniosa, como una especie de glosa a un soneto que él mismo escribe:

> Seyano, a leves culpas, graves penas
> valor piden a un pecho generoso:
> o tenerle o moris será forzoso,
> o trasladar la patria a las ajenas.
> Peligrosas aquí dulces sirenas
> mejores son que el ocio perezoso,
> que es menos mal el golfo proceloso
> que solas en la playa las arenas.
> Mas tú vives solo, acompañado
> (aunque te fueras al opuesto polo)
> de tu agravio, tu amor y tu cuidado
> de quien está desde que nace Apolo
> de tantos pensamientos ocupado,
> ¿cómo puede decir que vive solo?

Para Lope, la ingratitud era el agravio peor, por eso se pregunta: «¿Quién duda que ha hecho su oficio el valor con que nació V. E., acompañado de su raro juicio y prudencia, y en año en que andaba la muerte segando las mejores vidas como quien anda en un jardín escogiendo las mejores flores?». A lo que añade en frase apodíctica: «V. E. escribe de sí mismo tales

13. Lope de Vega, *Cartas*, edición, introducción y notas de Nicolás Marín, Madrid, Clásicos Castalia, 1985.

14. Lope de Vega, *Cartas*, cit. núm. 134, pp. 262-266.

documentos, que enseña a tener paciencia y recoger la rienda a los gustos, por no ofender la reputación con la flaqueza». El mejor ejemplo de esa idea lo encuentra en un personaje a veces exaltado, y otras vilipendiado en la memoria española, a quien Felipe IV no le tenía simpatía, como le había ocurrido a su abuelo. Por eso escribe Lope: «En esa misma tierra he leído en la historia del Rey Fernando que estaba el Gran Capitán, de quien la heredó V. E., después de tantas victorias y de dar a los reinos de Castilla el de Nápoles, retirado, haciendo rostro a la ingratitud y con magnánimo pecho a la fortuna».

«Rostro a la ingratitud»: no hay mejor definición de la personalidad de Gonzalo. Aquí se ve el talento de Lope a la hora de elegir definiciones para las personas y las situaciones. Por eso añade, con una sorna sólo eficaz en los hombres de auténtico genio: «No es forastero el ejemplo. Mayores quejas eran aquellas y más justas. Quien tiene la misma sangre y el mismo valor pídale a su memoria algunas reliquias de aquella ilustre paciencia y con generoso corazón resista a las que ofrece la imaginación de los pasados gustos. Bien sé que amos es planta que ninguna fuerza humana la ha sacado con raíces y que es fuerza que queden muchas, mayormente donde el trato no se acabó por agravios, sino por enemigos».

Las afinidades familiares tienden a configurar el carácter de las personas, al menos así cree Lope con lo que consigue un doble objetivo: consolar a su protector y amigo en un momento de grave crisis personal y, segundo, una crítica subliminal a los rasgos de carácter de los Habsburgo, todos tan iguales, todos tan equivocados. Mientras Lope aconseja al duque de Sessa paciencia ante el agravio recibido, el pobre Luis Fernández de Córdoba caía enfermo víctima de las habituales calenturas tan características de su antepasado. Ante esa enfermedad, Lope reacciona en otra carta llena de cariñosa ironía:[15] «Pero admírome mucho que en tiempo de tan excesivos calor V. E.

15. Lope de Vega, *Cartas*, cit. núm. 148, pp. 286-288.

trate de hacer testamento, que, si bien ningún discreto le guardó para con calentura, casi lo mismo la que tiene el tiempo; alabo el pensamiento, estimo el ejemplo y en caniculares es alta materia del estado de la salud recordarse de la muerte. Sólo no querría que este impulso procediese de melancolía, porque si V. E., señor, da en hipocondríaco todos somos perdidos, y en dos palabras convertiremos la andola en quiríes».

Existe un elemento al que agarrarse ante la desesperación provocada por la enfermedad. Lope lo expone sin ambages, mediante un apólogo quizás inventado (aunque eso es lo de menos en este momento): «Gran seso dan los sucesos: no hay que culpar los años, que en V.E. son muy pocos y no le ha puesto ceniza en un cabello la cuaresma de los desengaños. Justo es sentir, pero [...], señor, dio un hombre en Salamanca en decir que no podía salvarse. Lleváronle a un religioso, gran letrado, y díjole que era verdad que estaba condenado para siempre, porque él lo había hallado así en sus libros. El hombre entonces, llorando, dijo: "Pues, Padre, ¿y la sangre de Dios?". A quien el fraile replicó: "Pues, pero, si sabes eso, ¿para qué dices que no te puedes salvar?". Largo es el cuento; la aplicación es breve. Pues, señor Duque, ¿y la sangre del Gran Capitán? ¡Cuerpo de tal! ¿El valor no ha de tenerse asimismo en todo acontecimiento? A fe que si yo estuviera con más salud que no había de estar V. E. ocioso, que de eso nace estar triste: porque la ociosidad es madre de los pensamientos; ellos, de los cuidados; los cuidados estrechan el corazón y hacen que parezcan imposibles las mejorías de los sucesos».

LAS CUENTAS DEL GRAN CAPITÁN: COMEDIA.

El peligro que corría el mito del Gran Capitán, ahora que Lope recuperaba la idea de su «sangre» como vehículo curativo, era el de quedar superado por algunas acciones equívocas. ¿La actuación en Nápoles no fue acaso contestada por el rey Fernando el Católico y su dadivosidad no podía ser simple corrupción? Era necesario hacer algo al respecto. Lope era sin duda el mejor situado. Su conocimiento del personaje, su amistad con su descendiente el sexto duque de Sessa, su ilimitada mordacidad, su prestigio como dramaturgo. Era tal vez el otoño de 1631 o 1632, en Madrid, los años de la Dorotea, cuando afronta la escritura de una comedia de enredo sobre la figura del Gran Capitán. Existen con todo algunas dudas.

El texto se halla en el manuscrito 16.980 de la Biblioteca Nacional en 57 hojas en 4, con letra del siglo XVII, llevando en el encabezamiento, en letra moderna, «De Aguayo». El librero madrileño Pedro Coello la introdujo en su edición de las obras de Lope realizada en 1638, ya muerto el autor. No hay una total seguridad, pero son pocos los que dudan que la comedia es obra de Lope, o al menos inspirada por él.[16]

Hay algo que llama la atención nada más leerla: el complot urdido contra el Gran Capitán. Brillante catarsis para que la sociedad se riese de una infamia del pasado y pensara en las vilezas de la corte sin escandalizarse demasiado.

Dos caballeros (Espinelo y Alberico) dan forma a la intriga, el primero como instigador de la ruina del Gran Capitán, el segundo como receptor de sus ideas, cuyas resistencias permiten mejorar si cabe el complot. Espinelo lo confiesa, nada más levantarse el telón:

> Puesto que a su fortuna se atreviese
> con el valor de su invencible estrella
> y de Alejandro la opinión tuviese,
> que por el nombre ya se iguala a ella,
> saldrá el Gran Capitán, aunque le pese,
> aquesta vez de Nápoles la bella
> porque mis cartas van haciendo efeto.

16. Obras de Lope de de Vega publicadas por la Real Academia Española (Nueva edición) *Obras dramáticas,* Madrid, 1916, t. II pp. 224-254. Vid. Francisco López Estrada, *Las armas y las letras: El Gran Capitán en el teatro de Lope de Vega,* Sevilla, 1954.

A eso, responde el siniestro receptor de la confidencia, Alberico:

No hay que advertir a hombre tan discreto.
Pero presumo que podáis primero
sacar, por más que la calumnia afirme,
a las estrellas fijas del crucero
que entre los astros le llamaron firme;
desengarzar al sol os considero
de aquel engaste azul, sin persuadirme
a que pueda bastar sola una pluma
contra el que enfrena de la mar la espuma.
Corre del Norte al Sur la ilustre fama
de Gonzalo Fernández de tal modo,
que el Grande a voces, como veis, le llama;
y ya lo es tanto, que lo ocupa todo.
Y puesto que la envidia le desama,
y a sus persecuciones me acomodo,
mucho temo al valor de su grandeza

El primer acto de este complot era decidir cuál sería el medio empleado para acusar al Gran Capitán delante de Fernando el Católico. Espinelo eligió la más habitual en aquellos años, una carta. ¿La creería el rey?, se pregunta Alberico, convirtiendo esa pregunta en un interrogante dirigido hacia el público. La respuesta no se hizo esperar. Habla Espinelo:

No hay amistad sencilla
amor ni voluntad que sólo un hora
no derribe a los príncipes al suelo
cualquier información, buen o mal celo.
El Rey con éste sospechoso vive,
y del Gran Capitán mil quejas forma,
que su inocencia, fe y lealtad le escribe,
con que en la fama universal conforma.

Mientras los conspiradores (y, por supuesto, los espectadores) esperan la decisión del rey, se teje un enredo amoroso entre el sobrino del Gran Capitán, don Juan, y una dama napolitana de nombre Pompeya, ante los atentos ojos de Julia, su amiga. Durante toda la comedia, el público se divertirá con ellos, mientras sigue paso a paso la intriga urdida contra el Gran Capitán.

Entra García, que no es otro que García de Paredes, en escena, recién llegado de España, y sin preámbulos le pregunta el Gran Capitán «¿Es cierto que el Rey se casa?»; a lo que responde: «No, señor, que ya lo está». Una respuesta tan escueta pone sobre aviso al espectador. El largo conflicto entre Fernando el Católico y su yerno Felipe el Hermoso por la regencia de Castilla se ha visto agravado por su inesperado matrimonio con Germana de Foix, sobrina de Luis XII de Francia.

Esa historia era conocida de sobra, sólo sirve de telón de fondo para que el Gran Capitán pueda hacer la pregunta que todos esperaban con ansiedad: «¿Qué dicen de mí? ¿Que hablan?». Los emisarios destinaban parte de su tiempo en pulsar la opinión de la corte sobre sus señores. Es lo que hizo García de Paredes, y es lo que se desea saber en ese momento. Pero no interesa tanto los personajes que difunden la calumnia, sino los motivos morales de ella, que no son otros que, dice García, «La envidia, sombra de la fama». El resto son las habituales habladurías de palacio, a las que no se les debe prestar excesiva atención. ¿Y los despachos del rey? García responde: «No traigo cartas; porque todas son lisonjas y mentiras disfrazadas». Una alusión clara a lo que decían del Gran Capitán algunos escritores, a los que Lope tenía en poca, o ninguna, consideración.

En Nápoles García de Paredes y sus amigos estaban impacientes en conocer el contenido de una cédula del rey Fernando que acababa de llegar a Nápoles. La noticia se difundió con rapidez en el palacio, en la ciudad, en el país. Pero nadie había leído el documento. Algunos sospechaban que se trata de la orden de arresto del Gran Capitán, y que el complot de Espinelo y Alberico ha triunfado. El espectador comienza a impacientarse; también los actores. Por fin, el Gran Capitán toma la cédula en sus manos, y se dispone a leerla en voz alta:

Acatando a los grandes servicios que en la conquista de Nápoles y Calabria y en las demás partes tengo recebidos de mi gran capitán Gonzalo Fernández de Córdova, duque de Sessa y Terranova, y que no ha recibido premio hasta hoy en la mínima parte que nos ha servido, es nuestra voluntad acudirle con cien mil ducados de ayuda de costa, resignando en su persona, como desde luego lo hacemos, el Maestrazgo de Santiago, con todas las rentas a él anejas, y además desto [...].

La noticia, totalmente inesperada, contraria a los planes de los conspiradores, es recibida con alegría por todo el mundo. El pueblo amaba al Gran Capitán. El pueblo comenzó a reconocer al mito que tenían ante sí. Hasta Espinelo y Alberico acabaron por conocerla. Un breve mutis y la resolución del enredo está preparada.

En la tercera jornada García anuncia los festejos que se estaban organizando con ocasión de la visita del rey. También explica a los espectadores esa parte de la historia que todos conocen, del viaje que emprendió Fernando a Nápoles en compañía de la nueva reina Germana. Todos los personajes se colocan en el escenario para recibir a los ilustres huéspedes. El rey habla por vez primera: «En vuestra casa, Gonzalo, me aposento con tal gusto, como veis». Y entran todos entre agasajos y bellas palabras. Mientras tanto se organizaba en un segundo plano la escena culminante de la comedia. El contador real exclama: «El Rey me manda tomaros cuentas» a lo que el Gran Capitán responde con una frase proverbial, que ya se conocía en el auditorio y que provoca la complicidad del espectador con su protagonista:

Digo que cuentas daré
del dinero que me ha dado
que en servirle lo he gastado
y en dos reinos que gané.

García arrancó su mirada cuando le preguntó enojado, casi colérico: ¿cuentas tú? queriendo decir con ello, ¿cómo es posible que el rey pida cuenta a quien le ha dado dos reinos? La tensión sube por momentos. ¿Qué hará el Gran Capitán? Los espectadores se dividen, entre los que desean abiertamente que rete de una vez por todas al rey y se una a la fuenteovejuna de los amigos que le rodean en el palacio napolitano; y los que esperan un gesto cortés, servicial, de un hombre de Estado. Lope no deja mucho tiempo a la reflexión del espectador y así, sin que nadie más entre en escena (un nuevo cuadro hubiera sido quizás la mejor solución, para retener el momento de la decisión de Gonzalo) hace decir al actor que interpreta al Gran Capitán: «Voy a buscar los papeles».

La conclusión es fácil: los dichosos papeles existían. Mientras el Gran Capitán sale a buscarlos, el enredo de palacio emerge de nuevo a primer plano. Es el tiempo que necesita Lope para demostrar la ironía de su personaje. Una nueva escena comienza con la entrada triunfante del Gran Capitán: «Estos mis papeles son», a lo que responde el contador: «Y estos los libros». ¿Hay que revisar las cuentas una a una? Al parecer sí, y el contador no acepta la sugerencia del Gran Capitán de ir sólo a las sumas. Momento de tensión, que aprovecha Gonzalo para dirigirse al público y lanzar una de sus ingeniosas sentencias:

Memoria de lo que tengo
gastado en esta conquista,
que me cuesta sangre y sueños
y algunas canas también.

Luego comienza la letanía habitual sobre las cuentas del Gran Capitán. Los espectadores la conocían también que en el momento que el actor las recitaba, ellos podían seguirlas sin la menor dificultad:

> Primeramente se dieron
> a devotas religiosas
> y a religiosos conventos
> por misas y sacrificios
> doce mil y Setecientos
> y cuarenta y seis ducados
> de limosnas.

Ante el estupor del contador, insiste en otra partida, tan extravagante como la anterior:

> Más que se dieron a espías
> en diversas veces, ciento
> y setenta mil ducados.

«¡Jesús!», exclama el contador. «¡San Blas!», grita García. Carcajada general en el patio de butacas. Pero no era suficiente, el Gran Capitán insistía:

> Más que se dio a sacristanes
> que en las iglesias tañeron
> por las victorias que Dios
> fue servido concedernos,
> diez mil ducados y treinta
> y un real.

El contador no daba crédito. Pero había más:

> Más de pólvora, trescientos
> y setenta y mil ducados
> y tres reales.

Y más:

Más de plomo para balas,
treinta y seis mil y seiscientos
y cuarenta y dos ducados.

Es suficiente. El contador se siente aturdido ante la pregunta del rey: «Pues, ¿qué hay de cuentas con el Gran Capitán?». A lo que responde: «Que las ha dado». Bueno, es un decir, pues añade a continuación: «De espías y de misas ha contado más que les has dado». Esa noche en palacio, el rey se reconcilia con el Gran Capitán.

VALOR DE UNA METÁFORA

Cuando Lope, en su divertida comedia, describió la vida napolitana del Gran Capitán en tres niveles como una correspondencia de insólita variedad entre el peso de la existencia terrenal, la levedad de los amores juveniles y el universo del mito, se tuvo que servir de su fantasía para reconstruir la escena del célebre viaje del rey Fernando, donde se decidió el destino del Gran Capitán. El principio de estricta simetría entre triunfo militar y coste de las campañas le permitió bromear a Lope ante sus confundidos contemporáneos sobre los límites de la política económica del Estado moderno. Esta comedia es algo así como el ejemplo más acabado de aquella arcaica concepción de la vida, según la cual lo importante son los resultados, y no el modo de conseguirlos. Una mirada irónica ante la doctrina de Maquiavelo de que para el verdadero príncipe el fin justifica los medios. ¿Hizo bien el Gran Capitán de hacer las cuentas de sus campañas napolitanas de ese modo? Lope, como en muchas otras ocasiones, recurre al mito más que a la realidad histórica.

Las dificultades de una concepción moderna del mundo se hacen incomparablemente mayores cuando los monarcas atienden más a los aspectos técnicos de la administración de sus reinos, que a los aspectos sociales, políticos o militares. En la divertida escena donde el contador anota con detalle el ingenioso proceder del Gran Capitán, el efecto comunicativo en la memoria del espectador de entonces (como del de ahora) es la taladrante cuestión acerca de qué normas deben regir el mundo, si el genio personal de un individuo o las leyes del Estado. Cuanto más cómicas son las respuestas del Gran Capitán al procurador, tanto más liberado se siente el espectador de la presión fiscal. Lope provoca la sensación de que todo eso no servirá de nada en caso de que el rey no lo comparta. Por ese motivo, el momento de alivio llega cuando el público conoce finalmente la respuesta del contador ante la pregunta de Fernando que dice: «qué hay de las cuentas», pues «que las ha dado, más yo no sé lo que con él intentas».

En cualquier otro momento de la comedia esta rima «cuentas/intentas» sería una floritura, que el espectador recibiría animadamente, según su capacidad personal para comprender el verso. Mas en este caso se trata del desenlace de la propia comedia, realizado en apenas un minuto, mediante una sucesión de hechos que pueden resumirse del siguiente modo: el contador echa las cuentas, el Gran Capitán las acepta, García de Paredes ironiza sobre ellas, el contador acepta las sumas, el rey pregunta si las cuentas están hechas, el contador afirma que sí, pero de inmediato pregunta por las intenciones del rey. La metáfora parece clara, aunque sólo se puede comprender a través de un interrogante abierto al mundo desde entonces: ¿Puede uno aceptar un procedimiento judicial semejante que somete a riguroso examen el comportamiento de un hombre como prueba del orden justo del Estado?

El mito del Gran Capitán consigue así, en medio de las risas provocadas por una comedia de enredo, hacer pensar a la gente del peligro que supone quedar atrapado por un furor laborioso, según el modelo de vida propuesto por los calvinistas holandeses, donde la calidad del ser humano es sustituida por la cantidad de bienes de los que se rodea. La ironía de Gonzalo ante el contador que le echa las cuentas no debe entenderse por tanto como la altivez de un noble andaluz, sino como la enérgica respuesta ante el hartazgo que supone (y supondría en el futuro) ese control sobre los medios de producción, sin tener en cuenta que el individuo es sobre todo un ser histórico. El Estado moderno se apoyó en la Hacienda Pública, creyendo que en ello residía el objetivo último de la vida social. Ante ese exceso de pretensión significativa, se levantó Lope, y con él otros grandes escritores de la literatura del Siglo de Oro. El mito del Gran Capitán había alcanzado el territorio de la moral pública.

29

EL POLVO DE LAS BIBLIOTECAS (1633-1634)

En el año en que Galileo Galilei se retractaba ante el Santo Oficio de sus ideas y Pedro Calderón de la Barca estrenaba *El Gran teatro del mundo*, Francisco Henríquez de Jorquera anotaba con esmero cualquier incidente que pudiera afectar a la ciudad de Granada.[1] No era el único erudito, ni el primero, que intentaba quitarle el polvo a las bibliotecas. Lo habían hecho antes que él Luis Mármol de Carvajal, Argote de Molina o Justino Antolínez de Burgos,[2] pero sin duda era el más decidido en ofrecerle a los hechos del pasado una dimensión alegórica, adecuada a la estética barroca vigente en esos años. De vez en cuando, el erudito dejaba paso al crítico social, y se quejaba de su época aprovechando algún caso concreto. El regreso a Granada desde la corte del doctor Antonio Mira de Amezcua, tras ser nombrado arcediano de Guadix, le sirvió para comentar el ambiente cultural de su ciudad, que podemos entender si nos fijamos en la fachada de la Madraza, que había fundado el rey nazarí Yusuf I, y que se construyó precisamente por aquel entonces.

Una divertida anécdota contada por Agustín de Rojas en su *Viaje entretenido* da a entender que, en Granada, sobre la iglesia de san Jerónimo, reposan los huesos de quien fue el mayor

1. Francisco Henríquez de la Jorquera, *Anales de Granada. Descripción del reino y ciudad de Granada. I. Crónica de la reconquista (1482-1492). II. Sucesos de los años 1588 a 1646*, Granada, s.f., (ed. Antonio Marín Ocete, Granada, Publicaciones de la Facultad de Letras, 1943).

2. Luis del Mármol Carvajal, *Primera parte de la descripción general de Affrica*, Granada, 1573. Argote de Molina, *Nobleza de Andalucía*, Sevilla, 1588. Justino Antolínez, *Historia eclesiástica de Granada*, Granada, 1611.

capitán de España, y el hombre más perseguido por la envidia del rey. De ese modo el mito del Gran Capitán, recreado por dramaturgos como Lope de Vega, al dejar las metáforas literarias, volvía a formar parte de su territorio natural: el territorio de la historia.

Una voz aislada, ajena al gran mundo de la corte de los Austria, lo evocará en este momento. Surge del ambiente erudito andaluz, tan inquieto por el reino moro de Granada y su conquista por los Reyes Católicos, que había sido tema de reflexión desde Hernando de Baeza a Diego Hurtado de Mendoza.[3]

Los principios de elaboración del mito se concentran en los aspectos familiares del personaje, en su vinculación a la tierra que le vio nacer, a los vestigios de la grandeza de una familia nobiliaria de la frontera, engrandecida en aquellos años gracias al equilibrio entre su inmenso patrimonio rural y su eficaz servicio al Estado de los Habsburgo. Esa voz aislada era la del padre jesuita Alonso García de Morales proponía un sugestivo modelo sobre la vida del Gran Capitán.[4]

MIGAJAS ERUDITAS

García de Morales insertó *La vida del Gran Capitán* en el interior de una prolija *Historia de Córdoba* para mayor gloria de esa tierra puesto que como inicio de su evocación elige justamente el primer retorno de Gonzalo de Italia: «Hizo mil bienes a Roma el Gran Capitán, no solo la libertó de la hambre, cruel

3. Hernando de Baeza, *Historia de las cosas que pasaron entre los Reyes moros de Granada hasta el tiempo que los Reyes Católicos la ganaron compilada por Hernando de Baeza*, Biblioteca del Escorial, VIII, 6 (1520).

4. «Historia del Gran Capitán Gonzalo Fernández de Córdoba, según una historia de Córdoba, inédita del siglo XVII, del Padre Jesuita Alonso García de Morales», en *Revista del centro de Estudios históricos de Granada y su Reino*, ed. Miguel Angel Orti Belmonte, t. VI, pp. 70-135.

enemigo, y del aprieto del francés, sino de la imposición que el Papa había puesto para la guerra: dio vuelta al reino de Nápoles y de seis fortalezas que dejó en manos de los franceses, halló las tres ganadas con el valor y el esfuerzo de los suyos».[5]

Cuando García de Morales nació, en los años más intensos de la Guerra de las Alpujarras, la civilización musulmana ya había entrado en franco retroceso y comenzaba a percibir la amenaza de la expulsión de los moriscos. Al igual que otros eruditos de su tiempo, buscó las raíces de ese conflicto justamente en los años que siguieron a la capitulación del reino de Granada en 1492, que coincidieron con el citado retorno de Gonzalo a su tierra. Un retorno lleno de éxito pues nada más pisar tierra española, dice el jesuita, «le recibieron los católicos Reyes con particular honra y alegría, confesando a boca llena que mucha más gloria había adquirido a la corona de España, echando a los franceses de Nápoles y restituyendo a sus sobrinos en aquel florido reino que ellos con la presa de Granada. Alargóse el Rey de su silla, abrazándolo y diciéndole palabras de grande amor y honra».[6]

La pasión católica de Morales le convenció de que Gonzalo no podía estar mucho tiempo ocioso, y menos cuando se «rebelaron los moros del Alpujarra, diciendo los querían hacer cristianos por fuerza, echaban la culpa sin razón a aquel Gran Prelado D. Fray Francisco Giménez de Cisneros: diéronle el cuidado de sosegarlos al Gran Capitán y Conde de Tendilla: los de Güéjar comenzaron el alboroto eran 1.500 de pelea, siguieron los otros pueblos del Alpujarra».[7] La guerra volvía a situar a Gonzalo en el centro del mundo. García de Morales no lo duda ni un instante. La campaña es realmente suya, incluso después de la llegada del propio rey. En el momento más álgido de ella, cuando los musulmanes ocupaban «lo alto de las montañas», y estaban seguros de su posición y

5. Morales, cit. p. 70.
6. Morales, cit. p. 70.
7. Morales, cit. pp. 70-7.

probablemente del éxito de su estrategia «arrojóse sobre ellos el Gran Capitán con denuedo y furia grande entró y saqueó el lugar».[8]

Superado los debates provocados por la expulsión morisca, lo que había estado en silencio era preciso que se dijera en todos sus detalles, con orgullo, y eso justamente es lo que hace García de Morales como conclusión de su relato sobre la Guerra de las Alpujarras: «Los años venideros se echó bien de ver, había sido conversión de priesa y sin fundamento, porque adelante vivían en su ley como sino fueran bautizados: al fin este año de 1609, S. M. el rey D. Felipe 3º desterró de sus reinos a toda esta generación, notable caso y admirable y cristianísima resolución: quitar la roña que podía inficionar».[9] En esta afirmación aparece clara la posición del jesuita sobre los intentos de conversión de las familias moriscas. Igual que los ditirambos formaban parte de la descripción de la campaña militar, también la valoración de los moriscos buscaba sustituir la imagen idílica de la literatura. La guerra contra ellos, más que con el Estado, está relacionada con la religión: la unidad de la fe es un imperativo.

El texto de García de Morales establece un orden serial, que busca convertir las acciones de Gonzalo en una única campaña en favor de la verdadera religión. Esa búsqueda comienza relatando cómo y por qué el Gran Capitán fue elegido capitán general de la armada contra el turco.[10] En el centro de esa campaña está la decisión de «echar a los turcos de Cefalonia», una auténtica hierofanía del héroe pues «por el esfuerzo y valor del Gran Capitán y los suyos en el espacio de una hora, que duró la batalla, se entró el lugar con muerte de 170 turcos, otros 50 se recogieron a una torre y se rindieron a merced del Gran Capitán».[11]

El éxito en la cruzada turca le abrió las puertas de Italia.

8. Morales, cit. p. 7.
9. Morales, cit. p. 71.
10. Morales, cit. p. 71.
11. Morales, cit. p. 71

Los embajadores no escatimaron elogios ante el rey Fernando. El Gran Capitán fue elegido gentil hombre de Venecia. La distinción que él, según propia confesión, más estimaba. Y García de Morales que está al tanto de todo anota en su *Historia* con un toque de refinada erudición: «Tuvo siempre (Gonzalo) agudos y sentenciosos dichos: vense algunos en el cortesano que tradujo Boscán donde se pinta al Gran Capitán».[12]

La segunda Guerra de Nápoles se convierte en el centro de estos fragmentos biográficos. El tono heroico, que García de Morales ya había evocado en las campañas anteriores, reaparece ahora de un modo nítido, descrito con una atención tan ávida como la firmeza de su fe, pero ahora bajo la intención de mostrar la doblez de los franceses, siempre dispuestos a cualquier vileza, como en aquella ocasión que «el Rey Luis embargó los bienes de todos los mercaderes españoles de su reino, vileza que jamás le hizo España».[13] La situación se hizo insostenible por ese motivo, y otros parecidos. «El Gran Capitán viendo ya la justicia por su parte publicó guerra canpal contra Francia».[14] A partir de ese momento, el mundo descubriría el talento militar de Gonzalo. No hubo que esperar mucho tiempo: «sabiendo que el ejército francés había desamparado a Cuarata por falta de agua y que se habían vuelto al río Ofanto debajo de Canosa donde asentaron su campo sobre un puente que está cinco millas de Barletta, (Gonzalo) salió contra ellos aunque inferior en gente con un ánimo de Alejandro o Scipión africano, bien ordenada toda, marchando muy depriesa, sus gentes y caballos ligeros, se adelantaron a escaramuzar, hiciéronlo con grande gallardía, mataron y prendieron más de cien de a caballo».[15]

Una imagen más cortés, de inspiración caballeresca, se en-

12. Morales, cit. p. 73. Se refiere a B. Castiglione. Vid. supra.
13. Morales, cit. p. 128. 14. Morales, cit. p. 129
15. Morales, cit. pp. 129-130.

cuentra en el momento que García de Morales relata el desafío de Barletta. Así, un día al anochecer entró en la ciudadela, un trompeta francés que pidió ser llevado a la presencia del Gran Capitán, a quien le entregó, una vez ante él, «una carta de 11 caballeros franceses, por la cual desafiaban a otros tantos españoles para otro día a las 9, deseosos se echase de ver cual de las dos naciones se adelantaba a la otra en las armas, fuerza y destreza en gobernarlas».[16] El clásico catre de desafío, que durante siglo y medio definió el espíritu de la caballería, surgía en un momento especialmente delicado. Las condiciones fueron las normales, y el Gran Capitán admitió el reto, sabiendo que en la jornada se jugaba algo más que una justa entre dos naciones.

García de Morales anota en ese momento a los once caballeros españoles afirmando que «no es razón olvidemos sus nombres, pues honraron nuestra nación».[17] Si él no los quiere olvidar, no hay razón para que lo haga yo. Estos son los nombres: el alférez Gonzalo de Arévalo, Gonzalo de Aller, Pedro de Oñate, el alférez Segura Moreno Segura, Rodrigo Piñán, Martín de Tuerto, Diego de Vera, capitán de artillería, el alférez Andrés Olivera, Jorge Díaz y Diego García de Paredes.[18]

El Gran Capitán les animó, pero no acudió con ellos al *puesto,* esa es la palabra utilizada para designar al «campo». Allí esperaron al menos una hora hasta que llegaron los franceses. Ruido de las cajas y clamor de las trompetas, gritos de la muchedumbre. El espectáculo deportivo de la caballería volvía a surgir una vez más ante los muros de Barletta. Los españoles «cogieron un lado de la liza», ese lugar apartado, donde se neutralizaba la acción, en caso de ser necesario. La justa comienza. Encuentros singulares y derribo de caballos. Un muerto entre los franceses, pero la jornada no parece decan-

16. Morales, cit. p. 130. 17. Morales, cit. p. 131.
18. Morales, cit. p. 131.

tarse para ninguno de los dos contendientes. Al anochecer del día, los franceses pidieron un descanso para hablar: «afirmando conocían su yerro y que excedieron con decir que los españoles no eran tan diestros en las armas como ellos, y pues era tan tarde se contasen de los hecho y saliesen todos con el honor de buenos y valientes soldados». Los españoles aceptaron por bueno ese razonamiento que daba un empate al encuentro. De común acuerdo, salieron todos por buenos soldados. Quizás eso no era del todo cierto. En las justas no se jugaba sólo por honor. También se buscaba arrebatar las armas al contrario. Los españoles no supieron sacar ventajas materiales a su superioridad en el campo. Se conformaron con la mera confesión de los franceses. Quizás fueron excesivamente pusilánimes. Al menos eso es lo que la tradición decía que el Gran Capitán pensó de ellos. García de Paredes no evita el comentario sobre ese espinoso asunto: «El Gran Capitán aunque recibió con grande honra a los suyos, no alabó la victoria, quisiera la acabaran, pues la tenían en las manos».[19]

La guerra continuó, también el relato del jesuita, pero cada vez con más desgana, como si no quisiera llegar al final de la historia, realmente comprometida, al menos para él. El fragmento que ahora comento se detiene en la muerte de Luis Portocarrero, señor de Palma, que acudió a Nápoles en apoyo de su cuñado y amigo el Gran Capitán (estaba casado con la hermana de María Manrique). Algunas semanas después de su desembarco, se anota aquí, «adoleció de unas fiebres pestilenciales que en breves días le quitaron la vida».[20]

Bajo el nostálgico manto de la llegada del cadáver de Portocarrero a Mesina, sobre el hermoso catafalco situado enfrente del sepulcro del rey Alfonso II de Nápoles, asistido por todos los soldados, se interrumpe la biografía que el jesuita García de Paredes quiso hacer del Gran Capitán. ¿Qué hubie-

19. Morales, cit. p. 131. 20. Morales, cit. p. 135.

ra dicho de su retorno a España y de su estancia en Loja? Debemos seguir buscando los materiales entre el polvo de las bibliotecas.

AZUL SERENO

Una de las respuestas más inteligentes al jesuita cordobés por parte de los eruditos granadinos fue la ofrecida por Francisco Bermúdez de Pedraza, escritor de elevada reputación por entonces gracias a su excelente libro *Antigüedad y excelencias de Granada.*[21]

Unos años después, anotará Bermúdez de Pedraza: «Y porque las capitulaciones se habían de hacer en Granada y arrabales della, nombraron los Reyes Católicos á Gonzalo Fernández de Córdoba, que después fue Gran Capitán, para que asistiera á Fernando de Zafra, sus más confidente criado, y el más antiguo en la casa real de Castilla. Duró la conferencia y tratos hasta el 25 de noviembre, día de Santa Catalina mártir, que se firmaron las capitulaciones en el real de Santa Fe por los Reyes Católicos [...]. Después de firmadas las capitulaciones fue Fernando de Zafra á Granada, acompañado del rey Boabdil, y con no pequeño peligro de su vida, por la inconstancia y poca fe desta gente».[22]

Profundizando en la historia, los eruditos del siglo XVII descubren que la conquista de Granada por los Reyes Católicos tiene aún muchos puntos oscuros y asumen el importante papel desempeñado en ella por el Gran Capitán. El testimonio de Bermúdez de Pedraza, en principio poco interesado en resaltar la figura de Gonzalo, se convierte en un punto de in-

21. Granada, 1608.

22. F. Bermúdez de Pedraza, *Historia eclesiástica, Principios y progreso de la Ciudad y religión católica de Granada, corona de su poderoso Reyno y excelencias de su corona,* Granada, 1638. Tercera parte, capítulo XLV y siguientes.

flexión, un acontecimiento historiográfico de primera magnitud, sólo comparable a la confesión de Lucio Marineo Sículo, cuando afirmó que Gonzalo fue enviado a las negociaciones porque hablaba su lengua.

La aceptación del mito del Gran Capitán por parte de los eruditos del barroco español era un hecho; sólo quedaba que los grandes escritores de aquellos años decidieran qué hacer con él.

30

RESISTENCIAS ESPAÑOLAS (1635-1648)

En mayo de 1635, Francia entró en la guerra de religión que dividía Europa en dos grandes bloques: a un lado la Liga Habsburgo y sus aliados católicos, entre ellos España; al otro lado, los príncipes protestantes de Alemania y sus aliados, a la cabeza de los cuales estaba Suecia que mantenía firme su potencia militar pese al revés que supuso la muerte del intrépido Carlos Gustavo dos años antes. En ese momento, la crisis económica modificó profundamente el mapa de la riqueza y la pobreza de las naciones y poco a poco se desplazó de Italia hacia Holanda y más allá a las colonias de América del Norte.[1] La descripción más reveladora de este ambiente nos la ha dejado la polémica mantenida en España en este año.[2] Tras las pérdidas demográficas de principios de siglo, España estaba mal preparada para tal emergencia. Sólo cabía la posibilidad de convencer a la población por medio de una serie de llamamientos al patriotismo, cuyo mensaje se convirtió en doctrina de Estado bajo Olivares, este ideal legitimó a los ojos de los burócratas de Madrid la presión fiscal sobre los juros, la acuñación de millones de ducados de vellón, la venta de cargos y la aprobación por las Cortes de nuevos subsidios. Llevadas a la práctica todas estas medidas supuso un montante de nueve millones de escudos para los gastos de defensa. El esfuerzo desplegado en el crítico año de 1635 se pagará más tarde con

1. David S. Landes, *The Wealth and Poverty of Nations*, Nueva York, 1998 (trad. Barcelona, Crítica, 1999).

2. J. Mª. Jover Zamora, *1635. Historia de una polémica. Semblanza de una generación*, Madrid, 1949.

la agitación política en la Corona de Aragón y en Portugal. Frente a esta difícil situación, Bernardo de Weimar conquistó Breisach poniendo en dificultades las comunicaciones entre el ducado de Milán y los Países Bajos. Las dificultades económicas interfirieron en la evolución de la guerra.

Los burgueses de Amsterdam, retratados por Rembrandt, tomaron el pulso de las finanzas, gracias a la asombrosa vitalidad de su banca y a una ética favorable al capitalismo.[3] El elogio de la cotidianidad permitió hacer frente a un mundo en convulsión, sin temer por el futuro. Quizás por ese motivo Luis XIII, cuyo primer ministro el cardenal Richelieu era un hombre de la Iglesia, decidió abandonar la tradicional ambigüedad de la política internacional francesa para decantarse por el lado holandés, que era tanto como decir del lado protestante. Le hicieron ver en el poder de Felipe IV a su adversario más peligroso tras la rendición de Breda, donde Justin de Nassau se doblegó ante Ambrosio Spínola, como se apresuró a representar Diego Velázquez en su famoso cuadro *Las Lanzas*. Por ese motivo, le indujeron a combatirle en todos los terrenos (armas, letras e iconografía), aprovechando la monumental confusión en el bando católico tras la «tragedia» del general Albrecht von Wallenstein, en febrero de 1634. Recordemos: el hombre más brillante de los ejércitos católicos, con un talento desmesuradamente superior al de sus contemporáneos, con una actitud hacia la guerra pocas veces visto, fue acosado por sus propios «amigos» hasta ser asesinado.[4] Esa tragedia impresionó intensamente a muchas generaciones de europeos gracias al dramatismo que el pintor Pietro Paolini confirió a la escena del asesinato.[5] La propaganda po-

3. Simon Schama, *The Embarrassment of Riches. An Interpretation of Dutch Culture in the Golden Age*, Londres, Collins, 1987.

4. Golo Mann, *Wallenstein*, Florencia, 1981.

5. Luca, Palazzo Orsetti. Hacia 1634. Vid. Patrizia Giusti Maccari, *Pietro Paolini pittore lucchese 1603-1681*, Lucca, 1987, donde se reproduce el cuadro.

lítica se apropió una vez más de la pintura narrativa para exponer sus ideas sobre los desastres de la guerra, que culminaría en la obra de Jean Perrissin.[6]

HOMENAJE GENOVÉS

La noticia de la decisión de Luis XIII sumió a Felipe IV en una fuerte preocupación por el destino de su hermana y quizás de los hijos de su esposa francesa. El príncipe Baltasar Carlos había considerado siempre la posibilidad de que una alianza entre la casa de Austria y la de Borbón lograra la paz en Europa. Con la noticia de la entrada en la Guerra de Francia, la situación del Imperio español tomaba un giro irreversible hacia lo peor. Las finanzas estaban exhaustas, la moral casi inexistente, los pagos al ejército bajo mínimos, los grandes capitanes escaseaban, y los territorios de la Península Ibérica se levantaban contra el poder central. La situación empeoró, aún más si cabe, cuando murió el príncipe Baltasar Carlos en 1646. En aquella época, quizás más que en la nuestra, los escritores españoles se preguntaron si la situación era corregible, y si se podía evitar la destrucción del Imperio.

La búsqueda de una identidad para España seguía constituyendo el armazón de la ideología política, pero ahora estaba en grave peligro. Primero, por la ambigüedad mostrada por la Liga habsburguesa ante el asesinato de Wallenstein; luego, por el esfuerzo de los libertinos del entorno político de Luis XIII, la cultura española les parecía simplemente una nostalgia de un tiempo perdido ya para siempre. Y antes que nadie Savien de Cyrano, más conocido como Cyrano de Bergerac (1619-1655), quien situó esos sueños en la luna, pues

6. Jean Perrissin, *Premier volume contenant quarante tableux ou histoires diverses que sont memorables touchant les guerres, massacres & troubles advenus en France en ces dernièrs annés*, Ginebra, 1570.

no podía olvidar el asesinato de Enrique IV. Durante esos años tan decisivos, el trágico francés Corneille se dedicó a poner en su sitio algunos mitos españoles, como por ejemplo *El Cid* (1638).

Los mismos procedimientos literarios sirven al novelista genovés Antón Giulio Brignole Sale para iluminar no sólo el mundo vital granadino en tiempos de la conquista cristiana, sino los primeros pasos como héroe del Gran Capitán, su aparición auroral en el marco de una búsqueda de la tradición morisca en la línea comenzada por Ginés Pérez de Hita, cuando lo español y lo caballeresco relucían con toda su intensidad dramática frente a la ideología libertina procedente de Francia, país que precisamente en esos tiempos se había convertido en el auténtico peligro de la república genovesa.[7]

El conflicto de intereses ideológicos había sido abordado ya desde una perspectiva retórica por el genovés Agostino Mascardi (en realidad había nacido en Sarzana en 1590) en su *Dell'Arte Istorica*.[8] Pero estaba claro que no se trataba de un peligro más: era el momento crucial de la historia genovesa y quizás por extensión italiana. En el fondo yace, en el texto de Brignole, la radiación del mito del Gran Capitán, convertido en el ejemplo de un pasado áureo, factible aún de recuperar.

HISTORIA DE UNA CONJURA

El empuje ideológico francés obligó a que los españoles actualizaran sus mitos más relevantes. A mediados del siglo XVII, un importante grupo de poetas y escritores pusieron manos en el asunto; entre ellos, destacó muy pronto por su particular ingenio Francisco de Quevedo y Villegas (1580-1645), un escritor

7. Michele de Marinis, *Anton Giulio Brignole Sale e suoi Tempi*, Genova, Apuana, 1914.

8. Genova, 1629, edición de Adolfo Bartoli, Florencia, 1859.

de primera línea, gran pensador, autor de obras de éxito como *El Buscón*, y de poesías donde expresa sus quebrantos vitales debidos en gran parte al enfrentamiento con el conde-duque de Olivares, que le condujo a la prisión en el convento de san Marcos de León. Quiso servir no obstante a su patria ante las críticas de los libertinos franceses. *Su España defendida y los tiempos de ahora* (1630) enseñaba a sus compatriotas las glorias de España, eligiendo personajes y momentos cruciales de su pasado; mientras que en sus *Escritos políticos* se hacía eco de un rumor cada vez más extendido en la sociedad española, la ingratitud de los reyes hacia sus mejores hombres: «Tal sucedió, escribe, al Gran Capitán con el Rey Católico y al de Pescara con el Emperador Carlos V, pues todos padecieron sus méritos en vez de gozarlos».[9]

Un día, muchos años después, Quevedo volvería sobre esa idea con inusitados bríos, mientras ordenaba los materiales que dieron lugar a su libro *La Vida de Marco Bruto*, el «mejor de los que he escrito», dijo de él en cierta ocasión. Eso ocurría en 1644, cuando contaba sesenta y cuatro años.

El asesinato de Julio César por un grupo de colaboradores ingratos y desleales había sido tema de comentario de infinidad de escritores desde Suetonio y Plutarco a Shakespeare, y fue necesario buscar una explicación a la actitud de aquellos conjurados que reclamaban las virtudes de la República para alzar los puñales contra un gran hombre. Esa actitud, duramente criticada a lo largo de los siglos, le pareció a Quevedo insoportablemente necia, y consideró oportuno reflexionar sobre ella: «Las conjuras, escribe, que se acusan, antes se castigan que se averiguan; porque se temen sin oírlas, y se creen en oyéndolas. El que las ocasiona tiene por averiguación su mérito: nadie dirá que hay conjura, que no la haya en el castigo, aunque falte en la verdad».[10] Más adelante, insiste con

9. Francisco de Quevedo y Villegas, *Obras Completas*, ed. Felicidad Buendía, Madrid, Aguilar, t. I p. 780.

10. Quevedo, *Obras Completas*, cit. p. 972

nuevos argumentos morales sobre este asunto: «¡Miserable estado en el de los príncipes, que si no oyen las acusaciones no pueden vivir, y si las oyen, no los dejan que vivan!». En un tercer momento avanza la razón de ese mal: «Más conjuras hace el que las cree, que quien las traza; muchas se castigan, pocas se evitan». Si Quevedo había llegado a estas conclusiones de tono moral, debía demostrarlas en el terreno de la historia española, pues resultaba evidente que «las traiciones muestran desconfianza de la bondad o talento o poder del príncipe».

La historia de la conjura de César le recordaba a Quevedo otra que tuvo la suerte de conocer gracias al archivo de don Fernando de Barradas. Mientras hojeaba distraídamente unos legajos encontró una serie de cartas de Fernando el Católico a Francisco Pérez de Barradas con instrucciones muy precisas sobre el Gran Capitán.[11] Quevedo reaccionó con enorme interés, debido entre otros motivos a su amistad con el bisnieto de este personaje, don Gonzalo Fernández de Córdoba, «no menos gran capitán que fue su bisabuelo, ni de valor menos mortificado».[12]

Pues bien, ésta es la historia que Quevedo logra reconstruir gracias al archivo de don Fernando de Barradas: un grupo de conjurados contacta con el rey Católico en Valladolid para hacerle saber que «el Gran Capitán quería levantarse con el reino de Nápoles», esto dicho «con todas las legalidades de la calumnia y de los celos». Fernando y sus informadores se ven en varias ocasiones, pero sin jamás franquear los límites de las relaciones estrictamente diplomáticas: una o dos reuniones para preparar un informe secreto al respecto. Luego envió a Pedro Navarro y a su propio hijo el arzobispo de Zaragoza para que verificaran las acusaciones o las desmintieran. Finalmente, escribió al Gran Capitán «una carta con pocos renglones, no dándose por entendido de lo que el rey pensaba; más

11. Antonio López Ruiz, *Quevedo y la nobleza andaluza,* Almería, 1988.
12. Quevedo, *Obras Completas,* cit. p. 1020

asegurándole de lo que podía pensar». Poco a poco el rey Católico le va tomando ojeriza a su viejo amigo Gonzalo. No se deja convencer de las buenas intenciones, y para mantener vivos los recelos Fernando decidió viajar a Nápoles, donde tendría ocasión de hacer las observaciones necesarias acerca del peligro que supone siempre la rebeldía.

Quevedo transcribe con conmovedora precisión el momento de la cena de Savona, cuando el rey de Francia «viendo al Gran Capitán propuso y porfió que había de comer con ellos en la misma mesa quien vencía a reyes y quitaba y daba coronas».[13] ¿Qué el rey Católico se muestre desconfiado ante la actitud de Luis XII? A Quevedo no le sorprende: sabe muy bien que «el peor fábrica de venenos es la honra». Y añade para aclaración de sus lectores: «¡Oh, cuanta muerte guisó en este convite! Todos tienen hambre del alimento que reparten. Comieron juntos, sin otra diferencia que su asiento desigual». ¿Estamos ante un exceso de imaginación del escritor? ¿Exagera en su presentación de los hechos? Quevedo podría jurar sobre la Biblia que todo eso era intencionado. «El francés los atosigó a entrambos», escribe e insiste sobre su argumento (con machaconería): «a Fernando las sospechas que traía, viendo a su enemigo interceder por el honor del vasallo en quien veía tan gloriosos servicios; y en Gonzalo Fernández la atención bien advertida y el peligro de dos malicias coronadas». La situación se hizo imposible. De regreso a España, Fernando que «nunca pudo digerir aquel banquete del rey de Francia», planifica, sin que el Gran Capitán lo sospeche, «un divertimiento mañoso», consistente en «olvidar lo que más tenía en la memoria». Luego «obligó a Gonzalo Fernández, sin mandato, a retirarse a Granada». Al principio, el Gran Capitán cae en la desesperación. Pero en seguida empezó a pensar una salida a su situación. No cabe duda que alguien le considera política y militarmente peligroso. ¿Fernando el Católico?

13. Quevedo, *Obras Completas*, cit. p. 973.

Podría pensarse que así es. Pero Quevedo tiene un as en la manga, y lo sacará en ese preciso momento. El responsable de todo aquello era el rey de Francia que «no contento con haber ensarzado las causas de sacar de Italia en el Gran Capitán sus temores, pasó con nuevas maquinaciones a asegurarse de que el Católico por ningún accidente de guerra le volviese a encargar armas fuera ni dentro de sus reinos».[14]

Fernando conocía esa conjura por su servicio de contraespionaje, pero no hizo, ni dijo nada. Se mantuvo a la expectativa con una sonrisa entre complacida y cómplice. La situación le parecía favorable a sus intereses. Gonzalo estaba perdido, piensa Quevedo, para añadir en seguida, y en tono sentencioso: «la traza fue tan apretada, que pudo conseguir no sólo este retiro, sino la ruina de aquel varón gloriosísimo».

La historia resulta increíble. ¿Una conjura de Estado para poner fin a la carrera del Gran Capitán? ¿Qué dice Quevedo? En su opinión, la situación que trasluce la cena de Savona es más seria de lo que sospechaban por los historiadores Jerónimo Zurita y Paolo Giovio: es una verdad mezquina, trivial, que contrasta con la retórica empleada por tantos escritores «así españoles como italianos y franceses» que «dedicaron sus plumas» a narrar la vida y los hechos del Gran Capitán, «condiciando volar en las alas de su fama» más que servir a la verdad histórica.[15]

¿Cómo ha llegado Quevedo a esa verdad? Aquí aparece un elemento nuevo en la elaboración del mito del Gran Capitán: los documentos. «Hallé esta noticia, escribe, mirando para otros fines los papeles de los grandes servicios de la casa muy ilustre de don Fernando de Barradas, que él tiene en su poder, originales de mano del rey Católico». Desde el primer contacto de Quevedo con este archivo, los documentos estaban allí para ser interpretados. ¿Los documentos? ¿De qué estamos hablando? Casi cuarenta años antes de que Jean de Ma-

14. Quevedo, *Obras completas*, cit. p. 973.
15. Quevedo, *Obras completas*, cit. p. 973.

billon elaborara los métodos de estudio de los documentos del pasado en su *De re diplomática* (1681), Quevedo se enfrenta con el problema de la transcripción y comentario de un *Corpus* documental que permitía aclarar uno de los aspectos más enigmáticos de la historia de España: los motivos esgrimidos por Fernando el Católico para retirarle el mando de las tropas y el gobierno del *Regno* de Nápoles al Gran Capitán Gonzalo Fernández de Córdoba.

¿Los documentos? Aquí está la clave de todo. Quevedo no tiene ningún interés de buscar la fama subiéndose a los hombros del mito del Gran Capitán. Lo que le importaba realmente era la verdad histórica en sí misma. No deseaba entrar en polémicas ociosas, y menos aún competir con los viejos historiadores oficiales; deseaba ampliar la información, dar a conocer unos datos hasta ese momento totalmente desconocidos. El Gran Capitán es para él, como para todos sus contemporáneos, un mito, alguien que necesita ser entendido en bien del país. Los documentos en cuestión, transcritos con toda fidelidad por Quevedo, son tres cartas: dos despachos de Fernando el Católico a Francisco Pérez de Barradas, alcaide de La Peza, una localidad próxima a Granada; y un informe de éste al rey.[16]

Fernando ordena a su alcaide para que viaje hasta Málaga «guardando secretísimo todo lo susodicho» con el fin de comprobar un rumor que ha llegado hasta él aquel verano de 1515: la presencia de unas naves en el puerto con las que el Gran Capitán busca el modo de salir de España hacia Flandes para reunirse con el joven Carlos de Habsburgo. Las viejas sospechas sobre Gonzalo se reflejan en este despacho como una parodia en la trivialidad con la que el rey católico afrontaba la política internacional. El informe ulterior de Barradas, donde le comenta que ha sabido «en gran secreto» que dos naves nizardas «van a Málaga o Almería para recoger en Castel

16. Quevedo, *Obras completas,* cit. pp. 973-976.

del Ferro al dicho Gran Capitán, y pasarle a Nápoles», aunque él no está seguro de que eso sea así.[17]

Tal vez las dudas del alcaide deberían haber hecho recapacitar al rey. Pero no fue así. Sin duda a Fernando se le llevaban los demonios cuando oía hablar de las intenciones políticas del Gran Capitán, y por eso mismo de golpe, sin argumentos que lo avalen, responde a Barradas en tono altanero: «Y como quiera que yo crea que es así; mas visto lo que decís, que el Gran Capitán iba a este mismo tiempo a esa ciudad de Málaga, adonde le tenían ya aposentado, sino que adoleció yendo para ahí en Archidona, ya no estoy sin gran sospecha que su ida a esa ciudad era para poner por obra el fin que dicen de irse fuera de estos reinos».[18] ¿Qué puede hacer el rey para probar su sospecha, para creerse a sí mismo y hacer creer a los demás de la traición del Gran Capitán?

En este punto es cuando las instrucciones a Barradas se vuelven reveladoras del estado de ánimo de Fernando: «y por esto recelo yo que la dicha nao nizarda o alguna de las otras que están en el dicho puerto, deben esperar al dicho Gran Capitán; y por eso es muy necesario y conveniente que vos hagáis toda diligencia con gran disimulación, para saber si la dicha nao nizarda es la que viene para esto, o alguna de las otras que en el dicho puerto están».[19] Mediante una fijación obsesiva, patológica, el rey manifiesta públicamente su recelo así como la necesidad de seguir los movimientos de Gonzalo, o mejor aún, «estorbar que el dicho Gran Capitán no pueda salir con su intento de irse fuera del reino (si tiene tal pensamiento), podréis dar parte en mucho secreto al corregidor de esa ciudad de esta negociación, para que vos ayude a hacer sobre ello las diligencias necesarias».

Así pues, los oficiales públicos están al servicio de las obse-

17. Quevedo, *Obras completas,* cit. pp. 974-975.
18. Quevedo, *Obras completas,* cit. p. 975.
19. Quevedo, *Obras completas,* cit. p. 976.

siones del monarca, al igual que el tribunal de la Inquisición se preocupa de perseguir a unos enemigos inexistentes. Cuando el alcaide le sugiere que tales sospechas son exageradas dado el estado de salud de Gonzalo, el rey le ataja con unas palabras llenas de rencor y miedo: «Y por la dolencia que decís que tiene el dicho Gran Capitán, no os habéis de descuidar, creyendo que estando doliente, aunque tenga fin de irse, no lo podrá ejecutar; antes habéis de estar sobre el aviso para saber siempre qué hace, porque podría ser que su dolencia fuese fingida, para poder salir con su intención».

La mente del rey Católico es como un sendero sembrado de retorcidos matorrales, sin salida posible. La mente de un enfermo. Por eso le insiste a Barradas: «Y pues vedes cuánto importa a nuestro servicio este negocio, poned en él mucho cuidado y buen recaudo; y mirad que si el dicho Gran Capitán fuere a esa ciudad, que yo sospecho que no es para otro fin sino para el que dicen que tienen que irse fuera del reino; y por esto habéis de estar muy sobre el aviso, para que no vos pueda engañar. Y hacedme de continuo saber lo que supiéredes en esta negación, y escribidme más largo y más claro que ahora me escribistes».[20]

Vistas desde hoy, las pruebas aportadas por Quevedo para justificar su teoría de una conjura contra el Gran Capitán tendida por el rey de Francia y aceptada por Fernando el Católico son bastante sólidas. Los documentos del archivo del antiguo alcaide de La Peza prueban que, incluso en los últimos meses de vida, Gonzalo estuvo sometido a una vigilancia extrema por parte de un rey neurótico que sin embargo era la víctima del perverso Luis XII. Hasta en sus últimos detalles, Quevedo apura esa idea. Tiene serias connotaciones políticas: no sólo porque la aplica a la conjura contra Julio César, sino también contra la animadversión que él mismo sintió de hombres insensatos como el conde-duque de Olivares. Además, la

20. Quevedo, *Obras Completas*, cit. p. 976.

conjura forma parte de la historia para impedir el triunfo de los mejores sobre los mezquinos. Un juicio moral de la política europea del siglo XVII que le sirvió a Paul Hazard para fijar su teoría de la crisis de la conciencia europea. Con lúcida precisión, Quevedo concluye su alegato en favor de Gonzalo: «Esta traza y estratagema que hasta hoy ha corrido, ponderada su ingenuidad de ánimo en el rey de Francia, en honrar la virtud y el valor aun en su mayor enemigo, como lo fue el Gran Capitán con tan coronadas victorias, empezará a oirse con su propio nombre, reconociéndola todos por venganza astuta, dictada de la habilidad del temor, y lograda en la terquedad de celos de Estado».[21]

En la historia siempre ha existido, y existirá, un camino de los hechos y otro de la conciencia de esos mismos hechos. Este último es el que provocó las agudas reflexiones de Quevedo sobre el Gran Capitán, ese gran mito español, sólo comparable con el de Aníbal o Julio César, otros hombres apresados en la tupida red de una conjura de necios. El debate político se centró a partir de ese momento en determinar la moral de los reyes de Francia con respecto a las actuaciones de los españoles en la guerra que les enfrentaba desde hacía unos años. Una inmensa distancia separa a ambos países. Quevedo está convencido de ello. No será el único. Veamos otros casos.

ELOGIO A LA VIRTUD

La línea de debate intelectual entre España y Francia se fijó en los años cuarenta del siglo XVII en el plano de la moral. ¿Donde debía situarse la virtud? Los libertinos franceses, que se arremolinaron en torno a la gran dama de la cultura francesa Ninon de Lenclos, buscaron acorralar el pasado mediante una propuesta arriesgada, mostrando sin pudor el tono de

21. Quevedo, *Obras Completas*, cit. p. 977.

la vida de entonces. El miedo a la Fronda justificó la sutileza interpretativa de la moral humana y el posicionamiento crítico ante la reciente historia dc Europa.[22] La virtud está en la libertad. Frente a esa ideología francesa, apoyada en una figura de mujer, se levanta una mujer española, que además es una excelente escritora: doña Luisa de Padilla Manrique y Acuña, condesa de Aranda, quien en 1644 publicó un libro con el título *Idea de nobles y sus desempeños en aforismos. Parte Quarta de Nobleza Virtuosa.*[23]

La tradición de todas las generaciones precedentes emerge en este libro, mediante una reflexión sobre las virtudes aristocráticas.[24] Y precisamente cuando parece que tales virtudes ya no rigen en la sociedad, surge la condesa para restituir la tradición y reanimar de ese modo la superioridad moral de la nobleza, es decir, para crear lo que nunca ha existido, precisamente en las épocas por ella misma evocadas como ejemplos a seguir. El ulterior recurso a la alegoría no es suficiente: la condesa pide prestado a Gracián las metáforas de Verdad y Mentira para representar bajo esa glosa de carácter alegórico la adaptación de la nobleza al mundo moderno. Por este camino se topa con la figura del Gran Capitán. No es su modelo de héroe por excelencia, éste es Íñigo López de Mendoza; pero se interesa por él a propósito de las relaciones entre la serenidad de espíritu y la conducta aristocrática. La condesa de Aranda llega a la siguiente conclusión sobre la figura de Gonzalo: «No es lícito otro tenor en el general noble sino el que el Gran Capitán tenía en un grave peligro que le vieron

22. Jean Duvignaud, *Le jeu du jeu*, París, Balland, 1980, p. 91.

23. Zaragoza, Imprenta del Hospital de Nuestra Señora de Gracia, 1644. Ejemplar de la B.N. R-9613.

24. Aurora Egido, «La nobleza Virtuosa de la condesa de Aranda, Doña Luisa de Padilla, amiga de Gracián», en *Archivo de Filología Aragonesa*, LIV-LV, Zaragoza, 1998, pp. 9-41. Id. «La idea de nobles de la condesa de Aranda y Baltasar Gracián», en *El conde de Aranda y su tiempo*, ed. J. A. Ferrer, Zaragoza, 2000, pp. 63-80.

temblar; y dixo que de la gran fortaleza del coraçon temblava el cuerpo deseando entrar en el peligro, no negandole: y an aviendo caido en la celada no tema, animando a los demás».[25]

La nobleza entendida como extensión de la virtud, un modelo de conducta necesario de aprender por todo el que quiera servir al Estado, cumpliendo así adecuadamente con sus deberes a la patria. La única certeza posible: España en el horizonte de expectaciones de una sociedad en crisis. Estas obras se aproximan poco a poco al sistema que enunciará Gracián.

EL ARTE DE LA DISCRECIÓN

En este preciso momento, cuando la situación es la peor de las posibles, algunos jesuitas del entorno de Felipe IV se dedicaron a pensar en una solución para España. De todos ellos, pronto destacaría un hombre que sin embargo viviría lejos de la corte, alabando las posibilidades que aún permitía la vida en la aldea. Me refiero al aragonés Baltasar Gracián (1601-1658), quien asumió la responsabilidad de reflexionar sobre su mundo con el propósito de restaurar el orden político adecuado a la moral católica. Aurora Egido elige a Gracián como uno de los principales representantes de la alegoría barroca. Creo que está en lo cierto, pues Gracián fue una figura importante en la definición de la poética española del siglo XVII, surgida de la confrontación entre imitación y emulación, entre naturaleza y arte.[26]

Los años de madurez de Gracián (1637-1658) fueron unos años decisivos en la vida política europea y en el destino de la casa de Habsburgo. Contemplaron sucesivamente la conquista

25. ed. cit. p. 703.

26. Aurora Egido, *Fronteras de la poesía en el Barroco*, Barcelona, Crítica, 1990, p. 14.

del Rosellón por las tropas de Luis XIII (febrero de 1642) la derrota de los tercios en Rocroi al mando de Francisco de Melo (el 19 de mayo de 1643), el reconocimiento de la soberanía de las Provincias Unidas (enero de 1648) y los acuerdos firmados en Münster y Osnabrück para poner fin a la guerra (agosto y octubre de 1648). Sin una línea precisa, la Monarquía española trató de buscar una salida a sus complejos problemas. Pero ni el rey ni su valido el conde-duque de Olivares estuvieron a la altura de la situación. La gran historia se había echado encima de España y estaba poniendo fin a los sueños de un Imperio, tejido gracias a la habilidad política de los Reyes Católicos y al empuje de Carlos V. Finalmente, para empeorar la situación, si eso era ya posible, Oliver Cromwell declaró la guerra a España, lo que trajo consigo los primeros bloqueos navales de la Península y la pérdida de algunas importantes posesiones, como Jamaica conquistada en 1655 por barcos ingleses.

La decadencia fue considerada en España como una torpeza de las clases dirigentes más preocupadas de sus exagerados privilegios y de sus extravagancias mundanas que de la situación política de su país. El mismo Gracián, que de múltiples modos se entrega a esa sensación tan extendida, escribe en una ocasión: «Son las exageraciones prodigalidades de la estimación, y dan indicio de la cortedad del conocimiento y del gusto».[27] Mas la postura de Gracián ante la situación de España en las décadas centrales del siglo XVII la analizaré buscando el mito fundacional del ser español en el laberinto de su obra. ¿Hay que tomar en serio esa inmensa alegoría como el arte supremo de entender la política, o tal propósito es sólo una dimensión hermenéutica? Sin duda la postura de Gracián frente al problema de la Liga Habsburgo a partir de la entrada en la Guerra de Francia no surgió de la perplejidad con la que otros jesuitas de su tiempo (o educados por ellos en La Flèche,

27. B. Gracián, *Oráculo manual y arte de prudencia*, edición Emilio Blanco, Madrid, Cátedra, 1995, p. 125.

como René Descartes) afrontaron la escisión de la cultura católica, una perplejidad que busca superar los problemas, planteando a fondo la relación entre la política y la religión. El rechazo de Gracián del método cartesiano y del concepto de la certeza vinculada al *yo-que-piensa* se origina justamente en el encuentro con los personajes claves de la tradición española.

La historia es vista desde un punto de vista moral, no metafísico: le parece a Gracián un movimiento vital de unos individuos que en otro tiempo crearon un sistema de valores adecuado a un Imperio católico, unos individuos que se impusieron sobre el destino, debilitando a sus enemigos. La historia española desde finales del siglo XV a mediados del siglo XVII es observada desde la perspectiva de un juicio moral sobre el comportamiento político de sus líderes. De ahí el interés del jesuita aragonés por los modelos alegóricos: el héroe, el político, el discreto. Gracián no examina las ideas políticas como un fenómeno abstracto, como hace Thomas Hobbes en el *Leviatán* (1651); más bien las considera síntomas del comportamiento de unos individuos singulares. Con otras palabras, para él son los hombres quienes sustentan las ideas, no éstas a aquellos. La cuestión de la política queda recubierta así por la cuestión de los políticos.

Antes de iniciar mi búsqueda de ese mito fundamental en el laberinto textual, quisiera recordar la obra de Gracián en una apretada visión de conjunto y poner de relieve sus temas fundamentales. El *opus* literario de Gracián, que abarca numerosos escritos, todos ellos difíciles y comprometidos, fue posible gracias a una productividad asombrosa durante veinte años. En 1637, cuando tenía treinta y seis años y hacía diez que había sido ordenado como sacerdote en la Compañía de Jesús, apareció su primera obra *El Héroe*, escrita al parecer en Huesca. En 1640, coincidiendo con la agitación en Cataluña, aparece la primera versión de *El Político*, dedicada a Fernando el Católico, el rey a juicio de Jerónimo Zurita que mejor entendió la singularidad de esos territorios ahora en abierta revuelta contra la Monarquía de Felipe IV. En 1642, aparece *Agudeza y, arte de ingenio*; y cuatro años después *El Discreto* donde se perfilan los elementos principales de su pensamiento. En 1647, *Oráculo manual y arte de prudencia*; y la segunda versión de *El Político.* En 1653 aparece la segunda parte *El Criticón* y cuatro años después la tercera y última. En 1658 moría. En apenas veinte años crea Gracián una obra singular en la literatura barroca española; su producción cada vez más elogiada y citada como punto de referencia tiene un carácter críptico por el uso de constantes metáforas. Con frecuencia se ha intentado encontrar una línea de argumentación y casi siempre se ha visto que el jesuita aragonés buscaba el modo de fijar un arte del ingenio, «una brújula de marear a la excelencia».[28]

EL HOMBRE QUE ESPERA

En la metáfora del hombre que espera, Gracián ve la verdadera grandeza del ser humano. Así lo argumenta en *Oráculo Manual y arte de prudencia*: Hombre de espera. Argüye gran coraçón, con ensanches de sufrimiento. Nunca apresurarse ni apasionarse. Sea uno primero señor de sí, y lo será después de los otros. Hase de caminar por los espacios del tiempo al centro de la ocasión. La detención prudente sazona los aciertos y madura los secretos. La muleta del tiempo es más obradora que la açerada claba de Hércules. El mismo Dios no castiga con bastón, sino con saçón. Gran dezir: el Tiempo y yo, a otros dos. La misma Fortuna premia el esperar con la grandeza del galardón».[29]

La espera se convierte así en la clave de la vida humana; se considera como el acceso más profundo, más propio, como la virtud más originaria, detrás de la cual viene luego a lo sumo

28. Aurora Egido, *La Rosa del Silencio. Estudios sobre Gracián*, Madrid, Alianza, 1996, p.16. 29. *Oráculo*, cit. pp. 132-133.

sus acciones; más aún, la espera adquiere sentido de ser el principio del origen, y se sitúa por eso más allá del pensar y del dudar: he ahí la respuesta del jesuita aragonés a Descartes.

Gracián sigue las huellas de la concepción estética de la *espera* que vemos en Francesco Colonna, lo que es tanto como decir en Tommaso de Saluzzo, la versión alegórica del espíritu de la caballería.[30] Pero no la desarrolla mediante un esfuerzo narrativo que el barroco ha puesto en duda, sino que por el contrario lo formula mediante una serie de categorías alegóricas.

Esa actitud hacia «el hombre que espera» había aparecido ya en otro libro de Gracián escrito poco antes, en 1646, uno de los tres que componen el tríptico sobre la conducta humana (los otros dos son *El Héroe* y *El Político*) que lleva por título *El Discreto*.[31] En su realce tercero «hombre de espera: alegoría» se celebran todas las configuraciones de esa virtud en un lenguaje de tono exagerado, retorcido, donde los pormenores ofrecen lecturas alternativas, de enorme complejidad, que hacen las delicias de los críticos literarios y llenan de notas las ediciones del texto. Sin embargo, lo que aquí importa retener no es su exagerada retórica barroca, sino la visión del mundo existente detrás de ella.

El carro que arrastraba la Espera por los espaciosos campos del Tiempo hasta el Palacio de la Ocasión expresa sin duda un sentimiento jubiloso hacia la vida, incluso en sus aspectos terribles y desasosegados. «Su vestir no era de gala sino de decencia», esta es la frase reveladora de todo el texto. ¿Se trata sólo de un sueño como el de Polifilo sin asentamiento en la realidad? O, por el contrario, esa alegoría del gran acontecimiento vital, ¿se encuentra confirmada en un pasado históri-

30. José Enrique Ruiz-Domènec, *La novela y el espíritu de la caballería* (1993), Barcelona, Mondadori, 2000.

31. B. Gracián, *El Discreto,* edición de Aurora Egido, Madrid, Alianza, 1997.

co? Gracián se mueve en esta segunda dirección, y cita tres casos singulares: Fabio Máximo, «que con su mucha espera desvaneció la gallardía del mejor cartaginés y restauró la gran república romana»; Pedro el Grande de Aragón, el rey que supo doblegar a los franceses en Sicilia y se ganó un puesto en la eternidad al retar al orgulloso Carlos de Anjou a un duelo judicial en Burdeos; y, finalmente, en tercer lugar, abriendo así la ventana al espíritu de su tiempo, «el Gran Capitán, muy conocido por su empresa, que sacó en Barletta: aquella que con grande ingenio enseñaba a tener juicio y le valió un reino, conquistado más con la cordura que con la braveza».[32]

Los valores del hablar, se dice también en *El Discreto*, son los únicos que asisten al gran hombre convertido en el mito del ser español. Con ese motivo Gracián se propuso indagar en lo que Nietzsche llamó los aspectos dionisíacos del hombre. El arte del hablar, la palabra convertida en voz que acaricia, la seducción por los modos en el decir, justifican el mito erótico más universal de la literatura, el don Juan sacado a la luz por Tirso de Molina. Consideremos en este ambiente la necesidad del jesuita de encontrar un hombre en el pasado histórico que esté a la altura de este deseo tan arraigado en la sociedad española, el hombre que sabe hablar, que enamora con sus palabras. Por eso Gracián interroga a la tradición popular, a los ecos y rumores de una sociedad que transmite la fama por vía oral.

La oralidad no se considera aquí solo, según Gracián, una recuperación de normas textuales de otros escritores o de decires callejeros, es más bien la auténtica actividad del intelectual que quiere conocer el pulso de su pueblo a la hora de dictaminar qué es lo que en verdad piensa, sin que lo llegue a saber con exactitud. Únicamente con el ojo de esa mirada puesta en la opinión colectiva, el escritor puede penetrar en el corazón de la gente de España. Es la misma postura de Cer-

32. *Discreto,* cit. pp. 185-186.

vantes, la que le hizo seguir las andanzas de don Quijote, pero ahora la búsqueda es más osada, más temeraria, pues no se inscribe en el imaginario de un sistema ideal de comportamiento como la caballería, sino en la historia de España.

La verdadera esencia del español surge en la historia, no en las fantasías de un lector de la Mancha. La dimensión trágica de la tradición española expresa la experiencia del ser de España. La realidad es así la máxima referencia posible. Tal paradoja esencial sitúa la alegoría de Gracián en un punto difícil de entender por los especialistas, pues llevado por ese argumento cuando destaca los personajes que pueden aspirar a ser el mito español, los recubre de una máscara literaria, que ha confundido a más de un intérprete.

Afirma Gracián: «Sobre todo tiene una tan sazonada como curioso copia de todos los buenos dichos y galantes hechos, así heroicos como donosos: las sentencias de los prudentes, las malicias de los críticos, los chistes de los áulicos, las sales de Alenquer, los picantes de Toledo, las donosidades del Zapata y aún las galanterías del Gran Capitán, dulcísima munición toda para conquistar el gusto».[33] Esta era una manera, la más hábil, de darle derecho retórico a la oralidad en medio de las exigencias de un mundo cada vez más inclinado a la ironía. Muchas veces se ha hecho mención de esa inclinación cultista del jesuita aragonés, pero ahora aparece en el centro del propio texto. Eso ha obligado a pensar en la identificación exacta de los cinco personajes. Las conclusiones de Máxime Chevalier son precisas: sólo el Gran Capitán está lejos de ser sospechoso, los demás provocan confusión.[34] Gracián trata con mucha libertad la identidad de los personajes, menos la de Gonzalo. Es una indicación, cierto que excesivamente irónica, de por dónde quiere ahondar.

33. *Discreto*, cit. p. 202.

34. «M. Chevalier, Gracián y la trasdición oral» en *Hispanic Review*, 44, 1976, pp. 333-356.

Para alcanzar ese rango de mito fundacional del ser de España, escribe Gracián a su amigo don Vincencio Juan de Lastanosa (carta que se inscribe como el séptimo realce de *El Discreto*), el hombre que aspira a convertirse en un mito debe buscar el equilibrio entre los dos humores: «no siempre se ha de reír con Demócrito, ni siempre se ha de llorar con Heráclito». En ese realce, corto pero cargado de sentencias, se expone, sin rodeos, el perfil del gran hombre que tiene tiempo «para lo serio y también para lo humano». De hecho, el principio de distinción está orientado a presentar al personaje que encarna la virtud de la discreción, que la lleva a su realidad política.

Eso es lo que expresa claramente, sin ambages, casi de forma inesperada en este realce: «Fue el Gran Capitán, idea grande de discretos pórtabase en el palacio como si nunca hubiera cursado las campañas y en campaña como si nunca hubiera cortejado».[35] Gonzalo es, pues, el modelo de discreto, el hombre que con su vida prueba la verdad promovida por san Ignacio de Loyola, ese equilibrio entre lo humano y lo divino.

¿Por qué al confesarse a su amigo Lastanosa se fija en el Gran Capitán? Porque es un mito. La recuperación de su memoria es necesaria en un momento de enorme crisis con Francia, al insistir que fue él precisamente el que mejor entendió a sus reyes, a Carlos VIII al vencerle en Nápoles, a Luis XII que le rindió homenaje.

La búsqueda del fundamento de ese mito va aún más lejos. Se extiende en *El Criticón*, considerado en ocasiones «la obra de obras» a la realidad política de su tiempo, «que no es este siglo de hombres, digo, aquellos famosos de otros tiempos. ¿Qué, pensavais hallar aora un don Alonso el Magnánimo en Italia, un Gran Capitán en España, un Enrico Quarto en Francia....».[36]

35. *Discreto*, cit. p. 217.

36. B. Gracián, *El Criticón*, ed. M. Romera-Navarro, Filadelfia, 1938, t. I, p. 185.

Esa consideración del mito que apunta hacia lo alto, circunscribe otro campo que pertenece al orden político. Para Gracián está claro que Alfonso el Magnánimo había desarrollado una estrategia en el Mediterráneo y en toda Europa con el fin de contener al turco e impedir la conquista de Constantinopla; Enrique IV fue el rey que bien pudo haber evitado la guerra de religión entre católicos y protestantes, pero su asesinato en 1610 (que algunos historiadores comparan con el asesinato de J.F.K en Dallas en noviembre de 1963)[37] alteró la realidad histórica y empujó a Europa hacia una sima terrible. Entre ambos queda Gonzalo que está situado en medio de los dos, tanto en el tiempo como en la consideración del uso de la política. Un hombre que nunca llegó a reinar, por un exceso de discreción, de confianza en su señor natural. Un gesto que no es de este mundo, no procede del ser humano tanta generosidad, aunque se le reconoció por parte de Luis XII, atento como estaba a los decires de la alta política, en la famosa comida de Savona de junio de 1507 a la que Gracián había prestado atención en *Agudeza y arte de Ingenio*, pero que ahora en *El Criticón* la convierte en el centro de una reflexión sobre el significado del servicio al Estado. Escribe: «Aquella es la del Gran Capitán, a quien dio lugar entre los reyes el de Francia, diziendo: "Bien puede comer con reyes al que vence reyes". Fue tan cortesano como valiente, de braço como ingenio, plausible en dichos y en hechos».[38]

Delimitada de esta manera en lo político y en lo social, el área donde el mito puede realizarse según las reglas de la discreción se limita a dos aspectos.

Primero, es preciso conocer las eminencias de su tiempo, que no son muchas: «Una Fénix en todo un mundo, un Gran Capitán, un perfecto Orador, un Sabio en todo un siglo, un Eminente Rei en muchos».[39] Gracián, que conoce bien la his-

37. Stephen Toulmin, *Cosmópolis. El trasfondo de la modernidad*, Barcelona, Ediciones Península, 2001. 38. *El Criticón*, cit., t. III, pp. 194-195. 39. *Oráculo*, cit. p. 213.

toria de su país, respeta pues una jerarquía propuesta por los eruditos, con la única excepción del enigmático Fénix (algunos piensan que se refiere a Lope) y del sin par Gran Capitán. Agrega que «las medianías son ordinarias en número y aprecio; las eminencias, raras en todo, porque piden complemento de perfección, y quanto más sublime la categoría, más dificultoso el extremo. Muchos les tomaron los renombres de Magnos a César y Alexandro, pero en vacío, que sin los hechos no es más la voz que un poco de aire».[40] Fuera de esa fama espuria sólo la fama corroborada por acciones incontrovertibles ofrece posibilidad al mito. Estamos una vez más en presencia de una figura singular en el destino de un país. Reclama su presencia como ejemplo para una sociedad atemorizada por las dificultades.

El segundo aspecto se refiere una vez más al arte de la galantería, a representar lo que uno es en beneficio de la sociedad. En realidad, la sociedad debería hablar ese lenguaje, pero no lo hace, por falta de individuos que lo sepan realizar. El diálogo político no es más que un derivado de ese gesto personal consistente en comprender el mundo a través de una convivialidad extrema con los demás. En ese diálogo de la voz y del cuerpo aparece el amor personal, pero también el afecto entre los pueblos. La alegoría es definitiva, y sorprendente. No puede haber solución a los males de su época sin la restauración de la galantería, ese gesto tan masculino que había forjado la cultura caballeresca desde mediados del siglo XII. La función de sus oráculos es la de ayudar a subrayar mejor esa necesidad política. Se trata del dominio de la palabra, el medio obligado para dialogar, y dentro de ella su expresión más difícil, el desliz. Gracián lo define como «el desempeño de los cuerdos», y dice de él: «Con la galantería de un donaire suelensen salir del mas intrincado laberinto. Hurtársele el cuerpo airosamente con un sonriso a la más dificultosa con-

40. *Oráculo,* cit. p. 213.

tienda. En esto fundava el mayor de los grandes Capítanes su valor».[41]

Gonzalo, una vez más: su figura crea al arte de la distinción. Lo demás es mera apariencia, tosquedad. ¿Donde estaba un hombre como él mientras España se doblegaba a los mosqueteros de Francia?

41. *Oráculo,* cit. p. 143.

31

LOS CAMINOS DEL SUEÑO (1649-1659)

De todas las elaboraciones del mito del Gran Capitán desde Gonzalo Fernández de Oviedo, la nueva exploración sobre su figura llevada a cabo en los diez años que siguieron a las paces de Westfalia y Münster prometía ser la más extraña aunque comenzara como tantas otras con una leve mirada hacia el mundo nazarí. Por azar ocurrió que el gran poeta granadino Pedro Soto de Rojas vino en su auxilio, pues, estando a punto de publicar su poema *Paraíso cerrado para muchos, jardines abiertos para pocos,* mostró el camino a la hora de profundizar en el pasado de Gonzalo Fernández de Córdoba.[1] El uso de la metáfora desvela los «amargos fragmentos de murallas y períodos tristes de ruinas» que el pasado deja en la memoria social de una ciudad, de un país. No bastan las alabanzas cuando se trata de Granada: es precisa una luz interior que nace del contacto entre la cortés lisonja y el vuelo «que al rubio oriente en siete gradas sube».[2]

La recuperación de la memoria española exige un conocimiento profundo del orden de las palabras y las imágenes. Por ello en los escritores y artistas españoles de los últimos años del reinado de Felipe IV se incrementa la pasión por las metáforas ocultas y por la emblemática de carácter político, gracias al empuje dado por la obra de Juan Solórzano *Pereira Emblemata centum regio política.*[3] La *écfrasis* es lo esotérico, el se-

1. Pedro Soto de Rojas, *Paraíso cerrado para muchos, jardines abiertos para pocos,* edición de Aurora Egido, Madrid, Cátedra, 1993.

2. *Paraíso cerrado,* v. 943 (cit. p. 133).

3. Madrid, 1653. Al respecto véase Fernando R. de la Flor, *Emblemas. Lecturas de la imagen simbólica,* Madrid, Alianza, 1995, pp. 69 y ss.

creto del secreto, enseña a vivir lejos del mundo y de sus miserias, como si se estuviera en el cielo, o en algún espacio intermedio. ¿Alguien duda que *Las Hilanderas* de Velázquez, el gran cuadro de estos años, es algo más de lo que en apariencia vemos? Durante unos años, los españoles vivirán pendientes de esas «señales», conscientes de que en algún momento encontrarían en ellas la clave de la existencia o, por lo menos, un método para asegurar la memoria artificial sobre las cosas perecederas del mundo, como propuso el canónigo Alexandro Luzón de Millares en 1664, en una obra que aún hoy leemos con estupor.[4]

A distancia, Oliver Cromwell y el elector de Brandemburgo aparecen como los héroes de un nuevo orden, basado en la revuelta contra las imágenes barrocas difundidas por la Iglesia Católica. Ellos dos desplazan el centro del mundo hacia otras latitudes. Disuelven de manera inaudita las redes comerciales surgidas en el siglo XII que tenían a Génova y Venecia como el centro de los negocios capitalistas. Para que el nuevo orden consiguiera suplantar el pasado debía contener en sí algo tan poderoso como los mitos creadores del anterior espacio Mediterráneo. El paraíso perdido es la expresión de John Milton, aunque en realidad él quería hablar de un *Adam Unparadiesel* (un Adán sin paraíso), una especie de esplendoroso *cantabile* (la expresión es de C. S. Lewis) sobre el principio de la vida tras el fin de la era mítica. Para escapar del pasado tan cruento como absurdo, Milton invita a seguir sus pasos en esa inmensa alegoría como si se tratara de la inagotable voz de la conciencia. El mundo católico necesitaba reaccionar ante un escenario cultural tan perfectamente diseñado. ¿Cómo hacerlo?

El nuevo Papa Inocencio X, al que Velázquez retrató para la inmortalidad, profundizó en la forma originaria del misterio, patrocinando la solución más radical al proyecto de Bernini so-

4. Alexandro Luzon de Millares, *Idea Politica Veri Christiani Sive Ars Oblivionis. Isagogica ad artem memoriae*, Bruselas, Francisci Foppens, 1664.

bre las fuentes de Roma y apoyando al jesuita Athanasius Kircher en su lectura esotérica de los jeroglíficos presentes en los obeliscos egipcios existentes en Roma. Se recuperaba así el sueño de Polifilo, la palabra oculta, el mito original, cuya clave secreta está en un mito fundamental, en el vencedor sin mácula, que algún autor católico italiano o español no tendrá ningún inconveniente en identificar con el Gran Capitán.

VIENTO DE MÓDENA

El responsable de volver a considerar el mito del Gran Capitán en esos años tan decisivos para la cultura católica fue el poeta residente en Módena, donde ejerció de secretario de Estado, Girolamo Graziani, autor de la célebre obra que lleva por título *Il conquisto de Granada.*[5] La nueva alegoría barroca no tiende a anular la tradición del Renacimiento, como a veces se ha pensado, sino que, al contrario, la sitúa en el centro de sus propios mitos. Graziani adopta de modelo *La Jerusalén liberada* de Torcuato Tasso: ambos poemas hablan de una ciudad asediada por un ejército cristiano, de unos moros gigantescos y fieros, de unas doncellas guerreras, mezclados con ángeles, demonios y toda clase de fábulas y encantamientos. Esa dimensión maravillosa, casi sobrenatural, es el fundamento de *Il conquisto,* cuyo protagonista es un caballero cristiano de nombre Consalvo, hijo de Armonte d'Aghilar, enamorado hasta la locura de Rosaura, a la que busca por valles y montañas, en medio de la guerra de Granada.

Este Consalvo d'Aghilar es sin lugar a dudas el Gran Capitán, pues no sólo lleva su nombre y apellido (como a veces se le transcribía en Italia) sino que además actúa conforme a todas sus virtudes caballerescas. De nuevo en el mito del ser es-

5. Antonio Belloni, *Gli epigoni della Gerusalemme liberata,* Padua, Draghi, 1893.

pañol: un individuo a veces enigmático, siempre fascinante y seductor, gran caballero y mejor cristiano. Un espejo de galanterías en medio de un mundo áspero y seco, sin misericordia.

El paso siguiente se daría en Granada cerca del ambiente poético creado por Pedro Soto de Rojas en su Carmen del Albaicín, un año antes de que publicase en la imprenta de Baltasar de Bolibar su *Paraíso cerrado*, que dedicó a don Íñigo López de Mendoza, marqués de Mondéjar y conde de Tendilla. La referencia al sueño de Polifilo situaba la elaboración del mito del Gran Capitán una vez más en el jardín de amores, tan grato a Góngora.

LA MANO VENCEDORA

En 1651, se publicaba en Granada un largo poema heroico titulado *Neapolisea*, debido a un poeta de amplia erudición llamado Francisco de Trillo y Figueroa.[6] Si no nos dejamos llevar por los prejuicios antigongorianos de Marcelino Menéndez y Pelayo que calificó su obra de delirio,[7] o por los puristas desvelos de Gerardo Diego que la tildó de torpe, no hay mejor manera de abordar la elaboración del mito del Gran Capitán en los años finales del reinado de Felipe IV que recurriendo a su obra.

Trillo imita a Góngora, en particular desde que fijó su residencia en Granada: ciudad en la que contrajo matrimonio en 1640 y donde entró en contacto con quien se convertiría en su más íntimo amigo, el gran poeta granadino Pedro Soto de Rojas. Si se preocupa por la poesía frente a quienes le censuraban que lo hiciera, fue con el fin de comprender mejor la

6. Francisco de Trillo y Figuera, *Neapolisea: Poema heroyco y panegirico al Gran Capitán, Gonzalo Fernández de Córdova*, Granada, Baltasar de Bolibar y Francisco Sánchez, 1651.

7. M. Mendéndez y Pelayo, *Historia de las ideas estéticas en España*, Madrid, 1947, vol. II, p. 354.

realidad histórica, a la que él se dedicó como erudito y anticuario, según podemos comprobar leyendo su *Apologético Historial y fundadores de la ciudad de Granada.*[8] La poesía por su parte le convirtió en el verdadero juglar del Gran Capitán.[9]

Con el fin de asegurarse que los lectores pudieran seguir el laberíntico relato de las 446 octavas de la que consta la *Neapolisea,* Trillo elaboró un «argumento», o resumen, de unas pocas líneas para cada uno de los ocho libros. Manteniendo ese espíritu, propongo una rápida lectura del poema, resaltando los elementos centrales relacionados directamente con el Gran Capitán. De esta forma, creo, el lector actual entenderá la intención narrativa de un texto tan complejo.

TRILLO VUELA AL PARNASO

Tras un largo exordio dirigido al lector para que se sitúe en las intenciones de su obra, Trillo comienza no con el poema sino con los sucesos históricos que él mismo ha estudiado en las crónicas granadinas del pasado. Habiendo elegido la forma de poema heroico, en honor de Torcuato Tasso, se ve en la obligación de mostrar el modo como los hechos narrados se presentarán en forma de una inmensa alegoría de contenido poético. Trillo se adelanta así a cualquier queja de los lectores de su tiempo (y del nuestro) que pudieran ver en sus octavas una inclinación excesiva hacia la emblemática política. Al aproximarse a un mito tan relevante para la cultura española como el del Gran Capitán, lo encuentra excesivamente guardado por dos principios elaborativos: uno es la historia propiamente dicha, con nombres como Giovio; otro es el poético donde Hernández recibe, sin nombrarlo, las mayores críticas.

8. British Museum, ms. Egerton núm. 421.

9. Antonio Gallego Morell, «Trillo Figueroa, juglar del Gran Capitán», en *En torno a Garcilaso y otros ensayos,* Madrid, 1970, pp. 60-64.

Trillo recurre a los clásicos latinos: desde luego a Virgilio, al que imita con descaro, pero también a Ariosto por el que siente una especial admiración. Por medio del uso de la retórica, quiere superar la elaboración del mito hasta ese momento, y cree posible subir al Parnaso en el carro del Gran Capitán. El lector podrá atender todas sus sugerencias, si tiene la paciencia de leer las casi trescientas páginas de su obra, y no perderse en los complicados senderos de su poesía. Es preciso una lectura sin prejuicios de la *Neapolisea* para captar su auténtico sentido. La cultura del barroco granadino emerge con toda fuerza en ella, tanto como en las Dolorosas de Juan de Mena o en los crucificados de José de Mora, que tanto interés despertaron en Emilio Orozco. Por mi parte, siento deseos de imaginar la escena en el carmen de los Mascarones entre Trillo y su amigo Soto de Rojas comentando algunos aspectos del poema. Puedo adivinar sus opiniones, y seguirles en su mirada hacia la Carrera del Darro donde la iglesia de san José mostraba en su interior una pieza clave de la imaginería barroca, por la que ambos sentían especial devoción, en silencio.

He aquí el poema tal como ha llegado hasta nosotros, según la excelente edición realizada por el profesor Antonio Gallego Morell.[10]

Primer elemento, primer libro. Argumento:[11]

Contiene este primer libro el nacimiento del Gran Capitán, sus acciones pueriles, referidas por vaticinio, y por vía de episodio, como agenas de la grandeza del Poema heroyco, y como precisas del Panegírico. La guerra y conquista de el Reyno de Granada, como principio de sus elogios y acciones, y fenecida, como los Reyes Católicos le embiaron a la defensa de Sicilia y Nápoles, introduziendo la acción deste Poema.

10. *Obras de Don Francisco de Trillo y Figueroa*, edición de Antonio Gallego Morell, Madrid, CSIC, Instituto de Filología Hispánica Miguel de Cervantes, 1951, pp. 414-606. 11. Trillo, *Neapolisea*, ed cit. p. 445.

Trillo comienza con una invocación de altos vuelos dirigida al dios de las Musas, a Apolo, para que le ayude a volar hacia el Parnaso, ese espacio reservado a los grandes poetas:

Oyme, o tú, si alguno he merecido
De culto ardor, dictamen soberano
de alto impulso resonante oydo
Rebelde nunca a la oficiosa mano:
Oyme, grande Apolo esclarecido,
Y si ardor mucho solicito en vano
Permite alguna luz, que al golfo incierto
Ciegue las ondas, alumbrando el puerto

La sonoridad de esta primera octava refuerza su objetivo: fijar la memoria histórica de Granada, lugar de la hechura vital del Gran Capitán. Describe el Betis y el nacimiento del héroe, incluyendo un acróstico del autor y una bella descripción geográfica. En esa atmósfera, Trillo se pregunta: ¿cómo se puede olvidar tan fácilmente aquellos hechos de armas, aquellas empresas que hicieron posible la vida del Gran Capitán, pero que al mismo tiempo hicieron posible la grandeza de España? Y entonces anota en su particular concepción del verso que a nadie engaña con su clara alusión a Virgilio:[12]

Tu que de un Polo y otro la alta frente
Con tu nombre coronas glorioso,
Con tu nombre, o gran Príncipe, Luziente
De el Istro amable, al Paraguay odioso:
Dame atención, que si el ardor no miente
Que a mi voz vaticinio es ponderoso,
De tus elogios trompa será, en quanto
Del Grande Capitán las armas canto

12. Trillo, *Neapolisea*, ed cit. p. 445.

Gonzalo es un ser elegido desde la cuna: «Norte andaluz amaneció su Estrella», mediante una decisión a él no imputable, pero que sin embargo él engrandecerá hasta el máximo cuando «con nueva llama renovase el mundo». Las nociones teológicas se reflejan, como la propia ansiedad del poeta, en el itinerario de realización personal que lleva a Gonzalo desde Córdoba hasta los muros de Loja, a través de valles de fresno y reclamos a Marte, Minerva y otras figuras de la alegoría política de aquel tiempo. De igual manera, destaca el sentimiento de haber sido elegido para la gloria por la admirable mano de la reina Católica, una leyenda que ahora adquiere carta de naturaleza:[13]

> Precepto de Ysabela soberano
> (A pesar de la embidia vigilante)
> En su guarda le dio con larga mano
> Principio a tanta empresa, resonante:
> Bien lo diga vencido el Lusitano,
> Y bien la blanca Luna ya menguante,
> Quando Líbicas ondas, golfo incierto
> El ya tranquilo acreditavan, puerto.

Segundo elemento, segundo libro. Argumento:[14]

Refiere (con la digresión de un continuado episodio) al viage del Gran Capitán a Italia; el aparato de armas que conduxo, las Naciones que le siguieron; el suceso de su viage arrojado de una tormenta a las Sirtes, y riberas de Africa. Descrivense con erudición, y con lo más notable del mar mediterráneo, hasta que llegó a Italia.

Este es ahora el punto en el que Trillo, al narrar el viaje a Italia de su héroe, muestra todo su conocimiento, hablando del naufragio, cuya metáfora dominaba el ambiente intelectual

13. Trillo, *Neapolisea,* ed cit. p. 452.
14. Trillo, *Neapolisea,* ed cit. p. 459.

de la Europa barroca. Lo hace sólo bajo el presupuesto de que el Gran Capitán tiene que superar todas, y cada una de las pruebas que se sitúan frente a él, con el fin de mostrar que el destino le ha tocado con tanta fuerza que ni siquiera una catástrofe natural puede alterarlo:[15]

> El gran Capitán, que a la importuna
> Opone suerte, el pecho valeroso,
> Sin omitir solicitud valeroso,
> Sin omitir solicitud alguna
> El torrente agotaua prozeloso:
> Tan hidrópico está de la fortuna,
> Que las ondas abraza presuroso,
> Y de un lugar en otro, a la tormenta
> Reuova el passo, y la esperanza alienta.

Esto equivale a equiparar la vida humana con el orden del universo. Justamente bajo el supuesto de que cosmos e individuo están en estrecha relación: idea que había presidido todos los debates en la filosofía del Renacimiento.[16]

Tercer elemento, tercer libro. Argumento:[17]

Llega a Italia el Gran Capitán, toma la Ciudad de Regio: por no seguir su consejo es vencido el Rey de Nápoles en Seminara: vence a los Franceses en Terranova: vá a socorrer la Ciudad de Nápoles, llamado a su rey, y en el camino vence a los villanos de la comarca, que con los Franceses le tenían armada una impensada trayción. Tomó la ciudad de Atella, la de Barleta, libró la de Nápoles, llamale el Rey Católico, y al mismo tiempo el Pontífice, para que libre la Ciudad de Ostia, y la de Roma de un cosario: véncele, entra triunfante en Roma; buelve a Nápoles, hazele su rey conde de Santangel; pacífica el Reyno, y vienese a España llamado del Rey Católico.

15. Trillo, *Neapolisea,* ed cit. p. 464.

16. Ernst Cassirer, *Individuum und Kosmos in der Philosophie der Renaissance,* Leipzig & Berlín, 1927, (trad. francesa, París, Minuit, 1983).

17. Trillo, *Neapolisea,* ed cit. p. 473.

Hasta el momento que no pisa tierra italiana, el Gran Capitán había vivido la vida de la mayoría de los héroes de la Guerra de Granada: algunas campañas gloriosas, unos pocos asaltos a las fortalezas de la frontera, algunos duelos que a él le provocaron una decepción tan grande como interés despertaron en su hermano Alonso. Pero desde el momento que «pisa la playa, y áspides aumenta» es consciente que un mundo nuevo se abre ante sus ojos, sobre todo cuando queda «en Terranova el celta reduzido».

En este tercer libro, Trillo apela al *triunfo* como expresión solar, un tema que vemos desarrollado extensamente en el teatro barroco. Con esto, su lectura histórica aporta un momento de especial intensidad. La voluntad humana no se somete a las condiciones: el éxito de la vida es el resultado de una osadía ígnea, solar, pues surge de una potencia desconocida, creadora, que anhela la elevación de todas las cosas de su nivel primario. El Gran Capitán es el demiurgo de esa acción humana, análoga a la fijada por Dios en la naturaleza:[18]

> Ardo la admiración en sus altares
> Tantos aromas, que apagar la llama
> Fue conuencia a glorias militares,
> Mas no sin esplendores de su fama,
> ya de Sicilia en los maternos Lares
> No ardía la inquietud, ya la alta rama,
> Que auia de honorar su heroyca frente,
> Salia de la paz por el Oriente.

Cuarto elemento, cuarto libro. Argumento:[19]

Contiene como buelve a España el Gran Capitán, y por digressión al viage, un lastimoso succeso de un amante soldado de su armada. Llega a la ciudad de Málaga después de tres años que avía salido de España. Salen los Reyes Católicos de la Ciudad de Córdova a rece-

18. Trillo, *Neapolisea,* ed cit. p. 479.

19. Trillo, *Neapolisea,* ed cit. p. 488.

birle a la Ciudad de Palma, y quando la embidia esperava muchas glorias que roerle, le halla menos aplaudido, y satisfecho en gran parte de lo que se le devía. Sucede lo de el levantamiento de la Alpuxarra, y Sierra Nevada. Vá contra los moros, vencelos, y poco después le buelven los Reyes Católicos a embiar a la segunda empressa del Reyno de Napoles.

El retorno del Gran Capitán a España es para Trillo una especie de rito de paso sembrado de figuras alegóricas difíciles de comprender y, sobre todo, la alegría de unos que nace del dolor y el llanto de otros. El pueblo que le ve partir se arremolina en el puerto «para apurarle la ponçoña al vaso» y el que le recibirá en el puerte de Málaga le verá llegar como la Aurora, mientras que Gonzalo siente el irresistible deseo de permanecer allí, quieto, como ante un milagro divino:

El Grande Capitán sobre una estatua
Lexos del puerto, adonde parte alguna
De tanto ministerio, le ocultava
Aún la atención cruel de la fortuna:
Y quando con el Sol ya se negaua
A la voz de las playas inoportuna,
La atención muda le dexó el oydo
De un lamentable acento prevenido.

Hay una sabiduría oculta en su gesto que le distancia de la gente normal. Es como si supiera lo que iba a ocurrir en el viaje de regreso a uno de sus más queridos colaboradores. De esa extraña sabiduría nace la soberanía solar del hombre que conquista mundos. El escándalo para los políticos es precisamente ese gesto que, de lejos y sin cuidado, parece pura altivez. Cuando en medio del mar la catástrofe se precipita sobre Daliso, Gonzalo habla, decide que «en su ruyna se alumbre el más constante». Así escribe Trillo la decisión:[20]

20. Trillo, *Neapolisea*, ed cit. p. 500.

Después de auer en la enojosa Pira
Humeado el horror de aquesta historia
Ya satisfecha la sagrada ira
Del ciego amor, con tan cobarde gloria:
El Capitán a quien el Orbe admira
Por el sacro esplendor de su memoria,
Del altar no sin llanto se despide
Y luego el passo de los vientos mide.

El fragor del aplauso cubre los gritos de la gente que le ven llegar al puerto de Málaga, incluidos los Reyes Católicos que se mueven hacia él, manifestando sin rubor su interés por saludar «al César de Aguilar, nunca segundo». La tensión en su tierra natal es fuerte, debido al levantamiento morisco en la sierra: ¿qué sentido tiene organizar el territorio de Nápoles comprobando al mismo tiempo la peligrosa situación de sus vecinos? Empresa dura, desagradable, que el Gran Capitán realiza como todas las demás, convirtiendo el desorden en un reto a su voluntad.

Quinto elemento, quinto libro. Argumento:[21]

Passa segunda vez a Italia el Gran Capitán, descrivese las riberas por donde passa con erudición, introduzese en la misma acción un episodio náutico de unos regozijos de Dioses Marinos, festejandole. Llega a Sicilia, sosiega los ánimos solevado, los Venecianos le embian a pedir los defienda del Gran Turco, passa en su armada a Venecia: descrivense las riberas por donde passa Geográfica y eruditamente, hasta que sale de aquella ciudad a su viage.

El destino solar del héroe, como principio cósmico es, en este preciso momento, en el que se jalona el tránsito de nuevo hacia la tierra de su destino, que sin duda es Nápoles. El Gran Capitán embarca en Almería para tal fin. Un viaje, cuya descripción constituye uno de los momentos más titánicos del

21. Trillo, *Neapolisea*, ed cit. p. 504.

poema, con nuevas digresiones pastoriles. El segundo viaje a Italia constituye un factor dinámico en la vida del héroe. Es el momento de comentar el combate contra el Turco: el espacio de la frontera. El Gran Capitán no tolera el caos ni siquiera ahí, en ese lugar que había sido tema de reflexión desde Ludovico Ariosto a Cervantes. Trillo propone la observación minuciosa de las riberas, un paseo por la arena de los acontecimientos. La geografía se convierte en un elemento más del espíritu del Gran Capitán.[22]

> Siguenle Glauco, Palemón, Nereo
> Y Deidad quanta sus cabernas mora,
> Corre la rienda el mar a su deseo
> Y al capitán festiuamente honora:
> Tritón conduze vn náutico trofeo.
> De vn tronco de coral, donde la Aurora
> Purpúreo llanto suda, adonde yaze
> Pendiente quanto de las ondas nace.

Sexto elemento, sexto libro. Argumento:[23]

Contiene como el Gran Capitán fue en busca de la armada del Turco, como tomó la Isla de Cefalonia. Su buelta, y estado en que halló el Reyno de Nápoles. Como se apoderò de parte del Reyno. Lo que hizo aviéndose revelado parte del exercito. Como burló las cautelas del Francés, que con capa de amistad quería engañarle. Los progresos de Canosa, y Lofanto. Rubo, y otros señaladissimos. No atreviéndose el Francés a pelear con el aunque le presentò la vatalla.

Aparte de la descripción de la arena de los acontecimientos, está el espíritu que las rige, el espíritu del Fénix que revive una y otra vez. Trillo prefigura aquí las posibilidades futuras del mito del Gran Capitán, no tanto gracias a su concepción

22. Trillo, *Neapolisea*, ed cit. p. 509.
23. Trillo, *Neapolisea*, ed cit. p. 519.

de la historia como a esa nueva forma de ver al hombre, como una constelación celeste:[24]

Bien el Cielo acredite portentoso
(Y de su vida bien el mar sediento)
Esta verdad, y aun más el prodigioso
Primero de los siglos alimento:
De las ondas, en ellas prozeloso
Arbol le redimió, bien auariento,
Que quando quiere la fortuna, sabe
Glorias abrir, aun con impía llaue.

Séptimo elemento, séptimo libro. Argumento:[25]

Contiene la disposición, y efectos de la gran batalla de la Chirinola, que es la acción principal de este Poema, y la que (como punto y centro de sus elogios) tiró lineas a todos los demás sucessos. La muerte de Monsiur de Nemurs General del exército Francés. De Monsiur de Chandela, y otros señaladíssimos Capitanes. Como entró en la Ciudad de Nápoles el Gran Capitán, y regocijos que se le hizieron. Como tomo los Castillos de la Ciudad. La grande batalla del Rio Garellano. Y la de la Ciudad de Gaeta, efectos de la primera, y quietud que se siguió. Aviso que dió el Rey Católico, y viage suyo a la Ciudad de Nápoles.

El Gran Capitán como Prometeo: el hacedor de la obra, el hombre que triunfa sobre la materia, el artífice del fuego: una vez más un carro solar que conduce al éxito en la batalla, en la más decisiva batalla de la España moderna: Ceriñola. Trillo se imaginó un coloso cuyo poder de construcción aumentó dramáticamente frente a todas las anteriores acciones a través de la aparición de la dimensión ritual, que en la cultura europea había tenido, y seguía teniendo, la victoria en una batalla campal:[26]

24. Trillo, *Neapolisea,* ed cit. p. 522.
25. Trillo, *Neapolisea,* ed cit. p. 533.
26. Trillo, *Neapolisea,* ed cit. p. 534.

Yua el Gran Capitán, nó fugitiuo,
Atento si, quando enemiga estrella
Bañando en fuego, el tiempo mas nociuo
La humedad toda de las aguas sella:
En todo aquel contorno el tiempo Estiuo
Permite al mar, la deliciosa huella
De su passo jamas, bien que abundoso
Toda Italia circunde espacióso

Así como el Príncipe había dado ocasión a la sospecha de que la política manejaba al ser humano, el principio cósmico rector de la vida del Gran Capitán incorpora la iluminación ante un mundo que siente las derrotas militares en Flandes como el principio del fin del Imperio.

Octavo elemento, octavo libro. Argumento:[27]

Contiene como el Rey Católico llegó a la ciudad de Nápoles, y entró en ella con el gran Capitán en un solemnissimo triunfo, que pudiera ser acción principal de este Poema, a no ser efecto de la victoria de la Chirinola. Cuentas que se le toman al Gran Capitán, mercedes que se le hazen, disgusto de el Reyno en que el embie a España. Y por Episodio se finge una tormenta para que buelva al Reyno. Donde se fingen unos sacrificios de muchos ritmos y ceremonias de erudición, por cuyo medio se llega al conocimiento, y fin de este Poema sin parecer que se fenece, y acaba.

El drama de tener que partir y la comedia de simular el naufragio son dos metáforas de una acción realmente peculiar: la acción del elegido para la gloria. Trillo da entrada en este momento a figuras alegóricas cruciales: Fortuna, Fama, España Triunfante. Ese espíritu que sólo los grandes hombres poseen, y que les sitúa más allá del bien y del mal. En su ironía es el espíritu que quedó de sus hazañas. Ante tanto éxito, cabía una

27. Trillo, *Neapolisea*, ed cit. p. 551.

sola cuestión a dirimir, con la que el drama barroco se acerca a la comedia del arte: es preciso insistir en las cuentas del Gran Capitán. Trillo lo hace en este preciso momento, en una ingeniosa octava:[28]

> Luego en su cargo a cuentas reduzido
> Agotar Pitagórico presume
> Quantos ceros avia produzido
> La pluma infame de ministro implume:
> De inumerables números vestido
> Apenas ay quien sus elogios sume,
> Qual de la ardiente Libia fuera en vano
> Contar la infiel arena con la mano.

Los planetas que dan vueltas en los cielos de la Edad Moderna, a los que Johannes Hevelius dedicó su famoso tratado de 1660 *Epistola de mundi,*[29] se reflejan en el alma de un individuo elegido para la gloria; por medio de esa idea, Trillo consigue definir la situación del Gran Capitán en el mundo, convirtiéndole en el contrapunto del Príncipe (Fernando el Católico) en el doble de ese ser que representa el poder, un hombre cuya ley moral es otra, diferente, que aspira tan solo a la gloria, lejos de los mezquinos intereses de la política.

Para captar la verdad del Gran Capitán, Trillo había considerado que existía una verdad cósmica impresa en los individuos elegidos para la gloria, idea sumamente grata al espíritu antropocéntrico de esa época que identificaba el *utilissimun* con el *verissimum.*[30] Bajo la luz de ese enfoque, no nos debe ex-

28. Trillo, *Neapolisea,* ed cit. p. 559.

29. Mary G. Winkler & Albert Van Helden, *Johannes Hevelius and the visual language of astronomy,* en J.V. Field (ed.) *Renaissance and Revolution. Humanists, scholars, craftsmen and natural philosophers in early modern Europe,* Cambridge, Cambridge University Press, 1993, pp. 97-116.

30. Hans Blumenberg, *Das Lachen der Thakerin. Eine Urgeschichte der Theorie,* Frankfurt am Main, Suhrkamp, 1987, p. 87.

trañar que, a partir de ese momento, se intentará descifrar el mundo vital de ese hombre singular.

SENDAS QUE NO ACABAN

Detengámonos un momento aún para reflexionar sobre el modo en que la *Neapolisea* elabora el mito del Gran Capitán. La teoría cosmológica dominante aquellos años hace girar todos los planetas alrededor de un astro central. Trillo asumió ese principio para convertir a Gonzalo en el sol de la cultura española, invocando desde el primer momento a Apolo, quien no le hubiera desmentido de su elección. En torno a esa imagen, se construyen todas las metáforas poéticas, el espeso tejido que conecta las acciones de un hombre particular con el orden universal. El secreto escondido en la *Neapolisea* es la llaga abierta en el héroe por la necedad del poder, la vida abocada a una pérdida absoluta, a la oscuridad, un gesto que conecta todas las acciones del Gran Capitán con el *tremendum* que Rudolf Otto identificó como un elemento de lo sagrado. Una vez más la poesía heroica revela ser la clave explicativa de un mundo despiadado, donde los mitos sucumben por el peso del dogma.

No debiera sorprendernos que una gran obra (y desde luego la *Neapolisea* lo es, frente a lo que pueda pensarse desde nuestra estética actual) de la cultura española, elaborada en medio de la crisis de conciencia de España a mediados del siglo XVII, albergue en su estructura elementos de secretismo a la hora de hablar de la conducta humana y del valor de los héroes frente al Estado. Nadie escapaba a la observación de la Iglesia católica, cada vez más poderosa gracias a la Inquisición, y era preciso esa forma laberíntica, excesivamente preciosista, cargada de imágenes y metáforas para ocultar la verdad de un texto que sin embargo habla a las claras de lo único realmente importante entonces como ahora: la muerte de un mito es necesaria en la construcción del Estado.

32

EL HÉROE HABLA FRANCÉS (1660-1808)

El 8 de junio de 1660, en las riberas del Bidasoa, la infanta Maria Teresa de Austria, hija del rey Felipe IV de España, era entregada en matrimonio al rey Luis XIV de Francia, en presencia de su primer ministro y principal asesor en política el cardenal Mazarino. No era la primera vez que ocurría una cosa así en aquel lugar; pero parecía que iba a ser la más decisiva de todas. El tiempo le daría la razón a los que pensaron así en aquel día de junio. El «rey planeta» daba su hija al «rey sol»; las metáforas astrológicas relatan con gran belleza una parábola sobre el orden político.

Un año antes de ese importante acontecimiento para el futuro de Europa, el viajero francés François Bertaut visitó la ciudad de Granada, donde aún eran evidentes las huellas de la civilización nazarí.[1] No había lugar mejor en la geografía española donde el aura morisca pudiera ser contemplada con mayores garantías. La fascinación de sus monumentos árabes, no sólo la Alhambra, fue tan profunda que, de regreso a París, Bertaut llenó de curiosidad a sus compatriotas con la descripción de aquellos exóticos parajes. Definitivamente, la cultura francesa se iba a interesar por las leyendas granadinas de Hernán Pérez del Pulgar, por la aventura del Ave María de Garcilaso, por la trágica muerte de los Abencerrajes y, de modo especial, por las galanterías del Gran Capitán.

1. Fraçois Bertaut, «Journal du voyage d'Espagne», (ed. F. Cassan) en *Revue Hispanique*, 1919, XLVII, pp. 1-318.

Nunca había ocurrido una cosa igual en Francia, ni siquiera en el siglo XII cuando la corte capeta adoptó los ideales caballerescos de la Monarquía Plantagenet; pero la buena sociedad parisina se dejó cautivar pronto por esas historias de frontera surgidas en el país natal de la nueva reina María Teresa. Durante esos años, el poder europeo se modificaba con suma rapidez y poco a poco el dominio español daba paso al poder de la Francia de Luis XIV. Ante todo, el nuevo rey se beneficiaba de un estado de ánimo proclive a las ambiciones de su país, recién salido de la guerra con Inglaterra, mientras que su suegro Felipe IV permanecía estancado en medio de una crisis institucional que se agravaría tras su muerte y la llegada al trono del taciturno Carlos II.

Luis XIV, iniciado en la historia por François de La Mothe Le Vayer (1588-1672), buscó la manera de legitimar su política en la literatura, incluído Molière y Cyrano. Promovió así el *jeu libertin*, que dio lugar al mundo de Versalles y apostó por la danza como el sistema más refinado de comunicación personal.[2] Para ganarse a una aristocracia inclinada a la Fronda se mostró favorable a las fiestas cortesanas y a la adopción de algunos mitos españoles. Corneille y Racine se interesaron por la figura del Cid, mientras que el traductor al francés del *Político* de Gracián dedicó su trabajo al Gran Capitán como muestra de que era imposible imaginar un mundo galante sin él. La reina apoyó a su marido en esas iniciativas y de ese modo el interés por lo español se propagó con rapidez debido a su perfecta adecuación con lo que Theodore Zeltin denomina el fundamento de las *passions françaises*, es decir, la ambición, como motor del *transfert* de clase. Los vehículos de transmisión de esas ideas fueron los salones literarios dominados por

2. Jean Duvignaud, *Le jeu du jeu*, París, Balland, 1980, pp. 95 y ss.

las mujeres de la alta sociedad y que tenían en el duque de La Rochefoucauld su mentor.

Tres novelas escritas en estos años afrontan de nuevo el mito del Gran Capitán. Pertenecen las tres a la refinada corte de Luis XIV en la Francia de la segunda mitad del siglo XVII y fueron escritas por tres mujeres: Mme. de Scudéry, Mme. de La Fayette y Mme. de Villedieu, que en poco tiempo transformaron el gusto literario de la sociedad europea.

LABERINTOS DE PASIONES

En 1660 se publicaba una novela morisca con el título de *Almahide ou l'Esclave Reine*,[3] cuyo autor, Georges de Scudéry, quizás escondía a la verdadera responsable, la novelista Madelaine de Scudéry, su hermana, aunque los críticos modernos no se ponen de acuerdo sobre quien de los dos la escribió.[4] Nos encontramos ante una voluminosa novela, pese a estar incompleta. En principio se nos sitúa en Granada en tiempos de la conquista de los Reyes Católicos y de las revueltas de los Abencerrajes contra el rey Chico, en una línea argumental inspirada claramente en Pérez de Hita. Mme. de Scudéry sin embargo creará otros personajes y penetrantes conversaciones para señalar y poner de relieve el conflicto amoroso entre el cautivo cristiano Rodrigo de Narváez y la mora Daraja.

Entre el otoño de 1670 y la primavera 1671, en París, se publicaba como obra de monsieur de Segrais los dos volúmenes de *Zaïde, histoire espagnole*, una novela escrita con toda seguridad por Marie-Madeleine Pioche de la Vergne, conocida como Mme. de La Fayette.[5] Los protagonistas en este caso

3. París, Augustin Courbé, 1660.

4. Jean Cazenave, «Le Roman hispane-mauresque en France (de Zayde au Dernier Abécenrrage», en *Revue de Littérature comparée*, 1925, pp. 594-640.

5. Mme de La Fayette, *Zaïde, historie espagnole*, (ed. M. Segrais), París, Huet, 1670-1671.

son un castellano de nombre Consalve y una musulmana de origen griego, el lugar de la acción la frontera del reino de Granada, el tiempo los años de reinado de Alfonso el Sabio. En este caso, la imitación de las historia de Hita fue tan visible que la originalidad de los lances amorosos quedaba eclipsada por la necesidad de ajustar la trama al ambiente morisco. Se trataba de un artificio en que la imaginación de Mme. de La Fayette naufragó por los colores excesivamente forzados de su referente anterior, el texto de Mme. de Scúdery.

En 1673, la fascinante Marie Catherine Hortense Desjardins, más conocida como madame de Villedieu, publicaba un conjunto de relatos de ambiente morisco titulados *Galanteries grenadines* «comme un présent savoureaux aux jeunes gens du siècle».[6] Todo lo que allí se expone conecta con el ambiente de recreación de la cultura morisca, aunque en esta ocasión el trasfondo histórico desaparece casi por completo. Mme. de Villedieu se preocupó más por comprenderse a sí misma que por darle sentido a una narración novelesca.[7]

Así pues, tanto Mme. de Scúdery como Mme. de La Fayette y Mme. de Villedieu comprobaron en sus escritos que vivían en una era deslumbrada por la pasión orientalista del mundo granadino, mientras se seguía insistiendo en la necesidad de crear una cultura moderna alejada de todos esos valores. Este desmesurado sentido de suspensión de la historia exigió un contrapeso no menos intenso, y en el punto de contacto entre las tres novelistas encontramos una explicación a la supervivencia del mito a través de la repetición.

La comparación entre estas tres novelas de ambiente granadino me ha proporcionado una singular oportunidad para situar la elaboración del mito del Gran Capitán en la Francia

6. Mme. de Villedieu, *Les Galanteries grenadines,* París, Cl. Barbin, 1673; en *Oeuvres complètes,* Ginebra, Slatkine, 1971, pp. 520-566.

7. Emile Magne, *Femmes galantes du XVIIe siècle: Madame de Villedieu (Hortense des Jardins),* París, Société du Mercure de France, 1907.

de Luis XIV. Cuando descubrimos que el personaje elíptico de la novela de Mme. de Scúdery es el Conzalve de la novela de Mme. de La Fayette y el «galanteador» de Mme. de Villedieu, los tres relatos aparecen como el necesario principio de repetición creador del mito. En estas tres novelas reencontramos, en el espacio del amor cortesano y secreto, la búsqueda de un personaje singular, único, de una especie de príncipe azul para damas de la alta sociedad. *Zaïde* escenifica todos esos significados, concediéndole vida propia a los amores de Conzalve y su bella mora para enseñar al público de su tiempo la legitimidad del amor galante. La razón de que Gonzalo sea un personaje real, aunque de otro tiempo, lo aduce Mme. de Villedieu, en sus *Galanteries Grenadines*, en el artificio de las convenciones amorosas. Pensar en buscar el mito del paraíso perdido, oscilando hacia el espacio de la *ruse* masculina tiene el valor en este momento de una evasión hacia la naturaleza desde una cultura opresiva, casi asfixiante para el placer femenino: el juego libertino promovido por estas tres novelas se convierte así en un juego con las costumbres, el orden social, Dios, el cuerpo. Por ese motivo, recurren a un mito vivo, fundamento verídico, incluso sincero, contra lo que se decía en Port-Royal, de la necesidad de las pasiones en la vida humana. Mme. de Villedieu legitima las galanterías de Luis XIV remitiendo esa forma de comportamiento social al espacio mítico por excelencia, el mundo granadino. *L'Ancien Regime* encuentra de ese modo la sombra del padre.

PERFILES DE REALISMO

Con estas novelas escritas en la corte de Luis XIV, he estado buscando la implicación del mito del Gran Capitán en la cultura literaria francesa cuando éste adopta la forma de una osada ficción sobre el mundo morisco granadino. En este contexto, la apretada biografía sobre Gonzalo de Córdoba escrita por el jesuita Jean Nicolas Duponcet, en la medida que se interesa por los aspectos singulares de su personaje, debe interpretarse como un eslabón más en el proceso elaborativo del mito en Francia, completando y contrastando con las novelas de Mme. Scudéry, Mme. de La Fayette, y Mme. de Villedieu. Por eso mismo me ha parecido oportuno detenerme en la obra de Duponcet, escrita en los mismos años que el historiador napolitano Giambattista Vico (1668-1744) elaboraba sus *Principios de la Ciencia Nueva.*

Con el título de *Histoire de Gonsalve de Cordoue, surmonde le Grand Capitaine,* el libro se publicó por primera vez en 1714 en las imprenta de J. Mariette en dos volúmenes in-12;[8] el éxito fue inmediato, y el nombre del autor se vinculó a la tradición cultural de los jesuitas en favor de ese personaje que había encontrado en Gracián su máxima autoridad. Más tarde, en traducción española de don Joseph Fernández de Córdova, volvió a publicarse en 1728 en la imprenta de Thomas Coppado de Jaén, con el título de *Don Gonzalo Fernández de Córdova, renombrado el Gran Capitán,* dedicada al rey Felipe V, un volumen en 8ª de 26 páginas preliminares, más 356 de texto y dos hojas más de Tabla.[9] Numerosas reediciones ulteriores y abundantes comentarios certifican el éxito de la obra, al menos entre los aficionados a la historia que a comienzos del siglo XVIII comenzaban a ser influyentes en los círculos de poder político.

La biografía de Duponcet es el primer libro de historia sobre el Gran Capitán escrito en francés, y por esa razón resulta tan interesante, pese a que su texto dependa, quizás en exceso, de las crónicas domésticas. No es fácil escribir sobre el pasado en Francia antes de Jacques Lelong y Jean-Baptiste de la Curne de Sainte-Pelaye, quienes distinguieron entre el relato

8. Se puede consultar en la Biblioteca Nacional de Madrid, Sig. 2/5498/9.

9. Se puede consultar en Biblioteca Nacional de Madrid, Sig. 2/1731-2; y en la Biblioteca Universitaria de Zaragoza, Sig. 84-100-101.

de los acontecimientos pasados y el discurso histórico. Duponcet contaba como referente metodológico con las *Memorias* de La Rochefoucauld. El eclipse del narrador, que asume entonces el papel impersonal del historiador, la presentación objetiva del protagonista del relato, obran en favor del acontecimiento y secundariamente hacen recaer sobre la personalidad del biografiado el mérito de las acciones en que Gonzalo se vio implicado.

Bajo una forma modesta, la biografía de Duponcet anota y contabiliza la suma de acontecimientos para mayor gloria del héroe que nunca aparece en primera persona como en Giovio o en las viejas crónicas. Esta biografía no es un retrato, más bien, busca fijar al personaje en una continuidad temporal suficientemente explícita para que aparezcan las huellas de su vida. Una vez fijado ese objetivo, Duponcet es muy libre de limitar el relato de un hecho a una página o a varias, resaltando lugares comunes o magnificando momentos olvidados. La estructura es simple: nacimiento (p. 25), corte (p. 34), Guerra de Granada (p.55), misión en Italia (p. 123), asedio a las plazas de Calabria (p. 128), victoria en Atella (p. 161), conquista de Manfredonia (p.167), llamada de Alejandro VI para conquistar Ostia (p. 172), y así hasta el final de la primera parte (p. 343). Podemos ver en esta breve presentación del esquema del tomo primero cómo Duponcet procura un marco bastante amplio para encuadrar la biografía de Gonzalo. El fondo es más importante que los rasgos de carácter, y la historia sujeto de la narración ocupa necesariamente un lugar de preeminencia. En el segundo tomo, que comienza con la toma de Melpha (p. 17), el acento recae por el contrario sobre el yo de Gonzalo y no sobre los sucesos de su vida, desde que enfermo regresa Nápoles, (p. 115). A partir de ese momento, los acontecimientos se subordinan a los razonamientos sobre su manera de ser o sus decisiones: desde los motivos que tuvo para meter en prisión a César Borja (p. 148) hasta los principios de su desgracia (p. 176), desde los recelos del rey (p. 179) hasta sus resistencias a «dar cuenta de los dineros públicos» (p. 187), desde su retiro en Loja (p. 247) hasta la muerte y exequias (p. 308).

Aparece aquí un proceso inverso del que lleva acabo en el primer tomo, como si el cambio de actitud de Gonzalo paralizara la vida exterior en favor de una dimensión reflexiva de la existencia. No hay más que recordar los comentarios finales (p. 318) para descubrir cómo el perfil melancólico del biografiado se traduce en un cambio de orientación por parte de Duponcet. Así se forma el discurso biográfico, suscitando casi simultáneamente la pregunta sobre su ejemplaridad. ¿Se trata de un héroe singular y de ser así cuál es su modelo? Duponcet no duda al respecto: el Gran Capitán es en todo un caso paralelo a Escipión el Africano (p. 334).

Una historia coetánea a la obra de Duponcet sobre la identidad del Gran Capitán es un tanto discordante con mi localización de este proceso elaborativo del mito en la cultura francesa. Pertenece a la agitada vida cultural italiana de comienzos del siglo XVIII con su creciente enfrentamiento entre la Iglesia y el poder civil. Se trata de la visión ofrecida sobre este personaje por Pietro Giannone (1676-1748) en el interior de su poderosa relectura del pasado de Italia que tanto preocupó a los vigilantes de la Iglesia Católica.[10] A veces se le tiende a dejar a un lado, eclipsado por su egregio coetáneo Ludovico Antonio Muratori (1672-1750). Ambos sintieron la misma necesidad de explicar el pasado a través de documentos, aunque discreparan en los objetivos y la interpretación de algunos hechos fundamentales. La mayoría se decantó por la recia voz de Muratori, dejando a un lado el agudo punto de vista, de Giannone. El modo aparentemente ingenuo con que relató su propia

10. Pietro Giannone, *Istoria Civile del regno di Napoli... Con acrescimento dl Note, Rifflesioni, Medaglie, e moltissime Correzioni, date e fatte dall'Autore e che non si trovano nella Prima Edizione*, La Haya, 1753. 4 vols. También en *Opere di Pietro Giannone*, ed. Sergio Bertelli & Giuseppe Ricuperati, Milán-Nápoles, Ricciardi, 1971.

vida, mientras se encontraba en prisión por sus enfrentamientos con la Inquisición, nos ofrece la confesión más sincera de un hombre convencido de sus ideas.[11] Esas reflexiones, junto al prólogo de su monumental *Istoria Civile del Regno di Napoli* nos enseñan que estamos sin duda ante «the most subversive historian of his time».[12] En cada capítulo de su extensa obra, Giannone anhela a un tiempo comprender la realidad histórica de su país y descalificar el veredicto de culpabilidad injustamente imputado, desafiándolo.

Yo no puedo evitar el considerar la obra de Giannone como una pieza de sutil investigación sobre los motivos de la conducta humana, cuyo significado se revela gradualmente a los que la leen con atención.

Los esfuerzos de Duponcet y Giannone por recuperar la realidad histórica del Gran Capitán fueron compartidos por un sector influyente de la sociedad ilustrada, pero francamente desechados por la multitud, pues para el gran público el interés de Gonzalo residía en ser un personaje más del brillante decorado morisco de las guerras de los Abencerrajes granadinos, como el 6 de junio de 1719 se apresuró a poner de manifiesto Madelaine-Angelique Poisson, conocida como Mme. de Gómez, en su *Histoire secrète de la conqueste de Grenade.*[13] Era una cuestión propia de la atmósfera de la Regencia, con su propensión a una vida en los salones y las fiestas galantes. La pauta la daba el teatro de Marivaux, con sus juegos del amor y de la coquetría más refinada, que precisamente se conocía como *marivaudages.* En los años del *Embarquement pour Cythère* de Watteau y de la música de Rameau, los años en los

11. Pietro Giannone, *Vita de Pietro Gioannone scritta in Savoia nel casyello di Miolans da lui medesimo e continuata nella Liguria nel castello di Ceva,* en *Opere di Pietro Giannone,* ed. Sergio Bertelli & Giuseppe Ricuperati, Milán-Nápoles, 1971, pp. 3-346.

12. Francis Haskell, *History and its Images. Art and the Interpretation of the past,* New Haven & Londres, Yale University Press, 1993, p. 166.

13. París, C. Leclerc, 1723. 2.ª ed. París, Pierre Prault, 1729.

que Casanova reconoció: «sólo se vive en París, en otras partes se vegeta». Los años de Luis XV (1715-1774); de su estilo de vida.

LA FIESTA REVOLUCIONARIA

En 1791 se publica en París la novela *Gonzalve de Cordove ou Grenade reconquise* de Jean Pierre Claris de Florian.[14] Este escritor era hijo de una española y escribió su autobiografía bajo el título de *Mémoires d'un jeune Espagnol*,[15] buscando con ella una mayor legitimidad a su intento de escribir sobre las viejas historias granadinas que habían fascinado a la sociedad del *Ancien Regime*. Causó cierto escándalo y algunos críticos como Jean-François La Harpe censuraron la idealización del Gran Capitán, el hombre que derrotó a muchos «capitaines françaises dans la guerre qu'il leur fit à Naples».[16] Ciertamente, la publicación del *Gonzalve de Cordue* no parecía oportuna en aquellos difíciles años, donde más de la mitad de los ciudadanos franceses buscaban sustituir el pasado por los nuevos ideales de la Revolución.[17]

En París no se escuchaba otra cosa que los gritos en favor y en contra del *Ancien Régime*, representado en unos reyes atemorizados por el terror. Los artífices del cambio político, Mirabeau, La Fayette, Necker habían perdido su prestigio e influencia social. Los ciudadanos salían de sus casas para con-

14. J. P. C. de Florian, *Gonsalve de Cordoue ou Grenade reconquiste*, París, Didot, 1791 (ed. española de Juan López Peñalver). Madrid, en la oficina de Don Benito Cano, 1794.

15. J. P. C. de Florian, *Mémoires d'un jeune Espagnol, suivies des lettres à Madame de la Briche et à Boissy D'Anglas*, París, Bossard, 1923.

16. J. F. La Harpe, *Le Lycée, ou cours de littérature ancienne et moderne*, París, Garnery, 1823.

17. Simon Schama, *Citizens. A Chronicle of the French Revolution*, Nueva York, 1989.

templar la historia en primera línea. Vestían andrajosamente, se reunían en pequeños grupos para asistir a algún *vaudeville*, una forma popular de teatro que por aquellos años alcanzó connotaciones patrióticas. Observaban la sucesión de acontecimientos, cada vez con mayor desgana. Miraban la política de un modo extraño, sin animosidad, con puro y simple asombro. Se reían entre dientes y mostraban su desprecio ante la ambigüedad de Mirabeau. Preferían seguir atentos a la evasión de las comedias y a los comentarios sobre las bailarinas de la Ópera que salían con el primer ministro. Sobre el periódico del Brissot apareció una entusiástica reseña sobre la Ópera de Louis La Vicomterie, un famoso de entonces, con el título «Los crímenes de los reyes de Francia de Clodoveo a Luis XVI». El ambiente estaba predispuesto para las novelas históricas, esas distracciones para tiempos de confusión, como decía Ludwig Feuerbach. Alguien entre la masa ciudadana habló con avidez de la fuga de Varennes, la huida de los reyes a la frontera que parecía sacada de un relato de capa y espada. Las risas sobre el ridículo de la egregia comitiva se dejan oír en medio de una atmósfera cada vez más contraria a la Monarquía y se unen a los intereses de los radicales de Robespierre y a las proclamas jacobinas de Marat.

El 18 de septiembre de 1791 un globo aerostático se elevó en los Campos Elíseos para anunciar que se había aceptado la Constitución republicana. Es el momento de marchar hacia la frontera para defender la Revolución: es el momento de la marsellesa. La novela de Florian se hizo un hueco entre tantos y tan estimulantes acontecimientos. Habla de un héroe español, que con el tiempo derrotó a dos reyes de Francia. Se interesa por su adolescencia, en la frontera con el reino moro de Granada. El interés por la *otredad* está en plena vigencia entonces. No hay reparos en aceptar ese mundo extraño que viene del pasado inventado, es mejor que la historia real tan cruel, tan sangrienta de la Monarquía absoluta. Ni una sola queja sobre el libro. Los lectores se fascinan por un relato lleno de magia en un país que nunca visitarían; o quizás sí pues las tropas de la República han decidido invadir Europa bajo la bandera tricolor, que muestra al viento los ideales de la Revolución: libertad, igualdad, fraternidad. Nada puede detenerlas, ni siquiera el respeto a la vieja cultura andaluza.

Como todo gran mitólogo, Florian sitúa como fundamento de su *Gonzalve de Cordua* todos esos acontecimientos mezclados de forma abigarrada con la intención de liberar enteramente el miedo de los franceses a la historia que en ese momento mostraba su cara más dañina. ¿Cómo unos relatos de amor podían luchar contra la fascinación provocada en el pueblo por el constante uso de la guillotina en la plaza pública? ¿Qué era más atractivo, los enredos amorosos de un noble andaluz de la frontera o el corte de las cabezas de los viejos aristócratas franceses? La elaboración del mito del Gran Capitán de Florian se basa sobre todo esto, pero los presupuestos ideológicos de ese gesto cultural son precisamente lo que queda por decir y Florian no quiere decir, pese a confesarle a su amigo Boissy d'Anglas que ha escrito la novela «malgré les circostances peu favorables aux lettres». Es difícil hacer pasar esa comentario como una tranquila observación de las condiciones del trabajo intelectual en París en el verano de 1789. Significa más bien, para Florian, la fuerza de la historia sobre los acontecimientos, que le permite elaborar de nuevo el mito del Gran Capitán.

Tras su fachada histórica, *Gonzalve de Cordue* explora un tema eternamente actual: la búsqueda de la sexualidad en tiempos de penuria. El héroe vive esta saga esencial de la conducta humana en la esfera de lo que más tarde Hegel llamará amor romántico. Florian enfrenta al mito contra el mundo. Gonzalo sin duda no es un cobarde.

El momento mítico de Florian es el de la Guerra de Granada de 1482-1492. Los trabajos históricos escritos por él analizaban ya aquella época,[18] y la novela *Gonzalve de Cordue* arranca de allí. Es el momento que el pueblo granadino y los príncipes de la dinastía nazarí tienen ante sí una encrucijada de destinos. La gente está confundida, exclamó en cierta ocasión Zulema, la heroína del relato. Y no se refería sólo a los *jeunes cortisans* que habían reemplazado a los *anciens visirs*, sino a la ciudad entera dividida entre clanes rivales.[19] «Pendant ce temps, le nouveau roi changeoit la fase de Grenade», le confesó en cierta ocasión a su querido Gonzalve.[20]

La guerra hace posible para Florian el mito del Gran Capitán y el punto de partida de una renovación de la cultura española; desde esa concepción política desliza la mirada por el accidentado paisaje de la frontera entre el reino de Granada y el reino de Castilla y lo ve en perspectiva como el escenario de la prodigiosa aventura de Gonzalve en el momento que él «atteint son cinquième lustre». El héroe del momento, el único hombre «dont le bras temible n'a jamais trouvé d'adversaire que fit balancer la victoire, et dont les vertus aimables se font adorer même des vaincus». Con una oscura pedantería, que alteraba su natural elegancia, Gonzalve se enfrenta a un mundo dividido, tenso, sin encontrar nunca a nadie que estuviese a su altura. Se le atribuyen muchas aventuras, elogiando su capacidad militar y su galantería con las mujeres, incluso moras, mientras se describen los movimientos de las tropas ante los muros de la ciudad sitiada.

En Fez, donde ha sido enviado como embajador para ale-

18. Florian, *Précis sur les Maures* (Prólogo al *Gonsalve de Cordoue*).
19. Florian, *Gonsalve de Cordoue*, cit. p. 100 .
20. Florian, *Gonsalve de Cordoue*, cit. p. 100 .

jarle de Granada, a petición de Boabdil, Gonzalve vive un tiempo suspendido, acaso lleno de nostalgia, entre el fervor de la vida política y el recuerdo de Zulema, cuyo amor comienza en ese momento como un arrebato de su anhelo (*Senhsucht*, dirían más tarde los románticos alemanes). Florian expresa ese estado en una página bellísima de cantos nocturnos en el que escucha un romance desde un balcón que dice:

> Braves Guerriers, tendre amants
> ne dédaignez pas la prudence;
> Souvent la gloire et l'innocence
> Sucombent aux traits des méchants,
> la trahison suit en silence
> Le pas des héros triomphants.
> En dégaingnez pas la prudence
> Tandis que, sous ses palmiers verds,
> Du Printemps le chante valage
> Ravit lñes echos du bocage.
> Par ses douc et brillants concerts.
> Le milan, qui d'un roc s'lance,
> L'immole au mileu de ses chants.
> Braves Guerriers, tendre amants.
> En dédaiguez pas la prudence.
> J'ai v le roi des animaus
> Porsuivant le chasseus timide
> Passer por la forse perfide,
> Qu'on a couverte de rameuax
> Il tombe, il périt sans defense,
> Frappé par des vainqueurs tremblants.
> Braves Guerriers, tendres amants,
> En dédaignez pas la prudence.

Pero, ¿qué idea tiene Florian de la guerra civil granadina? La ideología política de la novela está entera en la definición de los *malheurs* de Granada que el autor pone en boca de Zulema a comienzos del libro segundo, mientras cura al malherido

Gonzalve, salvado milagrosamente de un naufragio.[21] Una ideología contraria a la figura de Boabdil, cuya maldad es descrita con todo detalle a lo largo del libro tercero, donde se narra la traición a la tribu de los Abencerrajes, «la plus belliqueuse, la plus illustre, la plus chérie».[22]

La descripción de Florian de la maldad de Boabdil sigue en esencia dos direcciones: contra la crueldad sin freno de sus actuaciones, responsable de la guerra civil en Granada, y contra la falta de sensibilidad hacia el dolor de la reina Zoraida en la que se expresan los ideales galantes de la literatura francesa del *Ancien Regime.* Esta segunda descripción, la más interesante a la hora de elaborar el mito del Gran Capitán, es presentada por Florian en personajes, en situaciones, en imágenes e incluso a través de una carta de la reina Zoraida a Gonzalve:

> Vous étes l'ennemi des Maures,
> Je suis leur reine infortunée; et je
> Viens implorer votre appu. On m'a
> condamnée à la mort. J'atteste le
> Dieu que j'adore et le Diue que vous
> Adorez que je en fus jamis coupable
> Dans deux jeurs j'expire dans
> les flammes. Je en puis éviter mon
> Soit que par la victoire de quattre
> Guerriers sur les quatre plus vaillants
> des Zégris, j'ai choisi Gonzalve pour
> mon défenseur. Si ce héros, pour la
> première foi, refuse son secours à
> l'innocence, je croirai que le ciel
> veut me perd, et je le subirai sans
> me plaindre.
> Zoraida, reine de Grenade.

21. Florian, *Gonsalve de Cordoue,* cit. p. 57-62.
22. Florian, *Gonsalve de Cordoue,* cit. p. 67.

Nunca sabremos gran cosa de los sentimientos de las mujeres, de la misma manera que poco sabemos del valor de los juegos entre los niños, pese a los esfuerzos de Donald Winnicott. Pero una carta como la de la reina Zoraida nos habla de sentimientos de pérdida, de miedo y de inseguridad ante la acción de un marido perverso. La amenaza de ser quemada en la hoguera por un acto que quizás sólo estaba en la mente del enloquecido rey le hizo dirigirse hacia el gran hombre del momento, hacia Gonzalve. La cosa parece clara. Cualquier caballero conoce historias semejantes sobre mujeres maltratadas, encerradas o mutiladas por la perversión masculina. ¿Qué hacer? Tras leer la carta, escribe Florian, «l'héroe, fortement 'emu, laisse echapper un cri d'admiration. Des larmes coulent sus ses yoeux. Ces larmes sont pour leur amitie».[23]

En la vida, un caballero galante tiene un único y constante objetivo: la defensa de las mujeres en peligro. Gonzalve no es el primer hombre que recibe una carta como esa. Pero en cambio sí que es el primero en saber cómo responder a semejante petición de auxilio. No se demora.

El regreso del héroe al escenario principal de la acción, a las murallas de la asediada ciudad de Granada, permite a Florian insistir en la narración de la guerra, mostrando sin embargo el cansancio frente a la violencia. ¿Se trata de una crítica velada a los chorreones de sangre en las calles de París en los años que escribe su novela? O, por el contrario, ¿se trata de una alusión a los modelos literarios que inspiran su obra, a Tasso y a Graziani? Mientras las tropas se enfrentan entre sí, Gonzalve permanece en los brazos de Zulema ajeno al mundo exterior, ensimismado en el amor. Florian quería agotar un universo en todo lo que tiene de malo y todo lo que tiene de bueno, representar las razones de todas las partes en juego, quizás de un modo atropellado como a veces se le ha di-

23. Florián, *Gonsalve de Cordoue,* cit. p. 165.

cho;[24] pero de allí en adelante su visión se vuelve unívoca, no computa más que brutalidades de los malos y excelencias morales de los buenos. El repentino incremento de la parcialidad del autor en favor de unos y en contra de otros coincide (es un decir, pues me parece que es intencionado) con el descubrimiento de la identidad de Zulema y Gonsalve (ambos cristianos) y del futuro que se les avecina.

Tal vez es lo que quería Florian: plantear una situación sin retorno posible, un escenario perfecto para que las acciones de su héroe adoptaran la forma de un discurso de historia universal. Gonzalve se encuentra atenazado entre dos sentimientos: el amor por Zulema y el respeto por su patria. El reto lanzado por Almanzor es recogido por él, pese a que eso significaba el fin de su amor, pues Zulema nunca le perdonaría la muerte de su hermano. El sacrificio una vez más es la retorta del mito. Véase el modo como el ejército cristiano aclama a Gonzalvo cuando sabe que él será el campeador en la justa: «Des que'il paroît, des qu'il reconnu, mille cris lancés dans les airis répétent son nom glorieux. Le voilà! Notre héros! Le voilà, le Gran Capitaine».[25]

El Gran Capitán: ese es Gonzalve. El sentido de la sacralidad de la historia domina este momento del relato y el reconocimiento del mito adquiere (a pesar de la enredada presentación narrativa) un aura definitiva. Su éxito militar provoca su huida al bosque, casi enloquecido por haber perdido a su amada. Lara corre a buscarle. Combaten, sin sangre. Regresan junto a los muros, donde el héroe es recibido con los máximos honores. Gritos de alivio y entre aquellas voces la de Zulema que avanza entre el gentío, una vez liberada junto a su padre, para echarse en los brazos de Gonzalvo: el Gran Capitán también tiene derecho al amor.

En un canto final, se reflexiona sobre el valor de esa historia:

24. María Soledad Carrasco Urgoiti, *El moro de Granada en la literatura*, cit., pp. 130-131. 25. Florián, *Gonsalve de Cordoue*, cit. p. 105.

Unique dret d'une tendresse
Jeune victime de l'amour.
Je conseis à pleurer sans cesse,
Consentez à souffrir le jour.
C'est pour moi que je vous implore
Vivirez, pour que je vive encore.
Souvent notre bouchen m'assue
que notre coeur sait me chérir,
Je n'ai que vous dans la nature,
Et vous desirez de mourir!
C'est pour moi que je vive encore.
En vous seule et ma destinée
Votre sort n'en est pas plus doux;
que je me trouve infortunée
D'ètre plus hereuse que vous
C'est pour moi que je implore,
Vivez, pour moi que je vivre encore.

No es difícil comprender por qué he calificado la novela de Florian como un momento singular en la elaboración del mito del Gran Capitán. Este boceto biográfico sustituye a las estampas de vida galante escritas por las mujeres de la corte de Luis XIV. Madame de La Fayette, la más inteligente de todas ellas, se hubiera sorprendido de la solución dada al problema del galanteo masculino, e incluso irritado consigo misma por dos razones: no haber entendido que la novela moderna se construye sobre la experiencia de una biografía ejemplar, y de un modo aún más duro, no haber reconocido que la verdad humana es un asunto de sensibilidad. Florian en cambio, quizás por la influencia de las novelas españolas de caballería clásicas (el *Tirant* y el *Quijote*) convierte a Gonzalve en un hombre en busca de una explicación a su mundo vital a través de las galanterías.

La novela de Florian suministró argumentos a una serie de obras dramáticas que se representaron en París durante los años siguientes. En primer lugar tenemos la pantomima heroica de D'Abaytua que lleva por título *Gonzalve de Cordoue ou la Conquête de Grenade* (1794); a la que siguió la ópera *Zoraïme et Sulnare,* con libreto de St. Just Daucourt estrenada en 1798. La controversia sobre la credibilidad del personaje se hizo evidente cuando aparecieron algunas narraciones más sencillas y breves donde el mito del Gran Capitán se presentaba en tonos melodramáticos: el *Gonzalve de Cordoue* ou *le Siège de Grenade* de H. Dorvo; *l'Amazone de Grenade* de Mme. Barthélémy-Hadot y *Anen-Hamet ou Les deux héros de Grenade* de A. H. Joseph Duveyrer, publicada en 1815 con el seudónimo de Mélesville.

La novela de Florian influyó también entre los afrancesados españoles. Es posible apreciar este fenómeno comparando su texto con dos libros publicados en España a finales del siglo XVIII: *Vida de Gonzalo Fernández de Aguilar y Córdova, llamado el Gran Capitán* de Íñigo López de Ayala (1793), un oscuro texto del autor de *La Numancia, destruida*; y *La Zoraida*[27] de Nicolás Álvarez de Cienfuegos (1798).[28] En el transcurso de unos pocos años, los círculos neoclásicos de Madrid pasaron de ignorar la figura del Gran Capitán a convertirse en fervientes partidarios de su mito. La mejor prueba es el éxito obtenido por la traducción al español de la novela de Florian con el expresivo título de *Historia de las acciones heroicas, lances amorosos, virtudes populares y empresas gloriosas de este Gran Capitán.*[29]

27. Madrid, en la oficina de D. Gerónimo Ortega y Herederos de Ibarra, 1793.
28. Nicasio Álvarez de Cienfuegos, *Poesías,* Madrid, Imprenta Real, 1798.
29. Madrid, Imprenta de la Administración Real, 1804.

En París, mientras tanto, la novela de Florian seguía siendo objetivo de las más variopintas adaptaciones. Destacó, entre todas ellas, el libreto que Etienne Jouy hizo para la Ópera de Luigi Cherubini *Les Abéncérages ou L'Etendard de Grenade*, estrenada en 1807, con la presencia del mismísimo Napoleón. Jouy describe las ceremonias nupciales granadinas en el Patio de los Leones como telón de fondo a una música alegre y triunfal, que sirvió para festejar con toda solemnidad el tratado de Fontainebleau entre Francia y España para el reparto de Portugal. La guerra parecía inminente, y mientras los soldados imperiales se dirigían hacia los Pirineos, el público parisino ignorante del peligro que se avecinaba aplaudía a rabiar el modo como Cherubini le había puesto música al mito del Gran Capitán.

33

PERDIDO ENTRE TINIEBLAS (1808-1836)

2 de mayo de 1808. Hace menos de dos meses que el general Murat está alojado en Madrid. La crisis dinástica española entra en su fase álgida. Carlos IV renuncia a favor de José Bonaparte, hermano de Napoléon, al que pronto se le llamará Pepe Botella. Aquel día el pueblo de Madrid se levantó contra las tropas de ocupación. La represión fue atroz, como años más tarde se encargaría de recordar Francisco de Goya en dos cuadros, donde se exponen con toda intensidad los horrores de la conducta humana. Los viejos ilustrados no entienden esos cuadros pero recuerdan con amargura lo que ellos muestran, de modo que los ideales de toda una generación parecen condenados por semejantes actos. Esos cuadros son la voz de la conciencia de alguien que habla a sus conciudadanos de un error. Los gritos de los ajusticiados parecen escapar del lienzo, y nadie puede permanecer impasible ante esa terrible descripción. El 2 de mayo interrumpe una época, y da paso a otra. Existen motivos mucho más profundos, sin duda, pero nada es comparable a ese lugar de la memoria, ritualizado por el pueblo de Madrid a partir de entonces.

La confusión es monumental en ese momento, y por dos motivos: por una parte, la respuesta política a la actitud de Bonaparte se inserta de lleno en el Romanticismo, pese a que muchos miembros de las Cortes reunidas en Cádiz detestan ese movimiento, y, por otra parte, es el único modo de oponerse al tirano. ¿Ser los primeros en aceptar la idea napoleónica del Estado y al mismo tiempo ser los primeros en rebelarse contra ella? A Francisco Martínez de la Rosa, un granadino de talento, le preocupa cada uno de esos dos motivos por separado y también el que cada uno de ellos excluyera al otro. Por eso la Constitución surgida de las Cortes de Cádiz responde a dos ideas contrarias: reconoce la igualdad entre los españoles de ambos hemisferios y al mismo tiempo favorece las ideas de Herder de una identidad patriótica. La Guerra de la Independencia adquiere entonces un rasgo inesperado: es la lucha de los españoles contra los franceses, de un pueblo que se ve acosado en los famosos sitios de Gerona o Zaragoza, recreados más tarde por Benito Pérez Galdós. Eso introduce por primera vez lo que me parece una nota crucial en la historia europea, a saber: que la destrucción de los mitos y los lugares de la memoria es un objetivo militar. La actitud se generaliza. También llegó a afectar a la memoria del Gran Capitán. Veamos cómo.

NOTICIAS SOBRE EL PUENTE VERDE

A mediados de 1810, el general Horace Sebastiani de la Porta transportó grandes bloques de piedra desde la vega hasta la orilla del río Genil a la altura de las vistillas, donde en la actualidad comienza la carretera de Sierra Nevada. Los arrastraron en carretas con el fin de que el ingeniero Rafael Bausá construyera un puente de piedra en sustitución de uno de madera que existía allí pintado de color verde. Cavaron los pilares, y aplanaron los caminos que van desde los campos del salón hasta el comienzo de la cuesta que lleva a Huétor-Vega, La Zubia y Cájar. Durante dos siglos, los granadinos han mantenido el nombre del viejo puente de madera, y han olvidado los intentos de llamarle con el nombre del general que mandó construir el de piedra. Desde la cercana ermita de san Antón el Viejo, donde en otros tiempos se celebraban romerías, se pueden escuchar aún los motivos recordados por los viejos sobre la resistencia popular a cambiarle el nombre a dicho puente. Esos motivos son más profundos de los que en un principio nos pudiera parecer.

Las piedras, que el general arrastró desde el otro lado de la ciudad, pertenecían a la torre de la iglesia de san Jerónimo, en cuyo interior se encontraban los restos del Gran Capitán, hasta que las tropas de ese general, franceses como él, decidieron profanarlos en medio de la exaltación patriótica bonapartista. Los hombres del Imperio ya no veían en el granadino a un duro contrincante de sus reyes Carlos VIII y Luis XII, más bien lo veían como un enemigo de lo «francés», como si el enfrentamiento en Nápoles tuviera la misma connotación ideológica que las guerras patrióticas que ahora ellos mismos llevaban a cabo. El general se volvió y contempló la torre destruida y el color negro del fuego sobre los medallones de Gonzalo y María Manrique. Esa era su manera de vengar las derrotas de Francia. Una guerra nacional estaba a punto de producirse, y hecho significativo, habían sido los soldados de la Revolución quienes levantaron al pueblo en armas contra el invasor hasta el punto que el afrancesado se convirtió en un personaje sospechoso de ser un traidor a su patria. ¿Cómo sino se explicaba la profanación de la tumba del Gran Capitán y la demolición de la torre de san Jerónimo?.

El motivo por el que he introducido la siniestra figura del general Sebastiani es porque estoy convencido de que ha sido el primero en declararle la guerra a la figura del Gran Capitán del modo más abierto, violento y gráfico de todos cuantos eran posibles: dejando profanar su tumba y demoliendo la torre de la iglesia donde estaba enterrado. Sin embargo, él no ha estado solo en esta decisión; ni siquiera es original. Un grupo heteróclito de charlatanes apostaron por una especie de vitalismo místico a la hora de afrontar los problemas de su tiempo, una mezcla de fantasía y extravagancia, que Kant calificó de *Schärmerei.* Hoy agrupamos a todo ese movimiento bajo el apelativo de Romanticismo.

El genio nacional, la voz de la tradición, la sangre del grupo, el gusto por el exotismo serían a partir de ese momento los objetivos de búsqueda de cualquier intelectual *engagé.* Al permitir el saqueo de la memoria del Gran Capitán, el general Sebastiani asestó el más terrible golpe al cuerpo doctrinal de la razón europea, al sistema de valores propuesto por Voltaire para entender el pasado, golpe del que la historia nunca se recuperaría del todo. En ese sentido, la construcción del puente verde con las piedras de doña María Manrique, esposa que fue del Gran Capitán, es uno de los símbolos del movimiento romántico en Granada. Es decir, un símbolo, cuya existencia niega una parte del pasado histórico de esa ciudad.

FUGA AL MISTERIO

Hubo un momento difícil, entre la derrota de Napoléon en Watterloo y la nueva organización europea ideada en Viena, en que la sociedad española, todavía perpleja por la Guerra de la Independencia, se dispuso dócilmente a aceptar cualquier sugerencia sobre su pasado mágico. El Romanticismo comenzaba a mostrar su verdadera cara, y le aguardaba aún un futuro prometedor. En ese momento proliferaron los escritores de ocasión. El más brillante de todos ellos fue Ángel Saavedra, duque de Rivas, que en 1816 estrenó una tragedia de corte neoclásico sobre tema morisco llamada *Aliatar.*[1] Los mecanismos peculiares de la guerra de frontera de Granada entraron en escena: el alcaide Aliatar se enamora de doña Elvira, y el conflicto entre la conciencia y el amor desencadena una tragedia en la línea de Corneille y Racine.[2] Pese a que a Saavedra nunca le gustó, Aliatar no tardó en mostrar el camino a otros románticos como Martínez de la Rosa que aprove-

1. *Aliatar. Tragedia en cinco actos de D. Ángel de Saavedra Ramírez de Baguedano,* Sevilla, Imprenta Caro, 1816.

2. Gabriel Boussagnol, *Ángel de Saavedra, Duc de Rivas. Sa vie, son oeuvre poétique,* Toulouse, Privat, 1926. Maria Soledad Carrasco Urgoiti, *El moro de Granada en la literatura,* cit, pp. 168 y ss.

chó su destierro en el Peñón de la Gomera para escribir en 1818 su tragedia *Morayma*, inspirada en un episodio de *Las guerras civiles* de Pérez de Hita. Los fetiches del viejo reino nazarita se recrearon para un público necesitado de comprender momentos dramáticos de la historia de España.

De lo que ocurrió hacia 1490 se pueden escribir dos historias paralelas: la de los eruditos que buscaban precisar las circunstancias del ocaso del reino de Granada, con todo su complicado aparato conceptual; y la de la literatura, interesada sobre todo en los asesinatos, intrigas, engaños, pasiones desbordadas entre los diferentes miembros de la casa real nazarí. Morayma es hermana de Boabdil y viuda del abencerraje Albinhamad, testigo principal por tanto de uno de los sucesos que más conmocionaron a los románticos de todos los tiempos: el asesinato de los caballeros abencerrajes. La densidad trágica heredada de Racine convierte el final en un llanto absoluto cuando Mortayma muere en escena abrazada a su hijo en tanto que Boabdil, el hermano, se aleja de todos ellos exclamando, mientras cae el telón: «Bajo mis mismos pies huye la tierra».

La sombra del Gran Capitán recorre todas esas tragedias románticas, pero no logra salir en ellas. Los jóvenes Saavedra y Martínez de la Rosa no sabían aún el modo de conseguir la conexión entre esos dos mundos. El responsable de sus dudas es un célebre escritor francés, que en esos años ejercía una verdadera tiranía artísitica, y no estaba dispuesto a que su pasión orientalista por Granada quedara eclipsada por cualquier personaje que no fuera moro. Me refiero al aristócrata bretón François-René de Chateaubriand (1768-1848).

VIAJE A NINGUNA PARTE

En 1825, los días de la revolución parecen ya lejanos, cosa de otro tiempo. El Imperio de Napoléon desapareció con tanta rapidez como había sido construido. Watterloo fue su trágico final, sin que nadie lo lamentara entonces. Pero el fracaso venía de antes. El Imperio nunca pudo superar el acoso al que fue sometido por parte de los primeros románticos. El propio Bonaparte se sentía atraído hacia esas ideas y facilitó su difusión entre la gente sencilla apoyando con su silencio gestos deleznables como los del general Sebastiani. Esa actitud mística hacia la patria le condujo al desastre. Nunca comprendió del todo el peligro de los movimientos ocultistas que en Londres y París prepararon el asalto contra los ideales de la Revolución hablando del *Volkgeist*. La creencia (falsa sin duda) de haber sido aceptado como iniciado en uno de sus grupos, el mismo que le aconsejó ponerse el manto con las abejas merovingias el día de su coronación, le llevó a infravalorar su influencia política. Siempre los consideró un grupo de extravagantes divertidos y algo cursis, nada peligrosos. Menos entendió los motivos del viaje de Chateaubriand a Oriente.

Este es sin embargo un hecho crucial en la historia europea. Después de una cohabitación de muchos años entre los ideales revolucionarios y el culto a los antepasados gracias al esfuerzo pocas veces valorado de Talleyrand, un noble del Périgord, donde los castillos forman parte del paisaje, los banqueros de París apoyaron el nombramiento de Napoleón como cónsul vitalicio, precisamente el mismo año que Chateaubriand había elegido para la publicación de su libro *Le Genie du Christianisme* (1802). La coincidencia sin embargo no le gustó a ninguno de los dos. El enfrentamiento entre ambos se hizo inevitable. El cónsul estaba convencido de que era el francés más importante de la Historia (siendo corso como sabemos); el escritor, por su parte, se creía dueño del destino de su patria, convencido de ser el único con talento suficiente para cambiar el mundo literario francés, al igual que Goethe lo estaba haciendo al otro lado del Rhin con las letras alemanas. Napoleón y Chateaubriand creían pertenecer a los que se han encaramado a la gran escena de la historia y de esa certeza extraían, uno su impulso para seguir su brillante carrera militar, el otro los motivos para continuar escribiendo. Chateaubriand decidió emprender un largo viaje a Oriente, quizás con la intención de mantener vivo su orgullo de recio aristócrata bretón alejándose de la sombra del emperador.

El 28 de julio de 1806, se embarcó en Trieste rumbo a Grecia. Luego visitó Tierra Santa y Egipto, con poco entusiasmo. A finales de febrero del año siguiente todavía no le había ocurrido nada que justificara tan largo viaje. He leído en más de una ocasión su *Itinéraire de Paris à Jérusalen et de Jérusalen à Paris* en busca de un indicio. He tomado notas y he comprobado las citas. Pero nada. Leí en algún agudo crítico que sus cientos de páginas prueban lo que él admite en más de una ocasión: «je parle éternellement de moi».[3] Empezar un viaje de iniciación en Oriente es algo simple y obvio, como la lectura de una novela, pero algo muy distinto es sumergirse a partir de ahí en la vida emocional de las culturas visitadas. Tal vez el regreso no estaba previsto de esa forma, aunque no hay nada en los materiales disponibles que lo sugiera, ni siquiera vagamente. El caso es que Chateaubriand desembarcó en Algeciras el 30 de marzo de 1807 con la intención de llegar cuanto antes a Madrid. La ruta elegida, Cádiz, Sevilla, Córdoba y Andújar le conduce, por pura casualidad, a Granada. Es la primera vez que realiza algo sin haberlo pensado antes. Pero no está seguro de lo que sentía ante esa ciudad tan famosa por los viajeros de otros tiempos. Ni creo que se detuviera en leer a Jerónimo Münzer o Andrea Navagero.

En Granada tuvo un encuentro de esos que se suelen llamar decisivos. Conoció a la bella e inteligente Nathalie Luce Léontine Joséphine, condesa de Noailles y futura duquesa de Mouchy, que estaba dibujando algunas ilustraciones para su padre Alexandre de Laborde de Méréville, que formarían parte del espléndido libro *Voyage pittoresque et historique de l'Espagne*, que pudo escribir en los ratos libres que le dejaba el

3. Said, *Orientalismo*, cit., p. 211.

agotador trabajo junto a Alexandre Lenoir en la creación del *Musée des Monuments Français*. Ella estaba allí, en Granada, dibujando la Alhambra cuando el vizconde bretón llegó malhumorado de su viaje a Oriente. Algo debió de suceder entre ellos. Algo más literario que personal. Chateaubriand regresó a París entre dudas.

En julio de 1807, aprovechando la recensión en el *Mercure de France* del libro del padre de Nathaille, Alexandre de Laborde, habla de sus propias impresiones de Granada, de la Alhambra, esa *habitation des génies*, ese edificio sacado de *Las Mil y una Noches*; y habla de los arabescos de los tapices colgados en sus paredes, que han bordado en «l'ennui du harem le capriche d'une femme esclave». Con cada uno de sus recuerdos, apuntalaba la fascinación por el mundo morisco, sin mencionar para nada a la bella Nathalie. Pero él era un caballero bretón y un poeta romántico. Debía dar ejemplo a ese grupo de jóvenes que se arremolinaban en torno a él: los historiadores François Auguste Migne y Edgar Quinet, el poeta Alfred de Vigny, los novelistas Honoré de Balzac, Próspero Mérimee, Alexander Dumas, el orador J. B. H. Lacordaire y, sobre todos ellos, el inclasificable Victor Hugo. La generación del imperio, dijo Alfred de Musset, unos jóvenes rabiosamente antibonapartistas, que habían sido concebidos entre batallas y asistido a la escuela escuchando a lo lejos los redobles de los tambores.

El mayor misterio de la vida de Chateaubriand fue el motivo de esperar veinte años para darle contenido literario a sus impresiones del viaje a Granada. Se justificó diciendo que «le portrait que j'ai tracé des Espagnols explique assez pourquoi cette Nouvelle n'a pu être imprimée sous le gouvernement impérial». Una frase ingeniosa, pero quizás no cierta, pues entre Watterloo y la publicación de la novela española pasaron muchos años. Quizás quería que el viejo Luis XVIII leyera su texto con tanto entusiasmo como leía a Hugo; pero quizás eso no sería nunca posible. Fuera como fuese, el hecho es que la memoria del viaje, y el encuentro con la adorable condesa de Noailles, se transformó en una ficción realmente poderosa: inventar, apoyado en la traducción francesa de las *Guerras Civiles de Granada* de Hita, el pasado de un país; pretender, con el *Gonzalve de Cordua* de Florian, que todavía se puede recurrir a la trágica muerte de los Abencerrajes para explicar el mundo; hacer aceptar a la sociedad parisina, poco antes de que se dejara fascinar de nuevo por la insurrección con Luis Felipe, que lo más importante de la vida son aquellos ojos de mujer que una vez, en el pasado, le mostraron lo que había detrás de la hiedra que crecía entre las viejas piedras de la Alhambra.

SOÑANDO AL ÚLTIMO ABENCERRAJE

En 1826, Chateaubriand publicó finalmente los resultados de su viaje a Granada con el título, hoy de culto entre todos los románticos, de *Les Aventures du dernier Abencérage.*[4] El Imperio de Napoléon ya no existía y Watterloo había devuelto a París a los reyes de la dinastía Borbón. El tiempo no había pasado en balde. ¿Hay que tomarse en serio esta *nouvelle espagnole*, como la denomina Paul Hazard?[5]

En grado considerable, las escenas inciales de *Les aventures du Dernier Abencérage* son una recapitulación de la primera parte de las *Guerras Civiles de Granada* de Pérez de Hita. La gran diferencia entre ambos relatos estriba en el ritmo, y sobre todo en el momento elegido como tiempo de la acción dramática. Encontramos al rey Boabdil en el cerro cercano al Padul, en el momento preciso de abandonar para siempre su patria en compañía de las tribus de los Zégris y de los Gomeles,

4. Chateaubriand, *Les Aventures du Dernier Abencerage*, París, 1826.

5. Paul Hazard, «Comment Chateaubriand écrivit une nouvelle espagnole, en *La Revue de Paris*, 1826, pp. 906-928».

sus más fervientes partidarios. La descripción que hace Chateaubriand de ese trágico momento de la historia nazarí es un resumen bastante aproximado de lo que la leyenda había dicho del final del Rey Chico. Tras la elipsis del rey, hace su entrada en escena el gran personaje de la novela: Aben-Hamet, el último de los caballeros abencerrajes; luego aparece una dama cristiana de nombre Blanca, que naturalmente se siente atraída por el moro. Aquí comienza el drama: o el amor o la religión. De hecho, Chateaubriand llamaba la atención hacia lo que siempre había sido válido, pero nunca había sido percibido con tanta claridad: el carácter fundamental de lo irracional. Quizás no tenga la fuerza de *Persuasion* de Jane Austen, pero él en cambio tiene la luna reflejada sobre las torres rojas que dan al Darro. Quizás debería haber vuelto a Granada para ajustar los detalles de su imaginación, para ver si se ajustaban a lo que le hacía decir a su adorada Blanca, sin duda la de Noailles transformada en dama cautiva. Pero no lo hizo. Empujó, eso sí, a que otros lo hicieran, como a Victor Hugo, que en ese mismo año de 1826 describió la Alhambra para mayor placer de su admirador Luis XVIII.

Los episodios de la novela de Chateaubriand avanzan inexorablemente hacia la gran fiesta del atardecer romántico. El último abencerraje huye a los yermos convencido de que el mundo medieval ya no es posible. La acción evoluciona hacia una insólita resolución, cuando aparece el hermano de Blanca, un joven que terminará enrolado en la compañía de Hernán Cortés en su viaje a México. En este sentido, *Les Aventures du dernier Abencésrage* es un rechazo del presente histórico en favor de una Edad Media idealizada. Un modo de protestar ante el estado policial creado por el bonapartismo. No es de extrañar, pues, que el mito resultante, y el que quedaría en la memoria social europea, suela referirse al espíritu del pueblo frente al poder tiránico. Veamos cómo.

Con la exuberante figura del último Abencerraje, Chateaubriand sustituyó el mito del Gran Capitán por el del pueblo español en su conjunto: «un peuple désarmé à ce conquerant qui avoit vainci les meilleurs soldats de l'Europe»: una revolución de la conciencia nacional que provocó el despertar del casticismo y otras lacras sociales e ideológicas de mayor calado. Pero, ¿acaso no es cierto que, continuamente, durante años y años, ese despertar nacional fue determinante en el destino de la cultura europea y por tanto podía Chateaubriand sentirse orgulloso de haber encaramado al pueblo al gran escenario de la historia? Si eso es así, ¿en dónde radica el peligro de sustituir el mito del Gran Capitán por el mito del pueblo español que vence a los franceses sin apenas preparación militar, sólo por la fuerza de su furia?

Estas preguntas me obligan a precisar mi tesis: la sustitución de un *corpus* mitológico vinculado a algunos personajes fundamentales del pasado español por una valoración romántica del alma popular no afecta sin embargo a las grandes potencias europeas reunidas en Viena en 1815 para repartirse el mundo; ni siquiera a Francia que contó con Talleyrand para impedir esas nuevas ideas que a él sólo le provocaban risa. Todos los países europeos afirmaron su identidad nacional mediante una recuperación de sus mitos fundacionales, y se esforzaron en fijar el tono literario de sus elaboraciones. Así se investigó el corpus artúrico en Inglaterra, Francia y Alemania; y pocos dudaron que Fausto era un mito de la cultura europea, lo leyeran en la versión inglesa de Marlowe o en la alemana de Goethe. Si los países que pusieron fin al Imperio bonapartista insistieron en sus mitos, cabe preguntarse por qué motivos, en el caso español, el proceso fue a la inversa, y se profundizó en una visión colonialista del encuentro cultural ocurrido en España en el siglo XV.

Me apresuro a hacer una última precisión: la novela de Chateaubriand legitimará a una nueva generación de escritores románticos, encabezados por Merimée, cuyo objetivo estará en determinar la naturaleza del pueblo español a través de las vicisitudes de una mujer llamada Carmen: un pueblo valiente, sin educación, apasionado por las mujeres, por los toros y por los crepúsculos rojizos de la llanura andaluza; un pueblo violento, orgulloso, indisciplinado, capaz de lo mejor y de lo peor, dominado por el complejo de don Juan Tenorio.

Esta es, pues, la fórmula definitiva de lo español en el mundo: Chateaubriand puede estar orgulloso por haber sido el primero, y el más inteligente, de los inventores del *Volkgeist* de España. Sabía muy bien lo que se hacía. Si el general Sebastiani dejó que la soldadesca profanara la tumba del Gran Capitán, el vizconde bretón consiguió que se olvidara su realidad histórica. Desde luego no estuvo sólo en esta tarea. Contó con ayudas. Algunas inestimables.

Aire de París. Victor Cousin recreaba su pasado más esplendoroso, que llevó a convertir a Abelardo en un precursor de Descartes, mientras atendía los consejos de Edgar Quinet para que apoyara la traducción de la obra de Herder, sobre el *Volkgeist* europeo. Aire París, centro del mundo cultivado. A lo lejos, tierras exóticas, de ensueños moriscos, sospechosas, pese a su atractivo. Podemos dejar de lado la novela de Chateaubriand, pero no sus devastadores efectos en la conciencia española. ¿Cómo se produjo tal cosa?

París fue sacudido de nuevo en 1830 por los aires de la Revolución. Los viejos republicanos volvieron a salir a la calle. Lo hizo el general Lafayette en su caballo blanco. Se sentía suficientemente estúpido en esa imagen de sí mismo, pero mantuvo el tipo para mostrar que los sucesos de 1789, y por qué no decirlo, la invención de América no había sido en vano. Por el rabillo del ojo estaba claro que esa historia de viajeros románticos, de nostálgicos del *ancien regimen* pasaría a manos de un nombre de talento, o al menos con la capacidad para aprovecharse por entero de los aires románticos. Un americano que no buscó París, sino más bien Madrid. Y al no conseguir la embajada, que era lo que realmente deseaba se decidió por la literatura. En el mismo año que Lafayette montaba su caballo blanco y reactivaba la Revolución en París, Washington Irving llegaba a Granada. La historia de unos famosos cuentos no había hecho más que empezar.

LOS CUENTOS DE LA ALHAMBRA

El hombre elegido para abrir las puertas del misterio de Granada fue Washington Irving, que vivió en unas modestas habitaciones enclavadas en la torre de Abul Hachach. Irving (1783-1859) era un norteamericano de la primera generación de emigrantes (su padre era oriundo de Escocia) que se dedicó a la literatura en 1818 cuando quebró la empresa familiar. Leyó a Walter Scott y Thomas Moore, y, al igual que Alfred Lord Tennyson, buscó en la literatura alemana materiales para dar forma a los cuentos de hadas. Saqueó sin piedad esos monumentos de la tradición folclórica, como otros románticos. La serie de historias fantásticas alemanas conocido como *Relatos de los muertos* fue aprovechado por Byron y Schelley, en la época que Mary escribió su gran novela *Frankensteien* (1816). Irving tenía los mismos gustos y los mismos objetivos. Así, cuando por fin Irving publicó *Sketh Booh* en 1820, el éxito fue inmediato. Le quisieron nombrar embajador de Estados Unidos en Madrid, pero el adusto general Andrew Jackson se opuso con toda firmeza; fue un error político. Cuando Irving murió, la ciudad de Nueva York cerró sus puertas, colapsada por la muchedumbre que deseaba rendir el último homenaje a quien consideraban el primer norteamericano que alcanzó celebridad gracias a la literatura.

La máxima de Irving «aquel que quiera estudiar la naturaleza en su agreste diversidad, debe hundirse en el bosque, explorar sus valles, seguir el torrente y escalar el precipicio». Quizás por eso, quién sabe, se sintió fascinado por el paisaje de Granada, y recreó algunos momentos de su memoria en sus famosos *Cuentos de la Alhambra.*

El Romanticismo encontró en los arabescos granadinos el Oriente sin necesidad de trasladarse a África. Un trozo del Islam permanecía en esas ruinas que pronto fueron restauradas. El Estado se hizo con la propiedad, expulsando a quienes la ocupaban, y entablando un largo pleito por la propiedad de los jardines del Generalife, que pertenecían a la familia italiana Durazzo-Pallavicini, en cuyo palacio de Génova aún se conserva parte de la documentación y una hermosa espada de jineta, que sus actuales propietarios creen que es la de Boabdil. El aura romántica llamó a las puertas de Granada, y así el palacio de los reyes nazaritas en la colina roja se convirtió en un reclamo para la identidad. Comenzaron las quejas. ¿Qué hacía junto a las habitaciones del Patio de los Leones un palacio renacentista? Se sabe que el César Carlos ordenó a Machuca que levantara ese edificio, como probable sede de su Estado. Nunca lo fue. Queda, eso sí, la sensación de que se derribó mucho palacio nazarita para construir el patio circular y las habitaciones. Nos instalamos dentro del palacio, más allá del Mexuar, en el llamado Patio de la Alberca o Arrayanes, frente a la gran torre de Comares, dejando a nuestra espalda el debatido Palacio de Carlos V. No hay una imagen comparable. Las salas que se contienen en esa torre, en particular la sala del trono, con cúpulas de mocárabes, ofrece una explicación exacta de lo que era un reino mediterráneo musulmán a finales del siglo XIV, aunque Granada era también una colonia genovesa. Siguiendo el río de gente y por unos arcos nos introducimos en el «otro» importante cuarto, centrado en el Patio de los Leones, obra culminante del palacio, construido en tiempos de Mohamed V, el más rico, el más sensato de los reyes nazaritas. Las salas contiguas compiten en belleza: una porque permite soñar con la leyenda de los Abencerrajes, otra porque contiene unas pinturas donde se narran algunos cuentos de frontera, con doncella cautiva; otra, en fin, porque nos abre al mirador de Daraxa, la máxima expresión del arte nazarita.

IMAGENES DE CARTÓN PIEDRA

En 1830, mientras una parte de la población española aún vivía el espíritu liberal y la plena aceptación del Romanticismo, otra viraba hacia el apoyo incondicional a la política reaccionaria del rey Fernando VII, y la inmensa mayoría en busca de una salida a la crisis de la perdida del Imperio ultramarino, en el año del nacimiento de la infante Isabel, he aquí que Manuel Hernando Pizarro, un modesto dramaturgo, estrena con alguna fortuna la tragedia *Gonzalo de Córdoba*.[6] Nace con ella una nueva dimensión de la insensatez, como anotó el crítico José María Carnero al comentar el estreno de dicha obra.[7] La vida de Gonzalo de Florian se convierte aquí en una serie de escenas, costumbres, pasiones ruinosas, increpaciones entre multitud de personajes. Y cada espectador, ahora, tiende sin saberlo a convertirse en un intérprete de la figura y la obra del Gran Capitán. El tema granadino, después de 1830, se convierte de nuevo en el fundamento de una recuperación romántica de la cultura nazarí. José de Castro y Orozco publicó la tragedia *Aixa, sultana de Granada*, sobre la madre de Boabdil, un pretexto para insistir en los viejos mitos de los Abencerrajes y de pasada sobre la figura de Gonzalo de Córdoba.[8] Hasta el punto que un estudioso de la talla de Melchor Fer-

6. Manuel Hernando Pizarro, *Gonzalo de Córdoba. Tragedia en cinco actos*, Madrid, Imprenta de Burgos, 1830.

7. En el *Correo Literario y Mercantil*, noviembre-diciembre de 1830.

8. José de Castro y Orozco, *Obras poéticas y literarias*, Madrid, Rivadeneyra, 1864-1865. t. I. pp. 299-354.

nández Almagro reconocerá en esa obra, como si fuera obvio, el espíritu de una sociedad destruida que inevitablemente tiene que entregar la ciudad a los Reyes Católicos. Castro y Orozco se arroja a la empresa de reconstruir aquel mundo lejano porque quiere hablar con los muertos existentes en la «lóbrega tumba», testigos de una «pesadilla atroz».

Después de la ejecución de María Pineda, el 26 de mayo de 1831, por el simple hecho de haber bordado una bandera, comienza a cristalizar un ambiente en favor de las figuras trágicas femeninas como la Zoraida creada por Florian en su novela *Gonzalo de Córdoba,* que dio lugar a un intenso poema del sevillano Alberto Lista donde la famosa Zoraida está apresada en una melancolía de intenso dramatismo.[9]

PELIGRO DE ESCISION

El rey Fernando VII fue el protagonista del mayor desencuentro de la sociedad española. En el verano de 1833, cuando los rumores de su enfermedad eran cada vez más insistentes, los jóvenes deseosos de un cambio profundo comenzaron a mirar al pasado de otro modo. La lucha entre los partidarios de la hija del rey, la infanta Isabel, y los de su hermano, el pretendiente Carlos, reclamaba una vez más el auxilio de la historia. Ambos sectores suponían que en España todavía podía encontrarse un resto de decencia, si se conseguía olvidar el despotismo del moribundo Fernando el Católico. Pero si la intención de Cea Bermúdez, según el manifiesto liberal, era retrasar esos cambios, una vez más la historia se apoyaría en la voluntad integrista de un rey poco apto para el gobierno de la nación. Estaba claro que en Madrid se preparaba un ambiente favorable al retorno de Martínez de la Rosa a la presidencia

9. Alberto Lista, *Poesías inéditas,* ed. J. M. Cossío, Madrid, Voluntad, 1927, pp. 206-207.

del Consejo de Ministros. Antes de que eso sucediera, el poeta y erudito Manuel José Quintana (1772-1857) publicó el influyente libro *Vidas de los españoles célebres*: una serie de semblanzas de los personajes claves de la historia española, con las que confiaba detener la odiosa escisión de la sociedad entre isabelinos y carlistas.

El punto más elevado de su interpretación, incluso en su aspecto político, fue la biografía dedicada al *Gran Capitán*, siguiendo para ello, según propia confesión, a Zurita, Mariana, Pérez del Pulgar, Giovio, Guicciardini, Duponcet, Giannonne, Ayala, Herrera, Bernáldez.[10] En pocas páginas, Quintana resume la vida de tan insigne personaje de un modo aparentemente austero, donde la verdad se presenta desnuda, sin artificios retóricos, ni concesiones a la invención novelesca. Se trataba principalmente de extraer las consecuencias de una actitud brillante ante las torpezas de un rey sumido en la envidia y la desazón. ¿Cual era entonces el mensaje a la confundida sociedad española del otoño de 1833? Es el reconocimiento de que la conciencia es el único fundamento serio de la vida política. Gonzalo se convierte así en un ejemplo a seguir, y su actitud en la corte es la única posible: «yo, señor maestresala», escribe Quintana que dijo el Gran Capitán en cierta ocasión, soy venido aquí, no por respecto de interés, sino por la esperanza de servir a Su Alteza, cuyas manos beso».[11] Esa alteza no era otra que Isabel la Católica, cuya figura se engrandece en esta obra, con el fin bastante claro de apoyar la causa de la otra Isabel, la infanta que había heredado un trono en litigio con su tío Carlos. Abandonando la especulación política, Quintana se traslada a un terreno que maneja bien: el de la narración de la historia. Así consigue plasmar en sus lectores el carácter de *magister vitae* de la historia, pues el caso

10. M. J. Quintana, *Vidas de los españoles célebres: El Gran Capitán*, (1833), Madrid, Espasa Calpe, 1946, t. II, pp. 5-107.

11. Quintana, op. cit. p. 7.

de Isabel I de Castilla podía muy bien iluminar el destino de Isabel II de España. El Gran Capitán fija la conducta a seguir: respeto absoluto por la Corona pese a las opiniones encontradas. Una cosa es la política y otra muy diferente el servicio al Estado. Y aquí la comparación entre las dos épocas, y las dos reinas de nombre Isabel, llega a su máxima expresión. Los recelos ante las decisiones de Gonzalo desaparecen en el mismo momento que se descubre su enorme eficacia. Escribe Quintana: «Allí fue donde italianos y franceses le empezaron a dar públicamente el renombre de *Gran Capitán*, que quedó para siempre afecto a su memoria. El rey, que antes vacilaba en sus resoluciones, ya por la vivacidad de su espíritu, ya por respeto al marqués de Mantua, comenzó a manifestar más denuedo y más aliento, como si la autoridad del general español y sus talentos fuesen los verdaderos reguladores de todas las determinaciones».[12]

Las argumentaciones de Quintana son una madeja que envuelve a los que dentro de poco serán los mecanismos habituales de hacer la historia dentro del Romanticismo, cuyo peligro estaba en trabajos como los de José Mor de Fuentes, el salto definitivo hacia un extravío.[13] Antes de que eso llegara, la pintura de tema histórico se interesará por el mito del Gran Capitán. También ella tiene un lugar destacado en el presente análisis.

ONDULACIONES

Federico de Madrazo (1815-1894), hijo de José de Madrazo, español educado en París cerca de Ingrés y en Roma en el grupo alemán de los Nazarenos de Overbeck, trabajó para Luis

12. Quintana, op. cit. p. 23.

13. José Mor de Fuentes, *Cotejo del Gran Capitán con Bonaparte*, Barcelona, Imprenta de A. Bergnes, 1834.

Felipe de Orleans como pintor de temas históricos antes de convertirse en la figura más importante de la pintura romántica española. Su producción más reputada entonces, como ahora, fue la serie de retratos de personajes ilustres, muchos de ellos mujeres de la alta sociedad, que posaban ante él con el fin de buscar un lugar en la inmortalidad. Este hombre elegante y orgulloso aceptó a comienzos de 1834 el encargo de pintar un cuadro sobre el Gran Capitán.

Federico Madrazo, *El Gran Capitán recorriendo el campo de batalla de Ceriñola,* 1835. Oleo sobre lienzo, 1,59 x 2,12 cm. Madrid, Museo del Prado.

El Gran Capitán recorriendo el campo de la batalla de Ceriñola se ha mantenido desde su presentación en el Salón Internacional de Paris de 1838 como una de las piezas maestras de la pintura de historia del Romanticismo español, así como la mejor obra de argumento histórico realizada por Madrazo. La popularidad de este amplio lienzo de 1,59 x 1,12 llegó a su cenit en los años cuarenta y cincuenta del siglo XIX y contribuyó a la formación de una imagen del héroe español de tiempos de los Reyes Católicos. En la corte de Francia, y en otros lugares se produjeron algunas obras semejantes. Baste pensar en el cuadro de Alexandre E. Fragonard *Francisco I en la batalla de Marignac* (1836). La completa afectación idealizada del pasado se plasma en el interés mostrado por el pintor a la hora de buscar documentación sobre la indumentaria y la época en que había de ambientar su escena. Al finalizar los trabajos preparatorios, a mediados de agosto de 1834, Madrazo dedicaría de nueve a diez horas diarias a la ejecución del cuadro. Para mí, esa febrilidad está estrechamente ligada a la estructura del mito del Gran Capitán y a la lectura de la obra de Quintana.

El título del cuadro *El Gran Capitán recorriendo el campo de la batalla de Ceriñola* se ajusta a un pasaje de Quintana, el que dice así: «Al día siguiente se halló entre los muertos al general francés, á cuya vista no pudo el vencedor dejar de verter lágrimas, considerando la triste suerte de un caudillo jóven, bizarro y galan en su persona, con quien tantas veces había conversado como amigo y como aliado».[14]

La emocionada descripción de Quintana sitúa la escena dentro de una sensibilidad de respeto y admiración hacia el oponente, claramente caballeresca. Un personaje inseguro (en quien se ha querido ver el autorretrato del pintor) mira al espectador, cómplice de que aquella escena estuviera allí para ser observada. Después, en la estructura compositiva, Madrazo mezcla de manera intencionada la tradición de Velázquez (*La Rendición de Breda*) y la del Greco (*El Entierro del Conde Orgaz*), según un escueto principio de imitación artística donde los arneses del duque muerto contrarrestan con los del Gran Capitán, sorprendido, pero aún no triste, y sin esas lágrimas que el escritor había puesto en sus ojos y que el pintor las sustituye con un ademán de amargura en su mano izquierda.

14. Quintana, op. cit. p. 62.

El responsable de la exposición de París, el barón Isidore-Justin Taylor, le aseguró a Madrazo que su cuadro sería trasladado de lugar ante las quejas del pintor al verlo expuesto «en un sitio bastante sombrío y lleno de polvo». Lo que en verdad le preocupaba era el carácter vejatorio hacia él más que la suerte del cuadro, por el que no sentía un especial interés, como él mismo confiesa en una carta del mes de marzo: «No tengo más sentimiento que no poder nada que merezca la pena este año, pues no las tengo todas conmigo si he de exponer o no el cuadro del Gran Capitán». Tras la concesión de la medalla de oro de tercera clase, Madrazo comenzó a cambiar de opinión, pero lentamente. De nada servía adherir los calificativos de «gran obra» a un lienzo de encargo.

La descripción que hace su cuñado Eugenio de Ochoa es muy proxima a la que haría un crítico de arte actual: «Las figuras son de tamaño de un tercio del natural. Un poco á la derecha del cuadro campea en primer termino la figura principal, Gonzalo Fernández de Córdoba, caballero en un soberbio corcel blanco, y rodeado de un brillante séquito; un doncel á pie, figura lindísima, le lleva el yelmo. El gran capitán contempla con noble y lastimado ademán el cadáver del general enemigo, el jóven duque de Nemours, que sostienen dos guerreros españoles, mientras otros le contemplan tambien con diferentes espresiones. El fondo, de un tono mustio y sombrio, cual corresponde á la triste gravedad de la escena represneta un campo de batalla, al día siguiente del combate, recorrido por varios piquetes de caballos y peones que se columbran apenas en vaga lontananzas. La escena no puede estar dispuesta con más arte, cada figura tiene su espresión propia; en unas se vé la absoluta indiferencia del soldado en quien ya no hacen mella las desgracia agenas; en otras, la alegría del triunfo; en estas, señaladamente en la del héroe español, la natural comprensión que produce la vista de una gran catástrofe; en aquellas una ingeniosa y sabia mezcla de estos varios efectos. Esta es la filosofía de la pintura. Entre los personajes que figuran en primer término retrató el pinto á varios amigos suyos, no con aquel aire frío con que suelen representarse los retratos introducidos en los cuadros de historia, si no con la espresion debida, haciéndoles tomar parte en la accion. Es muy notable bajo este concepto el retrato del malogrado poeta D. José de Espronceda que es una de las figuras que sostienen el cuerpo del duque de Nemours. ¡Qué fuego, qué entusiasmo en aquella hermosa y varonil fisonomía! otro ilustre en el grupo de la izquierda. Alli se ven tambien el jóven actual marqués del Povar y su tío, D. Manuel Bohorques. En un estremo á la izquierda del lienzo se ve apenas la cabeza del autor, muy semejante, pero un colorido demasiado pálido».

Federico Madrazo, *El Gran Capitán recorriendo el campo de batalla de Ceriñola* (detalle: el conde de Nemours muerto), 1835. Oleo sobre lienzo, 1,59 x 2,12 cm. Madrid, Museo del Prado.

En buena medida, Ochoa capta el talante del lienzo de Madrazo con un estilo amanerado que tiende hacia la prosa fantasiosa. Todo está allí para mostrar la sensibilidad de un héroe español ante la muerte de un caballero. La batalla simplemente es un decorado para mostrar el gesto de angustia de unos y de serenidad de otros. En un comentario famoso sobre el cuadro, el marqués de Lozoya llama la atención sobre «la técnica prolija y maniriesta, desligada por completo de la tradición española». Es un estilo que trasmite una manera de ver el pasado ajena por completo a la realidad, sólo comparable con el cine de nuestra época.

34

GONZALO NO HA MUERTO (1837-1891)

El pasado rara vez proporciona una justificación seria en política, pero Juan Álvarez Mendizábal pensó todo lo contrario cuando presentó al pleno de las Cortes españolas en 1837 una «Memoria sobre la reforma del sistema actual de diezmos», que en la práctica desembocó en el proceso de desamortización de los bienes eclesiásticos. La imagen que por entonces se iba fraguando en España era la de una sociedad de carácter laico, donde no era posible mantener por más tiempo los privilegios de la Iglesia.

Una nueva teoría social presuponía que la historia era reducible a esa fórmula progresista donde los acontecimientos del pasado servían para legitimar un proceso de evolución desde formas más atrasadas hasta formas más avanzadas. Es lo que en Francia proponía François Guizot, tanto en su condición de ministro de Instrucción Pública como en su tarea de escritor que había comenzado con su *Historia general de la civilización europea.* En el estallido liberal se reavivó la memoria de un pasado oscuro, medieval, dominado por la Iglesia y su terrorífico tribunal de la Inquisición. Gracias a ese espíritu, y quizás a las cargas del general Baldomero Espartero, se dibujó una historia fuera de toda realidad, claramente romántica, al servicio de la pujante burguesía. En ese ambiente, Romero Larrañaga publicó *Historias caballerescas españolas* (1843) y José Zorrilla ofreció al público su versión del mito de Don Juan Tenorio. El progreso exigía ese tipo de obras. Por ello se insistió en la necesidad de revisitar el pasado en medio de una efervescencia cultural que no impidió sin embargo que el periodista Mariano José de Larra se quitara la vida a mediados del mes de febrero de 1837. Atrás quedaba su drama *El doncel don Enrique el Doliente,* y sus agudos artículos. Nadie sabía dónde terminaría todo ese movimiento, de la misma manera que nadie estaba seguro de que las tropas carlistas no acabaran por entrar en Madrid. Esa era la España que vio el agudo viajero inglés Richard Ford y que daría lugar a su renombrado *A Handbook for traveller in Spain.*[1]

La curiosidad intelectual y el espíritu conservador se unen para buscar una explicación al comportamiento de los españoles de ese tiempo, ajenos a su glorioso pasado, como se apresura a decir cuando pasa por la ciudad de Córdoba, cerca de la cual, escribe, «nació Gonzalo de Córdova, el grande (y verdaderamente grande) capitán de España».[2]

UNA NOVELA PARA UN PUEBLO

Tres años después de abandonar la presidencia del Consejo de Ministros, Francisco Martínez de la Rosa publicó la primera parte de *Doña Isabel de Solís, reina de Granada. Novela histórica*; la segunda parte apareció en 1839; mientras que la tercera parte, sin duda la más interesante, no llegaría hasta 1846. Nuevas ediciones vieron la luz en los años siguientes.[3] Hoy se sitúa como la gran novela romántica española de tema granadino.

La historia de una mujer cautiva que se casa con el sultán de Granada y cambia su nombre de Isabel de Solís por el de Soraya está compuesta en buena parte de una trama histórica de los últimos años del reino nazarí, una figuración del pasado que

1. Londres, Murray, 1844 (1a ed. 2 vols. 1.064 pp; 2a ed. 1847; 3a ed. 1855 (reducida, de la que se realizará la traducción *Manual para viajeros por Andalucía y lectores en casa,* Madrid, Turner, 1980.

2. Ford, op. cit. p. 306.

3. Francisco Martínez de la Rosa, *Obras dramáticas,* ed. y notas de J. Sarrailh, Madrid, La Lectura, 1933.

Martínez de la Rosa extrae de la obra de Pérez de Hita, aunque el aliento último deba mucho a la novela de Florian. La sombra del Gran Capitán planea durante toda la primera y segunda parte, sin que aparezca en ningún momento, reservando la aparición de tan insigne personaje para la tercera parte. Isabel de Solís descubre en ese momento el odio entre las dos facciones que se disputan el poder en el reino nazarí: muerto su marido el sultán cae en manos de sus enemigos. Sólo la brillante actuación de Gonzalo de Córdoba consigue liberarla de ese nuevo cautiverio, y devolverla a su tierra y a su gente.

LA BUÑOLERA Y LA BORDADORA

En 1840, el erudito gaditano José Joaquín de Mora publicó un libro con el título de *Leyendas españolas*, donde intentó, sin demasiado éxito, seguir las huellas de Martínez de la Rosa en lo referente al tema morisco.[4] Tuvo, sin embargo, el acierto de adaptar un tema popular, transmitido por tradición oral, el de «la bordadora de Granada». La leyenda se refería al rapto por parte del Gran Capitán de una buñolera de Granada con el fin de conseguir buñuelos para la reina Isabel la Católica. El guiño político consistió en transformar a la buñolera del cuento en una bordadora (una alusión a Mariana Pineda, creo), y darle así a la historia una dimensión amorosa de la que carecía. Los galanteos de Gonzalo se inscriben en la tradición de Florian, y de la novela morisca, aunque no resultó afortunada la solución dada.

LO PROPIO Y LO EXTRAÑO

Lo propio y lo extraño en Granada encuentran su expresión definitiva en las anotaciones de viaje que hizo Théophile Gau-

4. José Joaquín de Mora, *Leyendas españolas*, Cádiz, Salvá, 1840.

tier en 1840 con el título de *Tras los montes*; aunque después se publicarían con el título que ha llegado hasta hoy de *Voyage en Espagne*.[5] Los románticos franceses seguían hablando del oriente granadino, aquí un juicio apasionado se mezcla con una descalificación histórica: «Sea por celos, sea por avaricia, los españoles, al reconquistar Granada, han hecho poco por ella, y sus más bellas joyas, sus alhajas más ricas, son todavía las que ofrendaron a la desvalida doncella sus amantes moros». Un recorrido por sus calles, un acercamiento a sus valores fundamentales («el amor parece ser la única ocupación de Granada»), un reconocimiento a la encantadora oriental de Víctor Hugo, constituyen el trasfondo de una densa visita a la ciudad. Una visita decepcionante, salvo en la Alhambra:[6]

> El aspecto general de Granada engaña mucho las previsiones que uno se podía haber formado. A pesar de uno mismo, y a pesar de las numerosas decepciones ya experimentadas, uno no se acaba de convencer de que 300 o 400 años y oleadas de burgueses han pasado por el teatro de tantas acciones románticas y caballerescas. Uno se imagina una ciudad medio mora medio gótica, en la que los campanarios de arquitectura calada se mezclan con los alminares, y en la que los piñones alternan con los tejados en terraza. Uno espera ver casas esculpidas, historiadas, con blasones y divisas heroicas, construcciones extrañas, con pisos cabalgando uno sobre otro, con vigas salientes, con ventanas adornadas con alfombras persas y tiestos azules y blancos; en fin, la realidad de una decoración de ópera, representando alguna maravillosa perspectiva de la Edad Media.

Esta es la primera indicación de lo que él buscaba en Granada, una ciudad «alegre, risueña, animada, aunque muy decaída de su antiguo esplendor»: buscaba un pasado vaporoso donde experimentar el orientalismo que antes de él habían sentido Cha-

5. Théophile Gautier, *Voyage en Espagne*, París, Bibliothèque Charpentier, 1899. (Traducción española de Jesús Cantera Ortiz de Urbina, Madrid, Cátedra, 1998). 6. ed. cit. pp. 240-241.

teaubriand y Hugo, y después de él Alexander Dumas. Esta es la encrucijada donde se encuentran todos los sueños románticos, todos los misterios. Las raíces de la vida están perdidas en las tinieblas, había declarado unos años antes August Wilhelm Schlegel, como queriendo indicar el rumbo a seguir para toda una generación. Gautier no duda que el viaje es un modo de «sondear las profundidades» de su ser. Supone que la descripción más personal es la más convincente y eficaz. De todas sus descripciones de Granada me detengo en la que hizo del convento de san Jerónimo, pues de algún modo sus observaciones vuelven a situar a la figura de Gonzalo en el lugar que merece:[7]

El convento de San Jerónimo, ahora convertido en cuartel, encierra un claustro gótico de dos pisos de arcos de un carácter y de una belleza poco corrientes. Los capiteles de las columnas están adornados con follaje y animales fantásticos de un capricho y de un trabajo encantadores. La iglesia, profanada y desierta, ofrece una particularidad, y es que todos los adornos y los relieves de arquitectura están pintados, como la bóveda de la Bolsa de París, en grisalla, en lugar de estar ejecutados realmente. Aquí es donde está enterrado Gonzalo de Córdova, el Gran Capitán. Se conserva aquí su espada, que fue robada últimamente y vendida por dos o tres duros, valor de la plata que adornaba la empuñadura. Así es cómo muchos objetos preciosos han desaparecido sin otro provecho para sus ladrones que el placer mismo de hacer daño. Bien parece que se podía imitar nuestra revolución por otro lado que por su estúpido vandalismo. Es el sentimiento que uno experimenta siempre que se visita un convento sin religiosos, y al ver tanta ruina y devastación, al darse cuenta de cómo ese largo trabajo de varios siglos ha sido barrido en un instante. Nadie puede prejuzgar el futuro; pero yo dudo mucho de que nos devuelva lo que el pasado nos había legado, y que se destruye como si hubiese algo para reemplazarlo. Incluso aunque se pudiera poner ese «algo» de lado, porque la tierra no está tan cubierta de monumentos como para que uno se vea forzado a elevar los nuevos edificios sobre los escombros de los antiguos.

7. Ed. cit. p. 271.

Paradojas románticas: para que todo fuera perfecto, el futuro debía imitar al pasado. Pero, ¿qué pasado buscaba? ¿La época nazarí donde aún era posible encontrar Zoraidas o Fátimas? ¿O el momento del encuentro de culturas cuando Gonzalo alcanzó su identidad a través de la amistosa relación con el rey Boabdil? No está claro. Gautier se despidió de la ciudad desde el Suspiro del Moro: «¡Adieu, Grenada, mes amours!», exclamó, desde el fondo de su alma romántica, como si con ese grito encontrara la respuesta al eterno interrogante: ¿Qué mujer despojada ya de su belleza por los estragos del tiempo podría escuchar sin sentimiento aquella canción que alguna vez su amante cantó para ella?

EL LIBRO DEL VIAJERO

Don Miguel Lafuente Alcántara salió al paso de las cuestiones suscitadas por Gautier con su *Libro del Viajero en Granada*, donde realiza una ajustada radiografía social mediante una descripción de los monumentos más relevantes. La primera edición de 1843 se agotó en poco tiempo, y durante unos años estuvo revisando el texto hasta que, seis años más tarde, en 1849, ofreció una segunda (y definitiva) versión.[8] Por la razón que fuera, le interesaba tanto el aspecto artístico del monumento como su situación administrativa en el momento de la visita. De hecho, lo único que despierta su interés era el descuido social de aquellos años. Así, al hablar del monasterio de san Jerónimo no tiene reparos en escribir:[9]

Es una mengua lo que hemos visto y presenciado en el magnífico mausoleo: en él había esculturas de Berruguete y Becerra, pinturas selectas, alhajas riquísimas; todo ha desaparecido: y aun tenemos

8. Miguel Lafuente Alcántara, *El libro del viajero en Granada*, Madrid, Imprenta de Luis García, 1849. 9. op. cit. 260.

que revelar un hecho que tiñe de vergüenza nuestra frente, porque somos españoles e interesados en la gloria de Granada. El asilo del Gran Capitán ha sido violado, sus huesos y los de su esposa han desaparecido, sin que las autoridades hayan hecho investigaciones para castigar con una pena dura y afrentosa al hombre sacrílego que ha robado una de las prendas más grandes que encerraban los monumentos granadinos. ¿Por qué no se desplomaron las bóvedas de Siloé y sepultaron bajo sus escombros al menguado que osó profanar la tumba del héroe español?

Era la apatía social lo que Lafuente no soportaba aunque hubiese motivos para ello, como la pérdida de los mercados americanos y la crisis en la industria sedera. Aquel espíritu desganado, provinciano, torpe, adoptado ante las desgracias, mostraba un desprecio por el pasado tan terrible que no podía llegar a entender cómo esa ciudad había sido grande en otro tiempo. Apretó bien los dientes, y siguió con su sermoneo: «Así como lamentamos la incuria de las autoridades y no podemos dejar de vituperar la apatía de los descendientes que tienen el apellido de Córdoba y disfrutan los bienes trasmitidos por el famoso guerrero, debemos tributar elogios al Sr. Don Bartolomé Venegas, que ha logrado restaurar en lo posible el templo, convertirlo en ayuda de parroquia y reunir en él algunos restos del Gran Capitán y de su esposa que un particular conservaba».[10]

Lafuente se aplica entonces acaloradamente a la búsqueda de algunas soluciones. Las anota como un regalo a los próceres de la ciudad, tan pagados de sí mismos, y que necesitan cuanto antes reunirse en una comisión para poner orden en los monumentos. Es una invitación a la regeneración de la vida ciudadana, en la línea seguida más tarde por Bravo Murillo en el gobierno de la nación. Dice Lafuente:[11]

Sería muy plausible que el magnífico sepulcro de Gaspar Becerra, que pertenecía a la iglesia y está hoy en el Museo, donde no luce ni

10. Op. cit. p. 260-61. 11. Op. cit. p. 260-61.

tiene oportuna colocación, fuese devuelto al templo con todas las pinturas que le adornaban. El retablo del altar mayor, que es prolijo, fue modelado por Pedro de Uceda, con traza del licenciado Velasco, y ejecutado por Diego de Navas: tiene cuatro cuerpos, el primero dórico, el segundo jónico, el tercero corintio y el cuarto compuesto, y en estos muchas estatuas y adornos. En la parte exterior de la capilla que mira á oriente, hay dos matronas de piedra que representan la Fortaleza y la Justicia, sosteniendo un tarjetón con el siguiente letrero: *Gundisalvo, Ferdinando a Corduba, magno Hispaniorum Duci, Francorum et Turcarum terrori.* Los franceses que a las órdenes del general Sebastiani ocuparon a Granada, miraron con ojeriza el templo y leyeron con desagrado el letrero. Junto a éste hay bustos, escudos y trofeos de guerra que adornan las paredes exteriores.

Las descripciones históricas de Lafuente Alcántara aposentaron el mito del Gran Capitán en la historia de Granada y, más allá, en la propia historia de España; y lo hizo en la forma precisa del erudito que sólo parece interesarse por los monumentos. Evidentemente, tenía también otras intenciones: despertar a la sociedad granadina de su letargo de siglos, devolverla a la grandeza pasada. Cualquier cosa sería bien recibida a ese respecto, incluso la visita de algún famoso.

UNA VISITA OPORTUNA

José Zorrilla era el dramaturgo del momento. Su versión de don Juan Tenorio había eclipsado a las del Siglo de Oro, pese al intenso carácter de Tirso de Molina. El mito de un seductor que persigue a cuantas mujeres se ponen a su alcance bajo el impulso ingobernable de su pasión fue tratado de un modo puramente sentimental. En la línea de Schiller se propuso un drama preventivo sobre el flirteo con las mujeres. La famosa doctrina del gran pecador salvado por el amor casto de una mujer.

A Zorrilla le atrajo Granada, desde su juventud. En parte, porque ante los ojos de media Europa la ciudad de la Alhambra se había convertido en el principal referente del Romanticismo, en parte, porque sentía devoción por los dramas de Martínez de la Rosa. Comenzó a interesarse apasionadamente por su embrujo y lentamente buscó la manera de visitarla, haciendo el máximo ruido posible. ¿Quién podía permanecer ajeno a la presencia del insigne dramaturgo?

Zorrilla tenía la lamentable tendencia a creerse el centro del mundo, y a pensar que sus obras eran los testimonios definitivos de la memoria española. Mandó una nota al periódico local *El Pasatiempo* para que la publicara como gacetilla de su visita a la ciudad de Granada. Zorrilla no dejaba nada al azar. La nota inserta en el número del 13 de abril de 1845, decía así:[12]

El sábado 5 llegó a esta ciudad el célebre poeta Don José Zorrilla. Hace diez años que tiene pensado un poema sobre la conquista de este reino, y visitar los monumentos de Granada, admirar sus pintorescos paisajes, ha sido hasta aquí su sueño de oro. El mismo asegura que los diecisiete tomos de poesías que lleva publicados no son otra cosa que ensayos para esta obra magistral. La época es la mejor que podía escogerse; dos civilizaciones están la una enfrente de la otra; muere un siglo de corrupción y aparece la aurora de otro que reunidas las coronas de Castilla y Aragón y descubiertas las Indias, España iba a ocupar el trono de la Europa y la primacía del mundo. Isabel la Católica, la reina magnánima, la mujer sublime, marchaba entonces a la cabeza de los guerreros que conquistaban y de los sabios que esparcían la civilización que ya estaba renaciendo en Italia. El Gran Capitán Gonzalo Fernández de Córdova, terror de los turcos y de los franceses; Hernán Pérez del Pulgar, el de las hazañas, que incendió el corazón de una ciudad defendida por 40.000 guerreros y por 1.030 torres; el intrépido

12. *El Pasatiempo,* 13 de abril de 1845. Citado en Melchor Fernández Almagro, *Granada en la literatura romántica española,* cit. p. 87.

marqués de Cádiz, que en todas las batallas daba el primer bote de lanza, que siempre aparecía en el peligro de los cercos y en las sorpresas, ocupan de una parte el cuadro, mientras que el desgraciado Boabdil, que llevaba el signo de reprobación en la frente como Caín; Aixa, con su carácter varonil y su aliento; Tarfe, el más caballero y valiente de las nobles razas de África, y Muza, jefe de la Caballería y que prefirió la muerte a la vergüenza del rendimiento, dando vida y animación a la Granada de Alhamar el magnífico, ya decaída y sin vigor, pero todavía recubierta de las ricas galas con que la adornaron sus señores.

AMBIENTE DE FIESTA

Modestos o no, los placeres de la sociedad granadina buscaban su legitimación en la historia. Carlos Calderón y Vasco era un hombre arrogante, un seductor andaluz, de trasfondo melancólico, que vivía parte de su tiempo en su finca de Los Mártires, junto al bosque de la Alhambra, a la que muchos subían para ver el cedro que allí había plantado san Juan de la Cruz. En torno a él se agruparon una serie de escritores: Fernández y González, Pedro Antonio de Alarcón, Manuel de Palacio, Castro y Serrano, Mariano Vázquez, que harían famosa la llamada «cuerda granadina», y cuyo imaginario quedará reflejado más tarde en las acuarelas de Mariano Fortuny. Por eso Melchor Fernández Almagro valora ese momento como fundamental y, si fuera necesario, lo elegiría por encima de cualquier otro. Comparto su admiración, pero añado que la verdadera grandeza de ese momento consiste en la recuperación de una conciencia cívica ligada a la pasión orientalista de la generación precedente. Por eso considero *Granada* de José de Zorrilla, publicado en 1852, como uno de los más grandes poemas de tono histórico de todos los tiempos.

El poema aparece en el interior de un proyecto de renovación de la memoria granadina, comenzado por el historiador Manuel Lafuente Alcántara con su monumental *Historia de Granada*;[13] y continuado por José Giménez Guerrero que en su *Guía* se afana por establecer los nexos entre la memoria histórica y el paisaje: «Famosas han sido y serán las angosturas del Darro, pobladas de frutales, de avellanos y de flores, ornaldas con festones de parras, bordadas de carmenes que sirven de recreo y solaz a los granadinos. Aquí venían a curarse los árabes del fastidio de su vida enervada, aquí cobraron su salud perdida el Cardenal Jiménez de Cisneros y el Gran Capitán; aquí escribió las floridas páginas de *El último Abencerraje* Chateaubriand».[14]

Esta es la historia de un bello espejismo sobre el pasado y el futuro de Granada. Es la historia de una precariedad inadvertida, de un deseo sin bases reales. La historia de una perpetua mistificación. Algunos escritores de escaso talento y excesivas ambiciones, apegados a la tierra, pero provincianos, se apoyaron en ese ambiente festivo para recrear una vez más la figura del Gran Capitán.

Cerafino Suárez Bravo localizó la acción de su drama *Amante y Caballero* en Santa Fe.[15] La *ruse* ni siquiera es divertida. La hija de Alonso de Aguilar y prometida de Gonzalo es raptada por un noble granadino, con el fin de coaccionar al Gran Capitán para que lleve a cabo un acuerdo de paz favorable a los nazaríes. El dilema es claro, y a partir de ahí se desencadenan acciones sin cuenta y a veces sin razón. No es mejor el drama *Isabel la Católica* de Tomás Rodríguez Rubí.[16] El argumento en

13. Miguel Lafuente Alcántara, *Historia de Granada comprendiendo las de sus cuatro provincias Almería, Jaén, Granada y Málaga, desde remotos tiempos hasta nuestros días*, Granada, Imprenta y Librería de Sanz, 1846.

14. J. Jiménez Serrano, *Manual del artista y el viajero en Granada*, Granada, Imprenta Puchol, 1846.

15. Ceferino Suárez Bravo, *Amante y caballero*, Madrid, Lalama, 1847.

16. Tomás Rodríguez Rubí, *Isabel la Católica*, Madrid, Imprenta de S. Omaña, 1849.

este caso gira en torno a unos platónicos amores entre la reina y el Gran Capitán, en medio de los cuales aparecen personajes como Colón, buscando un apoyo que, por supuesto, encuentra en la pareja protagonista. En cierta ocasión, Gonzalo estando en la Alhambra junto a Isabel afirma: «goza, oh reina, de este paraíso oriental recién conquistado». Es el modo de vivir que se revela después de la derrota nazarí, que mantiene, sin embargo, el gesto «oriental» en cada momento, en cada expresión. Por eso no nos extrañe que Boabdil denomine a la reina de Castilla «vencedora hurí».

Del teatro a la ópera. En 1850 se cantó en el Teatro Real de Madrid la *Conquista de Granada* de Emilio Arrieta, compuesta a instancias de Isabel II, con libreto del poeta italiano Temístocles Solera.[17] El Gran Capitán aparece así en medio del bel canto declarando su amor a la princesa Zulema, en línea con la idea de Florian. Y de la ópera de nuevo a la novela histórica de la mano de Torcuato Tarrago y Mateos, un interminable relato de hazañas bélicas.[18]

REGRESAN LOS HUESOS

En plena agitación por el nombramiento del general Leopoldo O'Donnell como jefe del gobierno, la reina Isabel II seguía de cerca el mito del Gran Capitán o, al menos, lo que ella creía que debía ser. No antes ni en otro lugar se habría podido formular un esquema tan simplista como el que Manuel Ovilo y Otero realizó en su obra *El trono y la nobleza*.[19] Mien-

17. Temístocles Solera, *La conquista de Granada. Drama lírico*, Madrid, Aguado, 1850.

18. Torcuato Tarrago y Mateos, *El Gran Capitán, novela histórica*, Madrid, Gaspar y Roig editores, 1862, p. 715.

19. Manuel Ovilo y Otero, *El trono y la nobleza*: obra dedicada a SS. MM. la reina y el rey. Familia real y nobleza Española, Madrid, Imprenta de El Brason, 1856.

tras, en otro negociado, Antonio de los Ríos y Rosas, o alguien en su nombre, arreglaba los papeles para que los restos mortales del Gran Capitán, depositados en san Francisco el Grande de Madrid, regresaran a Granada. Un despacho de la reina Isabel II, fechado el 26 de abril de 1857, y apoyado por el nuevo jefe de gobierno el general Ramón María Narváez, daba las órdenes oportunas para el traslado. Pero el asunto se complicó de repente, y poco a poco se fue enfangando en las oficinas ministeriales. La situación política se agravó por momentos, y la Revolución de 1868 dejó en un segundo plano ese tipo de cuestiones. Después fue aún más difícil. El primer ministro del gobierno de 1871, Manuel Ruiz Zorrilla había decidido crear un panteón de españoles ilustres, y allí llevó los restos del Gran Capitán, quizás por la presión de su ministro de Asuntos Exteriores, Fernando Fernández de Córdoba que veía con buenos ojos que su famoso antepasado se reuniera con otros insignes de la patria.

Esa actitud sin embargo no prosperó. El gobierno de Madrid escuchó las quejas de la comisión granadina de monumentos que deseaba el regreso de los restos del Gran Capitán. Un caja de plomo los transportó desde Madrid y los colocó al pie del altar mayor de san Jerónimo, en el centro de la nave del crucero, indicándolo así con una losa de mármol, en la que aparece el siguiente epitafio: «Gonzali Fernández de Córdoba, qui propia virtute magni ducis proprium sibi fecit ossa, perpetuae tandem luci restituenda huic inter ea loculo credita sunt. Gloria minime consepulta»; o lo que es lo mismo, «los huesos de Gonzalo Fernández de Córdoba que, con su valor, se apropió el sobrenombre de Gran Capitán, están confiados a esta sepultura hasta que al fin sean restituidos a la luz perpetua. Su gloria no quedó sepultada con él». Ahora todo estaba en su sitio, y así quedó hasta el día de hoy.

Granada, iglesia de San Jerónimo. Interior del templo, nave del crucero. Losa de mármol conmemorativa del trasladado de los huesos del Gran Capitán

RECUERDO AL CAMINANTE

En 1872, el periodista y escritor Edmondo de Amicis realizó un viaje a España, cuyas impresiones fue publicando en el diario *La Nazione*. La lluviosa mañana de su partida en Turín la valoró como un rito de paso. Seguía las sendas de Chateaubriand y de Gautier, pero también de infinidad de viajeros italianos que en el siglo XVIII habían visitado España: Alessandro d'Este, Trissino de Conti, Pietro Gritti, Próspero Colonna, Guido Bentivolglio, Pietro Contarini, Giovan Battista Doni, Annibale Scotti.[20] No sé por qué motivo, pero el ejemplo de Pedro Mártir de Anglería se difundió, y sus seguidores se pasearon por España, atentos a cualquier rastro de una civilización exótica, a veces violenta, siempre dominada por el embrujo del Oriente. De Amicis no fue una excepción a ese modo de recorrer el paisaje de la Península Ibérica. No evita los comentarios tempestivos, ni se muerde la lengua cuando critica las costumbres españolas, en particular la tendencia a la exageración. Todas sus esperanzas parecen encauzadas por el ardiente deseo de europeizar un país que amaba sinceramente, como quizás su nuevo rey Amadeo I de Saboya.

El viaje a Granada no pudo ser peor. Al dejar Málaga, en un destartalado tren, el hambre y la sed le consumían mientras las cortas paradas en desvencijados andenes, con cantinas repletas de gente más hambrienta que él, no invitaban a nada bueno. Se temía lo peor, y así estaba cuando llegó a la posada, donde esperaba reponer fuerzas con el fin de visitar la ciudad, tantas veces recreada en la literatura que él leía con pasión. El posadero, un italiano malcarado, que decía pestes de los granadinos y de Granada, le sirvió con desgana, pese a ser ambos del mismo país como insistentemente le decía. A veces se ponía a discutir acaloradamente con las mujeres de servicio, unas lozanas muchachas que lucían un delantal blanco pegado a la falda como nota distintiva. Mostraba su superioridad sobre ellas y sobre sus huéspedes maltratándolos. De Amicis cree que ha llegado al peor de los lugares posibles. Le quedaba la esperanza de que su amigo, el periodista granadino Góngora, un descendiente del gran poeta cordobés, le muestre el embrujo de la ciudad, y le conduzca a la Alhambra y de ese

20. A. Farinelli, *Viajes por España y Portugal desde la Edad Media hasta el siglo XX*, Madrid, 1921.

modo justificarse el viaje. Además tenía que escribir la crónica, y ese estado de ánimo cercano a la cólera, o simplemente colérico, es el peor para el uso de la escritura. El mesonero italiano se encoge de hombres ante sus quejas, deja escapar un resoplido a la espalda, mientras ordena displicentemente que suban el equipaje a la habitación.

De Amicis recobró el aliento a la mañana siguiente en compañía de su amigo Góngora durante un paseo por la Alameda, es decir, por el Salón y la Bomba como se le conoce ahora: «Imaginaos un gran paseo de tan extraordinaria amplitud que en él podrían pasar cincuenta carruajes de frente, flanqueado por otros paseos menores, a lo largo de los cuales hileras de descomunales árboles forman una inmensa bóveda de verdor tan denso que no deja pasar un rayo de sol. En los dos extremos de la avenida central, dos monumentales fuentes echan a chorros agua que cae como una fina y vaporosa lluvia; entre avenidas, arroyos y surtidores de agua. Por un lado, el río Genil que fluye en medio de dos orillas repletas de bosquecillos de laurel, y a lo lejos, los montes cubiertos de nieve, sobre los que las lejanas palmeras diseñan su fantástica melena; por todas partes un verde intenso, denso, riquísimo, a través del cual se ve a ratos una franja de cielo color zafiro».[21]

Góngora va llevando a De Amicis por las calles de Granada, en apariencia sin rumbo, pero con una clara intencionalidad. A veces le acompaña un joven periodista del diario local. Los dos granadinos depositan su confianza en el encuentro del escritor italiano con la Alhambra. La cuesta de los *Gomeles* es muy empinada, y debido a su curva a mitad de camino impide ver con claridad su final. La puerta de las Granadas se atraviesa sin darse cuenta y una vez allí dentro se percibe un mundo diferente, un denso bosque donde no sería difícil que apareciera un dragón. El Palacio de Carlos V le produce malestar, y

21. Edmondo de Amicis, *España. Diario de viaje de un turista escritor*, ed. Irene Romera, Madrid, Cátedra, 2000, p. 300.

así lo expresa, y se extraña que las casuchas situadas en uno de sus extremos contengan la tan admirada Alhambra. Sin ninguna fe en lo que iba a ver, pensando que «ese gran nombre de la Alhambra no es más que una de las acostumbradas hiperbolescas charlatanerías de los poetas»,[22] De Amicis se dejó conducir dentro de ese palacio y una vez allí, cuando el tiempo se ha hecho espacio para él, y Góngora le recuerda que deben volver a la ciudad, exclama: «¡Pero qué me importa Granada!, ¡Qué me importa la noche, la mañana, y yo mismo; estoy en Oriente».[23]

Los días siguientes De Amicis los dedicó a repasar los detalles de la experiencia vivida en la Alhambra. Más de una vez comentó a sus amigos granadinos el riesgo que supone una belleza de esa naturaleza en medio de una ciudad. Quería saber algo más. El azar, quizás el destino, su propia curiosidad de viajero y de italiano, le empujó hasta la iglesia de san Jerónimo. Allí encontró el sepulcro del Gran Capitán.[24] Entonces se puso serio, casi trascendente, ante la atónita mirada de los granadinos. Ellos sabían las vicisitudes pasadas por los restos de tan insigne personaje en los últimos ochenta años, desde que fueron profanados por las tropas napoleónicas. Pero eso parece no importarle al escritor italiano. Apunta en su cuaderno y luego transcribe en su libro un curioso documento que hace referencia al tema de las famosas «cuentas del Gran Capitán». De forma inesperada, e inusual para él, desliza en el texto la transcripción del documento al que tiene acceso en la sacristía de san Jerónimo. Él lo copia, y yo lo copio de él. Dice así:[25]

Cada paso del Gran Capitán, Don Gonzalo de Córdova, fue un asalto, cada asalto una victoria; su sepulcro en el convento de los Jerónimos de Granada fue adornado con doscientas banderas por él conquistadas. Sus rivales, envidiosos, y en particular los tesoreros

22. Amicis, op. cit. p. 304.
23. Amicis, op. cit. p. 305.
24. Amicis, op. cit. p. 326.
25. Amicis, op. cit. pp. 327-328.

del reino de Nápoles, en 1506, indujeron al Rey a pedir cuentas a Gonzalo del uso que había hecho de las grandes sumas recibidas de España para los gastos de la guerra en Italia; y, efectivamente, el Rey fue tan mezquino como para consentir y aún asistir al acto de la conferencia.

Gonzalo acogió aquella petición con grandísimo desprecio y se propuso dar una severa lección a los tesoreros y al rey, por la forma de tratar y considerar a un conquistador de reinos. Respondió con gran indiferencia y serenidad que tendría preparadas las cuentas para el día siguiente y haría ver quién de los dos era el deudor, si él o el tesoro del rey, que le reclamaba ciento treinta mil ducados entregados en un primer plazo, ochenta mil escudos en el segundo, tres millones en el tercero, once millones en el cuarto, trece en el quinto, y así, seguía refiriendo el grave, gangoso y necio secretario que autorizaba un acto de tal envergadura. El gran Gonzalo mantuvo su palabra, se presentó a la segunda audiencia, y sacando el voluminoso libro en donde tenía anotadas sus justificaciones, comenzó a leer en voz alta y serena las siguientes palabras:

Doscientos mil setecientos treinta y seis ducados y nueve reales a los frailes, a las monjas y a los pobres, para que rezasen a Dios por el triunfo de las armas españolas. Cien millones en palas, zapas y picos. Cien mil ducados en pólvora y balas. Diez mil ducados en guantes perfumados para preservar a los soldados del hedor de los cadaveres de los enemigos esparcidos en el campo de batalla. Ciento setenta mil ducados para rehacer campanas destruidas por el continuo repicar por las infinitas victorias obtenidas sobre los enemigos. Cincuenta mil ducados en aguardiente para los soldados en un día de batalla. Un millón y medio de ducados para mantener a los prisioneros y a los heridos. Un millón en misas de acción de gracias y *Te Deum* al Omnipotente. Trescientos millones de sufragio para los muertos. Setecientos mil cuatrocientos noventa y cuatro ducados en espías y... cien millones por la paciencia que demostré ayer al oír que el Rey le pedía cuentas a quien le ha regalado un reino.

Estas son las famosas cuentas del Gran Capitán, cuyos originales están en las manos del conde de Altamira. Una de las cuentas originales con la firma autógrafa del Gran Capitán está en el museo militar de Londres, donde con gran cuidado es custodiada.

De regreso a su posada, repasa mentalmente la distancia entre Gonzalo Fernández de Córdoba y los generales españoles de su tiempo. ¿Piensa en Prim, en Serrano, en Espartero, en Pavía? De Amicis hace «odiosas comparaciones». El lector se percata de inmediato de lo que eran los militares españoles de los años setenta del siglo XIX, y lo que había sido Gonzalo. Dos mundos tan diferentes, incluso opuestos, que se siente en la obligación de pensar los motivos. España fue grande en otro tiempo, y ahora, cuando De Amicis escribe está llena de todos sus vicios enmascarados en un tono de vida miserable que sólo conduce, a través de la Restauración, a los conflictos sociales de principios del siglo XX. La anécdota del estudiante borracho es una referencia a la literatura clásica española, a la picaresca tan propia, tan genuina del ser de España.

Ya en la habitación, durante un rato, el joven De Amicis reflexiona a fondo sobre lo que ha visto en Granada, antes de partir a Valencia, etapa final de su viaje. Ahora ya no es cuestión de recelo; es otra cosa. Permaneció inmóvil durante horas, contemplando la tenue luz de la vela que se gastaba. No tenía la menor intención de moverse sin antes comprender Granada que se había abierto hacia él como un tríptico: en primer plano la Alhambra que señorea desde su pasado sobre una ciudad de espaldas a la realidad, casi tibetana, para decirlo al modo de Ortega y Gasset; luego, en segundo lugar, las alamedas, los monumentos antiguos, las voces altaneras de una ciudad que cree que ya ha hecho todo lo que debía hacer en la historia. El tercer elemento, contrapunto entre ambos, como un dedo que apunta al juicio moral de la historia granadina, la figura del Gran Capitán, sublime en el olvido. ¿En el olvido?

Mientras De Amicis viaja *de un tirón* hasta Valencia, Góngora, el periodista y otros granadinos ilustres buscan la manera de homenajear ellos por su cuenta a su insigne compatriota.[26]

HOMENAJES CIUDADANOS

La comitiva abandonó lentamente san Jerónimo y dejó atrás en su tumba los restos del Gran Capitán, un cordobés convertido en un granadino universal. Un hombre demasiado duro para morir. Aunque con la restitución no acababan los actos. Todos los ilustres académicos enfilaron la calle de Duquesa hasta la Plaza de la Trinidad y, desde allí, por la Calderería, llegaron a la Gran Vía. Una vez en ella, la comitiva descendió dejando a la derecha las rejas renacentistas de la calle Oficios para alcanzar, por la calle de Pavaneras, la portería del Convento de san Francisco, que en otro tiempo había sido la casa de Gonzalo en Granada. Sus descendientes la habían vendido a la comunidad de Carmelitas. Ahora la comisión en pleno homenaje patriótico colocó una lápida en la fachada del Convento. La lápida en cuestión dice así:

En este casa vivió y en ella murió el 2 de diciembre de 1515 el Gran Capitán Don Gonzalo Fernández de Aguilar y de Córdoba, Duque de Sessa, Terranova y Santángelo, héroe cristiano, glorioso vencedor de moros, franceses y turcos, a cuya ilustre memoria la Comisión de Monumentos históricos de la provincia de Granada erigió esta inscripción. Año de 1874.

26. *Corona poetica que dedican a la memoria del Gran Capitán Gonzalo Fernéndez de Córdoba la Diputación Provincial y el Ayuntamiento de Granada con motivo de la restitución a su sepulcro, en la Iglesia de San Jerónimo, de los restos mortales,* Granada, F. Reyes, 1875.

Granada, convento de Carmelitas Descalzas. Lápida recordando que en ese lugar una vez estuvo la casa del Gran Capitán.

En el fondo de esta lápida resuena la pasión historicista que se adueñó de la sociedad europea en el último tercio del siglo XIX. Pasión por el pasado, al menos por esos momentos del pasado que sirven para construir la identidad de una nación. Los eruditos se mueven en busca de pruebas al respecto: la edición de fuentes se convierte así en una exigencia primordial del Estado. También se interrogan por la fisonomía de los hombres (y las mujeres) que marcaron con sello indeleble las páginas de la historia. Una honda retórica sostiene el esfuerzo por crear una galería de españoles ilustres.

LA FABRICACIÓN DE UNA IMÁGEN

Me detengo ante un retrato realizado por Eduardo Carrio, actualmente en el Instituto de España, con fama de ser una fabricación de la imágen del Gran Capitán al gusto historicista, pero que sin embargo deja transparentar algo de aquel hombre extraño, raro, como decía de él Paolo Giovio.

Eduardo Carrio. *El Gran Capitán* (0,66 x 0,57 cm.)
Madrid, Instituto de España.

La nariz alargada y aguileña, parece buscar en la lejanía el misterio de una fama, mientras que los ojos marrones, un poco caídos, brillan con intensidad bajo unas finas cejas levemente arqueadas. Tiene unos labios carnosos, cerrados, tal vez para ocultar unos dientes imperfectos que sin embargo favorecen un poderoso mentón y un incipiente bocio, ese rasgo tan característico de los Enríquez. Las mejillas se hunden bajo la piel tensa de los pómulos. Los cabellos abundantes, negros, caen sobre el cuello tapándole las orejas y son realzados con una gorra italiana como la que vemos en el retrato que Pietro del Doncello hizo de Alfonso II de Nápoles. Un chaquetón rojo con cuello de armiño cubre sus hombros, un poco más abajo se deja entrever una camisa redonda que permite destacar un cuello varonil, fuerte sin ser rígido.

Este es el vivo retrato de una avidez desesperada por lo que en el siglo XIX se llamaba el gusto por la moral que había hecho grandes a los hombres del pasado: la prudencia reflejada en la sosegada pose con la que Carrio inventa al héroe, la presencia de ánimo, expresa en ese tono señorial de quien se sabe dueño de su propio destino, y probablemente la felicidad de quien está convencido de haber hecho lo correcto en la vida, sin que eso hubiera significado la renuncia al placer carnal, que se detecta en la armonía de un cuerpo que sin ser joven no es viejo. La impresión que Carrio ha heredado de Madrazo, así como de sus numerosas lecturas, en especial Quintana, le acercan a la exigencia de Ranke: «Voir le choses telles que'elles se sont reéllement passés»; pero también a la necesidad de encontrar una visualización adecuda para aquel hombre convertido para siempre en un mito. Por eso añade en la parte superior, con letras de oro: «Consalvo Gran Capitan». Se trataba de unir tres aspe ctos siempre difíciles: el hombre Gonzalo, el personaje, el Gran Capitán, el destino, Italia. Carrio enseña a quien se acerque a su retrato que una vez hubo alguien que supo estar por encima de sus propias circunstancias. El hombre, el mito. ¿Qué más se puede decir?

35

ENTRE DOS GUÍAS (1892-1961)

Más de cuarenta años habían pasado desde que el poeta José Zorrilla llegó a Granada buscando ese paraíso oriental descrito por Chateaubriand, Hugo, Irving o Gautier, y vio a la sociedad granadina confusa ante su porvenir. Conforme se acercaba el año 1892, se hacían más evidente las dificultades económicas, sociales y políticas. El contorno de la ciudad comenzaba a perder la matriz urbanística del pasado tras la apertura de la Gran Vía de Colón que conectaba la esplanada del Hospital Real con la Plaza Nueva, y cubierto el río Darro hasta el Embovedado. Los granadinos reclamaban un mayor protagonismo en la política nacional desde El Liceo o El Centro Artístico. Una oportunidad, nunca imaginada antes, se abrió paso cuando el presidente del gobierno Antonio Cánovas del Castillo aseguró que los actos evocables del Cuarto Centenario del Descubrimiento de América se celebrarían en Granada con la presencia del rey y su madre, apoyando con decisión la iniciativa ciudadana de un monumento conmemorativo. Los proyectos fueron juzgados por la Real Academia de Bellas Artes de San Fernando.

El concurso quedó desierto. Cánovas entonces contrató, bajo su responsabilidad, a Mariano Benlliure, ese escultor de aire melancólico como lo pintó Joaquín Soroya, que vivía en Roma, en donde realizaría la obra: un monolito, con relieves en su alto pedestal, culminado con la estatua de Isabel la Católica entregando un pergamino con las Capitulaciones a Colón. Una tosca obra para un mal momento.

El debate en la ciudad se limitó al emplazamiento que debía tener el monumento. Para unos estaba claro que el lugar más adecuado era la confluencia entre la Carrera de la Virgen con el Paseo del Salón; para otros, en cambio, se debía situar en la plaza Bibarrambla, o frente a la Puerta del Vino en el recinto de la Alhambra. Todos dijeron la suya, y los periódicos, en especial *El defensor de Granada*, adoptaron una postura al respecto. Se pensó que el mejor día para la inauguración era la fiesta del *Corpus* de 1892, día grande en Granada.

Mil ochocientos noventa y dos fue un año de enormes expectativas. Desde el 2 de enero, fecha de la toma, hasta el 12 de octubre, fecha en la que se inauguraría el monumento con la presencia del rey y la regente, no hubo un momento de respiro. Pero todo se vino abajo de un modo dramático. La visita real al final no se realizó y el monumento no respondió a las expectativas creadas, y durante unos instantes la anarquía se apoderó de la ciudad: el alcalde Tejeiro dimitió, los ciudadanos quemaron las tribunas de madera preparadas para las autoridades. Los granadinos se despertaron a la realidad incapaces de concebir cuándo llegaría el siguiente impulso, o cómo sería. El fracaso de cuatrocientos años de historia rugía por la cuesta Gomérez arriba y ningún Gran Capitán estaba a la vista.

UNA GUÍA PARA PERPLEJOS

Mil ochocientos noventa y dos fue también el año elegido por el insigne erudito granadino don Manuel Gómez-Moreno González para publicar en la imprenta de Indalecio Ventura su importante *Guía de Granada*.[1] La preocupación por el pasado de esta ciudad había alcanzado cotas elevadísimas. Pero el miasma de la queja social por el feo gesto de María Cristina (o quizás mejor, de su mentor Cánovas del Castillo) quedaba vinculado al destino de Granada: no era admisible semejante

1. Manuel Gómez-Moreno González, *Guía de Granada*, Granada, Imprenta de Indalecio Ventura, 1892.

desprecio por los lugares de la memoria granadina. Era preciso recuperar el sentido de la dignidad perdida por una mala decisión política. Vagar de nuevo por la vieja ciudad, buscar el significado de sus monumentos, recuperar la pasión que ciento cincuenta años antes había puesto de moda el padre Juan Velázquez de Echevarría en sus célebres *Paseos por Granada y sus contornos.*[2]

En su completa guía, Gómez-Moreno nos muestra una Granada entre un fascinante pasado remoto y un futuro esperanzador, atenta a los cambios en las matrices urbanísticas y en los perfiles de muchas de sus viejas calles. Una ciudad obligada a una profunda regeneración de su vida cultural y política. El granadino que mejor afrontó ese reto fue sin duda Angel Ganivet.

RECLAMO A LA BELLEZA

Angel Ganivet escribió la serie de artículos periodísticos que dieron lugar a su famoso libro *Granada la Bella* para obedecer a un impulso de su corazón, mientras cumplía una misión diplomática en la ciudad finlandesa de Helsingfors. Se publicaron en el diario *El Defensor de Granada* los días 29 de febrero, 10, 12, 15, 28 y 29 de marzo y 5, 7, 8, 10 y 13 de abril de 1896. Luego fueron editados en forma de libro en la imprenta de J. C. Frenckell.[3] El principal objeto de su interés era el porvenir de su ciudad natal y, cuando más lo analizaba, menos lo tenía claro. Gavinet despreciaba el orientalismo dominante hacia ese momento. Para él, Granada no era esa tierra de ensueño

2. *Paseos por Granada y sus contornos o descripción de sus antigüedades y monumentos, dados a luz por el célebre Padre Juan de Echevarría por los años de 1764 y ahora nuevamente reimpresos e ilustrados con algunas pequeñas notas por D.S.M.P.*, Granada, 1814.

3. Angel Ganivet, *Granada la Bella,* Granada, Miguel Sánchez Editor (Biblioteca de escritores y temas granadinos), 1993. Prólogo de Antonio Gallego y Burín y Epílogo de Antonio Gallego Morell.

recreada por los románticos, ni siquiera la ciudad crispada que había surgido de la crisis de 1892. «Mi Granada no es la de hoy: es la que pudiera y debiera ser, la que ignoro si algún día será», escribió al comienzo de su libro, midiendo con esa frase el malestar de las propias menudencias de sus conciudadanos, de los fragmentos mentales que siempre habían dificultado una salida airosa a la cárcel de su memoria. Todas las renovaciones impulsadas en su tiempo eran deleznables por su falta de gusto y de medida. Y, sobre todo, era consciente que existía un destino imposible de vencer: «en cuanto a nuestro carácter monumental, dudo que pueda ser nunca otro que el arábigo, no porque sea nuestro, sino porque está encima de nosotros y fuera de nosotros».

Ganivet anunciaba así la reaparición de la sensualidad morisca convertida en el núcleo de la evasión modernista que condujo a la lírica de tonos grises del catalán Eduardo Marquina y sus dramas historicistas, donde se buscó representar el pasado con una incuestionable intensidad wagneriana. *El Gran Capitán. Leyenda dramática de amor caballeresco* es la aportación de Marquina a esa nube de hierogamia absoluta sobre la figura de Gonzalo, promovida por el modernismo.[4] El drama de Marquina, más que con la historia, está relacionado con una instancia simbólica: todo lo oculto debe ser desvelado, las claves secretas del pasado deben mostrarse al público, de este modo su *Gran Capitán* se desliza hacia el territorio de los *arcana*, al modo de Gaudí o Domènech i Montaner. En el centro de la vida de un ser humano está la epifanía de su ejecución. En el modernismo se detiene cualquier intento serio de comprender el pasado. La vida humana obedece a unas reglas secretas en íntima vecindad con la selva de los símbolos que rodean sus productos culturales. Era desde luego un mal camino para recuperar la memoria de Granada y la memoria de Gonzalo, perdidas ambas en el desastroso 1892.

4. Madrid, Renacimiento, 1916.

El modernismo incrementó la confusión en la sociedad granadina acerca de su pasado. Por esa razón, la tenaz investigación de Miguel Garrido Atienza sobre el archivo del marqués de Corvera, financiada por el Ayuntamiento, fue publicada con el engañoso título *Las capitulaciones para la entrega de Granada*, cuando en realidad se trata de un largo estudio sobre la Guerra de Granada basado en documentos originales, hasta ese momento poco, o nada, conocidos. Al publicarse la obra en 1908, dio lugar a un encendido debate con Mariano Gaspar Remiro, catedrático de Lengua Árabe de la Universidad de Madrid. El 10 de enero de 1910 se creaba la junta directiva de la Asociación de Estudios Históricos, embrión del futuro Centro de Estudios Históricos de Granada y su Reino. El señor Remiro aparecía como presidente y Atienza como vocal, aunque ambos eruditos litigaron por motivos poco claros, y su diferente postura ante la documentación sobre la Guerra de Granada se tiñó de un debate personal. Si Remiro, y su gente, no se le hubiera opuesto, Atienza habría podido profundizar en todas esas fuentes muy útiles en el estudio de aquella época.

El profesor Luis Seco de Lucena, que habría empeñado su alma para ver editados todos los documentos árabes del reino nazarí, sólo pudo argüir que en aquel momento se perdió una magnífica oportunidad. Nadie quería darse cuenta que ese trabajo se ligaba en parte al pleito interpuesto por la familia Durazzo-Pallavicini, herederos de los García-Venegas, contra el Estado sobre los derechos de propiedad del Generalife y su importante archivo, conservado hoy en el palacio que la familia Cattaneo-Adorno tiene en la vía Balbi de Génova. El personalismo de unos y de otros impidió reunir la información necesaria acerca de ese momento especialmente importante en la historia de Granada, y, por supuesto, en la vida del Gran Capitán.

La publicación parcial del archivo del marqués de Corvera,

misteriosamente desaparecido de nuevo, dejó numerosos interrogantes sobre la actuación de Zafra y Mondéjar, al tiempo que ofrecía datos importantes sobre la actuación de Gonzalo en la empresa. Según la documentación de Atienza, su entrada en la historia fue como un excelente negociador, como un hombre de diálogo entre dos culturas diferentes, opuestas en muchos aspectos. Gonzalo formaba parte del grupo de los hombres cuerdos, soñadores, como Boabdil, que pensaban seriamente en la posibilidad de encontrar una vía de consenso en las diversas esferas culturales que negociaron. Así, por ejemplo, la necesidad de distanciarse de la Commowealth genovesa, debía realizarse sin que se afectara la propiedad de las tierras, ni a los derechos de enajenación testamentaria. Ese diálogo político basado en la necesidad de conservar la inmutabilidad de la propiedad privada en medio de los cambios y de hacer de esa inmutabilidad una forma de cambio, llegó a pactarse, aunque después una de las partes incumplió el acuerdo. Incluso las tentativas más elogiosas sobre las acciones de los Reyes Católicos en Granada no pueden evitar algún comentario negativo sobre los motivos de ese cambio de actitud.

EL ERUDITO ANTIROMÁNTICO

Antonio Rodríguez Villa, un auténtico héroe del positivismo, la mente más preparada de su tiempo para limitar las veleidades románticas, se responsabilizó de aclarar muchos puntos oscuros sobre la historia de Gonzalo. El estudio de los documentos fue el instrumento elegido. La edición de las *Crónicas del Gran Capitán* en la Nueva Biblioteca de Autores Españoles, que dirigía con firmeza Marcelino Menéndez y Pelayo, constituyó un momento decisivo en la elaboración del mito del Gran Capitán.[5] Luego si-

5. *Crónicas del Gran Capitán*, ed. A. Rodríguez Villa, Madrid, Nueva Biblioteca de Autores Españoles, bajo la dirección de Marcelino Menéndez y Pelayo, Madrid, Librería Editorial de Bailly Baillière é hijos, 1908.

guieron otros textos, como su larga correspondencia, que permitió acceder a sus ideas de gobierno o a su carácter.[6]

EPOS DEL DESTINO

Todo cambió en España tras la Guerra Civil de 1936-1939. También las elaboraciones del mito del Gran Capitán. No podía ser de otro modo habida cuenta de la necesidad que se tuvo entonces de buscar héroes que se identificaran con la figura del Caudillo. Toda esa absurda parafernalia habría de durar varios años (sin mencionar aquí sus torpes epígonos). Una tenaza invisible se apoderó de la figura y obra de Gonzalo, en el momento que el distinguido polígrafo catalán Eugenio D'Ors, autor de un brillante *Glosari,* encontró las raíces del nuevo régimen en el comportamiento señero de algunos personajes del pasado. En *Epos del Destino,* D'Ors ofrece sus propias impresiones sobre la figura del Gran Capitán, un hombre clave en la definición de lo que denomina «La hora de España».[7]

Comienza situando a Gonzalo en el interior de una visión providencialista del destino humano:

> El hombre simpático. Nacimientos fijan destino. El de este hombre fastuoso lo decidió al nacer a la zaga de otro hermano, con todas las ventajas de la educación y todas las exigencias de la hidalguía, pero con la necesidad de abrirse camino. Tipo social interesante en el que se superponen los rasgos psicológicos de la feudalidad agonizante a los de la democracia futura.

6. L. I. Serrano, «Correspondencia de los Reyes Católicos con el Gran Capitán durante las campañas de Italia», en *Revista de Archivos, Bibliotecas y Museos,* XX-XXIX, 1909-1913. L. de Torre y R. Pascual, «Cartas y documentos relativos al Gran Capitán», en *Revista de Archivos, Bibliotecas y Museos,* XXXIV y XXXV, 1916, y XXXV, 1916, XXXIX, 1918, y XLIV, 1923.

7. Eugenio D'Ors. *Epos del Destino,* Madrid, Editora Nacional, 1943.

¿Cómo debemos entender esta alusión a la forma de ser del «menor» frente al primogénito? ¿Idea D'Ors todo un itinerario espiritual para un hombre nacido a la sombra del «mayor» porque reconoce en eso la incurable inquietud del aventurero frente al parsimonioso mundo vital del sedentario?

Antes de responder, debemos atender a la descripción del personaje que tiene lugar un par de renglones más adelante, en que el hombre de mundo muestra a sus lectores al héroe atrapado por ese *pathos* como un elemento libererador:

Suntuoso «nuevo rico» y elegante de raza, ese Gran Capitán, cuyo solo nombre tiene ya la virtud de excitar a las imaginaciones españolas; caso extraordinario de una serie singular de seres humanos. Conquistador, fuelo Gonzalo, y con perfección, ánimo gentil y reciedumbre del cuerpo [...], con belleza, seducción y agilidad tantas que le dieron feliz y fácil triunfo. El deporte de vivir en sociedad fue para él, como en un certamen, la flor natural de la simpatía. Pueblo y mujer toman, de buen grado, partido por el hombre simpático, y le ayudan. Gonzalo de Córdoba será un general y no un bandolero. El favorito de una reina y no un ganapán trotamundos. Será un cortesano, hasta en los campos de batalla.

Nada hay sorprendente en esta definición del Gran Capitán; salvo una palabra arrastrada de la anterior reflexión: *simpatía.* Porque esa es la virtud fundamental del hombre de mundo, el rasgo distintivo de los elegidos para la gloria. Hacia el final de su presentación, arrastra el tópico a su estado puro, Gonzalo como favorito de la reina (se refiere a Isabel la Católica), que es la única explicación a su exitosa carrera militar y política. D'Ors llegó a este abismo interpretativo, más allá de cualquier comprobación, inmediatamente después del final de la Guerra Civil. Pero, ¿qué le empujó a mostrar esa imagen, mezcla de cliché romántico y juicio de zarzuela? ¿Qué turbaba la mente del polígrafo catalán? La clave quizás esté en la descripción física que hace del Gran Capitán:

> Hay en Gonzalo hechura de latinidad, de romanidad. Aventajada estatura, anchos hombros, valiente pecho, cabeza redonda, llenas mejillas, solemne empaque, lento sentencioso, lacónico hablar... Perfil de medalla, a veces, y majestad de emperador, le va bien la prestancia de la armadura.

Con un fuerte candor, añade un perfil de tono psicológico:

> Fuerte voz, una «voz furiosa», llega a decir el cronista Fernán Pérez del Pulgar. Una precoz calvicie prolongaba la vasta frente, lo que no le impedía descubrirse ante cualquier persona con quien hablara, cualquiera que fuera la condición de ésta. Cortesía sin par, sobre todo con el enemigo vencido al que ganaba por seducción tras haberle derrotado por las armas. Ostentoso por liberal; pendenciero por valiente; por elocuente, locuaz; ávido de gloria y también de vanagloria: tal le encontramos desde la infancia.

Después D'Ors hace un sucinto esbozo biográfico, analiza todos los pasos de su carrera, desde el momento que contestó a su hermano: «No podrás quitarme ese afán en que ardo en distinguirme y honrar nuestro nombre», porque toma la forma de una vida ejemplar, de la ilusión que todo hombre lleva dentro de sí. Y aquí D'Ors, como tantas otras veces, no oculta que se está refiriéndose a su experiencia personal: «Nos emociona verle progresar en la ciencia y en el arte de la guerra. Cuando termina la campaña obra como rey: sus mercedes son reales [...]. Hele aquí estadista, árbitro del mundo o poco menos, a la vera del Papa, en guisa de emperador, teje y desteje a su sabor destinos de reinos y repúblicas. No nos sorprenderá que tanta gloria le haya embriagado un poco. Esa embriaguez es generosa, bienhechora, pero quizá algo inhábil. Simpático a la muchedumbre, es de pensar que lo resultaba menos a quienes, con más o menos justicia, frustraba de los propios lustre e primacía».

El «árbitro del mundo» era el propio D'Ors en 1943 cuando buscaba una cultura española a la sombra del general Franco; y mientras pensaba en la historia, callando datos o exaltando otros, fija la auténtica analogía entre finales del siglo XV y su tiempo vital:

No olvidemos que estamos asistiendo a la mudanza entre los estilos de la Edad Media y los de la Edad Moderna [...]. Prisionero de su propia grandeza, el que tan bien ha servido al rey Católico, no puede ponerse ya al servicio de otra causa. Cuando los venecianos y el Papa piden a don Fernando que éste les ceda al Gran Capitán, el rey rehusa [...]. Luego esboza una tardía aceptación. Visiblemente, la gloria de su eximio servidor ya le estorba [...]. Fue en esta ocasión cuando, como alguien dijera al rey, hablando de Gonzalo y con el buen propósito de desarmar a aquél en sus rencores: «Públicos han sido sus servicios», Fernando hubo de contestar: «Sus servicios han sido público, sus ofensas, secretas.

D'Ors introduce aquí de manera consciente (y remitiendo al tópico según el cual el rey y Gonzalo terminaron por enfrentarse) el mito del gran hombre encallado:

Tal renombre llegó a alcanzar el Gran Capitán en Loja, que a aquel centro de vida elegido empezaron a acudir muy pronto jóvenes de toda las provincias, como a un seminario de buenas maneras y de distinción [...]. Las más preclaras personalidades europeas le escriben [...]. La esperanza no le abandona jamás. Espera una manera favorable para partir, más orgullosamente que nunca.

Se imponía encontrar una imagen definitiva, que explicara a todos lo que él pensaba del Gran Capitán. Su texto acaba con un epitafio realmente revelador:

Flor de Andalucía,
Gonzalo Fernández de Córdova,
Gran Capitán,
que no fue condotiero,
y sirvió,
a un sólo señor,
porque este señor,

fue para él,
viva o muerta,
una reina,
una dama.

El tópico de que el Gran Capitán había sido un hombre de la reina Isabel le sirve a D'Ors para dar paso a una sutil apreciación de la única fidelidad posible para un hombre de genio: la fidelidad a la dama lejana, viejo alegado poético que arranca de los trovadores provenzales (pensemos en Jaufré Rudel) y que, con Ezra Pound y sus epígonos españoles, se convertiría en una clave esotérica del fascismo: servir a la dama no sólo es el único modo de superar la angustia por la ausencia de un padre fallecido (en el caso de D'Ors el personaje no podía ser otro que José Antonio Primo de Rivera); sino el modo de aceptar una figura alternativa (en este caso, el Caudillo). El *transfert* pone en práctica una vez más la neurosis dominante en estos años, que obligó a revisar a fondo el pasado, dejando a un lado el estudio riguroso de la historia. El efecto sobre el mito del Gran Capitán no se hizo esperar.

SIMBOLOGÍA IMPERIAL

Tres importantes libros publicados entre 1942 y 1944 propusieron una lectura de la historia de Gonzalo Fernández de Córdoba que era al mismo tiempo una elaboración del mito del Gran Capitán al servicio de la simbología imperial promovida por el régimen del general Franco, y que D'Ors se había encargado de perfilar.[8] Innominado siempre, la figura del Caudillo exigiendo un destino manifiesto para su país, des-

8. Luis Alonso Luengo, *El Gran Capitán (Don Gonzalo Fernández de Córdoba)*, Madrid, Biblioteca Nueva, 1942 (Col. La España Imperial). Luis María Lojendio, *Gonzalo de Córdoba (El Gran Capitán)*, Madrid, Espasa Calpe, 1942. 3a ed. 1965. Jorge Vigon, *El Gran Capitán*, Madrid, Atlas, 1944.

plaza cualquier prudencia erudita al servicio de un culto por los hombres de armas españoles. ¿Y por qué? ¿Es posible que la estricta realidad del Gran Capitán no sea lo suficientemente fuerte para legitimar ese pasado? ¿O tal vez es cierto, como sugieren los críticos modernos de ese período de la historia de España, que la simbología imperial es el depósito de las verdades soñadas por un país perplejo ante la modernidad?

En una nota final, Luengo agradece «a quienes particularmente me asesoraron y ayudaron en esta tarea de las fuentes y aportación de la vida de Gonzalo de Córdoba: al poeta Luis Rosales y al escritor Carlos Delgado Olivares».[9] Hasta ese momento el lector se había enfrentado con una prosa fantasiosa, proclive a la excitación provinciana. Un ejemplo de su estilo nos permitirá comprender el gusto del público de aquel año: «Galopa jadeante el corcel por la vereda arriba. De pronto para su ímpetu; clava en tierra, con golpe seco, sus cuatro cascos; espumea la boca al refreno que le impone el tirón de la brida; detiene la estela de polvo que se arremolina emborronándolo». Y, sin que mi anotación pueda ser considerada una calumnia, Luengo prosigue su cháchara: «Un instante en resoplido descanso. Vertical, sobre la horizontal de la jaca, el jinete—Gonzalo Fernández de Córdoba—recorta, en sombra de contraluz sobre el rojo del poniente, su gracioso perfil de adolescente: su gorra de viaje ladeada entre los rizos, su jubón acuchillado, su capa azul que ondula sobre la grupa, su mano apoyada en el arzón».

Con estas descripciones el lector de 1940 se perdía en los laberintos de un sistema comunicativo asentado en la selva de los símbolos imperiales, y quizás alguien dedicara horas, sino días, semanas o meses, intentando desentrañar su significado; algo realmente imposible. Pero, ajenos al espíritu cervantino, los españoles de entonces alababan en Luengo el esfuerzo por describir la aventura vital del Gran Capitán, y eso les llevó

9. Luengo, op. cit. p. 295.

a querer saber más de su figura. Esta biografía novelada, por calificarla de algún modo, tuvo competencia con el ensayo de Lojendio, mucho más sosegado, donde la ambición literaria quedaba relegada a un segundo plano. Allí donde Luengo decía «en el estío de 1472, reina en Castilla el sadismo impotente, la inconsciencia encanallada, de Enrique IV, que se mueve embutida en un laberinto de locas damas repintadas, obispos sacrílegos, judaizantes, poetastros y pícaros», Lojendio afirmaba: «El drama del rey impotente, que se desarrollaba en gran espectáculo y en un hombre que, a la par de su deficiencia fisiológica, carecía también de la grandeza moral necesaria para afrontarlo».[10]

El general Jorge Vigón no se quedó atrás en ese tipo de argumentaciones. La descripción de la situación de España en los años que precedieron al reinado de los Reyes Católicos se asemeja bastante a la que ellos creyeron ver en tiempos de la Segunda República. La analogía simbólica comenzaba así a funcionar. La restauración de un orden político con Isabel de Castilla y Fernando de Aragón, tras una cruenta (pero necesaria) guerra civil, legitima la restauración del orden imperial llevada a cabo por Franco también tras una guerra civil. En ese juego de analogías simbólicas, se elabora el mito del Gran Capitán. ¿En quién pensaban Luengo, Lojendio y Vigón cuando escribían sus libros?

El triple engaño de la simbología política. Hay un engaño hacia el lector, que se sitúa, sin saberlo, cómplice de esa manera de ver el mundo; hay un engaño hacia la figura del biografiado, en este caso Gonzalo Fernández de Córdoba, convertido en un militar de carrera en una línea que se acercaba demasiado a los conspiradores del 18 de julio; hay un engaño a la historia de España, del Mediterráneo y de Europa al presentar el carácter providencialista de la Monarquía de los Reyes Católicos como una sucesión ordenada de aciertos para garantizar el

10. Lojendio, op. cit. p. 12.

destino manifiesto de la nación, aunque para ello tuviera que elegir una víctima propiciatoria, en este caso el Gran Capitán.[11]

El Gran Capitán como el *bouc emisaire* del nuevo orden político español de los Reyes Católicos. ¿Quién hace las veces de víctima en el nuevo orden promovido por el general Franco? La analogía simbólica es un juego peligroso, pues a menudo tiende a traspasar el límite de la prudencia. Las tres biografías de Luengo, Lojendio y Vigón coinciden en que la señal de ese sacrificio fue la ingratitud del rey Católico hacia su capitán. Un hombre perseguido de este modo ya no pertenece a sí mismo: se convierte en todo un símbolo de las relaciones entre la existencia y el poder. Cuando Gonzalo muere, desaparecen los recelos y los elogios se multiplican. El hecho de que sea necesaria la muerte para poner fin a la envidia de toda una sociedad sobre un hombre excepcional se convierte en la expiación del pecado por excelencia de España y de los españoles. Pero esta expiación, que es el único elemento en común de estos tres libros, nace en el interior del sacrificio mismo de Gonzalo, recorre sus mismos lugares, viste sus ilusiones, imita hasta el más mínimo de sus gestos; entonces el mito se convierte en el modelo a seguir.

El Gran Capitán desafía el orden establecido, es la famosa leyenda de las «cuentas», no atiende a las razones de un país que olvida a sus mejores hombres en favor de una justicia social. Esa vida ejemplar, admirable, de un hombre que escapa a su destino (el ser un hidalgo andaluz de la frontera) libera todas las angustias colectivas de una sociedad confundida ante el reto de la modernidad. Lojendio es el más preciso a la hora de definir esa realidad, y lo hace como conclusión de su libro, tomando prestadas las palabras del padre Mariana: «Varón admirable, el más valeroso y venturoso caudillo que de muchos

11. En esta línea se mueven también, aunque con menos brío, Juan Cabal (José Escofet Vilamasana) *El Gran Capitán*. Barcelona, Juventud, 1942 Luis Santa Marina, *Italia mi Ventura... (Últimas guerras del Gran Capitán)*, Barcelona, Juventud, 1943.

atrás salió de España. La ingratitud que con él se usó acrecentó su gloria y aun le preservó que en lo último de su edad no tropezase, como sea cosa dificultosa y rara navegar muchas veces sin padecer alguna borrasca [...]. El tiempo le cortó la vida; su nombre competirá con lo que el mundo durare».[12]

La biografía de Lojendio asume tranquilamente los lugares comunes sobre el Gran Capitán porque no ve en ellos ningún elemento perturbador a su concepción de la historia de España. Como su objetivo es la carrera militar de Gonzalo, como todo el material sobre el cual opera son las campañas llevadas a cabo en Nápoles, la versión clásica de su vida al servicio de la reina Isabel y en conflicto con el rey Fernando le sirve para apuntalar su argumento central. Un segundón que se eleva por encima de su condición social gracias al talento militar. De ese modo se reafirma el mito, recurriendo al análisis de los acontecimientos históricos. Esa biografía hoy la seguimos teniendo enfrente: es la versión más inquietante, por ser la más ambigua. Los planos de las campañas propuestos por Lojendio fueron aceptados sin discusión por historiadores como Luis Suárez al elaborar el tomo XVII de la *Historia de España* dirigida por Menéndez Pidal. Ese es justamente el problema: la exactitud de algunos datos enmascara la tesis central. Un discurso subliminal atraviesa el texto mientras seguimos de cerca el esfuerzo por ordenar las diferentes fuentes de información. ¿Qué se podía esperar de esa manera de elaborar el mito del Gran Capitán?

FORMAS Y COLORES

Antonio Gallego y Burin estaba convencido que tenía la respuesta. Fue un gesto de un granadino sentimental que ansiaba lo mejor para su ciudad y quería que la música, el arte y la

12. Lojendio, op. cit. p. 375. Cita a Padre Mariana, *Historia general*, t. VII, p. 296.

memoria formaran un mismo elemento. En los doce años como alcalde, afrontaría con decisión los antiguos problemas de su ciudad, dejando su impronta en muchas obras. Saneó el sistema del agua potable, apoyó una sanidad municipal de carácter gratuito y urbanizó amplias zonas de la ciudad, como el Embovedado, que mandó explanar, ampliar sus aceras e instalar en un extremo la fuente llamada de Las Batallas que, hasta entonces, estuvo en el Paseo del Salón. En el plano cultural, fomentó los Festivales de Música y Danza que cada año, en el mes de julio, se celebraban en el Palacio de Carlos V, en los Jardines de la Alberca o en el Patio de los Leones. Por primera vez en mucho tiempo el gobierno de la ciudad estaba en manos de alguien que la conocía bien, y que la apreciaba.

Este particular punto de vista se apreciaría más tarde cuando decidió redactar una *Guía artística e histórica de la ciudad*, bajo el patrocinio de la Fundación Rodríguez-Acosta, que prologaría su amigo Melchor Fernández Almagro.[13] El paseo por Granada es un recorrido lleno de melancolía por un paisaje que alguna vez fue de ensueño y que se perdió en los avatares de la historia. La *Guía* proporciona esa sensación. Todo lo ahí descrito surge de una vivencia personal. El pasado espera a que la mirada de Gallego y Burín lo atrape. El primer itinerario «De la Plaza Nueva a la Alhambra» lo dedica a subir a la colina roja, lugar mítico en Granada, referente inevitable y absoluto, centro de donde emergen todos los encuentros; la magia perdida, el espacio del recuerdo.

En el segundo itinerario «De la Alhambra a la Puerta Real», se detiene ante la portería del convento de san Francisco (hoy entrada principal de la Capitanía General), pues allí —escribe—«tuvo su casa Gonzalo Fernández de Cordova y allí murió el 2 de diciembre de 1515».[14] Los informes sobre ese edificio son desalentadores y las palabras de Gallego y Burin

13. Antonio Gallego y Burín, *Granada. Guía artística e histórica de la ciudad*, Madrid, 1961. 14. *Guía*, p. 263.

rebosan nostalgia cuando no tristeza: «No conocemos del edificio otros datos sino los de que era extensísimo y que comunicaba con el referido Convento por un cobertizo que conducía a una tribuna de su Iglesia, por donde se dice que se trasladaron a ésta, para sepultarlos, los cadáveres del héroe y su esposa». Tampoco son muchos los datos que tiene en su mano sobre la transmisión de la propiedad: «Los descendientes del Gran Capitán vendieron la casa a la comunidad de Carmelitas que se estableció en ella, reedificándola en el siglo XVII, sin que quede más recuerdo del palacio primitivo que la lápida fijada en la fachada del Convento, con esta inscripción: "En esta casa vivió y en ella murió el 2 de diciembre de 1515, el Gran Capitán Don Gonzalo Fernández de Aguilar y de Córdoba, Duque de Sessa, Terranova y Santángelo, héroe cristiano, glorioso vencedor de moros, franceses y turcos, a cuya ilustre memoria la Comisión de Monumentos históricos de la provincia de Granada erigió esta inscripción. Año de 1874"». La lectura de la lápida rebosa buen humor y debe hacerse con el suave estilo de quien acepta el paso del tiempo como algo inevitable.

A continuación se traslada al vecino convento de las Carmelitas Descalzas, fundado por seis seguidoras de santa Teresa de Jesús en 1582, ocho años antes de que compraran la casa a don Luis Fernández de Córdoba, aunque la restauración llevada a cabo en 1629 dejó pocos rastros de ella, conservándose sin embargo el recuerdo de que el coro bajo del actual convento fue el lugar donde murió el Gran Capitán. No acaba aquí sin embargo la evocación de Gonzalo.

El tercer itinerario «De la Puerta Real a la Cartuja y a la Plaza Real», conduce de manera inevitable al monasterio de san Jerónimo. Es un momento delicado de la *Guía* por la complejidad de la obra y sus avatares históricos. El sabio erudito tuvo que recurrir a un lugar común para expresar lo que no podía decirse de otro modo: «En 1523, Carlos V, accediendo a la petición de Doña María Manrique, viuda del Gran Capitán y Duquesa de Sessa y de Terranova, concedió a ésta para su enterramiento y el de su marido y descendientes la capilla mayor, con la obligación de terminarla y dotarla de retablo, reja y túmulos, formalizándose el patronato en 1525 y encargándose de la obra Jacobo Florentino el Indaco».[15]

Esta simple descripción, no del todo cierta como sabemos, de las más sencillas en cuanto a descripción de un momento monumental, y cargadas de un significado incomparablemente asumido en la memoria colectiva de Granada, fueron útiles a Gallego y Burín y, hasta hace poco, nadie había logrado decir mucho más. «Unos años después de acabarse la capilla mayor, en 1522, trasladáronse a ella, desde el Convento de San Francisco Casa grande, los cuerpos del Gran Capitán y los de Doña Elvira y Don Luis Fernández de Córdoba, traídos de Italia, donde habían muerto, el uno en Sessa, en 1524, y la otra en Roma, en 1526, y además, los de dos hijos pequeños del caudillo, los de Doña María de Guzmán y Doña Beatriz de Figueroa su hija y el de su segunda mujer Doña María Manrique, cuyo cuerpo se unió también al cortejo, rodeado de las banderas y estandartes que pregonaban sus glorias militares».

Gallego y Burin desplaza a una nota la descripción de ese traslado, como si los aspectos estrictamente históricos de esa jornada no fueran adecuados a una Guía: «El traslado tuvo gran solemnidad, asistiendo la Cruz de la Iglesia Mayor; 450 religiosos; los Capellanes reales, el Cabildo con tres capillas: la Real, la del Duque y la Mayor y tras ocho cajas, el caballero de Jaén Juan Peláez de Berrio, soldado en las guerras de Nápoles y el primero que entró en Castelnovo, el cual llevaba el estoque del Gran Capitán, cuya cruz, manzana y empuñadura eran de oro y plata, labradas a martillo. Seguía la presidencia con todos los estandartes y, detrás, los caballeros de Córdoba y su tierra y los de Granada, presididos por el marqués de Cerralbo. En la Plaza Nueva, Iglesia Mayor y San Jerónimo, se co-

15. *Guía*, p. 402.

locaron tribunas para descanso de la comitiva y el poeta Juan Latino dedicó una composición a este traslado».

El ritual mortuorio aquí descrito es como una especie de *kairós* extendido sobre la figura del Gran Capitán. La sensación de que su memoria se podía haber perdido para siempre flota en un momento de la descripción de los avatares del monumento: «todo lo perdió este Monasterio durante la invasión francesa y, más tarde con la exclaustración, en que, expulsada la Orden jerónima, convirtiose en cuartel pasando la iglesia a ser ayuda de parroquia y quedando luego en tal abandono y amenaza de tan grave ruina que aún se pensó en derribarla». Ese parecía el destino de las piedras que habían cobijado a uno de los más grandes españoles de todos los tiempos. Pero entonces ocurrió algo inesperado: «El Estado decidió su restauración, llevada a efecto, de 1916 a 1920, por el arquitecto Fernando Wilhelmi». Tal vez ese día, o más tarde cuando se concluyeron las obras de restauración del campanario, se hizo por fin justicia y tal vez entonces las piedras estuvieron a la altura de la tradición literaria que había convertido a Gonzalo en el mito del Gran Capitán.

En el cuarto itinerario «De la Plaza Nueva al Albaicín», se evoca una vez más al Gran Capitán. El momento era el adecuado. El viajero llega por fin al Paseo de los Tristes, un lugar para el recuerdo desde Chateaubriand a Ganivet: no se queda mirando hacia arriba donde emerge las torres de la Alcazaba, en especial la de Comares, sino que debe dirigirse por la margen izquierda del río Darro, en una vereda llamada Aljibillo, de donde arranca la cuesta de los Muertos o de los Chinos, que separa los cerros de la Alhambra y del Generalife, cuyas laderas ocupan cármenes. Uno de ellos, llamado en el siglo XVI «Casa del moro rico» y más tarde de los Chapiteles fue propiedad de Gonzalo, cuyos escudos de armas quedan aún en el edificio.[16] La casa de reposo, el lugar escondido, donde

16. *Guía*, p. 488.

los granadinos pasaban el verano, lejos del agobio y el calor de la ciudad.

Aquí detengo la elaboración del mito del Gran Capitán. Después de la *Guía* de Gallego y Burin las cosas fueron muy diferentes. Cuando la historia del Mediterráneo había sido revisada a fondo gracias a Ferdinand Braudel. Cuando Mary Purcell publicó su libro *The Great Captain.*[17] Cuando los estudios sobre el *Regno* de Nápoles, auspiciados por Federico Chabod y Ernesto Pontieri, comenzaban a dar frutos en una nueva generación de grandes historiadores como Giuseppe Galasso o Mario del Treppo. Por último, cuando el estudio de la caballería y de los ideales caballerescos dejó de estar controlado por la *Kulturgeschichte*, gracias al impulso dado por Arno Borst en Alemania y Georges Duby en Francia. La historia cambió entonces, y con ella los procedimientos interpretativos de los personajes influyentes. En el seno de esta transformación de métodos y objetivos, la figura del Gran Capitán entró en un largo eclipse. Las biografías publicadas a partir de entonces eran obras de aficionados, que cambiaban poco, o nada, la interpretación de Lojendio.[18]

CODA

La historia que he intentado seguir hasta aquí es la de un mito español. Pero esta historia debe concluir. «El destino de lo grande es ser mal comprendido», escribió Angel Ganivet en *Granada la Bella.* El caso del Gran Capitán evidencia esta afirmación, pues existen aspectos del pasado difíciles de entender. En 1896, Ganivet hablaba de la Alhambra como un palacio «aprisionado en los hilos impalpables que teje el espíritu

17. Nueva York, Double Jay, 1962.
18. Ejemplo de esto último es el libro del embajador José Antonio Vaca de Osma, *El Gran Capitán*, Madrid, Espasa Calpe, 1998.

de la destrucción, esa araña invisible cuyas patas son sueños». Nadie duda de esto en nuestros días con respecto al destino del reino nazarí; pero también creo posible aceptarlo en relación a la figura y obra de Gonzalo, testigo de ese destino y al mismo tiempo apresado en unos hilos de confusión, cuya trama he tratado de mostrar a lo largo de este libro. Si he logrado distinguir la realidad histórica de Gonzalo de las fantasías otoñales sobre su mito, eso es algo que el lector deberá decidir por sí mismo.

ITINERARIO DE LA ESCRITURA

Mi interés por el Gran Capitán comienza en 1963, unos semanas antes de Navidad. Estaba aún conmocionado por la lectura de *El Otoño de la Edad Media* de Johan Huizinga, en la edición de la Revista de Occidente en un solo volumen, que había comprando en un viaje a Madrid y Toledo con mi hermano mayor. Acababa de salir de clase de Literatura Española en el Instituto Padre Suárez. Tenía el firme propósito de pensar atinadamente en el comentario que esa mañana había hecho Emilio Orozco con su voz queda, como si a través de ella quisiera expresar el sentimiento de las palabras fijadas en el texto. Había pedido una «carilla» sobre el paseo granadino de Góngora. Lo recuerdo bien. Durante días busqué en las librerías de Granada una edición. No la encontré. En cambio, una fría tarde de diciembre, casi a punto de cerrar la tienda, vi en el escaparate el libro de Mary Purcell sobre el Gran Capitán. Entré a preguntar el precio, y dos días después lo compré. No me di cuenta entonces, pero en aquella tarde mientras empujaba la puerta de cristal de aquella librería situada en la calle del Zacatín empezaba un largo trayecto intelectual en busca del tiempo perdido de la memoria granadina. El libro de Purcell lo dejé sobre la mesa de camilla donde acostumbraba a estudiar, leer y escribir. Un día se lo presté a alguien, no recuerdo ahora a quién, y no lo volví a ver más.

Aquel invierno de 1964 fue duro en muchas cosas. Poco a poco me daba cuenta de que la historia debía ser reformada desde dentro. No era fácil comprender el pasado, pese a la atención que mostrabamos a las excelentes clases de don Antonio Domínguez Ortiz. La atención la dividíamos en muchos frentes. Nos interesaba la poesía, el ensayo rabiosamente actual o la novela (Kafka, Musil, Broch) que leíamos en ediciones que venían de Argentina y México. Yo acumulaba los libros en mi cuarto, y con ellos llegaron las preguntas. Mi interés por tener mi propia biblioteca procede de aquel tiempo de difícil navegación. No estaba sólo. Era una generación que luchaba por definir un modelo de sociedad diferente a la que habíamos heredado de la Guerra Civil. La agitación era cada vez mayor entre nosotros, los estudiantes. Algunos protestaban incluso por la presencia norteamericana en Vietnam.

Bajo la influencia de algunos amigos mayores que yo, y siempre buscando una explicación al tiempo perdido de Granada, me acercaba de vez en cuando a la iglesia de san Jerónimo. Lo tenía fácil, pues estaba cerca de la casa de mis padres. Además de esa manera podía cruzar la Plaza del Gran Capitán, donde vivía ella. En esos paseos maduraría mi decisión de estudiar Historia. Una noche me vestí de etiqueta, como era costumbre por entonces, porque había conseguido unas invitaciones para ir a escuchar el estreno mundial de *La Atlántida* de Manuel de Falla en la iglesia de san Jerónimo. Dirigía la Orquesta Nacional de España Rafael Frühbeck de Burgos, que no era persona grata en mi círculo de amigos entendidos en música: ellos preferían los modelos clásicos, a Hermann Schergen especialmente, al que veríamos un par de años más tarde en el Palacio de Carlos V, o a Bruno Walter. Aquella noche eramos muchos arremolinados en torno a unos amigos alemanes que acababan de llegar a Granada, como tantos viajeros de todos los tiempos, desde Münzer y Navagero en adelante. Se respiraba emoción, pese a todo. Mientras los músicos se acomodaban en sus asientos y afinaban sus instrumentos, una de nuestras amigas alemanas quiso saber quién era el personaje enterrado allí. Llevaba un rato tratando de comprender el sentido de aquellas dos figuras orantes en el altar mayor y por una especie de pudor que sólo se daba en ese tiempo tardó algunos minutos en hacer la pregunta. No quería mostrarse ignorante de un aspecto de la historia granadina que, a juzgar por lo que veía, debía de ser importante. De la belleza del retablo o de la grandeza arquitectónica del lugar no dijo nada. Sólo quería saber quién era el hombre allí enterrado. Le expliqué entonces que era el Gran Capitán, Gonzalo Fernández de Córdoba. En aquellas explicaciones estaba ya el germen de una inquietud que me ha durado casi cuarenta años: la figura que esbocé entonces se parecía bastante a la que había descrito Purcell en su libro, con aderezos de alguna fantasía sobre el mito que aportaba por mi propia cuenta. Me serví del paseo de Góngora y de su descripción del lugar, la tumba, y el personaje. Nunca agradecí lo bastante a don Emilio Orozco el favor que me hizo para que buscara aquel texto. Historia y literatura, memoria y mito, Granada, Nápoles y Génova, arte y música, ideales de caballería y mundo de las mujeres. No cabe duda de que aquel breve comentario, antes de comenzar a sonar los acordes de *La Atlántida* de Falla (con texto de Verdaguer, un catalán, miembro de la Real Academia de Buenas Letras de Barcelona con la medalla 25, la misma que tengo yo ahora), determinaron el rumbo de mi trabajo.

No lo afronté de inmediato. Otras preocupaciones más perentorias desplazaron mi atención hacia temas de estudio diferentes, incluso en apariencia opuestos. Cada vez que pensaba en el personaje, más claro tenía que no era posible con las herramientas con las que se hacía la historia entonces. Los historiadores más reputados de la nueva generación habían centrado su interés en los fenómenos de la economía señorial, de la hacienda pública y de las relaciones mercantiles. Se inspiraban en modelos más o menos cercanos al marxismo. Se volcaron en los archivos. Era preciso poner freno a la vieja historia de los acontecimientos, pero también de las glorias patrias, que había adornado el estudio de la época de los Reyes Católicos. La presencia de Fernand Braudel se hacía cada vez más intensa. Y nos intimidaba a todos. Felipe Ruiz Martín buscó la manera de vincular sus trabajos sobre el mundo mediterráneo en la época de Felipe II con la tradición de la historia económica de Ramón Carande o de Antonio Domínguez Ortiz. Sus libros marcaron mi primera formación. Conocía el prestigio de esas investigaciones, y busqué las raíces del debate, siguiendo mi propia intuición primero en Barcelona después en Génova. Naturalmente, era buena idea formar parte de esa línea de trabajo. Los «Annales» llamaron a mi puerta como a la de otros muchos aprendices de historiador a comienzos de los setenta.

Las investigaciones sobre economía mediterránea y sobre el papel de los reyes de la Corona de Aragón me llevaron a entrar en contacto con la historiografía italiana. En 1973 comencé mi relación, y mi amistad, primero con Federigo Melis, luego con Mario del Treppo y Giuseppe Galasso. En sus recias investigaciones sobre la economía y la estructura política del Mediterráneo encontré sobradas explicaciones sobre los motivos de fondo que empujaron a la aventura catalano-aragonesa (y luego española) en el sur de Italia. Entonces, me pareció madura la idea de ofrecer mi propio punto de vista. Me precipité. Fue durante el curso académico 1975-1976 impartido en la Universidad Autónoma de Barcelona. Una larga conversación con Georges Duby me estimuló a hacerlo, y no voy a negar que la lectura de su ensayo *Fondaments d'un nouvel humanisme* (1966) había sido una verdadera iluminación para mí. El maestro me mostró el camino cuando yo andaba metido en el estudio de la economía urbana del mediterráneo medieval y dialogó conmigo constantemente durante tres años antes de presentarle mis primeros bocetos. Eso coincidió con la irrupción de Stephen Greenblatt en los estudios sobre el Renacimiento inglés, y con la recuperación de la obra de Jacob Burckhardt.

Me di cuenta entonces que era necesario encontrar un hilo conductor a una historia de larga duración, que se extiende durante siglo y medio, y lo que buscaba era un testigo que por sí solo pudiera explicar ese período intermedio, tantas veces negado, que solemos denominar Renacimiento. Trataba de encontrar lo que ninguno había hecho hasta entonces y nadie ha hecho desde entonces.

Duby me aconsejó que revisara a fondo mi memoria personal, convencido de que mi nacimiento en Granada no era una mera casualidad. La ciudad le había fascinado en un viaje realizado en esos años. Le escuché palabras de elogio como antes nunca había oído de sus labios. Esa fue la primera vez que me dirigió una indicación más allá de mis propios afanes momentáneos. Estaba claro que las raíces de mi historia debía buscarlas en algún suceso acaecido en Granada en la segunda mitad del siglo XV.

Era un sábado por la noche en el mes de diciembre de 1976, con un frío espectacular, cuando regresaba a casa de mis padres, como casi siempre hacía, por la calle Duquesa cuando, sin saber por qué motivo, me detuve frente a la cabacera de la iglesia de san Jerónimo. En un café cercano se oía música popular, y unos hombres gritando algo que nunca he logrado recordar. Yo solía pasar por allí a menudo, y ahora frente a los medallones de Gonzalo Fernández de Córdoba y María Manrique comprendí de repente el testigo que necesitaba. Al principio pensé escribir al maestro y buscar su opinión, pero me contuve pensando que debería madurar esa idea. Lo hice poco después en un viaje a Roma, en abril de 1977, tras asistir a la Settimana de Spoleto, donde se discutió sobre la navegación y el comercio. Vagando por Roma junto a Gabriella Airaldi le esbocé el proyecto de un libro sobre el Gran Capitán: esas cosas nunca se olvidan y forman un lugar en la memoria personal. Una tarde me quedé solo. Decidí sentarme en el Foro, imitando el gesto de Edward Gibbon, con la intención de escuchar como él a los monjes cantar. No lo conseguí pero en cambio me di cuenta que Roma me indicaba el camino a seguir. Las anotaciones de mi libreta de viaje de aquel año son precisas en este sentido. En efecto, comprendí que mi nacimiento en Granada y mi pasión por lo italiano, eran dos elementos que el destino me ponía delante para comprender el testigo que afrontó en su integridad ese período histórico que siempre identificamos con Italia: el Renacimiento.

El Mediterráneo seguía siendo para mí el espacio de la experiencia mercantil de los mercaderes y políticos de Barcelona. Después de todo, yo era profesor en una universidad catalana y había dedicado buena parte de mi vida a estudiar a fondo esa realidad. Todavía no creo haber terminado ese proyecto, pero siempre me venía a la mente el reto de aquel hombre del siglo XV que encontró su destino en Granada y Nápoles.

Recuerdo una tarde de diciembre de 1980, en Nápoles, a donde había regresado para defender lo que denominé «El Sueño de Ulises» en un coloquio internacional de historia marítima, dando vueltas por sus calles buscando la casa que una vez había sido del Gran Capitán. El trabajo parecía inminente. Pero otras obligaciones volvieron a retrarsarlo. No voy a perder el tiempo ahora preguntándome por eso. Puede que yo fuese un hombre intuitivo, pero nunca he sabido responder a los retos de inmediato. Tras ese viaje a Nápoles 1980 otras cuestiones ocuparon mi vida intelectual, y convertí el objetivo de mi trabajo en un largo rodeo sobre la elaboración de la literatura caballeresca desde sus orígenes en la novela de Chrétien de Troyes hasta sus últimas consecuencias en la vida de Boucicaut. Los libros escritos en esa línea fueron ofreciendo un marco de interpretación a la caballería y sus ideales, incluido el papel de las mujeres en esa experiencia. Era un tema fascinante, me desplacé a Irlanda y Escocia para comprender mejor las geografías de las que hablan las novelas, quizás influido por el historiador del siglo XIV Jean Froissart cuyo «Meliador» sitúa en las tierras altas de Escocia.

Pero el Gran Capitán me seguía. En junio de 1987 acudí a Génova para participar en una jornada de estudio dedicada a la memoria de Roberto López organizada por el ayuntamiento de esa ciudad. Al llegar al hotel Plaza (así se llamaba entonces) el conserje me dijo que me acababa de telefonear la señora Carlota Cattaneo Adorno y que tenía interés en hablar conmigo. En realidad, estaba preocupada por saber si asistiría a un recepción organizada por ella. Teníamos la costumbre de vernos cada vez que coincidíamos en Génova, y solía invitarme a comer en su casa de la Vía Balbi. Siempre terminábamos hablando de los documentos granadinos de su archivo, y en alguna ocasión su archivero me los mostró. Pero en esa ocasión me reservaba una sorpresa realmente agradable. No recuerdo bien cuándo le comenté mi interés por el Gran Capitán, pero aquella tarde en los jardines de un palacio cercano a Nervi me presentó a un diplomático español, de servicio en Génova, llamado Gonzalo Fernández de Córdova. Ella tenía esos detalles, y sin duda era consciente de la ilusión que me hacía hablar con un descendiente del personaje que tantas preocupaciones me daba. Charlamos unos minutos, y quedamos en vernos en otra ocasión. De su voz se deducía que estaba auténticamente interesado en mi investigación. Noté cómo le emocionaba hablar de Granada y trataba de buscar en mi una complicidad frente a nuestra distinguida anfitriona, en cuyas venas corría sangre de los Venegas. Dos días después, en su casa de Vía Balbi, tuvimos ocasión de comentar aquel encuentro. Entonces fue cuando le confesé que tardaría aún mucho tiempo en escribir el libro. Ella se apenó como si supiera que nunca lo llegaría a leer. Ahora lamento no haberlo hecho antes, aunque sólo fuera porque eso quizás le hubiera aliviado en su terrible enfermedad.

En 1992 volví a interesarme por el Gran Capitán mientras escribía sobre Cristobal Colón, convencido que su decisión tomada también a las puertas de Granada en 1492 de buscar el Oriente por Occidente tenía una explicación algo diferente a la ofrecida hasta ese momento. Me quedé desconcertado por la suerte de ese trabajo. No encontraba ninguna razón para continuar mi acercamiento al mundo vital del Renacimiento, cuando una serie de encargos, entre 1992-1995, me obligaron a definir los marcos interpretativos de ese período histórico. Más tarde, y gracias a la iniciativa de Rosa Mª Rodríguez Magda los reuní en un volumen con el título *Observando la modernidad desde la Edad Media*. En este libro se encuentran las bases del método que articula la escritura de la presente biografía.

En el verano de 1995, finalmente, tomé la decisión de comenzar a escribir sobre Gonzalo Fernández de Córdoba. Fue en Santander, mientras recorría, con Aurora Egido, los páramos de la bella Montaña. La figura y la obra de ese granadino de adopción se fue abriendo paso. Aún era de noche cuando anoté las primeras frases de este libro. Miraba hacia el oeste adentrándome en el amanecer desde mi balcón en el Palacio de la Magdalena. Una tenue luz se abrió paso entre las nubes. Era la señal adecuada. El trabajo comenzó. Aún pasarían muchas cosas más. Incluida una decidida ascensión a la Montaña de la Luna en México, y un viaje por los lugares de la memoria de Gonzalo con Andrea.

Nápoles-Montilla-Granada
Diciembre, 2001

Quince años después vuelvo sobre el Gran Capitán. Tengo la sensación de haber revelado la vida de un gran hombre que vivió entre el siglo XV y el siglo XVI. Un libro que no es en sentido estricto una biografía militar aunque el protagonista sea un soldado. He querido proponer una lectura adecuada para comprender el arduo combate de la vida. Una vida a la vez maravillosa y difícil, que sólo puede ser entendida desde el tema de fondo de su tiempo, la experiencia de la guerra en Italia. Esa es la clave: la forma que había adoptado su carrera militar.

Marzo, 2015

BIBLIOGRAFÍA
(Obras relativas directamente al Gran Capitán)

Alonso Luengo, Luis, *El Gran Capitán. Don Gonzalo Fernández de Córdoba*, Madrid, Biblioteca Nueva, 1942.

Aragonés de la Encarnación, A., *Comentarios sobre las campañas del Gran Capitán*, Madrid, 1910.

Bustamante García, Agustín, «El Sepulcro del Gran Capitán», en *Boletín del Museo e Instituto Camón Aznar*, LXII, 1995, pp. 5-41.

Cerone, F., «Corrispondeza dei rei Catolici con il Gran Capitano durante le guerre d'Italia», en *Archivio Storico per le Provincie Napoletane*, 1912, pp. 470-489.

Coscollar, E. de, *Montilla y el Gran Capitán*, Montilla, 1924.

Eyquem, Frantz, *Etude sur Gonzalve de Cordoue, dit Le Grand Capitaine*, París, H. Champion, 1880.

García, C., *El Gran Capitán Gonzalo de Córdova. Sus gloriosos hechos*, Barcelona, Araluce, 1924.

Gaury, G. de, *The Grand Captain Gonzalo de Córdoba*, Londres-Longmans, Soreen & Co., Toronto, 1955.

Hernando Sánchez, Carlos, *El Gran Capitán y los inicios del virreinato de Nápoles. Nobleza y Estado en la expansión europea de la monarquía bajos los Reyes Católicos*, en *El Tratado de Tordesillas y su época*, Madrid, Junta de Castilla y León, 1995, vol. III, pp. 1817-1854».

Iglesia, Eugenio de la, *Estudios histórico militars sobre las campañas del Gran Capitán*, Madrid, 1871.

Lojendio, Luis María de, *Gonzalo de Córdoba, El Gran Capitán*, Madrid, Espasa Calpe, 1942.

Montoliu, M. *Vida de Gonzalo de Córdova, el Gran Capitán*, Barcelona, 1915.

Orti Belmonte M. A., «Historia del Gran Capitán», en *Revista del Centro de Estudios de Granada y su Reino*, núm. 3, 1916.
Paz, A., «Colección de cartas originales y autógrafas del Gran Capitán que se guardan en la Biblioteca Nacional», en *Revista de Archivos Bibliotecas y Museos*, vol. V (1901) y VII (1902).
Pieri, Piero, *Gonsalvo di Cordoba e lo origine el moderno esercito spagnolo* en *Fernando el Católico e Italia* (V Congreso de Historia de la Corona de Aragón). vol. III, pp. 207-225.
Purcell, Mary, *The Great Captain*, Nueva York, Double Jay & Company, 1962.
Quintana, M. J., *Vidas de españoles célebres: el Gran Capitán*. Madrid, Espasa Calpe, 1946.
Rodríguez Villa, A., *Crónicas del Gran Capitán*. Nueva Biblioteca de Autores Españoles, Madrid, Librería Editorial de Bailly Bailliére é hijos, 1908.
ID., «Las cuentas del Gran Capitán», en *Boletín de la Real Academia de la Historia*, vol. LVI, 1910, pp. 281-286.
Serrano y Pineda, Luciano, «Correspondencia del los Reyes Católicos con el Gran Capitán durante las campañas de Italia», en *Revista de Archivos Bibliotecas y Museos*, vols. XX-XXIX. 1909-1913.
ID., «Noticias inéditas del Gran Capitán», en *Boletín de la Real Academia de la Historia*, vol. LXXIX, 1921, pp. 225-275.
ID., «Nuevos datos sobre el Gran Capitán», en *Hispania*, III, 1943, pp. 225-275.
Soria, A., *El Gran Capitán en la literatura*, Granada, Universidad de Granada, 1955.
Torre L. y Rodríguez Pascual R., «Cartas y documentos relativos al Gran Capitán», en *Revista de Archivos Bibliotecas y Museos*, vol. XXXIV-XLIV, 1916-1923.
Tribunal de Cuentas, *Las Cuentas del Gran Capitán*, Madrid, *Servicio de Publicaciones del Tribunal de Cuentas*, 1983.
Vaca de Osma, J. A., *El Gran Capitán*, Madrid, Espasa Calpe, 1998.
Vigón, Jorge, *El Gran Capitán*, Madrid, Ediciones Atlas 1944.

ÍNDICE DE NOMBRES*

*Los números en cursiva se refieren a las ilustraciones.